Mitteilungsblatt des Instituts für soziale Bewegungen

Forschungen und Forschungsberichte – Nr. 43/2010

Inhalt

Forschung

Michael Gehler
Geschichte vergleichender Parteien – Außenpolitik und Mitgliedschaft in der Europäischen Union: SPÖ und ÖVP in internationalen Organisationen und transnationalen Netzwerken 1945–2005 7

Katrin Martin
Grenzüberschreitende Beziehungen in der deutsch-französischen Kontaktzone des Saar-Mosel-Raums (1850–1914) 47

Hans H. Lembke
Europäische Genossenschafter im US-Exil – Wiederaufbaupläne im Spannungsfeld zwischen amerikanischem und internationalem Dachverband (1941–1946) 63

Lennart Lüpke
Die soziale Herkunft der Volksschullehrer bzw. Grund- und Hauptschullehrer nach 1945. Eine Analyse mit dem Schwerpunkt Nordrhein-Westfalen 83

Jörg Kruth
Stiftungen inner- und außerhalb Europas:
Zum Transfer des Bürgerstiftungsmodells 111

Hyunback Chung
Die Rezeption von '68 in Südkorea – oder: Warum gab es kein 1968 in Südkorea? 125

Knud Andresen
‚Gebremste Radikalisierung' – Zur Entwicklung der Gewerkschaftsjugend von 1968 bis Mitte der 1970er Jahre 141

Forum

Lennart Lüpke
Revolutionsgeschichte in der Erweiterung
Konferenz- und Forschungsbericht über die Tagung: Revolution und
Arbeiterbewegung 1918–1920, 29.–31. Januar 2009, Bochum   159

Rainer Holze/Ottokar Luban
Der 90. Jahrestag der deutschen Novemberrevolution und der Ermordung
Rosa Luxemburgs
Ein Überblick über Tagungen, Kolloquien und Foren   175

Gunnar Gawehn
Geschichte des deutschen Bergbaus
Ein Bericht über den bergbauhistorischen Workshop,
24.–25. September 2009, Bochum   181

Benjamin Legrand
Ein notwendiger konzeptioneller Mix: Der Nutzen sozialwissenschaftlicher Ansätze
und Konzepte für die historische Forschung über soziale Bewegungen
Bericht über die Tagung: Theoretische Ansätze und Konzepte der Forschung über
soziale Bewegungen in den Geschichtswissenschaften, 2.–4. April 2009, Bochum .   189

Jürgen Mittag
„Labour History Beyond Borders?"
Chancen und Grenzen einer globalen Arbeitergeschichte
Konferenzbericht über die 45. ITH-Konferenz, Linz 2009   199

Kritik

Das Jahrhundert der Bilder
Gerhard Paul (Hg.): Das Jahrhundert der Bilder. 1900 bis 1949, Göttingen 2008
Ders. (Hg.): Das Jahrhundert der Bilder. 1949 bis heute, Göttingen 2009
(Klaus Tenfelde)   209

Bergarbeiterbewegungen im Vergleich
Leighton James: The politics of identity and civil society in Britain and Germany:
Miners in the Ruhr and south Wales 1890–1926, Manchester 2008
(Stefan Moitra)   211

Eine Unternehmensgeschichte der GHH?
Johannes Bähr/Ralf Banken/Thomas Flemming: Die MAN.
Eine deutsche Industriegeschichte, München 2008 (Peter Langer)   214

Rosa Luxemburg zwischen Theorie, Politik und Umfeld
Ottokar Luban: Rosa Luxemburgs Demokratiekonzept.
Ihre Kritik an Lenin und ihr politisches Wirken 1913–1919 (Dimitrij Owetschkin)   218

Die Weimar Republik als politische Sozialgeschichte
Ursula Büttner: Weimar. Die überforderte Republik 1918–1933.
Leistung und Versagen in Staat, Gesellschaft, Wirtschaft und Kultur,
Stuttgart 2008 (Rüdiger Graf)   219

Alltagsprobleme einer revolutionären Partei:
Eine Sozialgeschichte der Weimarer KPD und ihrer Mitglieder
Ulrich Eumann: Eigenwillige Kohorten der Revolution.
Zur regionalen Sozialgeschichte des Kommunismus in der Weimarer Republik,
Frankfurt am Main u. a. 2007 (Thomas Urban)   222

Laboratorium der „Volksgemeinschaft"
Kathrin Kollmeier: Ordnung und Ausgrenzung.
Die Disziplinarpolitik der Hitler-Jugend. Göttingen 2007 (Christoph Seidel)   225

Quellenzeugnis der Bewältigungsliteratur
Jürgen Lodemann (Bearb.): Der grosse Irrtum. Die Erinnerungen
des NSDAP-Mannes Friedrich Lodemann, Berlin 2009 (Klaus Tenfelde)   227

„Stalin war kein Romantiker der Weltrevolution"
Michael Buckmiller/Klaus Meschkat (Hg.): Biographisches Handbuch zur Geschichte
der Kommunistischen Internationale. Ein deutsch-russisches Forschungsprojekt.
Berlin 2007 (Max Bloch)   229

Alexander Vatlin und die Komintern
Alexander Vatlin: Die Komintern. Gründung, Programmatik, Akteure
(Geschichte des Kommunismus und Linkssozialismus, Bd. 10),
Berlin 2009 (Ulrich Eumann)   234

Albert Südekum: Vergessener oder verschwiegener sozialdemokratischer Reformist?
Max Bloch: Albert Südekum (1871–1944). Ein deutscher Sozialdemokrat zwischen
Kaiserreich und Diktatur. Eine politische Biografie, Düsseldorf 2009
(Jürgen Mittag)   236

Ein aufrechter Querdenker: Der undogmatische Sozialist Heinz Brandt
Knud Andresen: Widerspruch als Lebensprinzip. Der undogmatische
Sozialist Heinz Brandt (1909–1986), Bonn 2007 (Max Bloch)   242

Fritz Lamm – Randfigur des deutschen Linkssozialismus?
Michael Benz: Der unbequeme Streiter Fritz Lamm. Jude – Linkssozialist – Emigrant
1911–1977. Eine politische Biographie, Essen 2007 (Thomas Urban)   245

Der Bibliothekar Fritz Hüser in Briefen: Ein Literatur-Arbeiter der Arbeiterliteratur
Jasmin Grande (Hg.): Fritz Hüser 1908–1979: Briefe, Oberhausen 2008
(Dirk Hallenberger) 247

Bewegungen der Bewegungsforschung
Roland Roth/Dieter Rucht (Hg.): Die sozialen Bewegungen in Deutschland seit 1945.
Ein Handbuch, Frankfurt/New York 2008 (Helke Stadtland) 249

Partij van de Arbeid und SPD 1945–1990: „Schwestern oder Stiefschwestern"?
Marc Drögemöller: Zwei Schwestern in Europa. Deutsche und niederländische
Sozialdemokratie 1945–1990, Berlin 2008 (Jürgen Mittag) 253

Die Metamorphosen des Herrn Matthöfer
Werner Abelshauser: Nach dem Wirtschaftswunder. Der Gewerkschafter,
Politiker und Unternehmer Hans Matthöfer (Stefan Remeke) 257

(K)eine neue Heimat?
Peter Kramper: Neue Heimat. Unternehmenspolitik und Unternehmensentwicklung
im gewerkschaftlichen Wohnungs- und Städtebau 1950–1982, Stuttgart 2008
(Jürgen Mittag) 261

Irrlicht der Ruhrgebietsgeschichte
Georg W. Oesterdiekhoff/Hermann Strasser: Köpfe der Ruhr.
200 Jahre Industriegeschichte und Strukturwandel im Lichte von Biografien,
Essen 2009 (Hans-Christoph Seidel) 264

Schweiz: Polizei, Protest und Öffentlichkeit
Marco Tackenberg/Dominique Wisler: Hutlose Burschen und halbreife Mädels.
Protest und Polizei in der Schweiz, Bern/Stuttgart/Wien 2007 (Bernd Hüttner) . . 268

Die europäische Linke – in Vielfalt geeint?
Martin Schirdewan: Die transnationale Interaktion linker Parteien in Europa
(Claudia Hülsken) 269

Berichte aus dem Institut

Jürgen Mittag
Bericht über die Tätigkeit des Instituts für soziale Bewegungen 2008/2009 275

Abstracts 299

Autorinnen und Autoren *303*

1. Forschungen

Michael Gehler

Geschichte vergleichender Parteien – Außenpolitik und Mitgliedschaft in der Europäischen Union

SPÖ und ÖVP in internationalen Organisationen und transnationalen Netzwerken 1945–2005

I. Vorbemerkung: Begriffliches, Inhaltliches und Methodisches

In der politikwissenschaftlichen Forschung stößt man vermehrt auf das Konzept der „network governance", um die Entstehung und das Funktionieren der Europäischen Union (EU) zu verstehen und zu deuten.[1] In diesem Kontext gehen Rhodes, Eising und Kohler-Koch davon aus, dass sowohl *in*, als auch *durch* Netzwerke regiert wird.[2] Dagegen führen beispielsweise Peterson und Bomberg an, dass Netzwerke zwar ein wichtiges Kennzeichen des EU-Mehrebenensystems bilden.[3] Sie sind aber offensichtlich kein spezielles Charakteristikum der EU, sondern gelten laut Scharpf grundsätzlich als ein bestimmendes und daher wiederkehrendes Element moderner Staatlichkeit im 21. Jahrhundert.[4]

---

1 Eine stark gekürzte Version dieses Beitrags erschien zuerst unter dem Titel: Parteipolitik in transnationalen Netzwerken. Ein Vergleich zwischen SPÖ und ÖVP mit einem Ausblick ins 21. Jahrhundert, in: Michael Gehler/Wolfram Kaiser/Brigitte Leucht (Hg.): Netzwerke im europäischen Mehrebenensystem. Von 1945 bis zur Gegenwart/Networks in European Multi-Level Governance. From 1945 to the Present (Institut für Geschichte der Universität Hildesheim, Arbeitskreis Europäische Integration, Historische Forschungen, Veröffentlichungen 6), Wien/Köln/Weimar 2009, S. 165–183.
2 R. A. W. Rhodes: Understanding Governance. Policy Networks, Governance, Reflexivity and Accountability, Buckingham 1997; Rainer Eising/Beate Kohler-Koch: Introduction. Network Governance in the European Union, in: dies. (Hg.): The Transformation of Governance in the European Union, London 1999, S. 3–13, siehe zuletzt auch den inhaltlich wie methodisch vielseitig und interdisziplinär angelegten Band von Berthold Unfried/Jürgen Mittag/Marcel van der Linden (unter Mitarbeit von Eva Himmelstoss) (Hg.): Transnationale Netzwerke im 20. Jahrhundert. Historische Erkundungen zu Ideen und Praktiken, Individuen und Organisationen. Transnational Networks in the 20th Century. Ideas and Practices, Individuals and Organizations (ITH-Tagungsberichte 42), Wien 2008.
3 John Peterson/Elizabeth Bomberg: Decision Making in the European Union, Basingstoke 1999 zur Frage der Netzwerke und der Historie bzw. der Geschichtswissenschaften siehe Christoph Boyer: Netzwerke und Geschichte. Netzwerktheorien und Geschichtswissenschaften und Wolfgang Neurath/Lothar Krempel, Geschichtswissenschaft und Netzwerkanalyse. Potenziale und Beispiele, in: Unfried/Mittag/Van der Linden (Hg.): Transnationale Netzwerke im 20. Jahrhundert, S. 47–58, 59–79.
4 Fritz W. Scharpf: Die Handlungsfähigkeit des Staates am Ende des zwanzigsten Jahrhunderts, in: Politische Vierteljahrsschrift 4 (1991), S. 621–634; Jürgen Mittag: Kleine Geschichte der Europäischen

Während das fortwährende Dasein und die dauerhafte Existenz von Netzwerken in der EU nicht unbestritten sind, so gibt es immerhin Konsens darüber, dass es keinesfalls so ist, dass die politischen Vorgänge und Entscheidungen in der EU allein von Mitgliedstaaten beherrscht bzw. gefällt, d. h. von ihnen monopolartig kontrolliert werden. Bache, Flinders, Peterson, Hooghe und Marks gehen von einer Vielzahl öffentlicher und privater Akteure auf diversen Ebenen des Regierens aus.[5] Es ist Tanja Börzel zuzustimmen, dass die Frage, welche Rolle Netzwerke für das Regieren in der EU spielen, eine empirische Frage ist, also fallbezogen bleibt.[6] Das Gleiche dürfte auch für Netzwerke außerhalb des engeren EU-Regierungssystems gelten.

Zu Recht insistiert Börzel auf die Verwendung einer klaren Terminologie. Sie unterscheidet systematisch zwischen „Regieren in Netzwerken" und „Regieren durch Netzwerke" („network governance"). Mit Pappi und Henning hält sie den Befund der Vielfalt von diversen Netzwerkvorstellungen fest.[7] Börzel differenziert weiters zwischen Studien, die Netzwerke als quantitatives oder qualitatives Instrumentarium der Analyse verwenden. Sie unterscheidet ferner zwischen dem Verständnis von Netzwerken als „ein bestimmter Typ der Interessensvermittlung" einerseits und „einer spezifischen Governance-Form" andererseits. Die quantitative Netzwerkanalyse gestatte es, so Börzel, „soziale Strukturen zu bestimmen und die Beziehungen zwischen Akteuren auf ihre Kohäsion, strukturelle Äquivalenz und räumliche Repräsentanz" durch quantitative und modellhafte Methoden zu beleuchten. Die qualitative Netzwerkanalyse hingegen sei „eher prozess-orientiert". Nicht so stark auf Interaktionsstrukturen zwischen Akteuren Wert legend, wendet sie sich den Inhalten dieser Interaktionen zu, „die mit Hilfe qualitativer Methoden wie Interviews oder Diskursanalysen erfasst werden sollen". Mit Pappi geht sie davon aus, dass sich beide Ansätze keineswegs ausschließen, sondern wechselseitig ergänzen,[8] eine Auffassung, die auch der Verfasser dieses Beitrags teilt und hier umzusetzen versucht, wobei er sich angesichts seines hier zu behandelnden Themas, das heisst u. a. mangels Masse von Akteuren in diesem Falle eher der qualitativen Methode verpflichtet fühlt.

Union. Von der Europaidee bis zur Gegenwart, Münster 2008.
5   Ian Bache/Matthew Flinders: Multi-Level Governance, Oxford 2005; John Peterson: Policy Networks, in: Antje Wiener/Thomas Dietz (Hg.): European Integration Theory, Oxford 2004, S. 117–135; Liesbet Hooghe/Gary Marks: Unravelling the Central-State, but How? Types of Multi-Level Governance, in: American Political Science Review 2 (2003), S. 233–243.
6   Tanja A. Börzel: Informelle Politik in Europa: Regieren in oder durch Netzwerke?, in: Gehler/Kaiser/Leucht (Hg.): Netzwerke im europäischen Mehrebenensystem, S. 27–38, hier S. 27.
7   Dies.: Organising Babylon. On the Different Conceptions of Policy Networks, in: Public Administration 76 (1998), S. 253–273; Franz Urban Pappi/Christian H. C. A. Henning: Policy Networks. More than a Metaphor, in: Journal of Theoretical Politics 4 (1998), S. 553–575.
8   Pascal Sciarini: Elaboration of the Swiss Agricultural Policy for the GATT Negotiations. A Network Analysis, in: Schweizer Zeitschrift für Soziologie 1 (1996), 85–115. Für einen Versuch, die beiden Konzepte in einem „policy area network approach" zusammenzubringen siehe Franz Urban Pappi: Policy-Netzwerke. Erscheinungsform moderner Politiksteuerung oder methodischer Ansatz?, in: Adrienne Héritier (Hg.): Policy-Analyse. Kritik und Neuorientierung, Opladen 1993, S. 90–93, Börzel: Informelle Politik in Europa, S. 28.

Um mit Börzel fortzufahren: Angenommen wird ferner, dass Netzwerke, die „Status und Macht bestimmter Interessen in einem Politikfeld abbilden, Politikergebnisse nachhaltig beeinflussen, ohne sie allerdings vollständig zu determinieren".[9] Der Austausch und die Beziehungen können in Regelmäßigkeit, Stärke und Zahl differieren. Die Struktur von Netzwerken stellt einen wichtigen Anhaltspunkt für Kosten-Nutzen-Kalküle der daran teilhabenden Akteure dar. Ausgehend davon entscheiden sie sich für bestimmte Strategien, wie die quantifizierende Analyse von Henning über Politiknetzwerke in der Landwirtschaftspolitik der EU demonstriert.[10]

Eine spezifische Definition von „network governance" meint „alle Akteure, die an der Formulierung und Umsetzung von Politikprogrammen in einem Politikfeld beteiligt sind". Dabei haben solcherlei Netzwerke einen „vorwiegend informellen Charakter", der die „Austauschbeziehungen zwischen öffentlichen und privaten Akteuren" kennzeichnet, „die ein gemeinsames Interesse an der Lösung kollektiver Probleme haben".[11] Manche Autoren argumentieren, den Governance-Begriff ausschließlich für solche netzwerkartigen Beziehungen zwischen öffentlichen und privaten Akteuren vorzubehalten. Ein solch enges Verständnis von Netzwerken hält Börzel kaum mit der Governance-Literatur für vereinbar, die zwischen drei Idealtypen von „governance" unterscheidet: Hierarchie, Markt (Wettbewerbssysteme) und Netzwerke (Verhandlungssysteme). Um den enger definierten Begriff der Netzwerke mit der Governance-Literatur zusammenzuführen, benutzt Börzel bewusst den Begriff der „Verhandlungssysteme", von dem Netzwerke einen spezifischen Subtyp darstellen.[12]

Nähern wir uns der Thematik noch von einem anderen, nämlich einem inhaltlichen Ausgangspunkt: Der Begriff des „Netzwerks" hat in der deutschen Sprache keine wertfreie Bedeutung. Die Rechtsextremismusforschung verwendet diesen für Verbindungen demokratiefeindlicher Gruppen. Unabhängig davon wird mit „Netzwerken" grundsätzlich die Frage nach der Legitimität aufgeworfen, insbesondere aber ein Mangel an Repräsentativität und Transparenz – d. h. die demokratiepolitische Problematik – assoziiert. Hand in Hand mit dem Begriff gehen auch Verschwörungstheorien. Die dem Netzwerk-Begriff innewohnende Ambivalenz gilt es zu reflektieren. Nicht ohne Grund meinte beispielsweise Österreichs ehemaliger Bundeskanzler (1986–1997) Franz Vranitzky, befragt nach diesem Mittel der internationalen Politik der SPÖ: „Den Begriff ‚Netzwerke' stelle ich nicht in den Vordergrund. Er scheint mir im politischen Gebrauch nicht nur schmückend zu sein."[13]

Netzwerke sind nicht nur auf außen-, sondern auch innenpolitischer Ebene zu beachten. Im Zusammenhang mit dem 2007 neu gewählten ÖVP-Obmann Wilhelm Molterer titelte die *Frankfurter Allgemeine Zeitung* mit „Vielfach vernetzt". Damit wurde die Eigenschaft eines politischen „allrounders" angesprochen, der nahezu auf allen Feldern der Innenpolitik

---

9   Börzel: Informelle Politik in Europa, S. 28.
10 Christian H. C. A. Henning: Politiknetzwerke und politischer Einfluss in der EU-Agrarpolitik, in: Gehler/Kaiser/Leucht (Hg.): Netzwerke im europäischen Mehrebenensystem, S. 233–252.
11 Börzel: Informelle Politik in Europa, S. 30.
12 Ebd., S. 30–31.
13 Brief von Bundeskanzler a. D. Dr. Franz Vranitzky an den Verfasser, 19.3.2007.

über Vertraute, ehemalige Mitarbeiter und Freunde verfügt und diese zu seinem politischen Vorteil einsetzt.[14] Auch dieses Verständnis erscheint in der deutschsprachigen politischen Kultur nicht unbedingt nur positiv. Soweit ließe sich noch viel zur kritischen Begriffsreflexion sagen. Faktum ist, daß Netzwerke in der Politik existieren und die Forschung sie nicht deshalb ignorieren kann, weil sie fragwürdig sein sollten.

In liberalen Demokratien erfolgt die politische Meinungsbildung und Entscheidungsfindung inner- und außerhalb der politischen Parteien, die ihre Kandidaten aufstellen und für regierungspolitische Funktionen nominieren und durchsetzen. Politische Parteien sind die Träger der Regierungspolitik und damit auch der Gestaltung der Außen- und Europapolitik sowie der internationalen Beziehungen. Längst ist die Frage von Personal und Personalpolitik der Parteien- und Verbändepolitik mit Blick auf die europäische Integration Gegenstand zeitgeschichtlicher Forschung geworden.[15] Ausgehend von der Frage, wie ein Staat Mitglied in der Europäischen Union werden konnte und welche Rolle dabei Parteipolitik in transnationaler Netzwerkarbeit spielte, wird im Rahmen dieses Beitrags die Rolle österreichischer parteipolitischer Eliten im Rahmen internationaler Organisationen und transnationaler Netzwerkbildung in der Außenpolitik nach dem Zweiten Weltkrieg bis zur Mitgliedschaft Österreichs in der EU analysiert. Ein Ausblick für die Zeit danach soll den Wandel verdeutlichen, dem auch die Netzwerkbildung unterliegt.

Über Jahrzehnte dominierte eine Struktur von zwei Großparteien das politische System Österreichs nach 1945.[16] Vor diesem Hintergrund wird die Rolle von Vertretern der Sozialistischen (bis 1991) bzw. Sozialdemokratischen Partei Österreichs (SPÖ) und der Österreichischen Volkspartei (ÖVP) mit Blick auf ihre außenpolitische Netzwerkarbeit vergleichend gegenübergestellt und auf ihre Bedeutung hin befragt. Es handelt sich um den Versuch eines ersten Überblicks. Viel biographische und prosopographische Untersuchungsarbeit ist auf diesem Feld noch zu leisten.

Auf andere Parteien wird nicht eingegangen. Warum? Die KPÖ war zwar in dem ab 1947 gebildeten KOMINFORM-Büro vertreten, aber nach der Annahme der US-amerikanischen Marshall-Plan-Hilfe durch ÖVP und SPÖ aus der Koalitionsregierung ausgeschieden. Die KPÖ nahm ferner im Rahmen des Eurokommunismus der 1970er Jahre keinen prominenten Part ein. Die KPÖ hatte innenpolitisch auch keine langanhaltende und nachhaltige Bedeutung mehr, während die FPÖ über den gesamten Untersuchungszeitraum hin betrachtet – sieht man von der Regierungszeit von 1983 bis 1986 und 2000 bis 2005 ab – Oppositionspartei war, vor allem aber so gut wie keine außenpolitische Kompetenz entwickelte und in der Liberalen Internationale (LI) nur eine bescheidene Rolle spielte.

---

14 Reinhard Olt, Vielfach vernetzt, in: Frankfurter Allgemeine Zeitung, 23.4.2007.
15 Siehe als Beispiel einer parteienübergreifenden Studie: Bernd Bühlbäcker: Personal und Personalpolitik deutscher Parteien und Verbände in der Montanunion 1949–1958 (Veröffentlichungen des Instituts für soziale Bewegungen: Darstellungen, Bd. 38), Essen 2007.
16 Siehe Michael Gehler: Die Zweite Republik – zwischen Konsens und Konflikt. Historischer Überblick (1945–2005), in: Herbert Dachs/Peter Gerlich/Herbert Gottweis/Helmut Kramer/Volkmar Lauber/Wolfgang C. Müller/Emmerich Tálos (Hg.): Politik in Österreich. Das Handbuch, Wien 2006, S. 35–51.

Die FPÖ entschloß sich hingegen unter Jörg Haider 1993 sogar zum „freiwilligen" Austritt aus der LI, um einem aufgrund ihrer politischen Extrempositionen und Radikalisierung bevorstehenden Ausschluss zuvorzukommen. Mit konservativen und rechtspopulistischen Kreisen suchte Haider wiederholt Verbindungen aufzunehmen (z. B. Max Streibl von der bayerischen CSU, Gianfranco Fini von der Forza Italia, Umberto Bossi von der Lega Nord und Philip Dewinter vom Vlaamse Block/Belang). Diese hatten aber keinen nennenswerten politischen Effekt, eher schadeten sie dem internationalen Image Österreichs.

Die Grünen haben erst im 21. Jahrhundert auf europäischer Ebene eine formelle transnationale Kooperationspolitik etabliert und entsprechende Netzwerkbildung realisiert. Sie scheiden für eine nähere Betrachtung für den angepeilten Untersuchungszeitraum 1945–1995/2005 ebenso aus.

Hauptaugenmerk wird SPÖ-Politikern im Commitee of International Socialist Conferences (COMISCO) und in der Sozialistischen Internationale (SI)[17] sowie ÖVP-Politikern[18] in diversen übernationalen christdemokratischen Parteienbünden[19] wie den Nouvelles Equipes Nationales (NEI), der European Union of Christian Democrats/Europäischen Union Christlicher Demokraten (EUCD), der European Democratic Union/Europäischen Demokratischen Union (EDU) und der Europäischen Volkspartei (EVP) geschenkt.

In der Zwischenkriegszeit haben internationale Parteienbeziehungen außerhalb der sozialistischen und kommunistischen Parteien kaum bestanden. Das Secrétariat International des Partis Démocratiques d'Inspiration Chrétienne (SIPDIC) (1925–1939) in Paris blieb relativ bescheiden. Im bürgerlichen Lager bzw. christdemokratischen Parteienspektrum war für eine schlagkräftige Internationale kaum Verständnis vorhanden. Der „Internationalismus" von Sozialisten und Kommunisten wurde tendenziell als „unpatriotisch" abgelehnt. Diese Haltung manifestierte sich in der Hilflosigkeit der bürgerlichen und nicht-sozialistischen Parteien gegenüber dem Nationalsozialismus, insbesondere in der Unfähigkeit, auf internationaler Basis zeitgerechte Koalitionen gegen die NS-Politik zu bilden. Österreichs Sozialisten profitierten in ihrer außenpolitischen Netzwerkarbeit in der Nachkriegszeit von ihren Aktivitäten und Kontakten im Exil während der Zeit der „Ständestaat"-Diktatur und des

---

17 Eberhard Knopp: Die Sozialistische Internationale. Herkunft, Aufbau und Ziele einer transnationalen Parteienorganisation, phil. Diss. Universität Heidelberg 1992, S. 169–170, 173–174, 218–220.

18 Im Überblick Andreas Khol: Die internationalen Parteienzusammenarbeit. Die Beziehungen der Österreichischen Volkspartei zu ihren Schwesterparteien und ihre Mitarbeit in den transnationalen Parteienzusammenschlüssen, in: Robert Kriechbaumer/Franz Schausberger (Hg.): Volkspartei – Anspruch und Realität. Zur Geschichte der ÖVP seit 1945, Wien – Köln – Weimar 1995, S. 359–369 und die exzellent vergleichende Studie von Steven van Hecke: „Christen-democraten en conservatieven in de Europese Volkspartij. Ideologische verschillen, nationale tegenstellingen en transnationale conflicten". Proefschrift tot het verkrijgen van de graad van Doctor in de Social Wetenschappen, KU Leuven 2005, S. 145–154 und zuletzt Michael Gehler/Johannes Schönner: Transnationale christdemokratische Parteienkooperationen in Europa 1965–1989. Der Beitrag österreichischer Ideen und Initiativen, in: Helmut Wohnout (Hg.): Demokratie und Geschichte. Jahrbuch des Karl von Vogelsang-Instituts zur Erforschung der Geschichte der christlichen Demokratie in Österreich 11/12 (2007/2008), Wien/Köln/Weimar 2009, S. 271–318.

19 Siehe zum Konnex christdemokratischer Parteien und europäische Integration die umfassende Studie von Wolfram Kaiser: Christian Democracy and the origins of European Union, Cambridge 2007.

Nationalsozialismus. Dieser Vorsprung an organisierter Internationalität gegenüber dem bürgerlich-konservativen bzw. christlichsozialen Lager ist kaum abzustreiten.[20]

Die sich nach 1945 transnational konstituierenden Parteienformationen[21] bekamen seit den 1970er Jahren eigenständigen Akteurscharakter und wurden treibende Kräfte der europäischen Integrationspolitik. Das erhöhte auch die Motivation und Relevanz für österreichische Parteipolitiker in der transnationalen Netzwerkarbeit. Es geht dabei in diesem Beitrag um folgende Fragen: Welche Politiker welchen Ranges bemühten sich mit welchen Motivationen und Zielsetzungen um Engagement in internationalen Organisationen und transnationaler Netzwerkbildung (zwischen beiden Erscheinungsformen ist eine Trennung schwerlich möglich, sie spielen zusammen)? Welche Erfolge erzielten sie dabei und wie weit verfolgten sie ein gemeinsames Ziel? Wie wirkte sich der seit 1989 anvisierte Beitritt Österreichs zu den Europäischen Gemeinschaften auf die transnationale parteipolitische Netzwerkarbeit aus? Welche Wirkung entfaltete der 1995 erfolgte EU-Beitritt auf diese Tätigkeiten?

Versuchen wir zunächst den zeithistorischen Hintergrund aufzuhellen, denn SPÖ und ÖVP hatten unterschiedliche Traditionen und Präferenzen in der außenpolitischen Netzwerkbildung.

II. Erfolgreiche Europäisierung – begrenzte Globalisierung im Commitee of International Socialist Conferences (COMISCO) und in der Sozialistischen Internationale (SI)

Nach dem Zweiten Weltkrieg konzentrierte sich die Gesamtheit der politischen Kräfte Österreichs auf die Lösung der dringlichsten inneren Probleme des Landes. Das wichtigste außenpolitische Ziel war die baldmögliche Befreiung von den Besatzungstruppen und die Erlangung der vollen Souveränität. 1945 war die SPÖ stark von dem gemäßigten Sozialdemokraten Karl Renner beeinflusst und nach innen gerichtet. 1946 fanden dann innerhalb der Sozialistischen Partei erste Diskussionen über ein aktives Engagement auf internationaler Ebene statt. Eine aktive Außenpolitik stellte für die führenden Sozialisten ein wichtiges Anliegen dar. Sie sollte „Mittel zur Gestaltung und Veränderung gesellschaftlicher Verhält-

---

20 Siehe hingegen Peter Van Kemseke: Towards an Era of Development. The Globalization of Socialism and Christian Democracy 1945–1965 (KADOC Studies on Religion, Culture and Society 5), Leuven 2006, S. 26–27, der dieses „Klischee" mit Blick auf die Thesen von Alwin Hanschmidt und Andreas Khol zu relativieren versucht, wonach christdemokratische Parteien in der Zwischenkriegszeit auf ihre ideologische Autonomie Wert gelegt und überparteiliche Instanzen abgelehnt hätten bzw. in patriotisch-nationalem und provinziellem Geist verharrt wären.

21 Norbert Gresch: Transnationale Parteienzusammenarbeit in der EG, Baden-Baden 1978; Forest L. Grieves (Hg.): Transnationalism in World Politics and Business, New York u. a. 1979; Ernst Kuper: Transnationale Parteienbünde zwischen Partei- und Weltpolitik, Frankfurt/Main u. a. 1995; Jürgen Mittag (Hg.): Politische Parteien und europäische Integration. Entwicklung und Perspektiven transnationaler Parteienkooperation in Europa (Veröffentlichungen des Instituts für soziale Bewegungen, Darstellungen, Bd. 37), Essen 2006.

nisse" sein. Gemeint waren weltgesellschaftliche Verhältnisse. Außenpolitik sollte eingesetzt werden, um das Zusammenleben der Völker „nach neuen Grundsätzen" zu gestalten.[22]

SPÖ-Vertreter spielten trotz alliierter Besetzung und begrenzten außenpolitischen Spielraums Österreichs schon in der unmittelbaren Nachkriegszeit eine aktive Rolle in der COMISCO (1947–1951), dem Vorläufer der SI. Belege sind profilierte Persönlichkeiten wie Julius Braunthal, gebürtiger Österreicher, englisch gewordener Staatsbürger und ehemaliger Mitarbeiter der Sozialistischen Arbeiter-Internationale (SAI) von Friedrich Adler, Sohn des Begründers der österreichischen Sozialdemokratie Victor Adler.[23] Braunthal war zunächst Sekretär der COMISCO (1949–1951) und dann erster Sekretär der SI nach ihrer Wiederentstehung (1951–1956). Bruno Pittermann agierte als Präsident (1964–1976) und Hans Janitschek als Generalsekretär der SI (1969–1976). Österreichs Regierungschef Bruno Kreisky war Vizepräsident der SI (1969–1974). Für die SI-Aktivitäten der SPÖ sind von 1945 bis in die 1970er Jahre drei Phasen zu nennen: 1) die Zeit des Sekretariats von Braunthal, die von der Wiedergründung der SI und von der SPÖ geleisteten Mithilfe zur Formulierung der neuen Grundsätze gekennzeichnet war; 2) die Phase unter Pittermanns Präsidentschaft und 3) Janitschek als Generalsekretär bis cirka 1972 mit zunehmendem Einfluss der SPÖ.

Phase 1: „Europa" und Entkolonialisierung in den 1940er und 1950er Jahren

Noch während des Krieges arbeitete Braunthal in London gemeinsam mit der Labour Party an der Wiederbegründung der SI.[24] Gleich nach Kriegsende setzte er sich für eine Wiederaufnahme seiner Partei ein. 1946 konnte auf der Konferenz von Clacton die Einbeziehung der SPÖ bewirkt werden. Während Außendienst-Beamte aus bürgerlich-konservativen und ehemals christlichsozialen Kreisen dominierten, konnten Sozialisten die COMISCO bzw. die Internationale als Vehikel nutzen, um ihre außenpolitischen Vorstellungen zu transportieren. Karl Czernetz, Julius Deutsch, Oscar Pollak, Adolf Schärf, Karl Seitz und Bruno Pittermann waren hierbei engagiert. Während die SPD erst 1951 Aufnahme fand – die Österreicher sprachen sich für ihre Einbeziehung aus, ihre Nichtbeteiligung bezeichnete Seitz als

---

22 Peter Jankowitsch: Der Wandel der außenpolitischen Konzeptionen der SPÖ, in: Erich Fröschl/Maria Mesner/Helge Zoitl (Hg.): Die Bewegung – Hundert Jahre Sozialdemokratie in Österreich, Wien 1990, S. 517; Oliver Rathkolb: Anmerkungen zur Europapolitik der SPÖ 1945–1972, in: Hannes Androsch/Anton Pelinka/Manfred Zollinger (Hg.): Karl Waldbrunner. Pragmatischer Visionär für das neue Österreich, Wien 2006, S. 309–323, hier S. 310.
23 Julius Braunthal, Viktor [sic!] und Friedrich Adler: Zwei Generationen Arbeiterbewegung, Wien 1965.
24 Siehe für die erste Nachkriegsphase die grundlegenden Arbeiten von Rolf Steininger: Deutschland und die Sozialistische Internationale nach dem Zweiten Weltkrieg. Die deutsche Frage, die Internationale und das Problem der Wiederaufnahme der SPD auf den internationalen sozialistischen Konferenzen bis 1951 – unter besonderer Berücksichtigung der Labour Party. Darstellung und Dokumentation (Archiv für Sozialgeschichte, Beiheft 7), Bonn 1979; Patrick von zur Mühlen (Hg.): Sozialdemokratie in Europa, München 1980; mit vielen Informationen zu den SPÖ-Politiker-Stellungnahmen: Klaus Misgeld: Sozialdemokratie und Außenpolitik in Schweden. Sozialistische Internationale, Europapolitik und die Deutschlandfrage 1945–1955 (Campus Forschung 392), Frankfurt/Main/New York 1984.

„Unglück"[25] – wurde die SPÖ bald nach Rekonstituierung der SI Mitglied. Enge Beziehungen bestanden aus der Exilzeit zu schwedischen und deutschen Sozialdemokraten. Die Beziehungen zwischen SPÖ und der Sveriges socialdemokratiska arbetareparti (SAP) waren aber herzlicher als die zwischen SAP und der SPD.[26] Die skandinavische Erfahrung mit Blick auf Neutralität und das schwedische Modell des Wohlfahrtsstaates hatten große Bedeutung.[27] Gute Beziehungen der SPÖ entwickelten sich zu Parteien neutraler Länder wie der Schweiz und Finnlands, u. a. um Profil gegenüber „NATO-Parteien" zu bilden,[28] aber auch zur Labour Party. Dies geschah vor dem Hintergrund, dass SPD und SFIO-Repräsentanten dazu tendierten, Gespräche ohne Vertreter kleinerer Parteien zu führen.[29]

Die SPÖ war argumentativ vielfach in der politischen Defensive. Das Thema „Demokratie und Sozialismus" spielte aufgrund des Besatzungsstatus des Landes und der Frontstellung gegen die KPÖ[30] eine große Rolle. Die Aktivitäten standen nach Annahme des Marshall-Plans 1947/48 im Zeichen des Antikommunismus, des Kalten Kriegs und der Bewahrung der österreichischen Bündnisfreiheit.[31]

Oliver Rathkolb hat mit Blick auf die SPÖ darauf hingewiesen, dass bis zum Staatsvertrag „die internationalistischen Aktivitäten auf die Wiedererrichtung der Internationale und eine immer engagierter werdende Europapolitik beschränkt blieben". Für viele Sozialisten ging es in Europa um den Aufbau einer „dritten Kraft" zwischen Kapitalismus und Kommunismus, die der Chefredakteur der *Arbeiter-Zeitung* Oscar Pollak für das wichtigste Ziel sozialistischer Außenpolitik hielt.[32] Solche Ideen wurden zunächst vor allem von Karl Czernetz verfochten,[33] um dann verworfen zu werden, was Ergebnis einer pro-amerikanischen Haltung war. 1953 kanzelte Czernetz „dritte Wege" und europäischen „Neutralismus" ab. Die militärische Sicherheit Europas könne nur durch NATO und europäische Zusammenarbeit gewährleistet werden. Österreich war an keinem militärischen Vakuum in der Mitte des Kontinents interessiert und unterstützte daher die SPD in ihrem Kampf gegen die deutsche Wiederbewaffnung nicht. Die SPÖ lehnte die Opposition der SPD gegen die Westintegrationspolitik Adenauers ab. Gleichzeitig betonte Vizekanzler Adolf Schärf, dass „Österreich durch eine militärische Allianzfreiheit keinesfalls auf die Errichtung einer eigenen Armee verzichte".[34] Die an Zusammenarbeit und Stärke des Westens interessierten Schärf und Pollak standen im

---

25 Ders.: Sozialdemokratie und Außenpolitik, S. 63.
26 Ebd., S. 193 (Fn 62).
27 Ebd., S. 27–28, S. 501–502.
28 Ebd., S. 206–207.
29 Ebd., S. 377.
30 Ebd., S. 148.
31 Ebd., S. 23.
32 Oliver Rathkolb: Sozialistische Außenpolitik(er) in Österreich 1945 bis 1959, in: Erich Fröschl/Maria Mesner/Helge Zoitl (Hg.): Die Bewegung – Hundert Jahre Sozialdemokratie in Österreich, Wien 1990, S. 499–514, hier S. 504; Julius Braunthal: Geschichte der Internationale, Bd. 3, Berlin/Bonn 1978, S. 500 (Zitat), S. 502.
33 Misgeld: Sozialdemokratie und Außenpolitik, S. 120 (Fn 76); siehe auch Karl Czernetz: Europäer und Sozialist. Reden und Aufsätze, Wien 1980.
34 Ebd., S. 223–225 und S. 233–235.

Gegensatz zu Erich Ollenhauer (SPD), dem ein bündnisfreies, durch einen Vier-Mächte-Pakt und eine internationale Garantie gesichertes Deutschland vorschwebte.[35]

Heinz Hürten hat den Beitrag christlicher Demokraten zum „geistigen und politischen Wiederaufbau und zur europäischen Integration nach 1945" betont.[36] Voraussetzungen hierfür wären aber Verständigung, Vermittlung und Versöhnung zwischen West und Ost gewesen, was der deutsche Bundeskanzler Adenauer (CDU) allerdings auch um den Preis der Teilung Deutschlands (und Europas) ablehnte. Nicht durch Überwindung, sondern durch Perpetuierung und Kultivierung des deutschland- und europapolitischen Status quo zeichnete sich dessen christdemokratische Politik in Westeuropa nach 1945 aus. Unangefochtenes Ziel war die Souveränität der Bundesrepublik und deren Integration in den (atlantischen) Westen. So bekannte Adenauer am 10. März 1956 vor dem CDU-Bundesparteivorstand unumwunden:

„Ich muss Ihnen sagen – ich darf es sonst nicht so krass sagen, hier darf ich es tun –, was mir in erster Linie vor Augen schwebt. Mir schwebt in erster Linie vor Augen, dass nicht die Bundesrepublik auf den Altar der Versöhnung zwischen West und Ost geworfen wird. Dies ist die große Gefahr, die mir vor Augen schwebt."[37]

Andere Prioritäten setzten Österreichs Christdemokraten – für sie galten Erhalt der staatlichen Einheit und Abbau der Konfrontationspotentiale zwischen Ost und West als Grundvoraussetzungen ihres politischen und transnationalen Agierens. Beides war kein Widerspruch zu europapolitischem Engagement, ja durchaus damit vereinbar. Beispiele bieten Eduard Ludwig (ÖVP) oder Bruno Pittermann (SPÖ), die im Europarat als Beobachter tätig waren. Pittermann wurde 1957 Vizepräsident der Beratenden Versammlung der Straßburger Organisation.[38] Bei der Hohen Behörde der Montanunion waren ab 1953 zwei österreichische Diplomaten als Beobachter akkreditiert, Carl Bobleter (ÖVP) und Fritz Kolb (SPÖ), die losgelöst voneinander agierten und mit ihren jeweiligen Parteivorsitzenden korrespondierten.

---

35   Ebd., S. 441 und Fn 70, S. 458–459, S. 496 (Fn 34).
36   Heinz Hürten: Der Beitrag Christlicher Demokraten zum geistigen und politischen Wiederaufbau und zur europäischen Integration nach 1945. Bundesrepublik Deutschland, in: Winfried Becker/Rudolf Morsey (Hg.): Christliche Demokratie in Europa. Grundlagen und Entwicklungen seit dem 19. Jahrhundert, Köln/Wien 1988, S. 214–223. Siehe dagegen Franz Horner: Parteienkooperation der europäischen Christdemokraten. Möglichkeiten und Grenzen. Ein Kommentar, in: Gehler/Kaiser/Wohnout (Hg.): Christdemokratie in Europa im 20. Jahrhundert, S. 737–749, hier S. 739, der in diesem Zusammenhang nicht zu Unrecht „das eindimensionale Denken westdeutscher Wissenschaftler" beklagte „die Politik Adenauers als die einzig richtige und vor allem genuin christdemokratische Lösung hinzustellen."
37   Dok. 13 Protokoll vom 10.3.1956, in: Günter Buchstab (Bearb.): Adenauer: „Wir haben wirklich etwas geschaffen." Die Protokolle des CDU-Bundesvorstandes 1953–1957 (Forschungen und Quellen zur Zeitgeschichte. Im Auftrag der Konrad-Adenauer-Stiftung, hg. v. Günter Buchstab/Klaus Gotto/Hans Günter Hockerts/Rudolf Morsey/Hans-Peter Schwarz, Bd. 16), Düsseldorf 1990, S. 835–895, hier S. 858.
38   Michael Gehler: Pittermann, Bruno, in: Neue Deutsche Biographie, hg. v. d. Historischen Kommission bei der Bayerischen Akademie der Wissenschaften, Berlin 2001, S. 489–490.

Die SI befasste sich zunächst mit dem „Ost-West-Konflikt", der Frage der „Entkolonialisierung" sowie mit der Herstellung von Verbindung zu sozialistischen Parteien anderer Kontinente. Die „Entkolonialisierungspolitik" und die Unterstützung unterwickelter Länder stellten für SPÖ-Vertreter ein wichtiges Anliegen dar, vor allem in Bezug „auf den hohen Stellenwert des Internationalismus und der internationalen Solidarität" in der Ideologie der österreichischen Sozialdemokratie. Die Frankfurter Deklaration von 1951 führte aber zunächst zur Vertagung des Themas. Rathkolb hält fest, dass ein stärkeres Engagement in der Dritte-Welt-Politik von Seiten der Intellektuellen innerhalb der Partei als gefährliches Zeichen der Unterstützung des „Sowjetimperialismus" abgelehnt wurde. Anfang der 1950er Jahre drängte Braunthal auf Unterstützung der asiatischen sozialistischen Parteien und setzte sich für die Gründung der „Asian Socialist Conference" ein. Sie traf am 6. Januar 1953 in Rangoon zum ersten Mal zusammen. Beim dritten Kongress der SI in Stockholm (15.–18. Juli 1953) bezeichnete er ihre Gründung „als das bedeutsamste Ereignis in der zeitgenössischen Geschichte des internationalen Sozialismus".[39]

Phase 2: Entspannungspolitik sowie Kampf gegen autoritäre Regime und Diktaturen in den 1960er und frühen 1970er Jahren

Wesentliche Impulse für die Reorganisation des internationalen Sozialismus gingen von der österreichischen Sozialdemokratie aus. Anfang der 1960er Jahre beklagten sich Bruno Pittermann und Otto Probst über die mangelhafte Koordination unter den Sozialisten im Europarat. Sie luden im Januar 1961 in Salzburg zu einer ersten sozialistischen „Conference of Party Leaders". Die Parteiführerkonferenz sollte eine bessere Abstimmung bei Wahlen z. B. des Vorsitzenden der Beratenden Versammlung des Europarats möglich machen. In weiterer Folge vertrat Czernetz die Auffassung der Dezentralisierung – d. h. einer inneren Regionalisierung der SI – für die Lösung spezifischer Probleme der Welt.[40] Die SI verfolgte durch aktive Mitwirkung österreichischer Sozialisten eine Entspannungspolitik zwischen den Blöcken, die Unterstützung des Befreiungskampfes gegen autoritäre Regierungen und Diktaturen sowie Initiativen zur Entwicklung der „Dritten Welt". Auf Vorschlag der SPÖ wurden Gespräche für eine neue Grundsatzerklärung während des VII. Kongresses der SI in Rom (1961) eröffnet. Sie endeten 1962 mit der Generalratstagung in Oslo, als die Erklärung „Die Welt von heute – sozialistisch gesehen" verabschiedet wurde.[41]

Mit Ernennung Janitscheks zum Generalsekretär und der Wiederwahl (1969) Pittermanns zum Präsidenten der SI wurde der „Ausbruch aus dem Ghetto Europa" unternommen. Zahlreiche Reisen führten Pittermann nicht nur in europäische Länder, sondern auch nach Asien (China, Singapore) und Südamerika. In den folgenden Jahren setzte sich die SPÖ für die Ablösung der südeuropäischen Diktaturen ein. Im Auftrag Pittermanns wurde

---

39 Thomas Meyer/Karl-Heinz Klär/Susanne Miller/Klaus Novy/Heinz Timmermann (Hg.): Lexikon des Sozialismus, Köln 1986, S. 427.
40 Van Kemseke: Towards an Era of Development, S. 167–168.
41 Meyer/Klar/Miller/Novy/Timmermann: Lexikon, S. 574.

das Portugal- (1971), Spanien- und Griechenland-Komitee (1972) und 1975 das „Portugal-Solidaritäts-Komitee" gegründet. Dabei ging es um den Kampf gegen den „Faschismus" in Griechenland und gleichzeitige Unterstützung der von Salvador Allende in Chile geführten Regierung.[42]

Phase 3: Die Wende zur Globalisierung in den 1970er Jahren

Die Wiener Konferenz der Sozialistischen Internationale vom 26. bis 29. Juni 1972 leitete die Wende zu einer „aktiveren, globalen Politik" ein, die in doppelter Weise vollzogen wurde, von Janitschek mit den „wohl wichtigsten und ereignisreichsten Jahren der Internationalen seit Kriegsende" charakterisiert.[43] Die Aktivitäten führten zur der schon seit langem angestrebten Orientierung in Richtung „Dritte Welt".[44] Dieser Wechsel, der zu Lasten von Verbindungen zu den mittel- und osteuropäischen Ländern ging, sollte im globalen Kontext den Nord-Süd-Beziehungen den Vorzug geben. Wieder spielten traditionelle Kontakte eine Rolle. Das Thema „Dritte Welt" fand unter den „bündnisfreien" Sozialdemokraten Schwedens und Österreichs stärkere Beachtung und Wertschätzung als bei den sozialistischen NATO-Länder-Parteien. In den 1950er Jahren noch weit davon entfernt, eine Neuorientierung der SI einzuleiten, sollte dies in den 1970er Jahren gelingen.[45]

Die Suche der SI nach einer neuen, aktiveren und globalen Politik[46] fand ihre Bestätigung 1976 in der Genfer Konferenz, bei der Probleme der Nahostpolitik behandelt wurden, die mit Anstrengungen zur Vergrößerung der Organisation durch Aufnahme gleichgesinnter politischer Gruppierungen in Afrika, Lateinamerika und Asien parallel liefen. Der Appell um Aufnahme an sozialistische und sozialdemokratische Parteien in diesen Ländern hatte bis dato nur geringes Echo gefunden. Der neue Kurs der SI-Politik konnte eingeschlagen werden aufgrund des „Dreigestirns" Bruno Kreisky, Willy Brandt und Olof Palme.[47]

Ein Schritt in Richtung Verbreiterung der SI war die Bildung der vom SPÖ-Diplomaten Peter Jankowitsch geleiteten „Dritte-Welt-Kommission", die 1972 nicht nur zur Aufnahme der Lebanese Progressive Socialist Party des Walid Jumblatt und der ersten afrikanischen Mitgliedspartei, der Sozialistischen Partei Senegals unter Leopold Senghor, führte, sondern

---

42 Ebd.
43 Hans Janitschek: Bruno Pittermann – Präsident der Sozialistischen Internationale, in: Heinz Fischer/Leopold Gratz (Hg.): Bruno Pittermann. Ein Leben für die Sozialdemokratie, Wien/München/Zürich, 1985, S. 107.
44 Ebd.
45 Misgeld: Sozialdemokratie und Außenpolitik, S. 412.
46 Eusebio Mujal-Leon/Ann-Sofie Nilsson: Die Sozialistische Internationale in den 80er Jahren. Dritte-Welt-Politik zwischen den Blöcken, München/Wien/Zürich 1995, S. 44.
47 Siehe den Beitrag von Oliver Rathkolb: Sozialdemokratische Netzwerke in der europäischen Nahostpolitik. Brandt, Kreisky und Palme als politische Unternehmer, in: Gehler/Kaiser/Leucht (Hg.): Netzwerke im europäischen Mehrebenensystem, S. 121–137; Elisabeth Röhrlich: Kreiskys Außenpolitik. Zwischen Österreichischer Identität und internationalem Programm (Zeitgeschichte im Kontext?), Göttingen 2009, S. 286–301.

auch eine Rolle im Kampf gegen die Militärdiktaturen Südamerikas spielte. Daneben erfolgte auch die Aufnahme der revolutionären Partei der Dominikanischen Republik.[48]

Jankowitsch war nicht nur parteipolitisch der SPÖ zuzuordnen, sondern gleichzeitig auch einer der profiliertesten Diplomaten Österreichs. Früh engagierte er sich für den Europagedanken im Rahmen der jungen Sozialisten. Er zählte zu den Mitbegründern der Europäischen Kampagne der Politischen Jugend 1953, fungierte als Funktionär und Vorsitzender des Verbandes Sozialistischer Studenten Österreichs (VSStÖ) in den Jahren 1951–1957 und gleichzeitig als Studentensekretär der Sozialistischen Jugend-Internationale (IUSY) 1956–1957. 1958 nahm er als österreichisches Mitglied an der ersten Seerechtskonferenz der UNO in Genf teil und wurde 1959 in das Kabinett von Außenminister Kreisky berufen. Im Jahre 1962 erfolgte die Zuteilung an die Österreichische Botschaft in London unter Johannes von Schwarzenberg und 1964 die Errichtung der ersten österreichischen Botschaft in Dakar (Senegal), um diplomatische Beziehungen zu den Staaten des französischsprechenden Afrikas aufzunehmen. Er wirkte dort ab 1966 als Ständiger Geschäftsträger. Nach diesen diplomatischen Zwischenspielen wuchs Jankowitsch vor allem zu einem der engsten Mitarbeiter und Vertrauten Bruno Kreiskys heran. Ab 1970 holte er ihn wieder in sein Büro und Jankowitsch wurde im Range eines außerordentlichen Gesandten und bevollmächtigen Ministers Chef des Kabinetts des Bundeskanzlers. Jankowitsch nahm an der Konferenz der blockfreien Staaten in Lusaka teil. In dieser Zeit wirkte er auch als Vorsitzender der Arbeitsgruppe für Beziehungen mit politischen Bewegungen der Dritten Welt in der SI. Einen Namen machte sich Jankowitsch auch als Internationaler Sekretär der SPÖ, wobei er als Spezialist für Entwicklungshilfe besonders die Anliegen der ehemaligen Kolonialvölker vertrat. Er wurde zum Vertreter Österreichs bei den Vereinten Nationen in New York 1972 ernannt und zum Vorsitzenden der Weltraumkommission der Vereinten Nationen gewählt. Jankowitsch fungierte in dieser Zeit auch als Vertreter Österreichs im Sicherheitsrat 1973–1974 sowie als Präsident des Sicherheitsrates und Vizepräsident der UNO-Generalversammlung 1973. Er war auch Mitglied des Kuratoriums des Wiener Instituts für Entwicklungsfragen, Vizepräsident der Österreichisch-Afrikanischen Gesellschaft sowie Vorstandsmitglied der Österreichischen Gesellschaft für Außenpolitik und der Österreichischen Liga für die Vereinten Nationen.[49] Als ständiger Vertreter Österreichs bei der OECD in Paris wirkte er von 1978 bis 1982. Im gleichen Jahre erfolgte die Ernennung zum außerordentlichen und bevollmächtigen Botschafter. Jankowitsch erinnert sich:

„Meine persönlichen Kontakte kamen natürlich aus dem IUSY- oder IUSY-nahen Bereich, bzw. später auch aus der SI. So war ich etwa nach meiner Rückkehr aus Dakar, wo ich die erste österreichische Vertretung im frankophonen Afrika aufgebaut hatte, in der SI bei der Herstellung von Kontakten zur Dritten Welt und ihren Parteien aktiv. Einer meiner wichtigsten Kontakte damals war z. B. der spätere schwedische UN-Botschafter Jean-Pierre Olov Schori, in der SI Hans Janitschek, der dort später Generalsekre-

---

48 Janitschek: Pittermann, S. 108.
49 Siehe das Lexikon: Persönlichkeiten Europas. Österreich, Stansstad/Luzern 1975.

tär werden sollte etc. In Frankreich war einer meiner wichtigsten Kontakte auch bis in spätere Jahre Michel Rocard, in Grossbritannien der spätere Labour Abg. und Minster Roy Hattersly, Shirley Williams u. a. Ein eigenes Netzwerk hatte ich auch als internationaler Sekretär der SPÖ mit Kollegen aus grösseren, einflussreichen Mitgliedsparteien wie der SPD (Hans Eberhard Dingels), der PSOE [Partido Socialista Obrero Español] (Elena Flores), der damals noch existierenden PSI (Margherita Bonniver) oder den schwedischen und finnischen Sozialdemokraten (Gunnar Stenarv und Pentti Vaenaenen)."[50]

In der ausklingenden Präsidentschaft Pittermanns setzte die SI ihre Kampagne gegen die südeuropäischen Diktaturen fort und unterstützte Initiativen zur Stärkung demokratischer Regierungen in Südamerika. Eine besondere Bedeutung erlangte der Kampf gegen die diktatorische Regierung in Griechenland. Pittermann organisierte in Santiago de Chile (1973) den ersten SI-Kongress außerhalb Europas, was Solidarität und Unterstützung für Allende signalisisierte. Anlässlich eines Gesprächs mit dem chilenischen Regierungschef rief Pittermann die europäischen Regierungen zur Gewährung eines Wirtschaftskredits in der Höhe von 240 Millionen Dollar auf – allerdings erfolglos.[51] Das globale Netzwerk war sichtlich zu schwach und kannte seine Grenzen.

Der Weltpolitik der SI war abgesehen von der engeren Organisationsarbeit der Internationale kein durchschlagender Erfolg beschieden. Vielfach blieb es bei Deklarationen. Die Appelle signalisierten jedoch ein neues Bewusstsein sozialistischer und sozialdemokratischer Politiker Europas für eine Welt im Wandel und die Bereitschaft, mit einer neuen Politik darauf zu reagieren. Eine weiterführende Analyse müsste die Schwierigkeiten des Kampfes gegen die Diktaturen mit den der SI zur Verfügung stehenden Mitteln abwägend herausarbeiten, die aufgrund der abrupte Formen annehmenden Entkolonialisierung der 1950er und 1960er Jahre in Afrika und Asien entstanden. Auf Konferenz- und Organisationsebene der Internationale alleine waren die Bemühungen nur wenig aussichtsreich. Nachdem die Regierungspartei Israels von Golda Meir selbst Mitglied der SI war und die Annexions- und Siedlungspolitik fortsetzte, drohte ein Riss innerhalb der SI.

Was die SPÖ und ihren Einsatz für eine schrittweise Annäherung an die Politik der europäischen Integration anlangt, ist auf ihre Rolle im „Bund der Sozialdemokratischen Parteien der Europäischen Gemeinschaften" zu verweisen. Diese Parteienorganisation löste 1974 die schon bestehende lose Kooperation eines Liaison-Comitee ab, gab sich 1982 ein festes Statut und öffnete sich auch für Parteien aus EFTA-Ländern als Beobachter. Die SPÖ genoß Konsultativstatus und wirkte anfänglich zusammen mit den sozialdemokratischen Parteien aus Norwegen und Schweden. Dieser Bund war getrennt von der sozialistischen Fraktion des Europäischen Parlaments organisiert. Die Mitwirkungen an ihren Veranstaltungen bot laut Jankowitsch „eine gute Gelegenheit, österreichische Anliegen in Richtung auf die EG zu vertreten", zumal zahlreiche Führungspersönlichkeiten der damaligen EG im Bund Funktionen ausübten wie z. B. der niederländische Ministerpräsident Joop den Uyl, der spätere

---

50 Email-Information von Minister a. D. Dr. Peter Jankowitsch für den Verfasser, 25.6.2007.
51 Janitschek: Pittermann, S. 108.

EG-Kommissar Manuel Marin oder der spätere französische Ministerpräsident Lionel Jospin. Über den Bund und seine jährlich abgehaltenen „Party Leader Conferences" konnten Kontakte zu sozialistischen Mitgliedern der EG-Kommission „besonders auch zu deren damaligem Präsidenten Jacques Delors geknüpft werden, der mir persönlich übrigens schon aus seiner Zeit als erster Finanzminister François Mitterrands von OECD-Tagungen her bekannt war", wie Jankowitsch anmerkt.[52]

III. Auswege aus außenpolitischer Isolation und integrationspolitischer Enthaltsamkeit?

Christdemokratisch-konservative Parteienkooperation in den NEI, der EUCD und EDU

Für Österreichs Christdemokraten waren internationale Organisationen und transnationale Netzwerkbildung nach 1945 essentiell. Die ÖVP-Generalsekretäre Felix Hurdes (1945–1951) und Alfred Maleta (1951–1960) waren Vizepräsidenten der NEI (Hurdes[53] 1948–1950, Maleta 1955–1960). In den NEI übernahmen österreichische Vertreter regelmäßig die Rolle des Vizepräsidenten, später in der EUCD Alfons Gorbach, Hermann Withalm, Herbert Kohlmaier, Sixtus Lanner und Ludwig Steiner.[54] Alois Mock war von 1979 bis 1998 Präsident bzw. Obmann der EDU und von 1983 bis 1987 auch Präsident der International Democrat Union (IDU).[55] Das internationale und transnationale Engagement der ÖVP-Politiker war mit Blick auf Europa außergewöhnlich ambitioniert und kann bis in die 1980er Jahre in drei Phasen eingeteilt werden.

---

52 Auskunft Minister a. D. Dr. Peter Jankowitsch für den Verfasser, 21.12.2007.
53 Kaiser: Christian Democracy, S. 120, 193, 196, 202, 204.
54 Christian Mertens: Der Beitrag österreichischer Christdemokraten zur Integration Europas, Projektstudie der Politischen Akademie der ÖVP, Wien 1989 (unveröffentlichtes Manuskript), S. 22; sodann veröffentlicht unter Christian Mertens: Österreichische Christdemokraten im Dienste Europas (Schriftenreihe des ÖVP-Parlamentsklubs 10), Wien 1997; Khol: Die internationalen Parteienzusammenarbeit, S. 373–374; Michael Gehler/Wolfram Kaiser (Hg.): Transnationale Parteienkooperation der europäischen Christdemokraten. Dokumente 1945–1965/Coopération transnationale des partis démocrates-chrétiens en Europe: Documents 1945–1965 (Transnational Party Cooperation of European Christian Democrats: Documents 1945–1965), München 2004; im Überblick: Saskia Matl: Europäische Christdemokraten auf dem Weg zur transnationalen Zusammenarbeit? Von den Nouvelles Equipes Internationales zur Europäischen Volkspartei, in: Mittag (Hg.): Politische Parteien und europäische Integration, S. 289–312.
55 Andreas Khol/Lars Tobisson/Alexis Wintoniak: Twenty Years European Democrat Union 1978–1998, Wien [1999], S. 116–121.

Phase 1: Transnationale Kooperation als Kompensationsmittel für internationale Nachrangigkeit und integrationspolitisches Ausgeschlossensein: Die NEI 1947–1965

Bei der Entstehung der ersten zwischenparteilichen christdemokratischen Kooperationsform, den NEI[56] und der damit verbundenen Herstellung transnationaler Kontakte (vornehmlich nach Frankreich zum MRP und in die Schweiz zur KVP) spielten ÖVP-Politiker der ersten Stunde eine wichtige Rolle.[57] In den NEI wie auch bei ihrer Nachfolgeorganisation übernahmen regelmäßig österreichische Vertreter die Rolle des Vizepräsidenten. Die Sorge um das „abendländisch-christliche Kulturerbe" angesichts der „Gefahr des Bolschewismus", aktives Handeln im Sinne eines „christlichen Solidarismus" sowie die anfängliche Suche nach einem „dritten Weg" zwischen „kapitalistischem Individualismus" und „marxistischem Kollektivismus" waren zunächst die treibenden Motive, aber auch die Wettbewerbsfähigkeit mit den Sozialisten auf der europäischen Ebene. Felix Hurdes, Eduard Heinl, Lois Weinberger, Franz Grubhofer und Alfred Maleta engagierten sich hierfür im Rahmen der NEI,[58] die sich 1947 aus nationalen Equipen konstituierten. Früh sprachen sich auch hier österreichische Vertreter für die Einbeziehung deutscher Christdemokraten aus,[59] eine Parallele zu den Sozialisten, was im Unterschied zur SPD bei der COMISCO (1951) bei den NEI im Jahre 1948 früher gelang.

Mit den NEI war die ÖVP in einem Boot mit den die Westintegration Europas forcierenden westeuropäischen Parteien. Christdemokratische Parteien- und Regierungsvertreter nutzten dieses Forum zur Verständigung und Kooperation, wobei die informellen Geheimtreffen im „Genfer Kreis" unter Leitung eines Vertrauensmanns von Georges Bidault, Victor Koutzine, und Beteiligung von ÖVP-Politikern gerade vor Konstituierung des Europarates 1949 einen höheren Stellenwert hatten als die NEI. Austausch und Absprachen im „Cercle Koutzine" verstärkten den Antikommunismus und die Westorientierung der ÖVP-Politiker.[60] Von Anfang an entwickelten sich engere Beziehungen zwischen MRP-, ÖVP-, CDU-

---

56 Jürgen Hollstein: Zur Geschichte christlich-demokratischer Zusammenarbeit in Europa. Die „Nouvelles Equipes Internationales" (NEI), in: Libertas 3/4 (1989), S. 82–117, hier S. 82 f.
57 Kaiser: Christian Democracy, S. 165.
58 Michael Gehler: „Politisch unabhängig", aber „ideologisch eindeutig europäisch". Die ÖVP, die Nouvelles Equipes Internationales (NEI) und die Anfänge der europäischen Integration, in: Michael Gehler/Rolf Steininger (Hg.): Österreich und die europäische Integration 1945–1993. Aspekte einer wechselvollen Entwicklung (Arbeitskreis Europäische Integration, Institut für Zeitgeschichte der Universität Innsbruck, Historische Forschungen, Veröffentlichungen 1), Wien/Köln/Weimar 1993, S. 293–328; Van Kemseke: Towards an Era of Development, S. 47.
59 Gehler: „Politisch unabhängig", S. 293–328, hier S. 293.
60 Michael Gehler: Begegnungsort des Kalten Krieges. Der „Genfer Kreis" und die geheimen Absprachen westeuropäischer Christdemokraten 1947–1955, in: Michael Gehler/Wolfram Kaiser/Helmut Wohnout (Hg.): Christdemokratie in Europa im 20. Jahrhundert/Christian Democracy in 20th Century Europe/La Démocratie Chrétienne en Europe au XXe siècle (Arbeitskreis Europäische Integration, Historische Forschungen, Veröffentlichungen 4), Wien/Köln/Weimar 2001, S. 642–694; ders.: Der „Genfer Kreis": Christdemokratische Parteienkooperation und Vertrauensbildung im Zeichen der deutsch-französischen Annäherung 1947–1955, in: Zeitschrift für Geschichtswissenschaft 7 (2001), S. 599–625.

und DC-Politikern. Besonders zu den Deutschen bestanden allein schon aus Gründen der gemeinsamen Sprache enge persönliche Bindungen. Die Lösung in der Südtirolfrage fand dagegen im NEI-Rahmen keine Förderung. Alfred Maleta berichtete „über jahrelange Bemühungen, die Südtiroler Volkspartei (SVP) wenigstens als Mitglied zur NEI zuzulassen, die am italienischen Widerstand scheiterten". Österreich sei in diesem Gremium „praktisch von niemandem unterstützt worden". Besonders die CDU habe „hier in der Praxis immer die Italiener unterstützt".[61]

Die Unterzeichnung des Staatsvertrags (15. Mai 1955) und die damit verbundene Regelung der deutschen Vermögenswerte in Österreich und die sich abzeichnende volle Souveränität – Adenauer verfolgte, freundlich formuliert, „das österreichische Neutralitätsbemühen anfänglich mit scheelen Augen" – führten zu Irritationen und Verstimmungen zwischen Bonn und Wien. Über Verbindungen des NEI-Netzwerks begab sich ÖVP-Generalsekretär Maleta in geheimer Mission über die Schweiz nach Bonn, um dort mit Spitzen der CDU aus Kabinett und Bundestag,[62] u. a. mit dem ihm von den NEI bekannten Staatssekretär Otto Lenz (CDU) zusammenzukommen, vertrauensbildende Maßnahmen zu setzen und Klärungen herbeizuführen.

So sehr ÖVP und CDU ideologisch übereinstimmten, in den außenpolitischen Präferenzen ergaben sich signifikante Differenzen: Österreich musste seinen eigenen Weg gehen, um außenpolitischen Erfolg zu haben. Bundeskanzler Julius Raab (ÖVP) sprach beim IX. NEI-Kongress in Salzburg 1955 die entspannungspolitische und beispielgebende Bedeutung der Österreichlösung an:

„Ich gehe nicht fehl in der Annahme, dass die Einigung über Österreich die folgende Genfer Konferenz ermöglichte und in der weiteren Fortsetzung auch die Stimmung bei der Atomkonferenz entscheidend beeinflusste. Wir hoffen, dass sich diese günstige Auswirkung auch auf die kommende Außenministerkonferenz erstrecken wird, die von wesentlicher Bedeutung für einen weiteren Abbau des Misstrauens sein könnte. (…) Wir betreiben nicht Politik um der Politik willen, sondern wir trachten, durch unsere Lebensführung den anderen ein Beispiel zu geben, und wir können mit Genugtuung feststellen, dass sich immer weitere Kreise diesem Beispiel anschließen."[63]

Mitwirkung am europäischen Integrationsprozess war damit nicht ausgeschlossen. Bei seinem Vortrag „Österreichs Mitarbeit in Europa" bei der Wiener Europatagung 1958 erklärte Außenminister Leopold Figl (ÖVP) auch, dass Österreich „in die europäische Gemeinschaft

---

61 Protokoll. Außenpolitischer Ausschuß [der ÖVP], 7. Sitzung, 8.2.1961, 7. Archiv des Julius Raab Gedenkvereins (AJRGV), Schachtel „Beiakten 1960".
62 Alfred Maleta: Entscheidung für Morgen. Christliche Demokratie im Herzen Europas, Wien/München/Zürich 1968, S. 160–161, Zitat S. 160.
63 Stenographisches Protokoll, IX. Kongress der NEI in Salzburg, 16./17.9.1955, S. 3. KADOC, KU Leuven, Archief Papier A. E. de Schryver, 7.2.4.9.

nicht als Bittsteller, sondern als gleichberechtigter Partner" komme. Es „bringe, da es nicht arm an Bodenschätze ist, manches mit".[64]

Zur Enttäuschung der ÖVP waren die NEI aber zu schwach, um ambitionierte Ziele zu erreichen. Sie waren keine starke christdemokratische Internationale vergleichbar der SI. Auch hinsichtlich der geschlechtergeschichtlichen Dimension boten die NEI kein Forum, was aber mehr an der Männerdominanz der Netzwerkbildungen österreichischer Vertreter im transnationalen Parteienverbund lag: Lediglich Nadine Paunovic und Lola Solar (beide ÖVP) wirkten an der Kooperation der europäischen Christdemokratie mit.

Phase 2: Versuchte Stärkung der transnationalen Kooperation durch die EUCD 1965–1978

Aufgrund loser Struktur fehlte es den NEI an Effizienz. Dieser Zustand wurde für die ÖVP immer weniger zufriedenstellend, immer schmerzlicher spürbar und von ihr auch beklagt. Besonders auf Wunsch der italienischen DC, der Schweizer Katholischen Volkspartei (KVP), der CDU und der ÖVP war eine Intensivierung der transnationalen Parteienkooperation in Europa gefordert worden, nachdem 1961 bereits eine Christlich-Demokratische Weltunion (CDWU) gebildet worden war. Seit 1964 und im Vorfeld des 17. NEI-Kongresses in Taormina vom 9. bis 12. Dezember 1965 erfolgte eine Reorganisation der christdemokratischen Parteienkooperation. Die EUCD bestand aus Mitgliedsparteien. Existierten mehrere Parteien in einem Land, formten diese eine Equipe.[65] Für die ÖVP sollte die EUCD einen Versuch darstellen, über das engere Kleineuropa hinauszugehen. In einer Rede „Wir sind Bürger Europas" vom 26. Januar 1965 hatte Bundeskanzler Josef Klaus (ÖVP) schon sein Grosseuropa-Konzept als Appell vor dem Europarat offen ausgesprochen:

„Streben Sie nach einer europaeischen Formel, die nicht zu klein und zu eng gefasst ist; streben Sie nach einer europaeischen Formel, in der es keine ‚Exklusiven' gibt; streben Sie nach einer europaeischen Formel, in der ein Platz fuer alle europaeischen Voelker vorhanden ist. Auch die neutralen Staaten wuenschen sich nicht in die Rolle innerer Emigranten in Europa versetzt zu sehen. Nicht ‚Isolierung der Neutralen' darf die Losung heissen, wenn die uebrigen Europaer an die Schaffung des Europas von morgen denken."[66]

Eine internationale Kommission der EUCD beschäftigte sich in den 1970er Jahren verstärkt mit den Problemen der KSZE im Rahmen der Ost-West-Beziehungen, aber auch mit den Orientierungen Portugals und Spaniens zur Demokratie. Die EUCD geriet jedoch nach einigen Jahren in den Schatten der christdemokratischen Fraktion des Europaparlaments.

---

64 Wiener Zeitung, 22.6.1958.
65 Dok. 222: Entschließung, XVII. Kongress der EUCD, Taormina, 9.–12.12.1965, in: Gehler/Kaiser: Transnationale Parteienkooperation der europäischen Christdemokraten, S. 691–693.
66 Rede von Bundeskanzler Josef Klaus „Wir sind Bürger Europas", gehalten am 26.1.1965 vor der Konsultativversammlung des Europarates in Strassburg, Wien o. J., S. 9.

Die am 29. April 1976 initiierte transnationale „EVP. Föderation der christlich-demokratischen Parteien der EG" unterschied sich deutlich von bisherigen Formen christdemokratischer Kooperation.[67] Die offizielle Gründungsversammlung fand am 8. Juli 1976 in Luxemburg statt.[68] Der außenpolitische Sprecher der ÖVP, Abgeordnete in der Parlamentarischen Versammlung des Europarats und der über ein Jahrzehnt amtierende EUCD-Vizepräsident (1983–1994), Ludwig Steiner argumentierte, dass manche europäische Christdemokraten nur in EG-Kategorien dachten, was als unzureichend empfunden wurde. Vor diesem Hintergrund bemühten sich ÖVP-Vertreter mit Unterstützung der deutschen Unionsparteien CDU (Helmut Kohl) und CSU (Franz-Josef Strauß) und der britischen Konservativen, den ideologisch eng gesteckten Rahmen der „Christdemokratie" auszudehnen und ein breiteres Spektrum an Kooperation europäischer Parteien der bürgerlichen Mitte inner- und außerhalb der EG zu schaffen. Es war ein Ziel von Helmut Kohl, die ÖVP als Art Platzhalter bzw. Instrument und Mittel zum Zweck zu benutzen, um mit ihrer Zuhilfenahme im Wege der EDU eine breite Plattform aller konservativ-bürgerlichen Parteien in Europa zu etablieren und damit eine Mehrheit im direkt zu wählenden Europäischen Parlament (EP) aufzubauen.[69]

Phase 3: Die EDU als Reaktion auf das Ausgeschlossensein aus der EVP und Erhard Buseks spezielles Dissidenten-Netzwerk in Ost-Mitteleuropa 1978–1989/95

Seit 1975 bemühte sich ÖVP-Generalsekretär Herbert Kohlmaier um eine Gesprächsbasis zwischen Christdemokraten, Gaullisten und Konservativen aus Großbritannien und Skandinavien. Ein Grund für die Sammlung von Mitte-Rechts-Kräften kann in der Reaktion auf die ausstrahlungskräftigere SI unter dem charismatischen Trio Palme-Brandt-Kreisky gesehen werden. Da eine Reihe christdemokratischer Parteien der EVP eine Zusammenarbeit mit „konservativ" bezeichneten Parteien verwarf, dachten vor allem ÖVP-Politiker an eine neue Organisation, um das ewige „Hinterherhinken" gegenüber der SI zu beenden. Die vor dem Hintergrund des Bedeutungsverlusts der EUCD erfolgten Bemühungen, zu einem modus vivendi mit der EVP zu gelangen, waren jedoch nicht erfolgreich. Gespräche zwischen Erhard Busek (ÖVP) und Alfred Stirnemann (ÖVP) mit Leo Tindemans (CVP) und Kai-Uwe von Hassel (CDU) ergraben, dass die EVP keine Ausnahme machen wollte, wie dies bereits gegenüber den britischen Konservativen praktiziert wurde. Besonders die belgischen und niederländischen Christdemokraten stellten sich gegen jeden Beobachter- oder Assoziationsstatus.[70]

---

67 Mertens: Beitrag, S. 28–33.
68 Van Hecke: „Christen-democraten en conservatieven in de Europese Volkspartij, S. 202.
69 Interview mit Vizekanzler Dr. Erhard Busek in Bled, 8.6.2007; Volker Koop: Kai-Uwe von Hassel. Eine politische Biographie, Köln 2007.
70 Mertens: Beitrag, S. 28–33; Khol: Die internationalen Parteienzusammenarbeit, S. 375–378; Ludwig Steiner: Diplomatie/Politik. Ein Leben für die Einheit Tirols. Ein Leben für Österreich. 1972–2007, Bozen/Innsbruch/Wien 2008, S. 293 f.

Von Hassel verglich die Rolle der EUCD mit der Rolle des Europarates auf parlamentarischer Ebene. Auf Vorschlag von ÖVP-Bundesparteiobmann Josef Taus wurden seit 1977 gemeinsame Sitzungen der Gremien der EVP und EUCD abgehalten und im selben Jahr wurde auch eine EUCD-Arbeitnehmer-Organisation in Brüssel unter Mitwirkung des Arbeiter- und Angestelltenbundes (ÖAAB) gegründet. Ein weiterer Schritt zur Konzentrierung der Kooperation sollte die Fusionierung der Sekretariate von EUCD und EVP 1983 mit Sitz in Brüssel sein, womit das alte EUCD-Sekretariat in Rom obsolet wurde. In der Zwischenzeit intensivierte sich aber auch das Engagement von ÖVP-Vertretern zur Verbreiterung der bürgerlichen Parteienkooperation, während die britische Conservative Party auf engere Zusammenarbeit einer gemäßigten Mitte-Rechts-Allianz hinarbeitete. Vor diesem Hintergrund entsprang die Initiative zur EDU. Sie war laut Franz Horner „als Gegengewicht zur Sozialistischen Internationale konzipiert".[71] Ihre Gründungsversammlung fand 1978 nach Vorabsprachen mit EVP und EUCD, einem von Franz-Josef Strauß (CSU) arrangierten Treffen in München, einer Vorkonferenz in Wien und dann einer Konferenz in Salzburg auf Schloss Kleßheim statt. Die dänische und finnische Partei, Gaullisten, die CDU, die norwegische, portugiesische, schwedische und britische Conservative Party sowie die ÖVP waren Gründungsmitglieder neben einer Reihe von Beobachtern. Taus wurde am 24. April 1978 einstimmig zum Vorsitzenden gewählt, sein Nachfolger als ÖVP-Obmann Alois Mock dann schon ein Jahr darauf, am 20. Juli 1979, auf Beschluß der Parteiführer in London auch als sein Nachfolger zum EDU-Vorsitzenden bestimmt und wiederholt in seinem Amt bestätigt. Niederländer, Belgier und Italiener blieben der EDU in konsequenter Verfolgung ihrer strikten Position gegenüber den Konservativen fern.[72]

Die Geschichte der EDU-Gründung, so wie sie eigentlich gewesen ist, erzählt Khol:

„Die entscheidende Vorabsprache fand im Hotel von Josef Taus in Kirchberg in Tirol im Feber 1978 statt. [Heiner] Geisler CDU, Lady Elles GB und Lars Tobisson, Schweden, Taus und ich. Ich hatte einen sehr kurzen Satzungsentwurf gemacht, der akzeptiert wurde, er galt bis zum Schluß. Dann gabs eine Sitzung in Kopenhagen im März, bei der überraschend [Jean de] Lipkowski [RPR], von Chirac geschickt, auftauchte. In London klärte ich dann mit Alistair McAlpine, Schatzmeister der Tories und Thatcher-Vertrauter, die Finanzfrage, Die Partei mit dem größten Beitrag sollte den Treasurer stellen, und das waren die Tories. (…) [Die ÖVP] leistete nur einen sehr bescheidenen Mitgliedsbeitrag. Alles wurde durch alle Parteien ganz sauber aus ihren Parteibudgets finanziert. Als Mock aufhörte, behielten wir das Sekretariat und den Sekretär, weil wir so effizient waren, im Gegensatz zu EVP und UECD. So wars wirklich."[73]

---

71 Franz Horner: Parteienkooperation der europäischen Christdemokraten. Möglichkeiten und Grenzen. Ein Kommentar, in: Gehler/Kaiser/Wohnout (Hg.): Christdemokratie in Europa im 20. Jahrhundert, S. 737–749, hier S. 747.
72 Mertens: Der Beitrag, S. 45–65; Robert Kriechbaumer: Prolegomena zu einer politischen Biographie, in: Erhard Busek/Andreas Khol/Heinrich Neisser (Hg.): Politik für das dritte Jahrtausend. Festschrift für Alois Mock zum 60. Geburtstag, Graz 1994, S. 529–572, hier S. 564.
73 Auskunft Nationalratspräsident a. D. Prof. Dr. Andreas Khol für den Verfasser 22.2.2008.

Drei Motive waren für die EDU-Gründung aus österreichischer Sicht entscheidend: die Unzufriedenheit mit der schwächelnden EUCD, die Präsenz der SI mit dem vielzitierten „Dreigestirn" und das erzwungene Fernbleiben von der EVP. Das Verhältnis zu den italienischen Christdemokraten erkaltete unter Mock, weil die DC die EDU als „massive Bedrohung" ihrer weltweiten Rolle empfand. Die EUCD war von Italienern und Belgiern beherrscht, die Weltunion UMCD hatte ihren Sitz in Rom und verfügte später in der Zeit von „Tangentopolis" über erhebliche Personal- und Finanzmittel.[74] Laut Khol standen bei der EDU-Gründung anders gewichtete Motive im Vordergrund:

> „Die CDs hatten im EP keine Mehrheit, daher mußten die Tories und die Gaullisten geholt werden. Das war das Interesse der Deutschen. Die Skandinavier und wir wollten näher zur EU und die Mitgliedschaft irgendwann einmal öffnen. Sie wissen: damals war es [ein] Anathema davon zu sprechen, am Höhepunkt Kreisky und Neutralität! (…) Kreisky war für die EFTA, die ÖVP Klaus für die EU, damals EWG. Seit 1966 war dieser Zwist, den erst Jankowitsch 1984, dann Vranitzky 1989, sein historisches Verdienst, überwand. Als Drittes spielte die Konkurrenz zu Brandt-Kreisky-Palme eine Rolle. Gleichermaßen kündigte sich die neokonservative Renaissance mit Thatcher und Reagan, davor aber mit Gösta Bohman und Poul Schlüter an. Von all dem wollten die Benelux und Italien nichts wissen."[75]

Der EDU gehörten anfangs zehn Mitgliedsparteien sowie acht Parteien mit Beobachterstatus an. Taus nutzte den „Heimvorteil" und trat als erster Vorsitzender der EDU für „ein größeres Europa in Frieden und Freiheit" ein:

> „Es soll sich um eine Union handeln, um eine Arbeitsgemeinschaft, in der gemeinsame Politik diskutiert wird und Schritte zu ihrer europaweiten Realisierung beraten werden (…) Das Wort ‚demokratisch' in der Bezeichnung unserer Union zeigt die Grundlage dieser Zusammenarbeit auf: das Bekenntnis zur westlichen Demokratie, die wir in unseren Ländern als Ergebnis langer Entwicklungen geschaffen haben (…) Das Wort ‚europäisch' weist die Dimension unserer Arbeit auf: Probleme, die sich in Europa stellen, Aufgaben, die europäisch zu lösen sind, das steht im Mittelpunkt unseres Wollens. Das darf uns aber nicht daran hindern, weitere Perspektiven zu sehen. Wir wollen uns zunächst als europäische Arbeitsgemeinschaft gründen, was aber nicht heißt, dass wir uns auf Europa begrenzen wollen. Allen Parteien, auch außerhalb Europas, die die gleichen Grundsätze vertreten wie wir, sollten wir uns öffnen."[76]

---

74 Auskunft Dr. Khol für den Verfasser, 6.3.2007.
75 Auskunft Dr. Khol für den Verfasser, 22.2.2008.
76 Josef Taus: Ein größeres Europa in Frieden und Freiheit, Erklärung zur Gründung der EDU, in: Österreichische Monatshefte 5 (1978), S. 10.

Wie sich herausstellen sollte, war dieser Denkanstoß für die eurozentrierte EDU zu hoch gegriffen. Sein Nachfolger Mock sprach davon, dass für einige EDU-Mitglieder „außereuropäische" Beitrittswerber nicht in Frage kämen, weil sie neue, „außereuropäische" Probleme einbringen würden.[77] Die Folge davon war die Gründung der Pazifisch-Demokratischen Union" am 26. Juni 1982, der die liberalen Parteien Japans und Australiens, die Konservative Partei Neuseelands und die Republikaner der USA angehörten,[78] und der „Internationalen Demokratischen Union" (IDU) am 24. Juni 1983 in London, an der auch außereuropäische christdemokratische Parteien teilnahmen. Die IDU bedeutete eine Verstärkung der Kontakte zu Margaret Thatcher (UK), Ronald Reagan (USA) und Malcolm Fraser (Australien) sowie der damit erwarteten weltweiten neokonservativen Trendwende. Mit Einbeziehung der europäischen und „pazifischen" Mitte-Parteien in die IDU wurde ein lockerer organisatorischer Rahmen für ein weltweites Gesprächsforum geschaffen. Der ÖVP-Oppositionspolitiker Mock stand diesem Gremium von 1983 bis 1987 vor.[79] Er hob mit der Begründung der IDU auch die EDU auf die weltweite Ebene. Ein besonderes Anliegen war ihm die Einbeziehung der Amerikaner, Australier und Japaner.[80] Mit Ende des Kalten Krieges kam es auch zu einer Annäherung zwischen Christdemokraten, Konservativen und Liberalen und somit zur Verdichtung des bürgerlichen Parteienspektrums. Der gemeinsamen Initiative von Mock als EDU-Chef und Otto Graf Lambsdorff als Präsidenten der Liberalen Internationale war die Annäherung von EDU und LI geschuldet, die im Mai 1993 zur Gründung einer eigenen Kommission „Das große Europa" in Wien führte, die als eine regierungsunabhängige internationale Organisation dort angesiedelt war.[81]

Ihrem Selbstverständnis nach wollte die EDU, übrigens als Verein nach österreichischem Recht registriert, weder ein Parteienbund wie die EUCD noch eine „Europa-Wahlpartei" wie die EVP sein. Sie sah sich als „Arbeitsgruppe" von Parteien und Koordinator europapolitischer Vorstellungen. Im September 1979 war eine Reihe von „Mitte-Parteien" aus europäischen Ländern in der EDU vertreten.[82] Organisationen innerhalb der EDU waren die „Europäische Frauenunion" (EFU), die „Europäischen Demokratischen Studenten" (EDS) und die „Democrat Youth Community of Europe" (DEMYC), Vizepräsident war Nationalratsabgeordneter Josef Höchtl. In der EFU waren Österreicherinnen immer aktiv, u. a. Vize-

---

77 Das Europakonzept der EDU, Dokumente zur ÖVP-Europapolitik, Archiv des Karl von Vogelsang-Instituts, Sign. 2358.
78 Kriechbaumer, Prolegomena, S. 565.
79 Mertens: Beitrag, S. 62–65; Auskunft Dr. Khol für den Verfasser, 22.2.2008.
80 Auskunft Mag. Alexis Wintoniak für den Verfasser, 29.3.2007.
81 Näheres hierzu bei Franz Horner: Die politische Rolle internationaler Parteiverbände in der Zukunft, in: Erhard Busek/Andreas Khol/Heinrich Neisser (Hg.): Politik für das dritte Jahrtausend, Graz 1994, S. 129–145, hier S. 134–135.
82 Es waren Zypern, Großbritannien, Schweden, Norwegen, Dänemark, Portugal, Österreich, Frankreich, Bundesrepublik, Italien (Südtirol) und Finnland. Beobachter waren Parteien aus Malta, Griechenland, Finnland, Türkei, Spanien, Schweiz, Frankreich und Italien (Südtirol); Khol/Tobisson/Wintoniak, Twenty Years European Democratic Union, S. 122–126.

präsidentin Maria Schaumayer (später österreichische Nationalbank-Präsidentin) sowie auch Marlies Flemming und Ingrid Tichy-Schreder.[83]

Für den im Juli 1979 neu gewählten EDU-Vorsitzenden, ÖVP-Bundesparteiobmann Alois Mock, galt es, Probleme zu lösen. Exekutivsekretär Andreas Khol kam zu der Erkenntnis, dass die Tätigkeiten für die EDU-Mitglieder auf dem internationalen Sektor nur mittelbar wichtig gewesen wären. Es habe sich gezeigt, dass auch innerhalb der EDU der Kreis der Parteifunktionäre mit außenpolitischem Interesse zu klein wäre. Die Top-Außenpolitiker hätten unter terminlicher Überbelastung zu leiden. Khol sah, dass die Kosten selbst für das kleine Sekretariat zu hoch waren und es auch ein ideologisches Problem gab, nämlich die Definition der „politischen Mitte". Während, so Khol, die italienische DC um ihre Führungsrolle in der EUCD fürchte und deshalb nicht der EDU beitreten wolle, sähen vor allem die Benelux-Parteien in der konservativen Ausrichtung der EDU Gegensätze zu ihrer eigenen politischen Werteskala. So würden die holländischen Christdemokraten argumentieren, „eine christliche Demokratie könne nie konservativ sein".[84] Die Democristiani verfolgten laut Erhard Busek eine „linkere Linie", was vor allem der bayerischen CSU und ihrem Vorsitzenden Franz-Josef Strauß „unangenehm" war. Doch ist die DC-Position auch im Kontext des Scheiterns „echter Christdemokraten in Spanien" zu sehen. Strauß hatte sich massiv für die Aufnahme der Partido Popular (PP) eingesetzt, „die zweifellos noch postfaschistische Reste in sich hatte". So gesehen handelte es sich nicht nur um eine Frage der Führung, sondern auch um eine solche der Kursrichtung, die im italienischen Kontext unter dem Motto der „apertura a sinistra" zu verstehen war. Bei den Niederländern gab es ein stärkeres Engagement im Sinne der katholischen Soziallehre, die Distanz zum Konservativismus schuf.[85]

Mock forderte in seiner „Erklärung nach der Wahl zum Vorsitzenden der EDU" hinsichtlich der Innenwirkung folgende Handlungsweise:

„Diese Union sollte erstens eine zunehmend enger werdende Zusammenarbeit aller Mitte-Parteien in Europa sicherstellen, die nicht auf christlich-demokratische Parteien allein und nicht auf Parteien ausschließlich aus Ländern der Europäischen Gemeinschaft beschränkt sein sollte. Zweitens, dem Gedanken der europäischen Einheit dienen. Drittens, konsequent gegen alle undemokratischen, autoritären Ideologien kämpfen, unabhängig davon, ob sie von links oder von rechts kommen (…) Wir haben sichtbar zu zeigen, dass wir eine europäische Kraft bedeuten, und dass wir nicht vereinzelte, isolierte und national begrenzte Parteien darstellen (…)." Und zur Außenwirkung: „(…) Wir müssen zur Kenntnis nehmen, dass Europa viel größer ist als die Europäische Gemeinschaft, und dass die Länder außerhalb dieser Gemeinschaft legitime Interessen und Wünsche verfolgen. Die EDU kann als eine Brücke und als ein Scharnier zwischen diesen

---

83 Mitteilung Vizekanzler a. D. Dr. Erhard Busek für den Verfasser, 26.10.2007.
84 Andreas Khol: EDU: Die europäische Parteiengruppe der fortschrittlichen Mitte, in: Österreichische Monatshefte 3 (1981), S. 16 ff., hier S. 19.
85 Auskunft Vizekanzler Dr. Erhard Busek für den Verfasser, 26.10.2007.

Teilen des freien Europas dienen, ohne dabei jene Völker in Europa zu vergessen, die nach unserer Gesellschaftsordnung trachten, aber immer noch unterdrückt sind (…). Vor nicht allzu langer Zeit haben die Sozialisten gesagt: ‚Europa wird sozialistisch sein oder es wird nicht sein.' Wir haben ihnen zu zeigen, was die Europäischen Wahlen bereits in einem gewissen Ausmaß gezeigt haben, dass nämlich eine echte Alternative zu ihrer Idee von der Einheit Europas besteht (…)."[86]

Die EDU trug zur Enttäuschung der ÖVP wie ihre Vorgängerorganisationen zu keinem Konsens bezüglich forcierterer Integrationspolitik bei. In keinem EDU-Dokument fand sich bis 1987 ein überzeugtes Bekenntnis zur „european integration", dafür war von „european cooperation" die Rede.[87] Für ÖVP-Vertreter war dies ein Zauberwort, welches für die vier Neutralen, Briten und Franzosen geeignet war, die gegen jeglichen Euroföderalismus eingestellt waren und für die Integration gleichbedeutend mit Walter Hallsteins supranationalem Europa war.[88]

Hauptschwerpunkte der ÖVP-Europapolitik Ende der 1970er Jahre waren die Gründung von und Teilnahme an europapolitischen Parteienverbindungen. Dies war vor allem im Lichte einer Profilierung zweier neuer Bundesparteiobmänner (Taus und Mock) zu sehen, deren Hauptgegner Kreisky im Gegensatz dazu seine Profilierung in der Weltpolitik suchte. Auf dem Gebiet der internationalen Politik erzwangen die öffentlichkeitswirksamen Aktionen der SI ein „Nachziehen" der konservativen und christdemokratischen Parteien. Mock wirkte als Integrationsfigur der christdemokratischen und konservativen Parteien. Gemeinsam mit Kohl, Strauß, Thatcher und Chirac profilierte er sich bei der Einigung des bürgerlich-konservativen Parteienspektrums in Europa. Der ÖVP ging es insbesondere um eine Kompensation für das Ausgeschlossensein von der EVP und vor allem von der europäischen Wirtschaftsintegration. Alter ego zu Mock war Khol, der die EDU-Geschäfte effizient leitete, so dass entgegen ursprünglichen Absichten das Sekretariat in Wien bleiben konnte. Nachdem Mock ab 1987 durch Vizekanzlerschaft und Außenministerium absorbiert und entsprechend gebunden war, übernahm Khol die inhaltliche Arbeit und Führung der EDU.[89]

Das bemerkenswerte Engagement der ÖVP ist dem Umstand geschuldet, dass sie sich in den Jahren 1970 bis 1986 in Opposition befand. Enge persönliche Kontakte bauten daher Alois Mock und Andreas Khol im EDU-Rahmen zu verschiedenen europäischen Spitzenpolitikern auf, so z. B. Helmut Kohl (CDU), Bernhard Vogel (CDU), Franz-Josef Strauß (CSU), Edmund Stoiber (CSU), Theo Waigel (CSU), Erwin Huber (CSU), Jacques Chirac (Union des Démocrates pour la République, UdR), Carl Bildt (Moderata Samlingspartiet),

---

86 Alois Mock: Erklärung nach seiner Wahl zum Vorsitzenden der EDU, in: Österreichische Monatshefte 3 (1979), S. 18 f.
87 Andreas Khol: Der politische Beitrag der christlichen Demokratie zur Europäischen Integration, in: Christliche Demokratie 1 (März 1987), S. 35–47, hier S. 36.
88 Auskunft Dr. Khol für den Verfasser, 22.2.2008.
89 Khol: Der politische Beitrag, S. 36.

Margret Thatcher (Conservatives), José Maria Aznar (Partido Popular), Ilkka Suominen und Sauli Niinistö (Kansallinen Kokoomus).[90]

Waren Mock und Khol eindeutig westlich ausgerichtet, so war Busek auch Mittel- und Osteuropa-orientiert. Nahezu im Alleingang knüpfte er Kontakte unterschiedlicher Intensität und stellte enge Beziehungen zu József Antall, Magyar Demokrata Fórum (MDF) her, weniger starke zu Viktor Orbán, Független Kisgazdapárt (Ungarische unabhängige Partei der Kleinlandwirte, Landarbeiter und des Bürgertums) (FKgP), der zunächst einen „Mitte-Linkskurs gefahren ist". Gleiches galt für Václav Klaus, Občanská demokratická strana (Demokratische Bürgerpartei) (ODS). Die Kontakte Buseks zielten zunächst in Richtung „alte" christlich-demokratische Partei, die große Mühe hatte, sich aus ihrer Vergangenheit und Verbindung zu den Kommunisten im Wege der Narodna Fronta zu lösen. Differenziert zu sehen ist auch das Verhältnis zur Partei von Jan Carnogursky (Krestanskodemokratické Hnutie Slovenska) und zur Gruppierung von Mikulás Dzurinda, Slowakische Demokratische Koalition (SDK). Der polnische Politiker Tadeusz Mazowiecki hatte sich für seine Gruppe geweigert, der EDU beizutreten. Die Verbindungen sind weniger über das parteipolitische Netzwerk der EDU hergestellt worden, sondern weitaus mehr über Buseks Kontakte zu ehemaligen Dissidenten.[91]

Andreas Khol meinte rückblickend zur EDU-Netzwerkbildung: Als „Vehikel der Förderung der MOE-Länder" sei sie „vital wichtig" gewesen. „Die Leute, die ich damals von 1982 bis 1994 kennen gelernt habe, habe ich alle bei ihrem Aufstieg in ihrem Land begleitet, als ich Präsident wurde, kannte ich die Hälfte meiner Kollegen aus der EDU und der UECD. Heute gibt es die EVP, die Teile dieser Funktionen übernommen hat und die EU hat weite Bereiche der Außenpolitik zur Innenpolitik im Rahmen der EU-Institutionen gemacht."[92]

Bei Gründung der EDU waren alle ihre Parteien – außer den Gaullisten – in Opposition. Fünf Jahre später gehörten viele ihrer Vertreter zu den führenden Politikern Europas (Gösta Bohman, Jacques Chirac, Helmut Kohl und Margaret Thatcher). Andreas Khol erinnert sich: „Mit Thatcher wurden wir nicht wirklich warm, weil sie die soziale Dimension der Marktwirtschaft brutal ablehnte. Aber die Eurotories arbeiteten sehr gut mit uns. Wir diversifizierten erfolgreich, wurden sehr befreundet mit den Dänen, Poul Schlüter und den Schweden, aber auch den Finnen. Das wurden alles persönliche Freunde, Carl Bildt, Gösta Bohman, Suominen usw. Das erleichterte den EU Beitritt sehr."[93] Die EDU war „für unsere EU-Ambitionen spielentscheidend", wie Khol meint: Der EU-Beitritt wäre ohne die EDU „nicht so glatt gelaufen".[94]

Erst 1991 wurden im Zuge des 8. EVP-Kongresses in Dublin vom Vorjahr der ÖVP und der schwedischen Kristdemokratiska Samhällspartiet assoziierter Mitgliederstatus in der

---

90 Auskunft Dr. Khol, 6.3.2007.
91 Mitteilung Vizekanzler Dr. Erhard Busek, 26.10.2007; siehe auch Esther Schollum: Die Europäische Demokratische Union (EDU) und der Demokratisierungsprozeß in Ost-, Mittel- und Südosteuropa, in: Österreichisches Jahrbuch für Politik 1991, München 1992, S. 491–524, hier S. 491 ff.
92 Mitteilung Prof. Dr. Khol für den Verfasser, 12.2.2007.
93 Email Nachricht von Andreas Khol, 6.3.2007.
94 Mitteilung Khol für den Verfasser, 12.2.2007.

EVP zugestanden. Mit der EU-Erweiterung verstärkte sich das pro-europäische Kräftepotential in der EVP. Im Herbst 1994 entsandte die ÖVP zwei Beobachter ins Europäische Parlament (EP). Nach dem EU-Beitritt ab 1. Januar 1995 konnten finnische, schwedische und österreichische EP-Abgeordnete als volle Mitglieder der EVP-Fraktion aufgenommen werden.[95]

Von 1978 bis 2002 bestanden EUCD und EDU nebeneinander. Die EVP hat nach der Verschmelzung mit der EDU 1999–2002 von dieser die Arbeitsgruppen aus Vertretern der staatlichen Parteien übernommen. Seither besteht das christdemokratische europäische Netzwerk ausschließlich in der Kooperation im Rahmen der EVP.[96] Zusätzliche Kräfte sind aus der Fusionierung jedoch nicht erwachsen. Die gesamte ideologische Breite konnte nicht erhalten werden. Die Fraktion im Europäischen Parlament ist grundsätzlich stärker als es die EVP nach außen überhaupt sein kann.[97]

IV. Getrennte Wege – gemeinsames Ziel:
    Transnationale Parteienkooperation im Zeichen des geplanten EG-Beitritts

Der Einfluss transnationaler Parteienkooperation war in Bezug auf die österreichische Integrationspolitik unterschiedlich stark. In der ersten Nachkriegsphase spielten nationsübergreifende christdemokratische Parteienbeziehungen schon eine Rolle, sie waren wegbereitend im Sinne von ersten Kontakten und Vertrauensbildung gegenüber westeuropäischen Parteienvertretern und ihrem Verhältnis zum ehemaligen „zweiten deutschen Staat", sie waren aber noch nicht so durchschlagend wie jene parteipolitischen Kooperationsformen der 1980er und 1990er Jahre. Die SI entwickelte in den 1970er Jahren eine starke transnationale Zusammenarbeit, die über den europäischen Rahmen hinausreichte. Die SPÖ war bis zu Vranitzkys Kanzlerschaft gegen einen Beitritt in die EG, die vielfach als „soziale Marktwirtschaftsunion" wahrgenommen wurde. Auch die ÖVP war in dieser Frage zunächst gespalten, so daß in den Jahren 1985–1987/88 erst eine innenpolitische und innerparteiliche Überzeugungsarbeit für den EG-Beitrittsantrag zu leisten war:

„Es gab die Ostler und die Westler. Mock war bis 1987 sehr kritisch gegenüber einem EU-Beitritt, er war immer ein Ostler gewesen, wie viele Wiener, auch die Wirtschaftskammer. Er ließ mir aber, ich war damals schon im Parlament, gegen den Widerstand von L[udwig]. Steiner, die Freiheit, mit [Fritz] König und [Othmar] Karas die Beitrittspolitik vorzubereiten."[98]

---

95 Steven van Hecke: A Decade of Seized Opportunities. Christian Democracy in the European Union, in: Steven van Hecke/Emmanuel Gerard (Hg.): Christian Democratic Parties in Europe since the End of the Cold War (KADOC Studies on Religion, Culture and Society 1), Leuven 2004, S. 269–295, S. 278–279, 286; Khol: Die internationalen Parteienzusammenarbeit, S. 377–378.
96 Mitteilung Wintoniak, 29.3.2007; Alexis Wintoniak: Uniting the Centre-right of Europe. The Result of Historical Developments and Political Leadership, in: European View 3 (2006), S. 173–176.
97 Interview Dr. Busek, 8.6.2007.
98 Auskunft Dr. Khol für den Verfasser, 22.2.2008.

Welche konkreten Ergebnisse im Einzelfall auf die Arbeit von Netzwerken zurückzuführen sind, ist mitunter sehr schwierig zu belegen und bleibt daher letzten Endes schwer zu beurteilen, zumal laut Peter Jankowitsch „bei solchen immer mehrere Faktoren mitspielen". Folgende Elemente waren es aus seiner Perspektive bei den Sozialisten:

> „(…) sicher war die lange sehr starke Stellung der SPÖ in der SI und der später gebildeten SPE auch im Zusammenhang mit der guten Zusammenarbeit zwischen einzelnen Führungspersönlichkeiten zu sehen. So hat jedenfalls der gute Kontakt zu wichtigen sozialdemokratischen Parteien in Europa den Beitritt Österreichs zur heutigen EU erleichtert, weil es dabei ja auch viele Widerstände und Misstrauen (Neutralität!) zu überwinden gab. Auf solche Kontakte können auch manche Erfolge beim Aufbau Wiens als UN-Sitz zurückgeführt werden. (…) Wichtig waren immer auch gute Verbindungen mit Führungspersönlichkeiten der Dritten Welt, die ich u. a. als Leiter vieler österreichischer Gastdelegationen zu Gipfelkonferenzen und Aussenministertreffen der Blockfreien herstellen konnte."[99]

In der Aussen-, Europa- und Weltpolitik der SPÖ waren laut Jankowitsch solche Netzwerke „sicher immer von Bedeutung", wobei man zwischen formellen und informellen Netzwerken unterscheiden muss: „Formell war die SPÖ ja schon bald und noch lange vor der SPD in verschiedene internationale Netzwerke wie Sozialistische Internationale, verschiedene sozialistische Europaorganisationen und der IUSY etc. eingebunden und wurde von ihnen beeinflusst, z. B. in ihrer anfänglich sehr pro-europäischen Haltung (Beitritt zum Europarat etc.). Weltpolitisch färbte die sehr pro-israelische Haltung der SI lange auch auf die SPÖ oder Teile von ihr ab, was Kreisky dann etwas korrigiert hat."[100]

In der Integrationspolitik war das „sozialistische Dreigestirn" mit Brandt, Palme und Kreisky allerdings tendenziell eher an der Aufrechterhaltung des Status quo orientiert, eine Haltung, die Dynamisierungsmöglichkeiten nicht ausschloss, wie die EFTA-Konferenz 1977 in Wien unterstrich. Der spätere Bundeskanzler Franz Vranitzky (SPÖ) bewertete diese Phase rückblickend lakonisch: „Das Erscheinungsbild des Trios Kreisky-Palme-Brandt war für viele international und außenpolitisch Interessierte und in Hinblick auf die Dritte Welt ein glänzendes. Bezüglich der Einbringung Österreichs in die Konstruktion ‚Europäische Integration' war es von marginaler Bedeutung, sofern überhaupt."[101]

Bedingt durch seine Oppositionsrolle suchte Mock als EDU- und IDU-Präsident andere transnationale Profilierungsmöglichkeiten dieser Parteienkooperationsformen im europäischen und internationalen Rahmen, was mit Blick auf Lobbying für den österreichischen EU-Beitritt im Europäischen Parlament (EP) in den Jahren 1992–1994 nicht unwesentlich war. Helmut Kohl wurde zum stärksten Befürworter und Unterstützer, auch Giulio Andre-

---

99 Email-Information von Minister a. D. Dr. Peter Jankowitsch für den Verfasser, 25.6.2007.
100 Ebd.
101 Brief Dr. Vranitzky an den Verfasser, 19.3.2007.

otti (DC) war positiv eingestellt, u. a. um die autonomiepolitisch immer noch offene Südtirolfrage zu einer Lösung zu bringen. Andreas Khol erinnert sich noch lebhaft:

„Ohne die persönlichen Freundschaftsbeziehungen von Mock zu Helmut Kohl, Jacques Chirac und Poul Schlüter wären die Beitrittsbemühungen zur EU nach 1987 nicht so schnell ans Ziel gelangt. Delors und die Föderalisten waren ja alle dagegen, Stichwort Verwässerung, und Delors hatte einen eigenen Abwehrplan aufgestellt. Bei jedem europäischen Gipfel, heute Rat, bei dem Österreich zur Debatte stand, funktionierte es nach dem gleichen Muster. Im Entwurf des Schlußcommuniqués war ein hinhaltender Passus zu Österreich. Kohl sprach jeden Gipfel vorher mit Mock, dann mit Mitterrand ab, kam dann in die Vorbesprechung der EVP, und präsentierte einen kleinen Zettel, auf dem 6 Worte geändert waren, und drehte das Ganze pro Österreich. Via EDU wurden Chirac und Schlüter dafür gewonnen und schon war es gemachte Sache. Entscheidend war dabei die Rolle des Kohl-Beraters [Joachim] Bitterlich, der das managte. Das ging weit über die staatliche Außenpolitik hinaus und lief immer am Telefon, direkt, ohne Sekretariate. Das ging so zwanzig mal und mehr."[102]

Die EDU diente als multifunktionelles Mehrzweckvehikel für die ÖVP-EG-Beitrittspolitik:

„Für die ÖVP war die EDU so wichtig, weil Mock und ich dabei ganz bewußt die französische Karte spielten. (…) Wir hatten mehrere große Parteiführerkonferenzen im Rathaus von Paris. (…) Die EDU erlaubte es uns, mit den unverdächtigen Skandinaviern im Verband zu segeln und nicht ‚als kleiner Bruder an der Hand der Deutschen' in die EU zu kommen. Deshalb sprachen wir auch konsequent englisch und französisch, was Kohl immer ärgerte."[103]

Aber auch die andere „Reichshälfte" war nicht passiv geblieben. Während seiner Zeit als SPÖ-Bundesvorsitzender verstärkte Vranitzky Kontakte mit Spitzenfunktionären der europäischen Sozialdemokraten und Sozialisten auf Regierungsebene. Aktivität und Präsenz in der SI überließ er Nationalratspräsident Heinz Fischer und Nationalrat Peter Schieder (beide SPÖ) sowie dem jungen Alfred Gusenbauer, der bei Schieder im Europarat in die Lehre gegangen war. Vranitzky trug zur Bildung einer Gemeinsamkeit der sozialdemokratischen europäischen Regierungschefs bei, in der Absicht Österreichs und anderer Kandidaten, den Europäischen Wirtschaftsraum (EWR) als geeignete Zwischenstufe für einen EG-Beitritt zu betrachten. Die Übereinstimmung der Standpunkte und die Zusammenarbeit unter den vier EFTA-Staaten Finnland, Norwegen, Schweden und Österreich kam in einem informellen Netzwerk von Staatsakteuren der sozialdemokratischen PolitikerInnen bzw. Regierungschefs der vier Beitrittskandidaten zum Ausdruck: Gro Harlem Brundtland (Norwegische Arbeiterpartei, Det norske Arbeiderparti), Gösta Ingvar Carlsson (Schwedische Solzi-

---

102   Mitteilung Dr. Andreas Khol für den Verfasser, 22.2.2008.
103   Ebd.

aldemokratische Arbeiterpartei, Sveriges socialdemokratiska arbetareparti, SAP), Paavo Tapio Lipponen (Finnische Sozialdemokratische Partei, Suomen sosialidemokraattinen puolue) und Franz Vranitzky (SPÖ),[104] der zu Frankreichs Staatschef Mitterrand in der Phase der Finalisierung der österreichischen EG-Beitrittspolitik selbst keinen Zugang mehr haben sollte.[105]

Die Verbindungen dieser Führungspersönlichkeiten überwanden nicht unerhebliche nationale Unterschiede. Die genannten Regierungschefs traten in der europäischen sozialdemokratischen Parteienfamilie relativ geschlossen und solidarisch auf. Damit erzielten sie bei den übrigen sozialistischen EG-Mitgliedsländer-Vertretern wie Felipe González, Antonio Guterres, Wim Kok, Georgios Papandreou und François Mitterrand Aufmerksamkeit, Respekt und Anerkennung. Es gelang durch akkordiertes Vorgehen die Beitrittsanliegen der jeweiligen Staaten sowohl in der Sozialistischen/Sozialdemokratischen Partei Europas (SPE) wie auch in der SI zu thematisieren und Unterstützung zu gewinnen. In dieser Zeit war Willy Brandt noch Präsident der SI (1976–1992). Zahlreiche Initiativen und Einladungen zur Beratung und Abstimmung gemeinsamer Positionen sowie zur öffentlichen Sprachregelung konnten somit vereinbart werden. Von österreichischer Seite fanden informelle Treffen in Wien sowie in den Salzburger und Tiroler Bergen statt. Die Begegnungen der Regierungschefs erfolgten in Westösterreich, weil diese und ihre Außenminister wegen des umstrittenen Staatsoberhaupts Kurt Waldheim nicht zu bewegen waren, in die Bundeshauptstadt zu kommen. Die Frage nach dem Wert dieser Netzwerkbildung von sozialdemokratischen Partei- und Regierungschefs und Staatsakteuren bejahte Vranitzky:

„Das wichtigste Ergebnis war, dass die 12-EU [sic!]-Mitglieder die Mehrzahl derer ja nicht gerade ‚erweiterungsbegeistert' (Ausnahme: Deutschland, Italien) waren, zur Kenntnis zu nehmen hatten, die Vier meinen es ernst und ihre gesamteuropäischen Argumente haben Hand und Fuß. (Alles in allem: Man bedenke, dass drei der vier Erweiterungskandidaten mit ihrem Neutralitätsstatus und daher ihrer Nicht-NATO-Mitgliedschaft in vielen EG-Regierungsstuben sowieso auf Kopfschütteln stießen.)"[106]

Zusammenfassend kann gesagt werden, daß sich ÖVP und SPÖ in der beitrittspolitischen Netzwerkarbeit geradezu idealtypisch ergänzten – Mock auf der außenpolitischen und transnationalen EDU-Ebene, Vranitzky auf der Ebene gemeinsam mit den nordischen Partei-, Staats- und Regierungschefs.

Die ursprünglichen Prioritäten der beiden Parteien für die EWG/EG (ÖVP) und die EFTA (SPÖ) der 1960er und 1970er Jahre diversifizierten und durchmischten sich angesichts der neuen gemeinsamen Zielrichtung, die beide Parteispitzen anstrebten, so dass eine weder akkordierte noch konzertierte Politik entstand, die auf ein unbewußtes „Getrennt marschieren und vereint schlagen" hinauslief von zwei Politikern (Mock und Vranitzky)

---

104 Brief Dr. Vranitzky an den Verfasser, 19.3.2007.
105 Interview Dr. Busek, 8.6.2007.
106 Brief Dr. Vranitzky an den Verfasser, 19.3.2007.

nämlich, die alles andere als miteinander harmonierten. Das gemeinsame Ziel verband dennoch und führte zu einer sich ergänzenden Parallelaktion, die für sich genommen dem gemeinsamen Anliegen dienlich war.

V. Österreich in der EU

Seit 1995 gehört Österreich der Union an, was die Notwendigkeit transnationaler Parteienkooperation bisherigen Stils zurücktreten ließ. Österreichische Mitglieder fügten sich in die Fraktionen des Europäischen Parlaments ein und knüpften dort neue Kontakte. Die integrationspolitischen Entscheidungen fielen verstärkt auf der Ebene der Staats- und Regierungschefs, was selbst die Außenminister an Gewicht verlieren ließ. Transnationale Parteienkooperation sollte aber im EVP- und SPE-Rahmen aktivierbar bleiben, wie der folgende Fall exemplarisch zeigt.

Der EU 14-Regierungsboykott und dessen Aufhebung 2000: Musterbeispiel für funktionierende christdemokatisch-konservative Netzwerkbildung

Die Abwehr der EU 14-Sanktionsmaßnahmen gegen die von Jörg Haider ermöglichte ÖVP-FPÖ-Koalition im Jahr 2000 ist ein gutes Beispiel für praktizierte Parteien-Netzwerk-Bildung. Als am 4. Februar 14 EU-Staaten die österreichische Bundesregierung boykottieren, erzeugte dies Irritation und Verstimmung in christdemokratischen und konservativen Parteikreisen Europas.

In der EVP gab es keine einheitliche Linie. José Maria Aznar beantragte, unterstützt von der Partito Popolare Italia (PPI), der Parti Social Chrétien (PSC) und der Union pour la Démocratie Française (UdF) bei einem Treffen in Madrid am 3. Februar den Ausschluss der ÖVP, setzte diesen aber nicht durch.[107]

Khol kann dazu berichten: „Uns versicherte man aber vor der Sitzung, wir bräuchten nicht zu kommen, wir wollten Mock, Khol und König entsenden, denn da sei nichts geplant. Schäuble von der CDU erhob sein Veto und hielt uns die Stange. Der Sanktionsbeschluß war Ergebnis der Shoa-Konferenz in Stockholm am 25.1. und einer dort geführten Vorbesprechung der SI."[108]

Es hatte aufgrund der „Österreich-Affäre" eine Spaltung der EVP gedroht.[109] Im Vorfeld und im Zuge der ÖVP-FPÖ-Regierungsbildung gab es Solidaritätsaktivitäten europäischer Sozialdemokraten im Rahmen der SI und der SPE gegen die sich abzeichnende schwarz-

---

107 L'affaire Haider divise les droites européennes, in: Le Monde, 3.2.2000; Die Zeit, 10.2.2000.
108 Auskunft Dr. Khol, 22.2.2008; siehe auch Andreas Khol, Die Wende ist geglückt. Der schwarz-blaue Marsch durch die Wüste Gobi, Wien 2001, S. 139–158, 142–145; Michael Gehler: „Preventive Hammer Blow or Boomerang? The EU „Sanction" Measures against Austria 2000, in: Contemporary Austrian Studies Vol. 10, New Brunswick/London 2002, S. 180–222, hier S. 188–189.
109 Schreiben von Souli Ninisto, Berdt Bendtsen, Jan Petersen und Bo Lundgren an Wilfried Martens, 9.2.2000, zit. in: van Hecke: Christen-democraten en conservatieven in de Europese Volkspartij, S. 260 (Anm. 365).

blaue Koalition, die allerdings für die SPÖ-Opposition unter Alfred Gusenbauer in Österreich nur sehr wenig nützlich waren, weil sie als „Einflussnahme von außen" kontraproduktiv wirkten. Die CDU war aus innerparteilichen Gründen (Spendenaffäre) im Januar und Februar 2000 weitgehend paralysiert, setzte sich aber in der Folge gemeinsam mit der CSU für die Aufhebung der Sanktionsmaßnahmen ein, die mit der ÖVP ihre Schwesterpartei betrafen.[110]

Helmut Kohl hatte voll hinter Österreich gestanden – ganz im Unterschied zu Jacques Chirac, der zur großen Enttäuschung von Mock nicht bereit war, die österreichische Regierung zu unterstützen. Es ist dabei anzumerken, dass sich Kohl und die CDU zu dieser Zeit in Opposition befanden. Khol erinnert sich: „Die Enttäuschung Mocks war, dass Chirac bei den Sanktionen nicht für ihn erreichbar war. Außer einem Telefonat mit mir am 26. Jänner 2000 um 8 h 30 wollte er uns nicht sehen und hören. Das war auch das Ende einer recht langen und guten politischen Freundschaft – erst gegen Ende seiner Amtszeit, nach der Wahl 2002/3, wollte Chirac wieder Kontakte und sandte sich entschuldigende Emissäre, aber wir waren da nicht mehr zu Gesprächen bereit. In der EU-Mitgliedschaft hat uns Chirac in den entscheidenden Jahren gleich nach Mitterrand und in der 2. cohabitation sehr unterstützt. Wir waren mehrfach im Matignon zu Gesprächen und dann im Elysée."[111]

Im März und April 2000 trat in der EVP eine Abkühlung, Beruhigung und Normalisierung und im Mai und Juni sogar eine partielle Solidarisierung mit der ÖVP ein. Mit einem einstimmigen EVP-Beschluss wurde das Ausschlussverfahren gegen sie fallen gelassen, nachdem diese ihre Mitgliedschaft suspendiert hatte.[112] Eine Arbeitsgruppe, die sich im April aus dem Niederländer Wim van Velzen, dem Spanier Gerardo Galeote und dem Deutschen Hartmut Nassauer, allesamt Mitglieder der EVP-ED-Fraktion, zusammensetzte, legte bis Juni einen Bericht über die Situation in Österreich und die Arbeit der Bundesregierung vor. Für die Dauer der Erarbeitung des Reports hatte die ÖVP freiwillig auf ihre Teilnahme bei Sitzungen von EVP-Organen verzichtet, wofür im Gegenzug die EVP weder über Österreich diskutieren noch Beschlüsse zur ÖVP fassen sollte.[113] Der am 6. Juni in Brüssel präsentierte Bericht fiel überwiegend positiv aus, der der ÖVP auch den Weg zurück zur vollen Mitwirkung in der EVP ermöglichte.[114]

---

110 Michael Gehler: Präventivschlag als Fehlschlag. Motive, Intentionen und Konsequenzen der EU 14-Sanktionsmaßnahmen gegen Österreich im Jahre 2000, in: Wilfried Loth (Hg.): Das europäische Projekt zu Beginn des 21. Jahrhunderts (Grundlagen für Europa 8), Opladen 2001, S. 325–382, hier S. 367–368; van Hecke: „Christen-democraten en conservatieven in de Europese Volkspartij, S. 262–263; Wolfram Kaiser: „Warum lernen Sie nicht aus der Geschichte?" Deutschland und die Sanktionen der EU-14 gegen Österreich, in: Michael Gehler/Ingrid Böhler (Hg.): Verschiedene Wege nach Europa. Österreich und die Bundesrepublik Deutschland von 1945/49 bis zur Gegenwart, Innsbruck/Wien/Bozen 2007, S. 531–547, hier S. 540–542.
111 Mitteilung Dr. Andreas Khol für den Verfasser, 22.2.2008.
112 ÖVP zieht sich zurück. Antrag auf Ausschluß zurückgezogen, in: Dolomiten, 7.4.2000.
113 Ende für Ausschluß, in: Plus 2 (2000), S. 9.
114 Freispruch für ÖVP/EVP-Bericht/EVP warnt Regierung vor Volksbefragung über Sanktionen. Nach dem positiven EVP-Bericht will sich die Bundesregierung erneut bei den EU-Partnern um ein Ende der Sanktionen bemühen, in: Die Presse, 7.6.2000.

Auch hierzu kann Khol noch einmal als Akteur und Zeitzeuge sprechen:

„Das Netzwerk EDU funktionierte dann wieder bei der Sanktionenbeendigung. Der Weisenausschuß wurde in der EVP geboren. Oreja veröffentlichte den Bericht vorab in Spanien, da er nicht wollte, von Chirac, dem EU-Vorsitz des Tages, abgeändert und beeinflußt zu werden. Chirac war auch sauer und konnte nichts anderes tun als den Bericht samt Vorschlag zur Kenntnis zu nehmen."[115]

Entscheidende Vorarbeit für Entspannung und den späteren „Weisenbericht" leisteten neben besonnenen EVP-Politikern auch Europas Konservative. Der EDU-Lenkungsausschuss sprach sich nach entsprechender Beobachtung der Situation in Österreich am 19. Mai 2000 für eine Aufhebung der Sanktionen aus. Der europäische Verbund konservativer und christdemokratischer Parteien, dem die ÖVP angehörte, hob in einer in London gefassten Resolution hervor, die Maßnahmen seien „nicht nur für Österreich schädlich, sondern in gleichem Maße für die weitere Entwicklung der EU". Nach einer Bilanz der ersten hundert Tage der ÖVP-FPÖ-Bundesregierung wurde eine Normalisierung der Beziehungen empfohlen. Lediglich der neogaullistische Rassemblement pour la République (RPR) und die spanische Partido Popular (PP) hatten sich bei dem Beschluss der Stimme enthalten. Die Christdemokraten aus Belgien und den Niederlanden waren hingegen keine EDU-Mitglieder und konnten sich daher auch nicht negativ äußern.[116]

Die Aufhebung der „Sanktionen" nur mit den Aktivitäten der transnationalen Parteinetzwerke zu erklären, wäre allerdings eine Verkürzung. Mitentscheidend war der zunehmende Druck der öffentlichen Meinung, der dazu führte, dass am 8. September 2000 die schon zuvor von der portugiesischen EU-Ratspräsidentschaft offiziell eingesetzten „Drei Weisen" (Martti Ahtisaari, Jochen Frowein und Marcelina Oreja) ihren einstimmig verfassten Bericht an Frankreichs Staatspräsident Chirac übergaben. Christdemokratische und konservative Netzwerke hatten aber zweifelsohne nicht unwesentliche Vorarbeit zur Aufhebung der Boykottmaßnahmen geleistet. Am Vortag wurde Bayerns Ministerpräsident Edmund Stoiber (CSU), der ein Ende der Sanktionen verlangt und demonstrative Rückendeckung für Österreich geleistet hatte, auf rotem Teppich in Wien empfangen.[117] Mitentscheidend war außerdem die französische Ratspräsidentschaft in der zweiten Jahreshälfte 2000. Im Vorfeld des Gipfels von Nizza war klar, dass nur mit einstimmigen Voten die Ziele zu erreichen waren, also auch die Stimme Österreichs dafür notwendig war.

---

115 Auskunft Dr. Khol für den Verfasser, 22.2.2008.
116 Europas Konservative: Sanktionen aufheben. Aber Frankreich beharrt auf deren Beibehaltung, in: Der Standard, 20./21.5.2000.
117 Demonstrative Rückendeckung für Österreich, in: Coburger Tageblatt, 8.9.2000; „Europa würde Schaden nehmen", in: Die Presse, 8.9.2000.

Europäisches Regieren mit und ohne Netzwerke 1995–2005 – Pro und Kontra, Erfolge und Mißerfolge

In Form eines Ausblicks mit Blitzlichtern und Stichpunkten kann erfolgreiche und weniger zielführende Netzwerkbildung von Österreichs Parteipolitikern im Kontext des EU-Beitritts und der EU-Mitgliedschaft angedeutet werden:

— Mit dem EU-Beitritt von Schweden, Finnland und Österreich – die Norweger lehnten diesen per Volksabstimmung wie 1972 wieder ab – konnte sich der Neutralitätsstandpunkt auch in der EU nolens volens weiter behaupten. Die Neutralen brachten durch ihre Ablehnung der WEU diese Organisaton praktisch um. Im Umweg mussten sie allerdings friedensschaffende Maßnahmen durch Aufstellung von Kampftruppen durch die „Petersberg-Aufgaben" (1992) akzeptieren, die integraler Bestandteil des Amsterdamer Vertrags (1997, in Kraft 1999) wurden. Keiner der genannten Staaten gehört dennoch bis heute einem Militärbündnis an wie er auch keine Basen auf seinem Territorium gestattet. Im Zusammenhang mit dem EU-Verfassungsvertrag setzten die Allianzfreien eine nur fakultative Beistandsklausel durch. Dies war eine Mitgift der Neutralen für den europäischen Integrationsprozess und ein Ergebnis von Netzwerkarbeit auf der parteipolitischen (SPÖ-SPE) und diplomatischen Ebene. Die ÖVP drängte Ende der 1990er vergeblich in die NATO.

— Der einflußreichste Akteur und prominenteste Vertreter Österreichs im Rahmen der EU war seit dem EU-Beitritt Agrarkommissar (1995–2004) Franz Fischler (ÖVP), der im Wege christdemokratischer Parteienbeziehungen über Vermittlung von Vizekanzler Busek (ÖVP) beim designierten EU-Kommissionspräsidenten Jacques Santer (von der luxemburgischen CVP) in dessen Team kooptiert wurde.[118] Bundeskanzler Vranitzky stimmte zu – in Ermangelung eines sozialdemokratischen (Gegen-)Kandidaten.[119] In Österreich stieß Fischler vielfach auf Unverständnis, weil er keine österreichische Interessen-, sondern EU-Politik zu vertreten hatte. Es wurde ihm von EU-Kennern zugestanden, dass die auf dem im März 1999 verabschiedete „Agenda 2000" seine Handschrift trug. Die Kollektivdemission der Kommission Santer überstand Fischler 1999 unbeschadet, wie er auch letztlich für Österreichs Bergbauern und Landwirtschaft im Rahmen der Politik der degressiven Ausgleichszahlungen profitable Ergebnisse erzielte.

— Das während des EU 14-Staaten-Boykotts gegen die österreichische Bundesregierung geborene Konzept der „strategischen Partnerschaft" mit den MOE-Staaten, vor allem von Außenministerin Benita Ferrero-Waldner (ÖVP) forciert, um eine stärkere Koalition der mittel- und osteuropäischen Staaten zustande zu bringen, blieb unter den Erwartungen und musste in weiterer Folge in „regionale Partnerschaft" umbenannt werden. Die Viségrad-Länder (Polen, Tschechien, Slowakei und Ungarn) waren nicht bereit, Österreich zu assoziieren oder gar als Mitglied aufzunehmen. Es gab in diesem Kontext offensichtlich keine erfolgreiche und wirksame parteipolitische Netzwerkbildung.

---

118 Mitteilung Agrarkommissar Dr. Franz Fischler an den Verfasser in Salzburg 15.1.2005.
119 Interview Dr. Busek, 8.6.2007.

- Die Nominierung von Erhard Busek zum Stabilitätspakt-Beauftragten für den Balkan (2002–2008) als Nachfolger für den Deutschen Bodo Hombach war nicht Ergebnis transnationaler parteipolitischer Netzwerkbildung, sondern Resultat persönlicher Beziehungen und Kontakte. Busek wurde vom ehemaligen US-Botschafter und Assistent Secretary of State Richard Schifter sowie aufgrund der Empfehlung von EU-Außenkommissar Chris Patten vorgeschlagen, denen die Ost- und Südosteuropa-Erfahrung Buseks bekannt war.
- Nach wie vor sind die Parteien-Vorbesprechungen vor wichtigen Räten und den Europäischen Räten relevant. Bundeskanzler Wolfgang Schüssel (ÖVP) (2000–2006) hatte neben dem Parteiennetzwerk auch ein eigenes persönliches Netzwerk aufgebaut und war in seiner zweiten Amtszeit (ab 2002) zu einem der einflussreichsten ÖVP-Politiker auf internationaler und europäischer Ebene avanciert.
- Ein weiteres Beispiel lieferte Khol für den Rahmen der „European governance":

„Die Institutionen der Parteizusammenarbeit schaffen diese persönliche Nähe, die auch dadurch nötig wird, weil man sich ja in den Europäischen Räten ständig sieht und gemeinsam Probleme löst. Schüssel gelang es, über die EVP-Vorbesprechung des Europäischen Rates die Gruppe der 14 zu schmieden, die Guy Verhofstadt als EU-Kommissionspräsidenten verhinderte, Schüssel unterstützte und dann nach Chiracs Veto Barroso, Merkels und Schüssels Kandidat, durchsetzte."[120]

Das historisch bedingte lange Fehlen und der erst nach dem Beitritt erkennbare Mangel an Erfahrung im EU-Lobbying Österreichs sind mit einem gewissen Effektivitätsrückstand im „EU policy making" erklärbar. Die teils unterentwickelte Vernetzung auf den neuen Politikfeldern mit fehlender Einbindung in auf EU-Institutionen bezogene Netzwerke sowie teils fortbestehende Konkurrenzsituationen zwischen SPÖ- und ÖVP-Vertretern aufgrund nach wie vor gegebenem österreichischen Proporzdenken und nationaler Fokussierungen erschweren die österreichische Personalpolitik in EU-Angelegenheiten. Inzwischen rückte zunehmend österreichischer Nachwuchs auf, der über EU-Vernetzungen wie das Europakolleg in Brügge verfügt. Für Busek ist aber wichtig festzustellen, daß es „zu wenig sind, weil Österreicher immer wieder gerne zu Hause bleiben".[121]

Weiterführende analytische Überlegungen zur historischen Netzwerkarbeit: Europäische Netzwerk-Formation und inneres Netzwerk Regime

(a) Außenpolitisch orientierte und transnational arbeitende Parteipolitiker Österreichs gab es von 1945 bis in die jüngste Zeit nur wenige: Im Europarat, der wichtigsten Organisation für Österreich außerhalb des EG-Rahmens, waren bis 1995 zunächst Eduard Ludwig (ÖVP) und Bruno Pittermann (SPÖ) als Beobachter, sodann Ludwig Steiner (ÖVP) und

---

120 E-Mail Information Andras Khol an den Verfasser, 6.3.2007.
121 Mitteilung Vizekanzler Dr. Erhard Busek für den Verfasser, 26.10.2007.

in führender Funktion als Präsident der Parlamentarischen Versammlung Karl Czernetz (SPÖ) 1975–1978 sowie als Generalsekretäre Lujo Tončić-Sorinj (ÖVP) 1969–1975, Franz Karasek 1979–1984 (ÖVP) und später Walter Schwimmer 1999–2004 (ÖVP) bzw. Peter Schieder (SPÖ) als Präsident der Parlamentarischen Versammlung aktiv. Zynisch, aber nicht unzutreffend äußerte hierzu Andreas Khol: „Mit Verlaub, in den Europarat gehen nur Abgeordnete, die Zeit haben, weil sie im Inland wenig zu tun haben."[122]

(b) Es handelte sich tatsächlich um Minister außer Dienst und Politiker aus der zweiten Reihe (National- und Bundesräte), die in der parteipolitischen Netzwerkbildung Europas aktiv wurden. Motivierende Themen waren nach 1945 die Positionierung eines unabhängigen und selbständigen Österreichs in der internationalen Arena, die Überwindung der außenpolitischen Isolation, die durch „Anschluss" 1938 und Krieg 1939–1945 eingetreten war, die Verhinderung eines Ausgeschlossenseins von internationalen Gruppierungen und Organisationen wie der UNO (bis 1955), der EWG, EG und EU (bis 1995) oder auch der SEP und EVP (bis 1995) aufgrund des Besatzungs- und späteren Neutralitätsstatus, die Überwindung des Beobachterstatus in europäischen Organisationen (in der Beratenden Versammlung des Europarats bis 1956 und bei der Hohen Behörde der Montanunion 1952–1965) sowie die Positionierung Österreichs als Akteur und Vermittler der Europa- und Weltpolitik (in der UNO als zweimaliges nichtständiges Sicherheitsratsmitglied 1973/74 und 1991/92). ÖVP-Vertreter hatten tendenziell mehr Kontakte zu EWG-/EG-Staaten-Parteien (CDU, CSU, DC), während SPÖ-Vertreter stärker zu britischen bzw. skandinavischen „EFTA-counterparts" tendierten.

(c) Qualitativ und generell ist ein Bedeutungszuwachs transnationaler Parteienkooperation und Netzwerkbildung von österreichischen Parteipolitikern seit den 1970er Jahren festzustellen. Die entstehende Existenz zweier relevanter Lager von Parteienbünden hatte einen stimulierenden Effekt, belebte den Wettbewerb und förderte die Konkurrenz zwischen ÖVP- und SPÖ-Außenpolitikern.

Die SI kompensierte für die Sozialisten und die EDU für die ÖVP den Mangel an fehlender Zugehörigkeit zur SPE bzw. zur EVP. Beide Organisationen fungierten in den 1970er und 1980er Jahren als Substitut der europäischen parteipolitischen Netzwerkbildung. Die konstituierenden Gruppierungen der Netzwerke bestanden aus Personen, die an außenpolitischen und internationalen Fragen überdurchschnittlich interessiert waren. In der ÖVP waren dies überwiegend kern- und westeuropäisch ausgerichtete Vertreter. Dabei spielten vor allem Kontakte zur deutschen CDU/CSU, zum französischen MRP bis zu seiner Auflösung und zur italienischen DC eine Rolle.[123]

---

122 Email Nachricht Andreas Khol für den Verfasser, 12.2.2007.
123 Für die Anfänge siehe hierzu Lois Weinberger: Pariser Eindrücke, in: Österreichische Monatshefte 7 (April 1946), S. 275–278, hier S. 277; Anton Pelinka: MRP und ÖVP – Vorbild auf Zeit, in: Rudolf Altmüller/Helmut Konrad/Anton Pelinka/Gilbert Ravy/Gerald Stieg (Hg.): Festschrift Mélanges Felix Kreissler (Veröffentlichungen des Ludwig Boltzmann Instituts für Geschichte der Arbeiterbewegung, Linz und des Centre d'Études et de Recherches Autrichiennes, Rouen), Wien/München/Zürich 1985, S. 139–148, hier S. 139 ff.; Helmut Karlick: Lois Weinberger. Ein Leben für Österreich, Wien 1988.

(d) Auf der Ebene persönlicher Kontakte waren die Beziehungen zwischen Leopold Figl und Alcide De Gasperi, Josef Klaus und Kurt Georg Kiesinger bzw. Alois Mock und Helmut Kohl gute bis ausgezeichnete, so dass auch vertrauliche Absprachen getroffen werden konnten. Es handelte sich um informelle Netzwerke, die personen-, d. h. zeitabhängig und daher auch nur kurz- und mittelfristig wirksam waren. Durch die langen Amtszeiten (z. B. Kreisky oder Kohl) konnten sie auch langfristig von Bedeutung sein. Durch starke personelle Kontinuitäten in den Organisationsformen (Mock, Khol) konnten auch die formelleren Netzwerke eine starke Wirkung entfalten.

(e) In den 1980er und 1990er Jahren durchmischte sich die geographische Differenz der außenpolitischen Schwerpunkte der beiden größten Parteien Österreichs mehr. Es ging von 1989 an gemeinsam und hauptsächlich um Österreichs EG-Beitrittsambition und ab 1995 um die Positionierung in der EU. Die verschiedenen ÖVP-Netzwerke waren vergleichsweise stärker „Kerneuropa"-, die der SPÖ mehr Peripherie- bzw. „EFTA-Europa"-orientiert. Es erfolgte jedoch ein qualitativer Wechsel und eine Diversifizierung der außenpolitischen Ausrichtungen und Kommunikationslinien mit dem EU-Beitritt.

(f) Ein spezifisches Anliegen stellte die Südtirolpolitik Österreichs dar. Die zu verschiedenen Zeitpunkten (1945/46; 1959–1961; 1967–1969; 1989–1992) akut und brisant werdende Südtirolfrage ließ besonders für Italien eine spezifisch bilaterale Fühlungnahme notwendig werden, was in den 1960er und Anfang der 1990er Jahre intensiviert werden konnte.

(g) Die auf Netzwerk-Bildung ausgerichteten österreichischen Akteure hatten mit erheblichen Problemen zu kämpfen, vor allem wegen der Dominanz der Innen- und Parteipolitik, die unter den meisten führenden Politikern bzw. Mehrheitspartei-Mitgliedern weitgehend außenpolitisches Desinteresse (ÖVP) und Zurückhaltung (SPÖ) bedingte. Das hatte zur Folge, dass nur eingeschränkt finanzielle Mittel für die Organisation von und die Mitwirkung an transnationalen Netzwerken vorhanden waren. Daneben spielte anfänglich und lange Zeit auch die fehlende Fremdsprachenkompetenz der Akteure eine Rolle, so dass diese auf ausländische Verbindungsleute (z. B. Victor Koutzine für den christdemokratischen westeuropäischen Genfer Kreis 1947–1955 oder Rudolf Moser in der Vermittlung zwischen Leopold Figl und Alcide De Gasperi – wobei dieser schon traditionell gute Verbindungen zu den Wiener Christlichsozialen vor dem Ersten Weltkrieg unterhielt – in der Südtirolfrage der 1950er) angewiesen waren.[124]

Es gab Verbindungsleute zum MRP in Frankreich wie Koutzine, Moser zur DC in Italien, Steiner zur SVP in Bozen, Busek zur Dissidenten- und Oppositionellenszene in Mittel- und Osteuropa, Mock zu Strauß und Kohl, Khol zu den Giscardisten und Neo-Gaullisten in Frankreich, nicht zu reden von den persönlichen Kontakten Kreiskys zu Brandt und Palme. Mit Jankowitsch, Khol und Mock waren sodann Außenpolitiker der Parteien in den 1980er und 1990er Jahren vorhanden, die fließend Englisch und Französisch sprechen konnten.

---

124 Daniela Preda: Alcide De Gasperi federalista europeo, Bologna 2004, S. 45 (Anm. 26). Der Privatmann Moser war noch in den Jahren 1964/65 im Südtirolkonflikt als Vermittler zwischen DC und ÖVP wichtig, siehe Hermann Withalm, Aufzeichnungen, Graz/Wien/Köln 1973, 127–130.

(h) Politische Konflikte und Problemlösungsbedarf begünstigen ebenfalls Netzwerkbildungen, wobei mit dem Mobilfunk die „handy diplomacy" ein neuer Kommunikationsfaktor geworden ist. In der Südtirolpolitik entwickelten sich immer wieder bilaterale Kontakte ohne ausgesprochene Netzwerkbildungen, so zwischen Kreisky und Giuseppe Saragat in der ersten Hälfte der 1960er Jahre, Ludwig Steiner und Alcide Berloffa sowie mit Alois Mock (und dem Sozialdemokraten Gianni De Michelis) und Giulio Andreotti Ende der 1980er und Anfang der 1990er Jahre.[125] Ein maßgebender österreichischer Südtirol-Verhandler hatte Khol wissen lassen, Berloffa sei „der einzige Südtiroler" gewesen, „der ihn nie angelogen" habe! Befragt zum Wert von Netzwerken meint Andreas Khol:

„Natürlich bewirken die Netzwerke gemeinsame persönliche Beziehungen, Einladungen zur Wahlhilfe, zu den Festspielen u. ä. Netzwerke erzeugten die persönlichen Beziehungen, deren Gradmesser ab den 90er Jahren die persönliche Handynummer war. Wir konnten unsere wichtigsten Kontrahenten blitzartig über Handy erreichen und brauchten die Botschafter nicht mehr. So rief Schüssel in meiner Gegenwart Berlusconi an, als die italienische Verfassungsreform heiß für Südtirol wurde, und ich sofort den Parlamentspräsidenten Casini und lösten die Knoten."[126]

(i) Die Schwierigkeit der historischen Rekonstruktionsarbeit von partei- und regierungspolitischen Netzwerken der letzten 15 Jahre liegt im Mangel an schriftlichen Quellen, wenn die hauptsächliche Kommunikation via Handy „läuft". Zum gleichen Thema äußert sich Khol nochmals:

„Verfassungsreform Italien (…) Das Kind war schon in den Brunnen gefallen, eine Südtirolfeindliche Schlußklausel im Ausschuß beschlossen, wonach die Italiener in Südtirol eigene Schutzrechte gegenüber der Landesregierung haben sollten. Rechtsanwalt und Abg. [Karl] Zeller telefonierte mit mir, gab mir die rechtstechnischen italienisch-rechtlichen Argumente in die Hand: in Schlußbestimmungen können keine neuen Rechte begründet werden, ich telefonierte mit Freund Casini, er übernahm die Begründung und schon war die Sache vom Tisch. 20 Minuten, drei Stunden vor der Abstimmung …"

Mit Lösung des Südtirolproblems und Abnahme der zwischenstaatlichen Brisanz dieser Thematik „schliefen" laut Khol die besonderen ÖVP-DC-Beziehungen „ein", die seit Anfang der 1980er Jahre vor allem zwischen Flaminio Piccoli und Alois Mock geknüpft worden waren, dann aber nicht mehr zustande kamen. Sie wurden durch persönliche Kontakte von Busek mit den wechselnden DC- bzw. PPI-Vorsitzenden ersetzt.[127]

---

125   Khol: Die internationale Parteienzusammenarbeit, S. 388–389.
126   Mitteilung Dr. Khol, 6.3.2007.
127   Khol: Die internationalen Parteienzusammenarbeit, S. 388.

(j) Mittel-Osteuropa war als Thema politischer Netzwerkarbeit ein Sonderfall: Der österreichische Unterrichts- und Wissenschaftsminister Busek war eine doppelte Ausnahme insofern, als er mit seinen mittel- und osteuropäischen Kontakten eine alternative Netzwerkbildung anpeilte und zwar auf gesellschafts- und kulturpolitischer Ebene mit der katholischen und liberalen Intelligenz und den entstehenden Zivilgesellschaften in Mittel- und Osteuropa – zu einem Zeitpunkt, als weder das Ende der UdSSR noch die Perspektive einer Erweiterung der Europäischen Gemeinschaften absehbar waren, was nicht nur innerparteiliche Anerkennung fand,[128] sondern auch zu erheblichem Ansehen Österreichs in Ost-Mitteleuropa beitrug. Für Busek waren persönliche Netzwerke wichtiger als parteipolitische. Es ist davon ausgehen, dass dies für viele österreichischen Parteipolitiker im transnationalen Kooperationskontext galt.

Außereuropäische Perspektiven wurden seitens der ÖVP erst in den 1980er Jahren über die IDU-Aktivitäten von Mock entwickelt. Bei den Sozialisten dominierte zunächst eine starke europäische Komponente, der Horizont zur globalen Politik und ihren Fragestellungen öffnete sich bereits ab den 1950er Jahren. Dies äußerte sich verstärkt in den 1970er Jahren, also früher als bei der ÖVP. Es dominierten zunächst Kontakte zur britischen Labourparty und zu den deutschen und schwedischen Sozialdemokraten.

Die Kontakte und Beziehungen waren via SI, EUCD und EDU zum Teil formalisiert, größtenteils jedoch informeller Natur. Es gab weniger formelle Beschlüsse und dezidierte politische Entscheidungen – die aus nationalen Parteivertretungen konstituierten Organisationen und geknüpften Netzwerke waren keine Regierungen –, aber Fühlungnahmen, Beratungen, Abstimmungen und Empfehlungen über im Rahmen von Koalitionen und Regierungen zu treffende Entscheidungen, Vorabsprachen vor EU-Gipfelkonferenzen bzw. den Europäischen Räten. Informelle Verabredungen und Vereinbarungen waren keine Seltenheit.

(k) Es ist keine Frage, dass Parteienvertreter größerer europäischer Staaten wie die Sozialisten Frankreichs, Italiens, Spaniens und der Bundesrepublik sowie der Christdemokraten Deutschlands und Italiens im Rahmen der Netzwerke ein partei- und machtpolitisches Übergewicht gegenüber den Repräsentanten kleinerer Länder hatten. SPÖ- wie ÖVP-Repräsentanten nutzten jedoch ihren Status als Kleinstaatler und speziell ihre Defensivposition sowie ihre „Neutralität", um Positionen der Mitte bzw. solche der Vermittlung einzunehmen.

(l) Die eher informelle Netzwerkarbeit förderte durch Vermeidung von zu großer Verbindlichkeit und Zwanghaftigkeit indirekt die Flexibilität und Kohäsion der Netzwerke. Die informelle Kooperation der Parteiführer auf EDU-Ebene erleichterte Österreichs EG-Beitrittsambitionen, aber auch die Absprachen unter den europäischen Sozialistenführern der EFTA-Staaten bzw. der nordischen Länder bewirkten nicht unerhebliche Fortschritte.

---

128 Ebd., S. 385.

Netzwerk-Ebenen und Funktionen

(a) Die transnationalen Netzwerke waren für die Stellung der betreffenden Politiker in der Innenpolitik relativ unerheblich, jedenfalls bis in die Zeit der 1980er Jahre. Sie ermöglichten aber einen Informationsvorsprung und Argumentationsvorteil gegenüber nationalen Oppositionsvertretern und einen Bonus an außenpolitischer und internationaler Kompetenz, wenngleich dieser in seinem Wert begrenzt blieb. In Entscheidungs- und Krisensituationen Österreichs erwiesen sich diese außenpolitischen und internationalen „Netzwerker" ab Ende der 1980er Jahre zunehmend günstiger und vorteilhafter für das Ansehen Österreichs auch mit Blick auf Bewerbungen für internationale Organisationen und das Image des Landes in Europa und der Welt, das mit der Waldheim-Debatte stark zu leiden begonnen hatte. Netzwerke waren hier zur Abwehr und Linderung der Angriffe zunächst noch schwach und unterentwickelt, so dass ehemalige Widerstandskämpfer wie Karl Gruber, Fritz Molden und Hans Reichmann an die Beschwichtigungsfront geschickt werden mussten. Dagegen profilierte sich Busek als Regierungsbeauftragter für die EU-Osterweiterung in den schwierigen Jahren unter der „schwarz-blauen" Regierung 2000–2001 und Stabilitätspaktbeauftragter für Südosteuropa ab 2002–2008. Er wurde bereits seit Ende 1996 auf Betreiben des State Department in Washington durch die OSCE als Coordinator der South East European Cooperative Initiative (SECI) bestellt. Wolfgang Petritsch war als ehemaliger Sekretär von Bruno Kreisky Beauftragter für Herzegowina-Bosnien sowie dann in Aussicht genommener SPÖ-Nationalrat und potentieller Kandidat für den Außenministerposten im Vorfeld des Wahlkampfs 2002.

(b) Österreichische Parteipolitiker, die sich auf der europäischen Ebene bewegten, sei es im Europäischen Parlament oder in anderen EU-Funktionen, erfreuten sich z. T. nur geringer innenpolitischer Aufmerksamkeit und medialen Interesses. Sie erfuhren in Brüssel und Straßburg Sozialisationen im Wege von Entnationalisierung und Europäisierung. Beispiele dafür sind Othmar Karas (ÖVP-EVP), Hannes Swoboda (SPÖ-SPE) oder Johannes Voggenhuber (Grüne), die sich absichtsvoll, bewusst und gezielt gegen die Positionen ihrer eigenen Parteien in Österreich stellten, sei es beispielsweise in der Frage der Ausgestaltung und Erweiterung des EU-Budgets, in der Reform der EU-Institutionen oder der Frage der Obsoleszenz der Neutralität.

(c) Die Netzwerkarbeit österreichischer Parteipolitiker hat sich nach dem EU-Beitritt vornehmlich auf EU-Politik konzentriert und sich damit auch tendenziell weltpolitisch reduziert. Nord-Süd-Themen bzw. globale Anliegen haben teils an Relevanz verloren, teils werden sie im EU-Rahmen artikuliert und kommuniziert. Die Umstände, dass die ÖVP eine Regierungspartei (von 1987 bis heute) und Österreich EU-Mitglied (seit 1995) wurde, machte für sie transnationale parteipolitische Netzwerkbildung weniger bedeutsam.

Austrospezifika im Kontext des Wandels transnationaler Parteienkooperationen

Die Netzwerkarbeit österreichischer Parteienvertreter vollzog sich in der Regel im dynamischen Mehrebenensystem verschiedener Institutionen, Organisationen und Lobbies:

(a) Auf der Ebene transnationaler Parteienkooperation außerhalb der Europäischen Union war vor allem und zu allererst der Europarat ein Forum der Netzwerkbildung, der früh von österreichischen Politikern gesucht wurde, was mit Ludwig, Pittermann, Schwimmer und Schieder gezeigt werden konnte. Aber dieses Forum trug mit seiner Arbeit nicht zu mehr ökonomischer Integration im Sinne des österreichischen EU-Beitritts bei.

(b) Außerhalb des Europäischen Parlaments gab es vor Österreichs EU-Beitritt europapolitische Netzwerkbildungen im Rahmen der SI und der EDU, innerhalb des Europäischen Parlaments nach dem EU-Beitritt in den Fraktionen der SPE und der EVP. Nennenswerte Vertreter waren Bruno Kreisky und Alois Mock einerseits und heute Othmar Karas und Hannes Swoboda (SPÖ) andererseits.

(c) Auf der Ebene des Verbände-Lobbyismus gab es durch die Vertretungen der Handels- und Wirtschaftskammern (WKÖ) bzw. der Industriellenvereinigung (VÖI) und der Oesterreichischen Nationalbank (OeNB) unauffällig hinter den Kulissen agierende Interessensvertreter. Als besonders nennenswerte Beispiele können Rudolf Sallinger und Leopold Maderthaner von der Bundeswirtschaftskammer, Herbert Krejci von der VÖI oder Klaus Liebscher von der OeNB angeführt werden.

(d) Auf der Ebene der höchsten Regierungspolitik („high politics") zwischen Staats- und Regierungschefs oder Außenminister kamen persönliche Beziehungen (Raab-Adenauer, Klaus-Kiesinger, Kreisky-Brandt; Mock-Kohl; Schüssel-Berlusconi, Schüssel-Merkel) zum Tragen und es wiederholten sich bilaterale Kontaktintensivierungen und Netzwerkbildungen, die auf die transnationalen Parteienbünde rückwirkten.

(e) Bezieht man die personellen Umfelder der Büroleiter und Kabinette mit ein, so handelte es sich um multilaterale Beziehungen und „spill over"-Netzwerkbildungen auf der Ebene der Leiter der internationalen Büros der Parteien. Ein Beispiel sei hier zitiert: Für den seit 1996 als Exekutivsekretär der EDU und ab November 2000 tätigen Generalsekretär-Stellvertreter der EVP in Brüssel, Alexis Wintoniak, war das wichtigste Netzwerk die Zusammenarbeit der „Internationalen Sekretäre" der christdemokratischen und konservativen Parteien: „Einerseits trafen wir regelmäßig im Rahmen des EDU-Lenkungsausschusses zusammen, andererseits hatten wir eine laufende Zusammenarbeit auf direktem Wege. Diese Kooperation war sehr effizient und verlässlich, war man doch mehrmals die Woche bzw. manchmal täglich auf einander angewiesen. So hatte jeder von uns in allen europäischen Ländern einen Kollegen, mit dem er rasch und unbürokratisch kleine und große Angelegenheiten regeln konnte. Da die Internationalen Sekretäre immer bei den ‚Chefs' angesiedelt sind, war diese informelle Struktur nicht nur für Oppositionsparteien, sondern ebenso für Regierungsparteien wichtig, denn manchmal eignet sich der offizielle Amtsweg eben nicht."[129]

---

129 Lebenslauf und Auskunft Mag. Wintoniak, 29.3.2007.

(f) Die mitunter extrem EU-kritische Haltung der Mehrheit der österreichischen Bevölkerung in den letzten Jahren[130] hat bisher auf die österreichische transnationale Netzwerkarbeit – jedenfalls von außen betrachtet – keinen erkennbaren Einfluss ausgeübt. Eher könnte man, so scheint es, umgekehrt argumentieren, dass die nach dem EU-Beitritt nachlassende transnationale parteipolitische Aktivität im europäischen Rahmen zu dieser Malaise mit beigetragen hat.

---

130 Michael Gehler: Österreichs Weg in die Europäische Union, Innsbruck/Wien/Bozen 2009, S. 186–189.

Katrin Martin

Grenzüberschreitende Beziehungen in der deutsch-französischen Kontaktzone des Saar-Mosel Raums (1850–1914)

Einleitung

In den Debatten über den europäischen Einigungsprozess wird häufig eine historische Perspektive eingenommen, um eine Erklärung für Integrationstendenzen oder ein Ausbleiben derselben zu liefern. Besonders häufig wird hier auf die historischen Vernetzungen des Saar-Lor-Lux Raums hingewiesen.[1] Es stellt sich die Frage, wie diese historischen Vernetzungen im Saar-Lor-Lux Raum aussahen, und welche Rückschlüsse die Entwicklung der grenzüberschreitenden Beziehungen auf den Integrations- bzw. Segregationsprozesses zulässt. Ist es möglich von einem grenzüberschreitenden Identifikationsraum zu sprechen? Wie definierte sich das „Eigene" und das „Fremde" in der Grenzregion des Saar-Mosel Raums?

Grundsätzlich werden alle über Staatsgrenzen[2] verlaufenden Verknüpfungen als grenzüberschreitende Beziehungen bezeichnet.[3] Diese Verflechtungen lassen sich auf zwei Ebenen nachweisen: Auf struktureller Ebene, beispielsweise in der Form wirtschaftsstruktureller Verflechtungen und auf der Ebene individueller grenzüberschreitender Beziehungen der ortsansässigen Bevölkerung. Die strukturellen Verflechtungen sind in gewissem Maße Voraussetzung für die zweite Ebene der grenzüberschreitenden Beziehungen, zumindest stehen diese in einem Zusammenhang. Im Hinblick auf diese Wechselwirkung sind die Strukturzusammenhänge zu beachten. Im Zentrum dieser Analyse stehen jedoch die individuellen Kontakte über die Grenze. Obwohl der Staat formell seine Begrenzung definiert, sind es die Menschen, durch die diese Definition alltäglich gelebt wird und die diese erst zur „Tat-

---

1 Der vorliegende Aufsatz fasst die Ergebnisse meiner Dissertation zusammen: Das Eigene in der Fremde – Grenzüberschreitende Beziehungen in der deutsch-französischen Kontaktzone des Saar-Mosel-Raums (1850–1914), Saarbrücken 2009.
2 Der Deutsch-Französische Krieg 1870/71 hatte eine Verschiebung der deutsch-französischen Grenze nach Süden zur Folge: Ein Teil Lothringens, fast deckungsgleich mit dem heutigen Departement Moselle, bildete von 1871 bis zum Ende des Ersten Weltkriegs zusammen mit dem Elsass das Reichsland Elsass-Lothringen und war als solches Teil des Deutschen Reichs. Grenzbildende Prozesse können so vor und nach dem Wegfall der Staatsgrenze untersucht werden.
3 Siehe u. a. Kurt Becker-Marx/Wolfgang Brücher: Räumliche Verflechtungen über die Grenzen der Bundesrepublik, in: Verhandlungen des deutschen Geographentages 43 (1981), S. 321–322; Wolfgang Brücher/Heinz Quasten: Grenzüberschreitende Verflechtungen in Europa. Einführung, in: Verhandlungen des deutschen Geographentages 45 (1985), S. 312; Wolfgang Brücher/Peter H. Dörrenbächer: Grenzüberschreitende Beziehungen zwischen dem Saarland und Lothringen – Ausdruck einer Mischkultur?, in: Roland Marti (Hg.): Grenzkultur – Mischkultur?, Saarbrücken 2000, S. 17–34; Wolfgang Brücher: Einführung in die Fachsitzung. „Räumliche Verflechtungen über die Grenzen der Bundesrepublik", in: Verhandlungen des deutschen Geographentages 43 (1981), S. 321–322; Jean-Marie Gehring: Développement industriel en espace transfrontalier: L'example de Saar-Lor-Lux, in: Mosella 17 (1987), S. 43–56; Peter Gräf: Funktionale Verflechtungen im deutsch-österreichischen Grenzraum – Grundlagen und mögliche Auswirkungen, in: Verhandlungen des deutschen Geographentages 43 (1981), S. 330–334.

Sache" machen. Eine Staatsgrenze wird hier demnach als ein erdachtes, trennendes Konzept verstanden, als eine Idee, die erst als konkrete Trennungslinie realisiert werden muss. Umgekehrt kann eine Grenze auch dort manifest werden, wo keine Staatsgrenze existiert.

Eine Methode zur systematischen Analyse der Alltagsbeziehungen der Grenzraumbewohner kann anhand der sogenannten Aktionsraumstheorie entwickelt werden.[4] Nach dieser Theorie der Sozialgeographie steckt jedes Individuum im geographischen Raum einen Aktionsraum ab, einen gegenwärtigen Handlungsraum zur Erfüllung seiner Daseinsgrundfunktionen. Fünf Lebensbereiche definieren den Aktionsradius eines Menschen: Der Konsumbereich, der Bereich der Freizeitgestaltung, der Bildungssektor sowie die Lebensbereiche Arbeit und Wohnen.[5] Da die Religiosität im 19. und 20. Jahrhundert ein wichtiger Bestandteil des täglichen Lebens war, wird das Schema für diese Untersuchung um den Lebensbereich Kirche ergänzt.[6]

Die Untersuchung konzentriert sich auf den Großraum um die Städte Saarbrücken (D) und Forbach (F) und auf das Gebiet um Sierck (F) und Perl (D). Diese beiden Gebiete stellen aufgrund der Flexibilität des Aktionsraums der Grenzraumbewohner lediglich einen Ausgangspunkt der Untersuchung dar. Die Flexibilität des untersuchten Gebiets bedingt, dass auch der luxemburgische Raum in die Analyse mit einbezogen wird. Einige Entwicklungstendenzen innerhalb der grenzüberschreitenden Beziehungen sind durch die Nähe zur luxemburgischen Grenze erklärbar.

Neben der differenten Wirtschafts- und Einwohnerstruktur und der direkten Nachbarschaft zu Luxemburg, unterscheidet sich das Gebiet Sierck/Perl vom Großraum Saarbrücken/Forbach durch die späte Festlegung seines endgültigen Grenzverlaufs im Jahr 1829.[7] Eine Gegenüberstellung der Untersuchungsergebnisse beider Raumeinheiten ermöglicht es, die Zielsetzung der Arbeit, grenzbildende und integrative Mechanismen offenzulegen, effizient zu erfüllen.

Das Gebiet um Sierck und Perl befindet sich im Dreiländereck Frankreich, Deutschland und Luxemburg. Vor der Annexion Lothringens war der Stadtbezirk (Canton) Sierck Teil des Arrondissements Thionville, beziehungsweise des Département de la Moselle. Seit 1871 gehörte Sierck zum Kreis Thionville und war Teil des Bezirks Lothringen.[8] Die Grenzen des

---

4 Die Begriffe „Lebensraum" und „Aktionsraum" werden in der Literatur deckungsgleich angewandt. Da der Terminus „Lebensraum" durch dessen Verwendung zur Zeit des Nationalsozialismus inhaltlich vorbelastet ist, wird hier der Begriff „Aktionsraum" bevorzugt.
5 Dieter Partzsch: Art. Daseinsgrundfunktionen, in: Handwörterbuch der Raumforschung und Raumordnung 1, 2. Aufl. (1970), S. 424–430.
6 Die Analyse beschränkt sich auf die Lebensbereiche Familie (Wohnen), Arbeit, Freizeit und Kirche. Die Überschneidungen des Lebensbereiches „Bildung" mit den Bereichen „Kirche" und „Familie" sowie die große Schnittmenge des Bereiches „Versorgung" mit den Lebensbereichen Arbeit und Freizeit, machen ein gesondertes Kapitel für diese beiden Bereiche überflüssig.
7 Zweisprachiger Abdruck der definitiven Übereinkunft zwischen Preußen und Frankreich vom 23.10.1829. Gesetzsammlung für die Königlich-Preußischen Staaten, Nr. 6, 1830, S. 26–45.
8 Der deutsche Name ist Diedenhofen. In der vorliegenden Arbeit werden durchgehend die landesüblichen Ortsnamen verwendet. Lediglich bei Quellenzitaten werden die dort verwendeten Ortsbezeichnungen übernommen und in den Anmerkungen auf deren landesüblichen Bezeichnung hingewiesen.

Stadtbezirks Sierck waren vor und nach der Annexion identisch. Perl gehörte zum Regierungsbezirk Trier und war Teil der preußischen Rheinprovinz.

Östlich vom Siercker Raum, in Nachbarschaft zur bayerischen Pfalz, liegt der Großraum Saarbrücken/Forbach. Wie der Perler Raum war das Gebiet um Saarbrücken Teil des Regierungsbezirks Trier, beziehungsweise der preußischen Rheinprovinz. Forbach gehörte vor 1871 zum Arrondissement Sarreguemines im Departement Moselle. Nach der Annexion 1871 wurde das ehemalige Arrondissement Sarreguemines in die Kreise Forbach und Sarreguemines aufgeteilt und dem Bezirk Lothringen untergeordnet. Die Grenzen des Stadtbezirks Forbach blieben hingegen vor und nach 1871 unverändert.

Der Raum um Perl/Sierck war von der Landwirtschaft, dem Weinanbau und der Keramikindustrie geprägt und grenzte an das große eisenindustrielle Zentrum westlich von Thionville. Dörfer und kleine Städte bestimmten somit das Landschaftsbild dieses Gebiets. In der Gegend um Forbach/Saarbrücken dominierten der Bergbau und die Eisenverarbeitung die Wirtschaftsstruktur. Der Bergbau hatte auf preußischem Gebiet des Grenzraums bereits eine längere Tradition, als auf lothringischem Gebiet 1856 der Schacht Saint Charles in Petite-Rosselle regulär in Betrieb genommen wurde. Die Inbetriebnahme der Zeche Saint Charles und die fast zeitgleiche Gründung der Stiringer Hüttenwerke – beide im Besitz der Familie de Wendel – führten zu einem raschen Anstieg der Bevölkerung auf lothringischer Seite. Die industrielle Entwicklung und der damit verbundene Bevölkerungsanstieg sprengten die dörflichen und kleinstädtischen Strukturen und ließen den Großraum um Saarbrücken/Forbach zu einem industriellen Ballungszentrum zusammenwachsen. Das Gebiet um Sierck wie auch jenes um Forbach gehörte zum deutschsprachigen Teil Lothringens. Die Bemühungen der Regierung, Französisch als alleinige Nationalsprache zu etablieren, schlugen fehl.[9] Unterrichtssprache der, von den Kindern der unteren Erwerbsgruppen besuchten Dorfschulen war Deutsch. Frankophone Grundschulen existierten im deutschsprachigen Teil Lothringens lediglich in Boulay, Bouzonville, Saint-Avold, Forbach, Sarreguemines, in Hombourg-Haut und Stiring-Wendel. Eine schulische Aneignung der französischen Sprache erfolgte daher weitestgehend nicht.[10] Eine Sprachbarriere bestand demnach in dem hier untersuchten Grenzraum nicht. Allgemein waren die Grenz- und Passformalitäten zwischen 1850 bis 1871 für die Entwicklung der grenzüberschreitenden Beziehungen kein Hindernis.

---

9   Zur französischen Sprachpolitik: Christian Schmitt: Art. Sprache und Gesetzgebung, Frankreich, in: Lexikon der Romanistischen Linguistik (LRL) 5 (1990), S. 354–379, insbes. S. 355 f. Über die Bemühungen der lothringischen Geistlichen Deutsch als Unterrichtssprache beizubehalten: Courrier de la Moselle, 24.6.1869.
10 François Roth: La Lorraine annexée. Étude sur la Présidence de Lorraine dans l'Empire allemand (1870–1918), Nancy 1976, S. 45 f.

Familiäre Verflechtungen im Grenzraum

Stehen in der Gegenwart Hochzeiten zwischen deutschen und französischen Staatsbürgern keine rechtlichen Hindernisse im Weg, war eine Eheschließung zwischen Preußen und Franzosen in der Mitte des 19. Jahrhunderts mit gesetzlichen Auflagen verbunden. In der Praxis erwiesen sich jedoch diese Bestimmungen als nicht praktikabel. So verfügte die preußische Regierung bereits am 2. April 1858, dass der heiratswillige Franzose lediglich mit einem, von den französischen Behörden ausgestellten, Pass bezeugen solle, dass er französischer Staatsbürger sei.[11] Der Eheschließung zwischen preußischen und französischen Grenzraumbewohnern standen demnach zunächst in der Praxis, dann auch gesetzlich keine Hindernisse im Weg.

Das folgende Kapitel zeigt die Ergebnisse einer Analyse des Heiratsverhaltens der Bewohner 18 grenznaher Orte des Saar-Mosel-Raums auf und deckt den Zeitraum 1830 bis 1890 ab. Die Quote binationaler Ehen sowohl in der Industrieregion als auch im ländlichen Raum variierte, war jedoch im gesamten untersuchten Zeitraum hoch. Auf dem Land und in der Industrieregion schlossen zwölf bis 16 Prozent der Paare eine Ehe mit einem Partner von der anderen Seite der Grenze. Zum Vergleich: 2003 hatten im Saarland insgesamt 40 deutsch-französische Paare geheiratet, was 0,8 Prozent der Gesamtheiraten entspricht.[12] Voraussetzung für diesen hohen Grad familiärer Verflechtungen waren die konfessionellen Gemeinsamkeiten der Grenzraumbewohner. Besonders deutlich zeigt sich dieser Zusammenhang an der sehr niedrigen binationalen Heiratsquote des Ortes Ludweiler. Wiesen die benachbarten Orte eine binationale Heiratsquote von bis zu 50 Prozent auf, waren nur 2 bis 3 Prozent der Ludweiler Ehen grenzüberschreitend. Die Ausnahmestellung Ludweilers ist auf seine überwiegend protestantische Einwohnerschaft zurückzuführen. In Ludweiler – einem von Hugenotten gegründeten Ort – lebten 1890 trotz der Zuwanderung katholischer Industriearbeiter, lediglich etwa zehn Prozent katholische Einwohner. Seelsorgerisch wurden die Katholiken Ludweilers von der Pfarrei Großrosseln betreut.[13] Die konfessionelle Grenze zwischen den nahezu ausschließlich katholischen Lothringern und den protestantischen Einwohnern Ludweilers war eine Barriere, die den Ausbau der grenzüberschreitenden Familienverflechtungen erheblich behinderte.[14]

---

11   Sammlung der für die königlich preußische Rhein-Provinz seit dem Jahre 1813 hinsichtlich der Rechts- und Gerichtsverfassung ergangenen Gesetze, Verordnungen Ministerial-Rescripte 12 (1858–1864), S. 13–14. Verfügung vom 2.4.1858 betreffend die „Dispensation der französischen Unterthanen von der Beibringung des Attestes ihrer Heimatbehörde behufs ihrer Verehelichung in Preußen".

12   Statistische Berichte, Natürliche Bevölkerungsbewegung 2003 (A II 1-j 2003), Statistisches Landesamt Saarland, S. 2 ff. Auskunft des Statistischen Amtes Saarland, A33 Bevölkerung, Erwerbstätigkeit.

13   Ulf Stegentritt: Von der napoleonischen zur preußischen Zeit und zum Ersten Weltkrieg, in: Heimatkundlicher Verein Warndt e.V (Hg.): 400 Jahre Ludweiler, Völklingen 2004, S. 126. Prozentzahl wurde errechnet auf Basis der Einwohnerzahlen in: Josef Schwarz: Die Einwohner von Lauterbach 1707–1907, Saarbrücken 1989, L-LI.

14   Wie stark der konfessionelle Gegensatz politische, kulturelle und lebensweltliche Bereiche durchschnitt zeigen die Sammelbände: Olaf Blaschke/Frank-Michael Kuhlemann (Hg.): Religion im Kaiserreich. Milieus – Mentalitäten – Krisen, Gütersloh 1996; Olaf Blaschke (Hg.): Konfessionen im Konflikt. Deutschland zwischen 1800 und 1917: ein weites konfessionelles Zeitalter, Göttingen 2002.

Ein Zusammenhang zwischen der Ausprägung der binationalen Ehen und der konfessionellen Zugehörigkeit der Grenzraumbewohner ist auch in Creutzwald und Lauterbach feststellbar. Eindeutig ist der dortige Einbruch der binationalen Quote zwischen den 1830er und den 1860er Jahren auf die Neuumschreibung der Pfarrbezirke zurückzuführen. Obwohl Lauterbach seit 1803 eine Filiale der Pfarrei Emmersweiler war, gingen die Katholiken Lauterbachs, da Emmersweiler zwei Stunden Fußweg von Lauterbach entfernt lag, weiterhin in die Kirche der lothringischen Gemeinde Creutzwald. Erst mit der Errichtung einer Kirche in Lauterbach im Jahr 1856 erfolgte eine endgültige Trennung des Pastoralbezirks Creutzwald/Lauterbach.[15] Preußen und Franzosen gingen bis in die 1850er Jahre in dieselbe Kirche und auch im Religionsunterricht kamen die Kinder beider Nationalitäten zusammen. Nachdem diese Kontaktmöglichkeiten zwischen preußischen und französischen Katholiken wegfielen, sank auch die zuvor sehr hohe Quote binationaler Ehen. Der zeitweilige grenzüberschreitende Kirchgang der Katholiken von Creutzwald und Lauterbach war kein Einzelfall. Im Saar-Mosel-Raum existierten weit über den Deutsch-Französischen Krieg hinaus zahlreiche grenzüberschreitende Pfarrbezirke, die erheblich zur grenzüberschreitenden Integration beitrugen.

Anhand der starken Schwankungen in der Anzahl und der Quote binationaler Ehen lassen sich Mechanismen der Integration beziehungsweise Segregation im Grenzraum herausgearbeiten. Im Gegensatz zur Grenzentfernung, die nicht ausschlaggebend für die Intensität der familiären grenzüberschreitenden Verflechtungen war, beeinflusste die Wirtschaftsstruktur das Heiratsverhalten deutlich. Klar zeichnet sich in der Entwicklung und in der Ausprägung der grenzüberschreitenden Familienverflechtungen ein Unterschied zwischen der Industrieregion und dem ländlichen Raum ab. Eine Erklärung für den durchschnittlich höheren Anteil binationaler Ehen in der Industrieregion, ist deren besser ausgebaute Infrastruktur und der im Vergleich zum Land intensivere Arbeitskräfteaustausch und die erhöhte Dauer der Kontakte zwischen den Nationalitäten.

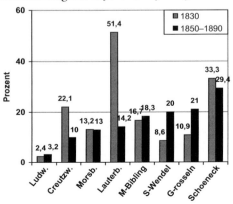

Abbildung: Binationale Ehen in der Industrieregion. 1830 und 1850–1890

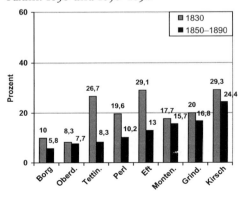

Abbildung: Binationale Ehen im ländlichen Raum. 1830 und 1850–1890

---

15 Philipp de Lorenzi: Beiträge zur Geschichte sämtlicher Pfarreien der Diocese Trier 1, Trier 1887, S. 523.

Ab den 1850er Jahren entwickelten sich der Anteil und die Anzahl binationaler Ehen in der Land- und Industrieregion in entgegengesetzte Richtungen. Stiegen Anzahl und Quote der binationalen Paare im Industrierevier, nahmen diese auf dem Land deutlich ab. Es wurde nachgewiesen, dass der Rückgang der grenzüberschreitenden Familienverflechtungen mit dem Beitritt Luxemburgs in den Deutschen Zollverein begann und sich nach dem Deutsch-Französischen Krieg fortsetzte. Andere außenpolitische Ereignisse wie Italien- und Krimkrieg wirkten auf dem Land möglicherweise potenzierend auf die Abgrenzungstendenz der Grenzraumbewohner, hatten an sich jedoch keine negativen Auswirkungen auf die familiären Verflechtungen.

Deutlich unterscheiden sich die Landgemeinden von der Industrieregion im Hinblick auf die Auswirkungen des Deutsch-Französischen Kriegs. Nahm der Anteil binationaler Ehen während der Annexion im Industrierevier nur in zwei Orten (Schoeneck und Stiring-Wendel) deutlich ab, sank die Quote auf dem Land in allen hier untersuchten Gemeinden. Denkbar ist, dass eine Intensivierung des grenzüberschreitenden Arbeitsmarkts in den 1870er und 1880er Jahren einer der Gründe für den geringen negativen Effekt des Deutsch-Französischen Kriegs auf das Heiratsverhalten im Industrierevier war. Neben den vermehrten grenzüberschreitenden Kontakten der Bewohner, war jedoch vor allem der positive emotionale Gehalt der Beziehungen im Kohlenrevier für den marginalen negativen Effekt des Deutsch-Französischen Kriegs im Industrierevier verantwortlich. Im ländlichen Raum, Richtung Dreiländereck, hatten sich mit dem Beitritt Luxemburgs in den Deutschen Zollverein die grenzüberschreitenden Kontakte vermehrt, diese waren jedoch gleichzeitig emotional negativ belegt.

Die Untersuchung des beruflichen Hintergrunds der Ehemänner ergab eine deutliche Abnahme der binationalen bürgerlichen Ehen nach dem Deutsch-Französischen Krieg. Auf dem Land fiel die Quote der bürgerlichen grenzüberschreitenden Eheverbindungen nach dem Krieg auf ein ähnlich niedriges Niveau wie in der Industrieregion. Der Rückgang der grenzüberschreitenden Verbindungen der bürgerlichen Schichten, zeigt sich auch deutlich an dem Abrechen der grenzüberschreitenden Kontakte der bürgerlichen Vereine.

Arbeit

Die grenzüberschreitenden Verflechtungen im Lebensbereich Arbeit waren vielschichtig. Diverse gesetzliche Ausnahmeregelungen, welche das Arbeiten auf der anderen Seite der Grenze erleichterten, förderten die Ausbildung eines transnationalen Arbeitsmarkts. So existierten vor 1871 Sonderregelungen im Bereich der Landwirtschaft und im Bereich des Zahlungsverkehrs.

Die Entwicklung des grenzüberschreitenden Arbeitsmarkts wurde vor 1871 durch die Grenze nicht behindert. In jedem Arbeitsbereich war der Austausch an Arbeitskräften beachtlich, wobei die Grenzpendlerbewegung der industriellen Lohnarbeiter am bedeutendsten war. Der Grenzpendlerstrom der Arbeiter führte vor allem Richtung Lothringen, da sich der Rekrutierungsbezirk der preußischen Bergwerksdirektion nicht nach Lothringen ausdehnte. Die hohe Anzahl der Grenzpendler weist darauf hin, dass die Lothringengänger größtenteils Arbeiterbauern waren, die auf der Saarseite kleine Anwesen besaßen und aus diesem Grund nicht dauerhaft nach Lothringen zogen. Das Kapitel „Familie" zeigte, dass sich dieser erhöhte Arbeitskräfteaustausch im Industriegebiet positiv auf die Intensität der grenzüberschreitenden familiären Verflechtungen auswirkte.

Der grenzüberschreitende Arbeitsmarkt regte auch die Gewerkschaften an, die Arbeiter transnational zu organisieren, was jedoch misslang. Im lothringischen Teil des Kohlenbeckens konnten sich die gewerkschaftlichen Organisationen nicht etablieren. Möglicherweise förderten die grenzüberschreitenden Gewerkschaftsaktivitäten das Bewusstsein der Bergarbeiter für die Ähnlichkeiten der Arbeitswelten auf beiden Seiten der Grenze, darüber hinaus sind die Gewerkschaften jedoch nicht als konstitutives Element eines grenzüberschreitenden Identifikationsraums zu bewerten.

Die Untersuchung wies nach, dass sich in der Polarisierung der Arbeiterschaft die Gegensätze zwischen Laizisten und Katholiken widerspiegelten. So gewann die sozialdemokratische Arbeiterbewegung, ohne Vereine und Organisationen zu etablieren, Einfluss auf die lothringische Arbeiterschaft. Das katholische Milieu organisierte sich hingegen grenzüberschreitend in Vereinen und Verbänden. Die Polarisierung der Arbeiter in eine radikale und eine gemäßigte Arbeiterbewegung verhinderte eine grenzüberschreitende Solidarität im Arbeitskampf, hatte jedoch, wie die Entwicklung der grenzüberschreitenden familiären Verflechtungen im Industrierevier beweist, keine negativen Auswirkungen auf die Intensität des grenzüberschreitenden Identifikationsraums. Der geringe Effekt der politischen Spaltung der Arbeiter auf die transnationale Verflechtungen, ist auf die große Bedeutung des grenzüberschreitenden katholischen Milieus und die integrative Wirkung der aus ähnlichen Lebens- und Arbeitserfahrungen sowie sprachlichen Gemeinsamkeiten entstandenen grenzüberschreitenden Solidaritätsgemeinschaft zurückzuführen.

Verstärkt wurde der Zusammenhalt der Bergarbeiter im lothringischen Teil des Kohlenreviers durch die Übereinstimmung der Sprachgrenze mit der sozialen Grenze. Die germanophonen, lothringischen und saarpreußischen Bergarbeiter standen den frankophonen Angestellten und Büroangestellten der Zechen gegenüber. Latent haftete dieser entlang der Sprachgrenze verlaufenden Konfliktlinie eine Opposition zur französischen Nation an, die auch in anderen Lebensbereichen festzustellen ist. Trotz der grenzüberschreitenden Verflechtungen des Arbeitsmarkts, der transnationalen Verbindungen innerhalb des katholischen Milieus und der Solidarität im Kohlenrevier, blieb die Nation als Element der Selbstzuschreibung im Grenzraum präsent und existierte als Identitätskonstrukt parallel zur transnationalen Lebenswelt der Bewohner des Saar-Mosel-Raums.

Freizeit

Erst der Deutsch-Französische Krieg beeinflusste merklich das Freizeitverhalten. Vorangegangene kriegerische Auseinandersetzungen oder außenpolitische Spannungen hatten einen weitaus geringeren Effekt auf das Verhalten der Grenzraumbewohner. Die Ergebnisse des Kapitels „Familie" werden hiermit bestätigt und dahingehend ergänzt, dass die Präsenz des Identifikationselements „Nation" bei angespannter außenpolitischer Lage im Grenzraum spürbar war, ohne jedoch negativ auf die Intensität der grenzüberschreitenden Freizeitaktivitäten einzuwirken.

Trotz der Kontinuität der positiven grenzüberschreitenden Verbindungen nach dem Deutsch-Französischen Krieg, verdeutlicht der Blick auf die Freizeitverflechtungen, dass während der Annexion Lothringens zumindest in den ersten Jahren nach dem Krieg das Konfliktpotential deutlich anstieg, und die positiven Kontakte der Grenzraumbewohner abnahmen. Im Laufe der 1880er Jahre intensivierten sich jedoch die Freizeitverflechtungen bereits wieder und die weitere Zunahme der transnationalen Verflechtungen in den 1890er Jahren deutet darauf hin, dass die nationale Grenze vor allem die Lothringer von den Eingewanderten als Repräsentanten der unerwünschten Staatsmacht trennte, aber keine Trennungslinie zwischen den Grenzraumbewohnern darstellte.

Die Analyse des Freizeitverhaltens bestätigt die Abnahme der grenzüberschreitenden Verflechtungen der bürgerlichen Schichten auch auf Vereinsebene und wies nach, dass die Verbindungen vor dem Krieg 1871 auf der Basis gemeinsamer politischer Ideale der Revolution von 1848 aufbauten, die nach dem Krieg keine integrative Wirkung mehr besaßen.[16] Die bürgerlichen Schichten förderten in einigen Orten auf lothringischer Seite nunmehr die national motivierte Abgrenzung der übrigen Stadtbewohner und beeinflussten so die Intensität der grenzüberschreitenden Verflechtungen. Die unterschiedlichen Auswirkungen des Deutsch-Französischen Kriegs auf die grenzüberschreitenden Verflechtungen in der Industrieregion Forbach/Saarbrücken und im Dreiländereck, korrespondieren mit der schnellen Anpassung der führenden Persönlichkeiten Forbachs an die neuen Machtverhältnisse und der ablehnenden Haltung der Eliten in der Gegend um Sierck.

Neben der divergierenden Haltung der Eliten der Region um Forbach und Sierck zu den Besatzern, wurde im Siercker Raum die Segregation nach 1871 im Gegensatz zur Gegend um Forbach durch den luxemburgischen Nationsbildungsprozess verstärkt. Die unterschiedliche Intensität des grenzüberschreitenden Identifikationsraums auf dem Land und in der Industrieregion spiegelt sich auch im Kriegervereinswesen wider. Stießen die Kriegervereine in vielen lothringischen Orten auf die Ablehnung der lokalen Bevölkerung, organisierten sich in den Vereinen des Kohlenreviers Lothringer und Eingewanderte. Die stärkere Präsenz der nationalen Grenze als trennendes Element im ländlichen Raum in Richtung Dreiländereck ist jedoch nicht gleichbedeutend mit dem Nichtvorhandensein grenzüberschreitender Verflechtungen. Der beachtliche Anteil der grenzüberschreitenden familiären Verflech-

---

16　Es wurde in der Dissertation nicht herausgearbeitet, dass die Verflechtungen der bürgerlichen Schichten auf Vereinsebene vor 1871 möglicherweise auf die Verbindung von Freimaurerlogen im Grenzraum zurückgeführt werden können. Die Leitmotive, die in den Quellen zu finden sind, weisen auf diesen Zusammenhang hin. LHAK, Best. 442, Nr. 6387: „C'est elle, c'est la fraternité des peuples, c'est ce doux accord, qui devra être à jamais le boulevard le plus important et le plus désirable d'une parfaite civilisation, c'est-à-dire de la paix. Vive la concorde internationale!" Dankesrede des Präsident der Liedertafel von Trier anlässlich des Gesangsfestes 1868 in Metz gesandt an den königl. Regierungsrat in Trier, 10.9.1870; LHAK, Best. 403, Nr. 178: Bericht vom 13.7.1868. Während eines internationalen Musikfestes 1863 in Sierck, veranstaltet vom Musikverein Cäcilia, riefen die Teilnehmer „Les chanteurs de tous pays sont frères" aus. Courrier de la Moselle, 28.7.1863; Vgl. auch: Festschrift 220 Jahre Freimaurerloge Bruderkette zur Stärke und Schönheit im Or. Saarbrücken, Saarbrücken 1999.

tungen und die erfolgreichen grenzüberschreitenden Aktivitäten der katholischen Organisationen sowohl auf dem Land als auch in der Industrieregion, zeugen von der Existenz eines grenzüberschreitenden Identifikationsraums im Industriegebiet wie auch auf dem Land.

Die Bedeutung der katholischen Konfession als integratives Element wird anhand des Freizeitverhaltens der Grenzraumbewohner bestätigt. Auf beiden Seiten der Grenze schlossen sich Katholiken in Vereinen zusammen und formten durch intensive grenzüberschreitende Kontakte ein transnationales katholisches Milieu. Parallel zu diesen Vernetzungen des katholischen Teils der Bevölkerung, bestanden grenzüberschreitende, aber nicht transnationale Verbindungen der bürgerlich- deutschen Bevölkerungsteile. Diese Verflechtungen zwischen den nach Lothringen eingewanderten Deutschen und den Bürgern der Saarregion weisen neben einer nationalen und sozialen auch eine konfessionelle Homogenität auf. Dass die grenzüberschreitend organisierte protestantische Bevölkerung in Opposition zu den katholischen transnational organisierten Bevölkerungsteilen stand, zeigt sich auch im Kapitel „Kirche".

Kirche

Wurde in den Kapiteln „Familie", „Arbeit" und „Freizeit" die Bedeutung der katholischen Religion als konstitutives Element eines grenzüberschreitenden Identifikationsraums herausgestellt, zeigte die Untersuchung des Lebensbereichs „Kirche", dass im Grenzraum neben der Transnationalität auch eine Nationalisierung des Katholizismus deutlich präsent war. In der Volksfrömmigkeit und den religiösen Praktiken manifestierte sich die gelebte Transnationalität des katholischen Glaubens im Grenzraum. Die „einfachen" Gläubigen im Grenzraum verband eine während der Wallfahrten, Gottesdienste und Firmungen erlebte, transnationale, religiöse Praxis. Nicht nur innerhalb der Frömmigkeitspraktiken wurden die gemeinsamen Wertekomplexe und die gemeinsame Lebenskultur erfahren, sondern auch in den katholischen Vereinen, deren Feste auch weite Bevölkerungsteile anzogen. Gefördert durch die Verbindungen der Geistlichen, bildete das grenzüberschreitende Erleben des Glaubens die Basis für ein transnationales katholisches Milieu.[17]

Der grenzüberschreitende Zusammenhalt des katholischen Milieus im Grenzraum wurde bestärkt, wenn deren Lebenswelt durch eine externe Gefahr bedroht wurde. Während des Kulturkampfs erfuhren sich die lothringischen Katholiken und die Katholiken der Saarregion als eine Glaubensgemeinschaft und als „Leidensgemeinschaft", die in Opposition zum protestantisch dominierten Deutschen Reich stand. Paradoxerweise war der Konfessionskonflikt ein konstitutives Element der katholischen Milieubildung, obwohl die Auseinandersetzung zwischen Katholiken und Protestanten in Lothringen Formen eines nationalen Konflikts zwischen deutschen Besatzern und Lothringern annahm. Die Konfliktlinie zwischen Katholiken und Laizisten wirkte ähnlich integrativ auf das grenzüberschreitende

---

17 Zur zentralen Rolle der Kultformen und Frömmigkeitspraktiken für die katholische Milieubildung: Norbert Busch: Frömmigkeit als Faktor des katholischen Milieus. Der Kult zum Herzen Jesu, in: Blaschke/Kuhlemann (Hg.), Religion, S. 136–164.

katholische Milieu wie der Kulturkampf. Die lange Tradition des Konflikts zwischen beiden, sich feindlich gegenüberstehenden Bevölkerungsgruppen bewirkte nach 1890, infolge der laizistischen Gesetzesinitiativen in Frankreich eine Stärkung des Zusammenhalts der katholischen Glaubensgemeinschaft und einen merklichen Bedeutungsverlust der Nationalisierung des Katholizismus in Lothringen. Sowohl die Opposition zwischen Protestanten und Katholiken als auch die Konflikte zwischen Laizisten und Katholiken, trugen zur Festigung des grenzüberschreitenden katholischen Milieus bei. Dies erklärt auch, warum sich die ideologische Grenze zwischen Katholiken und Laizisten zwar in einer Spaltung der Arbeiterschaft in einer radikalen und gemäßigten Arbeiterbewegung äußerte, sich diese Polarisierung jedoch nicht negativ auf die grenzüberschreitenden Familienverflechtungen auswirkte.

Die Diskussionen um die Marienwallfahrtsorte Lourdes und Marpingen, die anhaltenden Konflikte zwischen den eingewanderten und einheimischen Katholiken in Lothringen sowie die Ablehnung der katholischen Organisationen nach deutschem Vorbild durch die frankophonen Katholiken zeigen jedoch, dass die Nation innerhalb der katholischen Glaubensgemeinschaft des Saar-Mosel-Raums dauerhaft als Element der Identifikation präsent blieb.

Die beiden sich widersprechenden Deutungsarten des Katholizismus existierten im Grenzraum parallel zueinander. Da paradoxerweise die Opposition der Katholiken des Grenzraums zum Deutschen Reich wie auch zur französischen Nation ein konstitutives Element der regionalen Transnationalität der Glaubensgemeinschaft darstellte, trat die nationale meist hinter die regionale transnationale Identifikation. Hatte während des Kulturkampfs die Opposition zu den protestantischen, deutschen Machthabern eine Intensivierung der transnationalen Verbindungen der Katholiken im Grenzraum zur Folge, bewirkten die laizistischen Gesetzesinitiativen in Frankreich eine Abwendung der lothringischen Katholiken von Frankreich und eine erneute Festigung des grenzüberschreitenden katholischen Milieus. Nur so ist zu verstehen, warum der als unüberwindbarer „Deutschenhasser" bekannte lothringische Geistliche Henri Collin in den 1890er Jahren auch für die saarpreußischen Katholiken Pilgerreisen organisierte.[18]

Ergebnisse – Das Eigene in der Fremde. Ausmaß und Mechanismen der grenzüberschreitenden Identifikation

Inwieweit beeinflusste die nationale Grenze die Definition des Eigenen und Fremden im Saar-Mosel-Raum? Die Antwort auf diese Frage fällt je nach eingenommem Blickwinkel unterschiedlich aus. Auf einer abstrakten, imaginären Ebene war die „Nation" Teil des Identitätskonstrukts der Grenzraumbewohner. Im Alltag, also auf der gelebten Ebene, trennte die nationale Grenze die Menschen hingegen nicht. Vielmehr beschreibt ein dichtes Netzwerk transnationaler Verbindungen einen grenzüberschreitenden Identifikationsraum, in dem sich eine gelebte, transnationale Gemeinschaft konstituierte. Dieses transnational

---

18 Zu Henri Collin siehe Lorraine Roth: Über die Organisation der Pilgerreise durch Collin, in: Saar-Zeitung vom 9.1.1893, S. 191 f.

gelebte „Eigene" stand in einem Konkurrenzverhältnis zur gedachten, nationalen Gemeinschaft.[19]

Mehrere Faktoren beeinflussten die Formierung des transnationalen „Eigenen" beziehungsweise beeinflussten diese nicht. Gesetzliche Bestimmungen waren für die Ausbildung des grenzüberschreitenden Identifikationsraums kein Hindernis. Ohne große Relevanz für die Ausprägung der Vernetzungen war auch die Grenzentfernung, solange die Distanz einen regelmäßigen Grenzübertritt der Bewohner nicht verhinderte. Andere Faktoren waren entscheidender für die Ausbildung und die Ausmaße der grenzüberschreitenden Identifikation.

Basis für den großen Umfang des transnationalen „Eigenen" im Saar-Mosel-Raum waren die sprachlichen und konfessionellen Gemeinsamkeiten der Bewohner, wobei erst die Kombination beider Faktoren deren gemeinschaftsbildende Wirkung ausmachte. Eine sprachliche ohne eine konfessionelle Homogenität und umgekehrt hätte einen weitaus geringeren Grad grenzüberschreitender Identifikation nach sich gezogen. Das bedeutendere der beiden Identifikationselemente war die Konfession. Trotz der aufgezeigten Auseinandersetzungen zwischen frankophonen und germanophonen Katholiken im Grenzraum waren diese durch gleiche beziehungsweise ähnliche religiöse und kulturelle Praktiken miteinander verbunden. Die Sprachgrenze war weitaus leichter zu überwinden als die konfessionelle Grenze, die nahezu unüberwindbar das „Eigene" vom „Fremden" trennte.[20] Neben den religiösen Divergenzen beider Glaubensrichtungen und der Inkompatibilität der katholischen und protestantischen Deutungsmuster und Lebenswelten, erhöhte der Konflikt zwischen protestantischen Machthabern und katholischer Bevölkerung die Undurchlässigkeit der konfessionellen Grenze.

Waren die gemeinsame Sprache und Konfession dauerhaft konstitutive Elemente eines grenzüberschreitenden Identifikationsraums, konnte das Eintreten für gemeinsame politische Ideale nur vorübergehend zur Integration im Grenzraum beitragen. Hatte die bürgerlichen Schichten vor dem Deutsch-Französischen Krieg ein intensives Geflecht grenzüberschreitender Beziehungen verbunden, existierten diese, auf den politischen Traditionen der Revolution von 1848 aufbauenden Verbindungen nach 1871 nicht mehr. Der Bruch zwischen Vor- und Nachkriegszeit fiel vor allem wegen der konfessionellen und sprachlichen Heterogenität des Bürgertums im Grenzraum so deutlich aus. Gehörten im Saarrevier die Mitglieder der gehobenen Schichten mehrheitlich der protestantischen Konfession an, waren die Lothringer entweder Laizisten oder Katholiken. Sprachliche Gemeinsamkeiten verbanden die bürgerlichen Schichten ebenfalls nur begrenzt. Die Muttersprache der Mehrheit der Bürger „Deutschlothringens" war Französisch. Neben Konfession und Sprache bestimmte der Grad der industriellen Entwicklung beziehungsweise der Grad der infrastrukturellen Verflechtungen und des Arbeitskräfteaustauschs die Ausprägung der grenzüberschreitenden

---

19 Begriffe in Anlehnung an die bahnbrechende Arbeit von Benedict Anderson: Imagined Communities. Reflections on the Origin and Spread of Nationalism, New York/London 1991.
20 Wie stark der konfessionelle Gegensatz politische und kulturelle Bereiche durchschnitt, zeigen die Sammelbände: Blaschke/Kuhlemann (Hg.): Religion sowie Blaschke (Hg.): Konfessionen.

Verflechtungen. Die Netzwerkforschung bestätigt die Wichtigkeit der Brückenfunktion der schwachen Beziehungen für den Ausbau von sozialen Gebilden.

Nicht nur die Quantität, sondern auch die Qualität, definiert durch die Dauer und den emotionalen Gehalt der Beziehungen, bedingte den höheren Grad der grenzüberschreitenden Identifikation im Kohlenrevier. Für die längere Dauer der transnationalen Kontakte waren insbesondere die Grenzpendlerbewegung und der vermehrte Zuzug der Arbeitskräfte auf die andere Seite der Grenze verantwortlich. Die grenzüberschreitende Solidaritätsgemeinschaft im Kohlenrevier schuf darüber hinaus eine positiv belegte, gemeinsame emotionale Basis. Im Gegensatz zum Kohlenrevier waren die grenzüberschreitenden Kontakte nach dem Beitritt Luxemburgs in den Deutschen Zollverein im Dreiländereck verstärkt konfliktbelastet, was zur Folge hatte, dass die transnationalen Vernetzungen abnahmen, obwohl die Quantität der grenzüberschreitenden Kontakte nach dem Beitritt Luxemburgs zum Deutschen Zollverein gleichzeitig anstieg. Demgegenüber war der positive Gehalt der grenzüberschreitenden Kontakte im Kohlenrevier für die geringen negativen Auswirkungen des Deutsch-Französischen Kriegs auf die dortigen grenzüberschreitenden Verflechtungen verantwortlich.

Neben dem positiven Differenzierungsprozess trug die negative Abgrenzung zum „Anderen" zur Formierung des transnationalen „Eigenen" bei. Die Abgrenzung folgte dem Verlauf dreier Konfliktlinien, entlang derer sich frankophone und germanophone Bevölkerungsteile, Protestanten und Katholiken sowie Laizisten und Katholiken gegenüber standen. Alle drei Konfliktfelder nahmen Züge einer Auseinandersetzung zwischen Grenzraumbewohnern und deutscher beziehungsweise französischer Nation an.

So entbrannte wegen der Pläne der Regierung im Zweiten Kaiserreich, Französisch als alleinige Unterrichtssprache durchzusetzten, ein Konflikt zwischen den germanophonen Grenzraumbewohnern und der Zentralregierung. Auch die Auseinandersetzung zwischen den deutschsprachigen Arbeitern und den frankophonen Zechenbeamten – den „français d'interieur" – zeichnet diese Opposition nach. Des Weiteren bewirkte der Konflikt zwischen Katholiken und Laizisten eine deutliche Abgrenzung der Bewohner des Saar-Mosel-Raums zur französischen Nation. Auf der Ebene des Konfessionskonflikts zwischen Protestanten und Katholiken entlud sich demgegenüber die Opposition der Grenzraumbewohner zum Deutschen Reich. Die Analyse zeigte, dass diese drei Konfliktfelder und die damit verbundene Opposition zum nationalen Gebilde ein konstitutives Element des transnationalen Eigenen darstellten.

Sprache und Konfession, als die beiden bedeutendsten Elemente einer positiven Identifikation im Grenzraum, bargen gleichzeitig ein Element der Abgrenzung der Grenzraumbewohner zur französischen und deutschen Nation. „Wenn die französischen Katholiken in Wahrheit keine wirklich großen Patrioten wären [...], könnten sie bereuen keine Preußen zu sein".[21] So lautet der Kommentar eines katholischen Journalisten auf die antiklerikalen Maßnahmen der Regierung. Drastischer fiel die Reaktion eines Buchdruckers auf das Ende

---

21 Gazette de Metz et de Lorraine, 3.10.1844: „En vérité si les catholiques de France d'étaient encore plus véritablement patriotes (…) ils pourraient regretter de ne pas être Prussiens!!"

des Deutsch-Französischen Krieges aus, indem er einen Friedensbaum absägte und einen Zettel mit der Aufschrift: „Schöne Empfehlung. So wie es diesen Bäumen ergangen ist, so gehts auch diesen Jungen, die sie gesetzt haben. Die dem Satan dienen thun, werden zuerst ergriffen, namentlich die Blauen." Mit den „Blauen" sind, wie der Artikel die Leser aufklärt, die Protestanten beziehungsweise die Preußen gemeint.[22] Der Abgrenzungsprozess zu beiden Nationen äußerte sich jedoch meist unspektakulär in einer skeptischen bis kritischen Haltung gegenüber dem Staat, wie dies beispielsweise in Lothringen während des sardinisch-französischen Kriegs gegen Österreich oder in Phasen verstärkter antiklerikaler Tendenzen beobachtet wurde.

Die Herausbildung einer regionalen Identität vor dem Hintergrund einer Abgrenzung zur Nation ist kein spezielles Phänomen des Saar-Mosel-Raums, sondern lässt sich in zahlreichen Regionen nachweisen, wie in der Bretagne oder – ebenfalls ein Grenzraum – dem Baskenland.[23] Die Besonderheit des Saar-Mosel-Raums besteht dabei im Paradoxon, dass die Opposition zum nationalen Gebilde ausgerechnet im deutsch-französischen Grenzraum ein konstitutives Element in der Formierung eines transnationalen „Eigenen" darstellte. In einem Grenzraum also, in dem zwei Nationen aufeinander treffen, deren gegenseitige Feindschaft als ein konstitutives Element im jeweiligen Nationsbildungsprozess betrachtet wird.[24]

---

22 Saarbrücker Zeitung, 7.8.1871, 9.8.1871. Ähnliche Zwischenfälle: Ein Bewohner Gersweilers wurde verurteilt weil er während des Krieges französischen Soldaten ein leer stehendes Gebäude mit den Worten öffnete: „Da trinkt Branntwein und schießt tüchtig auf die Preußen, die Großmäuler." Er habe sie damit aufgefordert, auf die sich in Burbach aufhaltenden preußischen Soldaten zu schießen; Saarbrücker Zeitung, 4.10.1870; Ein Bewohner Zweibrückens wurde verurteilt, da er Hausfriedensbruch in einem Hotel verübt hatte, dessen Besitzer für „seine deutschen Gesinnung" bei den Bewohnern „verhasst gewesen sei". Darüber hinaus habe sich eine nicht unerhebliche Anzahl der Bewohner Zweibrückens darüber gefreut, als es den Franzosen gelang, in St. Ingbert einzumarschieren. Saarbrücker Zeitung, 19.9.1870.
23 Siehe beispielsweise: Maïté Lafourcade (Hg.): La frontière franco-espagnole: lieu de conflits interétatiques et de collaboration interrégionale. Actes de la journée d'étude du 16 novembre 1996/Centre d'études Basques de l'Université de Pau et des Pays de l'Adour, Bordeaux 1998; Yann Fournis: Les régionalismes en Bretagne. La région et l'état (1950–2000), Bruxelles/Bern/Berlin 2006; Zum Spannungsverhältnis zwischen regionalen und nationalen Identitäten siehe auch die Aufsatzsammlung: Peter Haslinger (Hg.): Regionale und nationale Identitäten. Wechselwirkungen und Spannungsfelder im Zeitalter moderner Staatlichkeit, Würzburg 2000; Mit der Funktion regionaler Erinnerungskulturen in den Konflikten um den spanischen Nationalstaat beschäftigt sich die Dissertation Sören Brinkmanns. Anschaulich zeigt dieser die Diversität regionaler Erinnerungskulturen auf. Sören Brinkmann: Der Stolz der Provinzen. Regionalbewußtsein und Nationalstaatsbau im Spanien des 19. Jahrhunderts, Bern/Frankfurt a. M. 2005.
24 Michael Jeismann: Das Vaterland der Feinde. Studien zum nationalen Feindbegriff und Selbstverständnis in Deutschland und Frankreich 1792–1918, Stuttgart 1992, S. 374 ff.

Die Nation. Ein imaginäres Identitätskonstrukt im Grenzraum

Die Ergebnisse dieser Arbeit widersprechen und belegen zugleich die Forschungsergebnisse der Nationalismusforschung. Auf der einen Seite wurde nachgewiesen, dass der deutsch-französische Antagonismus nicht die Herausbildung einer gelebten transnationalen Gemeinschaft im deutsch-französischen Grenzraum behinderte oder diese Gemeinschaft entzweite. Auf der anderen Seite zeigte sich, dass in der Selbstzuschreibung der Grenzraumbewohner, der Abgrenzung zur jeweiligen anderen Nation eine bedeutende Rolle zukam.[25]

Der Prozess, in dem die nationale Grenze im Saar-Mosel-Raum zur viel beschworenen „Grenze in den Köpfen" wurde, war langwierig. Vielen Grenzraumbewohnern war zunächst nicht bewusst, welche Nationalität sie besaßen. So meinten Teile der preußischen Bevölkerung in den 1850er Jahren, dass sie von Geburt- und Rechts wegen Franzosen seien. Besonders die französischen „Maires" schürten dieses Gerücht, indem sie preußischen Bürgern, die auf französischem Boden lebten, die Naturalisierung mit der Begründung verweigerten, dass sie bereits Franzosen seien.[26] Ein preußischer Gastwirt, der in Lothringen lebte, zeigte sich sehr überrascht, als er wegen angeblicher demokratischer Gesinnung aus Frankreich ausgewiesen wurde. Er war davon ausgegangen, dass er Franzose sei.[27] Unklarheit über die nationale Zugehörigkeit der Rheinprovinz herrschte auch bei zahlreichen französischen Grenzraumbewohnern, die Anfang der 1850er Jahre davon überzeugt waren, dass die Landkreise zwischen französischer Grenze und Rhein nur für einen bestimmten, „jetzt verflossenen Zeitraum den deutschen Regierungen zur Nutznießung überlassen worden seien."[28] Andere Teile der Bevölkerung waren sich über ihr Untertanenverhältnis im Klaren, richteten ihr „Nationalgefühl" jedoch eher nach rationalen, materiellen Gesichtspunkten aus. Als 1852 in der preußischen Rheinprovinz über die Möglichkeit einer Einverleibung in den französischen Staat diskutiert wurde, berichteten die Informanten den Behörden, dass öffentlich über die Möglichkeit einer Angliederung an Frankreich diskutiert werde. Bei diesen Diskus-

---

25 Vgl. Der alleinige Blick auf die (nationale) Grenze in den Köpfen führt zu der Schlussfolgerung, dass die regionale Identität im Grenzraum als ein „Mikrokosmos" der großen Nationen zu werten ist. Hans-Jürgen Lüsebrink: Grenzziehung in den Köpfen. Nationalismus in Druckschriften des saarländisch-lothringischen Raums (1815–1919), in: Grenzenlos. Lebenswelten in der deutsch-französischen Region an Saar und Mosel seit 1840, Saarbrücken 1998, S. 320. Ebenso ergibt die Untersuchung der Fremdzuschreibung und Eigenzuschreibung regionaler Traditionen, dass der Regionalismus in Elsass-Lothringen, im Sinne einer Zugehörigkeit zur deutschen Nation und zur französischen Nation gedeutet werden kann; Günter Riederer: Zwischen ‚Kilbe', ‚Coiffe' und Kaisergeburtstag. Die Schwierigkeiten nationaler und regionaler Identitätsstiftungen in Elsaß-Lothringen (1870–1918), in: Michael G. Müller/Rolf Petri (Hg.): Die Nationalisierung von Grenzen. Zur Konstruktion nationaler Identität in sprachlich gemischten Grenzregionen, Marburg 2002, S. 109–136, insbes. S. 135. Siehe hierzu auch die Dissertation Riederers: Günter Riederer: Feiern im Reichsland. Politische Symbolik, öffentliche Festkultur und die Erfindung kollektiver Zugehörigkeiten in Elsaß-Lothringen (1871–1918), Trier 2004, S. 403 ff.
26 LHAK, Best. 403, Nr. 6584: Landratsamtverwalter von Merzig an den Präsidenten der Rheinprovinz, 18.12.1852.
27 LHAK, Best. 403, Nr. 6584: Landratsamtsverwalter von Merzig an den Oberpräsidenten, 10.1.1853.
28 LHAK, Best. 403, Nr. 6584: Landrat von Saarbrücken an den königl. Oberpräsidenten der Rheinprovinz, 18.12.1852.

sionen würden sich auch einige „französisch Gesinnte" zu Wort melden, welche „die guten alten Zeiten" mit der französischen Herrschaftszeit in Verbindung brachten, da während dieser weniger Steuern hätten gezahlt werden müssen.[29] Ebenfalls 1852 konstatierte der Oberpräsident der Rheinprovinz, dass die Stimmung der Bevölkerung nicht für Frankreich sei, da die damaligen Zustände wenig Anklang finden würden.[30] Es waren hier eher materielle beziehungsweise pragmatische Argumente, welche die Grenzraumbewohner als Gründe für ihre „nationale Gesinnung" anführten.[31]

Neben dem Nichtwissen um die nationale Zugehörigkeit und der eher pragmatischen Sicht einiger Bevölkerungsteile auf das „Nationalgefühl", beweisen die Reaktionen anderer Bevölkerungsgruppen auf außenpolitische Konfliktsituationen, dass der Faktor „Nation" als Element der Selbstzuschreibung bereits in den 1850er Jahren im Grenzraum an Bedeutung gewonnnen hatte. Während der kriegerischen Auseinandersetzungen der 1850er Jahre ereigneten sich vereinzelt Streitigkeiten zwischen lothringischen und deutschen Grenzraumbewohnern, die zwar eher harmlose Sticheleien waren, die jedoch zeigen, dass bei außenpolitischen Krisen die vorgestellte nationale Gemeinschaft mit der gelebten transnationalen Gemeinschaft in einen Widerspruch geriet, ohne aber die Intensität des transnationalen gelebten „Eigenen" merklich negativ zu beeinflussen.

Erst der Deutsch-Französische Krieg wirkte sich negativ auf den Umfang des transnationalen Identifikationsraums aus und ließ die nationale Grenze deutlicher als trennendes Element zwischen Deutsche und Lothringer treten. Indem der Grenzraum zum Kriegsschauplatz wurde, transformierte sich während der Dauer des Kriegs die vorgestellte nationale Gemeinschaft zu einer real gelebten Gemeinschaft. Die These, dass der Einfluss des Kriegs 1870/71 zur Herausbildung eines deutsch-französischen Antagonismus führte, ist dennoch zu differenzieren. Trotz der Abnahme des transnationalen Identifikationsraums im ländlichen Raum, war dessen Ausmaß im Saar-Mosel-Raum auch nach dem Krieg 1870/71 beachtlich. Die deutsch-französische Feindschaft hatte auch nach dem Krieg 1870/71 im Grenzraum einen „Attrappencharakter" ohne Bezug zur Realität. Eben weil der Antagonismus zwischen den beiden Nationen unabhängig von der Realität war und weil die Feindschaft zur anderen Nation in einem imaginären, nicht gelebten Raum trotz gegenteiliger Eigenerfahrung existieren konnte, blieb die „Nation" ein dauerhaftes Identifikationselement der Grenzraumbewohner.[32] Obwohl die pro-französische Bewegung Anfang des 20. Jahr-

---

29 LHAK, Best. 403, Sig. 6584: Landratsamtsverwalter von Merzig an den Präsidenten der Rheinprovinz, 10.12.1852.
30 LHAK, Best. 403, Nr. 17986: Wochenbericht der Polizeidirektionen (Trier), 18.12.1852. Ein ähnliches Beispiel: Saarbrücker Zeitung: 30.7.1880: Eine Bäuerin äußerte sich zu der Annexion folgendermaßen: Sie meinte, dass man merken würde, „dass wir jetzt preußisch sind. Man sieht es am Steuerzettel."
31 Eine ähnlich rationale Sicht auf die Nation hatte Peter Sahlins in seiner Untersuchung über den Nationsbildungsprozess im französisch-spanischen Grenzraum festgestellt. Hier benutzten die Gemeinden die Hilfe der staatlichen Herrschaftsträger, um ihre lokalen Interessen durchzusetzen. Peter Sahlins: Boundaries. The Making of France and Spain in the Pyrenees, Oxford u. a. 1989.
32 Vgl. Ina-Maria Greverus: Grenzen und Kontakte. Zur Territorialität des Menschen, in: Hans Friedrich Foltin (Hg.): Kontakte und Grenzen. Probleme der Volks-, Kultur- und Sozialforschung. Festschrift für Gerhard Heilfurth zum 60. Geburtstag, Göttingen 1969, S. 11–26, hier S. 23. Im Gegensatz zu

hunderts bereits die Reaktionen der lothringischen Grenzraumbewohner auf den Ausbruch des Ersten Weltkriegs erahnen ließ, zeigten sich die deutschen Besatzer sichtlich von der profranzösischen Haltung der Bevölkerung nach Kriegsausbruch überrascht.[33] Das dichte Netzwerk transnationaler Beziehungen und die fortschreitende Integration der Eingewanderten in die lokale Gesellschaft hatten die Besatzer über die Beständigkeit der vorgestellten nationalen Gemeinschaft hinweggetäuscht.

Aber nicht nur die Nation als Element der Identifikation bewies ihre Langlebigkeit, auch der transnationale Identifikationsraum ist während und nach dem Ersten Weltkrieg weiterhin nachweisbar. So fand 1915 in Stiring-Wendel eine Fronleichnamsprozession unter großer Beteiligung der Bewohner der benachbarten preußischen Ortschaften statt.[34] Neben den weiterhin greifenden positiven Differenzierungsmechanismen, begründete die Kontinuität des latenten Konflikts zwischen Grenzraum und Nation den weiteren Bestand des transnationalen Identifikationsraums im Grenzraum. Wieder in den französischen Staat aufgenommen, organisierten sich die lothringischen Katholiken mit Erfolg, um das konfessionelle Schulsystem beizubehalten, das sie durch die laizistische Gesetzgebung in Frankreich bedroht sahen.[35] Neben dem Konflikt zwischen Laizisten und Katholiken entbrannte direkt im Anschluss an den Ersten Weltkrieg im lothringischen Kohlenrevier erneut die Auseinandersetzung zwischen den französischsprachigen Vorgesetzten – den „français d'interieur" – und den deutschsprachigen lothringischen und saarpreußischen Bergarbeitern. Ende 1918 bis September 1919 kam es hier zu mehreren Streiks, in denen die lothringischen und deutschen Bergarbeiter gemeinsam gegen den nach Kriegsende vorgenommenen Austausch der deutschsprachigen Führungskräfte durch französischsprachige protestierten.[36]

    Greverus zeigt diese Arbeit, dass der „Attrappencharakter" des nationalen Freund-Feindes-Bildes trotz gegenteiliger Eigenerfahrung existierte.
33 Roth, Saar-Zeitung, S. 597.
34 Forbacher Bürger-Zeitung, 8.6.1915.
35 Roth, Saar-Zeitung, S. 671.
36 Pierre Schill: Le mouvement ouvrier dans les mines de charbon de moselle au lendemain de la Grande guerre (1918–1919), in: Cahiers Lorrains 2 (1999), S. 203–232.

Hans H. Lembke

Europäische Genossenschafter im US-Exil

Wiederaufbaupläne im Spannungsfeld zwischen amerikanischem und internationalem Dachverband (1941–1946)

Vorgeschichte: die amerikanischen Konsumgenossenschaften als ‚latecomers'

„Why is the development of co-operation in the United States, slow?" Mit dieser Frage leitete Agnes Dyer Warbasse im Jahre 1928 ihren Beitrag zum Internationalen Handwörterbuch des Genossenschaftswesens ein,[1] und sie bezog sich dabei vor allem auf Konsumgenossenschaften.[2] Als Antwort nannte sie gleich eine Reihe von Gründen: der amerikanische Glaube an die unbegrenzten Möglichkeiten individuellen Unternehmertums, die Vorstellung vom „Great God Business", dessen Segnungen sich jeder Einzelne im harten Wettbewerb erarbeiten kann, auch die häufigen Wohnortwechsel, die eine soziale Integration erschweren, und nicht zuletzt das Fehlen einer föderalen Einrichtung für genossenschaftliche Bewusstseinsbildung und Orientierung. Erst die Gründung der *Cooperative League* habe diese Lücke geschlossen. Dass die Autorin dem letztgenannten Faktor eine erstrangige Bedeutung beimaß, kann nicht verwundern; war es doch ihr Ehemann James Peter Warbasse, der diese Organisation ins Leben gerufen hatte.

Die *Cooperative League*[3] war zu Beginn vor allem ein Verband von Konsumgenossenschaften, die meist von Arbeitern gegründet waren.[4] Diese anfängliche Ausrichtung auf Konsumenten, die ihren Lohn in der Industrie verdienten, ist deshalb hervorzuheben, weil sie nicht der Tradition des amerikanischen Genossenschaftswesens entsprach. Als dessen Pioniere sind in erster Linie Farmer und deren Zusammenschlüsse zu nennen, und bis heute ist es der landwirtschaftliche Sektor, in dem die Genossenschaften ihre größte Bedeutung

---

1 Vachan Totomianz (Hg.): Internationales Handwörterbuch des Genossenschaftswesens, Berlin 1928, S. 10.
2 Auch in den USA wird der Begriff Konsumgenossenschaften (consumers' cooperatives) unterschiedlich weit definiert. Im engeren Sinne ist damit die Beschaffung von Konsumgütern über genossenschaftlichen Großhandel und deren Vertrieb über genossenschaftlichen Einzelhandel gemeint. Die weitere Definition schließt alle Genossenschaften ein, die ihre Mitglieder als Konsumenten – nicht als Produzenten – organisieren, also als Konsumenten von Gütern, aber auch von Dienstleistungen – so in den Bereichen Finanzen, Versicherungen, Infrastruktur (z. B. Stromversorgung), Wohnen und Gesundheit. Brett Fairbairn: Consumer Cooperatives, 1900–1950, in: Christopher Merret/Norman Walker (Hg.): Cooperatives and local development: Theory and applications for the 21st Century, Armonk 2003, S. 23–51, hier S. 23.
3 Später *Cooperative League of the USA (CLUSA)*, heute *National Cooperative Business Association (NCBA)*.
4 Wichtige Ausnahmen von dieser industriellen Ausrichtung waren die Genossenschaften von Farmern in Minnesota, Wisconsin und Michigan, die aus ihren Ursprungsländern (v. a. Finnland und Böhmen) eine konsumgenossenschaftliche Tradition mitbrachten.

entwickelt haben.[5] Farmer wollten mit diesen Gründungen dem Druck steigender Beschaffungs- und sinkender Absatzpreise begegnen. Die älteste Farmer-Organisation, mit Ordenscharakter, war *The Grange of the Patrons of Husbandry*, gegründet 1867.[6] In ihren *Grange stores* konnten die Mitglieder landwirtschaftliche Betriebsmittel, aber auch Haushaltsgüter kaufen – beschafft durch Agenten und später über den organisationseigenen Großhandel. Weniger erfolgreich waren diese Farmer-Organisationen auf der Absatzseite. Dort scheiterten frühe Gründungen nach wenigen Jahren, und bis heute liegt die Stärke des landwirtschaftlichen Genossenschaftswesens vor allem bei der Beschaffung und Distribution landwirtschaftlicher Inputs – u. a. Düngemittel, Saatgut, Treibstoffe. Die genossenschaftliche Vermarktung hat auf der Großhandelsebene eine weit geringere und im Einzelhandel nur eine marginale Bedeutung.[7]

Mit Blick auf die Wurzeln europäischer Genossenschaften – welchen Beitrag leisteten organisierte Industriearbeiter zur Entfaltung des amerikanischen Genossenschaftswesens? Nach ersten Anfängen vor dem Bürgerkrieg (1861–1865) waren es die *Sovereigns of Industry*, die ein gewerbliches Gegenstück zu den *Patrons of Husbandry* versuchten – auch deshalb, weil dort nur Farmer aufgenommen wurden.[8] Die *Sovereigns* gelten als erste amerikanische Genossenschaft, die sich den Rochdale-Prinzipien verpflichtete – zu diesen gehört bekanntlich die offene Mitgliedschaft. Nach einem schnellen Wachstum – gemessen an Zahl der Mitglieder und Läden – zerbrach die Vereinigung in der landesweiten Depression von 1874–1876. Als zweite Bewegung auf gewerblichem Feld folgte in den 1880ern der Aufstieg der *Knights of Labor*.[9] Diese Bruderschaft konzentrierte sich vor allem darauf, ihre Mitglieder für den ‚Kampf um Würde der Arbeit' zu organisieren; sie unternahm genossenschaftliche Experimente im Produktions-, kaum aber im Konsumbereich.

Die *Knights* verloren nach Gründung der *American Federation of Labor* (1886) an Bedeutung, viele Ordensbrüder wurden zu Gewerkschaftern.[10] Damit war die erste Welle in der Geschichte der amerikanischen *Produktions*genossenschaften verebbt; denn die *AFL* stand dieser sozialen Idee eher gleichgültig gegenüber.[11] Ein Wiederaufleben genossenschaftlicher

---

5 Übersichten zur Geschichte der amerikanischen Genossenschaftsbewegung finden sich in Florence Parker: Consumers' cooperative societies in the United States in 1920, Wahington (U. S. Department of Labor) 1923; dies.: Consumers' cooperation in the United States, in: The Annals of the American Academy of Political and Social Science 191 (1937), S. 91–102; Ellis Cowling: Co-operatives in America. Their past, present and future, New York 1943; Jerry Voorhis: American cooperatives. Where they come from, what they do, where they are going, New York 1961; Joseph Knapp: The Advance of American cooperative enterprise: 1920–1945, Danville 1973.
6 Es folgten die *Farmers Union* und das *Farm Bureau*. Cowling, S. 115 f.
7 Voorhis, S. 82 f.
8 Henry Pelling: American Labor, Chicago 1960, S. 60 f.
9 Ebd., S. 63 f.
10 Pelling, S. 78.
11 Jones hat die Entwicklung der amerikanischen Produktionsgenossenschaften in Zahlen nachgezeichnet und eine erste Welle in den 1880ern beziffert: es gab 275 Genossenschaften, darunter 200 der Knights of Labor. Derek Jones: American producer cooperatives and employee-owned firms: a historical perspective, in: Robert Jackall/Henry Levin (Hg.): Worker Cooperatives in America, Berkeley 1984, S. 37–56, hier S. 39. Zur Position der Gewerkschaften siehe S. 53.

Initiativen in der Arbeiterschaft brachte das frühe 20. Jahrhundert. Die Gewerkschaft der Bergleute in Illinois übernahm die Pionierrolle, Gründungen in Pennsylvania, Ohio und Indiana folgten. Die *Miners* sahen die Lösung ihrer sozialen Probleme nicht allein in höheren Löhnen und kürzerer Arbeitszeit, sondern auch in fairem Angebot an Konsumgütern. Genossenschaftsläden wurden – zunehmend nach Kriegsbeginn – eröffnet, die *Central States Cooperative Association* wurde geschaffen und 1918 auch eine eigene Großhandelsgesellschaft ins Leben gerufen. Dies war der Anfang vom Ende. Der nachfolgende Aufbau einer überdimensionierten Ladenkette führte in ein Desaster, bei dem fast eine halbe Million Dollar aus der Gewerkschaftskasse verloren ging. Ähnliche Erfahrungen machte die *Miners' Union* in Pennsylvania – mit Gründung der *Tri-State Cooperative Society* und nachfolgendem Zusammenbruch ihrer Ladenketten in den frühen 1920ern.[12] Als letztlich erfolglos erwiesen sich auch die konsumgenossenschaftlichen Versuche von Arbeiterorganisationen im Verkehrssektor.[13]

Die *AFL* hatte 1917, nicht zuletzt unter dem Eindruck der Anfangserfolge, das Konzept der Konsumgenossenschaften in ihre Statuten aufgenommen, als „twin-remedy" neben der herkömmlichen Gewerkschaftsarbeit.[14] Das ausnahmslose Scheitern der praktischen Versuche machte daraus eine inhaltslose Klausel. Die große Mehrzahl der *AFL*-Gewerkschafter ging nun auf entschiedene Distanz zur Genossenschaftsidee, im Konsum- und ohnehin im Produktionsbereich. Gepflegt wurden genossenschaftliche Erwartungen nur noch unter den Arbeiterschichten, die sich mit Herausbildung des *Congress of Industrial Organizations (CIO)* von der *AFL* abgrenzten – mit Wirkung einer fast zwanzigjährigen Trennung der Berufs- von den Branchengewerkschaften.

Das Massensterben unter den Konsumgenossenschaften hielt bis 1929 an und betraf auch nicht-gewerkschaftliche Organisationen wie die *Pacific Co-operative League*, die *Co-operative Wholesale of America* und vor allem die *National Co-operative Association*. Letztere war der erste Versuch einer Großhandels-Dachorganisation mit nationaler Ausdehnung. Als Zeichen für Kontinuität und Optimismus galt dagegen die *Cooperative League*, im Jahre 1916 mit James Warbasse als Präsident gegründet. Ihre Symbolkraft wurde kaum dadurch gemindert, dass es ausgerechnet die *CLUSA* war, die auf ihrem ersten Kongress (1918) die Gründung des nationalen Großhandelsverbandes beschlossen hatte. Denn ihre eigentliche Mission sah die *Cooperative League* nicht im operativen Handelsgeschäft, sondern in der Verbreitung des Genossenschaftsgedanken über Erziehung, Ausbildung und Medienarbeit.[15] Dabei reichte die Vision ihrer Gründer weit über wirtschaftliche Ziele hinaus. Warbasse schrieb in sein Buch „Cooperative Democracy" die Widmung: „Dedicated to the Consumers, who are everybody, with the hope that they will organize to supply their needs, and ultimately create a co-operative democracy through which to control and administer for

---

12 Cowling, S. 104 f.
13 Parke 1937, S. 93.
14 Ebd.
15 Dies brachte sie auch in ihrer Zeitschrift Consumers' Cooperation zum Audruck.

mutual service those useful functions now performed by profit-business and by the political state."[16]

James P. Warbasse (1866–1957), studierter Mediziner, widmete sich nach Gründung der *League* ausschließlich der Genossenschaftsarbeit.[17] Sein Einsatz war ideengeschichtlich, nicht zuletzt aber auch finanziell bedeutend. Die genossenschaftliche Bewusstseinsbildung betrachtete er als eine zentrale gesellschaftliche Aufgabe, das *Rochdale Institute* war seine Gründung (1938).[18] Mit Vortragsreisen, seinen Büchern und seiner Mitwirkung im *Central Committee* der *International Co-operative Alliance (ICA)* hatte er auch internationale Ausstrahlung.[19] Albert Sonnichsen, Sekretär der *CLUSA*, war ein zweiter Theoretiker, der das amerikanische Denken über Genossenschaften in den ersten Jahrzehnten des 20. Jahrhunderts beeinflusste. Gemeinsam mit Warbasse vertrat er die Sicht, dass die Genossenschafts- eine Alternative zur Arbeiterbewegung war, als „an anti-capitalist revolutionary movement, aiming toward a radical social reconstruction based on an all-inclusive collectivism."[20] Der grundsätzliche Unterschied zu den Theoretikern auf der anderen Seite des Atlantik lag also darin, dass Warbasse und Sonnichsen die Genossenschaften nicht in der Perspektive eines Klassenkampfs sahen, sondern als eine alle gesellschaftlichen Klassen und Schichten umfas-

---

16 James Warbasse: Cooperative Democracy, attained through voluntary association of the people as consumers. A discussion of the co-operative movement, its philosophy, methods, accomplishments, and possibilities, and its relation to the state, to science, art and commerce, and to other systems of economic organization, New York 1923.

17 Er hatte sein Studium an der Columbia University abgeschlossen, während der Doktorandenzeit die Universitäten Göttingen und Wien besucht und dabei auch Kontakt zu Genossenschaftern gefunden. Sein Berufsleben (als Chirurg) und auch seine Autorenkarriere begann er in der ersten Dekade des Jahrhunderts. In der zweiten Dekade („Conserving Health Versus Exploiting Disease") durchlebte er eine radikale Phase mit anarchistischen und sozialistischen Ideen und zog sich nach dem Hinauswurf aus seinem Berufsverband aus der Medizin zurück. Mit der gesellschaftspolitischen Überzeugung, die er schon als praktizierender Arzt vertreten hatte („The Socialization of Medicine"), wandte er sich der Genossenschaftsentwicklung zu. Präsident der *CLUSA* blieb er bis 1941. Biografische Angaben zu Warbasse in: Theodore M. Brown/James Peter Warbasse, in: American Journal of Public Health 1 (1996), S. 190f.; ICA, Famous Co-op People through the Ages, 1995, wiedergegeben auf <uwcc.wisc.edu/icic/def-hist/history/famous> (23.3.2009); siehe auch seinen Eintrag in der *Cooperative Hall of Fame*, <www.cooperoes.org/inductees/warbasse> (23.3.2009) und seinen Nachruf in der New York Times vom 24.2.1957. Der Nachruf auf Agnes Warbasse findet sich in der New York Times vom 4.2.1945.

18 Das Rochdale Institute – National Cooperative Training School, entstand 1937; es bot Aus- und Fortbildung für Genossenschafts-Manager und für die *educational directors* im Genossenschaftswesen. Die erste Aufgabe wurde bald vorrangig, zumal die Trainingsangebote vielfach zusammen mit Großhandelsgenossenschaften realisiert wurden, die naturgemäß auf praktische Relevanz achteten. Eine Darstellung dieser Aktivitäten findet sich in: The Training of Co-operative Office-Bearers and Employees, in: Annals of Public and Cooperative Economics 2 (1951), S. 213–241.

19 Beitritt der *CLUSA* zur *ICA* im Jahre 1921.

20 Zit. n. Kathleen Donohue: From cooperative commonwealth to cooperative democracy: the American cooperative ideal, 1880–1940, in: Ellen Furlough/Carl Strikwerda (Hg.): Consumers against capitalism? Consumer cooperation in Europe, North America, and Japan, 1840–1990, London 1999, S. 115–134, hier S. 121.

sende Bewegung zu einer politischen Ordnung, die klassenlos, demokratisch und mit Individualismus vereinbar war.[21]

Ein zweiter Pionier der Genossenschaftsentwicklung im ersten Jahrhundertdrittel war Edward Albert Filene (1869–1937), innovativer und erfolgreicher Warenhaus-Unternehmer in Boston mit deutsch-jüdischer Herkunft. Der Kommerz allein füllte ihn nicht aus; er wollte sozialen Wandel mitgestalten, in seinem Unternehmen wie in der Gesellschaft. Die Unternehmer sah er als Ingenieure des Kapitalismus; nur durch ständige Weiterentwicklung ihrer wirtschaftlichen wie sozialen Methoden und Instrumente konnten sie sicherstellen, dass dieses Wirtschaftssystem seine Dynamik zum Nutzen aller entfaltete.[22] Sein Engagement galt der Gründung der *United States Chamber of Commerce*, der wissenschaftlichen Erforschung sozio-ökonomischer Funktionsbedingungen der kapitalistischen Wirtschaft,[23] aber auch den Kredit- und den Konsumgenossenschaften. Für letztere stiftete er den *Edward A. Filene Good Will Fund*, als Instrument des „fact-finding" und zur Förderung genossenschaftlicher Distributionsformen.[24]

Aufschwung mit New Deal

Die Entwicklung der amerikanischen Genossenschaften in den 1930er und 1940er Jahren war von Persönlichkeiten wie Warbasse und Filene stark beeinflusst, aber nicht bestimmt. Als ‚social movement' war sie ein Zusammenspiel von individuellem Pioniergeist und Bewegung von unten, geprägt durch die Rahmenbedingungen sozio-ökonomischer, sozio-kultureller und politischer Art. Deren wichtigste waren: die Depression und die lokalen Zusammenschlüsse zur Bewältigung ihrer Folgen, die optimistische Suche nach einem „Dritten Weg" und nicht zuletzt das staatliche Handeln zur Überwindung der Depression. Das Ergebnis dieses Zusammenwirkens zeigte sich in einem schnellen Wachstum der Genossenschaften und der mit ihnen verknüpften Einrichtungen des Großhandels.

Nicht zuletzt unter dem Eindruck zahlreicher Arbeitslosengruppen, die sich Anfang der 1930er spontan zur (auch rechtswidrigen) Selbsthilfe gebildet hatten,[25] sah der neue Präsident Roosevelt in der Förderung etablierter sozialer Organisationen ein wesentliches Instrument des New Deal. Gewerkschaften wie auch Genossenschaften hatten in den 1920ern deutlich an Mitgliedern und Kraft verloren; der New Deal brachte beiden die lang erwartete

---

21 Ebd., S. 116.
22 Drei seiner zahlreichen Buchtitel: More profits from merchandizing (1925), Successful living in this machine age (1931), Reichtum für alle: der neue Kapitalismus (1931). Biografische Angaben zu Filene in Shelly Tenenbaum: A credit to their community. Jewish loan societies in the United States, 1880–1945, Detroit 1993, S. 124–162; Charles Van Doren (Hg.): Webster's American Biographies, Springfield 1974, S. 314; vgl. New York Times vom 2.1.1949; <en.wikipedia.org/wiki/Edward_Filene> (23.3.2009).
23 Die Einrichtung zur Finanzierung solcher Studien war der *Twentieth Century Fund*, 1919 mit dem Namen *Cooperative League* von Filene ins Leben gerufen.
24 Nicht alle diese Initiativen waren von Erfolg gekrönt, Filene nannte sich in seinen späten Jahren einen „unsuccessful millionaire"; vgl. New York Times vom 2.1.1949.
25 Knapp, S. 289 und Rainer Erd: Die amerikanischen Gewerkschaften im New Deal 1933–1937, Frankfurt/M. 1986, S. 63 f.

Trendwende. Mit Hilfe der neuen Arbeitsgesetzgebung erfuhren die Gewerkschaften einen beispiellosen Aufschwung, und die Genossenschaften erlebten in den Jahren 1933–1945 den Höhepunkt ihrer gesamten historischen Entwicklung.

Auch die Idee natürlicher Gemeinsamkeiten zwischen beiden Organisationsformen lebte noch einmal auf. Es gab erneut zahlreiche Ansätze zur Zusammenarbeit, befürwortet durch Kongress-Resolutionen der Dachverbände *AFL* und *CLUSA*.[26] In eine dauerhafte gewerkschaftlich-genossenschaftliche Kooperation mündeten aber selbst diese Boom-Jahre nicht. Zu stark waren die systemischen Widersprüche: die geringen Gemeinsamkeiten im Bewusstsein organisierter Arbeiter und genossenschaftlich verbundener Farmer, die durchaus nicht immer vorbildlichen Arbeitsbedingungen der Genossenschafts-Angestellten, die Widerstände verschiedener Genossenschaften gegen gewerkschaftliche Organisation ihrer Mitarbeiter und nicht zuletzt die unterschiedlichen Erwartungen an ein *labeling*. Gewerkschaften forderten, dass Konsumgenossenschaften – über Beschaffung und entsprechende Kennzeichnung – solchen Produkten Vorrang geben sollten, die unter fairen Arbeitsbedingungen hergestellt waren. Die Genossenschaften lehnten dies nicht grundsätzlich ab. Vor allem deren Großhandelseinrichtungen bezweifelten aber, dass eine eindeutige Kategorisierung solcher Güter (einschließlich ihrer Vorprodukte) möglich sei, und sie wollten das Recht einer eigenständigen Angebotsgestaltung nicht aus der Hand geben.[27] Eine objektive Konsumenteninformation – über Preis und Qualität im weiteren Sinne – wurde dann von einer dritten Seite entwickelt: der Consumers' Union.[28]

Bekanntlich hatten auch Roosevelts Programme zur Wiederbelebung der Landwirtschaft starke genossenschaftliche Komponenten.[29] Die Großeinkaufsgesellschaften für die Farmer-Kooperativen erhielten einen Wachstumsschub und schufen sich 1933 mit der *National Cooperatives Inc.* einen nationalen Verbund. Erste Mitglieder waren die *Central Cooperative Wholesale*, die *Midland Cooperative Wholesale*, die *Consumers' Cooperative Association*, das *Indiana Farm Bureau* und die *Farmers' Union Central Exchange*. Da der neue Dachverband bei *CLUSA* eintrat – und dabei seine Mitglieder mitbrachte – war dies ein wichtiger Erfolg auch für den anderen Arm der Genossenschaftsbewegung.

Die drei erstgenannten Gesellschaften hatten *CLUSA* schon seit deren Gründung nahe gestanden.[30] Der Beitritt der ‚reinen' Farmer-Organisationen aber war ein strategischer Gewinn, der sich in den Folgejahren mit Ausweitung der *National Cooperatives* noch fortset-

---

26 James Myers: Consumer's cooperation and the labor movement, in: The Annals of the American Academy of Political and Social Science, 191 (1937), S. 62–69, hier S. 62
27 Ebd., S. 64f.
28 Ebd., S. 66. Die *CU* ist hinsichtlich Funktion, nicht aber Trägerschaft mit der *Stiftung Warentest* vergleichbar.
29 „Thus the Tennessee Valley Authority became a laboratory and testing ground for the application of cooperative principles to the development of national resources for the general social and economic welfare of the nation." Knapp, S. 34. Knapp erwähnte auch die Einrichtung des *Consumers' Advisory Board* durch den *National Industrial Recovery Act* (1933). Warbasse und sein Generalsekretär Cowden nutzten diese Einrichtung erfolgreich für konsumgenossenschaftliches ‚lobbying'; ebd., S. 378.
30 Die beiden erstgenannten waren schon früh Mitglied bei *CLUSA* geworden, während die *Consumers' Cooperative Association* (früher *Oil Union*) wegen ihrer Konzentration auf den Treibstoffhandel nicht-

zen und zur Annäherung an das landwirtschaftliche Genossenschaftswesen führen sollte. Dazu trug auch bei, dass einzelne Großhandelsgenossenschaften ihren Absatz an städtische Abnehmer verstärkten. *CLUSA* gelang es, den langjährigem Mitgliederschwund zu stoppen,[31] nicht zuletzt durch Erweiterung des Engagements auf Finanzdienstleistungen, Gesundheit und Wohnen.[32] Mit ihrem Kongress 1934 erreichte sie in der öffentlichen Wahrnehmung einen Niveausprung und mit dem nachfolgenden Treffen einen triumphalen Höhepunkt. Dieser Kongress von 1936 war außerordentlich gut besucht, wurde in den Medien stark beachtet[33] und erzeugte eine bislang ungekannte Einigkeit in der Bewegung. Vieldiskutierte Themen waren Filene's Spende von einer Million Dollar zur Förderung von Konsumgenossenschaften,[34] ebenso wie die Studie über europäische Kooperativen, die Roosevelt als Orientierungshilfe für einen amerikanischen Weg in Auftrag gegeben hatte.

Dieser Auftrag fand anfangs in den USA ein starkes Medien-Echo. Je länger sich die Arbeit der Untersuchungskommission jedoch hinzog, desto schwächer wurde es. Der Abschlussbericht des zuletzt zerstrittenen Teams wurde kaum noch – oder mit abfälligem Kommentar – aufgenommen.[35] Verspätet vorgelegt und ohne weitreichende Empfehlungen, fiel er auch aus genossenschaftlicher Sicht enttäuschend aus.[36] Er brachte eine erste Ernüch-

---

    landwirtschaftlichen Konsumenten und damit auch *CLUSA* näher stand als die ‚reinen' Farmer-Organisationen.

31 1935 gab es unter dem Dach von *CLUSA* 1.500 lokale Genossenschaften mit mehr als 750.000 Mitgliedern und einem geschätzten Jahresumsatz von 50 Mio. $. Parker, 1937, S. 98.

32 Fairbairn, S. 43.

33 Wenn auch z.T. ironisch-geringschätzig: „Consumer co-operatives expanded throughout depression, now boast some 3,000,000 members, annual sales of $ 400,000,000. That was only about 1 % of last year's total retail sales in the U.S. (…). The Kansas City Star was already warning the country that a co-operative system would be the ‚next New Deal rabbit to be pulled from the hat." Vgl. TIME vom 13.07.36 (Diese Zahlen bezogen sich auf alle, nicht nur die in *CLUSA* organisierten Genossenschaften).

34 Sie wurde interpretiert als „the conversion of Filene, (the father of the American credit union movement) to consumers' cooperation"; Knapp, S. 392. Diese Annäherung (wenn nicht Konversion) wurde erleichtert durch den pragmatischen, weniger philanthropisch geprägten Leitungsstil des von Warbasse 1933 gewonnenen neuen Generalsekretärs der *CLUSA*, Eugene R. Bowen. „Although Dr. Warbasse and Filene were good friends, Filene had little confidence in the work of the League until he was assured that Bowen would give the League stronger administration and a less doctrinaire viewpoint." Ebd, S. 608.

35 Einschätzung d.V. nach Durchsicht der New York Times von Juni 1936 bis Mai 1937. Das Magazin TIME kommentierte: „Meantime the members of the commission, headed by Jacob Baker, assistant WPAdministrator, were unable to agree among themselves on what to report, and the New Deal apparently lost interest." Ausgabe 13.3.1937. Siehe auch die Berichte in Consumers' Cooperation 8 (1936), S. 124; 5 (1937), S. 66 f. und 7 (1937), S. 111.

36 Wallace J. Campbell, zu jener Zeit ein Assistant Secretary von Bowen, urteilte rückblickend: „It seems to me that the Roosevelt Commission (…) flubbed its opportunities to have a profound impact on the economy. No specific recommendations were made for the government-type of organization (…) which might very well have been established as a result of that report. (…) That, I think, is one of the blunders of the decade!" (Interview 1971) Knapp, S. 609. Die Empfehlungen der sechs Kommissionsmitglieder waren ein Minimalkonsens: „1) to make a survey of U.S. consumer and service cooperatives, 2) establishment of a Government agency to furnish co-ops with information and advice, 3) that steps be taken to assure consumer cooperatives credit parity" (Gleichstellung mit Farmer-Genossen-

terung, und auch nachfolgende Publikationen zu den Wachstumsbedingungen der Konsumentenbewegung relativierten die bisweilen traumähnlichen Erwartungen.[37] An deren Stelle trat die Überzeugung, dass der Fortschritt nicht spektakulär, aber doch nachhaltig sein könne – sofern nicht Heilsbeschwörungen die solide Entwicklungsarbeit überlagerten. Der *Good Will Fund* finanzierte eine Harvard-Studie zu „Operating Results of Consumer Cooperatives in the United States", und *CLUSA* brachte sich als Partner in das *Cooperative Project* der *Works Project Administration* ein – mit der Aufgabe, Bestandsaufnahmen zum amerikanischen Genossenschaftswesen zu erstellen.[38]

Zwischen Kriegswirtschaft und Wiederaufbau: die Rolle des International Committee for Cooperative Reconstruction

Der Kriegsbeginn erhöhte naturgemäß das gesellschaftliche Interesse am Genossenschaftswesen als einem verlässlichen, berechenbaren Kettenglied der US-Wirtschaft. Die steigende Nachfrage in Europa und die staatliche Förderung der Nahrungsmittelerzeugung, nach Kriegseintritt gebündelt in der *War Food Administration*, stärkten die landwirtschaftlichen Kooperativen und ihre Großeinkaufsgesellschaften.[39] Der Jahresumsatz aller Konsumgenossenschaften überstieg erstmals die Schwelle von 1 % aller Waren- und Dienstleistungskäufe der Privathaushalte.[40] In *CLUSA* spiegelte sich der Umbruch in einem engeren Zusammengehen mit der *National Cooperatives Inc.*, einer Verständigung mit dem *National Council of Farmer Cooperatives* und allgemein in einer Aufwertung praktisch-wirtschaftlicher Aufgaben.

Ein Zeichen in diese Richtung hatte auch der Wechsel von Warbasse in die Position eines ‚President emeritus' gesetzt (1941); sein Nachfolger Murray Lincoln galt als ähnlich pragmatisch gesinnt wie der Generalsekretär Bowen.[41] Warbasse muss dieser Rücktritt nicht zwangsläufig schwer gefallen sein. Er wird frühzeitig erkannt haben, dass Genossenschaften unter Kriegsbedingungen vorrangig materielle Aufgaben wahrzunehmen hatten, dass aber ethische Ziele – moral economy, democracy, peace – erneut an Bedeutung gewinnen und die

---

schaften). Consumers' Cooperation 5 (1937), S. 70. Die Kommission hatte die Länder GB, IRL, F, CH, CZ, DK, N, S und FIN besucht.

37 Zu Diskussionsbeiträgen vgl. The Annals of the American Academy of Political and Social Science 191 (1937) sowie die Besprechungen in Social Forces 2 (1941), S. 278–282.

38 Die *WPA*, mit umfassendem Arbeitsbeschaffungsprogramm die größte Agentur des New Deal, ließ ab 1939 Untersuchungen u. a. zum Stand der Genossenschaften in der Medizin, zu Erziehung und Ausbildung in Genossenschaftsfragen und zur Gesetzeslage des Genossenschaftswesens erarbeiten.

39 Ein Beispiel: Der Umsatz der *Midland Cooperative Wholesale* stieg – nach vorheriger Stagnation – von 3,8 Mio. $ (1939) auf 9,0 Mio. $ (1943). Annual Report 18 (1943), S. 5.

40 Der Gesamtumsatz lag 1941 bei 1.017 Mio. $, ausgewiesen als Summe der insgesamt 23.100 Konsumgenossenschaften mit 12,1 Mio. Einzelmitgliedern – nicht nur der in *CLUSA* organisierten. Einbezogen waren insbesondere die ca. 11.000 Genossenschaftsbanken und -versicherungen mit 9,6 Mio. Mitgliedern und 405 Mio. $. Geschäftsvolumen (errechnet aus Zusammenstellung in Cowling, S. 159).

41 Knapp, S. 538 f.

Genossenschaften als wichtige Handlungsträger im wirtschaftlichen und gesellschaftlichen Wiederaufbau empfehlen würden.

Eine erste Initiative in diese Richtung erfolgte unmittelbar nach dem Kriegseintritt der USA. Bowen schrieb im Januar 1942 an den Direktionsrat der *CLUSA*: „Cooperatives throughout the world face the most severe crisis in their history. In many countries co-ops have been bombed out of existence (...). When the war is over the spirit and ideal of cooperation may be all that remains of what once were important economic enterprises. But that spirit and the method of cooperation will be one of the most important forces in the world for reconstruction. Representatives of cooperatives from Poland, Estonia, France, Czechoslovakia, Germany, Austria, Denmark and Belgium now in exile from cooperative work in their own countries met November 25th with a group of American cooperative leaders under the chairmanship of Dr. James P. Warbasse to consider the problem of post-war reconstruction of cooperatives."[42]

Bowen erwähnte noch eine zweite Besprechung, sechs Wochen später. Dies war die konstituierende Sitzung des *International Committee for Cooperative Reconstruction* (hier: *ICCR*), das sich zwei Ziele gesetzt hatte: Es wollte bei der Wiedererrichtung zerschlagener Genossenschaftssysteme mitwirken und – im weiteren Sinne – dazu beitragen, dass genossenschaftliche Prinzipien den Wiederaufbau von Wirtschaft und Gesellschaft der betroffenen Länder mitbestimmten. Zur Finanzierung der Aktivitäten erhoffte sich das Komitee die Hilfe des *Good Will Fund*; die Leitungsgruppe, das *Executive Committee*, hatte bereits einen entsprechenden Antrag gestellt.

Wer hatte den Vorsitz, wer waren die *Executives* und wie setzte sich der weitere Mitgliederkreis zusammen? Diese Frage richtet sich auf amerikanische, vor allem aber auf europäische Genossenschafter (und Gewerkschafter), die als politisch oder auch rassisch verfemte Staatsbürger ihr Land verlassen hatten. Die erhaltenen Dokumente des *ICCR* erlauben es, diesen bislang wenig bekannten Abschnitt der neueren Genossenschaftsgeschichte zumindest teilweise auszuleuchten. Vorsitzender des Komitees war James P. Warbasse. In dieser Rolle wirkte er als Initiator und oberster Repräsentant, nicht aber als operative Leitfigur. Diese Aufgabe des ‚active chairman' nahm Percy Shiras Brown (geb. 1883) wahr, langjährig enger Mitarbeiter von Edward Filene.[43] Zur Zeit der Gründung des *ICCR* war er Direktor

---

[42] Truman Library, Records of the Cooperative League of the U.S.A., Box 100, International Committee for Cooperative Reconstruction (ohne Nummerierung).

[43] Wie dieser stand Brown der Genossenschaftsidee nahe, sein eigentliches Feld aber war Management Science. Ein erster Karrieresprung machte ihn zum Präsidenten der *Taylor Society*, darauf folgte ab 1927 seine Tätigkeit als zweiter Direktor des *International Management Institute (IMI)* in Genf. Dieses war im selben Jahr mit gemeinsamer Finanzierung von Völkerbund, der *Internationalen Arbeitsorganisation (ILO)*, der *Rockefeller Foundation* und nicht zuletzt des *Twentieth Century Fund* gegründet worden. Seine Berufung verdankte Brown also Edward Filene, ebenso wie auch seinen Ausstieg 1929. In der Folgezeit arbeitete er als Filenes persönlicher, mit umfassenden Kompetenzen ausgestatteter Referent. Biografische Angaben in Percy S. Brown: Post-war objectives in Labor relations, in: The Public Opinion Quarterly 3 (1943), S. 369–377 (dort biografische Notiz zum Autor); zu seiner Arbeit im IMI siehe <www.unige.ch/ses/istec/EBHA2007/papers/Boyns.pdf.> (23.3.2009).

des schon genannten *Good Will Fund*.⁴⁴ Dies erklärt seine Präsenz in dem *Committee* und auch dessen Förderantrag an den Fonds.

Chairman des *Executive Committee* war Henry Shoskes (1891–1964), vor seiner Emigration Leiter der Zentralen Genossenschaftsbank in Warschau.⁴⁵ Seine Kollegen waren Valery J. Tereshtenko, Herman Frank, S. S. Frankel und Wallace J. Campbell (1910–1998); letzterer vertrat in dem Gremium die *CLUSA*.⁴⁶ Tereshtenko (geb. 1901) war vor allem durch seine leitende Rolle im *Cooperative Project* der *Works Project Administration* bekannt geworden.⁴⁷ S. S. Frankel aus Estland war Importbeauftragter der estnischen Genossenschaften gewesen. Und Herman Frank (1892–1952) war ein in Freiburg promovierter Soziologe, mit Genossenschaftserfahrung im heimischen Bialystok, der – seit 1923 in den USA – als Historiker und Journalist einen Namen hatte (Herausgeber von *Fraye Arbeter Shtime*, New York).⁴⁸

Das Leitungsgremium blieb in dieser Zusammensetzung bis zu Auflösung des *ICCR* bestehen, während sich im weiteren Mitgliederkreis Veränderungen ergaben.⁴⁹ Es war sicherlich Warbasse, der von Beginn an bestrebt war, dem Komitee, über den Emigrantenkreis hinaus, einen umfassend internationalen Geltungsanspruch zu geben.⁵⁰ Nicht ohne Erfolg, denn in seiner erweiterten Zusammensetzung (1943) hatte der Kreis auch Mitglieder aus lateinamerikanischen und asiatischen Ländern. Die auffälligste Persönlichkeit unter ihnen war Sir Shanmukham Chetty (1892–1953), der 1947 zum ersten Finanzminister des unabhängigen Indien aufsteigen sollte.⁵¹ Das zweite Komitee-Mitglied aus Asien war Leo-

---

44 Fondszweck nach den Worten von Brown: „founded to promote charitable and educational work, mostly among cooperatives". Christian Science Monitor, 24.1.1946. Letzteres bezog sich auf Konsum-, Gesundheits- und Baugenossenschaften.
45 Vgl. New York Times vom 1.3.1942. Von der polnischen Exilregierung zum Konsul ernannt, kam er 1939 nach New York.
46 Biografische Angaben zu Campbell: <www.heroes.coop/inductees/campbell> (23.3.2009) und New York Times vom 13.1.1998.
47 Zudem hatte er 1930 zusammen mit Aaron Sapiro (1884–1959), Förderer landwirtschaftlicher Genossenschaften und bekanntester Kritiker von Henry Ford's Buch „The International Jew", eine Hilfsorganisation für politische Flüchtlinge aus der Sowjetunion ins Leben gerufen. Vor seiner Emigration hatte er als Assistenzprofessor am Institut für landwirtschaftliches Genossenschaftswesen in Prag gearbeitet. Parallel zu seiner Tätigkeit für das *ICCR* war er im US Landwirtschaftsministerium mit Analysen und Planung zum Wiederaufbau befasst. Mitarbeit auch im *Rochdale Institute*. Biografische Angaben zu Tereshtenko in New York Times vom 19.10.1930 und Truman Library Records (…); zu Sapiro in: <en.wikipedia.org/wiki/Aaron_Sapiro> (23.3.2009).
48 The Concise Dictionary of American Jewish Biography, New York 1994, Vol. 1 und Rebecca Kobrin: Rewriting the Diaspora: Images of Eastern Europe in the Bialystok Landsmanshaft Press 1921–45, in: Jewish Social Studies 3 (2006), S. 1–38.
49 Anfangs gehörten ihm 28 Personen an, bis 1943 kamen weitere 12 hinzu.
50 Auch unter den zehn Mitgliedern mit US-Staatsbürgerschaft waren mehrere Immigranten.
51 Er lebte von 1941–1942 in den USA, war vorher oberster Verwaltungschef der Provinz Cochin gewesen und hatte dort die Entwicklung von Genossenschaften gefördert. In New York hatte er 1941 eine doppelte Funktion: Delegierter Indiens auf der *ILO*-Konferenz und Leiter der *Indian Purchasing Commission*, die in großem Umfang militärstrategisch wichtige Importe mit Regierung und Unternehmen aushandelte. Biografische Angaben in Siba P. Sen (Hg.); Dictionary of National Biography, Calcutta 1972, S. 306 f.; vgl. New York Times vom 6.8.1941 und <en.wikipedia.org/wiki/R._K._Shanmukham_Chetty> (23.3.2009).

poldo T. Ruiz, ein philippinischer Soziologe und Anthropologe.[52] Auch China war vertreten, durch Shi-chi Hu, Generalsekretär der chinesischen Genossenschaftsliga.

Aus Lateinamerika kamen zwei Mitglieder, beide kurz zuvor aus Europa vertrieben. Fabra Ribas (1879–1958) war ein spanischer Sozialist,[53] der 1939 nach Kolumbien emigriert war und dort die Leitung des *Instituto de Estudios Cooperativos* an der Universität von Cauca innehatte. Emil Lustig war Vorsitzender des tschechischen Konsumgenossenschaftsverbands gewesen und hatte dem Aufsichtsrat der Tschechischen Nationalbank angehört. Er floh im September 1939 nach Argentinien, wurde dort Leiter einer Genossenschaft und Vertreter des schwedischen *Kooperativa Förbundet*.[54] Vom anderen Ende des amerikanischen Doppelkontinents kam Moses Michael Coady, Pfarrer, Lehrer und herausragende Persönlichkeit der kanadischen Sozialarbeit. Im Zuge des *Antigonish Movement* gegen die sozialen Auswirkungen der Depression hatte er aktiv auch die Genossenschaftsentwicklung gefördert.[55]

Neben Warbasse, Brown und Campbell gab es sieben weitere gebürtige bzw. seit langem eingebürgerte US-Amerikaner im Komitee.[56] Zur zweiten Gruppe gehörte der Schriftsteller Louis Adamic (1898–1951), 1913 aus Slowenien eingewandert; er war Präsident des *United Committee of South-Slavic Americans*.[57] Die bekanntesten Namen in der ersten Gruppe waren: Dora Maxwell, mit Pionierleistungen auf dem Gebiet der Kreditgenossenschaften, Stuart Chase als Vertreter der von Technik- und Wissenschaftsoptimismus geprägten Technokratiebewegung und Jacob Baker, Leiter der erwähnten Roosevelt-Kommission.[58]

Bemerkenswert ist, dass auch Vertreter der *ILO* zum Mitgliederkreis gehörten: Maurice Colombain, Leiter des Genossenschaftsdienstes und seine Mitarbeiterin Germina Rabinovich.[59] Dies war sicherlich dadurch begünstigt, dass die Arbeitsorganisation ihren Sitz

---

52 Er hatte in den USA seine Dissertation über das philippinische Genossenschaftswesen geschrieben und wurde 1952 zum ersten philippinischen Präsidenten der Silliman Universität gewählt. <mb.com.ph/issues/2004/08/24/SCAU2004082416992> (23.3.2009).

53 In seiner Pariser Studienzeit hatte er für „L'Humanité" und den „Vorwärts" gearbeitet, in den 1920ern und 1930ern spanische Genossenschaften geleitet, Bücher über die *ILO* publiziert und an der Madrider *Escuela de Estudios Sociales* einen Lehrstuhl für Genossenschaftswesen inne gehabt. Ribas kehrte 1949 nach Spanien zurück. Biografische Angaben in Olga Lucía Arboleda et al.: Antecedentes en la producción escritural sobre cooperativismo y economía solidaria en Colombia 1930–1960, Bogotá 2005, S. 2–5, wiedergegeben auf <www.lasociedadcivil.org/uploads/ciberteca/antecendentes_en_la_produccion_escritural.pdf> (23.3.2009); ICA, Famous Co-op People through the Ages (s. o.).

54 Rita Rhodes: The International Co-operative Alliance During War and Peace 1910–1950, Genf 1995, S. 210. Hinweise, dass Lustig auch Leiter eines Informationsbüros der *ICA* in Buenos Aires war (er war weiterhin Mitglied im *ICA Executive Committee*), finden sich bei Rhodes nicht bestätigt.

55 ICA, Famous Co-op People through the Ages (s. o.).

56 Von ihnen gehörten drei der *District of Columbia Cooperative League* an.

57 Who was who in America Vol. 3, Chicago 1963 und <en.wikipedia.org/wiki/Louis_Adamic> (23.3.2009).

58 Biografische Angaben: <www.fkfcu.org/awards-dora_maxwell>; <en.wikipedia.org/wiki/Stuart_Chase> (23.3.2009).

59 Wie die Internationale Arbeitsorganisation ihre Aufgaben im Bereich des Genossenschaftswesens sah, hat Colombain in einem späteren Aufsatz dargelegt: Maurice Colombain: Das genossenschaftliche Faktum gegenüber dem sozialen Problem der Gegenwart, in: Annalen der Gemeinwirtschaft 20 (1951), S. 239–250. Zur Person von Colombain vgl. Ivan Elsmark: Going back a BIT: Amusing disinforma-

kriegsbedingt von Genf nach Montreal verlegt hatte. Zudem ist mit hoher Wahrscheinlichkeit anzunehmen, dass es zwischen der Gründung des Komitees und der kurz zuvor abgehaltenen *ILO*-Konferenz in New York und Washington einen Zusammenhang gab. „Reconstruction" stand auf der Agenda dieser Konferenz, und eine entsprechende Resolution wurde verabschiedet. Die *ICA*, im *ICCR* nicht präsent,[60] sah sich durch diese Entschließung zur Offensive gedrängt.[61]

Zu der Kerngruppe des *ICCR*, den europäischen Exilanten: Hier waren die Vertriebenen aus Mitteleuropa in der Mehrzahl. Unter den drei polnischen Mitgliedern (neben Shoskes) war Stefan de Ropp, Generalbevollmächtigter des polnischen Pavillons auf der Weltausstellung New York und Direktor des *Polish Information Center in the USA*.[62] Franc Snoj (1902–1962) von der Slowenischen Volkspartei war Mitglied von drei Regierungen des Königreichs Jugoslawien gewesen und während des Krieges mit anderen Regierungsmitgliedern emigriert. Nach seiner Rückkehr 1945 wurde er Verkehrsminister in Slowenien.[63] Sein Landsmann Nicholas Mirkovic leitete das *Yugoslav Government Office of Reconstruction* der jugoslawischen Exilregierung in New York.[64] Josef Hanc war Professor in Boston und tschechoslowakischer Generalkonsul in New York.

Drei Mitglieder kamen aus skandinavischen Ländern: Arne Skaug (1906–1976), ein Sozialstatistiker und Migrationsforscher, war Wirtschaftsrat der norwegischen Botschaft in Washington; er vertrat das Land 1944 in der Bretton Woods-Konferenz.[65] C. H. W. Hasselriis warb – als Mitglied der *National American Denmark Association* – um internationale Unterstützung des besetzten Dänemark. Und Einar Kumm vertrat die schwedischen Genossenschaften.[66]

Jef (Joseph) Rens (1905–1985), Sozialwissenschaftler, Gewerkschafter, Journalist, nationaler und internationaler Beamter, war eine der zentralen Persönlichkeiten, die sich in Planung und Gestaltung des demokratischen und sozialen Wiederaufbaus in Europa engagierten.[67] Und noch zwei weitere Mitglieder kamen aus dem besetzten Westeuropa: Waling

---

tion, in: UNION – ILO Staff Union Bulletin, Nr. 310, Mai 2001, S. 13, wiedergegeben auf <www.ilo.org/public/english/staffun/info/magazine/pdf/union310.pdf> (24.3.2009).

60 Nahe stand ihr das Mitglied Boris Skomorowsky, Herausgeber der französischen Ausgabe der ICA-Zeitschrift, bis zu deren Einstellung 1939. Consumers' Cooperation 4 (1941), S. 95.

61 „(…)encouragement seems to have come from a resolution on the Peace Settlement and Reconstruction passed by the conference (…). This urged the ICA to present a case to Allied and Neutral Governments that it should be allowed to become associated with post-war reconstruction." Vgl. Rhodes, S. 268.

62 <www.mtp.pl/all/en/company/history/fair_creators> und <content.cdlib.org/view?docId=kt2k4016kh&chunk.id=scopecontent-1.7.4&brand=oac> (23.3.2009).

63 <sl.wikipedia.org/wiki/Franc_Snoj> (23.3.2009).

64 Nicholas Mirkovic: The United Nations and the Future, in: The Annals of the American Academy of Political and Social Science 228 (1943), S. 30–33.

65 Norsk Biografisk Lexikon Bd. 8, Oslo 2004, S. 259.

66 Dansk Biografisk Lexikon Bd. 7, Kopenhagen 1980, S. 68 bzw. Truman Library, Records (…), Mitgliederliste.

67 Von der belgischen Exilregierung in London wurde er 1941 zum Generalsekretär der *Commission Belge pour l'Etude des Problèmes de l'Après-Guerre* ernannt. Die Kommission hatte eine Vertretung in New

Dykstra war der ehemalige Leiter der *International Cooperative Trading Agency*[68] und Bartholomeus Landheer war ein bekannter holländischer Sozialwissenschaftler im amerikanischen Exil.[69]

Zur Gruppe der Wissenschaftler in dem Komitee zählte auch John F. Normano (1887–1945). Er gilt heute als ein Pionier unter den lateinamerikanischen Wirtschaftshistorikern; insbesondere zur Erklärung der brasilianischen Wirtschaftsentwicklung hat er Wichtiges beigetragen.[70] Normano alias Lewin (aus Berlin) ist die Brücke zu den Komitee-Mitgliedern deutscher Herkunft, unter denen, wie zu erwarten, führende Genossenschafter nicht zu finden waren.[71] Das bekannteste Mitglied war Hans Staudinger (1889–1980). Der frühere Staatssekretär, herausragender Experte für Gemeinwirtschaft, hatte NS-Deutschland schon 1933 nach seiner KZ-Haft verlassen und im Folgejahr einen Ruf an die *New School for Social Research* in New York angenommen.[72] Hans Strauss, im Komitee mit ‚fund raising' und

York, dies wird Rens' Mitwirkung im *ICCR* gefördert haben. Vermutlich entscheidender aber war sein Einfluss, den er in die Ausrichtung der New Yorker Konferenz der *ILO* eingebracht hatte (o. V.) Jef Rens: Une grande figure de l'organisation international, in: Transnational Associations 6 (1985), S. 319 und Martin Conway (Hg.): Europe in Exile: European Exile Communities in Britain 1940–45, New York 2001, S. 122 f.

68 Von nationalen Großhandelsgenossenschaften als internationale Beschaffungsagentur eingerichtet und 1943 kriegsbedingt stillgelegt. Consumers' Cooperation 4 (1942), S. 63.
69 Bartholomew Landheer: The Legal status of the Netherlands, in: Michigan Law Review, 4 (1943), S. 644–664 (dort biografische Notiz zum Autor).
70 Weniger eindeutig ist seine nationale Zugehörigkeit. In der Berliner Staatsbibliothek sind seine Bücher unter zwei Autorennamen katalogisiert: „João Frederico Normano (d. i. Isaac Lewin)". In der New York Times wurde er am 21. August 1932 als „J. F. Normano, a Brazilian, associate director of the Bureau of Economic Research of Harvard University" genannt, während in der Ausgabe vom 7. März 1933 zu lesen ist: „João Frederico Normano (…) was arrested at his home in Cambridge last night on the charge that as Dr. Isaak Lewin of Berlin he forged bills of exchange to obtain some $750,000 under false pretenses in 1928 and 1929." Mit der Geschichte, die dieser Verhaftung folgte, ließen sich Seiten füllen (Arbeit d. V. in Vorbereitung). Hier in aller Kürze: Der in Kiew geborene Isaac Lewin, in Freiburg promoviert, illegal als João Frederico Normano über Brasilien in die USA gelangt, wurde nicht an die NS-Regierung ausgeliefert. Er lehrte und publizierte weiter mit hoher wissenschaftlicher Anerkennung und starb 1945 nach längerer Krankheit in New York.
71 In Deutschland sahen sich führende Genossenschafter nur vereinzelt durch Gleichschaltung und Entlassungen zur Emigration gezwungen; vgl. Erwin Hasselmann: Geschichte der deutschen Konsumgenossenschaften, Frankfurt am Main 1971, S. 460 ff. Zu ihnen zählte Hasselmann selbst, der 1934 nach England ging und dort im IGB-Sekretariat arbeitete. Als Mitglied des inneren Widerstands ist vor allem Gustav Dahrendorf zu nennen und als Opfer der Deportationen Max Mendel.
72 Biografische Angaben vgl. Hagen Schulze (Hg.): Hans Staudinger, Wirtschaftspolitik im Weimarer Staat. Lebenserinnerungen eines politischen Beamten im Reich und in Preußen, Bonn 1982; Harald Hagemann/Claus-Dieter Krohn (Hg.): Biographisches Handbuch der deutschsprachigen wirtschaftswissenschaftlichen Emigration nach 1933, Bd. 12, München 1999, S. 673 f.; <de.wikipedia.org/wiki/Hans_Staudinger> (23.3.2009). Sein Vater Franz Staudinger (1849–1921) war eine historische Figur in der deutschen Genossenschaftsbewegung. Siehe dazu Helga Grebing (Hg.): Die Geschichte der sozialen Ideen in Deutschland, Essen 2000, S. 238 u. 319 und Franz Staudingers Artikel: Social and Industrial Conditions in the Germany of Today, in: Annals of the American Academy of Political and Social Science 92 (Nov. 1920), S. 122–130. Hans Staudingers Ehefrau Else, in Heidelberg Doktorandin bei Emil Lederer (später ebenfalls an der *New School*), organisierte in Zusammenarbeit mit Eleanor Roosevelt eine Selbsthilfeeinrichtung für vertriebene Intellektuelle; vgl. Werner Röder/Herbert A.

Öffentlichkeitsarbeit beauftragt, war vermutlich mit einem gleichnamigen Berliner Anwalt identisch (1904–1987), der 1937 nach Berufsverbot in die USA emigriert war.[73] Der dritte Deutsche war Rudolf Treuenfels, dessen Biografie hier etwas ausführlicher wiedergegeben wird. Seine Vita spiegelt in bezeichnender Weise die Entwicklung der amerikanischen Konsumgenossenschaften in der ersten Hälfte der Vierziger, mit den Besonderheiten der Kriegszeit und den zunehmenden Spannungen zwischen gesellschaftspolitischem Engagement und kommerzieller Professionalisierung.[74]

Rudolf Ludwig Treuenfels wurde 1898 in Breslau geboren, als Sohn eines standespolitisch bedeutenden Zahnarztes und dessen Frau Elisabeth Lion. Nach dem Kriegsdienst studierte er Ökonomie und befasste sich in seiner Dissertation mit staatlichen Eingriffen in volkswirtschaftlichen Notlagen. Beim Start ins Berufsleben entschied er sich für die Einzelwirtschaft; er stieg in die Firma seines Großvaters ein und übernahm sie nach dessen Tod. Es war die *Julius Lion KG* in Breslau, mit den Geschäftsfeldern Kolonialwarengroßhandel, Kaffeerösterei und einer Niederlassung in Berlin.[75]

Der Großhandelskaufmann hatte auch für neue soziale Bewegungen ein aktives Interesse; Rudolf Treuenfels stand der Friedensbewegung und den internationalen Freiwilligendiensten nahe. Die in diesem Netzwerk geknüpften Verbindungen halfen ihm, der nach NS-Klassifikation „Volljude" war, bei seiner Auswanderung im November 1937. Treuenfels bat im April 1936 Corder Catchpool, Sekretär des Internationalen Quäkerbüros in Berlin, um ein Empfehlungsschreiben; er wollte es dem Berliner US-Konsulat vorlegen.[76] Und noch ein zweiter Brief zu demselben Anliegen ist erhalten. Im Juni 1936 empfahl Dr. Hans Robinsohn aus Hamburg (1897–1981), Treuenfels solle sich in New York an Dr. Fritz Strauss im *National Bureau of Economic Research* wenden.[77] Seinen Rat gab Robinsohn in einer Doppelrolle: als renommierter Hamburger Kaufmann und als Leiter einer Widerstands-

---

    Strauss (Hg.): Biographisches Handbuch der deutschsprachigen Emigration nach 1933 (International Biographical Dictionary of Central European Emigrés 1933–1945), Bd. 1, München 1980, S. 722.

73 Vgl. Ladwig-Winters (Hg.): Anwalt ohne Recht. Das Schicksal jüdischer Anwälte in Berlin nach 1933, Berlin 2007, S. 213 und die biografische Notiz in der Dissertation von Hans Strauss, Breslau 1928.

74 Eine ausführlichere Darstellung findet sich in: Hans H. Lembke: Die Schwarzen Schafe bei den Gradenwitz und Kuczynski. Zwei Berliner Familien im 19. und 20 Jahrhundert, Berlin 2008.

75 Treuenfels war zudem Aufsichtsratsvorsitzender in einer größeren schlesischen Zuckerfabrik und Verbandsobmann in der *Schlesischen Zucker-Konvention*.

76 Brief vom 4.6.1936, Sammlung Lisa Morris. Im *Quaker International Center* (auch *Friends' International Center*) arbeitete Catchpool mit dem Beauftragten des *American Friends Service Committee* und einem Vertreter der deutschen *Religiösen Gesellschaft der Freunde* zusammen. In der NS-Zeit leistete er vor allem politisch Verfolgten Hilfe; Carl von Ossietzky, Erich Mühsam und Hans Litten waren die bekanntesten. Biografien zu Corder Catchpool: Otto Peetz, … Allen Bruder sein. Corder Catchpool (1883–1952): ein englischer Freund in deutscher Not, Berlin 1963; Claus Bernet/Corder Catchpool (1883–1952): A Life between England and Germany, in: The Journal of the Friends Historical Society 1 (2006), S. 58–66 und Traugott Bautz, (Hg.): Biographisch-bibliographisches Kirchenlexikon, Bd. 24, Nordhausen 2005, Sp. 423–432 (Beitrag von Claus Bernet) <www.bautz.de/bbkl/c/catchpool_t_c_p.s> (3.4.2009).

77 Brief vom 8.6.1936, Sammlung Lisa Morris. Fritz (Frederick) Strauss, geb. 1904, schrieb seine Dissertation bei Franz Oppenheimer in Frankfurt/M. und erhielt die Stelle im *National Bureau* durch Hilfe seines dort arbeitenden Lehrers Eugen Altschul (1933 emigriert). In der Kriegszeit erstellte er u. a. Stu-

gruppe. Diesen Robinson-Strassmann-Kreis – Mitglieder waren überwiegend Linksliberale – hatte er 1934 mitbegründet.[78] Strauss dürfte Treuenfels bei dessen Einstieg in den amerikanischen Arbeitsmarkt geholfen haben.[79] Für ein Marktforschungsinstitut war er ab Mai 1938 als freier Berater tätig, zwischenzeitlich auch als Dozent an der *New School of Social Research*, bevor er im September 1939 seine erste feste Anstellung bei einer genossenschaftlichen Einrichtung fand.

Die *Consumer Distribution Corporation*, eine Gründung des *Good Will Fund*, hatte zusammen mit Partnerorganisationen einen *Council for Cooperative Business Training* ins Leben gerufen. Percy S. Brown, Direktor des Fonds, schätzte offenbar Treuenfels' Erfahrungen im Lebensmittelgroßhandel ebenso wie seine didaktischen Fähigkeiten; er berief den Einwanderer zum Manager der neuen Einrichtung. Treuenfels engagierte sich fortan für den Aufbau einer professionellen, berufsbegleitenden Fortbildung im genossenschaftlichen Handel – in der Überzeugung, dass die Genossenschaftsideen wegweisende Antworten auch auf gesellschaftspolitische Zeitfragen geben konnten. Ab 1942 findet sich sein Name mehrfach in der Zeitschrift Consumers' Cooperation zitiert, dem Publikationsorgan der *CLUSA*. Ein Gruppenfoto im Februarheft 1942 zeigt ihn bei der Eröffnungsfeier des *Midwest Cooperative Managers Institute* in Chicago, und im Augustheft ist sein Beitrag als *Secretary of the Council for Cooperative Business Training* nachzulesen mit einem Rückblick auf die Jahresversammlung und einem programmatischen Ausblick auf die in 1943 anstehenden Treffen.

Genossenschaftliches ‚politicking' zwischen London und Washington

Zurück zum *International Committee*: In diesem Gremium hat Rudolf Treuenfels keine herausragende Rolle gespielt. Er dürfte als Vertreter des *Good Will Fund* gegolten haben; als Genossenschafter im Exil konnte er sich nicht einbringen. Möglicherweise erschien ihm auch die Arbeit des Komitees nicht hinreichend praktisch ausgerichtet und im Ergebnis zu wenig wirksam. Tatsächlich hat das *ICCR* nach allem Anschein keine Erfolgsgeschichte geschrieben. Finanziell eingeschränkt gelang es ihm nicht, sich in der genossenschaftlichen Institutionen-Landschaft zu etablieren; über das Stadium eines informellen Zusammenschlusses, mit einiger Wirkung in ‚publicity' und ‚networking' ist es wohl kaum hinausgewachsen. Offensichtlich ließ sich seine Existenz mit den Ansprüchen bestehender Einrichtungen nicht in Einklang bringen, die selbst eine gewichtige Rolle in dem Aufgabenfeld ‚cooperative relief and reconstruction' anstrebten.

Einen solchen Anspruch hatte naturgemäß primär die *ICA*. Sie wollte, trotz kriegsbedingter Einschränkungen, der maßgebliche Planungs- und Handlungsträger für internatio-

---

 dien zur aktuellen Lage und Perspektiven der Landwirtschaft in Deutschland. Auskunft vom *National Bureau of Economic Research* (4.6.2008).
78   Institut für Zeitgeschichte München, Archiv, Signatur ED 166, wiedergegeben auf: <www.ifz-muenchen.de/archiv/ed_0166.pdf > (24.3.2009).
79   Wahrscheinlich wollte er anfangs ins Verlagswesen eintreten wie sein schon vorher emigrierter Bruder Hans. Dies lässt ein Briefwechsel mit Anton Kippenberg, dem Gründer des Insel-Verlags, vermuten. Deutsches Literaturarchiv Marbach, Handschriftenabt., Archiv Kippenberg 64.1555/1–2.

nale Genossenschaftsarbeit bleiben, und sie war nicht bereit, dieses zukunftsträchtige Aufgabenfeld einem schwer lenkbaren, ohne ihre Mitwirkung entstandenen Komitee in den USA überlassen. Dass Warbasse den Vorsitz erhalten hatte, wirkte nicht vertrauensbildend – im Gegenteil. Spannungen zwischen ihm und der *ICA*-Führung in London gab es spätestens seit dem Frühjahr 1941, als er in einer Stellungnahme an das *ICA*-Sekretariat den britischen Genossenschaften vorwarf, sich von der Labour-Regierung instrumentalisieren zu lassen.[80] Seine These, dass Genossenschaften sich nicht nur anti-kapitalistisch sondern auch anti-staatlich ausrichten sollten, stellte er kurz darauf auch im *Review of International Co-operation* zur Debatte. Er erntete deutlichen Widerspruch – von *ICA*'s Vize-Präsident Palmer (GB), aber auch von Fabra Ribas aus Kolumbien, der die Genossenschaften als einen volkswirtschaftlichen Hauptakteur neben zwei gleichrangigen sah: Staat und Privatwirtschaft.[81]

Die Spannungen verschärften sich, denn „the Co-operative League of the USA set up a Committee for International Co-operative Reconstruction. Its Chairman was the redoubtable Dr Warbasse (…)".[82] Die britischen Mitglieder des *ICA Central Committee*, die zunehmend als Exekutivkomitee de facto agierten, begrüßten die amerikanische Initiative, nicht ohne hinzuzufügen: „ICA cannot see its way to be represented on the Committee set up in New York under the chairmanship of Dr. Warbasse – a member of the Central Committee of the Alliance – or to regard it as an affiliate."[83] Im Sommer 1943 gab es einen weiteren Schlagabtausch. Die britischen Mitglieder des Zentralkomitees kritisierten nun ihrerseits „the close relationship of the American Movement with the Government of the USA",[84] und Warbasse verweigerte brüsk seine Zustimmung zu einem Führungswechsel im *ICA*-Präsidium.[85] Unter diesen Bedingungen war eine einvernehmliche, gemeinsame Vorbereitung eines Nachkriegsprogramms zeitweise unmöglich mit der Folge allenfalls schwach koordinierter Parallelarbeit. Am offensten trat dies zu Tage, als *ICA* (unter britischer Führung) und *CLUSA* (mit bestärkendem Grußwort von Roosevelt) jeweils eine internationale Konferenz zu länderübergreifender Genossenschaftsarbeit in der Nachkriegszeit abhielten.[86]

---

80 Die folgende Darstellung zu dem „politicking" zwischen *ICA*-Führung und britischen Genossenschaften einerseits, Warbasse und amerikanischen Genossenschaften andererseits, folgt den Ausführungen in Rhodes, S. 235–279.
81 Damit ist erklärt, dass Ribas zwar der Einladung in das *ICCR* im Februar 1942 folgte, gleichzeitig aber eine enge Abstimmung mit der *ICA* in London dringend nahelegte. Truman Library Records (…), Brief an Campbell vom März 1942.
82 Rhodes, S. 268.
83 Ebd., S. 269.
84 Mit Blick auf das *International Committee*, Ebd., S. 275.
85 Das ICA-Sekretariat hatte vorgeschlagen, dass Vize-Präsident Palmer durch Ernennung zum *Acting President* den eigentlichen Präsidenten Tanner ablösen sollte, der als finnisches Kabinettsmitglied zunehmend durch die deutsch-finnischen Beziehungen belastet war.
86 London im November 1943, Washington im Januar 1944.

Das *ICCR* hatte seinerseits mit einem Symposium im März 1943 versucht, sich in der Debatte um den Wiederaufbau noch einmal Gehör zu verschaffen.[87] Das Treffen blieb ein Randereignis, auch deshalb, weil das Komitee zwar die *Cooperative League* des Distrikts von Columbia als Veranstaltungspartner vorweisen konnte, nicht aber *CLUSA*. Diese hatte auf ihrem Kongress im Vorjahr beschlossen, ein eigenes „Committee on International Cooperative Reconstruction of the Cooperative League of the U. S. A." zu gründen. Vorsitzender wurde der tatkräftige Howard A. Cowden, Gründer der *Consumers' Cooperative Association* und Vize-Präsident der *CLUSA*.[88] Im August 1943 folgte ein weiterer Schachzug: mit der Einrichtung einer „School of International Cooperation set up by the Co-operative League of the United States to train persons for postwar leadership in the Co-operative movement at home and abroad."[89]

Kriegsende und Nachkriegsjahre

Zu den Ergebnissen der Konferenzen von *ICA* und *CLUSA*: Dass beide Treffen zu recht ähnlichen Resultaten führten,[90] war vermutlich weniger den Absichten der Veranstalter als den kriegsbedingten Notwendigkeiten geschuldet. Die Wege zu mehr Gemeinsamkeit waren damit vorgezeichnet, getrennte Parallelarbeit und Rivalitäten in den Folgemonaten aber nicht ausgeschlossen. So riefen beide Akteure für Spenden in einen *Freedom Fund* auf, und sie konkurrierten um Mitwirkung in den Vorläufern der UN-Institutionen. Ein international abgestimmtes Programm zum Wiederaufbau der europäischen Genossenschaften kam auch nach 1945 nicht zustande. Es gab wirksame Einzelvorhaben, nicht aber die Umsetzung eines ‚grand design' für den genossenschaftlichen Wiederaufbau. Zu den Projekten der technischen Hilfe gehörte die Beratung für deutsche Genossenschaften – im Auftrag der britischen Militärregierung.[91] Die amerikanischen Genossenschaften konzentrierten sich auf Nahrungsmittelhilfe: Das Programm *CARE* war von *CLUSA* auf der Grundlage ‚ihres' *Freedom Fund* angestoßen worden, ihr Präsident Lincoln wurde im November 1945 der erste *CARE*-Präsident.[92]

87 Die Veranstalter wollten den Blick staatlicher Stellen für Kriegswirtschaft und Wiederaufbau auf das weltweite Potenzial von Genossenschaften lenken, kriegswichtige Wirtschaftsleistungen zu erbringen und zum Wiederaufbau nach Kriegsende beizutragen. Auf der Teilnehmerliste standen viele bekannte Namen, darunter auch Paul A. Baran. Truman Library Records (…), Conference on Cooperatives and Reconstruction, Washington, D. C. (29.3.1943).
88 Neben ihm hatte das *Committee* nur zwei weitere Mitglieder, darunter Warbasse. Man kann vermuten, dass dieses Trio einerseits die Aktionen zur ‚cooperative reconstruction' und das diesbezügliche ‚lobbying' straffen, andererseits aber die Mitgliedschaft im *ICCR* (mit Chairman Warbasse) bewahren wollte, um den eigenen Empfehlungen mehr internationale Geltungskraft zu geben.
89 Vgl. New York Times vom 28.8.1943.
90 U. a. hinsichtlich verstärkter internationaler Genossenschaftspräsenz in Handel und Produktion und bezüglich zeitgemäßem Neuaufbau von Genossenschaften in befreiten Ländern.
91 Würdigung des Beraters W. P. Watkins in: Konsumgenossenschaftliche Rundschau 4 (1950), S. 346 f. Watkins war bis 1940 *ICA*-Mitarbeiter gewesen.
92 *CARE* stand für *Cooperative for American Remittances to Europe* (später: *Everywhere*), neben *CLUSA* waren 21 weitere Hilfsorganisationen beteiligt. Die Nahrungsmittelhilfe hatte mit dem ursprünglichen

Kriegsende und die Aufgaben der Nachkriegszeit: Welchen Beitrag leistete Rudolf Treuenfels? Nach Deutschland kehrte er nicht zurück, und auch in der amerikanischen Genossenschaftsarbeit sah er keine berufliche Zukunft. Die Ausgabe der Consumers' Cooperation vom Mai 1945 zitiert ihn als Autor einer Studie zum genossenschaftlichen Großhandel, und im Oktoberheft wird er nochmals als Leiter eines Fortbildungskurses genannt. Dies dürfte sein letzter Einsatz für den *Good Will Fund* gewesen sein; Percy Brown schrieb ihm im Dezember einen längeren Abschiedsbrief. Er dankte darin „Dear Rudi" für sechseinhalb Jahre fruchtbare Zusammenarbeit und zeigte Verständnis für Treuenfels' Enttäuschung, dass sich seine eigentlichen Berufserwartungen im Genossenschaftsbereich nicht erfüllt hatten: „You said then that you did not want to be an educator (…) but you were concerned with world affairs and the application in cooperatives of the solving of such problems. You wanted to get back into business, and preferred the cooperative business." Eine solche Chance auf eine hochrangige Position im genossenschaftlichen Management hatte er jedoch nicht erhalten.[93]

In den ersten Jahren seiner nachfolgenden Tätigkeit war Treuenfels erneut mit wissenschaftlicher Lehre befasst.[94] Den Kontakt zum Großhandel pflegte er auch in dieser Position – insbesondere zum Vize-Präsidenten der *National American Wholesale Grocers' Association*, dessen Nachfolger er wenige Jahre später wurde. In dieser Stellung blieb er bis zu seinem tragischen Tod, über den die New York Times vom 23. Oktober 1965 berichtete: „Food Official Slain in Brooklyn". Der so überschriebene Artikel gab eine kurze Skizze seines Lebensweges, schloss dabei die Genossenschaftsarbeit aus, erwähnte aber eine publizistische Leistung aus der Nachkriegszeit: „… achieved recognition when he arranged and edited the book ‚Eisenhower Speaks: Dwight D. Eisenhower in His Messages and Speeches'." Dieses Buch hatte er zusammen mit seiner Frau Therese in seinem 50. Lebensjahr herausgegeben. Sie hatten Reden von Eisenhower – zwischen Kriegsende und dem Ruf zum Präsidenten der Columbia Universität – gesammelt und mit einem Vorwort veröffentlicht. Darin bewerteten sie Eisenhowers Eintreten für den Frieden, seine „Personifizierung" der UN-Idee und sein Engagement für „education for better citizenship".

Das Buch geriet in Vergessenheit; der einsetzende Kalte Krieg mag dazu ebenso beigetragen haben, wie Eisenhowers frühzeitiger Abschied von der Universität, seine Rückkehr ins Militär und sein Aufstieg ins Zentrum der Macht. Vorstellungen von einem dritten Weg

---

Ziel des *Freedom Fund*, der Genossenschaftsentwicklung, kaum noch etwas gemein. Allenfalls auf der Geberseite: dort waren die Mitgliedsgenossenschaften von *CLUSA* wichtige Mittler für Spendenaufrufe zur Finanzierung der *CARE*-Pakete. Siehe CO-OP Magazine 5 (1946), S. 5. Noch eine zweite Führungskraft der CLUSA übernahm CARE-Aufgaben: Lionel Perkins, tätig im *Rochdale Institute* und im *Council for Cooperative Business Training*, wurde Regionaldirektor von CARE in Deutschland; vgl. New York Times vom 18.9.1958

93 Brown kritisierte dieses Dilemma der genossenschaftlichen Personalpolitik: „(…) the fault of cooperatives, in that they have not yet come to appreciate the need for bringing in men highly skilled in private business, and paying them an adequate salary, but, instead, continue to try to train and advance people from within the ranks." Briefe aus der Privatsammlung von Lisa Morris.

94 Er erhielt den Auftrag, in der *City College Business School*, New York eine Abteilung für Food Industrial Studies aufzubauen und zu leiten.

waren nicht mehr zeitgemäß, und es verloren sich die Erwartungen, dass die amerikanischen Konsumgenossenschaften zu einer prägenden Kraft in der gesellschaftlichen Entwicklung werden könnten – ‚in spirit and economy'. Als Jerry Voorhis, *CLUSA's* Executive Director und späterer Präsident,[95] sein 1961 erschienenes Buch über American Cooperatives schrieb, zog er darin eine kritische Bilanz über beide Seiten der genossenschaftlichen Programmatik. Das genossenschaftliche Denken habe sich lange zwischen zwei Wendepunkten hin und her bewegt, „and it has been hard to stop the pendulum in the middle, where it belongs, for there can be no genuine idealism attached to a shoddy business operation".[96] Voorhis distanzierte sich von einem Idealismus „concerned with saving the world". Er stellte auf der anderen Seite die wirtschaftlichen Erfolge der ländlichen, der Kredit- und der Wohnungsbaugenossenschaften heraus, ordnete aber die Konsumgenossenschaften, vor allem die *food stores*, in eine Geschichte von „frustrated hopes and repeated failures" ein, „clear down to the post World War II period".[97]

Diese Schwächung der Genossenschaftsbewegung konnte auch der Zusammenschluss von Dachverbänden nicht abwenden, den *CLUSA*, *National Cooperative Inc.* und die *Cooperative Finance Association* nach dem Kriege vollzogen hatten.[98] Die zweite Hälfte des 20. Jahrhunderts brachte den Konsumgenossenschaften weitere Rückschläge. Der Anspruch auf Sinnstiftung und gesellschaftliche Veränderung fand seinen Ausdruck in Anti-Kommunismus, auch dadurch motivierter Dritte-Welt-Hilfe[99] und seit den 1970ern in der Gründung von Läden für ‚organic food'. Dieses Engagement aus Überzeugung kontrastierte mit der marginalen Bedeutung, die der Bewegung auf gesamtwirtschaftlicher Ebene zukam. Die verbliebenen konsumgenossenschaftlichen Flaggschiffe Berkeley Co-op und Greenbelt Co-op sanken in den 1980ern und 1990ern in die Bedeutungslosigkeit.

Was bewegte die Exilanten im *ICCR* in der Nachkriegszeit, was konnten sie bewegen? Mehrere stiegen in bedeutende Positionen auf, nur einer aber engagierte sich im Wiederaufbau des Genossenschaftswesens. Henry Shoskes wurde nach 1945 mit seinen weltweiten Hilfseinsätzen für jüdische Flüchtlinge als Vertreter der *Hebrew Immigrant Aid Society (HIAS)* als „Fliegender Botschafter" bekannt.[100] Valery Tereshtenko lehrte noch in den 1950ern in der *New School for Social Research*. Herman Frank war Herausgeber seiner Zeitung bis 1951 und starb im Folgejahr.[101] Indiens Finanzminister Shanmukham Chetty resignierte 1949 auf Rat Nehrus, um dann Direktor der *Industrial Finance Corporation of India*

---

95 Er war geschäftsführender Direktor von 1941–1965 und übernahm dann für zwei Jahre das Präsidentenamt, als Nachfolger von Murray D. Lincoln; <www.heroes.coop/inductees/voorhis> (4.4.2009).
96 Voorhis, S. 192.
97 Ebd., S. 159.
98 „Three Co-ops merge in unit of 1,750,000." Vgl. New York Times vom 2.2.1946.
99 Deren Bedeutung für *CLUSA*, seit 1985 *National Cooperative Business Association* genannt, zeigt ein schon erster Blick auf die Homepage <www.ncba.coop> (4.4.2009).
100 Jay Garfinkel: A writer of extraordinary adventures. Henry Shoskes (1891–1964), in: Kathleen Andersen et al. (Hg.): 120 HIAS stories, New York 2002, S. 152; Richard Dyck: Der „fliegende Botschafter", in: Aufbau 15 (1949).
101 Vgl. New York Times vom 11.8.1952.

zu werden.[102] Auch Frank Snoj remigrierte, im Kriegsjahr 1944 und noch geheim, wurde 1945 Verkehrsminister in Slowenien, engagierte sich in politischer Opposition gegen Tito und wurde 1947 zu acht Jahren Zwangsarbeit verurteilt.[103] Josef Hanc hatte in den ersten Nachkriegsjahren Leitungsfunktionen in der tschechoslowakischen Botschaft (Washington) und vertrat sein Land im Wirtschafts- und Sozialrat der Vereinten Nationen.[104] Arne Skaug kehrte im Juli 1945 nach Oslo zurück, nahm 1947 an den Verhandlungen um den Marshall-Plan teil, wurde 1955 Handelsminister und später norwegischer Botschafter in London und Kopenhagen.[105] Jef Rens stieg 1944 in die *ILO* auf Direktorenebene ein – nicht als Administrator, sondern als aktiver Handlungsträger für internationale Hilfsprogramme. Nach seiner Rückkehr (1955) nahm er in Brüssel hochrangige Aufgaben in Wissenschaftspolitik, Gewerkschaftsarbeit und Entwicklungshilfe wahr.[106] Antoni Fabra Ribas, der wie Rens seine Verbundenheit mit der Arbeiterbewegung in das *ICCR* eingebracht hatte, ging 1949 wieder nach Spanien. Er hielt auf Distanz zum Staat, schrieb unter Pseudonymen und leistete katalanischen Genossenschaften seine Unterstützung – aus der Erfahrung eines „komplizierten, schwierigen, reichen und aktiven Lebens."[107]

Rudolf Treuenfels' erhielt für seine Leistungen eine späte Würdigung in Deutschland. Anlässlich der ANUGA 1967 wurde er posthum mit dem „Goldenen Zuckerhut" ausgezeichnet, der bedeutendsten Anerkennung für Verdienste in der deutschen und europäischen Konsumgüterwirtschaft. Der Stifter, die Lebensmittel Zeitung, schrieb dazu: „(…) sehen viele europäische Unternehmen in ihm den freundlichen Förderer und Berater. Der Doktor der Wirtschaftswissenschaften der Universität Breslau verband den Blick für die dynamischen Wirtschaftsverhältnisse der Neuen Welt und die gestaltende Kraft der geistigen Beeinflussung mit der auf Humanität und Freiheit begründeten Gesinnung."[108] Die Ehrung in Köln nahm Therese Treuenfels entgegen.

---

102 Sen, S. 306.
103 <sl.wikipedia.org/wiki/Franc_Snoj> (23.3.2009).
104 Vgl. New York Times vom 26.5.1946.
105 Norsk Biografisk (…), S. 260.
106 La Nouvelle Biographie Nationale, Bd. 2, Brüssel 1990, S. 312.
107 Die Biografie von Pere Anguera, Antoni Fabra Ribas, Col·lecció Cooperativistes Catalans 2, Barcelona 2005 endet mit der Würdigung: „una vida complicada, difícil, rica, activa".
108 Lebensmittel Zeitung 20 (1967).

Lennart Lüpke

Die soziale Herkunft der Volksschullehrer bzw. Grund- und Hauptschullehrer nach 1945

Eine Analyse mit dem Schwerpunkt Nordrhein-Westfalen

Annäherung[1]

„Die einfachen Regeln der Kausalität beherrschten sein Denken, was schadhaft, was defekt, selbst was im höchsten Sinne ramponiert ist, sei auch wieder reparierbar, meinte er, und daß der Mensch sterben müsse, sei nur darauf zurückzuführen, daß die dafür zuständigen und hochbezahlten Wissenschaftler nicht genügend nachgeforscht und Mittel und Wege gesucht hätten, den Tod, diese ärgerliche Unart des Lebens, zu beheben." Mit solchen Sätzen aus seinem autobiographischen Roman „Ordnung ist das ganze Leben" von 1986 zeichnet der 1927 geborene Ludwig Harig ein literarisches Bild seines Vaters, eines Anstreichermeisters aus dem handwerklichen Mittelstand.[2] Dieser begegnet dem Leser als typischer Vertreter eines Kleinbürgertums, das in geistiger Enge und Immobilismus verharrt. Da der Vater immer wieder die *„vielen verschiedenen Ordnungen, die das Leben regeln"*, beschrieb, habe Harig junior gelernt, *„wie Hierarchien aufgebaut sind und wie Systeme funktionieren"*.[3] Gleichwohl gelang dem Sohn ein – zumindest maßvoller – sozialer Aufstieg aus den als bildungsfern erfahrenen Herkunftsverhältnissen in die gehobene Beamtenlaufbahn des Volksschullehramts. Im Anschluss an die Mittelschule und die pädagogische Ausbildung war er über einen Zeitraum von 20 Jahren – zwischen 1950 und 1970 – Lehrer an einer Volksschule im saarländischen Bergarbeiterort Friedrichsthal. Nachdem schon das Interesse an Literatur und ihrer Vermittlung den Impuls gesetzt hatte, den Lehrerberuf zu ergreifen, verließ er dennoch den Schuldienst und avancierte seit Mitte der 1970er Jahre zu einem mit mehreren Literaturpreisen ausgezeichneten Schriftsteller.

Aus der Perspektive einer Sozialgeschichte der Hauptschullehrer nach 1945 stellt sich ungeachtet des weiteren Lebenswegs des Heinrich-Böll-Preisträgers Ludwig Harig die Frage nach der Repräsentativität des literarisch karikierten Herkunftsmusters: Spiegelt die soziale

---

1 Der folgende Beitrag beruht auf der Master-Arbeit des Verfassers, die im September 2008 von der Fakultät für Geschichtswissenschaft der Ruhr-Universität Bochum angenommen wurde. Derzeit bearbeitet der Verfasser, unterstützt durch ein Stipendium der Friedrich-Ebert-Stiftung, unter der Betreuung von Prof. Dr. Klaus Tenfelde am Institut für soziale Bewegungen ein Dissertationsprojekt mit dem Arbeitsthema „Der soziale Aufstieg der Hauptschullehrer: Bildungsreform, Professionalisierung und Generationalität in Nordrhein-Westfalen zwischen 1945 und 1980".
2 Das Werk, das den Auftakt einer autobiographischen Romantrilogie bildet, ist ganz der Lebensgeschichte des Vaters gewidmet. Ludwig Harig: Ordnung ist das ganze Leben. Roman meines Vaters, München/Wien 1986, Zit. S. 13.
3 Harig, S. 144.

Rekrutierung aus dem handwerklichen Kleinbürgertum generelle Tendenzen der intergenerationellen Mobilitätsbewegungen in der Volksschullehrerschaft bzw. – seit den späten 1960er Jahren – der Grundschul- und Hauptschullehrerschaft nach 1945 wider, oder war sie eher die Ausnahme?

Im Folgenden wird der Versuch unternommen, diese Frage zur sozialen Herkunft der alten Volksschullehrerschaft nach 1945 im Rahmen einer historischen Mobilitätsanalyse zu beantworten. Um die Veränderungen und Kontinuitäten in der Entwicklung der sozialen Herkunft der Pädagogen im Verlauf des 20. Jahrhunderts umfassender klären zu können, werden Daten zur Nachwuchsrekrutierung der Volksschullehrerschaft im frühen 20. Jahrhundert mit herangezogen. Damit knüpft der Beitrag an die historische Mobilitätsforschung an, deren Untersuchungszeitraum bislang aber nur in den seltensten Fällen die zweite Hälfte des 20. Jahrhunderts einbezieht.

Historische Mobilitätsforschung: Profilierung und Grenzen

Die historische Mobilitätsforschung bildete während der 1970er und 80er Jahre eines der bevorzugten Untersuchungsfelder der bundesdeutschen Sozialgeschichtsschreibung. Die Profilierung dieses Forschungsfelds war *zum einen* Resultat der Integration sozialwissenschaftlicher Ansätze in die Geschichtswissenschaft – eines der zentralen Anliegen der „Historischen Sozialwissenschaft", um mittels der theoretisch informierten Untersuchung sozialer Strukturen und Prozesse auf eine kritische Erklärung der modernen Gesellschaften hinzuwirken.[4] Bereits das erste Heft von *„Geschichte und Gesellschaft"* stand 1975 unter dem Titel „Soziale Schichtung und Mobilität in Deutschland im 19. und 20. Jahrhundert". Darin enthalten war ein Aufsatz von Jürgen Kocka, der am Beispiel der Mobilitätsforschung Wege zu einer theoriegeleiteten und methodisch reflektierten historischen Analyse aufzeigte.[5] *Zum anderen* wurde die Entwicklung und Konsolidierung des Forschungsfeldes durch die Rezeption der US-amerikanischen Mobilitätsforschung vorangetrieben, die sich früh zu einem Schwerpunkt der *New Social History* ausgewachsen hatte. Neben Kocka[6] hat insbesondere Hartmut Kaelble seit den 1970er Jahren Fragestellungen und Methoden der internationalen Forschung vorgestellt, um sie sogleich in die historiographische Praxis und Darstellung umzusetzen.[7] In den darauffolgenden Jahren wurde dieses Programm in einer Reihe von Studien eingelöst. Im Zentrum des Interesses standen etwa die Frage nach Zusammenhän-

---

4 Vgl. Paul Nolte: Historische Sozialwissenschaft, in: Joachim Eibach/Günther Lottes (Hg.): Kompass der Geschichtswissenschaft. Ein Handbuch, Göttingen 2002, S. 53–55.

5 Jürgen Kocka: Theorien in der Sozial- und Gesellschaftsgeschichte. Vorschläge zur historischen Schichtungsanalyse, in: GG 1 (1975), S. 9–42.

6 Jürgen Kocka: Stadtgeschichte, Mobilität und Schichtung, in: AfS 18 (1978), S. 546–558.

7 Hartmut Kaelble: Sozialer Aufstieg in den USA und in Deutschland 1900–1960. Ein vergleichender Forschungsbericht, in: Hans-Ulrich Wehler (Hg.): Sozialgeschichte Heute. FS Hans Rosenberg zum 70. Geburtstag, Göttingen 1974, S. 525–542; ders. (Hg.): Geschichte der sozialen Mobilität seit der industriellen Revolution, Königstein/Ts. 1978; ders.: Historische Mobilitätsforschung. Westeuropa und die USA im 19. und 20. Jahrhundert, Darmstadt 1978; ders.: Soziale Mobilität und Chancengleichheit im 19. und 20. Jahrhundert. Deutschland im internationalen Vergleich, Göttingen 1983.

gen von Industrialisierung und sozialer Mobilität,[8] das Problem der Klassenbildung und die Aufstiegschancen von Arbeitern[9] oder der Nexus von Bildung und sozialer Mobilität.[10] Die Überblicksstudie von Reinhard Schüren aus dem Jahr 1989 bildet das zentrale theoretisch-methodische Referenzwerk, welches das für die Untersuchung von Mobilitätsprozessen maßgebliche Klassifikationsmodell der Berufe entwickelt.[11]

Doch mit dem Aufschwung der „neuen Kulturgeschichte" seit den 1980er Jahren sah sich die historische Mobilitätsforschung dem Vorwurf der mangelnden Anschlussfähigkeit an eine solche, die individuelle Subjektivität betonende Geschichtsschreibung ausgesetzt. Einen Großteil ihrer intellektuellen Faszination hat die quantitativ-strukturell angelegte Mobilitätsforschung aus der Sicht ihrer Kritiker eingebüßt, da sie so gut wie keinen Zugriff auf die mit den erhobenen sozialen Auf- und Abstiegsbewegungen verbundenen Erfahrungen und Deutungen ermögliche. Unter dem Eindruck dieser Kritik ist die Mobilitätsforschung unzweifelhaft in die Defensive geraten.[12] Wenn sich der Beitrag gleichsam gegen den Forschungstrend den Entwicklungen in der sozialen Herkunft der Volksschullehrer bzw. Grund- und Hauptschullehrer in der zweiten Hälfte des 20. Jahrhunderts zuwendet, dann geschieht dies aus der Überlegung heraus, dass damit systematische und typisierbare Aussagen zu sozialen Strukturveränderungen in einer Berufsgruppe gewonnen werden können, die seit dem 19. Jahrhundert einer tief greifenden Transformation unterzogen wurde: Die alten Volksschullehrer absolvierten einen stürmischen Professionalisierungsprozess, der seinen Ausgang in der *Verberuflichung* der Lehrertätigkeit im Elementarschulwesen des 19. Jahrhunderts nahm,[13] durch die begrenzte Akademisierung der Berufsausbildung in der Zeit der Weimarer Republik eine bedeutende Schubkraft erhielt[14] und mit der durchgreifenden Verwissenschaftlichung von Ausbildung und Unterrichtstätigkeit während der Phase von Bildungsex-

8   Kaelble: Soziale Mobilität und Chancengleichheit.
9   Etwa Jürgen Kocka: Lohnarbeit und Klassenbildung. Arbeiter und Arbeiterbewegung in Deutschland 1800–1875, Berlin 1983; ders.: Social Mobility and the Formation of the Working Class, in: ders.: Industrial Culture and Bourgeois Society. Business, Labor, and Bureaucracy in Modern Germany, New York 1999, S. 208–230 (zuerst in: Mouvement Social 111 (1980), S. 97–117).
10 Hartmut Kaelble: Chancengleichheit und akademische Ausbildung in Deutschland 1910–1960, in: GG 1 (1975), S. 121–149; Peter Lundgreen u. a.: Bildungschancen und soziale Mobilität in der städtischen Gesellschaft des 19. Jahrhunderts, Göttingen 1988.
11 Reinhard Schüren: Soziale Mobilität. Muster, Veränderungen und Bedingungen im 19. und 20. Jahrhundert, St. Katharinen 1989. Daneben Ruth Federspiel: Soziale Mobilität im Berlin des zwanzigsten Jahrhunderts. Frauen und Männer in Berlin-Neukölln 1905–1957, Berlin/New York 1999. Einen groben Überblick über die Forschungsentwicklung liefert Hartmut Kaelble: History of Social mobility, in: Neil J. Smelser/Paul B. Balthes (Hg.), International Encyclopedia of the Social and Behavorial Sciences, Amsterdam 2001, S. 14345–14348. Siehe daneben den Aufsatz von Klaus Tenfelde, der Konjunkturen und Tendenzen der sozialhistorischen Ungleichheitsforschung erörtert: Vom Ende und Anfang sozialer Ungleichheit. Das Ruhrgebiet in der Nachkriegszeit, in: Jürgen Osterhammel u. a. (Hg.): Wege der Gesellschaftsgeschichte, Göttingen 2006, S. 269–285.
12 Kocka: Social Mobility, S. 230, Anm. 47.
13 V. a. Frank-Michael Kuhlemann: Modernisierung und Disziplinierung. Sozialgeschichte des preußischen Volksschulwesens 1794–1872, Göttingen 1992.
14 Mit der Errichtung von Pädagogischen Akademien in Preußen 1926 wurde das Volksschullehramt in eine abiturgebundene, in Grundzügen akademische Berufslaufbahn umgeformt.

pansion und Bildungsreform nach 1945 seinen vorläufigen Abschluss fand. Im Zuge der Modernisierung der traditionell wissenschaftsfernen Volksschule in den späten 1960er Jahren wurden die Grund- und Hauptschullehrer zu universitär-akademisch qualifizierten Unterrichtsexperten.

Historische Mobilitätsanalyse: Begriffe, Methoden und Reichweite

Im Zentrum der empirischen Analyse steht die *intergenerationelle* oder *vertikale Mobilität* im Volksschullehrerberuf bzw. Grund- und Hauptschullehrerberuf.[15] Diskutiert wird also, ob das Ergreifen der Lehrerlaufbahn im Vergleich zum Beruf des Vaters sozialen Aufstieg, Statuserhalt oder sozialen Abstieg darstellte, um mittels dieser Indikatoren die Offenheit bzw. Geschlossenheit des Berufszugangs bemessen zu können. Hiervon abzugrenzen ist eine zweite Dimension beruflicher Mobilität, die *intragenerationelle Mobilität*, also die Veränderung der beruflichen Position im Lebenszyklus. Die Häufigkeit eines Karrieresweges, wie ihn Harig vom Volksschullehrer zum Schriftsteller absolvierte, lässt sich mit Hilfe zeitgenössischer Fragebogenerhebungen von Sozialwissenschaftlern prüfen. Die üblicherweise von der historischen Mobilitätsforschung erschlossenen schriftlichen Massenquellen wie die Hochschulstatistik oder kirchliche Heiratseinträge verschließen sich jedoch einer derartigen Fragestellung. Sie wird hier nicht weiter verfolgt.[16] Zu unterscheiden ist des Weiteren zwischen individuellen Auf- und Abstiegsprozessen im Volksschullehrerberuf und dem *kollektiven sozialen Aufstieg* der Volksschullehrer zu akademisch qualifizierten Grund- und Hauptschullehrern.

Neben sozialwissenschaftlichen und historischen Forschungen zur Entwicklung der sozialen Herkunft der Volksschullehrer im 19. und 20. Jahrhundert stützt sich die Untersuchung zum einen auf empirisches Datenmaterial der Reichshochschulstatistik zur Rekrutierung der Studenten der preußischen Pädagogischen Akademien, der Ausbildungseinrichtungen für Volksschullehrer, aus dem Wintersemester 1928/29.[17] Zum anderen werden erstmals Daten

---

15 Zu den Begriffen und Methoden der historischen Mobilitätsforschung Schüren: Federspiel, S. 6–36; Kaelble: Mobilitätsforschung, S. 154–169; Kaelble: Social Mobility, S. 19 f.
16 Es deutet vieles darauf hin, dass „die Lehrer über ein ausgeprägtes Aufstiegsbedürfnis innerhalb des eigenen Berufs oder verwandter Lehrerberufe verfügt(en), daß aber das Bestreben, aus ihrem Berufsfeld auszubrechen, außerordentlich gering" war. Zu diesem Ergebnis kommt zumindest Josef Hitpass, der Daten zur intragenerationellen beruflichen Mobilität von rheinischen Volksschullehrern aus dem Zeitraum zwischen 1950 und 1965 erhebt. Josef Hitpass: Das Studien- und Berufsschicksal von Volksschullehrern, Bielefeld 1970, S. 57. Der Ansatz der *konnubialen* oder *Heiratsmobilität* in Gestalt der Veränderungen der Positionen von Braut und Bräutigam einerseits und Bräutigamvater und Bräutigammutter andererseits bildet einen weiteren, profilierten Ansatz der historischen Mobilitätsforschung und wird häufig im Kontext von Klassenanalysen genutzt.
17 Reichsminister für Wissenschaft, Erziehung und Volksbildung und die Hochschulverwaltungen (Hg.): Deutsche Hochschulstatistik, 2. Bd., Winterhalbjahr 1928/29, Berlin 1929, S. 81. Es handelt sich um eine Reanalyse der von Kaelble (Soziale Mobilität und Chancengleichheit, S. 97) aufbereiteten Daten. Das Quellenmaterial wird an die von Schüren erarbeiteten methodischen Standards der historischen Mobilitätsforschung angepasst und die von Kaelble fälschlicherweise unterschlagene Berufsgruppe der Angestellten mit aufgenommen. Bölling bezieht sich in seiner Umschau über die soziale Herkunft der

der Hochschulstatistik des Landes Nordrhein-Westfalen zur sozialen Herkunft von Studienanfängern an den Pädagogischen Hochschulen des Landes aus dem Wintersemester 1971/72 erschlossen (siehe hierzu die Tabelle am Ende des Beitrags).[18] Die Analyse von Daten der amtlichen Hochschulstatistiken hat sich gerade im Kontext der Forschungen zur Lehrergeschichte bewährt. Während für die Zeit des 19. und 20. Jahrhunderts nur sehr wenige prosopografische Erhebungen über die soziale Herkunft von im Beruf stehenden Lehrern vorliegen, ist eine Fülle an historischem Quellenmaterial über das soziale Herkommen von Lehramtsstudenten vorhanden.[19]

Das zentrale methodische Instrument der Analyse ist das von Schüren ausdifferenzierte Klassifikationsmodell, in das die aus den Quellen erhobenen Berufsangaben eingeordnet werden.[20] Prämisse ist hier, dass der Beruf, der Aussagen über Bildungsgang, Einkommen und soziales Ansehen vermittelt, als zentraler Indikator für die soziale Platzierung der Individuen fungiert – ein gleichsam „sozialhistorisches Axiom".[21] Die Frage, ob das vor allem für die Untersuchung von Schichtung und Mobilität im 19. und frühen 20. Jahrhundert entwickelte Modell Veränderung und Persistenz der deutschen bzw. westdeutschen Sozialstruktur bis in die 1970er Jahre angemessen berücksichtigt, verdiente eine weitergehende Diskussion.[22] Die zeitgenössische sozialwissenschaftliche Forschung bietet gerade im Hinblick auf die seit den 1950er Jahren offenbar immer komplexer werdende bundesdeutsche Gesellschaft mehrere konkurrierende Deutungsangebote an. Das Konzept der „nivellierten Mittelstandsgesellschaft", von Helmut Schelsky seit 1953 entworfen, ist insofern kritisiert worden, als es

Volksschullehrer im 19. und frühen 20. Jahrhundert ebenfalls auf Daten der Hochschulstatistik aus diesem Zeitraum (1928/29). Rainer Bölling: Sozialgeschichte der deutschen Lehrer. Ein Überblick von 1800 bis zur Gegenwart, Göttingen 1983, S. 78.

18 Statistisches Landesamt Nordrhein-Westfalen (Hg.): Beiträge zur Statistik des Landes Nordrhein-Westfalen, Heft: 299. Das Bildungswesen 1971, Teil 3: Hochschulen im Wintersemester 1971/72, Düsseldorf 1973, S. 48–54. Die Mobilitätsanalyse arbeitet zwar mit einem gegenüber Kaelble begrenzteren räumlichen Zuschnitt. Gleichwohl dürften die Befunde grob allgemeingültige Tendenzen anzeigen. Denn gut ein Viertel der 26.793 Studierenden in der Bundesrepublik, die 1971/72 das Studium für das Grund- oder Hauptschullehramt aufnahmen, tat dies an einer Pädagogischen Hochschule in Nordrhein-Westfalen. Von allen 86.384 Studierenden für das Lehramt an Grund- und Hauptschule studierte gar fast ein Drittel im größten westdeutschen Bundesland. Peter Lundgreen: Datenhandbuch zur deutschen Bildungsgeschichte, Bd. 8: Berufliche Schulen und Hochschulen in der Bundesrepublik Deutschland 1949–2001, Göttingen 2008, S. 312.

19 Vgl. Kaelble: Soziale Mobilität und Chancengleichheit, S. 51 f.; Peter Lundgreen: Schule im 20. Jahrhundert. Institutionelle Differenzierung und expansive Bildungsbeteiligung, in: Dietrich Benner/Heinz-Elmar Tenorth (Hg.): Bildungsprozesse und Erziehungsverhältnisse im 20. Jahrhundert. Praktische Entwicklungen und Formen der Reflexion im historischen Kontext, Weinheim/Basel 2000, (= ZfP, 42. Beiheft), S. 153.

20 Schüren.

21 Hartmut Kaelble: Der Wandel der Erwerbsstruktur in Europa im 19. und 20. Jahrhundert, in: Hans-Jürgen Gerhard (Hg.): Struktur und Dimension. Festschrift für Karl-Heinz Kaufhold, Stuttgart 1997, S. 5 f. Vgl. Kaelble: Social mobility, S. 19; Federspiel, S. 31.

22 Hierzu und zum Folgenden v. a. Paul Noltes zwischen Intellectual history und Sozialgeschichte angesiedelte Monographie zu den sozialwissenschaftlichen Deutungsmustern der deutschen Gesellschaft im 20. Jahrhundert: Paul Nolte: Die Ordnung der deutschen Gesellschaft. Selbstentwurf und Selbstbeschreibung im 20. Jahrhundert, München 2000.

weniger die soziale Realität adäquat beschreibe denn vielmehr transzendiere. Gleichwohl signalisiert es, dass seinerzeit der klassenmäßige „Gegensatz von Bürgertum und Proletariat nicht mehr zur sozialen Orientierung taugte".[23] Weite Verbreitung fanden zudem das als „Zwiebel" apostrophierte Modell von Karl Martin Bolte und das als „Haus" charakterisierte Schema von Ralf Dahrendorf, die für die westdeutsche Gesellschaft der 1960er Jahre entwickelt wurden und gleichermaßen mit den Variablen Einkommen, Vermögen und Sozialstatus operieren. Dahrendorf berücksichtigt zudem sozialkulturelle Prägungen. Beide Modelle situierten den Großteil der Bevölkerung in den zwischen einer kleineren Oberschicht und einer ebenso kleinen Unterschicht gelegenen mittleren Gesellschaftsschichten.[24] Dass die Mehrheit nicht mehr der Unterschicht, sondern den Mittelschichten zugerechnet wurde, illustriert, dass die zeitgenössische Sozialforschung von einer durchgreifenden Verbesserung der sozialen Lagen gegenüber den vorangegangenen Jahrzehnten ausging.[25]

Das zur Anwendung kommende Berufsklassifikationsmodell ist gegenüber Schüren nur geringfügig modifiziert worden.[26] Es unterscheidet anhand der drei Dimensionen beruflicher Differenzierung *Berufsschichtung*, *Stellung im Beruf* und *Wirtschaftsbereich* 17 Berufsgruppen, die in die sechs Sozialschichten *untere Unterschicht*, *mittlere Unterschicht*, *obere Unterschicht*, *untere Mittelschicht*, *obere Mittelschicht* und *Oberschicht* eingeordnet werden.[27] Da der Differenzierungsgrad des Modells unmittelbare Auswirkungen auf das Ausmaß der

---

23 Nolte: Ordnung, S. 330.
24 Bei Bolte gehören nahezu drei Viertel der „oberen Mitte", der „mittleren Mitte", der „unteren Mitte" und der/dem „untersten Mitte/oberen Unten" an; in Dahrendorfs Modell ist im Hauptgeschoß die zahlenmäßig stark vertretene Arbeiterschicht (45 Prozent) neben dem „falschen Mittelstand" (12 Prozent) der einfachen Dienstleistungsberufe angesiedelt, dessen Sozialstatus kaum von den Arbeitern zu unterscheiden ist, der aber auf Distinktion „nach unten" bedacht war. Im Obergeschoß ist die „Dienstklasse" (12 Prozent) der Verwaltungsangestellten und Beamten aller Ränge neben dem alten „Mittelstand" (20 Prozent) der Selbstständigen und der als „Arbeiterelite" gefassten Gruppe der Facharbeiter (5 Prozent) situiert. Vgl. hierzu Axel Schildt: Die Sozialgeschichte der Bundesrepublik Deutschland bis 1989/90, München 2007, S. 32 f.; Nolte: Ordnung, S. 349 f.; Rainer Geißler: Die Sozialstruktur Deutschlands. Zur gesellschaftlichen Entwicklung mit einer Bilanz zur Vereinigung, 4. Aufl., Wiesbaden 2006, S. 98 f.
25 Vgl. Nolte: Ordnung, S. 350.
26 Siehe die Tabelle am Ende des Beitrags.
27 Die *untere Unterschicht* formen die ungelernten Arbeiter, die *mittlere Unterschicht* die angelernten Arbeiter und Landarbeiter. In der *oberen Unterschicht* figurieren die unteren Beamten und Angestellten, gelernten Arbeiter und Handwerker. Der *unteren Mittelschicht* gehören die mittleren Beamten und Angestellten, Einzelhändler und Gastwirte sowie Kleinlandwirte an. Die *obere Mittelschicht* konstituiert sich aus gehobenen Beamten und Angestellten, mittleren Unternehmern und Landwirten. Die *Oberschicht* umfasst schließlich höhere Beamte, freie Berufe sowie Unternehmer und leitende Angestellte. Gegenüber Schüren wird angesichts der exzeptionellen Expansion der akademischen und höheren Dienstleistungsberufe in der Bundesrepublik eine Ausdifferenzierung der Oberschicht nach den Berufsgruppen *höhere Beamte*, *freie Berufe* und *Unternehmer, leitende Angestellte* vorgenommen – den Berufsgruppen, die die deutsche Sozialgeschichtsforschung als Kernbürgertum ausmacht. Vgl. allein Hans-Ulrich Wehler: Exitus oder Phönix aus der Asche? Das Bürgertum nach 1945, in: GG 27 (2001), S. 617–634.

beobachtbaren Mobilitätsbewegungen hat, werden umfangreiche Auf- und Abstiegsprozesse erfasst.[28]

Die Unschärfe des Quellenmaterials stellt die Analyse allerdings vor gewisse methodische (Zuordnungs-)Probleme.[29] So kann diese den vielschichtigen Mobilitätsprozessen im Bereich der funktional stark differenzierten Beamten und Angestellten nur eingeschränkt gerecht werden.[30] Eine besondere Problematik zeigt sich aufgrund ihres kollektiven sozialen Aufstiegs bei der zur Untersuchung stehenden Berufsgruppe der Volksschullehrer bzw. der Grundschul- und Hauptschullehrer. Für den Zeitraum vor den 1920er Jahren sieht Schüren eine Eingruppierung der Volksschullehrer in die untere Mittelschicht vor, was insofern folgerichtig ist, als letztgenannte realgeschichtlich seit der Jahrhundertwende als Nicht-Akademiker der Gruppe der mittleren Beamten angehörten. Aufgrund der Statusgewinne im Kontext der partiellen Akademisierung ist ab 1920 die Zuordnung der Volksschullehrer in die obere Mittelschicht vorgesehen, und tatsächlich besetzten letztgenannte in der späten Weimarer Republik die Besoldungsgruppe A 4 c 2 des gehobenen Dienstes.[31] Das Eingangsamt des höheren Dienstes, das die Gymnasiallehrer besetzten, markierte traditionell die sozialgeschichtliche Wasserscheide zwischen den Beamten des Bildungs- bzw. Kernbürgertums auf der einen und den Beamten der bürgerlichen Mittelklassen auf der anderen Seite. Diese Grenze trennte seit dem frühen 20. Jahrhundert die Studienräte von den Volksschullehrern (seit 1970 A 12) und entsprach bis in die 1960er Jahre hinein den Ausbildungsunterschieden der beiden Lehrergruppen: den Studienräten mit fachwissenschaftlicher Ausbildung an der Universität standen die eher an der Berufspraxis geschulten Volksschullehrer mit Ausbildung an der Pädagogischen Akademie gegenüber. Erst mit der von den Volksschullehrerverbänden jahrzehntelang eingeforderten „vollen" Akademisierung, der Integration der Pädagogischen Hochschulen in die Universitäten – in Nordrhein-Westfalen endgültig erst 1980 –, wurde die dichotome Ausbildungskonzeption liquidiert.

Da aber weder die Quelle von 1928/29 noch die von 1971/72 scharf zwischen Volksschullehrern einerseits und gymnasialen Studienräten anderseits unterscheidet, sondern lediglich zwischen Lehrern mit akademischer Ausbildung[32] und solchen mit nichtakademischer

---

28 Kaelble: Soziale Mobilität und Chancengleichheit, S. 61; Federspiel, S. 154 f.
29 Die Quelle von 1928/29 führt insgesamt 16 Berufe auf, grundlegendes Kriterium ist die Berufsstellung. Deutsche Hochschulstatistik, S. 81. Die Quelle von 1971/72 enthält insgesamt 59 Berufsangaben, auf der ersten Klassifikationsebene wird nach Akademiker und Nichtakademiker unterschieden, auf der zweiten Ebene nach der Berufsstellung (Beamte, Angestellte, Selbstständige, Freiberufliche und mithelfende Familienangehörige), die dritte fächert weiter in Berufe und Hierarchiegruppen der Angestellten, Arbeiter und Beamten auf. Statistisches Landesamt, Beiträge, S. 48–53. Siehe hierzu und zu den methodischen Zuordnungsproblemen allgemein die Anmerkungen zu der Tabelle.
30 Zwar ermöglicht das Quellenmaterial die analytische Trennung der Angestellten und Beamten, wie sie von Schüren gar nicht vorgesehen ist. Aber zugleich folgen Verzerrungen etwa aus dem Umstand, dass die Materialien von 1928/29 und von 1971/72 die Angestellten unterhalb der Gruppe der leitenden Angestellten nicht weiter ausdifferenzieren.
31 Schüren, S. 314.
32 Studienräte und Volksschullehrer mit PA-Ausbildung bzw. PH-Ausbildung.

Ausbildung,[33] sind die akademisch ausgebildeten Volksschullehrer gleichsam entgegen der Realgeschichte zu beiden Untersuchungszeitpunkten als geschlossene Einheit den höheren Beamten zugeordnet. Trotz dieser quellenbedingten Verzerrungen wird die Analyse zumindest theoretisch an der Eingruppierung der Volksschullehrer in die obere Mittelschicht festhalten.

Für diese Hilfskonstruktion sprechen auch zeitgenössische Untersuchungen zum öffentlichen Ansehen der Volksschullehrer. Im Jahr 1959 argumentiert der Sozialwissenschaftler Hasso von Recum auf der Grundlage einer von Karl Martin Bolte erhobenen Prestigeskala von 38 Berufen und vier „Prestigeschichten", dass der Volksschullehrerberuf in der gesellschaftlichen Wertschätzung einerseits als „unterster Grenzberuf" der ersten Prestigegruppe, die sich aus den akademischen Berufen und anderen Spitzenberufen wie Unternehmern zusammensetzt, und andererseits als „Spitzenberuf" der zweiten Prestigegruppe fungiert, die selbstständige Gewerbetreibende, mittlere Beamte und qualifizierte kaufmännische und technische Angestellte umfasst.[34] Unter Berücksichtigung nicht zu vermeidender Verzerrungen ergibt sich hieraus, dass das Ergreifen der Volksschullehrerkarriere bzw. der Grund- und Hauptschullehrerkarriere für Abkömmlinge aus der Oberschicht als sozialer Abstieg zu fassen ist,[35] zweitens für den Teil der Nachkommen aus der oberen Mittelschicht als Statuserhalt und für den Teil aus den unterhalb dieser Schicht situierten Schichten als sozialer Aufstieg.

Die Reichweite der Mobilitätsanalyse wird nicht nur durch die genannten Zuordnungsprobleme eingeschränkt.[36] Die regional und methodisch unterschiedlich zugeschnittenen sozialstatistischen Daten sowohl der eigenen Erhebung als auch der zu besprechenden Untersuchungen ermöglichen lediglich die Explikation recht grober Entwicklungstrends. *Zweitens* werden die Auswirkungen des berufsstrukturellen Wandels auf die Mobilitätsraten von der eingesetzten Tabelle, die die schichtspezifischen Herkunfts- oder Rekrutierungsquoten unter den Lehramtsstudenten aufführt, nicht statistisch-quantifizierend berücksichtigt.[37] Interpretationen zu Zusammenhängen zwischen Verschiebungen in der Berufsstruktur und den Mobilitätsraten haben daher eher den Charakter von Arbeitshypothesen und theo-

---

33 Volksschullehrer mit seminaristischer Ausbildung bis 1926 und solchen mit Ausbildung an den unter dem Nationalsozialismus errichteten Lehrerbildungsanstalten 1941–1945.
34 Die Prestigegruppen drei und vier bilden unselbständige Handwerker, untere Beamte, einfache Beamte zum einen und ungelernte Arbeiter zum anderen. Hasso von Recum: Volkschullehrerberuf und soziale Mobilität, in: Peter Heintz (Hg.): Soziologie der Schule, Opladen/Wiesbaden 1959, (= Sonderheft 4, KZfSS), S. 110 f.
35 Zu berücksichtigen ist, dass unter die Herkunftsgruppe der höheren Beamten in der Oberschicht 1971/72 auch Kinder aus Volksschullehrerfamilien fallen. Aus zeitlichen Gründen kann dies 1928/29 gar nicht der Fall gewesen sein. Die Kinder von Volksschullehrern fallen 1928/29 wegen des unzureichenden Differenzierungsgrades der Quelle unter die Gruppe der mittleren Beamten.
36 Zur methodischen Kritik an der historischen Mobilitätsforschung Kocka: Social Mobility, S. 213; Thomas Welskopp: Social history, in: Stefan Berger u. a. (Hg.): Writing History. Theory and Practice, London 2003, S. 207; Kaelble: Social Mobility, S. 20.
37 Hierzu liegen komplexe Mobilitätsindikatoren vor: Kaelble: Soziale Mobilität und Chancengleichheit, S. 66–69.

retischen Vermutungen. Da die Mobilitätsanalyse *drittens* soziale Mobilitätsbewegungen auch der Lehrerinnen ausschließlich anhand der Veränderungen zum Vaterberuf definiert, wird die soziale Mobilität der Frauen nicht in ihrer ganzen Vielschichtigkeit erfasst. *Viertens* können im Rahmen der quantitativ-strukturellen Analyse nur begrenzt Einsichten in die mit den Mobilitätsbewegungen verbundenen Erwartungen, Aspirationen und Erfahrungen der Lehrer gewonnen werden. Diesem Manko soll mit der Hinzuziehung zeitgenössischer Studien zu Berufswahlmotiven von angehenden Volksschullehrern begegnet werden, die häufig auch nach der sozialen Herkunft oder dem Geschlecht differenzieren.[38] Im Folgenden soll zunächst die soziale Herkunft der Volksschullehrer vor 1945 skizziert werden, um im darauffolgenden Schritt die sozialen Strukturveränderungen der Volksschul- bzw. Grund- und Hauptschullehrerschaft in der zweiten Hälfte des 20. Jahrhunderts abzustecken.

Die soziale Herkunft der Volksschullehrer vor 1945

Die soziale Herkunft der Volksschullehrer vor 1945 kann recht anschaulich auf der Grundlage zeitgenössischer Arbeiten von Sozialwissenschaftlern[39] und Forschungen zur Lehrer- und Bildungsgeschichte[40] dargelegt werden, die ein vergleichsweise einheitliches Bild von den intergenerationellen Mobilitätsprozessen im niederen Lehramt zeichnen.[41] Im späten 19. und frühen 20. Jahrhundert rekrutierten sich die männlichen Volksschullehrer in Preußen überwiegend aus der unteren Mittelschicht, häufig vom Rand zu den städtischen und

---

38 Etwa Hartmut Horn: Volksschullehrernachwuchs. Untersuchungen zur Quantität und Qualität, Weinheim 1968; Udo Undeutsch: Motive der Abiturienten für die Wahl oder Ablehnung des Volksschullehrerberufs, Frankfurt a. M. 1964; Elisabeth Lucker: Die Berufswahlsituation eines Abiturientenjahrgangs unter besonderer Berücksichtigung seiner Einstellung zum Volksschullehrerberuf, Basel 1965. Hierzu auch Sabina Enzelberger: Sozialgeschichte des Lehrerberufs. Gesellschaftliche Stellung und Professionalisierung von Lehrerinnen und Lehrern von den Anfängen bis zur Gegenwart, Weinheim/München 2001, S. 216–257.
39 Otto Scheibner: Zur Sozialstatistik des Lehrerstandes, in: Zeitschrift für Pädagogische Psychologie und experimentelle Pädagogik 12 (1911), S. 338; Rudolf Fischer: Beiträge zu einer Statistik der Lehrerschaft, Leipzig 1916; Karl Muthesius: Der Aufstieg der Begabten und die Berufslaufbahn des Volksschullehrers, Berlin 1916; Alfred Zieger: Schulmeister – Schullehrer – Volkslehrer. Das Werden des Lehrerstandes in Sachsen als Beitrag zu einer Soziologie des Berufsstandes, Langensalza 1932; Josef Dolch: Die örtliche und soziale Herkunft des bayerischen Lehrernachwuchses von 1872 bis 1920, in: Bayerisches Bildungswesen 2/1928, S. 118–129.
40 Folkert Meyer: Schule der Untertanen. Lehrer und Politik in Preußen 1848–1900, Hamburg 1976, S. 117–124; Rainer Bölling: Volksschullehrer und Politik. Der Deutsche Lehrerverein 1918–1933, Göttingen 1978; Douglas R. Skopp: Auf der untersten Sprosse. Der Volksschullehrer als „Semi-Professional" im Deutschland des 19. Jahrhunderts, in: GG 6 (1980), S. 390–392; Bölling: Sozialgeschichte, S. 76–80; Kuhlemann, S. 304; Kaelble: Soziale Mobilität und Chancengleichheit, S. 96 f.; Hartmut Titze: Lehrerbildung und Professionalisierung, in: Christa Berg (Hg.): Handbuch der deutscher Bildungsgeschichte, Bd. IV: 1870–1918. Von der Reichsgründung bis zum Ende des Ersten Weltkriegs, München 1991, S. 360–362.
41 Im Folgenden werden ausschließlich Daten zur sozialen Herkunft angehender Volksschullehrer in Preußen referiert. Für andere deutsche Bundesstaaten ergibt sich ein vergleichbares Bild. Bölling: Sozialgeschichte, S. 79.

ländlichen Unterschichten. Die größte Rekrutierungsgruppe stellte dabei der alte Mittelstand der kleinen Händler, Handwerker und Landwirte. Bis zu den 1920er Jahren hatte mehr als jeder zweite Volksschullehrer in Ausbildung einen Selbstständigen aus dem Kleinbürgertum zum Vater. Während der soziale Abstieg aus der Oberschicht so gut wie gar nicht vorkam, stammten die wenigen Unterschichtenaufsteiger vor allem aus Familien von unteren Beamten.

Dieses Herkunftsmuster ergab sich zwingend aus dem beruflichen Zuschnitt des Lehramts an der Volksschule. Das Volksschullehramt war bis in die 1920er Jahre hinsichtlich Ausbildung, Berufslaufbahn und Unterrichtstätigkeit komplett vom akademischen Bildungssystem abgekoppelt. Der strukturkonservative Hiatus zwischen höherer Schule und Volksschule, der von der Bildungsgeschichtsforschung als eine der zentralen Klassenlinien der bürgerlichen Gesellschaft gedeutet wurde[42] und seinen kulturell-ideellen Gehalt in den polaren Theorien der wissenschaftlichen Bildung und der volkstümlichen Bildung fand, schlug sich in Ausbildung und Berufskarriere der Volksschullehrer insofern nieder, als sie einen auf das niedere Schulwesen beschränkten Bildungskreislauf durchliefen: Nach dem Besuch der von 90 Prozent der Schüler frequentierten Volksschule erfolgte der Zugang zum Beruf über die Präparandenanstalt und das häufig auf dem Land gelegene Lehrerseminar. Damit aber blieb die Nachwuchsrekrutierung des Volksschullehrerberufs strukturell von aufstiegsorientierten, bildungsnahen und städtischen Sozialschichten abgeschnitten. Stattdessen ergänzte sich die Lehrerschaft nahezu ausschließlich aus den genannten eher bildungsfernen Schichten aus ländlich-agrarischen Regionen.[43]

Trotz oder gerade wegen dieser recht einseitigen Rekrutierung aus dem Kleinbürgertum betonten Pädagogen und Lehrerverbandsfunktionäre noch in den 1960er Jahren nahezu emphatisch die traditionelle „Plattformfunktion" des Volksschullehrerberufs[44] – eine These, die in der Literatur weite Verbreitung gefunden hat: Im intergenerationellen Aufstiegsprozess über drei Generationen würde das Volksschullehramt den Aufstieg aus kleinbürgerlichen und kleinbäuerlichen Familien in die akademische Oberschicht ermöglichen. Allerdings beruht diese Annahme auf einer sehr dünnen empirischen Datengrundlage. Bölling referiert Befunde einer Erhebung aus dem Jahr 1903, wonach von 450 Lehrersöhnen aus Leipzig 50,2 Prozent eine höhere Schule besuchten, 6,4 eine wissenschaftliche Hochschule, 17,6 Prozent bereits einen akademischen Beruf ausübten und 11,3 entweder Volksschullehrer oder auf dem Weg dorthin waren.[45] Man wird die Repräsentativität dieser Daten anzweifeln dürfen, doch lassen sie erkennen, dass möglicherweise ein nicht kleiner Teil von Volksschul-

---

42 Etwa Peter Lundgreen: Die Eingliederung der Unterschichten in die bürgerliche Gesellschaft durch das Bildungswesen, in: Internationales Archiv für Sozialgeschichte der deutschen Literatur 3 (1978), S. 89.
43 Titze: Professionalisierung, S. 357.
44 Karl Trinks: Die Sozialgestalt des Volksschullehrers, hg. v. Rainer Bölling, Stuttgart 1980 (zuerst Dresden 1933 u. d. T.: Die Sozialgestalt des Volksschullehrers. FS Hundertjahrfeier des Dresdner Lehrerverbandes); Karl Bungardt: Die Odyssee der Lehrerschaft. Sozialgeschichte eines Standes (Ein Versuch), Frankfurt a. M. 1959, (2. Aufl. 1965). Die These findet sich wohl zuerst bei Muthesius.
45 Bölling: Sozialgeschichte, S. 79.

lehrersöhnen tatsächlich den Aufstieg in Berufspositionen realisieren konnte, die nach Status, Einkommen und gesellschaftlichem Ansehen dem Vaterberuf übergeordnet waren. Dabei schien insbesondere die Laufbahn des höheren Lehramts für die Lehrersöhne attraktiv gewesen zu sein. Hartmut Titze gelangt im Rahmen einer Untersuchungen zu den Rekrutierungsverhältnissen preußischer Oberlehrer im Deutschen Kaiserreich zu dem Ergebnis, dass die intergenerationelle Statusfolge: ‚Volksschullehrer-Familie – Oberlehrer-Karriere' wahrscheinlicher als selbst die Berufsvererbung der traditionellen Akademikerberufe der Geistlichen, juristisch vorgebildeten höheren Beamten und Ärzte" gewesen war.[46] Auch wenn die These von der Plattformfunktion des Volksschullehrerberufes hier aus Quellengründen nicht falsifiziert, aber auch nicht durchweg verifiziert werden kann, ist doch zu berücksichtigen, dass den Verbandsfunktionären aus professionspolitischen Gründen daran gelegen war, dem Volksschullehrerberuf auf diesem Wege soziologische Dignität zu verschaffen. Wenn also der Vorsitzende des sächsischen Lehrervereins Trinks in seiner Standesgeschichte „Die Sozialgestalt des Volksschullehrers" von 1933 bemängelt, dass bis zum damaligen Zeitpunkt auch die Herkunft des Lehrers aus dem „gesellschaftlichen Nichts", womit er auf die unteren Bevölkerungsschichten abhob, den Aufstieg der Volksschullehrer in die Gruppe der akademischen Professionen gehemmt habe, da soziale Herkunft und soziale Wertschätzung des Lehrerberufs traditionell in einem wechselseitigen Austauschverhältnis standen, dann sollte die Bedeutung des Berufs als „intergenerationelle Schnittstelle" zwischen unteren Schichten und Oberschicht eben diesem zu einem besseren Ansehen in der Gesellschaft verhelfen.[47]

In den 1920er Jahren ging der Anteil der Nachkommen aus dem alten Mittelstand unter den angehenden Volksschullehrern deutlich zurück. Stattdessen war der Anteil des neuen Mittelstandes, vor allem der Beamten, erheblich gestiegen. In den späten 1920er Jahren hatte gut jeder zweite angehende Volksschullehrer in Preußen einen mittleren oder gehobenen Beamten zum Vater.[48] Diese Gewichtsverlagerung in der Herkunft aus den Mittelschichten dürfte *erstens* auf die seit der Jahrhundertwende stark beschleunigte Verschiebung der Berufsstruktur von Industrie und Handwerk hin zum tertiären Dienstleistungssektor zurückzuführen sein. *Zweitens* war das Volksschullehramt infolge des Akademisierungsschubes in der Zeit der Weimarer Republik zu einer statusmäßig aufgewerteten Berufslaufbahn am oberen Rand der kleinbürgerlichen Mittelschichten geworden. Vor diesem Hintergrund schien die Volksschullehrerlaufbahn in stärkerem Maße den Aufstiegsaspirationen der statusbewussten mittleren Beamtenschaft entgegenzukommen. Und *drittens* scheinen die Beamten eher die gestiegenen Kosten für die qualitativ verbesserte und verlängerte Ausbildung tragen zu können als kleine Selbstständige des alten Mittelstands, von denen nicht wenige angesichts stei-

---

46 Hartmut Titze: Die soziale und die geistige Umbildung des preußischen Oberlehrerstandes, in: Ulrich Herrmann (Hg.): Historische Pädagogik. Studien zur Historischen Bildungsökonomie und zur Wissenschaftsgeschichte der Pädagogik, Zs. für Pädagogik 14 (1977), S. 109.
47 Trinks, S. 79.
48 Bölling: Sozialgeschichte, S. 77 f.; Kaelble: Soziale Mobilität und Chancengleichheit, S. 97. Die Tabelle am Ende dieses Beitrags führt paradigmatisch für die späten 1920er Jahre die soziale Herkunft von Studenten an den Pädagogischen Akademien im Wintersemester 1928/29 auf.

gender Erwerbslosigkeit zum Ende der 1920er Jahren und übergreifender Konzentrationsprozesse in der Industriewirtschaft eine soziale Deklassierung gefürchtet haben dürften.[49] Insgesamt lässt das Herkunftsmuster der Volksschullehrer in den späten 1920er Jahren eine ausgeprägte soziale Offenheit des Berufes erkennen. Sieht man einmal von den leichten Bewegungen zwischen altem und neuem Mittelstand ab, war die schichtspezifische Herkunft der Lehrer trotz maßvoller Akademisierung der Ausbildung zunächst nicht exklusiver geworden; zumal sich der Beruf, wenn auch nur im geringem Maße, für Aufsteiger aus der Arbeiterschaft geöffnet hatte.[50]

Seitdem Frauen zur Mitte des 19. Jahrhunderts Zugang zu den Lehrerämtern vor allem im Elementarschulwesen und den mittleren und höheren Mädchenschulen fanden, bestanden recht große geschlechtsspezifische Differenzen in der Nachwuchsrekrutierung der Volksschullehrerschaft. In den 1920er Jahren war immerhin ein Viertel der Volksschullehrerstellen mit einer weiblichen Lehrkraft besetzt.[51] Die Lehrerinnen stammten im Vergleich zu den männlichen Berufskollegen häufiger aus der bürgerlichen Oberschicht und entsprechend seltener aus den niedrigeren Schichten. Die Lehrerberufe waren im späten 19. und frühen 20. Jahrhundert überhaupt die „einzige(n) gesellschaftlich halbwegs akzeptierte(n) Bildungsberuf(e)" für Bürgertöchter und standen ganz besonders im Fokus weiblicher Professionalisierungsstrategien.[52] Vor dem Hintergrund des bis in die Zeit nach dem Zweiten Weltkrieg ausstrahlenden Leitbildes der unverheirateten, „jungfräulichen Lehrerin", das Eingang in das de-facto bis 1950 wirksame Lehrerinnenzölibat fand, beendete die Heirat in der Regel die weibliche Berufstätigkeit im Lehrerberuf, dem somit häufig die Funktion eines „standesgemäßen Versorgungs- und Überbrückungsberufes" zukam.[53]

---

49 Vgl. Ursula Büttner: Weimar. Die überforderte Republik 1918–1933. Leistungen und Versagen in Staat, Gesellschaft, Wirtschaft und Kultur, Stuttgart 2008, S. 233–235.
50 Vgl. Kaelble: Soziale Mobilität und Chancengleichheit, S. 96–101; Bölling: Volksschullehrer, S. 21 f.
51 Bölling: Sozialgeschichte, S. 10.
52 Claudia Huerkamp: Die Lehrerin, in: Ute Frevert/Heinz-Gerhard Haupt (Hg.): Der Mensch des 19. Jahrhunderts, Frankfurt a. M. 1999, S. 199. Zur sozialen Herkunft von Lehrerinnen daneben Bölling: Sozialgeschichte, S. 79.
53 Das Lehrerinnenzölibat sah eine Entlassung der verheirateten Lehrerin aus dem Schuldienst vor. Es wurde zwar durch die Weimarer Reichsverfassung 1919 formell abgeschafft, aber noch in der Spätzeit der Weimarer Republik mit argumentativer Stoßrichtung gegen das „Doppelverdienertum" in wirtschaftlichen Krisenzeiten erneuert, bis es vom Bundesbeamtengesetz 1950 endgültig beseitigt wurde. Das in ihm zum Ausdruck kommende Leitbild der unverheirateten Lehrerin geht auf die der gesellschaftlichen Ordnung des Deutschen Reiches zugrunde gelegten Geschlechterdichotomie von männlicher Produktions- und weiblicher Reproduktionssphäre zurück. Durch die Negierung ihrer Sexualität, die mit der Ehelosigkeit manifestiert wird, erwarben die Lehrerinnen „Systemkompatibilität", beruhte die Ordnung doch auf dem Rollenbild der Frau als Mutter und Ehefrau. Vgl. Ute Planert: Antifeminismus im Kaiserreich. Diskurs, soziale Formation und politische Mentalität, Göttingen 1998; Claudia Huerkamp: Bildungsbürgerinnen. Frauen im Studium und in akademischen Berufen, Göttingen 1996; James C. Albisetti: Professionalisierung von Frauen im Lehrerberuf, in: Elke Kleinau/Claudia Opitz (Hg.): Geschichte der Mädchen- und Frauenbildung, Bd. 2: Vom Vormärz bis zur Gegenwart, Frankfurt a. M. 1996, S. 189–200.

Die soziale Herkunft der Volksschullehrer bzw. Grundschul- und Hauptschullehrer nach 1945

Während die soziale Offenheit des Volksschullehrerberufs im frühen 20. Jahrhundert weder von den zeitgenössischen Sozialwissenschaftlern noch von den Sozial- und Bildungshistorikern der 1970er und 80er Jahre bestritten wird, gibt es zur Entwicklung der sozialen Herkunft der westdeutschen Volksschullehrer im Zeitraum nach 1945 unterschiedliche Positionen. Unter den empirischen Studien aus diesem Zeitraum ist auf der einen Seite eine pessimistische Haltung auszumachen. Am pronciertesten wird sie von Hasso von Recum vertreten, der die soziale Herkunft von Studierenden an den schleswig-holsteinischen Pädagogischen Hochschulen des Jahres 1954 untersuchte und zu dem Ergebnis gelangt, dass der Volksschullehrerberuf infolge der Akademisierung während der Weimarer Republik und der Re-Akademisierung im Anschluss an die temporäre Dequalifizierung der Ausbildung in der Zeit des Nationalsozialismus langfristig an sozialer Exklusivität zugenommen habe. Der „einst sehr mobile und als Plattformberuf geltende Lehrerberuf" sei darüber zu „einem Mangelberuf mit starker Selbstrekrutierung" geworden.[54] Die Niveauanhebung der Ausbildung und der Zugangsvoraussetzungen habe zu einem Rückgang der Rekrutierung aus den traditionellen Herkunftsschichten geführt, da diese nicht über das Abitur verfügten. Andererseits würden aufstiegsorientierte Kinder der unteren Mittelschicht dem Volksschullehrerberuf verstärkt den Rücken zuwenden, da er seither in Konkurrenz zu den klassischen Professionen getreten sei. Mit dem entsprechenden Bildungserfolg an der höheren Schule könnten letztgenannte gleich diese prestigeträchtigeren Berufe ergreifen.[55] Die Tendenz zur Abschließung des Berufs sei schlechthin ein Symptom der „nivellierten Mittelstandsgesellschaft" der 1950er Jahre: Der kollektive soziale Aufstieg der Volksschullehrer substituiere allmählich den „lebhaften Platzwechsel (…) zwischen den Schichten".[56] Allerdings sind Zweifel an der Tragfähigkeit der These von der sozialen Schließung angebracht, die von Recum vor allem auf die hohe Selbstrekrutierungsrate von 27 Prozent und den relativ hohen Anteil von Nachkommen aus der „funktionell affinen Schicht" der Angestellten und Beamten stützt. Denn weiterhin stammte die überwiegende Mehrheit aus den Mittelschichten. Zudem bleibt unklar, inwiefern die Befunde zu 189 PH-Studenten aus dem eher ländlichen Schleswig-Holstein zu verallgemeinern sind. Dennoch fanden die Thesen von Hasso von Recum Verbreitung, zunächst durch eine Sekundäranalyse von Gertrud Achinger aus dem Jahr 1965. Sie konstatiert eine Verschiebung der sozialen Herkunft in die höheren Schichten.[57] Zu ähnlichen, gleichwohl differenzierteren Ergebnissen gelangt Josef Hitpass in einer Studie von 1970, die unter anderem die soziale Herkunft von Studienanfängern aller Abteilungen der

---

54 Hasso von Recum: Soziale Strukturwandlungen des Volksschullehrerberufes. Vom Aufstiegsberuf zum Mangelberuf, in: KfSS 7 (1955), S. 579. Daneben ders.: Nachwuchsprobleme des Volksschullehrerberufs in Schleswig-Holstein, in: Soziale Welt 6 (1955).
55 von Recum: Strukturwandlungen, S. 574 f., 578 f.
56 von Recum: Volksschullehrerberuf, S. 108, 117. Diese Deutung auch bei: Wolfram Fischer: Der Volksschullehrer, in: Soziale Welt 1 (1961), S. 45 f.
57 Gertrud Achinger: Wer wird heute Lehrer? Empirische Untersuchungen über den Lehrernachwuchs, in: Westermanns Pädagogische Beiträge 17 (1965), v. a. S. 232.

Pädagogischen Hochschule Rheinland zwischen 1950 und 1965 analysiert.[58] Er konstatiert einen Rückgang der Rekrutierung aus der Herkunftsgruppe der Beamten und Handwerker einerseits und eine „beachtliche" Verbreiterung des Zugangs aus der Oberschicht angesichts der sich prospektiv abzeichnenden substantiellen Attraktivitätsgewinne des modernen Grund- und Hauptschullehrerberufes andererseits. Der Zugang aus der Arbeiterschaft verharrt auf dem Niveau der 1920er Jahre.

Eine optimistische Sicht auf die soziale Rekrutierung der Volksschullehrer nach 1945 nimmt dahingegen Hartmut Horn im Rahmen seiner Studie „Volksschullehrernachwuchs – Untersuchungen zur Quantität und Qualität" von 1968 ein, in der er die soziale Herkunft von Studierenden an den Pädagogischen Instituten in Hessen im Zeitraum zwischen 1947 und 1960 untersuchte.[59] Demnach war der Beruf des Volksschullehrers weiterhin einer des sozialen Aufstiegs. Auch wenn unter den hessischen Lehramtsaspiranten die Rekrutierung aus dem gewerblichen Mittelstand zugunsten der mittleren und unteren Beamten und Angestellten zurückgegangen war, stammten zu Beginn der 1960er Jahre doch gut vier Fünftel aus eben diesen Mittelschicht-Berufsgruppen, wohingegen der Anteil aus der Arbeiterschaft und der Akademikerschaft jeweils äußerst gering war.

Auf Grundlage einer – lokal stark eingegrenzten – Analyse der sozialen Herkunft von Studienanfängern der Pädagogischen Akademie und späteren Abteilung der PH Rheinland Aachen zwischen 1946 und 1965 vertritt Heinrich Rosensträter eine vermittelnde Position. Er gelangt zu dem Ergebnis, dass sich im Untersuchungszeitraum sowohl eine Verbreiterung des Rekrutierungsfeldes nach oben als auch nach unten vollzog, während der Schwerpunkt weiterhin in den Mittelschichten lag. Unter den Aachener Lehramtsstudenten nahm der Anteil von Unterschichtenaufsteigern stark zu (32,5 Prozent), was aber in erster Linie auf die Erwerbsstruktur des städtischen und gewerblich-industriell geprägten Aachener Raumes mit einem hohen Arbeiteranteil zurückzuführen sein dürfte.[60] Nicht der Extremwert, aber doch die grundlegenden Tendenzen dieses Befundes werden von Kaelble bestätigt, der im Rahmen seiner Überblicksdarstellung zur sozialen Mobilität von 1983 die bislang solideste Analyse zum Wandel der Nachwuchsrekrutierung der Volksschullehrer im 20. Jahrhundert liefert. Er vergleicht sozialstatistische Daten lehrerausbildender Einrichtungen in den verschiedensten Bundesstaaten des Deutschen Reiches aus dem späten 19. und frühen 20. Jahrhundert mit Angaben zur sozialen Herkunft von Studenten der Pädagogischen Hochschulen und Teilnehmern von Universitätscurricula für Volksschullehrer in der Bundesrepublik aus den

---

58 Hitpass: Studien- und Berufsschicksal, S. 16–19. Mitte der 1960er Jahre wurden die 13 Pädagogischen Hochschulen in Nordrhein-Westfalen im Kontext ihres Ausbaus zu vollwertigen wissenschaftlichen Hochschulen in Abteilungen der drei neu gebildeten Pädagogischen Hochschulen Rheinland, Ruhr und Westfalen mit den Verwaltungssitzen Köln, Dortmund und Münster umgewandelt. Die PH Rheinland umfasste die Standorte Aachen, Bonn, Neuß, Köln und Wuppertal.
59 Horn: Volksschullehrernachwuchs, S. 119–145.
60 Heinrich Rosensträter: Zum Wandel des Rekrutierungsfeldes der Volksschullehrer, in: Berthold Gerner (Hg.): Der Lehrer und Erzieher, Bad Heilbrunn 1976, S. 128–144, (zuerst in: Sociologia Internationalis 5 (1967), S. 95–109).

Jahren 1961/62 und 1968.[61] Zwar sei der Oberschichtanteil („obere Mittelschicht") nach 1945 gestiegen, aber trotz Akademisierung und Verwissenschaftlichung habe sich der Beruf doch in starkem Ausmaße für Aufsteiger aus den Unterschichten geöffnet. Eine gleichermaßen moderat optimistische Position vertritt Sabina Enzelberger, die in ihrer ansonsten wenig differenzierten „Sozialgeschichte des Lehrerberufs" eine knappe Kompilation der zeitgenössischen Studien leistet. Demnach stellte das Volksschullehramt in den 1960er Jahren weiterhin, wenn auch im geringeren Maß als zuvor, eine wichtige Aufstiegsschleuse für Mittelschichtangehörige dar, bei fortbestehenden Differenzen nach dem Geschlecht.[62]

Die divergierenden Thesen zur Entwicklung der sozialen Herkunft der Volksschullehrer nach 1945 sollen nun im Lichte der Daten zur Rekrutierung der angehenden Grund- und Hauptschullehrer in Nordrhein-Westfalen geprüft werden, wobei die Analyse den Untersuchungszeitraum auf die 1970er Jahre erweitert. Denn trotz der Vielfalt der Mobilitätsuntersuchungen und der Plausibilität, die die Überlegungen vor allem von Kaelble beanspruchen können, ist das Bild der Nachwuchsrekrutierung der Volksschullehrer während des fortgesetzten Professionalisierungsprozesses in der Phase der Bildungsexpansion keineswegs vollständig ausgeleuchtet. Sieht man einmal davon ab, dass die zeitgenössischen Studien kaum Veränderungen der Schichtungs- und Berufsstruktur thematisierten, blieben wichtige Faktoren und Bedingungen der Nachwuchsrekrutierung in den Lehrämtern bislang unberücksichtigt, die durch die Bildungsexpansion seit den 1950er Jahren gesetzt wurden, man denke nur an das exorbitante Wachstum der Lehrerschaft.

Wie der Tabelle am Ende des Beitrags entnommen werden kann, zeigt das Herkunftsmuster der nordrhein-westfälischen Grund- und Hauptschullehrerstudenten ein hohes Maß sozialer Offenheit. Wenn auch im Verlauf des 20. Jahrhunderts die Rate der sozialen Aufsteiger auf geringem Niveau sank, waren doch immer noch gut zwei Drittel der angehenden Lehrer in Nordrhein-Westfalen Aufsteiger aus den unterhalb der oberen Mittelschicht gelegenen Schichten.[63] Mithin war die Nachwuchsrekrutierung der Volksschullehrerschaft bzw. Grund- und Hauptschullehrerschaft im 20. Jahrhunderts von einer recht hohen Grundkontinuität bestimmt. Neben der sozialen Offenheit lassen die Daten zu den Lehrerstudenten in Nordrhein-Westfalen den bereits von Kaelble herausgearbeiteten Entwicklungstrend einer sozialen „Heterogenisierung" der alten Volksschullehrerschaft erkennen. Einerseits hat sich der Rekrutierungsanteil der Oberschicht erhöht, und andererseits stieg der Anteil an Aufsteigern aus der Arbeiterschaft vermutlich häufiger. Und gerade aufgrund des gewachsenen Anteils aufsteigender Arbeiterkinder verbietet es sich, den Anstieg des Oberschichtanteils mit einer tendenziellen Abschließung des Berufszugangs gleichzusetzen. Insofern gehen die in den 1950er und 60er Jahren geäußerten Forschermeinungen fehl, der Volksschullehrerberuf würde im Zuge der Verwissenschaftlichung als akademischer Beruf Barrieren gegen Aufsteiger aus unteren Schichten aufbauen.[64] Vielmehr kann auf solider empirischer Grundlage

---

61 Kaelble: Soziale Mobilität und Chancengleichheit, S. 95–102, Tabelle S. 97.
62 Enzelberger: S. 216–223.
63 Darunter war allerdings auch ein Teil von Kindern aus Familien gehobener Angestellter.
64 In diesem Sinne auch Kaelble: Soziale Mobilität und Chancengleichheit, S. 96.

Tabelle: Soziale Herkunft von Volksschul- bzw. Grund- und Hauptschullehramtsstudenten in Preußen 1928/29 und in Nordrhein-Westfalen 1971/72

Sozialstatus des Vaters		Studenten an den Pädagogischen Akademien in Preußen im Wintersemester 1928/29 (1)			
		Insgesamt		Männlich	
Schicht	Berufsgruppe	Abs.	in Prozent	Abs.	in Prozent
Oberschicht	Höhere Beamte	26	(6,3%)	7	(2,4%)
	Freie Berufe	3	(0,7%)	1	(0,7%)
	Unternehmer, Ltd. Angestellte	11	(2,7%)	4	(1,2%)
Obere Mittelschicht	Gehobene Beamte	s.u.		s.u.	
	Gehob. Angestellte	s.u.		s.u.	
	Mittl. Unternehmer	—		—	
	Landwirte	s.u.		s.u.	
Untere Mittelschicht	Mittlere Beamte	197	(47,8%)	137	(47,2%)
	Mittl. Angestellte	57	(13,8%)	41	(14,1%)
	Handwerker, Einzelhändler und Gastwirte	55	(13,3%)	43	(14,8%)
	Kleinlandwirte	15	(3,6%)	14	(4,8%)
Obere Unterschicht	Untere Beamte	12	(2,9%)	11	(3,8%)
	Untere Angestellte	s.o.		s.o.	
	Gelernte Arbeiter	s.u.		s.u.	
Mittlere Unterschicht	Angel. Arbeiter	17	(4,1%)	16	(5,5%)
	Landarbeiter	1	(0,2%)	1	(0,3%)
Untere Unterschicht	Ungel. Arbeiter	14	(3,4%)	12	(4,1%)
	Ohne Berufsangabe	4		3	
	Zahl der Fälle	412		290	

			Studienanfänger an den Pädagogischen Hochschulen in Nordrhein-Westfalen im Wintersemester 1972/72 (2)					
Weiblich		Insgesamt		Männlich		Weiblich	
Abs.	in Prozent	Abs.	in Prozent	Abs.	in Prozent	Abs.	in Prozent
19	(15,6%)	646	(10,2%)	144	(8,6%)	502	(10,8%)
2	(1,6%)	288	(4,5%)	46	(2,7%)	242	(5,2%)
7	(5,7%)	419	(6,6%)	68	(4,0%)	351	(7,5%)
	s. u.	362	(5,7%)	98	(5,8%)	264	(5,7%)
	s. u.		s. u.		s. u.		s. u.
	—	4	(0,1%)		—	4	(0,1%)
	s. u.	305	(4,8%)	64	(3,8%)	241	(5,2%)
60	(49,2%)	473	(7,5%)	137	(8,2%)	336	(7,2%)
16	(13,1%)	1851	(29,2%)	550	(32,7%)	1301	(27,9%)
12	(9,8%)	965	(15,2%)	210	(12,5%)	755	(16,2%)
1	(0,8%)		s. o.		s. o.		s. o.
1	(0,8%)		s. o.		s. o.		s. o.
	s. o.		s. o.		s. o.		s. o.
	s. u.	745	(11,8%)	275	(16,3%)	470	(10,1%)
1	(0,8%)	173	(2,7%)	59	(3,5%)	114	(2,4%)
	—		—		—		—
2	(1,6%)	32	(0,5%)	12	(0,7%)	20	(0,4%)
1		74		17		57	
122		6337		1680		4657	

Anmerkungen zur Tabelle auf Seite 98/99:
a. Berechnet und zusammengestellt nach Reichsminister für Wissenschaft, Erziehung und Volksbildung und die Hochschulverwaltungen (Hg.): Deutsche Hochschulstatistik/2. Bd. Winterhalbjahr 1928/29, S. 81; Statistisches Landesamt Nordrhein-Westfalen (Hg.): Beiträge zur Statistik des Landes Nordrhein-Westfalen, Heft 299: Das Bildungswesen 1971, Teil 3: Hochschulen im Wintersemester 1971/72, S. 48–54. Das von den Quellen ausgewiesene Datenmaterial wurde an die Berufsklassifikation nach Schüren angepasst. Soweit die Materialien einen Differenzierungsgrad aufweisen, der von demjenigen der hier zum Einsatz kommenden Berufsklassifikation abweicht, werden Berufsgruppen, deren Zuordnung zweifelhaft ist, in die niedrigere der in Frage kommenden Gruppen eingeordnet (Schüren, S. 314).
b. Die Berufsgruppe der „Höheren Beamten" in Sp. (1) und (2) umfasst akademische Beamte und nichtakademische höhere Beamte. Sowohl das Quellenmaterial zum Stichpunkt 1928/29 wie auch jenes von 1971/72 rechnen zu den akademischen Beamten auch die Volksschullehrer mit nur partiell akademischer Ausbildung an der Pädagogischen Akademie (1926 errichtet).
c. In die Gruppe der „Freien Berufe" fallen in Sp. (1) Angehörige Freier Berufe mit akademischer Ausbildung, aber auch Schriftsteller und Privatgelehrte. Angehörige Freier Berufe ohne akademische Ausbildung werden in die untere Mittelschicht eingruppiert. Das Material von 1971/72 klassifiziert die Berufe als „Freie Berufe", deren Inhaber freiberuflich tätig sein können, auch wenn sie im Angestelltenverhältnis stehen.
d. Der Gruppe der „Landwirte" in Sp. (2) sind auch Großlandwirte der Oberschicht, Kleinlandwirte und Mithelfende Familienangehörige zugeordnet.
e. Zu den Berufsgruppen der „Mittleren" und „Unteren Beamten" in Sp. (2): Das Material fasst die Mittleren und Unteren Beamten zusammen. Entsprechend der o. g. Maßgabe wären beide Berufsgruppen den Unteren Beamten zuzuordnen. Diese Vorgehensweise widerspräche jedoch höchstwahrscheinlich der relativen Verteilung der verschiedenen Hierarchiegruppen der Beamten im Stellenkegel des öffentlichen Dienstes in der Bundesrepublik Deutschland und in Nordrhein-Westfalen zu diesem Zeitpunkt. Denn 1972 rangierten von allen vollzeitbeschäftigten Beamten, Richtern und Angestellten in den bundesdeutschen Gebietskörperschaften nur 4,3 Prozent im einfachen Dienst. Dahingegen rangierten 47,2 Prozent im mittleren, 30,7 Prozent im gehoben und 17,8 Prozent im höheren Dienst (Institut der Deutschen Wirtschaft (Hg.): Zahlen zur wirtschaftlichen Entwicklung der Bundesrepublik Deutschland, Köln 1990, Tab. 47). Daher werden die vom Quellenmaterial von 1971/72 nicht ausdifferenzierten mittleren und unteren Beamten in die Berufsgruppe der mittleren Beamten klassifiziert. Hier sind auch die „nichtakademischen" Volksschullehrer enthalten.
f. Zu den Berufsgruppen der Angestellten der Mittel- und Unterschichten: Die Quelle von 1928/29 unterscheidet lediglich zwischen „Privatangestellten in leitender Stellung" und „sonstigen Privatangestellten", also Angestellten aller Qualifikationsebenen unterhalb der Leitenden Angestellten. Eingedenk nicht zu vermeidender Verzerrungen werden diese Angestellten der Berufsgruppe der „Mittleren Angestellten" zugeordnet. Analog dazu werden in Sp. (2) die vom Quellenmaterial als nichtakademische Angestellte unterhalb der leitenden Ränge ausgewiesenen Gehobenen, Mittleren und Einfachen Angestellten als „Mittlere Angestellte" gefasst.

argumentiert werden, dass der Zugang zum modernen Grund- und Hauptschullehrerberuf in der Bundesrepublik wie auch in Nordrhein-Westfalen Ende der 1960er, Anfang der 1970er Jahre in deutlich geringerem Maße an die soziale Herkunft geknüpft war als in allen vorherigen Epochen der deutschen Lehrer- und Bildungsgeschichte.

Die große Nähe zur unteren Mittelschicht bildete für Volksschullehrer eine tief verwurzelte Tradition. Auch zu Beginn der 1970er Jahre stammte mehr als jeder zweite Lehrerstudent aus Familien von kleinen Selbstständigen und Arbeitnehmern der mittleren Qualifikationsebenen. Dies korrespondiert mit den Ergebnissen empirischer Studien aus den 1960er Jahren, wonach der Volksschullehrerberuf für Nachkommen aus mittleren und unteren Herkunftsmilieus hinsichtlich Status, Einkommen und gesellschaftlichem Ansehen einen „guten Aufstiegsberuf in der Generationenfolge" darstelle – nicht zuletzt, da die Lehrerausbildung an der Pädagogischen Hochschule mit einer Dauer von sechs Semestern im Vergleich zum längeren Universitätsstudium kostengünstiger war.[65] Gleichwohl zeigen sich bedeutende Verschiebungen der Nachwuchsrekrutierung aus den Mittelschichten. So ist der Anteil von Lehrerstudenten aus Familien mittlerer und unterer Beamten stark zurückgegangen. Während in den 1920er Jahren noch jeder zweite Berufsanfänger in Preußen entweder einen gehobenen, mittleren oder unteren Beamten zum Vater hatte, kam von den Lehrerstudenten in Nordrhein-Westfalen vier Dekaden später nur noch jeder siebte bis achte aus Beamtenfamilien der drei Hierarchiegruppen.[66] Davon profitierten die Herkunftsgruppen der Angestellten. Sie hatten ihren Anteil an den Lehrerstudenten von 13,8 Prozent auf 32,7 Prozent mehr als verdoppelt. Diese Veränderung wurde mit hoher Wahrscheinlichkeit vom Wandel der Berufsstruktur, namentlich dem Wachstum und der Bedeutungszunahme der Angestelltenschaft unter den Erwerbstätigen nach der Stellung im Beruf bestimmt. Tatsächlich waren die Angestellten in den Jahrzehnten nach 1945 die Gruppe mit dem dynamischsten Wachstum. Im Zusammenhang mit dem Aufstieg großer Handelsunternehmen und dem Ausbau des öffentlichen Dienstes stieg ihre Zahl in der Bundesrepublik zwischen 1950 und 1970 um den zweieinhalbfachen Wert auf 7,8 Millionen; ihr Anteil an den Erwerbstätigen stieg entsprechend von 16 auf 29 Prozent. Damit blieben sie zwar bis 1980 hinter den Arbeitern zurück (42 Prozent), rangierten aber deutlich vor den Selbstständigen und Beamten.[67] Für Kinder aus Angestelltenfamilien waren die Zugangschancen zum Lehrerberuf recht günstig. Ihr Anteil unter den Lehrerstudenten entspricht in etwa der Repräsentanz der Angestellten unter allen Erwerbstätigen.

Daneben könnte die Gewichtsverlagerung von den Beamten zu den Angestellten auf Veränderungen berufsgruppenspezifischer Aufstiegsorientierungen basieren, zumal der sinkende Anteil der Beamtensöhne mit dem relativen Bedeutungsgewinn der Beamten unter den Erwerbstätigen kontrastiert. Im Deutschen Reich des Jahres 1933 waren 4,7 Prozent der

---

65 Undeutsch, S. 152. Vgl. Horn, S. 285 f.
66 Vgl. hierzu auch Kaelble: Soziale Mobilität und Chancengleichheit, S. 97.
67 Ralf Rytlewski/Manfred Opp de Hipt: Die Bundesrepublik in Zahlen 1945/49–1980. Ein sozialgeschichtliches Arbeitsbuch, München 1987, S. 80; Schildt, S. 30 f.; Günther Schulz: Die Angestellten seit dem 19. Jahrhundert, München 2000, S. 37 f.

Erwerbstätigen Beamte, in der Bundesrepublik waren es 1970 7 Prozent.[68] Sozialhistorische Forschungen schreiben den Mittelschichten eine traditionell hohe soziale Mobilität und ein ausgeprägtes Aufstiegsstreben zu.[69] Der Kultursoziologe Pierre Bourdieu argumentiert im Kontext seiner an der französischen Gesellschaft entwickelten Klassenanalyse, dass das „Kleinbürgertum" vom Willen zum sozialen Aufstieg und der Bereitschaft geprägt sei, in die Bildungs- und Berufslaufbahn der Kinder zu investieren. Das Aufstiegsstreben sei jedoch – wie auch die angestrengte Adaption der von der Oberklasse gesetzten „legitimen Kultur" – nur Ausdruck seiner eigenen unscharfen Lage im sozialen Raum. Hieraus resultiere nicht zuletzt auch das ausgeprägte Distinktionsbemühen gegenüber der Arbeiterschaft.[70] In Anbetracht derartiger Dispositionen könnten gerade bildungsnahe Beamte der mittleren und gehobenen Qualifikationsstufen den für niedrigere Schichten offenen, daher mit geringerem Sozialprestige ausgestatteten Grund- und Hauptschullehrerberuf zunehmend als Hemmnis des beruflichen Aufstiegs gesehen haben. Stattdessen könnten die Beamtenfamilien in Anlehnung an die Berufswahl der Oberschicht eher prestigeträchtigere, akademische Professionen anvisiert haben, zumal Kaelble betont, dass mit hoher Wahrscheinlichkeit die „Herkunft aus mittleren Beamtenfamilien (…) während des ganzen 20. Jahrhunderts eine wichtige Startposition für den Aufstieg in die obere Mittelschicht (Oberschicht, L. L.)" gewesen war.[71]

Der Anteil von Aufsteigern aus Familien kleiner Handwerker und Einzelhändler blieb ab Ende der 1920er Jahre deutlich unter den Raten aus dem späten 19. und frühen 20. Jahrhundert. Gleichwohl schwankte der Anteil in den folgenden Jahrzehnten um einen Wert von 13 bis 15 Prozent. Angesichts des fortgesetzten Schwunds von mittelständischen Familienbetrieben seit den 1950er Jahren scheint die effiziente Nutzung von Aufstiegsmöglichkeiten in einem Beamtenberuf des gehobenen öffentlichen Dienstes mit vergleichsweise sicherem Einkommen und absoluter Arbeitsplatzgarantie erstrebenswert gewesen zu sein.[72]

Trotz der sozialen Offenheit hat das alte Volksschullehramt im Kontext der Bildungsexpansion seit den späten 1950er Jahren seine vordem stark konturierte Wertigkeit als sozialer Aufstiegsberuf verloren. Dieser Bedeutungsverlust lässt sich im Vergleich zum Sozialprofil der Studentenschaft an den wissenschaftlichen Hochschulen in Nordrhein-Westfalen erkennen. Der Arbeiteranteil unter den Grund- und Hauptschullehrerstudenten lag 1971/72 mit 15 Prozent nur noch leicht über dem Arbeiteranteil unter der Gesamtstudentenschaft

---

68   Dietmar Petzina u. a.: Sozialgeschichtliches Arbeitsbuch III. Materialien zur Statistik des Deutschen Reiches 1914–1945, München 1978, S. 54; Rytlewski/Opp de Hipt, S. 80.
69   Vgl. Hartmut Kaelble: Sozialgeschichte Europas. 1945 bis zur Gegenwart, München 2007, S. 197; Wehler: Bürgertum, S. 16 f.
70   Bourdieu entfaltet seine einflussreiche Klassenanalyse vor allem im Hauptwerk: Die feinen Unterschiede. Kritik der gesellschaftlichen Urteilskraft, Frankfurt a. M. 1982 (Frz. La Distinction, Paris 1979), v. a. S. 405–619. Vgl. Hans-Ulrich Wehler: Pierre Bourdieu. Das Zentrum seines Werks, in: Ders.: Die Herausforderung der Kulturgeschichte, München 1998, S. 35–38; Sven Reichardt: Bourdieu für Historiker? Ein kultursoziologisches Angebot an die Sozialgeschichte, in: Thomas Mergel/Thomas Welskopp (Hg.): Geschichte zwischen Kultur und Gesellschaft, München 1997, S. 80–82.
71   Kaelble: Soziale Mobilität und Chancengleichheit, S. 283.
72   Geißler: Sozialstruktur, S. 140.

(13,5 Prozent). Für die männlichen Lehramtsaspiranten aus der Arbeiterschaft scheint der Beruf dahingegen seine Funktion als Aufstiegsberuf, wenn auch etwas abgeschwächt, behalten zu haben. Unter den männlichen Lehrerstudenten waren Arbeitersöhne mit einem Anteil von 20,5 Prozent gegenüber „nur" 15,6 Prozent unter den männlichen Studenten überproportional vertreten.[73] Auf geschlechtsspezifische Mobilitätsbewegungen wird zurückzukommen sein.

Ohne das Ursachengeflecht, auf das die Mobilitätsprozesse im alten Volksschullehrerberuf zurückgehen, damit in seiner ganzen Komplexität erfassen zu können, dürften für die soziale Offenheit und die weitergehende Öffnung des Berufszugang nach 1945 insbesondere vier Faktoren maßgeblich gewesen sein: (1) die Bildungsexpansion und damit einhergehende soziale Öffnung der wissenschaftlichen Hochschulen in ihrer Gesamtheit; (2) die rasche Expansion der Lehrerschaft an der Volksschule bzw. Grund- und Hauptschule als Folge der Bildungsexpansion im Schulsektor; (3) Schwankungen auf dem Lehrerarbeitsmarkt und ihre Auswirkungen auf schichtspezifische Berufswahl- und Aufstiegsorientierungen; (4) die Einebnung von Schichtunterschieden zwischen den Mittelschichten und den Unterschichten.

Da die Höhe des Arbeiterkinderanteils unter den Grund- und Hauptschullehrerstudenten zu Beginn der 1970er Jahre mit 15 Prozent in etwa derjenigen unter allen Hochschulstudenten entsprach, war die Öffnung des Zugangs zum alten Volksschullehrerberuf *erstens* Teil allgemeinerer Bewegungen im Modus der Chancenungleichheit beim Zugang zu den wissenschaftlichen Hochschulen seit den frühen 1960er Jahren. Begleitet von lebhaft geführten Bildungsdebatten und im Kontext umfassender, gesellschaftspolitischer Reformaufbrüche verlor die akademische Hochschulausbildung seit den 1960er Jahren erheblich an Exklusivität. Die Hochschulen, bis in die 1950er Jahre Kristallisationspunkt einer elitären, akademischen Geisteselite, öffneten sich nunmehr auch für bildungsferne Bevölkerungsschichten, vor allem für Arbeiterkinder.[74] Der Soziologe Ralf Dahrendorf und der Bildungsforscher Georg Picht hatten zur Mitte des Jahrzehnts mit jeweils unterschiedlicher Motivlage öffentlichkeitswirksam Modernitätsdefizite des strukturkonservativen westdeutschen Bildungssystems problematisiert. Picht hatte aus einer volkswirtschaftlichen Argumentation heraus die „deutsche Bildungskatastrophe" ausgerufen,[75] und Dahrendorf hatte auf der Grundlage empirischer Studien Kritik an sozialen Mobilitätshemmnissen des Bildungssystems und der massiven Diskriminierung von Kindern aus niedrigen Schichten geübt. Mit emanzipatorisch-demokratischer Emphase hatte er das „Bürgerrecht auf Bildung" und eine

---

73 Berechnet nach Statistisches Landesamt Nordrhein-Westfalen (Hg.): Beiträge zur Statistik des Landes Nordrhein-Westfalen, Heft: 299. Das Bildungswesen 1971, Teil 3: Hochschulen im Wintersemester 1971/72, Düsseldorf 1973, S. 48–54.
74 Vgl. Peter Lundgreen: Sozialgeschichte der deutschen Schule im Überblick, Teil II: 1918–1980, Göttingen 1981, S. 108–154; ders.: Schule; Walter Müller: Erwartete und unerwartete Folgen der Bildungsexpansion in: Jürgen Friedrichs u. a. (Hg.): Die Diagnosefähigkeit der Soziologie, Opladen 1998, (= Sonderheft der KZfSS, 38), S. 81–112; Geißler: S. 273–299.
75 Georg Picht: Die deutsche Bildungskatastrophe. Analyse und Dokumentation, 1964.

„aktive Bildungspolitik" zur Beseitigung von sozialen Bildungsungleichheiten gefordert.[76] Diese Debatte ging ab Mitte der 1960er Jahre in intensive bildungspolitische Reformbemühungen über. Im Bereich der tertiären Bildung haben neben der Bildungswerbung auch der Ausbau und die Neugründung von Hochschulen in der Fläche, nicht zuletzt in Nordrhein-Westfalen, den schichtenübergreifenden Zulauf von Abiturienten aus niedrigeren Schichten zu den Hochschulen und damit auch zu den Pädagogischen Hochschulen verstärkt: In den 1970er Jahren rekrutierte sich die Mehrheit der Studierenden an den wissenschaftlichen Hochschulen der Bundesrepublik wie zuvor aus den Mittelschichten, grob gerechnet 40 Prozent stammten aus der Oberschicht, aber vor allem kamen nun erstmals Arbeitersöhne und -töchter auf einen Anteil von über zehn Prozent.[77]

Die größere soziale Offenheit der Lehrerrekrutierung dürfte *zweitens* auf die sprunghafte Expansion der Volksschullehrerschaft bzw. Grundschul- und Hauptschullehrerschaft in der Zeit der Bildungsexpansion seit den 1950er Jahren zurückzuführen sein. Eine Prämisse der Mobilitätsforschung lautet, dass die beschleunigte Expansion einer Berufsgruppe den verstärkten Zugang von sozialen Aufsteigern nach sich zieht.[78] Tatsächlich stieg die Zahl der Volksschullehrer bzw. Grundschul- und Hauptschullehrer in Nordrhein-Westfalen zwischen 1950 und 1980 aufgrund des explosiven Wachstums der Schülerzahlen von 33.385 auf mehr als das Doppelte: 71.557.[79] Im Zuge einer eigendynamischen Entwicklung absorbierte das Bildungssystem einen Großteil der Personen, die es zuvor ausgebildet hatte.[80] Diese (allgemeingültigen) Wachstumsraten beliefen sich auf ein in der deutschen Bildungsgeschichte historisch singuläres Niveau, was eine nach unten offenere Rekrutierung der Lehrerschaft gleichsam erzwungen haben könnte.

---

76 Ralf Dahrendorf: Bildung ist Bürgerrecht. Plädoyer für eine alternative Bildungspolitik, Tübingen 1964. Vgl. zur Bildungsreformdebatte Alfons Kenkmann: Von der bundesdeutschen „Bildungsmisere" zur Bildungsreform in den 60er Jahren, in: Axel Schildt u. a. (Hg.): Dynamische Zeiten. Die 60er Jahre in den beiden deutschen Gesellschaften, Hamburg 2000, S. 402–423; Torsten Gass-Bolm: Das Gymnasium 1945–1980. Bildungsreform und gesellschaftlicher Wandel in Westdeutschland, Göttingen 2005, S. 225–230; Gunilla-Friederike Budde: Wettkampf um Gerechtigkeit. Frauenförderung und Arbeiterkinder in den Hochschulreformdebatten in Ost und West, in: JbUG 8 (2005), S. 123–142; Ralph Jessen: Zwischen Bildungsökonomie und zivilgesellschaftlicher Modernisierung. Die doppelte deutsche Bildungsdebatte der sechziger Jahre, in: Heinz-Gerhard Haupt/Jörg Requate (Hg.): Aufbruch in die Zukunft. Die 1960er Jahre zwischen Planungseuphorie und kulturellem Wandel. DDR, ČSSR und Bundesrepublik Deutschland im Vergleich, Göttingen 2004, S. 209–231.
77 Es kann nicht deutlich genug darauf hingewiesen werden, dass die Öffnung der Hochschulen keineswegs zu einer Veränderung der Chancenungleichheit im Zugang zu den Hochschulen geführt hat. Bis 1982 etwa war der Anteil an Arbeiterkindern unter den bundesdeutschen Hochschulstudenten auf 16 Prozent gestiegen. Damit blieben sie aber, gemessen am Arbeiteranteil an den Erwerbstätigen (42 Prozent) diskriminiert. Vgl. hierzu Lundgreen: Schule.
78 Vgl. Kaelble: Soziale Mobilität und Chancengleichheit, S. 78.
79 Überhaupt strahlte der Schuldienst insgesamt eine erstaunliche Attraktivität auf junge Abiturienten aus: 1950 absolvierte ein Fünftel aller bundesdeutschen Studenten ein Lehrerstudium, 1970 war es ein ganzes Drittel. Lundgreen, Berufliche Schulen, S. 328.
80 Lundgreen: Sozialgeschichte, S. 149 f.; Hartmut Titze u. a.: Der Lehrerzyklus. Zur Wiederkehr von Überfüllung und Mangel im höheren Lehramt in Preußen. In: Zeitschrift für Pädagogik 31 (1985), S. 106.

Die letztgenannte Hypothese wird durch bildungshistorische Forschungen erhärtet. Hartmut Titze hat im Rahmen seiner Forschungen zum „Akademikerzyklus" auf die Zusammenhänge zwischen sozialen Öffnungsprozessen und den periodisch auftretenden Überfüllungs- und Mangelphasen in akademischen Berufen hingewiesen, die auf schichtspezifische Differenzen in der Wahrnehmung von Berufs- und Aufstiegschancen zurückgehen.[81] Die Schwankungen auf dem Lehrerarbeitsmarkt wie auch damit zusammenhängende Veränderungen in der Berufswahl der Abiturienten haben *drittens* die soziale Herkunft der angehenden Grund- und Hauptschullehrer mit großer Wahrscheinlichkeit stark beeinflusst.

Qualifikationskrisen waren und sind im modernen deutschen Berechtigungswesen angelegt, das seit seiner Institutionalisierung im Zeitraum um 1800 das Bildungssystem über den Erwerb von Hochschulzertifikaten mit den Berufslaufbahnen verkoppelt. So eröffnete das *Examen pro facultate docendi* (1810) den Zugang zum höheren Lehramt mit seinem Beamtenstatus und der lebenslangen Anstellungsgarantie. Mit dem Akademisierungsschub der 1920er Jahre wurde auch das Volksschullehramt von den krisenhaften Wechsellagen erfasst.[82] Da die Berufsaussichten in den Lehrämtern eng mit den langfristigen Wellen des Bildungswachstums verbunden waren, war die Durchschlagskraft des Zyklus hier stärker als in den anderen akademischen Berufen.[83]

Das pensionsbedingte Ausscheiden starker Lehrerkohorten in den 1940er und 50er Jahren rief einen erheblichen Nachfragebedarf an Volksschullehrern hervor, der durch den Ausbau der Schule während der Bildungsexpansion potenziert wurde und schließlich in einen dramatischen Lehrermangel mündete. Die Lücke zwischen Angebot und Nachfrage war derart stark ausgeprägt, dass bei einem Lehrerbestand von 21.017 an den Hauptschulen Nordrhein-Westfalens im Jahr 1970 ganze 3.990 Lehrkräfte fehlten.[84] Erst mit dem Rückgang der Schülerzahlen Mitte der 1970er Jahre schlug der Mangel in eine neuerliche Überfüllung um; die bildungspolitische Szene der 1980er Jahre sollte dann ganz im Zeichen der Debatte um die Lehrerarbeitslosigkeit stehen. Aber zunächst lösten die hervorragenden Berufsaussichten im expandierenden Bildungssystem einen Zustrom ins Volksschullehramt aus, wie anhand der o. g. Wachstumsraten bereits deutlich wurde. Unter dem Eindruck derart günstiger Berufsaussichten waren mit Titze in den mittleren und unteren Schichten starke Sogeffekte wirksam. Da ihr Bildungsstreben generell schwächer ausgeprägt gewesen sei, seien sie auch im stärkeren Maße von den Veränderungen des Berufszugangs beeinflusst worden. Unter expansiven Bedingungen strömten ihre Nachkommen in die sich öffnende Lehrer-

---

81 Hartmut Titze: Der Akademikerzyklus. Historische Untersuchungen über die. Wiederkehr von Überfüllung und Mangel in akademischen Karrieren, Göttingen 1990; Titze u. a., Lehrerzyklus.
82 Vgl. Rainer Bölling: Lehrerarbeitslosigkeit in Deutschland im 19. und 20. Jahrhundert, in: AfS 27 (1987), S. 229–258.
83 Hartmut Titze: Bildungskrisen und sozialer Wandel 1780–2000, in: GG 30 (2004) S. 339–372; ders. u. a.: Lehrerzyklus, S. 105 f.
84 Lehrerbedarf und Lehrerbestand an den Schulen des Landes Nordrhein-Westfalen 1960–1990, 5. Aufl., Köln 1976 (= Strukturförderung im Bildungswesen des Landes Nordrhein-Westfalen. Eine Schriftenreihe des Kultusministers, H. 30), S. 47.

laufbahn.[85] Es erscheint plausibel, dass die Verlagerung der Lehrerrekrutierung in die Unterschichten nach 1945 in nicht geringem Maße auf die Perzeption und anschließende Realisierung der sich darbietenden Aufstiegschancen zurückging.

Viertens könnte die Zunahme von Aufsteigern aus der Arbeiterschaft auf die Reduktion von Schichtunterschieden zwischen den Mittelschichten und den Unterschichten zurückgehen. Sozialgeschichtliche Forschungen weisen darauf hin, dass die Grenzen zwischen diesen Gesellschaftssegmenten in der westdeutschen Wohlstandsgesellschaft poröser wurden. Die Expansion der Mittelschichten speiste sich insbesondere durch den sozialen Aufstieg oder die „Verbürgerlichung" von Teilen der Arbeiterschaft, was in erster Linie auf die höher qualifizierten Arbeitergruppen zugetroffen haben mag.[86] Vor dem Hintergrund dieser gesamtgesellschaftlichen Mobilitätsbewegungen sticht nun eine Auffälligkeit der sozialen Zusammensetzung der Grund- und Hauptschullehrer in der Ausbildung hervor. Innerhalb der Population herrschen große Differenzen in der Herkunft aus der Arbeiterschaft. Die Kinder von gelernten, besser qualifizierten Arbeitern stellen mit einem Anteil von 11,8 Prozent unter den Lehrerstudenten nach den Angestellten aus den Mittelschichten und den kleinen Selbstständigen in Handel und Handwerk die drittgrößte Herkunftsgruppe. Dahingegen bildeten an- und ungelernte Arbeiter eine marginale Herkunftsgruppe. Sieht man einmal von der Schrumpfung ungelernter Arbeiter und der Zunahme qualifizierter Arbeiter in der Bundesrepublik ab,[87] scheint die soziale Barriere im Zugang zum Grund- und Hauptschullehrerberuf zwischen den Arbeitergruppen stärker ausgeprägt zu sein als die zwischen den Mittelschichten und der Arbeiterschaft in ihrer Gesamtheit.

Die soziale Herkunft der Volksschullehrer bzw. Grund- und Hauptschullehrer im Vergleich der Geschlechter

Welche Unterschiede und Gemeinsamkeiten bestanden hinsichtlich der sozialen Herkunft von Lehrern und Lehrerinnen an Volksschule bzw. Grund- und Hauptschule nach 1945?

Diese Frage ist allein schon vor dem Hintergrund der „Feminisierung" des Volksschullehrerberufes im 20. Jahrhundert von Interesse, hier ausschließlich verstanden als quantitativer Prozess des Vordringens von Frauen in diesem Bildungs- und Berufssektor. Tatsächlich bildete das niedere Lehramt das „Einfallstor" der Feminisierung im Schulsystem, die sich bis in die jüngste Gegenwart bis zum Gymnasium fortsetzte.[88] Der Frauenanteil unter den

---

85   Vgl. Titze: Akademikerzyklus, S. 113–135.
86   Wehler: Bürgertum, S. 17. Vgl. Geißler, S. 139–198; für das Ruhrgebiet Tenfelde: Ende und Anfang, S. 282.
87   Geißler, S. 194.
88   Vgl. Juliane Jacobi (Hg.): Frauen zwischen Familie und Schule. Professionalisierungsstrategien bürgerlicher Frauen im internationalen Vergleich. Frankfurt/M. 1994; Dagmar Hänsel: Frauen im Lehramt – Feminisierung des Lehrerberufs? in: Elke Kleinau/Claudia Opitz (Hg.): Geschichte der Mädchen- und Frauenbildung, Bd. 2: Vom Vormärz bis zur Gegenwart, Frankfurt a. M. 1996, S. 414–433; Peter Lundgreen: Die Feminisierung des Lehrerberufs. Segregierung der Geschlechter oder weibliche Präferenz? Kritische Auseinandersetzung mit einer These von Dagmar Hänsel, in: ZfP 45 (1999) 1, S. 121–136.

Volksschul- bzw. Grundschul- und Hauptschullehrern betrug 1950 41,6 Prozent, stieg bis 1970 auf 61,8 Prozent und 1980 auf 67,2 Prozent. Das Lehramt an Grund- und Hauptschule war somit in den 1960er Jahren dezidiert zu einem Frauenberuf geworden. Dies unterstreicht auch die geschlechterspezifische Studienwahlpräferenz, also der Anteil der weiblichen Studierenden, die ein Lehramtsstudium aufnahmen. Mitte der 1960er Jahre strebte über die Hälfte aller Hochschulstudentinnen in die Lehrerberufe.[89] Einstellungsuntersuchungen aus den 1960er Jahren machten auf die geschlechtsspezifischen Differenzen des Berufswahlverhaltens von Abiturienten aufmerksam: Die Aspirationen der männlichen Schulabsolventen gingen in der Mehrheit über den Volksschullehrerberuf hinaus, dieser schien ihren Erwartungen an „gute(n) Aufstiegschancen", „hohes Einkommen" und gesellschaftliches Ansehen kaum entgegenzukommen. Die Absolventinnen setzten dagegen stärker auf eine kurze und kostengünstige Ausbildung und sahen im Schuldienst eine anregende Tätigkeit, in der sich ihr Interesse an Allgemeinbildung wie auch am Umgang mit Kindern und Jugendlichen realisieren lasse.[90]

Gerade weil sich die Lehrerinnen seit dem späten 19. Jahrhundert überproportional aus dem Bürgertum rekrutiert hatten, wurde in den 1960er Jahren die Befürchtung geäußert, die fortschreitende Feminisierung des Berufes könne eine Umwälzung der sozialen Herkunft der Volksschullehrer in Richtung des Ausschlusses von Unterschichtenaufsteigern verursachen – demnach würde die Chancenverbesserung von Frauen im Beruf gleichsam in Konflikt mit einer weiteren Dimension der Chancenungleichheit treten, dem Berufszugang von Aufsteigern.[91] Dieser Vermutung wird durch die vorangeschrittene Öffnung des Volksschullehrerberufs für Unterschichtenaufsteiger seit den 1960er Jahren der Boden entzogen. Hinzu kommt, dass die Verbreiterung des Zugangs aus der Oberschicht nicht ausschließlich der Feminisierung geschuldet war, da sich vermutlich auch die Lehrer in der Ausbildung häufiger aus der Oberschicht rekrutierten. Wenn auch die angehenden Lehrerinnen weiterhin in stärkerem Maße Oberschichtfamilien entstammten, haben sich die männlichen und weiblichen Rekrutierungsmuster doch tendenziell angenähert. So waren Lehrer keinesfalls häufiger Aufsteiger aus der unteren Mittelschicht, der Anteil von Aufsteigerinnen aus dem gewerblichen Mittelstand lag etwa über dem der männlichen Berufskollegen dieser Herkunftsgruppe. Männer hatten öfter einen Arbeiter zum Vater, aber infolge der Bildungsexpansion der Mädchen stieg auch der Anteil von Arbeitertöchtern. In Preußen hatte lediglich

---

89 Unter den Lehrerinnen an den allgemein bildenden Schulen in der Bundesrepublik war auch noch in den 1960er Jahren – nach unterschiedlichen Erhebungen – die Hälfte oder zwei Drittel unverheiratet. Dennoch setzte sich unter dem Einfluss tief greifender Umbrüche der Geschlechterordnung und der allgemeinen Zunahme der Frauenerwerbstätigkeit in den 1960er und 70er Jahren die Erosion des Leitbildes der „jungfräulichen Erzieherin" fort. Die Lehrerin, die im Zölibat und berufsorientiert lebte, trat allmählich zugunsten der Lehrerin zurück, die Berufs- und Familienleben vereinte. Wie auch in anderen, vor allem Verwaltungs- und Dienstleistungsberufen wurde die temporäre Beschäftigung von Frauen bis zur Heirat graduell von der das gesamte Leben umfassenden, professionalisierten Berufstätigkeit auch mit Kindern abgelöst. Vgl. Hänsel, S. 422 f. Schildt: Sozialgeschichte.
90 Undeutsch, Zit. S. 152; Horn, S. 268–283; Achinger, S. 234 f.
91 Ralf Dahrendorf: Arbeiterkinder an deutschen Universitäten, Tübingen 1965, S. 26, zit. bei Kaelble: Soziale Mobilität und Chancengleichheit, S. 95 f.

jede 50ste Lehrerstudentin einen Arbeiter zum Vater, in Nordrhein-Westfalen war es 1971/72 bereits jede achte. Enzelberger wird wohl zuzustimmen sein, wenn sie feststellt, dass der „Volksschullehrerberuf, wenn überhaupt, dann als bevorzugter Aufstiegsberuf für Frauen aus den unteren sozialen Schichten diente".[92] Die Feminisierung der Lehrerberufe dürfte mit großer Wahrscheinlichkeit in nicht ganz unbeträchtlichem Maße zur Erosion des in der Arbeiterschaft bis in die 1960er Jahre axiomatisch verankerten traditionellen Frauenbildes beigetragen haben, welches Frauen auf die familiäre Reproduktionsarbeit festlegte und kaum Bildungs- und Aufstiegschancen zusprach.[93] Horn identifiziert darüber hinaus schichtbedingte Differenzen in der Auffassung der eigenen Berufsrolle der Lehrerinnen. Wenn dem Volksschullehrerberuf aus Sicht der höheren Schichten noch häufiger, wenn auch seltener als zuvor, der Charakter „der Überbrückung bis zur Heirat und notwendigen Zukunftssicherung" zukam, so würden Unterschichtaufsteigerinnen in ihm – nicht zuletzt aufgrund der enormen Aufstiegsanstrengungen – eine „Lebensaufgabe" sehen.[94]

Der soziale Abstieg von Söhnen aus der Oberschicht dürfte, wie schon zuvor, auch in den 1970er Jahren eine Folge des individuellen Scheiterns weitergehender Berufs- und Karrierepläne gewesen sein, war das Interesse hier doch auf die vermeintlich angesehenen Berufspositionen, etwa die Freien Berufe, gerichtet.[95] Sozialstatistisch betrachtet war das Ergreifen des Lehrerberufs für die Töchter aus der Oberschicht ebenfalls ein sozialer Abstieg. Allerdings vermutet Enzelberger, dass diese Berufswahl doch viel weniger als ein solcher wahrgenommen wurde, was auch darauf zurückführen ist, dass der Grund- und Hauptschullehrerberuf seit den 1960er Jahren als ehemals „weiblicher Überbrückungsberuf" der Oberschicht allmählich an Bedeutung verlor.[96]

Zur Selbstrekrutierung der Volksschullehrer bzw. Grund- und Hauptschullehrer nach 1945

Der Frage, ob die Lehrerberufe an Volksschule bzw. Grund- und Hauptschule nach 1945 eine Plattformfunktion im Kontext von Mobilitätsprozessen über drei Generationen zukam, kann hier wegen fehlenden Datenmaterials zu Aufstiegs- und Abstiegsbewegungen von Lehrerkindern nicht nachgegangen werden. Über die Entwicklung der Selbstrekrutierung von Volksschullehrern bzw. Grund- und Hauptschullehrern lassen sich hingegen empirisch begründete Überlegungen anstellen. Das Ausmaß an intergenerationeller Berufsvererbung scheint dabei bis in die 1970er Jahre stetig zurückgegangen zu sein.

Unter den Volksschullehrerstudenten im Schleswig-Holstein der 1950er Jahre konstatierte von Recum, wie bereits erwähnt, eine recht hohe Selbstrekrutierungsrate von 27 Prozent. Das dürfte aber in erster Linie mit der Herkunft der Untersuchungsgruppe aus länd-

---

92 Enzelberger, S. 219.
93 Vgl. Tenfelde: Bildung; Josef Mooser: Arbeiterleben in Deutschland 1900–1970. Klassenlagen, Kultur und Politik, Frankfurt a. M. 1984; Enzelberger, S. 218–220.
94 Horn, S. 288.
95 Undeutsch, S. 152.
96 Enzelberger, 220 f.

lich-agrarischen Regionen zusammenhängen. Die Anziehungskraft universitärer, großstädtischer Bildung mag nur schwach in die erst ansatzweise urbanisierten Gebiete ausgestrahlt haben, während der Dorfschullehrer über eine gewisse Autorität verfügt haben könnte, der Beruf daher gerade für Lehrersöhne attraktiv gewesen sein mag. Die angehenden Volksschullehrer in Hessen ergänzten sich im Zeitraum zwischen 1947 und 1960 zu 13,5 Prozent aus Familien von Volksschul- oder Mittelschullehrern. Es darf aber Horns These angezweifelt werden, dass im Vergleich zum Volksschullehrer nur wenige Berufe der „modernen Gesellschaft (…) ihren Nachwuchs in gleich starkem Maß aus den eigenen Nachkommen rekrutierten".[97] Dagegen sprechen allein schon die Daten einer Studie zu den Berufswünschen Frankfurter Abiturienten aus dem Jahr 1962, wonach insgesamt 30 Prozent der Population den Beruf des Vaters anstrebte, an der Spitze stehen die Zahnarztsöhne mit 59,2 Prozent.[98] Das korrespondiert mit den Daten zur Berufsvererbung in den Freien Berufen.[99] Unter den Frankfurter Söhnen von Volksschul- und Mittelschullehrern strebte lediglich ein exorbitant niedriger Anteil, 3,8 Prozent, den Vaterberuf an, wohingegen 17 Prozent eine Karriere im höheren Schuldienst ins Auge fassten. Dass der Modus der direkten Berufsvererbung vergleichsweise selten vorgekommen sein mag, zeigen auch die Daten für Nordrhein-Westfalen von 1971/72. Denn nur 5,7 Prozent der weiblichen und männlichen Grundschul- oder Hauptschullehrerstudenten stammten selbst aus Lehrerfamilien.

Dieser langfristige Umschwung wird von der Forschung als Indiz einer nicht geringen Berufsunzufriedenheit unter den Grund- und Hauptschulpädagogen gewertet.[100] Das zeitgenössische Selbstbild der Volksschullehrerschaft kann hier nicht in seiner ganzen Breite durchleuchtet werden, aber die zeitgenössische Publizistik der (Volksschul-)Lehrerverbände scheint doch im Kontext des Professionalisierungsprojektes immer wieder ein mentalitätsgeschichtlich höchst wirksames und über mehrere Volksschullehrer-"Generationen" hinweg tradiertes Syndrom aus Deprivilegierungserfahrungen und kollektiven Aufstiegserwartungen bedient zu haben. Eine qualitative Analyse des Selbst- und Fremdbildes der Volksschullehrerschaft in ihrer Zeit könnte hier weiterführende Antworten geben. Ungeachtet der von Sozialwissenschaftlern erhobenen „Unzufriedenheit" der Volksschulpädagogen mit ihrem Berufsstatus (Enzelberger) scheint doch in Lehrerfamilien eine hohe Milieuverbundenheit mit dem Bildungssystem vorgelegen zu haben. Wie schon im frühen 20. Jahrhundert genoss das Gymnasiallehramt in Volksschullehrerfamilien auch nach 1945 eine hohe Wertschätzung, immerhin 17 Prozent unter den Frankfurter Volksschullehrersöhnen strebten zu Beginn der 1960er Jahre in den höheren Schuldienst.

---

97 Horn, S. 139 f.
98 Alexander Steiniger: Studien- und Berufswünsche Frankfurter Abiturienten, ihr Alter und die Berufe ihrer Väter, Frankfurt a. M. 1962, zitiert bei Achinger, S. 230.
99 Zur sozialen Herkunft von Juristen etwa Dietrich Rüschemeyer: Rekrutierung, Ausbildung und Berufsstruktur. Zur Soziologie der Anwaltschaft in den Vereinigten Staaten und in Deutschland, in: David W. Glass/René König (Hg.): Soziale Schichtung und soziale Mobilität, Opladen/Wiesbaden 1961, S. 122–144.
100 Enzelberger, S. 222.

Fazit und Ausblick

Die Entwicklung der sozialen Herkunft der Volksschullehrer bzw. Grund- und Hauptschullehrer in den Jahrzehnten nach 1945 lässt in Kontinuität zum frühen 20. Jahrhundert eine recht große soziale Offenheit des Berufszugangs erkennen. Zu Beginn der 1970er Jahre eröffneten sich dem Großteil der Lehrerstudenten in Nordrhein-Westfalen breite Aufstiegsmöglichkeiten aus der unteren Mittelschicht und der oberen Unterschicht in eine gehobene Beamtenlaufbahn der oberen Mittelschicht. Zugespitzt formuliert, ist im Verlauf des 20. Jahrhunderts der Übergang des aus kleinbäuerlichen und -gewerblichen Herkunftsgruppen stammenden, an Seminaren ausgebildeten Volksschullehrers zu einem sich aus mittleren Arbeitnehmer-, vor allem Angestelltenberufen rekrutierenden Grund- und Hauptschullehrer mit wissenschaftlicher Ausbildung zu konstatieren. Die Bildungsexpansion seit den 1950er Jahren, der Lehrermangel und die expandierende Zahl der Schulstellen ermöglichten den männlichen, zunehmend auch den weiblichen Lehramtsstudenten aus der Arbeiterschaft größere Berufs- und Aufstiegsmöglichkeiten im Grund- und Hauptschulsektor.

Langfristig betrachtet, repräsentierte Ludwig Harig mit seiner Herkunft aus dem alten Mittelstand der Handwerker, Kleinlandwirte und Gewerbetreibenden ein an Bedeutung verlierendes Rekrutierungsmuster, wenn auch der Anteil von Nachkommen aus diesen Berufsgruppen seit den 1920er Jahren stabil blieb. Die ausgeprägte Nähe zu den mittleren und niedrigeren Schichten bildete ein starkes Element der Kontinuität in der Volksschullehrerschaft bzw. Grund- und Hauptschullehrerschaft. Die Frage, welche Auswirkungen diese Nähe auf die Mentalität, das Selbstverständnis und die Weltdeutungen der Lehrergruppen hatte, stand hier nicht zur Diskussion. Es scheint aber nicht ganz falsch zu sein, anzunehmen, dass sich vor allem die soziale Herkunft der Hauptschullehrer in den 1960er und 70er Jahren nicht sehr stark von den Herkunftsmilieus ihrer Schüler abhob.

Bezieht man neuere Untersuchungen zur sozialen Herkunft der Grund- und Hauptschullehrer seit den 1970er Jahren in die Analyse mit ein, dann scheint sich die soziale Öffnung dieser Berufsgruppen auf einem höheren Niveau stabilisiert zu haben: Der Sozialwissenschaftler Stefan Kühne legt auf Grundlage der Untersuchung von ALLBUS-Daten („Allgemeine Bevölkerungsumfrage der Sozialwissenschaften") zur sozialen Herkunft von Lehrern, die zwischen 1970 und 2002 in den Beruf eintraten, dar, dass sich die Grund- und Hauptschullehrer zu 50 Prozent aus den Herkunftsgruppen der „unteren Dienstklasse", den Selbstständigen und den ausführenden nicht-manuellen Berufen, rekrutierten. Bemerkenswert ist aber vor allem der hohe Anteil aus den Herkunftsgruppen der Arbeiter, dieser liegt bei 28,2 Prozent und damit auf einem exzeptionell hohen Niveau.[101]

---

101 Stefan Kühne: Das soziale Rekrutierungsfeld der Lehrer. Empirische Befunde zur schichtspezifischen Selektivität in akademischen Berufspositionen, in: ZfE 9 (2006), S. 617–631. Siehe daneben Karin-Irene Willer: Die familiale und schulische Sozialisation von Grund- und Hauptschullehrerstudenten, Frankfurt a. M. 1993; Christiane Rohleder: Zwischen Integration und Heimatlosigkeit. Arbeitertöchter in Lehramt und Arztberuf, Münster 1997.

Jörg Kruth

Stiftungen inner- und außerhalb Europas: Zum Transfer des Bürgerstiftungsmodells

In Zeiten, in denen Gemeinwohl längst als Konsumgut gehandelt und Corporate Identity-Strategien einen sogenannten Dritten Sektor fest in der Hand zu haben scheinen, wird nicht selten an zivilgesellschaftliches Engagement appelliert.[1] So werden Anstiege bei Neugründungen von Stiftungen als „Stiftungsboom" bezeichnet. „Wir brauchen ‚Stifter'" – Mit diesem Appell gingen Johannes Rau, Roman Herzog, Richard von Weizsäcker und Walter Scheel gemeinsam an die Öffentlichkeit.[2] Auch die erst kürzlich erfolgte Modifizierung der juristischen Grundlagen soll richtungsweisend für die Partizipation der Bürger sein.[3] Für Garon verkörpert „Zivilgesellschaft" den Heiligen Gral unserer Zeit.[4] Nicht selten verfällt die Kontroverse jedoch in Pole wie „Hierarchie vs. Demokratie", „NGOs vs. Fehlen zivilgesellschaftlichen Engagements" oder „Partizipation vs. politisches Desinteresse". Um den Bestand solcher Dichotomien grundsätzlich in Frage stellen zu können und mitunter bereits an dieser Stelle zu intervenieren, ist es hilfreich, sich die Geistesgeschichte des Stiftungsgedankens und seiner Moderne ins Gedächtnis zu rufen – genau dies ist Aufgabe dieses Textes.[5]

Stiftungen oder andere Phänomene, die mittlerweile unter dem Stichwort „NGOs" in der Diskussion um Zivilgesellschaft Beachtung finden, zeigen sich verankert in ihren differenzierten kulturgeschichtlichen Kontexten. Ist der Gebrauch von solchen anglo-amerikanischen Begriffen auch noch für viele ungewöhnlich, stellen Nicht-Regierungsorganisationen keinesfalls eine neuartige Erscheinung dar. In Europa sind kirchliche Vereinigungen aus dem Altertum, Zünfte und Interessengruppen aus dem Mittelalter bekannt. Veränderungen in der Moderne betreffen ihre Ausdifferenzierung, ihre partizipativen Traditionen, sowie ihre globale Ausdehnung und ihren integrierenden Zusammenschluss. "[T]he prolife-

---

1 Die Begriffe „Bürgergesellschaft", „Zivilgesellschaft" und „civil society" verfügen kaum über eine einheitliche Definition. So werden sie in diesem Beitrag auch synonym verwendet.
2 Herzog äußert sich ebenso an anderer Stelle, vgl. Roman Herzog: Zur Bedeutung von Stiftungen in unserer Zeit, in: Bertelsmann Stiftung (Hg.), Operative Stiftungsarbeit, Gütersloh 1997, S. 35–41.; vgl. hierzu auch Rita Süssmuth, Einführung, in: Weger: Die Stiftung in der Fundraising-Konzeption. Fachzeitschriften der Bundesarbeitsgemeinschaft Sozialmarketing e.V. 10 (1997), Rita Süssmuth: Soll das Ehrenamt finanziell gefördert werden? in: Der Städtetag 6 (2000), S. 18–24 oder Gerhard Schröder: Die zivile Bürgergesellschaft. Anregungen zu einer Neubestimmung der Aufgaben von Staat und Gesellschaft, in: Frankfurter Hefte. Neue Gesellschaft 4 (2000), S. 200–207.
3 Vgl. etwa Stiftungsgesetz Nordrhein-Westfalen (StiftG Nordrhein-Westfalen) vom 26. Februar 2005 oder Gesetz zur weiteren Steuerlichen Förderung von Stiftungen vom 14. Juli 2000.
4 Vgl. Sheldon Garon: From Meiji to Heisei. The State and Civil Society in Japan. in: Frank J. Schwartz/ Susan J. Pharr (Hg): The State of Civil Society in Japan, Cambridge 2003, S. 42.
5 Eine transkulturelle Disskussion von Zivilgesellschaft, insbesondere für den japanischen Fall, auf dessen qualitative Forschungsergebnisse hier zurückgegriffen werden kann, wurde bereits an anderer Stelle vorgelegt. Vgl. Jörg Kruth: Strategien der Zivilgesellschaft – Japanische NPOs und deutsche Treuhandstiftungen, Frankfurt am Main u. a. 2008.

ration of private organisations on an international scale increased significantly between the mid nineteenth century and World War I."⁶ Bei der Untersuchung von Zivilgesellschaft ist deshalb ebenso auf informelle und interpersonelle Praktiken zu achten. Zivilgesellschaft nimmt vielfältige Formen an, und nicht für jede lässt sich generell oder ohne Modifikation unser Verständnis, unsere Begrifflichkeit von ihrer Struktur oder ihren Organisationsformen zu Grunde legen. „The idea of civil society is rooted in a time and a place. (…) The concept of civil society assumed its present-day meaning, most scholars agree, during the latter half of the eighteenth Century and the early nineteenth Century in Western Europe."⁷ Nicht zuletzt, da derzeit global Zivilgesellschaft an westlichen Formen gemessen wird, wollen wir über die Geistesgeschichte des Stiftungsgedankens und ihrer rechtlichen und ideellen Implikationen als Ausprägung von westlicher Zivilgesellschaft bewusst werden.

Stiftungen als Teil von Zivilgesellschaft

Bevor sich die Untersuchung dem Stiftungsgedanken in der Geschichte sozialer Bewegungen zuwendet, wollen wir kurz unseren theoretischen Ausgangspunkt lokalisieren, indem wir uns das moderne westliche Konzept von Zivilgesellschaft ins Gedächtnis rufen.⁸ Eine Belebung in der Moderne erfuhr das Konstrukt der Zivilgesellschaft durch Charles Taylor,⁹ in dessen viel zitierter „Beschwörung der Civil Society" folgende Definition zu finden ist, die eine heute vielfach geteilte Sichtweise wiedergibt: „1. In einem sehr allgemeinen Sinn gibt es civil society dort, wo es frei Vereinbarungen gibt, die nicht von der Staatsmacht bevormundet werden. 2. Im engeren Sinn gibt es civil society nur dort, wo die Gesellschaft als Ganze sich durch Vereinigungen, die nicht von der Staatsmacht bevormundet werden, strukturieren und ihre Handlungen koordinieren kann. 3. Alternativ oder ergänzend zur zweiten Bedeutung können wir von civil society immer dort sprechen, wo die Gesamtheit der Vereinigungen den Gang der staatlichen Politik signifikant bestimmen oder modulieren kann."¹⁰ Grundsätzlich handelt es sich hier folglich um eine Theoriekonzeption, die von Idealen westlicher Demokratie inspiriert ist, eine Konzeption, die sich gegenüber staatlicher Macht definiert und die Existenz von Organisationsformen wie Stiftungen und Vereinen voraus-

---

6   Karsten Ronit/Volker Schneider: Private Organizations and their Contribution to Problem-Solving in the Global Arena, in: Krsten Ronit/Volker Schneider (Hg.): Private Organisations in Global Politics, London/New York 2003, S. 1.
7   Ebd.
8   Die Literaturauswahl hier ist inspiriert von Akihiro Ogawa: The Failure of Civil Society? Ann Arbor 2005, S. 5 ff. und Lars Mader: Stiftungen als Partizipationsoption der Bürgergesellschaft, (unveröff. Ms.) 2004.
9   Seit Montesquieu (1689–1755), Adam Ferguson (1723–1816) und Alexis de Tocqueville (1805–1859) ist der Begriff der Zivilgesellschaft mit der Staatstheorie verknüpft. Die einschlägige Literatur führt sie erstaunlicherweise nicht selten auf römische und griechische Wurzeln zurück, was jedoch im Sinne des heutigen Begriffs eher als „invented tradition" (vgl. Eric John Hobsbawm/Terence O. Ranger (Hg.): The Invention of Tradition. Cambridge 1992.) bezeichnet werden muss; vgl. Ferguson 1783, S. 2.
10 Charles Taylor: Die Beschwörung der Civil Society, in: Michalski Krzysztof (Hg.): Europa und die Civil Society, Stuttgart 1991, S. 57.

setzt. So bildet für Habermas den Kern der „civil society (…) [A] network of associations that institutionalises problem-solving discourses on questions of general interest, inside the framework of organised public spheres."[11] Er stellt in dieser populären westlichen Definition von Zivilgesellschaft sein Konzept einer offenen, öffentlichen Sphäre heraus, dem der Gedanke diskursiver Ethik zu Grunde liegt. Weitere zentrale Facetten von Zivilgesellschaft geben Cohen und Arato mit Pluralität, Privatheit und Legalität an.[12] Es sei bemerkt, dass eine solche Legalität keinesfalls als Voraussetzung für zivilgesellschaftliche Institutionen zu gelten hat, so etwa an Orten, in denen der Staat nicht so dominant in die Aktivitäten seiner Bürger eingreift. Hier werden vielmehr umverteilende wirtschaftliche Integrationsprozesse oder etwa in der moralischen Ordnung verankerte Werte und Verhaltensweisen bedeutungstragende Elemente von Zivilgesellschaft sein. Der hier verwendete Begriff „Reflexionssphäre" wird ebenso auf diverse Kontexte nicht übertragbar sein, beinhaltet er doch zumeist im westlichen Sinne eine zu großen Teilen alphabetisierte Gesellschaft, die an die Rezeption von Massenmedien gewöhnt ist. Eine vertrauensbildende Eigenschaft von Mitgliedschaften in Organisationen kann paradoxerweise nach Putnam zu „sozialem Kapital"[13], aber ebenso nach Roth zu „unsozialem Kapital" führen.[14] Ziehen wir Resümee in der allgemein akzeptierten Schnittmenge der zivilgesellschaftlichen Diskussion, lässt sich im modernen Konzept eine Fusion von historischen Gegebenheiten wie einer auf den Staat abzielenden Demokratisierung, einer widerstandsbereiten Öffentlichkeit oder rechtlichen Organisationskultur, mit normativen Anliegen und sozialen Idealen, zum Beispiel der privaten Philanthropie, der öffentlichen Meinungsäußerung oder auch einer diskursiven Ethik beobachten. Stiftungen etwa sind den freien und freiwillig errichteten Assoziationen zuzuordnen, die im Westen als bedeutender Bestandteil der Zivilgesellschaft gelten. Daraus abgeleitet werden ihnen heute Eigenschaften wie Nichtstaatlichkeit, Gemeinwohlorientierung und Öffentlichkeit zugewiesen, auch wenn ihnen im Laufe der Geschichte, wie noch offenbar werden wird, höchst unterschiedliche Rollen zufielen. Es stellt sich also die theoretische Frage, ob Stiftungen allein als Teil von Zivilgesellschaft betrachtet werden können. Ein Blick auf den Entstehungskontext von Stiftungen und auf ihren Weg in die Moderne kann versuchen, diesen Punkt zu erhellen.

---

11 Jürgen Habermas: Between Facts and Norms: Contributions to a Discourse Theory of Law and Democracy, Cambridge 1996, S. 367, zit. nach Ogawa, S. 7 f.
12 Vgl. Jean L. Cohen/Andrew Arato: Civil Society and Political Theory, Cambridge 1994.
13 Vgl. Robert D. Putnam: Making Democracy Work. Princeton 1993.
14 Roland Roth: Bürgerschaftliches Engagement – Formen, Bedingungen, Perspektiven, in: Annette Zimmer/Stefan Nährlich (Hg.): Engagierte Bürgerschaft. Traditionen und Perspektiven, Opladen 2000, S. 31.

Der Stiftungsgedanke in der Geschichte sozialer Bewegungen

Schon als Rechtskonstrukt und institutionelle Ausprägung von Zivilgesellschaft ist die Stiftung in Zusammenhänge der europäischen Kulturgeschichte verwoben.[15] Als Ausgangspunkt der europäischen Entwicklung des Stiftungsrechts wird dabei bis auf die römische Spätantike zurückgegangen. Einflüsse reichen über das Zusammentreffen dieser Rechtsvorstellungen mit sozialrechtlichen Regulierungen germanischer Stämme, dem späteren Entstehen einer gemeinrechtlichen Jurisprudenz bis zum Umbruch des Stiftungsdenkens infolge der Aufklärung.[16]

Stiftungsähnliche Institutionen finden sich bereits im hiesigen lokalen Altertum als Erscheinungen von religiöser, sozialer und auch rechtlicher Bedeutung, obwohl der Terminus „Stiftung" erst im späten Mittelalter gebräuchlich wird. Die Fürsorge für die Seele nach dem Tode, Ahnenkult und religiöse Verehrung ließen solche Gebilde schon im alten Ägypten, dann in der Antike und später auch in der islamischen Welt entstehen. Um rechtsfähige Stiftungen in einem modernen Sinn handelt es sich hierbei allerdings nicht. Es gab noch nicht einmal einen einheitlichen Begriff für diese Gebilde. Was zu einer Stiftung im modernen Sinne fehlte, war die eigene Rechtspersönlichkeit des zu einem bestimmten Zweck gewidmeten Nachlasses oder Besitzes. Die Ausprägung eines solchen rechtlichen Gebildes, seine Akzeptanz und seine kulturelle Integration, bildete sich erst durch bestimmte Bedingungen heraus, die in Deutschland, im weiteren Sinne ebenso in Europa gegeben waren. Zivilgesellschaft macht also nicht unvermeidlich die Herausbildung solcher Organisationen aus. Vielmehr stellen sie eher eine mögliche Form ihrer Ausprägung dar. Eine ihnen attestierte weitreichende Historie, ist nicht ohne Grund als „invention of tradition" bewertbar.[17] Lange Zeit waren auch in Deutschland solche festen privaten Organisationsformen weder rechtlich abgesichert noch staatlich kontrolliert oder sozial geschätzt und in diesem Sinne nicht Bestandteil der herrschenden kulturellen und sozialen Ordnung.

Manigfaltige Spuren hingegen, die auf eine divergente kulturelle Konstitution verweisen, liegen vor. Die Erhaltung des Totenkults etwa bildete für den antiken stiftungsähnlichen Nachlass ein Hauptmotiv. Ebenso wie dadurch die fehlende Familienpietät ersetzt wurde,[18] formte die theologische Verpflichtung Maßstäbe. „… [Sie] leitete das anthropologische

---

15 Eine ausführlichere Darstellung von Stiftungsrechtsgeschichte findet sich bei Axel Freiherr von Campenhausen: Geschichte des Stiftungswesens, in: Bertelsmann Stiftung (Hg.): Handbuch Stiftungen. Ziele – Projekte – Management – Rechtliche Gestaltung. Wiesbaden 1998, S. 25 ff., gerade für die Geschichte vom Altertum bis in die Gegenwart; bei Bernd Andrick: Stiftungsrecht und Staatsaufsicht unter besonderer Berücksichtigung der nordrhein-westfälischen Verhältnisse 1988, S. 22 ff. für die Entwicklungen nach der Aufklärung. Über eine hiesige Darstellung hinaus geht sicherlich der Band von Richard Helmholz/Reinhardt Zimmermann (Hg.): Itinera Fiduciae: Trust and Treuhand in Historical Perspective, Berlin 1998.
16 Reiner Schulze: Die Gegenwart des Vergangenen, in: Klaus J. Hopt/Dieter Reuter (Hg.): Stiftungsrecht in Europa, Köln/Berlin/Bonn/München 2001, S. 57.
17 Vgl. Hobsbawm/Ranger.
18 Vgl. Campenhausen, S. 25.

Bedürfnis nach Fortdauer über den Tod hinaus mindestens ebenso wirksam in die fremdnützigen Bahnen des Stiftens wie heute die besten steuerlichen Anreize."[19]

Im Unterschied zum römischen Recht gewannen Stiftungen mit der Anerkennung der Rechts- und Erbfähigkeit christlicher Gemeinden nach der Konstantinischen Wende Selbstständigkeit und bedurften nicht mehr weiterhin der Anlehnung an bestehende Institutionen. Sie wurden damit Träger eigenen Vermögens, hatten Leiter und anstaltliche Strukturen. Tatsächlich besaßen sie folglich eine rechtliche Selbstständigkeit, wenn der Begriff einer juristischen Person auch noch nicht ausgebildet war. Im späten Mittelalter bildete sich das Stiftungswesen institutionell im Rahmen kirchlicher Einrichtungen heraus.[20] So wurde die kirchlich verbreitete Überzeugung bedeutsam, dass Stifter durch den mit ihrer Stiftung konstituierten Verband in einer fortbestehenden Beziehung zu den Lebenden blieben. Die Nennung des Stifternamens war hierbei Ausdruck nicht nur eines Totengedenkens, sondern eines tatsächlich angenommenen Bandes. Sämtliche Stiftungen im Mittelalter waren auf diese Weise Stiftungen für das Seelenheil. Krankenanstalten wurden zu einer Grundvariante des mittelalterlichen Stiftungswesens, einem Element der adligen und städtischen Zivilgesellschaft. Daran erinnern Spitäler ritterlicher Gemeinschaften wie die der Johanniter oder Malteser und im Osten die des Deutschen Ordens. Die Kapitalisierung der Zuwendungen erlaubte es, einen frommen Stiftungszweck aus den Erträgen auf Dauer sicherzustellen. Seit dem 13. Jahrhundert begann die Konkurrenz der wirtschaftlich erstarkten Städte bei Aufsicht und Verwaltung der bis dahin zumeist bischöflichen Stiftungen. Die Reformationszeit bestärkte diesen Trend noch. Auf der einen Seite setzte an dieser Stelle eine weitere Tendenz zur Verweltlichung des Stiftungswesens ein. Auf der anderen Seite sahen sich Stiftungen dem bedrohlichen Zugriff seitens des Staates ausgesetzt. Staat und Kommune drangen in die Sphäre der Erziehung und Bildung, der Armenfürsorge und des Gesundheitswesens, also in die traditionellen Domänen der herkömmlich kirchlicher Aufsicht unterstehenden Stiftungen vor. Nicht weniger folgenreich waren neue Ideen der Staatstheorie und ihre sukzessive Umsetzung. Seit der Renaissance zeigte der Staat eine Tendenz zur Ausweitung seiner Herrschaftsbereiche und Aufgaben. Das Zeitalter der Aufklärung stellt eine dem Stiftungswesen feindliche Zeit dar. Sie steht unter dem Vorzeichen einer Verstaatlichung des zivilgesellschaftlichen Sektors. Bis heute bestimmt ihr Gedankengut einen Großteil der Vorstellungen über ein angemessenes Engagement im Gemeinwohl, das Verhältnis zwischen Staat und Zivilgesellschaft oder die konkrete Auffassung von rechtlichen Regulierungen in diesem Bereich. In seinem Bestreben, Menschen mit Fürsorge der Obrigkeit zu versorgen, misstraute der Staat des 17. und 18. Jahrhunderts der privaten Wohltätigkeit, deren zivilgesellschaftliche Motive als abergläubisch galten. Das gemeine Recht erleichterte dies mit der Theorie, dass juristische Personen wie Minderjährige zu behandeln seien. Der Stiftungsverwalter war nach dieser Perspektive nicht Organ der Stiftung, sondern ihr Vormund und unterstand als solcher der Weisung des Staates, der über die Zweckmäßigkeit der Verwaltung wachte. Was

---

19 Schulze, S. 58.
20 Vgl. auch Fritz W. Hondius: Das internationale rechtliche Umfeld, in: Bertelsmann Stiftung (Hg.): Handbuch Stiftungen, Wiesbaden 2003, S. 1159.

aber im Sinne der Aufklärung nicht als vernünftig erschien, wurde auch nicht als zweckmäßig eingestuft. Die Aufsicht des Staates über Stiftungen und den Dritten Sektor ist bis heute ein Merkmal des geltenden Rechts geblieben. Die christliche Wohlfahrt interessierte den Staat seit der Aufklärung unter den Gesichtspunkten des vernünftig erscheinenden Engagements (Kirche, Schule, milde Sachen). Nach aufgeklärter Überzeugung war das von Stiftungen wahrgenommene Engagement aber durchaus öffentliche Angelegenheit. Diese Anschauung oder gerade ihre Negierung prägt noch heute zivilgesellschaftliches Denken in Europa. Durch Festlegung der gemeinwohldienlichen Stiftungszwecke konnte der Staat das religiös bestimmte Stiftungswesen seinen gesetzlich definierten Zweckbestimmungen zuordnen.[21]

Stiftungsarbeit erschien so als erlaubte Ergänzung öffentlicher und staatlicher Gemeinwohlverwirklichung. Zu Zeiten der Aufklärung wurde dem Staat sogar erheblich mehr Kompetenz für Probleme der öffentlichen Wohlfahrt zuerkannt als privaten Stiftern dieser Zeit. Bis heute wird staatliche Aufsicht von zivilgesellschaftlichen Organisationen oder Interessengruppen äußerst wertgeschätzt. Diese Auffassung fußt auf westlichem Gedankengut der Aufklärung: „Das Stiftungsrecht des ALR [Allgemeines Landrecht für die preußischen Staaten von 1794. d. A.] wird von dem für die Aufklärung charakteristischen Nützlichkeitsgedanken beherrscht (…) Stiftungen, die nicht nützlich sind, [können, d. A.] vom Staat ohne weiteres aufgehoben werden …"[22] Der moderne Stiftungsbegriff einer Rechtsform, die mit einer Vermögensmasse ausgestattet ist und mit Hilfe einer Organisation einen vom Stifter bestimmten Zweck auf Dauer zu fördern bestimmt ist, zeigt sich bei intensiver Betrachtung als das Ergebnis einer relativ jungen Rechtsauffassung des 19. Jahrhunderts. „Es ist eine bleibende Folge der juristischen Dogmatik des 19. Jahrhunderts, dass die Stiftung neben den Korporationen als Rechtsperson Anerkennung gefunden hat. (…) Der Unterschied von Stiftung und Korporation wurde geklärt. Scheinbar gestützt auf die Tradition des römischen Rechts erschien das prinzipiell Neue schon bald als das herkömmlich Selbstverständliche."[23] Stiftungen, die während der Aufklärung besonders ablehnend, wenn nicht gar vernichtend behandelt wurden, erfuhren neue Beachtung. Sie wurden in neuer Funktion unter staatlicher Aufsicht idealisiert und erhielten so ihren Platz in der bis heute von diesem Modell inspirierten rechtsstaatlichen Ordnung, entgegengesetzt und komplementär zu den Aufgaben des Staates. Die Grundlagen, die Aufklärung und Rechtsdogmatik gelegt haben, bestimmen und definieren heute die Prämissen eines Dritten Sektors und die von Zivilgesellschaft in westlicher Auffassung.[24] Man wollte damit dem Staat die Möglichkeit einräumen, Stiftungen mit Zielsetzungen, die eine Gefahr für den Staat bedeuten konnten, zu verhindern und dachte zum Beispiel an reiche Stiftungen zur Verbreitung staatsgefährlicher „irreligi-

---

21 Vgl. Campenhausen, S. 27 ff.
22 Andrick, S. 27.
23 Andrick, S. 25 f.
24 Zu den steuerlichen Voraussetzungen von Stiftungen in Deutschland vergleiche etwa Carl-Heinz Heuer/Oliver Habighorst: Besteuerung steuerbegünstigter Stiftungen, in: Bertelsmann Stiftung (Hg.): Handbuch Stiftungen. Wiesbaden 2003, S. 1093–1129.

öser" oder „sittenloser" Lehren.[25] Die staatliche Genehmigung der definierten Rechtsform ist bis heute, wenn auch in leichterter Form, im § 80 BGB festgeschrieben.

Wir haben am Beispiel der Stiftungsrechtsgeschichte gesehen, dass der Staat nicht von jeher Bezugspunkt der Zivilgesellschaft war, sondern dass diese Auffassung jüngeren Ursprungs ist und ebenso in der Vergangenheit diverse Funktionsträger wie Kirche, machthabende Elite, gesellschaftliche Konventionen oder Institutionen, seien sie materiell oder ideell bedeutsam, einen Kristallisationspunkt der Zivilgesellschaft darstellten. Auch in Deutschland war nicht die unterdessen so sonderlich herausgestellte demokratische Alternative eines privatrechtlichen Dritten Sektors, entgegen dominanter Eliten aus Staat oder Wirtschaft, von Bedeutung, die mittlerweile als beinahe ausschließliche Quelle und Ort zivilgesellschaftlichen Engagements begriffen wird. Auch wenn politische Akteure sich unterdies bemühen, ihr zivilgesellschaftliches Wirken in die Tradition einer althergebrachten europäischen Zivilgesellschaft zu stellen, und somit an einer bisweilen wohlüberlegten öffentlichen Identitätskonstruktion teilhaben, sollte stets berücksichtigt werden, dass eine solche Zivilgesellschaft Objekt oder Instrument machtpolitischen Einflusses und Teil einer Adaptierung an rechtsstaatliche, religiöse und individuelle Interessen bleibt.

Das Interaktionsverhältnis von Stiftungen und sozialen Bewegungen heute – Beispiel Bürgerstiftungen

Von den aktuell rund 12.000 deutschen Stiftungen wurde die Hälfte erst im letzten Jahrzehnt gegründet. Dabei scheinen heute die neuen Stiftungen nicht nur kapitalreichen Bürgern, dem Staat, der Kirche oder der Unternehmerschaft vorbehalten zu sein, auch der Mittelstand zieht es immer mehr in Erwägung, sich an Stiftungsaktivitäten zu beteiligen. Vor diesem Hintergrund entstehen seit Mitte der 1990er Jahre die sogenannten „Bürgerstiftungen" in Deutschland. Die aktuelle Brisanz solcher Stiftungen wird durch die hohen Zahlen an Neugründungen dieses Stiftungstyps nicht nur in den USA belegt, sondern auch in Kanada und in Europa, hier insbesondere in Großbritannien. Weltweit wurden Bürgerstiftungen und ähnliche Organisationsformen gegründet, etwa in Mexiko, Ecuador, Brasilien, Israel, Australien, Neuseeland, Japan, Westafrika und Indien.[26]

Erfunden wurde die sogenannte Bürgerstiftung, in den angelsächsischen Ländern auch „Community Foundation" genannt, bereits 1914 von dem amerikanischen Bankier und Anwalt Frederick Goff. Das neue an der Idee war, dass die Gründer der Stiftung nur mit bescheidenen finanziellen Mitteln gemeinsam in die Lage versetzt werden eine gemeinnützige Organisation aufzubauen. Häufig geschieht das nach dem Modell der Fundraising-Stiftung. In Deutschland wurden 1996/97 in Hannover und Gütersloh die ersten Bürgerstiftungen nach amerikanischem Vorbild gegründet. Derzeit gibt es zwischen 80 und 150 Bürgerstiftungen sowie zahlreiche Gründungsinitiativen. Durch den besonders weit gefassten

---

25 Andrick, S. 28.
26 Vgl. hier Marco Groß: Fundraising-Konzepte und -Strategien deutscher Bürgerstiftungen, Münster 2004, S. 4.

Stiftungszweck können Bürgerstiftungen eine Vielzahl von gemeinnützigen Aktivitäten und Projekten in ihrer Stadt oder Region unterstützen.[27] Landläufig machen diese Stiftungen aber noch einen weiteren Unterschied: Bisher ist es fast überall der Fall, dass solche Stiftungen mit lokalem Interessenhintergrund gegründet werden. Diese sich selbst auferlegt erscheinende Beschränkung dieser neuartigen Stiftungsform ist bis heute ein Artefakt ihrer historischen Vorbilder. Im Unterschied zu herkömmlichen Stiftungen sind Bürgerstiftungen von der Idee unabhängige, nicht von einer Einzelperson, Organisation oder einem Unternehmen dominierte Stiftungen. Sie entsprechen demnach einer neuen demokratisch-legitimatorischen Ausrichtung. Hier zeigt sich ein weiteres Merkmal der Anpassung von Stiftungen an die gesellschaftlichen Rahmenbedingungen. In der Realität werden jedoch jenseits des Engagements „von unten" auch diese Stiftungen von vielen Kommunen angestoßen, die ein Interesse an der Auslagerung verschiedener Bürgerdienste haben und ihrerseits mittlerweile in der Betriebsführung der modernen Unternehmenspraxis gleichen. Interessant ist jedoch der Unterschied zur herkömmlichen Stiftung, der einen langjährigen Aufbau des für einen bestimmten Zweck zu verwendenden Stiftungsvermögens vorsieht. Dieses dauerhafte Modell bürgerschaftlich-regionaler Förderung scheint sich inzwischen bewährt zu haben. Bürgerstiftungen können ebenso wie Vereine Spenden umlegen. Diese dienen nicht dem Vermögensaufbau, sondern fließen unmittelbar in die satzungsgemäßen Zwecke. Zu diesen Merkmalen kommt, dass Bürgerstiftungen auch als eine Art Stiftungszentrum für gründungswillige Stifter betrachtet werden können.[28] Ihr Kapital und ihre Ideen können in der neuen Stiftungsform kanalisiert werden. Beratung kann erfolgen, die bis zum jetzigen Zeitpunkt nur recht unzureichend vorhanden war. Anhand einiger Beispiele vor Ort lässt sich die so initiierte Umsetzung von Projekten veranschaulichen. Die Bügerstiftung Nürnberg wurde 2001 gegründet. Bisher wirkten 43 Geldstifter und etwa 27 Ehrenamtliche mit. Sie verfolgt das Ziel, dass Bürger und Wirtschaftsunternehmen zusammen mehr Mitverantwortung für die Gestaltung ihrer Stadt übernehmen.[29] Zu diesem Zweck hat sie etwa eine Projektreihe für chronisch kranke, behinderte und benachteiligte Kinder initiiert. Wie nah Bürgerstiftungen an der staatlichen kommunalen Ebene stehen, lässt sich durch folgenden Hinweis erkennen: In Zusammenarbeit mit der Stadt Nürnberg hat die Bürgerstiftung eine neue Art des Gebens entwickelt, bei der Spenden für die Bürgerstiftung an die Gehaltsabrechnung gekoppelt werden: die Mitarbeiter der Stadt Nürnberg können monatlich die Centbeträge ihrer Gehälter an die Bürgerstiftung spenden. Bürgerstiftungen können mitunter als neues Instrument kommunaler Selbstverwaltung begriffen werden. Ein weiteres Beispiel, die Bürger.Stiftung.Halle, wurde 2004 mit dem Ziel gegründet, gemeinnützige Projekte zu initiieren und die Bürger zur aktiven Beteiligung ermutigen, um so zu einer Verbesserung des geistigen und sozialen Klimas in Halle beizutragen.[30] Eine örtliche Institution stellte dazu

---

27 Vgl. Groß, S. 1.
28 Zur Etablierung der Bürgerstiftungen in Deutschland vgl. Bernadette Hellmann: Bürger gehen stiften, in: Blätter der Wohlfahrtspflege (3) 2005, S. 93 f.
29 Vgl. Bürgerstiftung Nürnberg, Internet.
30 Vgl. Bürger.Stiftung.Halle, Internet.

kostenlos Büroräume zur Verfügung und legte einen sogenannten „Matching Fund" auf, aus dem sie ein Jahr lang bis zu einer Höhe von 25.000 Euro jede Zuwendung ins Stiftungskapital verdoppelt. Ein drittes Beispiel ist die Hertener Bürgerstiftung. Sie wurde 1999 infolge der Zechenstilllegungen initiiert. Die Stiftung fordert eine kreative Auseinandersetzung mit dem Strukturwandel und stärkt bürgerschaftliches Engagement in Bezug auf die Verbesserung der Lebens-, Ausbildungs- und Berufsperspektiven von Kindern und Jugendlichen.[31] Ein Vorzeigeprojekt ist der von ihr geschaffene „Jugendhof Wessels". Den lange unbewirtschafteten Bauernhof wandelte sie in einen ökologisch ausgerichteten Hof um, der Jugendliche bei der beruflichen Orientierung und Qualifizierung unterstützt.[32] Auch hier zeigt sich wieder die enge Zusammenarbeit der Bürgerstiftungen mit dem Staat: Schulen, Jugendamt und Jugendberufshilfe sind wichtige Projektpartner der Stiftung.

Stiftungen und außereuropäische Moderne – Beispiel Japan

Bereits im kurzen Abriss der Diskussion um Stiftungen und Zivilgesellschaft wurde deutlich, dass in Europa – geistesgeschichtlich gesehen – eine grundlegende Trennung von Staat und Gesellschaft existiert. Es wurde ersichtlich, wie sich hier ein Begriff von Zivilgesellschaft privater Organisationen entwickeln konnte, die im Gegensatz zu staatlichen Institutionen stehen. Traditionell dagegen stand in Japan zivilgesellschaftliche Partizipation auf anderen Füßen als in Europa. Japanische Organisationen zeichneten sich lange Zeit durch enge Verbindungen zu verschiedenen Ebenen der Regierung und Administration aus und scheinen auch gegenwärtig stärkeren räumlichen oder territorialen Bezug zu haben.[33] Der derzeitige Anstieg von Publikationen, Gesetzen, Privatinitiativen zeigt zunächst, dass es nicht an Motivation fehlt, westliche Partizipationsformen zu etablieren. Analog der Situation in Deutschland verändert sich aber auch zunehmend die staatliche Haltung, zumal große Potentiale hinter solchem Engagement vermutet werden. Auch gibt es in Japan derweil eine starke Freiwilligenbewegung. Dass es jedoch ein holpriger und langer Weg der Modernisierung war, bis westliche Rechtsformen in Japan mit Leben erfüllt wurden,[34] soll im Folgenden gezeigt werden.

Nach §34 des japanischen bürgerlichen Gesetzbuches, das ab 1898 seine Funktion übernahm, konnten in Japan auch vor der Novellierung der Gesetzgebung im Jahr 1998 gemeinnützige Organisationen (*kōekihōjin*) inkorporiert werden. In seinem Ursprung beruhen diese Regelungen auf dem Vereins- und Stiftungsrecht im deutschen BGB und sind demgemäß westlichen Ursprungs. Mithin ist es auch nicht weiter erstaunlich, dass dieses Modell in Japan nicht in dem gleichen Geist getragen wurde wie in Deutschland oder in geistesgeschichtlich und gesetzlich vergleichbaren Situationen in Europa und Amerika. Die nach dem übertragenen Gesetz inkorporierten Organisationen bildeten jedoch bis 1998 die aus-

---

31 Vgl. Hertener Bürgerstiftung: Internet.
32 Zur Auswahl der Beispiele vgl. Hellmann, S. 94f.
33 Vgl. Kruth, S. 29f.
34 Vgl. Kruth, S. 42–47 und 69f.

schließliche Grundlage für den japanischen Dritten Sektor, auf den sich die westlich inspirierte Stiftungsforschung in ihrer Makroanalyse bezieht. Auch wenn diese Institutionen sich nicht durch Bürgernähe auszeichnen, so sind sie doch, wenn auch beinahe ausschließlich durch Staat oder von Seiten kapitalstarker Institutionen etabliert und geformt, Teil eines japanischen sozialen Sektors.

Ähnlich wie in Deutschland gibt es innerhalb dieser gemeinnützigen Organisationen bis heute die gesetzliche Unterscheidung von Verein (*shadan hōjin*) und Stiftung (*zaidan hōjin*).[35] In Japan wird diese hingegen nicht so eng gefasst wie in Deutschland. Die grundsätzliche Definition, dass ein Verein um eine Gruppe von Menschen, die seiner Mitglieder, und eine Stiftung um ein bestimmtes Kapital, das Stiftungskapital, herum organisiert ist, gilt mit Einschränkung im Übrigen ebenfalls in Japan. Unter diesen Rechtsformen gibt es 26.183 gemeinnützige Organisationen, davon sind 12.889 eingetragene Vereine und 13.294 Stiftungen.[36] Diese sind laut Gesetz Organisationen, die religiöse Zwecke, Wohlfahrt, Bildung, Kunst oder andere Aktivitäten von öffentlichem Interesse, aber nicht zu Zwecken des Profits verfolgen.

Durch einen Zusatz in § 34 des japanischen bürgerlichen Gesetzbuches werden weiterhin spezielle Wohlfahrtsorganisationen autorisiert. Zu dieser Gruppe gehören die sozialen Wohlfahrtsorganisationen (*shakaifukushi hōjin*), Erziehungseinrichtungen (*gakkō hōjin*), religiöse Vereinigungen (*shūkyō hōjiin*) und medizinische Einrichtungen (*iryō hōjin*).[37] Soziale Dienste für alte und behinderte Menschen oder Kinder in Japan werden durch soziale Wohlfahrtsorganisationen angeboten. Privatschulen werden juristisch unter Erziehungseinrichtungen gefasst. Buddhistische Tempel, Shintō-Schreine, christliche oder muslimische Gemeinden haben gesetzlich den Status von religiösen Vereinigungen. Privatkliniken werden in Japan als medizinische Einrichtung inkorporiert.

Obwohl diese Organisationen zahlreich und facettenreich das japanische Wohlfahrtsleben umschreiben, sind sie in ihrer Natur mit staatlicher oder wirtschaftlicher Initiative verknüpft. Auch ist der komplizierte bürokratische Verwaltungsstatus, den solche Institutionen innehaben, für lange Zeit eine große Hürde für eigenständiges Engagement von Bürgern gewesen. So war bisher eine Gründung für gewöhnliche Bürger schon deswegen nahezu unmöglich, da bei dieser über ein Kapital von rund 300 Millionen Yen oder aber über ein jährliches Budget von rund 30 Millionen Yen verfügt werden musste. Schon Tanaka war 1975 nach seiner Forschung zu Stiftungen in Japan der Ansicht, dass das „größte Hindernis für die weitere Entwicklung der privaten Philanthropie [die] durch Abhängigkeit und Einmischung hervorgerufene enge Bindung an die Behörden sein [dürfte]."[38] So wurden auch für die Zeit

---

35 社団法人, 財団法人.
36 Angaben vom 1. Oktober 2002 durch Sōmushō Daijinkanbō Kanrishitsu [Ministerium für öffentliche Verwaltung, Inneres, Post und Telekommunikation] (Hg.), Weißbuch gemeinnütziger Organisationen, Tōkyō 2002, S. 25.
37 社会福祉法人, 学校法人, 宗教法人, 医療法人.
38 Minoru Tanaka: Stiftungen in Japan – Gesetzliche Grundlagen und steuerliche Bestimmungen, in: Stiftungszentrum im Stifterverband für die Deutsche Wissenschaft (Hg.): Stiftungen in Japan (Materialien aus dem Stiftungszentrum. Heft 8.), Essen-Bredeney 1975, S. 37.

vor japanischen Non-Profit-Organisationen (NPOs) nie allgemeine staatliche Richtlinien für eine Genehmigung (*kyoka*) entwickelt, nach denen eine Aufsicht der gemeinnützigen Organisationen erfolgen konnte.[39] Für die Zeit vor der neuen Gesetzgebung wurde deshalb festgestellt, dass „… [g]egenwärtig (…) die private Philanthropie von der regierungsamtlichen Politik und von einem offiziellen Wohlwollen abhängig [ist] (…), so dass für die meisten Projekte dieser Art ein relativ guter Kontakt zu Personen in den Ministerien oder mit Verbindung zu diesen nötig ist. […] So ist es häufig nicht ungewöhnlich, in solchen Organisationen pensionierte Staatsbeamte anzutreffen …"[40] Dies stellte folglich bestimmte Anforderungen an Organisationen, die gewöhnliche Bürger nicht aufbringen konnten, selbst wenn der Wille zur Vertretung ihrer eigenen Interessen im Rahmen einer Gründung vorhanden gewesen wäre. Die Steuergesetzgebung privater Wohltätigkeit war in gleichem Maße unflexibel ausgerichtet, wie Yamamoto berichtete. „Ein Grund für die geringe Zahl von Stiftungen einzelner Stifter ist in der augenblicklichen Steuergesetzgebung zu sehen, die eine Akkumulation großer Vermögen in privater Hand ungemein erschwert."[41] Wir haben gesehen, mit welchen Defiziten Drittsektorganisationen belastet wurden. Verständlich wird so das Urteil westlicher Kommentatoren über die Partizipationsoptionen durch diese Organisationen, fanden solche Rechtsgebilde doch in westlichen staatlichen Modellen eine andere Interpretation und Blüte.

Im Jahr 1989 schrieb May dann in seiner umfassenden Studie zur Entwicklungspolitik in Japan, dass auch „die japanische Regierung daran interessiert [ist], den NGOs einen gewichtigeren Platz in der Entwicklungshilfe einzuräumen, weil sie erkannt hat, dass diese Gruppen meistens gute Arbeit in Entwicklungsländern leisten."[42] Dennoch fehlten bisher im japanischen Stiftungssektor partizipatorische Ansätze, wie das zuvor vorgestellte Modell der Bürgerstiftungen.

Zurzeit wird die Diskussion um eine japanische Zivilgesellschaft immer deutlicher mit Schlagwörtern aus dem nordamerikanischen Kontext geführt. Diesmal sind es aber nicht Stiftungen, die in Japan gegenwärtig eher eine Grundlage für unternehmerische oder staatliche Initiative bilden, sondern eine neue Rechtsform, die sich an nordamerikanischen Non-Profit-Organisationen orientiert. Das neue NPO-System wurde in den letzten zehn Jahren in den japanischen Alltag integriert und zog bereits grundlegenden Veränderungen im Dritten Sektor nach sich.[43] Der Status der neuen Organisationen bietet zusätzliches Potential für Öffentlichkeitsarbeit und im Umgang mit Stadtverwaltung oder Finanzbehörden. Westliche Formen der Zivilgesellschaft harmonieren intensiver mit westlich modernisierten Formen der Verwaltung. Aktionsräume zivilgesellschaftlicher Partizipation können so weitaus effektiver und kooperativer gestaltet werden. So scheint im beobachtenden Boom der neuen

---

39 許可.
40 Tanaka, S. 24.
41 Tadashi Yamamoto: Ein Überblick über das Stiftungswesen in Japan, in: Stiftungen in Japan, S. 49.
42 Bernhard May: Japans neue Entwicklungspolitik, München 1989, S. 42 f.
43 Vgl. hierzu Kruth, S. 148–153.

japanischen Organisationen ein deutliches Potential frei zu werden, nachdem die Akteure sozialer Bewegungen durch die Novellierung des NPO-Gesetzes ihrer bürokratischen Hindernisse entledigt wurden.

Fazit: Stiftungen als Form sozialer Bewegungen

Sind Stiftungen die zukünftige Rechtsform der Zivilgesellschaft, in denen sich soziale Bewegungen problemlos manifestieren können? Es sollte offenbar geworden sein, dass sich im zivilgesellschaftlichen Stiftungsgedanken eine Fusion von historischen Gegebenheiten mit normativen Anliegen und sozialen Idealen beobachten lässt. Traditionslinien wie eine auf den Staat abzielende Demokratisierung, eine widerstandsbereite Öffentlichkeit oder eine strukturelle Ebene intermediärer Organisationen vereinigen sich so mit Ideen wie privater Philanthropie, öffentlicher Meinungsäußerung oder auch einer diskursiven Ethik. Wie die Betrachtung zeigte, können Stiftungen auch zukünftig zunächst nur Form für soziale Bewegungen sein, der lebendige Inhalt bleibt ständigem Wandel und diversen Kontexten unterworfen. In der westlichen Zivilgesellschaft haben sich dabei Staatstheorie und ihre sukzessive Umsetzung als folgenreich erwiesen. Seit der Renaissance weitete der Staat seine Herrschaft und Aufgaben aus. Das Zeitalter der Aufklärung stellte hierbei eine feindliche Epoche gegenüber einer Zivilgesellschaft, so wie sie heute verstanden wird, dar. Unter dem Vorzeichen der Verstaatlichung von Zivilgesellschaft bestimmt bis heute das Gedankengut der Aufklärung einen Großteil der Vorstellungen über ein angemessenes Engagement, das Verhältnis zwischen Staat und Zivilgesellschaft und auch die konkrete Auffassung von rechtlichen Regulierungen. Sie sind eine bleibende Folge der juristischen Dogmatik des 19. Jahrhunderts. Später wurden zivilgesellschaftliche Organisationen, wie es Stiftungen sind, in neuer Funktion unter staatlicher Aufsicht idealisiert, entgegengesetzt und komplementär zu den Aufgabenbereichen des Staates. Die Grundlagen von Aufklärung und Rechtsdogmatik wirken so bis heute auf den Dritten Sektor.

Auch dürfen in einer historischen Betrachtung nicht allein die heute bedeutsamen Parameter wie staatspolitische Abgrenzung oder juristischer Selbstständigkeit als Rechtsperson Aufmerksamkeit genießen. Für historische Zusammenhänge stehen nicht nur heute in westlichen Demokratien viel diskutierte Fragen politischer oder öffentlicher Partizipation zur Debatte, sondern ebenso viel umfassendere Prozesse sozialer und ökonomischer Integration. Am Beispiel der Stiftungsrechtsgeschichte konnte gezeigt werden, dass diese zivilgesellschaftlichen Konzepte auch in Europa nicht seit jeher existieren, sondern dass hier in der Vergangenheit diverse Funktionsträger wie Kirche, eine machthabende Elite, gesellschaftliche Konventionen oder Institutionen, seien sie materiell oder ideell von Bedeutung, einen Kristallisationspunkt solcher Aktivität darstellten. Es war nicht die heute so sonderlich herausgestellte demokratische Alternative eines privatrechtlichen Dritten Sektors, als Gegenbewegung zu dominanten Eliten aus Staat oder Wirtschaft, die heutzutage als fast ausschließliche Quelle und Ort zivilgesellschaftlichen Engagements begriffen wird. Auch wenn in der öffentlichen Identitätskonstruktion gelegentlich angestrebt wird, eigenes Wirken in die Tradition einer althergebrachten europäischen Zivilgesellschaft zu stellen, sollte berücksichtigt werden, dass dies Adaptierung an rechtsstaatliche, individuelle und religiöse Interessen ist. Nicht ohne Kritik an der Moderne ist darauf hinzuweisen, dass in liberalistischen Zeiten Konsumorientierung eine ähnliche Funktion für Zivilgesellschaft zu besitzen scheint, wie sie früher religiöse Institutionen und die der Staat inne hatten. Mit moderner Konsumorientierung werden moralische Verpflichtungen ausgelagert, liberalistische Organisationen genießen gemeinhin Wertschätzung und unternehmerische Initiative in der Philanthropie kommt in Mode. Noch herrscht ein Mangel an Kapital bei den meisten deutschen Bürgerstiftungen, nicht aber an Interessen und Projekten. Diese sind ganz dem gegenwärtigen Zeitgeist angepasst und besitzen, wie sich gezeigt hat, weiteres Entwicklungspotential. Als Merkmale können ihre demokratische Ausrichtung, betriebswirtschaftliche Moderne und kommunale Verwurzelung festgehalten werden. Sie bilden neue Strukturen im Stiftungssektor. Langfristig gesehen können sich Bürgerstiftungen zu regionalen Zentren für bürgerschaftliches Engagement entwickeln oder mitunter auch zu einem neuen Instrument kommunaler Selbstverwaltung. Denkbar ist auch eine Anwendung des Modells über regionale Grenzen hinaus von dem bisher nur begrenzt Gebrauch gemacht wurde.

In der Gegenwart bestimmt ein zunehmend deregulierter Staat den Dritten Sektor in Deutschland gleichermaßen wie in Japan. Für den japanischen Fall war die Übernahme des deutschen bürgerlichen Gesetzbuchs 1898 von großer Bedeutung, die Stiftungen gesetzlich etablierte. Dennoch wurde von staatlicher Seite im Rahmen bürokratischer Hemmnisse lange Zeit ein westlich inspiriertes System in Japan verhindert. Stiftungen bedeuten auch heute zumeist staatliche oder unternehmerische Initiative. In der modernen japanischen Gesellschaft gerät jedoch das Gruppenmodell zivilgesellschaftlicher Partizipation immer spürbarer an seine Grenzen. Erhält unter diesen Umständen ein modernes japanisches System, wie im Fall der NPO-Gesetzgebung größere Einflüsse aus den USA, stehen die aufgezeigten Wandlungsprozesse unter ähnlichen Vorzeichen wie in Deutschland.

Wie wir gesehen haben war der Stiftungsgedanke bisher allzu häufig das Ziel funktionalistischer Konzeption. Die meisten der verwendeten Operationalisierungen stützen sich auf ein liberalistisches Verständnis von Zivilgesellschaft. Diese Prämisse prägt entscheidend den Verlauf der bewertenden Diskussion eines adäquaten Engagements. Zivilgesellschaft wird als kulturelles Subkonstrukt dargestellt, das in Konflikt mit etablierten Bereichen wie dem der Ökonomie und dem Staat steht. Diese Perspektive ordnet bereits zivilgesellschaftliche Aktivität einem privaten Sektor zu. Liberalistisch argumentiert könnten auf diese Weise staatlich, wirtschaftlich und andersartig induzierte Machtstrukturen aufgebrochen werden. Die kommunitaristische Sichtweise wurde jedoch in der hiesigen Diskussion als stark unterrepräsentiert ausgewiesen. Gerade für eine transhistorische Definition ist Zivilgesellschaft als komplexe Masse sozialer Beziehungen zu beschreiben, die Menschen zusammenbringt, sei es in Familien, Nachbarschaft, Kommunen und Hierarchien. Drittsektor-Organisationen werden ebenso wie sie sich gegenüber herrschenden Eliten durchgesetzt haben, gleichzeitig auch von ihnen mitbestimmt. In den letzten Jahren tauchte der Begriff „global governance" vermehrt auf und verweist auf eine neue Weltordnung, die sich weg vom tradierten staatlichen Souveränitätsbegriff hin zur Aufgabenverteilung an neue Akteure bewegt. Es wird derzeit Hoffnung auf Stiftungen gesetzt, bei der Lösung von Problemen der Demokratisierung und

Globalisierung eine bedeutende Rolle zu übernehmen. Geht es doch im Feld der Stiftungspraxis, gerade in ihrer transnationalen und globalen Zusammenarbeit um die konkrete Ausgestaltung der Verhandlungskultur. Hier gibt es offensichtlich das Problem einer differenzierten Zielsetzung. Global und lokal agierende Organisationen beruhen auf dem Einfluss moderner Konzepte von Zivilgesellschaft und ihrer Motivationen. Auch in den Arbeitsbereichen heutiger Stiftungen und anderer Organisationen finden sich Traditionen, die heute hauptsächlich in Ideen des Umweltschutzes, den Menschenrechten, des im Westen entwickelten Ideals der Gleichberechtigung der Geschlechter oder in der Adaption einer als modern betrachteten Lebensweise liegen. Durchaus relevante Themen, doch Themen, die in der hiesigen Wahrnehmung der Moderne ihren Ursprung haben. Wenn zivilgesellschaftliches Engagement, auch im Bereich der Stiftungen, vorhandene Machtstrukturen nicht übetragen, wird nicht umhinkommen, sich weiter anzupassen und kulturell zu differenzieren.

Hyunback Chung

Die Rezeption von '68 in Südkorea –
oder: Warum gab es kein 1968 in Südkorea?

Immanuel Wallerstein maß den „1968ern" als „Weltrevolution" eine wichtige globale Bedeutung bei.[1] Ähnlich bezeichnete Wolfgang Kraushaar „1968" als „ersten weltweiten Aufstand".[2] Als im Mai und Juni 1968 in Paris die großen Arbeiter- und Studentenrevolten stattfanden, gab es fast gleichzeitig in Argentinien an Universitäten und in Fabriken Protestbewegungen, die im Aufstand der Arbeiter von Cordoba ihren Höhepunkt erreichten. In Italien verbanden sich Arbeiter und Studenten zu einer gemeinsamen Streikbewegung im „heißen Herbst" des Septembers 1969. Zwischen 1968 und 1969 begannen Studentenunruhen in Karachi (Pakistan), die in einen Massenaufstand mündeten, in dessen Mittelpunkt die Arbeiter standen. Von 1974 bis 1975 erhoben sich in Burma Arbeiter und Studenten gegen die Regierung von Ne-Win, und in Thailand stürzten lang andauernde Studentendemonstrationen die Militärdiktatur. Mit den Arbeiter- und Studentenprotesten im Jahre 1968 hatten die weltweiten Widerstandsaktionen ihren Höhepunkt erreicht.[3]

Problemstellung

Wie lässt sich diese Gleichzeitigkeit erklären? Es sind fünf Annahmen möglich. Erstens: der Zufälligkeitsmoment; zweitens: Ausprägungen eines nicht näher bestimmbaren Zeitgeistes; drittens: strukturelle, weltwirtschaftliche Veränderungen; viertens: globale, international äußere Faktoren wie die kubanische Revolution, die Kulturrevolution in China, der Prager Frühling, die Tet-Offensive in Vietnam oder die Unterdrückung des Studentenaufstands in Mexiko; und fünftens: eine transnationale Annäherung zwischen sozialen Bewegungen in verschiedenen Ländern.[4]

Um die 1968er global einzuordnen, müssen wir unsere Aufmerksamkeit auf strukturelle Veränderungen richten, die sich weltweit ereigneten. Zuerst muss darauf hingewiesen werden, dass sich zu diesem Zeitpunkt auch außerhalb des Zentrums des Weltsystems die Industrialisierung langsam entwickelte. Zwar wurde dadurch die enorme Differenz zwischen Zentrum und Peripherie nicht aufgehoben, aber auch in den Ländern der Peripherie begann die Wirtschaft zu expandieren und sich eine Arbeiterklasse zu formieren. Dazu fand in den 1960er Jahren als ein wichtiger Faktor eine neuartige Form internationaler Arbeitsteilung

---

1   Immanuel Wallerstein: 1968 – Revolution im Weltsystem; Etienne François/Mattias Middel/Emmaneul Terray/Dorothee Wierling (Hg.): 1968 – ein europäisches Jahr, Leipzig 1997, S. 19–33; Jens Kastner/David Mayer (Hg.): Weltwende 1968? Ein Jahr aus globalgeschichtlicher Perspektive, Wien 2008, S. 13 (zur Einführung).
2   Wolfgang Kraushaar: 1968 als Mythos. Chiffre und Zäsur, Hamburg 2000, S. 19.
3   Marcel van der Linden: Das Rätsel der Gleichzeitigkeit, in: Kastner/Mayer (Hg.), S. 23–24.
4   Ebd., S. 24–25.

statt, bei der Industrieeinrichtungen der postindustriellen fortgeschrittenen Länder Industriegüter in die Länder der Dritten Welt beförderten. Ebenso trat ein Informationsaustausch zwischen den Arbeitern und ihren Organisationen bzw. Interessensvertretungen hinzu, mit dem die Zusammenarbeit der Gewerkschaften in den verschiedenen Ländern verstärkt wurde, wodurch es wahrscheinlich zu einer ideologischen und strategischen Beeinflussung der Länder untereinander kam.

Mit dem Wirtschaftswachstum weitete sich auch der Bildungssektor. Wie im Zentrum stieg auch in den Ländern der Peripherie die Zahl der Schüler drastisch an. In der Folge zog langsam die mittlere und untere soziale Schicht in die (Elite-)Universitäten ein. Dies hatte zur Folge, dass im Prozess der Massenbildung eine qualitativ verbesserte Hochschulbildung schwer möglich war, was den weltweiten Ausbruch kollektiver Studentenunruhen angefacht haben mag. Bei der steigenden Zahl der in den Ländern der Dritten Welt entstandenen Universitäten wurde in nicht geringen Fällen das Universitätssystem des Westens eingeführt. Dabei sind wohl auch deren Organisationsformen – die Studentenbewegung mit ihren Ideen – in die Länder der Dritten Welt eingeflossen.[5] Es wird deshalb vorgeschlagen, die 1968er Bewegung aus einer transnationalen Perspektive zu betrachten und zwar als eine dem Westen entsprungenen Bewegung, in deren Mittelpunkt die Studentenbewegung stand. Genauer jedoch gesagt, sollen die 1968er nicht als ‚68er-Studentenbewegung', sondern als ‚68er-Bewegung' verstanden werden. Mit dieser Akzentsetzung wird hervorgehoben, dass 1968 als „radikale Wende in der Struktur der Sozialbewegung" zu betrachten ist, d. h. als ein „Abschied vom Proletariat und Aufstieg einer neuen Sozialbewegung".[6]

Auch wenn die 68er-Bewegung eine transnationale Erscheinung gewesen sein mag, bildeten sich nur in einigen Ländern bedeutende Widerstands- bzw. soziale Bewegungen, in anderen Ländern war dies nicht der Fall. Es stellt sich somit die Frage, weshalb in gewissen Ländern keine entsprechende Bewegung stattgefunden hat. In diesem Kontext wird im vorliegenden Beitrag darauf eingegangen, inwieweit und inwiefern die 68er-Bewegung in Südkorea auf Widerhall stieß.[7] Dabei richtet sich das Interesse vor allem auf die Rezeption der westlichen 68er-Studentenbewegung, da sich Informationen zur 68er-Bewegung im Wesentlichen auf Informationen aus den westlichen Ländern beschränkten und in den 1960er Jahren die Studentenbewegung den Kern der sozialen Bewegung in Südkorea darstellte.

Bei der Rezeption der südkoreanischen 68er-Bewegung muss darauf geachtet werden, dass wir uns dem Thema nicht derart nähern, dass die Geschichte des westlichen Einflusses auf Südkorea analysiert wird, wie es die Geschichtswissenschaft bisher tat. Statt ‚Einflussgeschichte' muss vielmehr der Schwerpunkt auf die ‚Beziehungsgeschichte' gesetzt werden.

---

5   Ebd., S. 25–28.
6   Kastner/Mayer, S. 11–13.
7   Auch in Südkorea wurden Beiträge zum Vergleich der Bedeutung der 68er-Bewegung und der Demokratiebewegung Juni 1987 veröffentlicht. Diese Vergleiche sind allerdings oberflächlich und bieten hinsichtlich ihrer Rezeption kein bedeutendes Material, auf das man zurückgreifen könnte. Siehe Jongboum: Vergleichende Untersuchung zur Bedeutung der 68er-Bewegung und der Demokratiebewegung 1987. Studenten und die Studentenorganisation als Subjekt der gesellschaftlichen Umwälzung. Erinnerung und Aussicht, Bd. 16 (2007), Seoul, S. 252–284.

Unter der Annahme einer kulturellen Unterschiedlichkeit darf nicht der Frage nachgegangen werden, wie ein Rezipient einer sogenannten Dritten Welt die Entwicklungen einer sogenannten Ersten Welt erlernt. Stattdessen sollten Art und Weise sowie die Mechanismen der Rezeption der 68er-Bewegung in den Vordergrund treten. Hier setzt auch die Betrachtung der südkoreanischen Art der Studentenbewegung an.[8]

Die 68er-Bewegung in den Medien

Eine einfache und empirische Methode zur Einschätzung des Umgangs mit der 68er-Bewegung in Südkorea ist die Zählung von Nennungen in Zeitungen und Magazinen. Dazu habe ich die Tageszeitung *Chosun Ilbo* nach Artikeln zur 68er-Bewegung aus den Jahren zwischen 1967 und 1990 durch gesehen. Bei der Tageszeitung *Donga Ilbo* ist leider ein vollständiges Archiv noch nicht verfügbar, sodass nur Artikel über wichtigste Ereignisse überprüft werden konnten.[9] Da zwischen 1967 bis 1971 beide führenden Tageszeitungen von der Militärdiktatur noch nicht kontrolliert wurden, konnten sich Journalisten bis dahin noch frei über die internationale 68er-Bewegung äußern.[10]

Bei Durchsicht der Tageszeitungen konnte festgestellt werden, dass zwischen Januar 1968 und 1990 insgesamt 14 Artikel über die Studentenbewegung in den USA veröffentlicht wurden. Im Vergleich dazu wurden neun Artikel zur Studentenbewegung in Frankreich entdeckt. Darunter befassten sich sieben vorwiegend mit Ereignissen, die zwischen 1968 und 1970 stattfanden, während zwei Sonderberichte zum 20. Jubiläum der 68er-Bewegung erschienen. Über die Studentenbewegung in Deutschland wurden insgesamt sieben Berichte veröffentlicht, darunter sieben über den Verlauf der 68er-Bewegung sowie ein Beitrag zu antiamerikanischen Demonstrationen. Der letzte Beitrag stammt aus dem Jahre 1981 und befasst sich mit Hausbesetzungen in Deutschland.[11] Die Artikel in Tageszeitungen im Zeitraum der 68er-Studentenbewegung verzichteten zumeist auf eine Bewertung der Bewegung und berichteten ausschließlich nachrichtlich. Angesichts der geringen Zahl von Beiträgen kann gemutmaßt werden, dass die südkoreanische Gesellschaft an der 68er-Studentenbewegung nicht besonders interessiert schien. Verglichen mit Veröffentlichungen zur Kulturrevolution in China, auf die ich später genauer eingehen werde, spiegelte sich in den Medien kein nennenswertes Interesse.

---

8   Michael Werner/Bénédicte Zimmermann: Vergleich, Transfer, Verflechtung. Der Ansatz der Histoire croisée und die Herausforderung des Transnationalen, in: Geschichte und Gesellschaft 1 (2002), S. 612 f.
9   Donga Ilbo (Übersetzung: Ostasiens tägliche Zeitung) und Chosun Ilbo (Übersetzung: Cho Suns tägliche Zeitung) wurden 1920 während der Zeit der japanischen Annexion gegründet. Sie wurden damals am häufigsten gelesen. Die Auswertung beider Zeitungen ergibt ein relativ klares Bild zur sozialen Stimmung und öffentlichen Meinung der Zeit.
10 So auch der Historiker Professor Ahn Byoung-wook von der Katholischen Universität in Seoul, der sich damals an der Studentenbewegung beteiligt hatte.
11 Chosun Ilbo, 1967–1990: <www.archive.chosun.com>.

In einem Bericht der *Chosun Ilbo* vom 26. August 1969, der Inhalte einer von koreanischen, japanischen und amerikanischen Experten geführten Diskussion zur Studentenbewegung zusammenfasst, werden die amerikanische, japanische und südkoreanische Studentenbewegung miteinander verglichen. Dabei werden als Motive zur Entstehung der Studentenbewegung in Japan die Entfremdung als Folge des Einzugs in die Industriegesellschaft,[12] die Spezifika der japanischen Gesellschaft, in der Individuen keine Initiative ergreifen können, sowie die verzögerte Modernisierung der Universitäten genannt. Im Gegensatz dazu wird die Studentenbewegung der USA, die an der Universität Berkeley begann, auf die unzureichende Kommunikation zwischen Professoren und Studenten zurückgeführt. Die südkoreanische Studentenbewegung dagegen, so der Tenor des Artikels, unterscheide sich von denen in Japan und in den USA insofern, dass in ihr „ein starkes Bedürfnis als Teil des Guten zu wirken" enthalten wäre. Weiter wird formuliert, dass die südkoreanischen Studenten stolz und sich ihrer sozialen Stellung bewusst wären. Jedoch der „Graben zwischen Norm bzw. Erwartung und Realität erzeugte allerdings eine Stimmung der Verzweiflung und motiviere die Studenten zu aggressiven Handlungen".[13] Kontextuell sollte in dem Artikel deutlich werden, dass die südkoreanische Studentenbewegung auf einer höheren Ebene des moralischen Bewusstseins und Pflichtgefühls angesiedelt war.[14]

Während sich die Artikel der Tageszeitungen zur 68er-Bewegung auf kurze nachrichtliche Berichte beschränkten, enthielten die Beiträge der monatlich erschienenen Zeitschriften offen vertretene Meinungen sowie Beurteilungen. Letztere Beiträge sind daher ein wichtiges Material für Einschätzungen, wie südkoreanische Intellektuelle die 68er-Studentenbewegung wahrnahmen. Das Magazin *Shindonga*[15], das zwischen 1967 und 1970 den Diskurs intellektueller Gruppen anführte, veröffentlichte im Zusammenhang mit der 68er-Bewegung insgesamt drei Beiträge und einen Fotobericht auf der Titelseite. Die sechste Ausgabe des Jahres 1968 druckte unter dem Titel „Spuren des Aufstands der Schwarzen" einen vier Seiten langen Bildbericht zu Straßenkämpfen schwarzer Amerikaner. Die Schlagzeile „Aufstand der Schwarzen" lässt dabei unterschwellig rassistisch motivierte Vorurteile gegenüber der Bewegung durchschimmern.

Als nächstes erschien ein Beitrag von Lee Joung-shik unter dem Titel „Die Kraft der Studenten in der Nachkriegswelt" sowie eine Übersetzung eines Beitrags zur „Hippie-Theorie" von Peter Joachim Opitz aus der *Zeitschrift für Politik* (ZfP) der Universität München.[16]

---

12 Professor Chusan, der in dieser Diskussion das Kurzreferat gehalten hatte, verweist auf psychische Ausprägungen wie Gefühle der Machtlosigkeit sowie den Wandel der Institution Familie in Japan, den Verlust der väterlichen Autorität und das monotone Leben als Angestellte. Vgl. Chosun Ilbo, 26.8.1969.
13 Ebd.
14 Ein solcher Ton wurde gelegentlich auch in anderen Beiträgen zur Studentenbewegung angeschlagen. Es zeigte sich ein gewisser Stolz, dass die südkoreanische Studentenbewegung, im Unterschied zum Westen „patriotisch und bahnbrechend" gewesen sei. Vgl. Kim Soung-shik: Gedanklicher Hintergrund der koreanischen Studentenbewegung insbesondere im Lichte Unabhängigkeitserklärung am 8. Februar, Asien Forschung, Bd. 12 (1969), No. 1, Seoul, S. 3.
15 Shindonga (Übersetzung: Neues Asien) ist ein von der führenden Tageszeitung <Donga Ilbo> herausgegebenes Monatsmagazin. Es besaß damals einen großen Einfluss.
16 Peter Opitz (übers. von Choi Young): Hippie-Theorie, in: Shindonga, November (1968), S. 232–243

Am konsequentesten allerdings setzte sich der „Sonderbericht: Sorgen der Universitäten, der Gedanke der Studentenpower" mit der Studentenbewegung des Westens auseinander.[17] Auch wenn in diesem Beitrag die 68er-Bewegung nicht ausdrücklich erwähnt wurde, deckte sich die Vorstellung von „Hippies" mit dem Image der 68er-Studentenbewegung. In Südkorea war seinerzeit die Veröffentlichung des deutschen Politologen Opitz zu den „Hippies", denen er kritisch eine gewisse soziale Bedeutung beimaß, eine viel diskutierte Quelle, da „Hippies" davon ausgehen würden, dass das „Tüchtigkeitsdogma" und „Erfolgsstreben" der Elterngeneration zur Auflösung des familiären Gemeinschaftsgefühls geführt habe. Statt Konkurrenz und Krieg wollten sie eher „in Ruhe gelassen werden", friedlich und in der Natur leben und gerade nur soviel Zeit auf Arbeit verwenden, wie unbedingt notwendig wäre.[18]

Letztlich würden sich „Hippies" in eine einfache Welt mit geringem Wissen und wenig Vernunft flüchten. Dass sie ähnlich wie Indianer oder die Kultur des Ostens Betäubungsmittel einsetzten, um spirituelle Erlebnisse zu stimulieren, rechtfertigten sie Opitz zufolge dadurch, dass durch die Mittel das wahre Selbst zum Erleuchten käme. Opitz verwies darauf, dass „Hippies" keine Gesellschaftsreformer wären. Am Ende sei die Hippie-Kultur kommerzialisiert gewesen. Er kam zu dem Schluss, dass „die Hippies als Leidtragende der alten Ordnung Würde und Respekt verdienten. Als Organisatoren einer neuen Ordnung verdienten sie allerdings kein Lob."[19] Auch andere Beiträge jener Zeit in Südkorea lassen eine wenig wohlwollende Einstellung zur Hippie-Bewegung durchschimmern; es ist allerdings nicht zu leugnen, dass vor allem Opitz zur negativen Bewertung der 68er-Bewegung beigetragen hat.[20]

Der Autor Lee Joung-shik, der sich in Südkorea zu der 68er-Bewegung äußerte, verwies darauf, dass sich der Widerstand der Studenten in den USA, in Frankreich und in Deutschland nicht sichtlich von den Protestbewegungen Studierender aus Staaten unterscheide, in denen die Demokratie noch nicht verwurzelt sei. Dennoch sah er, dass Studentenbewegungen in „Entwicklungsländern" gegen Machthaber und Regierung opponierten, wohingegen sich ihr Widerstand in westlichen Industrieländern gegen die Universitäten richtete und sich erst später auf die Gesamtgesellschaft ausweitete.[21] Anlehnend an Daniel Bells „Das Ende der Ideologie" verstand Lee Joung-shik das Ende der Ideologie als etwas, das sich ereigne, während sich das Wesen der Erfahrung von einer moralischen in eine psychische Dimension wandle. Er interpretierte die Unruhen der 68er-Studentenbewegung daher als etwas, das aus einem Vakuum der intellektuellen Welt in einer exakt berechneten politischen Gesellschaft entstand. Im Gegensatz dazu sah er die Studentenbewegungen der Dritt-Welt-Länder im politischen Dezisionismus verhaftet. Dass in den USA „der Widerstand gegen die

---

17 Shindonga, September (1969), S. 148–169
18 Peter Opitz, a. a. O, S. 233–236.
19 Ebd., S. 243.
20 Ebd., S. 236–243. Opitz versucht, Hippie-Bewegung und Bewegung der Neuen Linken in ihren Anfängen zu unterscheiden. In Südkorea aber wurden Hippie-Kultur und 68er-Bewegung als Mischform überliefert; siehe ebd., S. 240.
21 Lee Joung-shik: Die Studentenpower in der Nachkriegswelt, in: Shindonga, August (1968), S. 129.

Autorität einer berechneten und vorbestimmten Kultur des Westens" in viel stärkerem Ausmaß stattfand, fand Lee Joung-shik in der Differenz zu Deutschland und Frankreich begründet, in deren Geschichte zahlreiche ideologische Dispute stattfanden.[22]

In der August-Ausgabe 1969 von *Shindonga* wurde unter dem Titel „Sorgen der Universitäten, der Gedanke der Studentenpower" eine intensive Podiumsdiskussion über die 68er-Studentenbewegung dokumenentiert, an der sich die einflussreichen und bekannten Intellektuellen Ko Young-bok, Kil Hyoun-mo, Kim Tae-gil, Soun Woo-hue und Kwon Oh-gi beteiligten, die mit den Worten, dass es „kein annäherndes Beispiel von solch schleierhaften Revolutionären" wie beim Pariser Mai 68 gebe, eingeleitet wurde. Bei den Diskussionsteilnehmern handelte es sich um die intellektuelle Elite der damaligen Zeit. Entsprechend ausführlich wurden die hauptsächlichen Streitpunkte überprüft. Dabei wurde auf das Fehlen einer Ideologie in der 68er-Studentenbewegung, auf den Übergang des Interesses vom Klassenproblem zum Generationsproblem, auf den Unterschied zwischen der Bewegung in Deutschland und den USA, die Auflehnung gegen die ältere Generation,[23] auf den Protest gegen die moderne Zivilisation, den Aufstieg der Studentenschicht zu einer starken gesellschaftlichen Macht, die Abneigung gegenüber dem kommunistischen System und die Resonanz bei den Fabrikarbeitern eingegangen.[24]

Ein Thema der Diskussion war der Unterschied zwischen der Studentenbewegung in den Industrie- und den Entwicklungsländern. Es hieß, dass Entwicklungsländer unter dem Zwang der Großmächte standen, und deshalb dort die jeweiligen Studentenbewegungen den Charakter einer „Bewegung für die Rettung des Landes" besäßen – eine Argumentationslinie, die bis heute Bestand hat.[25] Vor dem Hintergrund der politisch-gesellschaftlichen Instabilität in einem Entwicklungsland galten die gebildeten Studierenden als eine führende kritische Meinungsgruppe. Andererseits formulierte sich ein Gegenstandpunkt, der Studenten sowohl in Industrie- als auch Entwicklungsländern als Idealisten betrachtete, die sich der Realität widersetzten.[26]

Im Rahmen der Debatte „Studentenbewegung in Entwicklungsländern als Bewegung für die Rettung der Existenz des Landes" führte Kil Hyoun-mo an, dass „man gegen die weltweite Situation, in der Studenten ein starkes politisches sowie soziales Mitspracherecht fordern, etwas unternehmen muss." Er meinte damit, dass Studierenden ein Weg eröffnet werden müsse, ihre Meinung frei zu äußern, bevor es zu möglichen Massendemonstrationen

---

22 Ebd., S. 132 f.
23 Das Phänomen wird auf das Schwinden der Bedeutung der Familie und den Transfer ihrer Funktion auf andere institutionelle Mechanismen zurück geführt.
24 Gespräch: Der Kummer der Universität: die Gedanke der Student Power, Shindonga, September (1969), S. 148–163.
25 Siehe dazu weiter unten die politische Einordnung der südkoreanischen Studentenbewegung als nationalistisch und antiimperial orientiert.
26 In einem anderen Gespräch, das die Freiheitsbewegung in den osteuropäischen Ländern thematisiert, wird ebenfalls die Ansicht vertreten, dass der Unterschied zwischen der Studentenbewegung in den Industrie- und Entwicklungsländern Ländern aufgehoben wäre. Vgl. Gespräch: Die Zukunft des Kommunismus im Ostblock: Wie sollen die Ereignisse in der Tschechoslowakei verstanden werden?, in: Shindonga, September 9 (1968), S. 156.

komme und die Lage sich zuspitze. Er zeigte auf, dass gerade in den Industrienationen die harte Vorgehensweise gegen die demonstrierenden Studenten diese noch enger verbunden und militanter gemacht habe.[27]

Insgesamt überwog bei dem Gespräch die Kritik an der Studentenbewegung. Man gelangte zu der Ansicht, dass die Studenten die Gesellschaft kritisieren und neu ordnen wollten, sie dazu allerdings keine eigenen Ideen besäßen und deshalb den einzigen Ausweg darin sähen, sich gegen die bestehende Ordnung aufzulehnen. Aus dem Hang der Studenten zu „Verneinung und zerstörenden Aktivitäten" entstünde „ideologisch Merkwürdiges".

Ebenso wurde darauf hingewiesen, dass es in der Geschichte noch kein Beispiel gegeben habe, wo aus einer Studentenschicht heraus neue Ideen entstanden wären. Dazu hieß es, dass Studentenorganisationen einem Interessenverband ähnlich seien, da Studenten als soziale Gruppe keine Verantwortung trügen.[28] Wenn wir in Betracht ziehen, dass *Shindonga* damals ein relativ reformbewusstes Medium war, können wir aus dem Inhalt der Diskussion schließen, dass die 68er-Studentenbewegung aus einem äußerst konservativen Blickwinkel in Südkorea aufgenommen wurde.

In *Hyoungsoung* („Formierung"), der Zeitschrift der Studenten der geisteswissenschaftlichen Abteilung der Seoul National University, die damals das Zentrum der Studentenbewegung in Südkorea bildete, findet sich ein Beitrag zur 68er-Bewegung, der in der Rubrik für Kommentare zum Zeitgeschehen unter dem Titel „Woge der Universitäten" veröffentlicht wurde und detailliert auf Merkmale der 68er-Studentenbewegung eingeht. Darin wird erklärt, dass – ausgehend vom moralischen Protest an einer heuchlerischen Gesellschaft – die 68er-Bewegung die Abhängigkeit des Individuums von den Produktionsmitteln kritisiere und sie unter dem Ziel der partizipatorischen Demokratie den Zentralismus ablehne und ein Leben in der Kommune anstrebe. Zudem kämpfe die 68er-Studentenbewegung für die Schwarzen und setze sich für Vietnam ein. Dazu werden Reformforderungen in Bezug auf das Universitätssystems vorgestellt und Herbert Marcuse und Frantz Fanon als einflussreiche Vordenker erwähnt. Es bleibt nicht verschwiegen, dass die Bewegung allmählich in eine Phase der Gewalt eintrete. Da „die Studenten keine Vision für Veränderungen vorweisen konnten, entgingen sie zwar dem Dogmatismus, durch den die Marxisten in den vergangenen 30 Jahren vernichtet wurden, (…) das Fehlen einer Vision hinderte sie allerdings daran, effektiv zu handeln."[29] Daneben wird kritisch darauf hingewiesen, dass in Lateiname-

---

27 Ebd., S. 160.
28 Ebd., S. 155–157. Zum Schluss des Gesprächs stand das Thema „Widerstand der Studenten und die Rolle der Professoren" im Mittelpunkt. Auf mehreren Seiten wird die Diskussion wiedergegeben, dass Professoren ihre Aufgabe darauf beschränken sollten, „professionelles Wissen zu lehren und wenn möglich, einen guten Einfluss auf die Persönlichkeit der Studenten auszuüben" und es möglichst „zu unterlassen, ihre Meinung zu politischen Angelegenheiten zu unterbreiten". Es ist nicht nur merkwürdig, dass dieser Schlussteil so gewichtig behandelt wird. Das Ergebnis offenbart darüber hinaus einen Ausschnitt des politischen Bewusstseins der damaligen Intellektuellen. Ebd., S. 161–163.
29 Ich habe die Ausgaben von Hyoungsoung aus den Jahren zwischen 1967–1970 überprüft. In „Hyangyoun", der im Strom der Studentenbewegung relativ liberalen und fortschrittlichen Studentenzeitung der Abteilung für allgemeine Bildung der Nationaluniversität Seoul, findet sich allerdings kein einziger Beitrag zur 68er-Bewegung.

rika die Studenten „an den Universitäten eine nicht geringe Herrschaft ausüben" und dadurch „Chaos und Rückschritt der Bildung" verursacht hätten.³⁰

Der folgende Inhalt aus der sich als liberal und fortschrittlich verstehenden Studentenzeitschrift *Hyoungsoung* ist allerdings überraschend. Am Ende des Kommentars steht ein Gespräch zwischen Soun Woo-hue, dem Redakteur der Zeitung *Chosun Ilbo* und dem in den USA recht populären Schriftsteller Kim Eun-guk. Darin fällt Kim Eun-guk das vernichtende Urteil, dass die „neue Linken" dogmatisch und idealistisch und nichts weiter seien als romantische Pazifisten, die der modernen Gesellschaft sowie den Menschen Schaden zufügten.

> „[…] Es ist einfach naiv, wie sehr die Neue Linke auf Allgemeingültigkeit pocht und selbst so einfältig und dogmatisch ist. […] Nicht selten erinnert sie an das Volksgericht während des Koreakrieges (von den Kommunisten während des Koreakrieges vorgenommene öffentliche Prozesse). Die Neue Linke funktioniert nach demselben Mechanismus wie der Rechtsextremismus. Ihr größtes Problem ist, dass sie keine Zweifel an sich selbst hegt. […] Die Neue Linke gibt sich als Elite aus, ist aber undemokratisch. Sie meint, dass nur sie dazu qualifiziert sei, die Masse zu führen. Gegenmeinungen verurteilt sie als das Böse. […] Die Neue Linke, deren Ziel der Kampf gegen das System ist, gibt ihre Unzufriedenheit darüber, nicht an der Macht beteiligt zu sein, oft unverblümt zu erkennen. […] Die Logik, dass im Vietnamkrieg die USA ausnahmslos das Böse darstellen, der Vietcong, Ho Chi Minh und Mao Zedong hingegen die Helden sind, die alles richtig machen, ist nichts anderes als Romantik im 19. Jahrhundert."³¹

Am Ende seines Beitrags erklärte Ha Young-soun, dass die Studenten auf soziale Probleme aufmerksam gemacht und eine Hinterfragung des Gesellschaftssystems angestoßen hätten. Er forderte allerdings dazu auf, dass die Studentenbewegung den dogmatischen Idealismus ablegen und einem produktiven Ziel entgegen streben müsse. Inhaltlich lässt der Beitrag in *Hyoungsoung* den Schluss zu, dass auch in den progressiven Medien Südkoreas die 68er-Studentenbewegung nicht besonders positiv bewertet wurde.

Der letzte analysierte Beitrag zur 68er-Bewegung wurde im Monatsmagazin *WIN* veröffentlicht. Diese Sonderserie zum 30-jährigen Jubiläum der 68er beschäftigte sich mit ihrer soziokulturellen Bedeutung, ihren Erscheinungen in Frankreich und Deutschland, mit Rudi Dutschke sowie Unterschieden und Ähnlichkeiten zur landesweiten Demokratiebewegung

---

30 Ha Young-soun: Kommentar zum Zeitgeschehen: Woge der Universitäten, in: Hyoungsoung: Elektronisches Magazin, Bd. 2, Sommer 1968, S. 3 und S. 8. Ha young-soun war damals Redakteur dieser Studentenzeitung. Setzen wir die Aussage von Professor Sou Jung-souk voraus, der damals an der Studentenbewegung der geisteswissenschaftlichen Abteilung der Nationaluniversität Seoul beteiligt war und heute an der Soungyungwan Universität unterrichtet, dass die Redaktion von Hyoungsoun seit 1968 von Teilnehmern der Studentenbewegung der geisteswissenschaftlichen Abteilung geleitet wurde, dann ist der Inhalt dieses Beitrags sehr überraschend.

31 Ebd., S. 10.

vom Juni 1987 in Südkorea.³² Das von der Tageszeitung *Joongang Ilbo* herausgegebene Magazin *WIN* geht vertiefend auf die globale Bedeutung der 68er Bewegung ein, und wenn man den Ton vergleicht, kann man von einer Rehabilitierung der 68er-Bewegung in der südkoreanischen Gesellschaft sprechen.³³

Es ist erstaunlich, dass das *Shindonga* den Unruhen im Ostblock größeres Interesse entgegenbrachte als der 68er-Bewegung. 1968 erschienen dort zwei Artikel und ein Gespräch unter den Titeln „Die Zukunft der Freiheitsbestrebung im Ostblock", „Intellektuelle in den kommunistischen Ländern Europas und die Autonomie" sowie „Die Zukunft des Kommunismus in Osteuropa". Das Gespräch informierte über „Die Zukunft des Kommunismus in Osteuropa" mit Hinweisen auf die aktuellen Ereignisse. Zusätzlich wurden das „Manifest der 2000 Worte" sowie der „Warschauer Brief an die tschechoslowakische Führung" im Wortlaut veröffentlicht. Allein die veröffentlichte Seitenzahl ließ erkennen, dass das Interesse an den Veränderungen im Ostblock größer als an der Studentenbewegung war. Da der Prager Frühling wohl nicht im Kontext der 68er-Bewegung verstanden wurde, ist das Interesse der Intellektuellen in einem selbst geteilten Land im Kontext der Veränderungen im kommunistischen Ostblock zu interpretieren.

Im Mittelpunkt des schon erwähnten Gesprächs „Die Zukunft des Kommunismus im Ostblock" zwischen der Gesprächspartner stand Alexander Dubček und seine Hinwendung zu den Jugendprotesten. Die Teilnehmer des Gesprächs zogen daraus den Schluss, dass die kommunistische Welt einer Wende entgegen sehe. Dazu wurde der Einfluss von Mao Zedong auf die Studentenbewegung diskutiert. Dabei hieß es, „dass es in der westlichen Realität zwar keine Lücke gebe, in der Mao Zedongs Linie hätte Platz finden können, dass jedoch seine Theorie, dass alle Widerstände ihre Gründe haben, die koreanische Studenten beeinflusst hätte."³⁴

Die 68er-Bewegung in Monographien und wissenschaftlichen Veröffentlichungen

1993 wurde die 68er-Studentenbewegung zuerst in Chung Soo-boks Sammelband „Neue Gesellschaft und die partizipierende Demokratie" vorgestellt. Darin war ein Kapitel dem „Verlauf der Bewegung des Pariser Mai 1968 und der Geburt einer neuen sozialen Bewegung" gewidmet, das den Hintergrund der neuen sozialen Bewegung erklärte. Als nächstes wurde 1998 die Übersetzung des Buches von Luc Ferry und Alain Renaults „Antihumani-

---

32 Auch die damalige Wochenzeitung Daehakseng Shinmun („Studentenzeitung") brachte im Mai 1998 einen Sonderbericht zur 68er-Bewegung.
33 Siehe hierzu Chung Hyunback: Soziokulturelle Bedeutung, in: WIN 6 (1998), S. 362–366; Lee Gihyoun: Die 68er-Bewegung in Frankreich: Eine Revolution ohne Gesicht verhilft nachfolgenden Strömungen zur Geburt, in: ebd., S. 367–371; Oum Chang-hyoun: Die Studentenbewegung in Deutschland und Rudi Dutschke: Ideologisches Vorurteil in der Tradition der Gedankengeschichte, in: ebd., S. 372–376; Kim Do-jong: Der Vergleich der 68er-Bewegung mit dem demokratischen Juni-Aufstand in Korea: Neue Wertvorstellungen durch Destruktion der Autorität, in: ebd., S. 377–382.
34 Gespräch: Die Zukunft des Kommunismus im Ostblock, S. 141–167; vgl. S. 156 sowie S. 162–164.

stisches Denken" veröffentlicht. Ein Jahr später erschien die Übersetzung von George Katsiaficas „The imagination of the New Left. A Global Analysis of 1968". Von den in Südkorea erschienenen Büchern befasst sich die Übersetzung Katsiaficas am ausführlichsten mit der 68er-Bewegung. Katsiaficas untersucht diese nicht nur in West- und Osteuropa, sondern er analysiert sie auch in Mexiko, Lateinamerika, China und Pakistan. Allgemein betrachtet nahm diese englischsprachige Analyse von 1987 eine Vorreiterrolle in Korea ein.[35]

Im Anschluss daran erschien 2002 die ins Koreanische übersetzte Publikation Ronald Frasers „1968: A Student Generation in Revolt" unter dem Titel „Die Stimme der 68er: Fordere nach dem Unmöglichen!".[36] 2006 wurden gleichzeitig die Übersetzung von Ingrid Gilcher-Holteys „Die 68er-Bewegung: Deutschland – Westeuropa – USA", eine Publikation, die in Deutschland viel gelesen und auch als Taschenbuch herausgegeben wurde, sowie das von südkoreanischen Wissenschaftlern verfasste Buch „68, eine Kulturrevolution, die die Welt veränderte" veröffentlicht, das sich der 68er-Bewegung aus kulturrevolutionärer Perspektive näherte. Es stieß bei Lesern auf große Resonanz und ist deshalb mittlerweile vergriffen. Darüber hinaus wurden auch Bücher von Chris Harman und Tariq Ali ins Koreanische übersetzt.[37]

Dass das Interesse an der 68er-Bewegung erheblich wuchs ist der Hauptgrund für zahlreiche Bücher, die in den vergangenen fünf Jahren auf den Büchermarkt kamen. Mit der erfolgreichen politischen Demokratisierung durch die bürgerlichen Aufstände 1987 hat sich eine von der Bauern- und Arbeiterbewegung separate unabhängige Bürgerbewegung entwickelt. Damit stieg auch das Interesse an den neuen sozialen Bewegungen der 80er-Jahre in Europa, insbesondere an der Anti-Atomkraft-, Umwelt- und Frauenbewegung, deren Ursprünge südkoreanische Intellektuelle in der 68er-Bewegung sehen. Parallel zur Flut an Publikationen zur 68er-Bewegung in den westlichen Ländern kam es in Südkorea um die Jahrtausendwende zur Herausgabe einer Vielzahl von Übersetzungen zur Geschichte dieser Bewegung.

Mit Beginn des neuen Millenniums stieg dazu auch die Zahl wissenschaftlicher Abhandlungen. Im Korea Education & Research Information Service (KERIS) finden sich neun Abhandlungen zur 68er-Bewegung, von denen außer einer von 1984, einer von 1998 und

---

35 Chung Soo-bok: Neue Gesellschaft und die partizipierende Demokratie, Seoul 1993; Luc Ferry/Alain Renault(übersetzt v. Ku Kzo Chan): Antihumanistisches Denken, Seoul 1998; George Katsiaficas (übersetzt v. Lee Jae Won/Lee Jong Tae): The Imagination of the New Left. A Global Analysis of 1968, Seoul 1999. Sein Buch ist deshalb in Korea weiter bekannt geworden, weil er sich seit dem Volksaufstand in Kwangju 1980 öfter längere Zeit in Korea aufhält. Katsiaficas sah im Ereignis von Kwangju eine neue Art von Massenbewegung.
36 Ronald Fraser (übersetzt v. Ahn Hyo Sang): Die Stimme der 68er. Fordere nach dem Unmöglichen, Seoul 2002; ders.: 1968. A Student Generation in Revolt. An international Oral History, London 1988.
37 Ingrid Gilcher-Holtey (übersetzt v. Jung Dae Sung): Die 68er-Bewegung: Deutschland – Westeuropa – USA, Seoul, 2006; Oh Je Mzung: 68, eine Kulturrevolution, die die Welt veränderte, Seoul 2006; Chris Harman (übersetzt von Lee Su-hyoun): Die 1968er, die die Welt bewegten, Seoul, 2004 (dt.: 1968 – eine Welt in Aufruhr); Tariq Ali/Susan Watkins (übersetzt v. Ahn Chan-soo u. Kang Joung-souk): 1968: Zeit der Hoffnung und Tage der Wut, Seoul 2001.

einer weiteren von 1999 alle nach 2000 veröffentlicht wurden.[38] Die verbliebenen sechs Abhandlungen unterschiedlichster thematischer Ausprägung befassen sich ausführlich mit „der 68er-Bewegung und ihrem Verhältnis zur Bewegung der Grünen in Frankreich", dem „Problem der Vergangenheitsbewältigung in der Literatur" zur Zeit der 68er-Bewegung, der „68er Bewegung und der Kulturrevolution", der „68er-Bewegung und die antiautoritäre Revolution des Bewusstseins" und dem „Verhältnis zwischen der Studentenbewegung und der Neuen Linken".[39] In den verbliebenen drei Abhandlungen werden Veränderungen in der Folge der 68er-Bewegung untersucht, die Tendenzen der feministischen Bewegung, Entwicklungen der Frauenliteratur sowie Probleme der Vergangenheitsbewältigung. Es fällt auf, dass die meisten Bücher und Abhandlungen zur 68er-Bewegung von westlichen Expertinnen und Experten bzw. Wissenschaftlerinnen und Wissenschaftlern verfasst wurden, die in Europa studiert hatten. Es überwiegen dabei Experten für ausländische Literatur und Soziologen, während nur wenige Abhandlungen von Historikern verfasst wurden. Festzuhalten bleibt, dass das südkoreanische Interesse an der 68er-Bewegung erst einige Jahre nach der Demokratisierung von 1987 zum Erwachen gekommen scheint.

Weshalb konnte sich in Südkorea die 68er-Bewegung nicht durchsetzen?

Wie im Kapitel zur 68er-Bewegung in den Medien gezeigt, wurde in Südkorea die 68er-Studentenbewegung hauptsächlich an den Bewegungen westlicher Ländern wie in den USA, Frankreich und Deutschland dargestellt. Ein Einfluss auf die südkoreanische Studentenbewegung konnte weder 1968 noch später festgestellt werden. *Hyoungsoung* war das einige Universitätsmedium, das einen Artikel zur 68er-Bewegung gebracht hatte.

Diverse gedankliche Strömungen und Praktiken, welche die westlichen 1968er proklamiert hatten – so etwa Distanz zum orthodoxen Marxismus, Auflehnung gegen Autorität, Autonomie, praktizierte Kollektivität in der Kommune, Veränderung des Bewusstseins durch Veränderung von Denkstrukturen und Bedürfnissen, Zusammenhang von individueller und kollektiver Befreiung – flossen auch später nicht in die südkoreanische Studentenbewegung ein. Dafür gab es zwei Ursachen. Zum einen – auch wenn es auf dem südkoreanischen Büchermarkt bereits Übersetzungen der Werke Herbert Marcuses gab und deren Verkauf nicht verboten war – wurde die südkoreanische Studentenbewegung drastisch

---

38   KERIS ist eine staatliche Einrichtung des südkoreanischen Ministeriums für Bildung, Wissenschaft und Technik.
39   Kim Kyoung-souk: Die Bedeutung der Grünen Bewegung in Frankreich und ihr Erbe der 68er-Bewegung, in: Sammlung von Abhandlungen zur Korea- und Frankreichwissenschaft, Bd. 48, Seoul 2004; Chung In-mo: Das Problem der Vergangenheitsbewältigung in der Literatur während der Zeit der 68er-Bewegung, in: Deutschsprachige Literatur, Bd. 9, Seoul 1999; Nam Un: Die Krisensituation der Intellektuellen und deren Überwindungsprozess in der letzten Phase der 68er-Bewegung in Deutschland, in: Deutsche Literatur, Bd. 73, 2004; Oh Soung-gyun: Die 68er-Bewegung und die Bewusstseinsrevolution der Antiautorität, in: Deutschsprachige Literatur, Bd. 24, Seoul 2004; Cho Gyu-hee: Die 68er Bewegung in Deutschland und die Kulturrevolution, in: Deutschsprachige Literatur, Bd. 23, Seoul 2003; Kang Mi-hwa: Die Bedeutung und das Erbe der 68er-Bewegung in Deutschland, in: Wirtschaft und Gesellschaft 37 (1998), Seoul, S. 65–97.

unterdrückt, weswegen es nicht einfach war, radikalpolitische Ideen aus dem Westen einzuführen, obgleich die westliche Studentenbewegung offensichtlich nicht zensiert wurde. Zum anderen existierten Rahmenbedingungen wie die nationalpolitische Ausrichtung der Studentenbewegung, die elitäre Herkunft der Studierenden sowie ihre Solidarität zu den Arbeitern, was die Aufnahme von außen kommender Impulse verhinderte.[40] Im Fall Südkoreas wirkte sich dieser Faktor besonders stark aus.

Deshalb wurde im Gespräch mit vier damals an der südkoreanischen Studenten- bzw. Publikationsbewegung beteiligten Personen von der Autorin der vorliegenden Arbeit die Frage aufgeworfen, weshalb die 68er-Studentenbewegung in Südkorea keine Resonanz fand. Die Befragten schienen verlegen, denn bis heute hatte niemand diese Frage gestellt. In dem Gespräch entstand der Eindruck, als sei die 68er-Studentenbewegung nur eine Angelegenheit des Auslands gewesen, der die Führer der südkoreanischen Studentenbewegung keinen Gedanken gewidmet hätten. Als Antwort auf die Frage meinte Ahn Byoung-wook, dass er damals der Ansicht gewesen sei, „dass die 68er-Bewegung des Westens eine Aktion von unreifen Studenten der fortschrittlichen Länder gewesen sei und mit uns nichts zu tun hatte."[41] Die Antwort von Ahn Byoung-wook ist so zu verstehen, dass – wie schon die Diskussion im Magazin *Shindonga* festhielt – die südkoreanische Studentenbewegung historisch betrachtet den Charakter einer nationalistischen Bewegung besaß. Angefangen als eine Bewegung der Gelehrten während der Chosun-Zeit über eine patriotische Bewegung während der Besatzungszeit durch Japan entwickelte sie sich in den 1960er-Jahren zu einer Elitebewegung in einem wirtschaftlich und (sozial)politisch nicht entwickeltem Land. Ihre Aktivisten maßten sich selbst eine starke moralische Bedeutung bei.[42] Vor diesem Hintergrund schien eine Übernahme der symbolisch-provokanten und zugleich antikulturellen Haltung der westlichen Studenten nicht einfach.[43]

Allerdings bot auch der politische und soziale Kontext der südkoreanischen Studentenbewegung vermutlich keinen Raum zur Beschäftigung mit der der 68er, da in dieser Zeit die Politikgeschichte des Landes von vielen Unruhen geprägt war. Auf höherer politischer Ebene wurde gerade der Prozess zur so genannten „*Ostberlin- Spionageaffäre*" abgewickelt. Gleichzeitig ereignete sich die *Tonghyoukdang-Affäre*, bei der 158 Studierende und Intellektuelle wegen angeblicher Spionageaktivitäten verhaftet und später 50 von ihnen verurteilt wurden. Hintergrund der Affäre war, dass im Januar 1968 das amerikanische Informationsschiff Pueblo von Nordkoreanern entführt und im August ein nordkoreanisches Spionageschiff nach Südkorea auf die Jeju-Insel geschickt wurde, um die Führer der *Tonghyoukdang-Affäre*, das Ehepaar Lee Mun-gyu, zu retten. Während der bewaffneten Auseinandersetzungen kamen zwölf nordkoreanische Soldaten ums Leben. In dieser spannungsreichen Lage waren das

---

40 Van der Linden, S. 32–33.
41 Gespräch mit Ahn Byoung-wook am 16.4.2008. Er war Studentenführer am College of Humanities, Seoul National University, das das ideologische Zentrum der Studentenbewegung war. Er ist heute Historiker und Hochschullehrer an der Catholic University, Seoul.
42 Korea Democracy Foundation: Erläuterung zu Aufzeichnungen in Zusammenhang mit der Demokratiebewegung in Korea, Seoul 2003, S. 46.
43 Gilcher-Holtey, S. 188 f.

Interesse und die Energie der Studenten eher darauf gerichtet, die Verfassungsänderung zu verhindern, mit der der damalige Präsident Park Chung-Hee eine mehrjährige Machtergreifung anstrebte, statt sich den neuen Ideen einer 68er-Studentenbewegung zu öffnen.⁴⁴

Shin Hong-boum, damals Redakteur für Auslandsnachrichten bei der Zeitung *Chosun Ilbo* und zuständig für Meldungen zur 68er-Bewegung, beantwortete die eingangs gestellte Frage zur Nicht-Rezeption der 68er-Studentenbewegung in Südkorea, „dass man (...) den Zusammenhang und den Charakter der aus dem Ausland kommenden Meldungen zur 68er-Bewegung nicht richtig verstanden habe."⁴⁵ Mit dem wenigen Wissen und den in den Medien verstreuten Informationen war die 68er-Bewegung schwer zugänglich, was die Rezeption zusätzlich erschwert haben mag. In jenen turbulenten Zeiten war es auch nicht möglich, öffentlich Bücher über linkspolitisches Gedankengut wie Marxismus und Bolschewismus zu lesen. Daher lasen die wenigen studentischen Aktivisten solche Schriften heimlich. Im abehenenden Verhalten gegenüber der 68er Bewegung könnte nicht nur das Festhalten an der eigenen Tradition der Studentenbewegung sondern auch das wenige Wissen eine Rolle gespielt haben. Rege gelesen wurden auch Raymond Aron und Jean Paul Sartre. Erst nachdem „Der eindimensionale Mensch" von Herbert Marcuse in ausländischen Medien vorgestellt wurde, offenbarte sich Shin Hong-boum die Intention der 68er-Bewegung.

In der Folge, so Shin Hong-boum, habe diese der südkoreanischen liberalen Linken eher als Impulsgeberin gedient. Anfang der 70er Jahre wurden neben Übersetzungen Marcuses wie „Vernunft und Revolution" und „Der eindimensionale Mensch" viele andere Bücher der Frankfurter Schule gelesen. Die 68er-Bewegung stieß zwar in Südkorea als Bewegung auf keine Resonanz, beeinflusste jedoch ihre Intellektuellen als eine neue Methode des Denkens. Auch ich persönlich gehöre zur Generation, die diese Studentenkultur in den 70ern erlebte und erinnere mich noch, Meldungen zur 68er-Studentenbewegung mit klopfendem Herzen aufgenommen zu haben. Ich weiß noch, wie Anfang der 70er Marcuses „Vernunft und Revolution" als politische Aufklärungslektüre der Studenten verwendet wurde und beteiligte mich selbst an einem, von einem älteren Kommilitonen geleiteten Seminar, in dem dieses Buch gelesen wurde.

Da Südkorea 1968 von einer bedrückenden politischen Lage überschattet wurde, konnte die Studentenbewegung nicht anders, als sich auf den klassischen politischen Kampf zu konzentrieren, bei dem sie bis 1987 gegen die Militärdiktatur zu kämpfen hatte. Auch nach Beendigung der Militärdiktatur fanden die von der 68er-Bewegung aufgeworfenen Fragen lange Zeit keine Beachtung. In einem Gespräch mit Han Choul-hee, der als Redakteur der Studentenzeitung der geisteswissenschaftlichen Abteilung der Nationaluniversität Seoul tätig war und nach vielen Jahren der Haft einen eigenen Verlag gründete, zeigte sich, dass Bücher der Frankfurter Schule bei der zehn Jahre jüngeren Generation noch weniger gelesen

---

44 Institut der Korea Democracy Foundation: Zeittafel zur Geschichte der Demokratiebewegung in Korea, Seoul 2006, S. 169–174.
45 Gespräch mit Shin Hong Boum, dem Direktor des Verlags Dure. Nachdem er wegen der Teilnahme an der Bewegung für die Freiheit der Presse entlassen wurde, gründete er einen eigenen Verlag. Gespräch mit der Autorin am 12.11.2008.

wurden.⁴⁶ Mit Beginn der 80er-Jahre schrumpfte das Interesse noch weiter. Je stärker die Studentenbewegung Südkoreas wie beim Volksaufstand für Demokratie in Gwangju 1980 unterdrückt wurde, desto mehr wurde der westlichen neuen Linken der Einfluss entzogen. Han Choul-hee fügte an, dass sich die gedankliche Basis der südkoreanischen Intellektuellen in den 80ern immer stärker zur orthodoxen Linken hin bewegte und sich auch die Studentenbewegung davon nicht mehr distanzierte.

Am Schluss liegt ein Vergleich der Rezeption der 68er-Bewegung mit den Einflüssen der chinesischen Kulturrevolution in Südkorea nahe. In der *Chosun Ilbo* erschienen 1968/69 weniger als zehn Artikel zur Studentenbewegung in den USA, Frankreich und Deutschland. Über die Kulturrevolution in China wurde allerdings 1968 in mehr als 70 Artikeln berichtet. An diesen Zahlen lässt sich festmachen, dass in der südkoreanischen Gesellschaft das Interesse an der chinesischen Kulturrevolution viel stärker ausgeprägt gewesen war als an der 68er-Bewegung. Die Begeisterung der Intellektuellen an ihr lässt sich auch an der großen Resonanz solcher Bücher wie Rhie Young-hees' „Gespräch mit der 800 Millionen Bevölkerung" ablesen, das Ende der 70er veröffentlicht wurde.⁴⁷

Auch Susanne Weigelin-Schwiederzik sieht die weltweite Ausstrahlung, die die chinesische Kulturrevolution während der späten 60er Jahre besaß. China hatte damals bereits eine Truppe von 200.000 freiwilligen Soldaten nach Vietnam entsendet und die Guerilla-Bewegung in Thailand und Kambodscha unterstützt. China leistete Entwicklungshilfe für Tansania und Kuba und unterstützte die Widerstandsbewegung in Venezuela. Die wirtschaftliche und militärische Unterstützung der Staaten Lateinamerikas und Asiens war beträchtlich. Deshalb stieß die Kulturrevolution in den Ländern der Dritten Welt auf vielfältiges Interesse. Auch in Paris fanden in Intellektuellenkreisen heftige Kontroversen zur Kulturrevolution und dem Erbe Mao Zedongs statt. Weigelin-Schwiederzik betont, dass sich die 68er-Bewegung nicht einseitig vom Zentrum der westlichen Länder in die Welt ausgebreitet habe, sondern vielschichtig. Dabei sei China, neben dem Westen, ein weiteres politisches Zentrum gewesen. Weigelin-Schwiederzik resümiert, dass auch die radikale 68er-Bewegung in Japan unter dem Einfluss Chinas stand.⁴⁸

Dementsprechend müsste auch die südkoreanische Studentenbewegung stärker von der Kulturrevolution beeinflusst worden sein als von der 68er-Bewegung. Da sich die Entstehungsbedingungen der Kulturrevolution allerdings von der südkoreanischen Realität unterschieden, standen Strategie und Praxis der chinesischen Kulturrevolution außer Frage. Trotz-

---

46 Meist wurden Bücher über (süd)koreanische Gegenwartsgeschichte und Volkswirtschaftstheorie gelesen. Von den Büchern des Westens las man vorwiegend die von Politik- und Wirtschaftswissenschaftlern der Neuen Linken wie Paul Sweezy und Maurice Dobb. Gespräch mit Han Choul-hee, Direktor des Verlags Dolbegae am 18.11.2008.
47 Rhie Young-hees: Gespräch mit der 800 Millionen Bevölkerung, Seoul 1977.
48 Susanne Weigelin-Schwiederzik: China: Das Zentrum der (Welt-)Revolution? Die chinesische Kulturrevolution und ihre internationale Ausstrahlung, Vortrag auf der International Conference of Labour and Social History am 11.9.2008. Im Vergleich dazu weist Norbert Frei, dessen Buch in Deutschland Aufsehen erregte, auf den gewalttätigen Charakter der 68er-Bewegung als gemeinsames Merkmal der Studentenbewegung in Japan und Ländern wie Deutschland und Italien, die den Faschismus erlebt hatten, hin. Vgl. Nobert Frei: 1968: Jugendrevolte und globaler Protest, München 2008, S. 164.

dem übte sie auf die südkoreanische Studentenbewegung, als diese später der Volksbefreiungslinie folgte, einen größeren Einfluss als der westliche Sozialismus aus. Jahre später entwickelte die koreanische Studentenbewegung dann – in ihrer geografischen Isolation und der Tradition der Bewegung für die Rettung des Landes verhaftet – eine Eigenständigkeit, die ein Gemisch aus orthodoxer linker Theorie und Nationalismus darstellte.[49]

So besehen gingen in Südkorea die Forderungen der europäischen 68er-Bewegung nach Partizipation und Reformen ins Leere, denn ihre Ideen wie Überwindung von Autorität und Entfremdung des Menschen in der technischen Zivilisation, Stärkung der Gemeinschaft, Veränderung von Bewusstsein und Bedürfnissen, Identität von individueller mit kollektiver Befreiung und Überwindung des im Alltag latenten Kolonialismus waren in der südkoreanischen Gesellschaft in der Vergangenheit nicht ernsthaft reflektiert worden. Mittlerweile ist man nun in Südkorea an dem Punkt angelangt, diese Fragen neu zu stellen. In diesem Zusammenhang muss auch die Rezeption der 68er-Bewegung in Südkorea neu überdacht werden.

Resümee

Die 68er-Bewegung wird derzeit in Südkorea als globales Ereignis neu beleuchtet. Eine Annäherung aus Sicht einer transnationalen Geschichte legt die Schlussfolgerung nahe, dass diese Bewegung ein Ereignis nicht nur in den westeuropäischen Ländern war, sondern auch in Osteuropa und darüber hinaus in Nordamerika, Afrika und Asien, wobei in dieser Arbeit die Bewegungsgeschichte in Südkorea anhand von Artikeln in Tageszeitungen und Magazinen sowie Gesprächen mit ehemaligen Aktivisten der Studentenbewegung und Verlagsleuten im Blickpunkt stand.

Wir konnten einerseits feststellen, dass die 68er-Bewegung unzensiert, aber nicht ernsthaft rezipiert wurde. Die Tageszeitungen berichteten über sie in kurzen, nachrichtlichen Artikeln. In Wochenmagazinen, Monatszeitschriften und Studentenzeitungen wurde über sie zwar diskutiert, allerdings wurde sie als merkwürdiges und unreifes Vorgehen der Studenten des Westens verstanden und für Südkorea als nicht besonders brauchbar empfunden. Eine solche Auffassung entsprang einem starken Stolz der südkoreanischen Studentenbewegung, die sich als eine aufopfernde Bewegung wahrnahm. Von diesem Standpunkt aus betrachtet übten Fragestellung und Praxis der 68-Bewegung keinen großen Reiz aus. Im Vergleich dazu wurde über die Menschenrechtsbewegung der schwarzen Amerikaner in den USA, die chinesische Kulturrevolution und die Freiheitsbewegung in der Tschechoslowakei häufiger und wohlwollender berichtet.

---

49 Zur Studenten- und Sozialbewegung in Südkorea siehe Institut der Democracy Foundation: Geschichte der Demokratisierungsbewegung in Korea: Von der 1. Republik bis zur 3. Repulik, Seoul 2008, S. 481–539; desgl. Lee Jae-oh: Die koreanische Studentenbewegung nach der Unabhängigkeit, Seoul 1984.; Ilsong Joung Verlag Redaktionskomitee: Geschichte des Disputs um die Studentenbewegung, Seoul 1998; Cho Hee-youn: Die koreanische Demokratie und Sozialbewegung: Für eine Wiederherstellung und Neukonstruktion der kritischen Erörterung, Seoul 1998.

Andererseits ist auch festzuhalten, dass die südkoreanischen Intellektuellen den sozialen Kontext der Entstehung und Philosophie dieser Bewegung nicht richtig verstanden. Die Kulturrevolution in China wurde in Südkorea weitaus positiver aufgenommen und über sie in den Zeitungen um das fünffache mehr berichtet als über die 68er Bewegung. Weshalb stieß die weltweite 68er-Bewegung in Südkorea auf keine große Resonanz? Zu dieser Zeit waren die sozialen Bewegungen des geteilten Landes vollauf mit der Bewältigung nationaler Probleme beschäftigt wie mit dem Kampf gegen die Diktatur oder gegen die Verfassungsänderung zur Wiederwahl des Militärmachthabers Park Chung-hee sowie dem Spannungsverhältnis zwischen Nord- und Südkorea wie der Tonghyoukdang- und Ostberliner Spionageaffäre. Es blieb deshalb kein Raum für neue Ideen. Erst in den 70er Jahren verbesserte sich das Wissen um die Studentenbewegung durch Übersetzung der Bücher von Marcuse und anderer namhafter Vertreter/innen ins koreanische. Auch wurde mit der steigenden Zahl aus dem Ausland vom Studium zurückkehrender Koreaner die 68er-Bewegung nach Südkorea importiert. Dass eine Rezeption der 68er erst in den 90er Jahren möglich war, nachdem Südkorea demokratisch geworden war, ist darauf zurück zu führen, dass die Öffnung für neue Kulturen und Ideen spezifische politische, wirtschaftliche sowie kulturelle Bedingungen eines Landes voraussetzt. Aus Anlass des 30. Jubiläums von 1968 wurden eine Reihe neuer Übersetzungen herausgegeben und Wissenschaftler, die im Ausland studiert hatten, setzten sich in unterschiedlichen Abhandlungen mit den Ideen der 68er auseinander.

Ich bin allerdings skeptisch, ob ernsthaft über das kritische Potenzial der 68er seitens der südkoreanischen Intellektuellen und sozialen Bewegungen nachgedacht wird. Die Bewertung der 68er angesichts deren 40. Jubiläums war auch in westlichen Ländern umstritten.[50] Dennoch empfiehlt es sich der Zivilgesellschaft Südkoreas, die Ideen und den Geist der 68er erneut zu reflektieren. Die partizipierende Demokratie im Land schreitet fort, während das Argument der sozialen Debatte weiterhin auf die Realisierung der politischen Demokratie beschränkt geblieben ist. Der Geist der 68er-Bewegung, ihre Kritik an der Bewusstseins- und Bedürfnisstruktur im Konsumkapitalismus, die Abschaffung der Autorität in verschiedenen Bereichen der Gesellschaft, die Reformierung des Lebensstils im Alltag und die Forderung nach Befreiung der Dritt-Welt-Länder von kolonialer Unterdrückung ist bis heute in Südkorea noch nicht richtig angekommen. Gerade jetzt erscheint in unserer Gesellschaft ein ernsthaftes Nachdenken darüber nötig – als ein Prozess der (Selbst-)Reflexion.

---

50 Die Guerillakämpfe und der vereinzelte Terror zu Ende der 68er-Bewegung hatten dazu beigetragen, deren moralische Basis zu untergraben. Der entscheidende Schlag wurde ihr allerdings durch das Buch „Unser Kampf" von Götz Aly versetzt. Dort verweist der Autor auf „faschistische" Elemente der Bewegung und argumentiert, dass sie in Hinsicht auf den Kampf gegen die Bourgeoisie und ihrer utopischen Züge Ähnlichkeiten mit dem Nationalsozialismus habe. Alys Argumente lieferten Stoff für heftige Kontroversen. Er mag damit vielleicht etwas übertrieben haben, der intellektuelle Hochmut und die selbstgefällige Haltung der 68er-Aktivisten sollten dennoch kritisch überdacht werden. Siehe Götz Aly: Unser Kampf: 1968 – ein irritierter Blick zurück, Frankfurt/M. 2008; Gilcher-Holtey, S. 192; Peter Schneider (übers. von Cha Bong-hee): Lenz, Seoul 2002.

Knud Andresen

‚Gebremste Radikalisierung' –
Zur Entwicklung der Gewerkschaftsjugend
von 1968 bis Mitte der 1970er Jahre

1978 hielt ein ehemaliger Vertrauensmann der IG Metall fest:[1] „Heute ist es innerhalb der Gewerkschaftsbewegung wieder möglich, die Worte ‚Kapitalismus', ‚Sozialismus', ‚Kommunismus' wenigstens in Diskussionen zu benutzen und nicht nur über das zu reden, was aus der gegenwärtigen Situation heraus als möglich erscheint (…).[2]" Der Aktivist beschrieb mit diesen Worten eine Linkswendung der Gewerkschaften, die er als systemüberwindende Hoffnung verstand. Wie aber lief eine solche Linkswendung ab? In welchem Verhältnis standen die Gewerkschaften zu den Ereignissen Ende der 1960er Jahre und wie beeinflussten diese die gewerkschaftliche Entwicklung in den folgenden Jahren?

Das kalendarische Etikett ‚1968' wird heute noch zumeist als studentisches Ereignis wahrgenommen.[3] Wenn ‚1968' jedoch als Chiffre für eine mehrere Jahre anhaltende Unruhe in den westlichen Gesellschaften verstanden wird,[4] dann steht die Frage im Raum, inwieweit dies die größte Gruppe der Bevölkerung, die lohnabhängig Beschäftigten, eigentlich erreicht hat. Eine weitere Eingrenzung gehört dazu. Die Unruhe wurde vor allem als Unruhe der Jugend wahrgenommen.[5] Aber wenn ‚die Jugend' sich plötzlich nicht mehr mit den Verhältnissen abfinden wollte, dann drängt sich die Frage auf, wie es mit den jugendlichen Beschäftigten stand.

Die Zahlenverhältnisse sind sehr deutlich: 1968 standen den rund 300.000 Studierenden knapp 5 Millionen abhängig Beschäftigte bis 25 Jahre gegenüber, darunter waren rund 1,3 Millionen Lehrlinge.[6] Hiervon waren – bis 21 Jahre – 590.000 Mitglieder der DGB-

---

1   Bei den Teilnehmern des Kolloquiums „Sozialstrukturen und soziale Bewegungen" in Bochum am 22.1.2009 und Prof. Klaus Tenfelde möchte ich mich sehr herzlich für die anregende Diskussion einer ersten Textfassung dieses Artikels bedanken.
2   Siegfried Mason: Betriebliche Aktionen – Studentischer Protest. Ereignisse in einem Berliner Großbetrieb während der APO-Zeit, in: Gudrun Küsel (Hg.): APO und Gewerkschaften. Von der Kooperation zum Bruch, Berlin 1978, S. 96–105, S. 96.
3   So bei Manfred Görtemaker: Geschichte der Bundesrepublik Deutschland. Von der Gründung bis zur Gegenwart, München 1999, S. 476.
4   Vgl. Christina von Hodenberg/Detlef Siegfried (Hg.): Wo ‚1968' liegt: Reform und Revolte in der Geschichte der Bundesrepublik, Göttingen 2006. Als Versuch für Westeuropa und USA: Gerd-Rainer Horn: The Spirit of 68: Western Europe and North America, 1956–1976, Oxford 2007.
5   Vgl. Franz-Werner Kersting: ‚Unruhediskurs'. Zeitgenössische Deutungen der 68er Bewegung, in: Mathias Frese/Julia Paulus/Karl Teppe (Hg.): Demokratisierung und gesellschaftlicher Aufbruch. Die sechziger Jahre als Wendezeit der Bundesrepublik, Paderborn ²2005, S. 715–740.
6   Seit diesem Zeitpunkt begann sich das Verhältnis langsam zu wandeln, da die Studierendenzahl kontinuierlich anstieg – auch durch den Ausbau der Fachhochschulen –, bis 1989 Lehrlinge und Studierende ungefähr dieselbe Größenordnung hatten. Die Zahl der jungen Beschäftigten bewegte sich jedoch wei-

Gewerkschaften. Von 1970 bis 1975 stieg die Mitgliederzahl der Gewerkschaften netto um rund 200.000 Jugendliche.[7] Da gewerkschaftlich engagierte Jugendliche zumeist politisch interessiert sind, ist eine ‚Unruhe' auch in der Gewerkschaftsjugend auszumachen.

Eine derartige Bewegung ging mit einer Radikalisierung einher, was angesichts des ‚linken Zeitgeistes' Ende der 1960er Jahre nicht überraschend ist. Hinzu kamen jedoch einige spezifische gewerkschaftliche Faktoren.

- Die Gewerkschaften vertraten auch in den 1960er Jahren eine emanzipatorische und auf gesellschaftlichen Wandel gerichtete Rhetorik mit deutlichen Differenzen zwischen den Einzelgewerkschaften.
- Die Gewerkschaften waren im betrieblichen Rahmen die größte politische Organisation der Arbeitnehmer. Alle linksradikalen Organisationsversuche außerhalb der Gewerkschaften hatten keinen durchschlagenden Erfolg und blieben in der Regel negativ an die Gewerkschaften gebunden.
- In den Gewerkschaften gab es gewissermaßen überwinternde Sozialisten und Kommunisten, die eine stärkere gewerkschaftliche Politik der Gegenmacht anstrebten. Diese Personen hatten zum Teil stimulierenden Einfluss auf junge Aktivisten.
- Die antiautoritären Studierenden konzentrierten sich strategisch ab 1969 zumeist auf die Arbeiterklasse. Die Arbeit in den Betrieben und damit auch in den Gewerkschaften wurde zu einem Aktionsfeld mit Auseinandersetzungen über radikale Positionen.
- Durch die Reorganisation der gewerkschaftlichen Jugendbildungsarbeit seit Mitte der 1960er Jahre war eine Reihe von jüngeren Funktionären und Aktivisten politisiert worden, die sich für eine Gegenmachtpolitik einsetzten. Hier bestanden auch bereits enge Verbindungen zu sozialistischen Studierenden.
- Es kam noch ein weiterer Faktor hinzu: Die Gewerkschaften verfügten über finanzielle Ressourcen. Die Zusammenarbeit zwischen Studierenden und Gewerkschaften war zum Beispiel beim Kampf gegen die Notstandsgesetze deutlich geworden, als einige Einzelgewerkschaften – insbesondere die IG Metall – das Kuratorium Notstand der Demokratie oder SDS-Seminare finanzierten.[8]

Der Begriff „Radikalisierung" kann vor diesem Hintergrund auf zweierlei Weise definiert werden: Eine politische Radikalisierung, die nicht mehr auf dem Boden der Verfassung steht, sowie eine soziale, in der Nonkonformität konflikthaft ausgetragen wird, häufig auch

---

terhin in der oben genannten Größenordnung. Statistische Jahrbücher für die Bundesrepublik Deutschland 1969–1990, eigene Berechnungen.

7 Bei den Mitgliederzahlen ist allerdings zu berücksichtigen, dass die Gewerkschaften bis 1970 jugendliche Mitglieder nur bis 21 Jahre zählten, danach wurde die Altersgrenze für die Personengruppe auf 25 Jahre ausgeweitet. 1968 waren es rund 590.000 Mitglieder, Ende 1970 602.000 unter 21 Jahre, mit der neuen Zählung bis 25 Jahre waren es sogar fast eine Million Mitglieder, 1975 waren es 1.213.000 Millionen Personen. 1970 als Ausgangslage genommen war der Nettozuwachs bis 1975 über 200.000. Zahlen nach Geschäftsberichten des Bundesvorstandes des DGB 1969 bis 1971, Düsseldorf 1972, S. 349 und 1975–1977, S. 450, eigene Berechnungen.

8 Vgl. Michael Schneider: Demokratie in Gefahr? Der Konflikt um die Notstandsgesetze: Sozialdemokratie, Gewerkschaften und intellektueller Protest (1958–1968), Bonn 1986, S. 178–180; Fritz Vilmar: Kooperation – Entfremdung – Und was jetzt?, in: Küsel, S. 153–168.

an politische Erscheinungen angelagert.⁹ In den internen und öffentlichen Einschätzungen der hauptamtlichen Funktionäre war bald nach 1968 der Begriff von der „Politisierung" der Gewerkschaftsjugend verbreitet.¹⁰ Hierunter ist nicht allein eine Radikalisierung der Forderungen zu verstehen, sondern auch eine politische Überformung alltäglicher Konflikte. Die Debatten innerhalb der Gewerkschaftsjugend orientierten sich nun stärker an Auseinandersetzungen über innergewerkschaftliche Demokratie und eine Politik der gewerkschaftlichen Gegenmacht. Es gab dabei eine gestiegene Bereitschaft, bei Aktionen gewisse Regelverletzungen zu akzeptieren. Die institutionalisierte Zusammenarbeit zwischen Staat, Gewerkschaften und Unternehmen wie in der Konzertierten Aktion wurde attackiert. Insbesondere in der Jugendbildungspolitik gab es eine antikapitalistische und marxistische Schwerpunktsetzung, die Sozialpartnerschaft wurde abgelehnt.

Allerdings ist in diesem Politisierungsprozess die besondere Lage der Gewerkschaftsjugend zu berücksichtigen. Es bestanden sehr unterschiedliche Strukturen, die zum Teil erhebliches Konfliktpotential boten. Im ländlichen und kleinstädtischen Raum war eher der DGB Ansprechpartner, in den Großstädten und bestimmten industriellen Ballungsgebieten waren häufiger auch Gruppen der Einzelgewerkschaften aktiv. Idealtypisch bildeten die Kreisjugendausschüsse des DGB einen Zusammenschluss der Einzelgewerkschaften, die für allgemeine politische Aussagen und Kampagnen zuständig waren, während die Einzelgewerkschaften die betriebliche Arbeit verantworteten, da nur sie Tarifverhandlungen führen konnten. Insbesondere die mitgliederstarke IG Metall – aber auch die IG Bergbau und Energie mit einem sehr hohen Organisationsgrad – betrieben häufig eine eigenständige Jugendarbeit und setzten sich vom DGB ab.¹¹ Als Personengruppe innerhalb der Einzelgewerkschaften und des DGB besaß die Gewerkschaftsjugend zudem keine strategische Autonomie, sondern musste ihre Positionsbestimmungen immer auch in Hinblick auf die Zustimmung der übergeordneten Gremien der Gesamtorganisation vornehmen. Dies führte im lokalen Bereich zu vielfältigen Konflikten zwischen Ortsvorständen und Jugendgruppen, aber auch das Verhältnis des Bundesjugendausschusses des DGB zum Bundesvorstand war in dieser Zeit nicht spannungsfrei.¹² Die Gremienstruktur der gewerkschaftlichen Organisation, verbunden mit durchaus verwirrenden Doppelstrukturen von DGB und Einzelgewerkschaften, erschwerte das Aktionsfeld von engagierten Mitgliedern, bot aber auch Freiräume. Wesentliche Träger der Arbeit waren zumeist die hauptamtlichen Jugendsekretäre und Bildungsre-

---

9   Klaus Tenfelde: Proletarische Provinz. Radikalisierung und Widerstand in Penzberg/Oberbayern 1900–1945, München u. a. 1982, S. 5–6.
10 Geschäftsbericht des IG Metall-Vorstandes 1968–1970, Frankfurt 1971, S. 351.
11 Diese Klage war häufig anzutreffen. Vgl. Materialien zur gewerkschaftlichen Jugendbildungsarbeit, Nr. 1/1974, hg. v. DGB-Bundesvorstand, Abt. Jugend, in: Archiv der sozialen Demokratie in Bonn (zukünftig: AdsD), DGB-Archiv, 5/DGAU-123, S. 2–3. Zur IG Bergbau und Energie vgl. als erste Hinweise: Holger Heith: Arbeiterjugend und 68er im Ruhrgebiet, in: Mitteilung des Archivs der Arbeiterjugendbewegung 1 (2008), S. 12–17.
12 So unterbrach der BJA des DGB im Mai 1969 seine Sitzung und vertagte sich auf „unbestimmte Zeit", da der Geschäftsführende Vorstand des DGB statt einer Demonstration nur eine Pressekonferenz der Gewerkschaftsjugend durchführen wollte. Protokoll 75. Sitzung BJA des DGB am 12.5.1969 in Bochum, in: AdsD, DGB-Archiv, 5/DGAU-74.

ferenten. So waren von den 50 Mitgliedern des Bundesjugendausschuss des DGB nur neun ehrenamtliche Gewerkschafter.[13] Bei bezirklichen Jugendausschüssen war das Verhältnis etwas günstiger für Nicht-Hauptamtliche, aber insbesondere die organisatorische Arbeit lag bei den zuständigen Sekretären. Die Einbindung in die hierarchische Gremienstruktur mit ihren häufig langwierigen Entscheidungs- und Abstimmungsprozessen ist ein strukturelles Merkmal der Gewerkschaftsjugend. Bei aller auch revolutionären Phantasie einzelner Akteure[14] erscheint es sinnvoll, von einer ‚gebremsten Radikalisierung' oder auch ‚institutionellen Entradikalisierung' zu sprechen.

Dabei müssen zwei Ebenen unterschieden werden: Zum einen die Akteursebene engagierter Mitglieder, wobei zu berücksichtigen ist, dass die Mehrzahl der Mitglieder von den Gewerkschaften beeinflusst, aber in der Regel nicht in Gremien oder Jugendgruppen aktiv war. Zum anderen die Reaktionen der hauptamtlichen Funktionäre, insbesondere der Führungsgremien und die sich in Beschlüssen und Richtlinien manifestierende politische Linie der Gewerkschaften. Trotz der zeitgenössisch weitverbreiteten Kritik am bürokratischen Apparat der Gewerkschaften muss dieses Verhältnis als Wechselverhältnis verstanden werden. Theo Pirker, gewiss einer der profiliertesten Kritiker bürokratischer Erscheinungen in den Gewerkschaften, hielt im Rückblick 1978 fest, dass die Gewerkschaften sich den Herausforderungen der APO gegenüber nicht abschotten konnten: „Dies allein schon aus dem Grunde nicht, weil eben die Gewerkschaften nicht nur bürokratische Apparate sind, sondern Interessenorganisationen von Arbeitnehmern, die in mehr oder weniger großem Ausmaß, mehr oder weniger bewusst, von solchen neuen sozialen Problemen betroffen sind. (…) Und es gab und gibt immer wieder Möglichkeiten, dass kleine oder große soziale und politische Bewegungen die Gewerkschaften anstoßen."[15] Anhand einiger prinzipieller Linien und Einzelbeispiele soll im Folgenden skizziert werden, wie die ‚gebremste Radikalisierung' sich konturierte.

Die Gewerkschaftsjugend bot in den fünfziger und sechziger Jahren ein gewisses politisches Unruhepotential,[16] war aber in ihrer konkreten Arbeit einem jugendpflegerischen Fürsorgestil verhaftet.[17] Den neu entstehenden Jugendkulturen gegenüber verhielt man sich ambivalent und forderte vor allem zur verbindlichen Mitarbeit auf. 1966 stellte Gert Lütgert

---

13 So der Stand 1981. Vgl. Verzeichnis „Mitglieder des DGB-Bundesjugendausschuss, Januar 1981. Archiv für soziale Bewegungen Bochum (im Folgenden: AfsB), IGBE-Archiv, Nr. 2260.
14 So erwähnte Arp Kreßin, Initiator von Lehrlingsprotesten Ende 1968 und in der IG Metall aktiv, dass sie in ihrem Bekanntenkreis auch über die Bewaffnung der Vertrauensleute diskutiert hätten. Vgl. Gespräch Arp Kreßin mit dem Verfasser, 14.10.2008.
15 Vorwort von Theo Pirker, in: Küsel, S. 7–13, S. 11.
16 So bei der Frage der Wiederbewaffnung. Vgl. Knud Andresen: Zwischen Protest und Mitarbeit. Die widersprüchlichen Potentiale gewerkschaftlicher Friedenspolitik 1950–1955, in: Detlef Bald/Wolfram Wette (Hg.): Alternativen zur Wiederbewaffnung. Friedenskonzeptionen in Westdeutschland 1945–1955, Essen 2008, S. 53–70.
17 Vgl. Harald Schlüter: Vom Ende der Arbeiterjugendbewegung. Gewerkschaftliche Jugendarbeit im Hamburger Raum 1950 bis 1965, Frankfurt am Main 1996; Hans-Rainer Engelberth: Gewerkschaften auf dem Lande 1945–1971: Gewerkschaftsbund und Industriegewerkschaft IG Metall, Köln 1996, S. 565–571.

von der Abteilung Jugend beim Hauptvorstand der IG Metall fest: „Wir meinen, ins Leere gehende, sinnlose Aktionen und Proteste werden an dieser Gesellschaft nichts ändern. Wer sich in eine Traumwelt flüchtet, wer durch Beat-Musik in Ekstase gerät, wer meint, mit dem Entschluss, sich lange Haare wachsen zu lassen allein sei es getan, wessen Protest sich in Veranstaltungskrawallen erschöpft, wer gammelt, anstatt Solidarität zu üben und politisch zu handeln, mit dem kann man nur schwer die Gesellschaft verändern."[18] In dieser Argumentation wird eine gewisse ambivalente Haltung der Gewerkschaftsfunktionäre deutlich. Die gestaltende Mitarbeit, überhaupt die Bereitschaft zum Engagement und Einsatz wird hoch gewichtet, hingegen die Verweigerungshaltung abgelehnt oder als Folge staatlicher Fehlentwicklungen verstanden. Jugendprotest galt es zu integrieren und produktiv zu machen, dann, so argumentierte Lütgert weiter, sei es nicht mehr entscheidend, ob man lange Haare hat oder nicht.

Die gewerkschaftliche Jugendarbeit erlebte in den 1960er Jahren einen Rückgang, nicht zuletzt durch die Springener Sparbeschlüsse des DGB 1967, mit denen die Ablösung der Jugendsekretäre unterhalb der Landesebene beschlossen wurde.[19] Diese Maßnahme wurde vom Bundesjugendausschuss des DGB entsprechend scharf kritisiert.[20] Aber nicht allein diese organisationsinterne Entscheidung erwies sich als Problem der Gewerkschaftsjugend: Die jugendpflegerische Form der Gruppenarbeit sprach die Jugendlichen in politisch aufrührerischen Zeiten weniger an, auch wenn 1968 noch 3.651 Jugendgruppen, Neigungsgruppen und Bildungskreise im DGB und den Einzelgewerkschaften existierten.[21] Häufig angeregt durch die Jugendbildungsarbeit begannen einige, sich insbesondere an den Ostermärschen zu beteiligen und politische Diskussionen zu führen.[22]

Dieser Impuls hing mit der Reorganisation der Bildungsarbeit zusammen, die Anfang der 1960er Jahre begann, ausgehend zuerst von der IG Chemie Papier Keramik. Die wichtigste Neuerung war die Einführung der Teamer-Arbeit, an der auch gewerkschaftsnahe Studenten beteiligt wurden. Die Jugendlichen sollten durch Diskussionen über ihre alltäglichen Probleme ein kritisches Gesellschaftsbewusstsein entwickeln.[23] Die Jugendbildung wurde schließlich als Stufenbildung konzipiert, mit der eine Politisierung der Gewerkschaftsarbeit erreicht werden sollte: Die gewerkschaftliche Bildungsarbeit „will den Jugendlichen zum Bewusstsein bringen, dass die Durchsetzung gewerkschaftlicher Forderungen

---

18 Gert Lütgert: Gammler-Beat und Bundeskanzler, aufwärts 8, 15.8.1966, S. 3. Hierzu auch Schlüter, S. 340–346.
19 Oswald Todtenberg: Neue Formen gewerkschaftlicher Jugendarbeit, in: Gewerkschaftliche Monatshefte 11 (1971), S. 656–661, hier S. 657.
20 Der BJA verstand die Maßnahme als Möglichkeit, die politisch unliebsame Jugend zu gängeln. Aktennotiz Otmar Günther (Abt. Jugend IGM) an Georg Benz (IGM), 6.3.1967, in: AdsD, 5/IGMA220164 1967–1968. Vgl. Gewerkschafts-Spiegel Nr. 9 (1967) vom 20.3.1967, S. 25 f.
21 Geschäftsbericht des Bundesvorstandes des DGB 1965 bis 1968, Düsseldorf o. J., S. 541 f., eigene Berechnung.
22 Hans-Otto Wolf: Die ‚reine' Theorie hilft uns nicht, in: Küsel, S. 106–114, S. 106.
23 Vgl. die Rückblicke zweier Beteiligter: Hinrich Oetjen: Die Zusammenarbeit von Studenten und Gewerkschaften in der Jugendbildung und der Notstandsbewegung, in: Küsel, S. 29–44; und Jochen Müller: 1967/68: Das Ende einer erfolgreichen Kooperation, in: ebd., S. 45–47.

eng verbunden ist mit dem Kampf um politische Macht", hieß es 1972.[24] Die Arbeit wurde zeitgenössisch als erfolgreich eingeschätzt: „Während die bürgerlichen Wissenschaften und die Publizistik nicht müde wurden, die ‚Integration der Arbeitnehmer in die Gesellschaft' sowie ihre politische Apathie und Wohlstandszufriedenheit zu verkünden, gelang es der Jugendbildung, den ideologischen Schleier zu lüften und auf die Widersprüche der Nachkriegsgesellschaft der BRD aufmerksam zu machen."[25] Hier fand eine vor allem theoretische Schulung von Gewerkschaftsjugendlichen statt, die einen Resonanzboden für die Ende der 1960er Jahre aufkommenden radikalen Forderungen vorbereitete und aus den Gewerkschaften selbst kam.

Das bekannteste Beispiel der Kooperation der Gewerkschaften mit linken Studenten in den 1960er Jahren war sicherlich die Kampagne gegen die Notstandsgesetze, die 1966 und 1967 zwar nicht vom DGB, aber von einer Reihe von Einzelgewerkschaften gefördert wurde. Dieses Bündnis zerbrach an zwei Punkten: Zum einen and der dilatorischen Haltung der DGB-Führung, die schließlich auf die SPD-Linie einschwenkte und sich gegen Aktionen aussprach, zum anderen an der Radikalisierung der Studentenbewegung.[26] Zwar wurde auch auf Jugendkonferenzen immer wieder die Zusammenarbeit mit den Studenten gefordert, aber deren zum Teil gewaltförmige Aktionen und die systematische Regelverletzung wurden verurteilt. Offiziell hielten die Gewerkschaften Distanz zur studentischen Unruhe.[27] In der Gewerkschaftsjugend war allerdings eine positive Sicht auf die Studentenunruhen verbreitet. Als der Vorsitzende der IG Bau-Steine-Erden auf dem Jugendtag seiner Organisation 1969 nicht die Anlässe, aber die studentischen Aktionsformen verurteilte, erntete er Widerspruch: „Besonders heftig wurden Sperners Ausführungen zu dem Komplex ‚Unruhe in der Jugend, Gewaltanwendung, Radikalismus' diskutiert. Von der Mehrzahl der Redner wurde unterstrichen, dass erst durch die Radikalität der studentischen Opposition die Öffentlichkeit auf gewisse Probleme aufmerksam geworden sei. Die meisten Redner schlossen sich aber der Auffassung an, dass Gewalt und Radikalität keine Basis für eine sachliche Auseinandersetzung darstellen könnte."[28] Eine Funktion erhielten gewalttätige Aktionen – die nicht allein von Studenten getragen wurden – als Referenz für eigene Forderungen auch von offizieller Gewerkschaftsseite: Mit Slogans wie „Heute die Studenten – morgen die

---

24 Helga Deppe-Wolfinger: Arbeiterjugend – Bewußtsein und politische Bildung, Frankfurt am Main 1972, S. 207.
25 Michael Joost/Gudrun Kalms/Dieter Kraushaar/Hinrich Oetjen/Norbert Trautwein: Die Krise der Gewerkschaftsjugendarbeit und neue Ansätze in der Jugendbildung, in: Gewerkschaftliche Monatshefte, 11 (1971), S. 686–701, hier S. 691.
26 Vgl. die Rückblicke: Karsten D. Voigt: Vom Bündnis zum Bruch. Studentenbewegung und demokratische Arbeiterorganisationen 1967/68, in: Küsel, S. 55–63 und Christian Götz: Im Zweifel lieber Ordnungsfaktor, in: ebd., S. 64–84.
27 Keine Studenten auf Mai-Kundgebungen, DGB-Pressedienst vom 18. April 1968, Nr. 116/68, abgedruckt in: Nachrichtendienste, hg. von der Bundespressestelle des DGB, Band 24, Düsseldorf 1969, S. 76 f.; Klunker: Kein Bündnis mit antidemokratischen Kräften, DGB-Pressedienst vom 1. Juli 1968 Nr. 218/68, abgedruckt in: ebd., S. 153–155.
28 7. Gewerkschaftsjugendtag der IG Bau – Steine – Erden, Gewerkschaftsspiegel 12/13, 30.4.1969, S. 13–19, S. 15.

Lehrlinge?" oder der spitzen Formulierung, „ob Forderungen an den Gesetzgeber nur dann Aussicht haben, gehört zu werden, wenn sie von spektakulären Maßnahmen begleitet sind," wurde die Umsetzung gewerkschaftlicher Forderung vor allem im Ausbildungsbereich angemahnt.[29]

Es gab auch eine praktische Zusammenarbeit von Gewerkschaftsgruppen und Studierenden, was jedoch nicht immer konfliktfrei blieb. Als eine Demonstration gegen den Vietnamkrieg im März 1968 in Sulzbach-Rosenberg, organisiert von der örtlichen IG Metall-Jugend, von einigen Studierenden übernommen werden sollte, kam es fast zu Handgreiflichkeiten. Die programmatischen Unterschiede und vor allem die gewerkschaftliche Distanz zu Regelverletzungen und spontanen Aktionen waren nur schwer zu überbrücken.[30] Auch der 1968 sich ausbreitende Vorwurf, von Studierenden mit Vehemenz vorgetragen, die Gewerkschaften seien Teil des Systems und entsprechend zu bekämpfen, führte auf Seiten der Gewerkschaften zu Irritationen, die schließlich eine Zusammenarbeit weitgehend unmöglich machten.[31]

Dennoch ist es unbestritten, dass studentische Aktionen eine stimulierende Wirkung auf Lehrlinge und Gewerkschaftsjugend hatten. Aber der Ansatzpunkt verschob sich bald von der weltweiten politischen Lage hin zur Situation der jungen Erwerbstätigen, vor allem der Lehrlinge.[32] Einer der örtlichen Schwerpunkte hierbei war Hamburg. Im September 1968 wurde eine Freisprechungsfeier für Lehrlinge in Hamburg gestört. Initiiert hatten diese Aktion drei Lehrlinge des Hamburger Metallbetriebs Heidenreich und Harbeck. Diese Firma, mit einem hohen Organisationsgrad der IG Metall, bot Studienstipendiaten der Stiftung Mitbestimmung einen kostenlosen Mittagstisch. Darüber entstanden Kontakte zu den Lehrlingen, und die Aktion wurde gemeinsam vorbereitet. Hauptkritikpunkt waren die schlechten Ausbildungsbedingungen.[33]

Im November 1968 organisierte die Gewerkschaftsjugend in Hamburg eine Bündnisdemonstration, auf der die Reform der Berufsausbildung gefordert wurde.[34] Im Laufe des Jahres 1969 war die Forderung nach einem einheitlichen Berufsausbildungsgesetz – welches

---

29 Das erste Zitat: Flugblatt „Heute die Studenten – morgen die Lehrlinge?", DGB-Bundesvorstand Abt. Berufliche Bildung, 1969, in: Hamburger Stiftung für Sozialforschung Archiv (zukünftig: HISA), Sammlung Tripp, Mappe Lehrlingsbewegung, 60er. Das zweite: IG Metall Bezirk Hamburg (Hg.): Tätigkeitsbericht 1966–1968, Hamburg 1969, S. 61. In: Forschungsstelle für Zeitgeschichte (zukünftig: FZH), II Nm 1.
30 Vgl. zu dieser Episode die instruktive Studie: Dietmar Süß: Kumpel und Genossen. Arbeiterschaft, Betrieb und Sozialdemokratie in der bayerischen Montanindustrie 1945 bis 1976, München 2003, S. 317–319.
31 Vgl. das Schreiben Werner Teichmann (Vwst. Gelsenkirchen) an Georg Benz, 15.10.1969, in: AdsD, 5/IGMA22–161. Darin berichtet er über ein Seminar mit SDS-Studenten im Sommer 1968, die eine Zerschlagung der Gewerkschaften forderten.
32 Als Beispiel für eine von Studenten initiierte Betriebsgruppe 1968/69, die diese Wandlung durchmachte, vgl. Mason.
33 So schilderte es einer der drei Initiatoren. Gespräch des Verfassers mit Arp Kreßin in Hamburg, 14.11.2008. Vgl. auch: Bericht über die Aktion der Lehrlinge anläßlich ihrer Freisprechung in der Hamburger Börse am 25.9.1968. In. AdsD, 5/IGMA 22–153.
34 Ausbildung statt Ausbeutung, Blinkfüer 14.11.1968.

die Gewerkschaften bereits Ende der 1950er Jahre gefordert hatten und das in den parlamentarischen Gremien seit 1963 diskutiert wurde – ein wichtiger politischer Mobilisierungsfaktor. Eine Unruhe der Arbeiterjugend entzündete sich schließlich an den Ausbildungsbedingungen.

Diese waren in vielerlei Hinsicht reformbedürftig. Überproportional übernahm das Handwerk die Ausbildung, ohne dabei sichere Berufsperspektiven bieten zu können. Die Verantwortung für die Berufsausbildung lag bei den Selbstverwaltungsorganen der Wirtschaft. Nicht allein die Gewerkschaften waren weitgehend ausgeschlossen, selbst die Berufsschulen, zumeist schlecht ausgestattet, waren eher Anhängsel der betrieblichen Ausbildung. Eine allgemeine Bildung der Berufsschüler fand kaum statt. Die Gewerkschaften strebten ein einheitliches Berufsbildungsgesetz an, welches die Verantwortung stärker in die öffentliche Hand verlagern sollte. Dabei standen nicht allein emanzipatorische Überlegungen im Vordergrund, sondern auch die Befürchtung, mit der veralteten Ausbildung den Anforderungen der Berufswelt nicht mehr gerecht werden zu können. Die Ausbildung sollte daher im systemimmanenten Sinne modernisiert werden.[35] An dieser Haltung gab es insbesondere von Seiten der antiautoritären Linken scharfe Kritik.[36]

Aber dies ist nur eine Seite der politischen Radikalisierung, die zu Trennungen führte. Besonders die 1968 von der illegalen KPD als überparteiliche Jugendorganisation gegründete Sozialistische Deutsche Arbeiterjugend (SDAJ) hatte einen Mitgliederzuwachs und orientierte sich von Anfang an auf eine Arbeit in den Gewerkschaften. Anfang 1969 entfaltete die SDAJ eine Kampagne zur Berufsbildungsreform mit Aktionen in mehreren Städten.[37] Höhepunkt sollte eine von SDAJ und IG Metalljugend geplante Demonstration in Bonn im Juni 1969 werden. Die DGB-Führung leitete dies jedoch in eine Hallenkundgebung in Köln am 7. Juni 1969 um, an der rund 10.000 Personen teilnahmen. Einige Gruppen aus dem APO-Umfeld störten die Veranstaltung.[38] Hierin zeigten sich politische Spannungen vor allem zu den entstehenden maoistischen Gruppierungen, die sich in der folgenden Zeit zuspitzen sollten. Die Gewerkschaftsjugend wurde so auch Austragungsort für Richtungskonflikte der Neuen Linken.

Aber für die zunehmende Unruhe unter den Lehrlingen waren nicht allein prinzipielle Debatten um eine richtige Bildungspolitik oder Organisationsfragen entscheidend. Es ging häufig um habituelle und generationelle Konflikte. Gerade als entwürdigend empfundene ausbildungsfremde Tätigkeiten – ‚Symbol' der Lehrlingsbewegung wurde schließlich der

---

35 Vgl. Deutscher Bildungsrat, Gutachten und Studien der Bildungskommission, Band 11: Zur Situation der Lehrlingsausbildung, Stuttgart 1970; Der DGB begrüßte die darin gemachten Vorschläge nachdrücklich. Vgl. Geschäftsbericht des DGB 1969–1971, S. 275.

36 Helmut Schauer: Wie und wofür kämpft der DGB in der Berufsausbildung? S. 3–9, in: Sozialistische Correspondenz Nr. 11, (Anfang September 1969). In: HISA, ZS 727.

37 Rolf Jürgen Priemer: Schwerpunkte unser weiteren Arbeit, in: SDAJ-Info Nr. 4, 20.12.1968. HISA, Bestand SDAJ, Ordner 2.

38 Mit Mao-Bibeln gegen DGB-Sprecher, WAZ 9.6.1969; Stoppt den APO-Terror. DGB-Jugend muss sich schützen, Einheit 16.6.1969.

Besen –,³⁹ fehlende Ausbildungspläne, mangelnde Kontrolle der Ausbildungsstätten und unqualifizierte Ausbilder waren Kritikpunkte. Hierbei vermischten sich jugendkulturelle Aspekte mit der Forderung nach einer umfassenden Bildungsreform. Lebensstilaspekte wie das Tragen von langen Haaren, Rauchen, lässige Kleidung und partnerschaftliche Umgangsformen waren für viele Jugendliche bestimmende Themen.⁴⁰ Dies war für die Gewerkschaften nicht immer einfach zu handhaben, da die Konflikte zum Teil auch mit gewerkschaftlich organisierten Meistern und Ausbildern in größeren Betrieben stattfanden.⁴¹ Die Abteilung Jugend beim Hauptvorstand der IG Metall befürchtete hier eine abschreckende Wirkung auf Jugendliche und mahnte die betrieblichen Interessensvertreter, auf die Jugendlichen zuzugehen. Aus der Verwaltungsstelle Schweinfurt wurde berichtet: „In einem Großbetrieb scheren drei Arbeitskollegen einem jüngeren gewaltsam die langen Haare ab. Reaktion des Betriebsrats auf Intervention der Jugendvertretung: ‚Da kann man nichts machen.' Reaktion der Geschäftsleitung auf Intervention der Jugendvertretung: Verwarnung der drei Beteiligten, die sich bei dem Betroffenen entschuldigen müssen. Dieser Fall ist ein Beispiel dafür, wie Betriebsräte selbst in Angelegenheiten, wo sie nicht in Konfrontation zur Geschäftsleitung geraten, die JV zu praktisch illegitimen Alleingängen zwingen – und damit zur Entfremdung zwischen jung und alt beitragen."⁴² Es ist davon auszugehen, dass Spannungen zwischen Ausbildern und Lehrlingen viele betriebliche Konflikte prägten.⁴³ Dies verweist darauf, dass die Unruhe zwar politisch geformt, aber auch von generationellen Konflikten und lebenskulturellem Liberalisierungsbegehren geprägt war.

Mit der Verabschiedung des neuen Berufsbildungsgesetzes im Juni 1969 war der Kampagne zwar die Spitze genommen. Da jedoch die wesentlichen gewerkschaftlichen Forderungen unberücksichtigt blieben und das Gesetz die Dominanz der Selbstverwaltungsorgane der Wirtschaft in der Ausbildung weiter festschrieb, blieb die Forderung nach einer grundlegenden Reform der Berufsausbildung bis zum Scheitern der Reformpläne Mitte 1975 prägend für die Gewerkschaftsjugend.⁴⁴ Dies verband sich mit den ambitionierten Reformvorhaben der sozialliberalen Koalition, die eine stärkere Kontrolle der Ausbildung durch die öffentliche Hand, vor allem aber eine längere Regelschulzeit plante.⁴⁵ Das duale Ausbil-

39 Vgl. die inszenierten Einzelporträts von vier Lehrlingen mit Besen, in: Die Stifte schlagen zurück, Stern Nr. 14, 29.3.1970, S. 82–86.
40 Klaus Hendrich: Lehrlinge und Politik, in: Aus Politik und Zeitgeschichte 41 (1970), S. 3–48, hier S. 31 und S. 35.
41 Vgl. die Unterstützung organisierter Ausbilder und Meister durch die örtliche IG Metall, als eine Essener Lehrlingsgruppe im Herbst 1969 entwürdigende Behandlungen öffentlich kritisierte. Joachim Weiler/Rolf Freitag: Ausbildung statt Ausbeutung. Der Kampf der Essener Lehrlinge, Reinbek 1971, S. 167–170.
42 Zu Nr. 13 S. 9: Beispiele für Spannungen zwischen jung und alt in der Organisation, in: AdsD, 5/IGMA22–0220 Mappe Gespräch Vorstand-Jugendausschuss 9.2.71, S. 1–2.
43 Wulf Schönbohm: Linksradikale Gruppen im Lehrlingsbereich, in: Aus Politik und Zeitgeschichte 51 (1972), S. 3–29, hier S. 6.
44 Vgl. die instruktive Untersuchung von Claus Offe: Berufsbildungsreform. Eine Fallstudie über Reformpolitik, Frankfurt am Main 1975.
45 Bildungsbericht „70". Bericht der Bundesregierung zur Bundespolitik, hg. vom Bundesminister für Bildung und Wissenschaft, Bonn 1970, S. 57–68; Oskar Anweiler: Bildungspolitik, in: Geschichte der

dungssystem sollte nach Forderungen der Gewerkschaftsjugend abgeschafft werden, denn die jungen Gewerkschaftsmitglieder gehörten „zu dem großen Kreis der Bürger (…), die auf Grund unseres Bildungssystems nach wie vor die im Grundgesetz formulierte Chancengleichheit nur als Farce empfinden können, denn ihre Chance ist durch das duale Bildungssystem praktisch seit ihrer Geburt nicht mehr existent."[46] Allerdings: Dies war nicht Konsens in den Gewerkschaften. Zu einem ersten Entwurf der „Jugendpolitischen Forderungen" der Gewerkschaftsjugend schrieb Maria Weber, zuständiges DGB-Vorstandsmitglied für Bildung und CDU-Mitglied: „Die Bundeskongresse haben eine Beseitigung der dualen Form der beruflichen Bildung, um dieses unglückliche Wort zu verwenden, noch nie verlangt, wohl aber eine grundlegende Reform derselben."[47] Es gehörte allerdings zu den gewerkschaftlichen Spannungsfeldern, dass zeitweilig widersprüchliche Forderungen nebeneinander standen. Als die jugendpolitischen Forderungen nach langen Diskussionen Ende 1971 verabschiedet wurden, gehörte die Abschaffung des dualen Ausbildungssystem nicht mehr dazu, allerdings eine ausgeweitete berufliche Grundschulung und die Aufhebung der Trennung zwischen beruflicher und allgemeiner Bildung in einer Gesamtschule, aber auch durch erleichterten Zugang zum Studium ohne Abitur. Der „Klassencharakter der Bildung" sollte so überwunden werden.[48]

Es gab 1968/69 von Seiten antiautoritärer Studenten Versuche, Lehrlinge explizit gegen die Gewerkschaften zu organisieren. Aber diese Bemühungen waren nicht dauerhaft erfolgreich.[49] Die entstehende ‚Lehrlingsbewegung', die überwiegend lokal agierte, blieb schließlich weitgehend den Gewerkschaften verbunden. Ausgangspunkt für die Lehrlingsbewegung innerhalb der Gewerkschaften war erneut Hamburg. Hier war es am 1. Mai zu erheblichen Störungen der DGB-Kundgebung durch linke Studenten und Lehrlinge gekommen. Der DGB-Kreisvorstand beriet daraufhin Gegenmaßnahmen, und unter maßgeblichem Einfluss von Angehörigen der Gewerkschaftlichen Studenten-Gruppe (GSG) an der Akademie für Wirtschaft und Politik (später: Hochschule für Wirtschaft und Politik) wurde im August 1969 ein jugendpolitisches Sofortprogramm verabschiedet. Ziel war es, die ‚gewerkschaftsfeindlichen' Tendenzen in der Jugend zu bekämpfen, indem Reformforderungen aufgegriffen und von den Gewerkschaften selbst umgesetzt werden sollten.[50] Die wichtigste organi-

---

Sozialpolitik in Deutschland seit 1945, Bd. 5: 1966–1974. Bundesrepublik Deutschland: Eine Zeit vielfältigen Aufbruchs, Bandherausgeber Hans Günter Hockerts, Baden-Baden 2006, S. 709–753, hier S. 731–735.

46 Manuskript Sachbericht Politische Bildung, Abt. Jugend, Holger Bahlke, 19.4.1971, in: AdsD, DGB-Archiv, Abt. Jugend, 5/DGAU-172.
47 Maria Weber an Franz Woschech, 30.9.1970. AdsD, DGB-Archiv, Abtl. Jugend, 5/DGAU-265.
48 Walter Haas: Jugendpolitische Forderungen der Gewerkschaftsjugend, in: Gewerkschaftliche Monatshefte 11 (1971), S. 643–661, hier S. 646.
49 SDS-Info Nr. 20 (Herbst 1969) mit Schwerpunktberichten über die Lehrlingsarbeit in verschiedenen Städten, in: HISA, ZS 728.
50 Jugendpolitisches Sofortprogramm für den DGB und die Hamburger Einzelgewerkschaften. Abgedruckt bei: Reinhard Crusius/Oskar Söhl/Manfred Wilke: Praxis und Theorie gewerkschaftlicher Lehrlingspolitik – dargestellt am Beispiel des Hamburger Jour Fix, Offenbach und Hamburg 1971, S. 48–52.

satorische Neuerung war die Einrichtung eines wöchentlichen offenen Treffens, des ‚Jour Fix', im Hamburger Gewerkschaftshaus. Teilweise bis zu hundert Jugendliche kamen zusammen und organisierten Aktionen gegen Missstände in der Ausbildung, besonders gegen ausbildungsfremde Arbeiten, fehlende Ausbildungspläne und die schlechte Ausstattung der Berufsschulen. Solche Probleme wurden häufig mit Unterstützung der Gewerkschaften gelöst.[51]

Der Bundesjugendausschuss des DGB unterstützte das Hamburger Experiment. Dabei spielte das Bundesvorstandsmitglied Franz Woschech eine wichtige Rolle. Woschech, auf dem 8. Bundeskongress des DGB in München im Mai 1969 in einer Kampfabstimmung in den Geschäftsführenden Bundesvorstand gewählt,[52] kam aus der GEW und zeigte sich offen für neue Formen der Arbeit: „Die Jugendgruppe, auch die sich selbst organisierende Clique, der Klub, die Party, der Freundeskreis ist die neue Dimension demokratischer Selbst- bzw. Mitbestimmung", so Woschech, was ihm zufolge in die Arbeit integriert werden müsse.[53] Auf einem Strategieseminar des Bundesjugendausschusses des DGB wurde im April 1970 nicht allein die offene Jugendarbeit in Lehrlingszentren propagiert. Programmatisch hieß es zu Beginn: „Gewerkschaftliche Jugendarbeit versteht sich als politische Arbeit mit dem Ziel der Veränderung der gegenwärtigen kapitalistischen Gesellschaftsordnung der Bundesrepublik hin zu der Gesellschaft in Selbstorganisation und Selbstbestimmung. Die Arbeit in den Gewerkschaften wird darin gesehen, für diese Veränderung zu kämpfen."[54] Man berief sich auf die von André Gorz formulierte evolutionäre Strategie und nahm damit von revolutionären Gruppen Abstand.[55] In den im September 1970 vom DGB-Bundesvorstand neu verabschiedeten Leitsätzen der Gewerkschaftsjugend waren Lehrlingszentren anerkannte Formen der Arbeit, für die vor allem eine politische Interessenvertretung gefordert wurde.[56]

Für den Zeitraum von 1969 bis 1972 lassen sich rund 160 Lehrlingsgruppen nachweisen, zumeist unterstützt oder sogar initiiert von örtlichen Gewerkschaftsfunktionären.[57] Offizielle DGB-Gruppen waren dabei 66 Lehrlingszentren.[58] Die meisten Lehrlingszentren waren aktionsorientiert und starteten mit einer Umfrage unter Berufsschülern, um konkrete Miss-

---

51 Vgl. Dieter Greese: Tätigkeitsbericht des Jugendbildungsreferenten bei der Gewerkschaftsjugend des DGB-Hamburg für die Zeit vom 1. Juli bis 31. Dezember 1969, in: FZH, 554-6-61, Gewerkschaften Hamburg Jugend KJA 1968–1970.
52 Woschech wurde überraschend vorgeschlagen und gewann gegen Anton Fittkau (ÖTV), der vom Bundesvorstand vorgeschlagen wurde. Vgl. Protokoll 8. Ordentlicher Bundeskongreß München, 18. bis 23. Mai 1969, hg. vom DGB-Bundesvorstand, Düsseldorf o. J. (1969), S. 351–356.
53 Rede von Franz Woschech auf dem 7. Zentralen Jugendtag der Gewerkschaft Textil-Bekleidung am 20/21. November 1969 in Bielefeld. Abgedruckt bei: Crusius/Söhl/Wilke, S. 125–129, S. 127.
54 Strategie-Seminar des Bundesjugendausschusses des Deutschen Gewerkschaftsbundes, Ergebnisprotokoll des Seminars vom 20.–24.4.1970, in: AdsD, DGB-Archiv, Abt. Jugend, 5/DGAU-265. Abgedruckt in: Crusius/Söhl/Wilke, S. 130–162, Zitat S. 130.
55 André Gorz: Zur Strategie der Arbeiterbewegung im Neokapitalismus, Frankfurt a. M. 1967. Danach noch mehrere Auflagen.
56 Franz Woschech: Leitsätze der Gewerkschaftsjugend, in: Gewerkschaftliche Monatshefte 11 (1971), S. 641–643.
57 Eigene Zusammenstellung aus Adressenlisten in der zeitgenössischen Literatur und Quellenhinweisen.
58 Geschäftsbericht des Bundesvorstandes des DGB 1969–1971, Düsseldorf o. J., S. 378.

stände in Erfahrung zu bringen, woran sich dann häufig öffentlichkeitswirksame Aktionen anschlossen. Sie ermöglichten auch das Engagement von Jugendlichen, die noch keine Gewerkschaftsmitglieder waren.[59]

Es gelang jedoch nicht, eine Verstetigung der Lehrlingszentren durchzusetzen. Dies hatte mehrere Ursachen. Waren die Lehrlingszentren zwar eine anerkannte Form der Jugendarbeit, so bildeten sie aber kein satzungsgemäß gewähltes Gremium. Eine ihrer Schwächen war die Konzentration auf die Berufsausbildung, zudem richteten sich öffentliche Aktionen auch gegen Betriebsräte und ältere Vertrauensleute. Hinzu kam die fehlende Einbindung in die Einzelgewerkschaften, die im Machtgefüge des DGB ihre eigenen Einflussbereiche nicht aufgeben wollten. Die Abteilung Jugend des DGB erhob auch den Vorwurf, die Kampagnen seien nicht auf das Bewusstsein der älteren Beschäftigten ausgerichtet gewesen. Im Laufe des Jahres 1972 gingen die meisten Lehrlingszentren dazu über, sich auf den Aufbau von Betriebsgruppen zu konzentrieren und eine Integration in den Gesamtverband anzustreben. Spektakuläre Aktionen gingen zurück, und es wurde nun versucht, stärker in den betrieblichen Gremien – also vor allem Vertrauenskörper und Jugendvertretung – zu arbeiten.[60] In der Rückschau lag die Wirkung der Lehrlingsbewegung vor allem in der Stärkung der Gremien, da nun viele Orts- oder Kreisjugendausschüsse wieder arbeitsfähig waren.

Ob das Ende der Lehrlingsbewegung Ergebnis eines Zweckbündnisses von DGB-Funktionären und SDAJ gewesen ist, wie es die verbreitete Deutung in der überschaubaren Literatur zum Thema nahelegt, erscheint aber eher fraglich.[61] Die Bewegungselemente, die 1969/70 in die Gewerkschaften hineinwirkten, waren vielmehr in den Organisationsstrukturen nicht auf Dauer zu halten. Besonders das Verhältnis zwischen DGB- und Einzelgewerkschaften blieb ungeklärt. Lehrlingszentren standen weitgehend unter der Ägide des DGB, eher selten waren es einzelgewerkschaftliche Gruppierungen. Zudem gab es aus der Lehrlingsbewegung Tendenzen, die Gewerkschaftsjugend in der Form eines unabhängigen Jugendverbandes zu organisieren. Auf der DGB-Bundesjugendkonferenz 1971 wurde dies mehrheitlich abgelehnt, und mit dem Antrag 300 auf dem 9. Bundeskongress des DGB 1972

---

59 So waren von 79 Teilnehmern eines Jour-Fix Treffen in Hamburg 19 Personen nicht in einer Gewerkschaft. Pressesprecher Wolfgang Otte an den DGB-Kreisvorstand, 26.5.1970. FZH, 554-1-1 Gewerkschaften Hamburg Kreisvorstand Protokolle 1970 I.

60 Abt. Jugend: Probleme gewerkschaftlicher Jugendarbeit 5.12.1973, in: AdsD, DGB-Archiv, 5/DGAU-74, Sitzungen Bundesjugendausschuss 1970–1975, S. 4.

61 Reinhard Crusius/Manfred Wilke: Jugend ohne Beruf – Gewerkschaft ohne Jugend, Gewerkschaftliche Jugend- und Berufsbildungspolitik von 1977 bis 1981, Frankfurt am Main 1981, insbes. S. 22–25; Lonny Fuhlert/Margot Weblus: Lehrlingsbewegung in der BRD, Berlin 1974. Für die neuere Literatur vgl. Oliver Bierhoff: Organisation und generationale Ordnung. Zur Organisationsgeschichte der Gewerkschaftsjugend. URN:UM:NBN:DE:HBZ:6-79589443100, Datum 16.5.2008 (Dissertation im Internet, Münster 2007), S. 146–149; sowie Albert Herrenknecht: „Kleinstadt 1968" – Die Politischen Jugendbewegungen in der Provinz von den 1950er bis 1970er Jahren, in: Pro-Regio-Online, ZeitSchrift für den Ländlichen Raum 5 (2008), S. 16–146, hier S. 73–80. <www.pro-regio-online.de/downloads/klein1968.pdf> (Stand 25.7.2008).

war die Integration der Gewerkschaftsjugend in die Gesamtorganisation erneut gefestigt.[62] Statt offener Jugendarbeit sollte nun wieder verstärkt in den Betrieben gearbeitet werden.

Diese Entwicklung hing mit der Entwicklung in der Linken zusammen. Waren in der Lehrlingsbewegung auch Elemente der antiautoritären Revolte präsent, geriet sie zugleich in die Fraktionskämpfe der Neuen Linken. Die Orientierung vieler Arbeitskreise von Studenten und Lehrlingen an die neuen maoistischen und kommunistischen Gruppierungen war verbunden mit einem Anstieg der Schulungsarbeit, mit der konkrete Hilfe bei betrieblichen Problemen schnell unter den Verdacht des Reformismus fiel.[63] Trotz der Attacken maoistischer Gruppen auf die Gewerkschaften und die SDAJ als ‚Bonzen' und ‚Verräter der Arbeiterklasse' gab es strategische Einigkeit, sich stärker auf Betriebsgruppen und damit Großbetriebe zu konzentrieren. Dies war vermutlich der entscheidende Bruch gegenüber den Lehrlingszentren, die auch Elemente der offenen Jugendarbeit aufgriffen.[64] Damit wurde ab 1972 zwar die gewerkschaftliche Organisation gestärkt, aber es sank auch die Attraktivität für Lehrlinge und junge Arbeiter aus kleinen oder mittleren Betrieben, da Anlaufpunkte fehlten.

Die Konzentration auf betriebliche Politik führte in etablierte gewerkschaftliche Handlungsfelder. Dazu gehören vor allem die Stärkung und der Ausbau der Jugendvertretungen und der Vertrauenskörper, die Durchsetzung rechtlicher Rahmenvorgaben und tariflicher Absicherungen. Damit wurden die Einzelgewerkschaften gestärkt. Die Verringerung öffentlicher Aktionen hatte auch einen Rückgang in der medialen Wahrnehmung zur Folge. Als der DGB für 1971 das ‚Jahr des jungen Arbeitnehmers' ausrief, eine im Grunde organisationsinterne Debatte um die jugendpolitischen Forderungen, hatte Franz Woschech vorher festgehalten, dass keine größeren Demonstrationen oder bundesweiten Aktionen geplant werden sollten, da die Erfahrungen aus der Lehrlingsbewegung zu negativ seien.[65]

Nach 1970 traten zahlreiche Spannungen insbesondere zwischen den Gewerkschaften und maoistischen Gruppierungen auf. 1973 wurden schließlich Unvereinbarkeitsbeschlüsse –

---

62 Protokoll 9. Ordentlicher Bundeskongreß Berlin, 25. bis 30. Juni 1972, hg. vom DGB-Bundesvorstand, Düsseldorf o. J., S. 253–258.

63 Für Frankfurt vgl. Gerd Koenen: Das rote Jahrzehnt, Unsere kleine deutsche Kulturrevolution 1967–1977, Köln 2001, S. 194–197; hierzu auch: Hendrich, S. 29 f. Für das Ruhrgebiet siehe den Rückblick von Christoph Ebner: Lehrlings- und Schülerbewegung im Ruhrgebiet 1969–1970, in: Amos. Kritische Blätter aus dem Ruhrgebiet 3 (2008), S. 7–8. Das Hamburger Sozialistische Lehrlingszentrum – Vorläufer des Kommunistischen Bundes – zog sich beispielsweise im Herbst 1969 zurück, um erst nach einer intensiven Schulungsphase als Kader zurückzukehren. Die vorherige Politik wurde wie folgt charakterisiert: „Massenmobilisierung, keine organisierten Gruppen – sondern nur Laufkundschaft als Folge einer theorielosen, uneinheitlichen Organisierung". Flugblatt „Stellungnahme der Kommune Hochallee zu den Ereignissen am 31.8.1969" In Staatsarchiv Hamburg, 136-3-498 (Landesamt für Verfassungsschutz)

64 Ein Teil der Aktivisten verschob 1972/73 die Aktivitäten auf Jugendzentrumsarbeit. Vgl. für den ländlichen Raum Herrenknecht, S. 78; sowie die vorletzte Ausgabe der Hamburger Lehrlingszeitung 12 (1973), die überwiegend Auseinandersetzungen um das Hamburger Kulturzentrum „Fabrik" gewidmet war, in: HISA, A-ZL 0413.

65 Franz Woschech an die Mitglieder des DGB-Bundesvorstands, 23.11.1970, in: AdsD, DGB-Archiv, Abt. Jugend, 5/DGAU-402.

zuerst im März von der IG Druck und Papier, schließlich aber von fast allen Einzelgewerkschaften – gegenüber den sogenannten K-Gruppen gefasst.[66] Das Engagement für diese Gruppen konnte, musste aber nicht zum Ausschlussverfahren führen. Der Höhepunkt politischer Ausschlüsse lag in den Jahren 1973 bis 1976. Mindestens 417 Personen wurden wegen Verstoß gegen den Unvereinbarkeitsbeschluss ausgeschlossen, mindestens 288 wegen Kandidatur auf einer gegnerischen Liste.[67] Vereinzelt waren auch hauptamtliche Funktionäre betroffen, so Anfang 1973 in Niedersachsen, als zwei Mitarbeiter der Abteilung Jugend des DGB-Landesbezirks eine revolutionäre Bildungspolitik durchsetzen wollten und entlassen wurden.[68]

Mit den Unvereinbarkeitsbeschlüssen gelang es, die kommunistischen Gruppen, die in den Betrieben häufig einen aggressiven Stil pflegten, aber auch in einige Betriebsräte und Jugendvertretungen gewählt wurden, aus den Gewerkschaften zwar nicht ganz herauszuhalten, aber eine Einschüchterung zu erreichen. Der Hauptansatzpunkt dabei war sicherlich, dass die maoistischen Gruppierungen vor allem die Gewerkschaften selbst attackierten und damit die immer wieder beschworene Einheit gefährdeten. Entsprechend war das Verhältnis zur SDAJ anders gestaltet, sie war von den Unvereinbarkeitsbeschlüssen nicht betroffen. Die SDAJ blieb auf eine strikt gewerkschaftsloyale Arbeit orientiert. Dies führte schon 1969 zu Auseinandersetzungen mit anderen linken Gruppierungen, da die SDAJ sich weitgehend hinter die Entscheidungen der Gewerkschaftsführung stellte.[69] Satzungsgemäß war jedes SDAJ-Mitglied zur aktiven Arbeit in den Gewerkschaften verpflichtet, um damit eine „Stärkung der Gewerkschaftsjugend" zu erreichen.[70] In einer Reihe von gewerkschaftlichen Gremien und in der Jugendbildungsarbeit waren SDAJ-Mitglieder aktiv. Allerdings war eine Einstellung von SDAJ- bzw. DKP-Mitgliedern als hauptamtliche Gewerkschaftsfunktionäre so gut wie ausgeschlossen.[71]

---

66 Rainer Erd: Gewerkschaftsausschlüsse in den 70er Jahren, in: Otto Jacobi/Walther Müller-Jentsch/Eberhard Schmidt (Hg.): Gewerkschaftspolitik in der Krise/Kritisches Gewerkschaftsjahrbuch 1977/78, Berlin 1978, S. 166–175, S. 168. Der DGB-Bundesvorstand fasste einen Unvereinbarkeitsbeschluss am 3.10.1973. Geschäftsbericht des Bundesvorstandes des DGB 1972 bis 1974, Düsseldorf o. J., 6–7.

67 Vgl. Erd, S. 167, eigene Berechnungen. Eine valide Auswertung der Gewerkschaftsausschlüsse liegt noch nicht vor. Erd wertet einige Geschäftsberichte bis 1977 aus, vom KB wurde herausgegeben: Rotbuch zu den Gewerkschaftsausschlüssen, hg. v. J. Reents-Verlag, Hamburg 1978. Darin sind mehrere hundert Fälle aufgeführt und zum Teil umfangreich dokumentiert.

68 Vgl. Abt. Jugend, Td/Mey, 9.4.1973: Situation der gewerkschaftlichen Jugendarbeit im DGB-Landesbezirk Niedersachsen., in: AdsD, DGB-Archiv, Abt. Jugend, 5/DGAU-196.

69 Die SDAJ habe eine „Seelenverwandtschaft" mit den gewerkschaftlichen Bürokraten, schrieben Manfred Wilke und Reinhard Crusius 1981 rückblickend. Crusius/Wilke: Jugend, S. 90.

70 Rechenschaftsbericht zur 3. Landeskonferenz für den Zeitraum vom 8. Mai 1969 bis 11. Juni 1971, SDAJ-Landesverband Hamburg, S. 14 f., in: HISA, SDAJ-Bestand, Ordner 34.

71 Dies war ein „ungeschriebenes Gesetz" in den DGB-Gewerkschaften; vgl. Der Unterwanderweg ist lang, Der Spiegel Nr. 3, 14.1.1980.

Die Gewerkschaften verhielten sich ambivalent gegenüber den moskautreuen Kommunisten. Offiziell hielt man Distanz,[72] akzeptierte aber das Engagement der meist emsigen Kollegen, insbesondere die organisationsloyale Haltung. Als der IG Metall-Jugendkongress in Oberhausen im Mai 1974 eine Solidaritätsadresse an den gerade zurückgetretenen Willy Brandt ablehnte und einen deutlichen SDAJ-Einfluss zeigte, forderte der IGM-Vorsitzende Eugen Loderer eine inhaltliche Auseinandersetzung um die SDAJ. Im IG Metall-Vorstand zeigte sich jedoch, dass viele Gewerkschaftsfunktionäre der SDAJ insoweit eine positive Funktion zuwiesen, als sie die „Chaoten", also maoistische Gruppierungen, zurückdrängen würde.[73] In einer Einschätzung wurde der Arbeitseifer der Konferenz betont: In Saarbrücken, dem Ort der vorherigen Jugendkonferenz, seien „noch deutlich die Nachwirkungen der antiautoritären Phase festzustellen; z. B. die Art der Geschäftsordnungsdebatte und die Diskussionsbeiträge in Richtung eigenständiger Jugendarbeit u. a. In Oberhausen wurde durchgängig zum Ausdruck gebracht, dass sich die IGM-Jugend als integrierter Bestandteil der Gesamtorganisation versteht."[74]

Die Diskussion um die Rolle der SDAJ eskalierte schließlich Ende der 1970er Jahre, als vor allem zwischen der IG Metall, HBV und DPG auf der einen und dem DGB-Bundesvorstand, der IG Chemie, IG Bergbau und Energie sowie ÖTV auf der anderen Seite nahezu unüberbrückbare Gegensätze bei der Einschätzung der SDAJ zutage traten.[75] Während die einen die Bedeutung der SDAJ herunterspielten und die gewerkschaftliche Einheit betonten, war für die anderen die Gewerkschaftsjugend unterwandert und von der SDAJ heimlich dominiert. Diese Funktionärsdebatte, die auch als Machtkampf zwischen den Einzelgewerkschaften verstanden werden kann, besaß noch einen weiteren Aspekt: Denn forciert wurde die Kritik an der SDAJ von linken undogmatischen Kräften insbesondere in der Bildungsarbeit, die in der SDAJ eine Konkurrentin sahen.[76]

Eine valide Zahl, wie viele SDAJ-Mitglieder tatsächlich in den Gewerkschaften aktiv waren, liegt nicht vor. Es ist aber davon auszugehen, dass sie auf lokaler und bezirklicher Ebene die Arbeit häufig mit gestalteten.[77] Dabei ist jedoch die Frage zu klären, in welcher Hinsicht die SDAJ als radikale Organisation zu verstehen ist. Von ihrer politischen Zielstellung her – einer sozialistischen Bundesrepublik in Anlehnung an die DDR – ist dies sicher-

---

72 So Franz Woschech 1971 auf dem Bundesjugendkongress. Vgl. das Wortprotokoll, in: AdsD, DGB-Archiv, Abt. Jugend, 5/DGAU-154, S. 29 f.
73 Auszug Protokoll Vorstandssitzung der IG Metall vom 18–21.6.74, in: AdsD, 5/IGMA22–101.
74 „Bedeutung der 10. ord. Jugendkonferenz für die Organisation und für die Jugend der IG Metall", unbekannter Verfasser (Abt. Jugend beim Hauptvorstand der IGM), in: AdsD, 5/IGMA 22–101.
75 Ossip K. Flechtheim/Wolfgang Rudzio/Fritz Vilmar/Manfred Wilke: Der Marsch der DKP durch die Institutionen, Frankfurt am Main 1980.
76 Vgl. die Zusammenstellung: Diskussion um die Rolle der DKP/SDAJ in der gewerkschaftlichen Jugendarbeit., in: Das Junge Wort – Vertraulich –, Nr. 24, 3.5.1979. In: Archiv für soziale Bewegungen, IGBE-Archiv, Nr. 2312A.
77 So nennt eine undatierte Namensliste der SDAJ Hamburg (ca. Frühjahr 1971) 10 Personen, die dem 26-köpfigen Ortsjugendausschuss der IG Metall angehörten und der SDAJ zuzurechnen sind. Im KJA des DGB waren es immerhin fünf Mitglieder. Vgl. undatierte Namensliste der Ortsjugendausschüsse, (ca. Frühjahr 1971), in: HISA, SDAJ-Bestand, Ordner 34.

lich unstrittig. Aber in ihren Formen war die SDAJ weniger radikal. Trotz Protesten und Aktionen war die SDAJ auf Gesetzeskonformität bedacht, vor allem wurde Rücksichtnahme auf den ‚Bewusstseinsstand' der Beschäftigten gefordert. Die Orientierung auf eine ‚revolutionäre Disziplin' und die Einheit der Arbeiterklasse bewirkten letztlich eine Entradikalisierung. Denn neben der Ausrichtung auf Gewerkschaftsbeschlüsse waren die SDAJ-Mitglieder bestrebt, keine allzu großen Konflikte innerhalb der Gewerkschaften entstehen zu lassen.

Unbestritten ist, dass mit der Politisierung nach 1968 eine deutliche Linkswendung der Gewerkschaftsjugend zu konstatieren ist. Die Bildungsarbeit war in den Einzelgewerkschaften und dem DGB deutlicher als zuvor antikapitalistisch ausgerichtet, und nicht wenige der jungen Aktivisten zielten auf eine langfristig revolutionäre Veränderung der Gesellschaft. Dies spiegelte sich auch in der Rhetorik der führenden Gewerkschafter wider, die zumindest Anschlüsse für revolutionäre Hoffnungen bot. Franz Woschech erhielt anhaltenden, lebhaften Beifall, als er auf der 9. Bundesjugendkonferenz des DGB in Dortmund 1971 forderte: „Die deutsche Gewerkschaftsbewegung hat sich das große und phantastische Ziel gestellt, eine Gesellschaft des demokratischen und humanen Sozialismus zu schaffen, in der das Kapital und das Eigentum an Produktionsmitteln eine dienende Rolle haben und die arbeitenden Menschen ihr Schicksal selbst bestimmen können."[78] Aber dieses Ziel galt es nach Ansicht der Gewerkschaftsführungen und sicher auch der Mehrzahl der Mitglieder in der Praxis parlamentarisch und rechtskonform durchzusetzen.

Querverbindungen bestanden vor allem zu den Jungsozialisten in der SPD, die eine ähnliche politische Radikalisierung erlebten, vermutlich noch schärfer akzentuiert als in der Gewerkschaftsjugend.[79] Eine Reihe der hauptamtlichen Funktionäre im Jugendbereich war Mitglied bei den Jusos und entwickelte 1972 Kampagnen der SPD zur Berufsausbildung mit.[80] Die gewerkschaftliche ‚Radikalisierung' blieb daher in verfassungskonformen Horizonten eines demokratischen Sozialismus.

Radikale Nonkonformität hingegen prägte die Gewerkschaftsjugend insgesamt weniger, und die damit zusammenhängenden Irritationen gingen nach dem Ende der Lehrlingsbewegung noch weiter zurück. Dies hing einerseits mit einer gestiegenen gesellschaftlichen Akzeptanz gegenüber pluralen Lebensstilen zusammen, aber auch damit, dass ein Teil der politisierten Lehrlinge sich subkulturell orientierte und daher nicht mehr im gewerkschaftlichen Organisationsbereich zu fassen war.[81]

---

78 AdsD, DGB-Archiv, Abt. Jugend, 5/DGAU-154, 31.
79 Vgl. Dietmar Süß: Die Enkel auf den Barrikaden. Jungsozialisten und die SPD in den Siebzigerjahren, in: Archiv für Sozialgeschichte 44 (2004), S. 67–104; Norbert Gansel (Hg.): Überwindet den Kapitalismus oder Was wollen die Jungsozialisten? Reinbek 1972.
80 So war Horst Klaus, Leiter der Abteilung Jugend beim Hauptvorstand der IG Metall, wie auch andere Gewerkschafter 1972 häufiger auf Treffen der im Jugendbereich führend tätigen SPD-Mitglieder mit der Partei, um Politikfelder abzustecken. Vgl. Uwe Janssen, SPD-Abteilung Jugend und Bildung, an Horst Klaus u. a., 20.6.1972, in: AdsD, 5/IGMA22-624.
81 Vgl. die autobiographische Skizze des Frankfurter Lehrlings Otmar Hitzelberger: Schritt für Schritt ins Paradies, Frankfurt am Main 2003.

Wolfgang Schroeder hat die Linksentwicklung der Gewerkschaften in ihren Auswirkungen sehr negativ gedeutet. Seiner Ansicht nach habe sie bis heute eine hemmende Wirkung auf eine notwendige gewerkschaftliche Modernisierung in der Dienstleistungsgesellschaft gehabt, da mit der antikapitalistischen Ausrichtung strukturell konservative Leitbilder festgeschrieben worden seien.[82] Sicherlich gab es ab 1969 eine deutlich höhere Konfliktbereitschaft, und der kulturell geprägte Rückgriff auf Traditionen der Arbeiterbewegung hat mit dazu beigetragen, dass für „einen Lidschlag" die Erosion des politischen Arbeitermilieus verzögert wurde.[83] Zu untersuchen wäre daher biographisch, inwieweit die hauptamtlichen Funktionäre, die in die Gewerkschaften nachwuchsen, von dieser Zeit geprägt blieben. Aber die Gewerkschaften gerieten zu keinem Zeitpunkt in einen ernsthaften Gegensatz zur sozialliberalen Regierung oder – trotz manch scharfer Kampfrhetorik – den Arbeitergeberverbänden. Letztlich überwog die integrative Wirkung der Gewerkschaften gegenüber revolutionärem und radikalem Begehren. Hierbei sind über die Organisationsentwicklung hinaus langfristige gesellschaftliche Trends zu beachten: „Die spezifische Wirkung der 68er-Bewegung bestand vor allem darin, dass erst sie dem Langzeittrend der Vergesellschaftung und inneren Demokratisierung seine eigentliche Dynamik und Breite verlieh. Dabei war die politisch-ideologische Auflading, Polarisierung und Radikalisierung des gesellschaftlichen Klimas Ende der 60er Jahre sowohl das Medium als auch gewissermaßen der ‚Preis' des Entwicklungsschubes."[84] Diese Feststellung gilt auch für die Gewerkschaftsjugend: Wenn auch in manchen Formen und Akteuren radikal, trug sie inhaltlich und kulturell zur gesellschaftlichen Pluralisierung bei.

Dies gilt vor allem für Änderungen in der Arbeitswelt. Die Lehrlingsbewegung war auch eine Bildungsbewegung, denn perspektivisch sollten Unterschiede zwischen Lehrlingen, Schülern und Studenten nivelliert werden. Die Gewerkschaften forderten und förderten den sozialen Aufstieg von abhängig Beschäftigten durch Studienstipendien und eine Modernisierung der Ausbildung, zum Beispiel in Stufenplänen. Außerdem war die Ausweitung des politischen Bildungsurlaubs ein wichtiges Ziel, das Anfang der 1970er Jahre in den meisten Bundesländern erreicht werden konnte. Dabei verschränkten sich Modernisierungs- und Liberalisierungsbestrebungen. Die Verlagerung zum Beispiel der Abfassung von Berichtsheften in die Ausbildungszeit führte zu einer Ausweitung der Freizeit. Die Umsetzung gesetzlicher Regelungen war ein wesentliches Aufgabenfeld der Gewerkschaften in der betrieblichen Praxis. Die wichtigen Bezüge waren das neue Betriebsverfassungsgesetz von 1972, das Jugendarbeitsschutzgesetz und das Berufsausbildungsgesetz.

Zum Schluss dieses Beitrags soll daher der Gedanke angeschnitten werden, dass die Konkretion der gewerkschaftlichen Jugendarbeit von einer „Verrechtlichung der sozialen Praxis" geprägt war. Die Arbeit der Gewerkschaftsjugend war stark auf die Vermittlung von Rechts-

---

82 Wolfgang Schroeder: Gewerkschaften als soziale Bewegung – soziale Bewegung in den Gewerkschaften in den Siebzigerjahren, in: Archiv für Sozialgeschichte Band 44 (2004), S. 243–265, S. 263–265.
83 Klaus Tenfelde: Milieus, politische Sozialisation und Generationenkonflikte im 20. Jahrhundert, Bonn 1998, S. 25.
84 Kersting, S. 733.

kenntnissen orientiert. Ein Mitglied einer DGB-Gruppe in Wilster, einem Ort, der vor allem durch kleine Betriebe geprägt ist, unterstrich dies: „Da muss man eben im Freizeitbereich ansetzen, sie [die Jugendlichen, d. V.] informieren über das Jugendarbeitsschutzgesetz, Berufsausbildungsgesetz und BetrVG. Da kann man sagen: Acht Stunden dürft ihr nur arbeiten und ihr arbeitet achteinhalb, warum?"[85] Jürgen Seifert hat Mitte der 1970er Jahre zwei konkurrierende Linien in der Gewerkschaftsarbeit ausgemacht: „Hier ein Festklammern und ein Beschränktbleiben auf den gesetzlichen Aktionsraum (Ausnutzung der durch ‚Verrechtlichung' gegebenen Möglichkeiten, Legalismus); dort eine Fixierung auf Regelverletzungen, auf das Ausweiten des Aktionsraumes unabhängig von der konkreten Situation (Politik der ‚Entrechtlichung', Illegalitätsromantik)."[86]

Diese Zuspitzung kann oberflächlich als rechts/links-Schema verstanden werden. Aber dies würde die Gewerkschaften als Sozialisationsinstanz nur unzulänglich beschreiben. Rechtliche Aspekte der betrieblichen und arbeitsweltlichen Verhältnisse konnten – und wurden – zwar auch taktisch verstanden, aber der langfristige Sozialisationseffekt bestand in der Verrechtlichung der sozialen Beziehungen. „Du hast Rechte – nutze sie!" rief ein Plakat des DGB 1973 die Jugendlichen auf. Der DGB arbeitete intensiv bei der Novellierung des Jugendarbeitsschutzgesetzes mit und nutzte dies als Mobilisierungselement in der Gewerkschaftsjugend.[87] Die IG Metall begann 1973 ihre Kampagne „Rote Zange", mit der rechtliche Verstöße gegen das Jugendarbeitsschutzgesetz gemeldet werden sollten. Als Sozialtypus stand ein Gewerkschafter für die Einhaltung von rechtlichen Vorgaben, diskursiv legitimiert durch das Streben für die Rechte der Arbeiterklasse. Insofern ist das obige Zitat des Wilsteraner Jugendlichen als Versuch zu interpretieren, Jugendliche selbst in ihrer Freizeit über ihre Rechte aufzuklären. Dies ist vermutlich der größte Effekt gewerkschaftlicher Jugendarbeit, die letztlich darauf abzielte, diese Kenntnisse in soziale Praktiken umzusetzen. Eine Folge hiervon war die Abschleifung von Radikalität, die für die Gewerkschaftsjugend nach 1972 zu beobachten ist.

---

85 Maria Meyer-Puschner/Rainer Hirsch: Gespräch mit der DGB-Jugendgruppe in Wilster (SH), in: Werkkreis Literatur der Arbeitswelt: Mit 15 hat man noch Träume. Arbeiterjugend in der BRD, Frankfurt am Main Februar 1975, S. 112–122, S. 118.
86 Jürgen Seifert: Die Spaltung der Notstandsopposition und ‚verrechtlichte' oder ‚entrechtlichte' Gewerkschaftspolitik, in: Küsel, S. 48–54, S. 48.
87 Stefan Remeke: Gewerkschaften und Sozialgesetzgebung. DGB und Arbeitnehmerschutz in der Reformphase der sozialliberalen Koalition, Essen 2005, insb. S. 289–299.

2. Forum

Lennart Lüpke

Revolutionsgeschichte in der Erweiterung

Konferenz- und Forschungsbericht: „Revolution und Arbeiterbewegung 1918–1920".
Wissenschaftliche Tagung des Instituts für soziale Bewegungen in Kooperation
mit der Hans-Böckler-Stiftung und der Heinrich-Kaufmann-Stiftung,
Bochum, 29.–31. Januar 2009

Die deutsche Revolution war seit den 1950er Jahren und bis in die 1980er Jahre zu einem breit gefächerten Untersuchungsfeld der Zeitgeschichtsforschung geworden. Die Frage der Interpretation und Deutung des Ereigniskomplexes zwischen Kaiserreich und Weimarer Republik stand im Mittelpunkt kontroverser Fachdebatten. Wer als Historiker auf dem Gebiet der Zeitgeschichtsforschung oder der Sozial- und Arbeitergeschichtsforschung Deutungskompetenz beanspruchte – so ist man geneigt zu konstatieren – steuerte einen Beitrag zur Debatte über Ursachen, Chancen und Grenzen der Revolution 1918–1920 bei.[1] Und obgleich die Revolution als eine der wichtigsten Wegmarken der neueren und neuesten deutschen Geschichte gilt, ist ihr seit den 1980er Jahren nur noch ein mäßiges Interesse entgegengebracht worden.

Das spiegelt unverkennbar übergreifende geschichtswissenschaftliche Konjunkturen wider. Die westdeutsche Revolutionsgeschichtsforschung hatte mit den Studien von Eberhard Kolb über die „Arbeiterräte in der deutschen Innenpolitik 1918–19" aus dem Jahr 1962 und von Peter von Oertzen über die „Betriebsräte in der Novemberrevolution" von 1963 an Fahrt aufgenommen. Sie war wissenschaftspolitisch und thematisch-inhaltlich – in zuneh-

---

[1] Der Aufschwung der Revolutionsgeschichtsschreibung kann beispielhaft anhand der Beiträge aus dem Zeitraum zwischen den 1960er und 80er Jahren nachvollzogen werden, die eine (Zwischen-)Bilanz der Forschung enthalten. Reinhard Rürup: Probleme der Revolution in Deutschland 1918, Wiesbaden 1968; Helga Grebing: Konservative Republik oder soziale Demokratie, in: Eberhard Kolb (Hg.): Vom Kaiserreich zur Weimarer Republik, Köln 1972, S. 386–403; Wolfgang J. Mommsen: Die deutsche Revolution 1918–1920. Politische Revolution und soziale Protestbewegung, in: GG 4 (1978), S. 362–391; Reinhard Rürup: Demokratische Revolution und „dritter Weg". Die deutsche Revolution von 1918/19 in der neueren wissenschaftlichen Diskussion, in: GG 9 (1983), S. 278–301. Darüber hinausgehend siehe die von Klaus Tenfelde, Eberhard Kolb und Andreas Wirsching vorgelegten Forschungs- und Literaturberichte. Klaus Tenfelde: Massenbewegungen und Revolution in Deutschland 1917–1923. Ein Forschungsüberblick, in: Helmut Konrad/Karin M. Schmidlechner: Revolutionäres Potential in Europa am Ende des Ersten Weltkrieges. Die Rolle von Strukturen, Konjunkturen und Massenbewegungen, Wien/Köln 1991, S. 9–15; Eberhard Kolb: Die Weimarer Republik, 6. Aufl., München 2002; Andreas Wirsching: Die Weimarer Republik. Politik und Gesellschaft, 2. Aufl., München 2008.

menden Maße auch methodisch – Teil der von der Sozialgeschichtsforschung verkörperten historiographischen „Reformbewegung" gewesen, die in den 1960er und 70er Jahren auf dem Wege der Kritik an der hergebrachten Geschichtswissenschaft und ihrer theoretisch-methodischen Orientierung am Historismus auf eine Modernisierung des Faches abzielte.[2] Wenn die „Pionierstudien" der Revolutionsforschung die revolutionären Bewegungen zum Thema der Zeitgeschichte machten, die den Untergang des Deutschen Kaiserreichs vorangetrieben und sich jenseits der staatlichen Sphäre im Bereich des Sozialen konstituiert hatten, konturierten sie damit den Übergang von einer fachlich und nicht weniger politisch konservativen Nationalhistoriographie, mit ihrem Interesse an Staatsaktionen unter dem Motto „große Männer machen Geschichte", zu einer stärker sozialhistorischen Geschichtsforschung, die den Fokus auf gesellschaftliche Grundkonflikte und ihre politischen Implikationen richtet.

In diesem Kontext hatte der Untersuchungsgegenstand insbesondere die Arbeiter- und Arbeiterbewegungsgeschichtsforschung zu Deutungsversuchen herausgefordert. Die Arbeitergeschichte hatte bekanntlich grundlegende Bedeutung für den Aufschwung der Sozialgeschichte und war angetreten, die Emanzipationsgeschichte der Arbeiter im Industriezeitalter zu entfalten und zu interpretieren.[3] Die Revolution 1918–1920, der Zeitpunkt also, an dem die deutsche Arbeiterbewegung scheinbar unvermittelt vom Rande der Gesellschaft des Kaiserreichs ins Zentrum der politischen Auseinandersetzungen geriet und in einem alle vorherigen Erfahrungen sprengenden Maße Verantwortung als gestaltende Kraft übernahm, zog zwangsläufig das Interesse der Arbeiterhistoriker auf sich. Entsprechend hat sich die Revolutionsforschung dort am weitesten ausdifferenziert, wo sie im Zusammenhang der Arbeitergeschichte behandelt wurde. Die empirische Symbiose von Revolutionsforschung und Arbeitergeschichte artikuliert sich schlechthin im ersten Band von Heinrich August Winklers Gesamtdarstellung zur Geschichte der Arbeiterbewegung 1918–1933.[4]

Seit den 1980er Jahren wurde das Forschungsfeld aber von der allgemeinen Skepsis hinsichtlich der Reichweite und des Innovationspotentials der Sozial- und der Arbeitergeschichte erfasst.[5] Das Forschungsinteresse wandte sich seither in ungleich geringerem Maße Problemen sozialer Ungleichheit, ökonomischer Bedingungen und politischer Entscheidungsprozesse zu. Verstärkt rückten Mentalitäten, Alltagspraktiken wie auch Diskurse und Sinnzusammenhänge in den Fokus. Die vordem stark politik-, sozial- und wirtschaftsgeschichtlich ausgerichtete Revolutionsforschung scheint damit den Anschluss an neuere

---

2 Vgl. Paul Nolte: Historische Sozialwissenschaft, in: Joachim Eibach/Günther Lottes (Hg.): Kompass der Geschichtswissenschaft. Ein Handbuch, Göttingen 2002, S. 53–68.
3 Vgl. Klaus Tenfelde: Die Geschichte der Arbeiter zwischen Strukturgeschichte und Alltagsgeschichte, in: Wolfgang Schieder/Volker Sellin (Hg.): Sozialgeschichte in Deutschland. Entwicklungen und Perspektiven im internationalen Zusammenhang, Bd. IV: Soziale Gruppen in der Geschichte, Göttingen 1987, S. 81.
4 Heinrich August Winkler: Von der Revolution zur Stabilisierung. Arbeiter und Arbeiterbewegung in der Weimarer Republik 1918 bis 1924, Berlin/Bonn 1984.
5 In diesem Sinne auch Reinhard Rürup: Die Revolution von 1918/19 in der deutschen Geschichte. Vortrag vor dem Gesprächskreis Geschichte der Friedrich-Ebert-Stiftung in Bonn am 4. November 1993, Bonn 1993, S. 17 f.

geschichtswissenschaftliche Ansätze wie die neue Kulturgeschichte, die Mentalitätengeschichte, die Geschlechtergeschichte oder die Global- und Transfergeschichte verloren zu haben.

Mit bedingt wurde der relative Bedeutungsverlust der Revolutionsforschung durch weitere wissenschaftsinterne und -externe Faktoren: Die Forschung war etwa in nicht unerheblichem Maße von dem Erkenntnisinteresse vorangetrieben worden, das aus dem Untergang der Weimarer Republik und dem Aufstieg des Nationalsozialismus resultierte. Ausgehend von der Beobachtung, dass die demokratischen Fundamente der ersten deutschen Republik nur sehr schwach gewesen waren und die alten Funktionseliten des Kaiserreichs aus Militär, Verwaltung und Wirtschaft starke Elemente machtpolitischer Kontinuität darstellten, war es nicht nur um die Frage nach den Strukturschwächen der ersten deutschen Demokratie und möglichen Versäumnissen während der Revolutionszeit gegangen, sondern vor allem auch um mögliche politische Alternativen, die der Republik eine solidere Grundlage hätten verschaffen können. Diesen Fragen hatte sich bereits Arthur Rosenberg – unorthodoxer Marxist und zunächst Alt-, dann Sozialhistoriker – in seinem frühen Deutungsentwurf „Die Entstehung der Weimarer Republik" von 1928 zugewandt. Rosenberg übte Kritik an den Sozialdemokraten und warf ihnen „Halbherzigkeit" bei der demokratischen Konsolidierung der Republik vor.[6] Durch die Studien von Kolb, von Oertzen u. a. sollten zentrale Thesen dieses Werkes eine späte Renaissance erfahren. Im Kontext des „Zurücktreten(s) Weimars als historisch-politisches Argument" (Andreas Wirsching), nicht zuletzt infolge gereifter bundesdeutscher Traditionen und der politischen Veränderungen im Umfeld von 1989/90, ist die Frage nach den Chancen und Grenzen der Demokratisierung Deutschlands in der ersten Hälfte des 20. Jahrhunderts nicht mehr in dem Ausmaße Gegenstand kontrovers geführter Fachdebatten, wie sie es noch in den 1960er und 70er Jahren gewesen war.[7]

Zudem bedeutete der Untergang der DDR auch das Ende der Konkurrenz in Bezug auf die Deutung des Revolutionsgeschehens 1918–1920 zwischen DDR-Historiographie und bundesdeutscher Forschung. Ungeachtet der mit der marxistisch-leninistischen Revolutionsdeutung einhergehenden ideologischen Verzerrungen – hatte die wissenschaftliche Auseinandersetzung mit der Revolution in der DDR doch primär parteikommunistische Legitimationsbedürfnisse zu bedienen – hatte das Forschungsfeld seine Dynamik nicht zuletzt aus der Polarität von DDR- und BRD-Geschichtswissenschaft bezogen.[8]

---

6   Arthur Rosenberg: Die Entstehung der deutschen Republik, Berlin 1928 (zusammengefasst mit der Arbeit Geschichte der Deutschen Republik, Karlsbad 1935, neu hg. v. Kurt Kersten u. d. T. Entstehung und Geschichte der Weimarer Republik, Frankfurt a. M. 1955).
7   Wirsching: Weimarer Republik, S. 119.
8   Vgl. Rürup: Revolution von 1918/19, S. 18. Das Revolutionsbild der DDR-Historiographie bewegte sich ganz in dem vom Zentralkomitee der SED 1958 ausgegebenen Interpretationsrahmen und orientierte sich an dem Bemühen, Traditionslinien zur Gründung der KPD zu knüpfen. Die Revolution figurierte demnach als eine im Kern „bürgerliche Revolution". Für eine durchgreifende „proletarische Revolution" habe es 1918/19 einer kampfbereiten kommunistischen Partei ermangelt. Vgl. nur Kolb: Weimarer Republik, S. 167–169.

Und schließlich waren in der Forschungsdebatte explizit politische Einflüsse wirksam gewesen, die sich aus dem Umfeld der Studentenbewegung der 1960er Jahre speisten. Die von Studenten und kritischen Intellektuellen angestoßene Diskussion um Alternativen zur parlamentarischen Demokratie, die in der Regel in einem Rätesystem gesehen wurden, habe – so kritisierte Wolfgang J. Mommsen im Jahr 1978 – dazu geführt, dass die wissenschaftliche Auseinandersetzung mit der Revolution in den 1960er und 70er Jahren nicht selten der historisch hergeleiteten Selbstvergewisserung des eigenen politischen Standpunktes diente.[9] Sieht man einmal von dem Umstand ab, dass Revolutionsgeschichtsschreibung per se nicht ganz frei von politischen Erkenntnis- und Erklärungsinteressen ist, dokumentierte sich die Politisierung der Forschungsdebatte insbesondere in der Suche nach einem „dritten Weg" zwischen Kommunismus und bürgerlicher Demokratie in der Revolutionsgeschichte und der Diskussion um die Vereinbarkeit von Rätesystem und Parlamentarismus, die vollends in eine kontrafaktische Geschichtsschreibung abzudriften drohte.

Vor dem Hintergrund dieser Konjunkturen und Wandlungen strebte die vom Institut für soziale Bewegungen in Kooperation mit der Hans-Böckler-Stiftung und der Heinrich-Kaufmann-Stiftung unter dem Titel „Revolution und Arbeiterbewegung 1918–1920" organisierte Tagung an, die deutsche Revolution wieder auf die historiographische Forschungsagenda zu setzen. Ziel der Tagung war es, den Untersuchungsgegenstand mit erweitertem Instrumentarium und innovativen Deutungen neu zu profilieren. Des Weiteren sollte der Forschung mit Blick auf das Ruhrgebiet mehr regionalhistorische Tiefenschärfe verliehen werden. Diese Tagungsziele fordern zu einer Bestandsaufnahme der Revolutionsforschung sowie einer anschließenden Gewichtung der Tagungsbeiträge heraus.[10] Im Folgenden wird daher erstens der Versuch unternommen, wichtige Tendenzen und Ergebnisse der bundesdeutschen Revolutionsgeschichtsforschung aus dem Zeitraum zwischen den 1960er und 80er Jahren zu skizzieren. Mit den Forschungen zum Problemkomplex *Rätebewegung und Revolution* einerseits und der *Sozial- und Wirtschaftsgeschichte der Revolutionszeit* andererseits geraten dabei zwei recht gut erforschte Gegenstandsbereiche in den Blick. Hieran anknüpfend sollen zweitens die Tagungsbeiträge vorgestellt und eingeordnet werden.

---

9 Vgl. Mommsen, S. 362.
10 Über die Tagung liegt bereits ein Bericht des Verfassers vor, so dass die einzelnen Vorträge nicht in ihrer ganzen Breite vorgestellt werden. Dass es sich im Folgenden, insbesondere bei den Aussagen zum Forschungsstand, um Verkürzungen und subjektive Bewertungen handelt, versteht sich von selbst. Lennart Lüpke: Revolution und Arbeiterbewegung 1918–1920. Wissenschaftliche Tagung des Instituts für soziale Bewegungen (Bochum) in Kooperation mit der Hans-Böckler-Stiftung und der Heinrich-Kaufmann-Stiftung, Bochum, 29. bis 31. Januar 2009, AHF-Informationen, Nr. 052 v. 24.3.2009, <www.ahf-muenchen.de/Tagungsberichte/Berichte/pdf/2009/052-09.pdf>. Die Tagung setzte Debatten fort, die auf der Konferenz „Konflikt und Kooperation: Das ‚Stinnes-Legien-Abkommen' vom November 1918 als Wendepunkt in den Beziehungen der deutschen Gewerkschaften und Arbeitgeber" der Forschungsstelle für Zeitgeschichte Hamburg im November 2008 geführt wurden. Tagungsbericht unter <hsozkult.geschichte.hu-berlin.de/tagungsberichte/id=2513&count=394&recno=20&sort=datum &order=down&geschichte=68>.

Forschungen zum Problembereich Rätebewegung und Revolution

Trotz des frühen Entwurfs von Rosenberg und einiger Vorläufer aus den 1950er Jahren erhielt das Untersuchungsfeld *Deutsche Revolution* erst im Kontext der in den frühen 1960er Jahren einsetzenden wissenschaftlichen und gesellschaftlichen Aufbrüche die Weihen eines in der Geschichtswissenschaft anerkannten Themas.[11] Im Zentrum der Forschung stand zunächst die Analyse der Reichweiten, Entwicklungsphasen und Zielsetzungen der revolutionären Rätebewegungen. Dadurch sollten empirisch gesicherte Aussagen zu den Möglichkeiten und Grenzen der Revolution, zu möglichen politischen Alternativen und Handlungsspielräumen der politischen Akteure gewonnen werden. Anknüpfend an Rosenberg betonen die Studien Kolbs und von Oertzens, dass die Arbeiter- und Soldatenräte in den Wintermonaten 1918/19 starke Entwicklungspotentiale zur demokratischen Konsolidierung der Weimarer Republik dargestellt hätten, die jedoch von der Revolutionsregierung aus einer hypertrophen Bolschewismusfurcht heraus nicht ausgeschöpft worden seien.[12] Sie wiesen damit die lange Zeit unangefochtene These einer drohenden Bolschewisierung Deutschlands und einer daraus abgeleiteten Zwangsläufigkeit der revolutionären *Containmentpolitik* der Sozialdemokraten zurück. Karl Dietrich Erdmann hatte in einem Forschungsaufsatz von 1955 betont, 1918/19 hätte die Alternative einer parlamentarischen Demokratie im Bündnis mit den alten Eliten oder die einer bolschewistischen Rätediktatur zur Wahl gestanden –[13] eine apodiktisch aufgeladene Deutung, die zeitspezifischen historisch-politischen Interessenlagen insofern entgegen gekommen war, als damit im Kontext des Ost-West-Gegensatzes – gleichsam über den Nationalsozialismus „hinweg" – Traditionslinien betont werden konnten, die direkt zum demokratischen, antikommunistischen Grundkonsens der Bundesrepublik der 1950er Jahre hinführten.[14]

Das neue Deutungsmuster der Revolutionsgeschichte wurde in den 1960er und 70er Jahren von einer kaum mehr zu überschauenden Vielzahl an Forschungsskizzen, Quelleneditionen und empirischen Untersuchungen, darunter viele mit lokal- und regionalgeschichtlichem Zuschnitt, vertieft.[15] Unter implizitem oder explizitem Bezug zum Untergang der Weimarer Republik wurden der SPD-Führung von der Forschung verhängnisvolle „Versäumnisse" vorgeworfen. Diese habe es verpasst, durch eine Demokratisierung von Heer

---

11 Für die 1950er Jahre v. a. Walter Tormin: Zwischen Rätediktatur und sozialer Demokratie. Die Geschichte der Rätebewegung in der deutschen Revolution 1918/19, Düsseldorf 1954.
12 Kolb: Arbeiterräte; von Oertzen.
13 Karl Dietrich Erdmann: Die Geschichte der Weimarer Republik als Problem der Wissenschaft, in: VfZ 3 (1955), S. 1–19.
14 Dass diese Deutung die gemäßigte Sozialdemokratie zu rehabilitieren schien, die von der Weimarer Rechten und den Nationalsozialisten als „Novemberverbrecher" stigmatisiert worden waren, steigerte nochmal ihre Überzeugungskraft. Vgl. Rürup: Probleme, S. 5 f.; Kolb: Weimarer Republik, S. 166 f.
15 Die reichhaltigen Befunde der lokal- und regionalgeschichtlichen Studien können hier nicht einmal in Ansätzen wiedergegeben werden. Für das Ruhrgebiet v. a. Reinhard Rürup (Hg.): Arbeiter- und Soldatenräte im rheinisch-westfälischen Industriegebiet, Wuppertal 1975; Werner Abelshauser: Umsturz, Terror, Bürgerkrieg. Das rheinisch-westfälische Industriegebiet in der revolutionären Nachkriegsperiode, in: ders./Ralf Himmelmann (Hg.), Revolution in Rheinland und Westfalen. Quellen zu Wirtschaft, Gesellschaft und Politik 1918 bis 1923, Essen 1988, S. XI–LI.

und Bürokratie sowie eine Sozialisierung der Schwerindustrie die machtpolitischen Fundamente der alten Funktionseliten abzutragen. Die „versäumten Chancen" wurden so zu einer vielfältig exemplifizierten Kategorie der Räte- und Revolutionsforschung – eine Tendenz, die, so möchte man aus heutiger Sicht urteilen, die Notwendigkeit einer Debatte um die zugrunde gelegten Bewertungskriterien signalisierte.[16]

Die politische Gestaltungskraft der Rätebewegung wird seither skeptischer beurteilt. Und Untersuchungen zur Parteiengeschichte von SPD und USPD wie auch der erste Teil von Heinrich August Winklers Gesamtdarstellung zur Geschichte der Arbeiter und Arbeiterbewegung in der Weimarer Republik lenkten den Blick der Forschung seit den späten 1970er Jahren auf die Handlungsfriktionen der sozialdemokratischen Führung und verwiesen auf die aus dem politischen System des Kaiserreichs erwachsenen Vorprägungen.[17] Einigkeit herrscht dahingehend, dass die Zusammenarbeit der sozialdemokratischen Revolutionsregierung mit den Funktionseliten über das erforderliche Maß hinausging.

Sozial- und Wirtschaftsgeschichte

Ein durch die Forschungen zu den Rätebewegungen selbst aufgeworfenes, aber erst im Ansatz befriedigtes Interesse an den Massenbewegungen der Revolutionsphase ist zugleich Ausdruck und Katalysator der nunmehr auch konzeptionell vollzogenen „sozialgeschichtlichen Wendung der Revolutionsforschung" seit den frühen 1970er Jahren.[18] Der besondere empirische Ertrag der sozial- und wirtschaftsgeschichtlichen Beiträge liegt in der substantiellen Erweiterung des bis dahin noch äußerst eng gezogenen zeitlichen Rahmens der Untersuchungen – insbesondere in die Zeit des Ersten Weltkriegs.[19]

Einschlägige Untersuchungen zielten daher auf die Einbettung der Revolution in die soziopolitischen Spannungslinien und Verteilungskonflikte, die aus der Vertiefung der Klassengegensätze während des Ersten Weltkriegs erwuchsen. Hier sei nur die einflussreiche Stu-

---

16   Die Darstellung von Kolb (Weimarer Republik, S. 174–176) setzt sich abwägend mit Kritik an den früheren Urteilen auseinander.
17   Vgl. nur Susanne Miller: Die Bürde der Macht. Die deutsche Sozialdemokratie 1918–1920, Düsseldorf 1978; Heinrich August Winkler: Die Sozialdemokratie und die Revolution 1918/19, Berlin 1979; Detlef Lehnert: Sozialdemokratie und Novemberrevolution. Die Neuordnungsdebatte 1918/19 in der politischen Publizistik von SPD und USPD, Frankfurt a. M. 1983.
18   Tenfelde: Massenbewegungen.
19   Dies schlug sich nicht zuletzt in einer zeitlichen Akzentverschiebung in Bezug auf den Revolutionsbegriff nieder. Seit den 1970er Jahren wurde der Begriff *Deutsche Revolution 1918/19,* der in erster Linie auf den politischen Prozess des Staatsumbaus bis zur Verabschiedung der Weimarer Reichsverfassung im August 1919 rekurriert hatte, im zunehmenden Maße vom Terminus *Deutsche Revolution 1918–1920* in den Hintergrund gedrängt. Gleichwohl scheint selbst der Begriff *Novemberrevolution* in der zeitgeschichtlichen Debatte über erstaunliche Beharrungskräfte zu verfügen, was auf das semantische Parallelisierungspotential zur russischen *Oktoberrevolution* verweist. Vgl. nur Ralf Hoffrogge: Richard Müller. Der Mann hinter der Novemberrevolution, Berlin 2008. Hierzu allgemein: Mommsen; Kluge: Revolution; Tenfelde: Massenbewegungen, S. 13.

die von Jürgen Kocka über die „Klassengesellschaft im Krieg" von 1973 genannt.[20] Kocka arbeitet heraus, dass der Revolution eine dramatische Zunahme der sozialen Ungleichheit vorausging. Die materielle Not von Arbeiterfamilien wurde verschärft durch Lohneinbußen und Versorgungsengpässe bei Nahrungsmitteln – Resultat der kriegswirtschaftlichen Regulierung der Märkte. Auch die Mittelschicht wurde von sozialen Deklassierungsängsten erfasst. Am Ende des Krieges stand dann die revolutionäre Politisierung der klassen- und schichtenübergreifenden Friedensdemonstrationen.[21]

Die Erforschung der revolutionären Massenbewegungen knüpft auf vielumschlungenen Wegen an die Analyse des Zusammenhangs von Klassenstruktur, Krieg und Revolution an. Lokal- und regionalhistorische Studien sowie darauf beruhende Forschungsaufsätze thematisierten die Ursachen und Aktionsformen der Mobilisierung der zumeist großstädtischen Bevölkerungen seit der Kriegszeit.[22] Sie betonen, dass die politische Revolution von sozialen Protesten vorbereitet und überformt wurde.[23] Die revolutionäre Dynamik der Bewegungen entfaltete sich – nach einer „Vorlaufzeit" während des Krieges – in den Räteorganisationen der Revolutionszeit im engeren Sinn zwischen November 1918 und Januar 1919. Es folgten Aufstände und bürgerkriegsartige Kämpfe in den industriellen Zentren während des Frühjahrs 1919. Erst mit der Niederschlagung der „Roten Ruhrarmee" im April/Mai 1920 hatte sich die revolutionäre Mobilisierung erschöpft. Die Studien, die die Regionalisierung der Revolutionsforschung wesentlich vorantrieben, illustrieren die Integrationsschwächen der etablierten Arbeiterorganisationen, die sich durch ihre Kriegspolitik bei einem Großteil der Arbeiterschaft nachhaltig diskreditiert hatten. Die Folge waren tief greifende Spaltungs- und Radikalisierungsprozesse, bis hin zum Aufstieg syndikalistischer Bewegungen. Diese Befunde wurden von Beiträgen der sozialhistorischen Protestforschung seit den 1980er Jahren erweitert und differenziert. Unter Berücksichtigung erfahrungs- oder auch alltagsgeschichtlicher Aspekte rückten nun verstärkt Arbeitskonflikte oder inflationsbedingte Konsumentenunruhen der Kriegs- und Revolutionszeit ins Blickfeld.[24]

20 Der Studie kommt über den empirischen Ertrag hinausgehend grundlegende Bedeutung für die sozialgeschichtliche Theoriedebatte zu. Kocka prüft im Hinblick auf die deutsche Gesellschaft des Ersten Weltkriegs die Reichweiten der Marx'schen Klassentheorie, wobei das Klassenkonzept als ein „Idealtypus" im Sinne Max Webers betrachtet wird. Jürgen Kocka: Klassengesellschaft im Krieg. Deutsche Sozialgeschichte 1914–1918, Göttingen 1973.
21 Nachfolgende Studien steuerten wichtige Befunde zur Entwicklung der sozialen Ungleichheit und der sozialen Lage der Arbeiterschaft vor und während der Revolutionszeit bei. Vgl. nur Merith Niehuss: Arbeiterschaft in Krieg und Inflation. Soziale Schichtung und Lage der Arbeiter in Augsburg und Linz 1910–1925, Berlin/New York 1985; Karin Hartewig: Das unberechenbare Jahrzehnt. Bergarbeiter und ihre Familien im Ruhrgebiet 1914–1924, München 1993.
22 Siehe nur Gerald D. Feldman u. a.: Die Massenbewegungen der Arbeiterschaft in Deutschland am Ende des Ersten Weltkrieges (1917–1920), in: PVS 13 (1972), S. 84–105; Mommsen; Friedhelm Boll: Massenbewegungen in Niedersachsen 1906–1920. Eine sozialgeschichtliche Untersuchung zu den unterschiedlichen Entwicklungstypen Braunschweig und Hannover, Bonn 1981.
23 Besonders prononciert bei Mommsen.
24 Etwa Martin H. Geyer: Teuerungsprotest, Konsumentenpolitik und soziale Gerechtigkeit während der Inflation. München 1920–1923, in: AfS 30 (1990), S. 181–215; Robert Scholz: Ein unruhiges Jahrzehnt. Lebensmittelunruhen, Massenstreiks und Arbeitslosenkrawalle in Berlin 1914–1923, in: Manfred Gai-

Wichtige Bereiche der politischen Sozialgeschichte der Revolutionszeit wurden zudem durch Forschungen zur Gewerkschaftsgeschichte wie auch solchen zur spannungsreichen Beziehungsgeschichte von Staat, Unternehmern und Gewerkschaften erschlossen. Die Gewerkschaften hatten politisch von dem Einbezug in die staatsdirigistische Kriegswirtschaft und dem Hilfsdienstgesetz von 1916 profitiert. Dieser Erfahrungshorizont präfigurierte die politischen Strategien ihrer Vorstände in der Revolution. Letztgenannte sahen sich nämlich in dem Kurs bestätigt, die materielle Lage der Arbeiter auf dem Wege der sozialpartnerschaftlichen Eindämmung von Konflikten zu verbessern.[25] Gerald D. Feldman hat grundlegende Einsichten zu Veränderungen der industriellen Beziehungen auf Branchenebene zwischen Weltkrieg und Anfangsjahren der Weimarer Republik vorgelegt. Im Zentrum steht die Frage nach der Bedeutung und den Gründen für die „Überforderung" der mit dem Stinnes-Legien-Abkommen vom November 1918 etablierten „Zentralarbeitsgemeinschaft".[26]

Hieran anknüpfend illustrieren weitere wirtschaftsgeschichtliche Untersuchungen über die deutsche Inflation zwischen 1914 und 1924 die Durchschlagskraft ökonomischer und finanztechnischer Problemlagen auf die politische und soziale Entwicklung während der Revolutionszeit.[27] Forschungspraktisch eröffneten die Arbeiten von Feldman u. a. die Perspektive für eine Sozial- und Gesellschaftsgeschichte des Jahrzehnts zwischen Kriegsaus-

---

lus (Hg.): Pöbelexzesse und Volkstumulte in Berlin. Zur Sozialgeschichte der Straße (1830–1980), Berlin 1984, S. 79–123; Detlef Lehnert: Die Revolution als Lohnbewegung? Arbeitskämpfe und Massenaktivierung im Handlungsfeld von Parteien, Gewerkschaften und sozialen Bewegungen in Berlin 1918/19, in: Konrad/Schmidlechner, S. 27–61.

25 Seit den 1970er Jahren nahm der gewerkschaftsgeschichtliche Forschungsstrang, anknüpfend an ältere Arbeiten, an Fahrt auf. Durch die Berücksichtigung der wirtschaftlichen und sozialen Rahmenbedingungen der Gewerkschaftspolitik wurden gängige programm- und organisationsgeschichtliche Sichtweisen relativiert. Hans-Joachim Bieber gelangt so zu einer abwägenden Bewertung der Grenzen und Leistungen gewerkschaftlicher Interessenpolitik: Gewerkschaften in Krieg und Revolution. Arbeiterbewegung, Industrie, Staat und Militär in Deutschland 1914–1920, 2 Teile, Hamburg 1981; daneben Winkler: Revolution; Michael Ruck: Gewerkschaften – Staat – Unternehmer. Die Gewerkschaften im sozialen und politischen Kräftefeld 1914 bis 1933, Köln 1990; siehe darüber hinaus die einschlägigen Beiträge in Ulrich Borsdorf (Hg.): Geschichte der deutschen Gewerkschaften von den Anfängen bis 1945, Köln 1987; die entsprechenden Kapitel in: Klaus Schönhoven: Die deutschen Gewerkschaften, Frankfurt a. M. 1987. In ungleich stärkerem Maße den Kategorien einer konventionellen Organisations- und Programmgeschichte verhaftet bleibt Heinrich Potthoff: Gewerkschaften und Politik zwischen Revolution und Inflation, Düsseldorf 1979.

26 Vgl. nur Gerald D. Feldman/Irmgard Steinisch: Industrie und Gewerkschaften 1918–1924. Die überforderte Zentralarbeitsgemeinschaft, Stuttgart 1985. Zum Wandel der Tarifbeziehungen während der Revolutionszeit Rudolf Tschirbs: Tarifpolitik im Ruhrbergbau 1918–1933, Berlin 1986. Der Frage nach Entwicklungslinien, Brüchen und Veränderungen der industriellen Beziehungen über die Revolutionszeit hinausgehend, gerade auch auf betrieblicher Ebene, ist von einer Reihe von Studien nachgegangen worden. Vgl. Thomas Welskopp: Arbeit und Macht im Hüttenwerk. Arbeits- und industrielle Beziehungen in der deutschen und amerikanischen Eisen- und Stahlindustrie von den 1860er bis zu den 1930er Jahren, Bonn 1994.

27 Die reichhaltigen Ergebnisse der Inflationsforschung führt zusammen Gerald D. Feldman: The Great Disorder. Politics, Economics and Society in the German Inflation, 1914–1924, Oxford 1993. Zum Problem der Demobilmachung v. a. Richard Bessel: Germany after the First World War, Oxford 1993.

bruch und Währungsstabilisierung.²⁸ Die Revolution erscheint hier als ein Moment einer tief greifenden sozialen, ökonomischen und politischen Transformationsphase. Sein besonderes Gepräge erhielt das Dezennium durch den Abbruch globalwirtschaftlicher Verflechtungen, die Mobilmachung und darauffolgende Demobilmachung von Millionen von Soldaten, Verteilungskonflikte zwischen sozialen Gruppen und die Geldentwertung, die in der Hyperinflation von 1923 gipfelte.²⁹

Mit zeitlicher Verzögerung richtete sich das Interesse der Forschung auf soziale Gruppen jenseits von Arbeiterklasse und Arbeiterbewegung. Hervorgehoben zu werden verdient die Studie von Bieber über das „Bürgertum in der Revolution 1918–1920", die den Mythos korrigiert, die bürgerlichen Akteure seien angesichts des machtpolitischen Linksschwenks von einer Art Angststarre befallen worden. Vielmehr wird deutlich, dass im Bürgertum tief greifende Politisierungsschübe wirksam waren.³⁰ Dass die gegenrevolutionäre Mobilisierung zuweilen recht erfolgreich war, zeigen Studien zur Rolle der Kirchen oder der agrarischen Interessenverbände in der Revolution.³¹

In den Blick gerieten auch Ateure der vermeintlichen „machtpolitischen Peripherie" der Revolution wie Frauen und Intellektuelle. Von besonderem Interesse ist die Frage, ob sich die Lage der Frauen durch die Revolution verbessert hat. Ute Frevert gelangt in ihrer „Frauen-Geschichte" zu einer zwiespältigen Bilanz. Die Aufnahme des Gleichheitsgrundsatzes in die Weimarer Reichsverfassung und das allgemeine Frauenwahlrecht bildeten zwar wichtige Grundsteine auf dem Weg zur politisch-rechtlichen Gleichberechtigung der Geschlechter. Geschlechtsspezifische Rollenmuster blieben jedoch über den Systemwechsel hinweg erstaunlich stabil.³²

---

28   Eingelöst wurde dies etwa durch die Regionalstudie von Hartewig.
29   Im Ansatz hat die Forschung die Inflation gewissermaßen als zweckrationale Strategie interpretiert, mit der, zumindest zwischen 1920 und 1922, die Abfederung von Kriegslasten und die temporäre Stabilisierung der Republik gelungen sei. Carl-Ludwig Holtfrerich: Die deutsche Inflation 1914–1923, Berlin/New York 1980.
30   So eigneten sich bürgerliche Kräfte Kampfstrategien der Arbeiterschaft an, etwa in Form von Bürgerräten und Boykotten, und agitierten etwa gegen mögliche Eingriffe in die überlieferten Eigentumsverhältnisse. Hans-Joachim Bieber: Bürgertum in der Revolution 1918–20. Bürgerräte und Bürgerstreiks in Deutschland 1918–20, Hamburg 1992; daneben: Michael Epkenhans: Das Bürgertum und die Revolution 1918/19, Heidelberg 1994.
31   Zu den Kirchen nur Karl Kupisch: Strömungen in der evangelischen Kirche in der Weimarer Republik, in: AfS 11 (1971), S. 373–416; Jochen Jacke: Kirche zwischen Monarchie und Republik. Der preußische Protestantismus nach dem Zusammenbruch von 1918, Hamburg 1976; Heinz Hürten: Die Kirchen in der Novemberrevolution. Eine Untersuchung zur Geschichte der deutschen Revolution 1918/19, Regensburg 1984. Die Rolle der Agrarier erhellt etwa Martin Schumacher: Land und Politik. Eine Untersuchung über politische Parteien und agrarische Interessen 1914–1923, Düsseldorf 1978. Hinsichtlich der konterrevolutionären Kräfte besteht weiterhin Forschungsbedarf. Vgl. hierzu Andreas Brundiers: Gegenrevolution in der Provinz. Die Haltung der SPD zu den Einwohnerwehren 1919/20 am Beispiel Celle, Bielefeld 1994.
32   Ute Frevert: Frauen-Geschichte. Zwischen bürgerlicher Verbesserung und neuer Weiblichkeit, Frankfurt a. M. 1986, S. 163–180. Daneben bereitet Sternsdorf-Hauck auf der Grundlage weiblicher Ego-Dokumente die Formen weiblicher Teilnahme in der bayerischen Revolution sowie die damit verbundenen Erfahrungen auf. Christiane Sternsdorf-Hauck: Brotmarken und rote Fahnen. Frauen in der

Die stärkere Berücksichtigung langfristig wirkender Strukturen und Wandlungstendenzen durch sozial- und wirtschaftsgeschichtliche Arbeiten befruchtete vor allem die Diskussion um den historischen Stellenwert, die Grenzen und Chancen der Revolution. Im Rahmen einer dialektisch modifizierten Deutung der „Sonderweg"-Problematik wurde nun das Ausmaß an Modernität, das die deutsche Gesellschaft infolge von Industrialisierung und Nationalstaatsbildung im frühen 20. Jahrhundert erlangt habe, als fundamentales Hindernis ihrer durchgreifenden Revolutionierung interpretiert. Richard Löwenthal verwies auf die „Chaos-Resistenz", die hochgradig differenzierten Industriegesellschaften mit ihrem Bedarf an staatlicher Dienstleistungskontinuität inhärent sei.[33] Damit ist zugleich die Frage berührt, ob überhaupt ein Austausch der gesellschaftlichen Funktionseliten während der Revolution, zumal in der Übergangszeit zwischen Krieg und Frieden, realisierbar war. Es ist wohl eher Ursula Büttner zuzustimmen, die für „Zurückhaltung" bei der „näheren Charakterisierung der deutschen Revolution" plädiert. „Bezeichnungen wie ‚unvollendete', ‚steckengebliebene', ‚gebremste' Revolution", so Büttner weiter, würden „auf die Norm einer Revolution in vorindustriellen Gesellschaften" rekurrieren und den „Bedingungen in Deutschland im Jahr 1918 vielleicht nicht gerecht" werden.[34]

Die Beiträge zur Räte- und Revolutionsforschung wie auch die sozial- und wirtschaftsgeschichtlichen Studien haben in bis heute gültigem Maße die politische Geschichte der Revolution erhellt und den Ereigniskomplex in den sozial- und wirtschaftsgeschichtlichen Kontext eingebettet.[35] Erste Arbeiten durchbrachen den nationalen Untersuchungshorizont zugunsten einer mitteleuropäischen Perspektive.[36] Forschungslücken bestehen gleichwohl, wie bereits die eingangs vorgetragenen Überlegungen deutlich machen sollten, hinsichtlich der Dimensionen Kultur, Erfahrung oder Transnationalität.

---

bayerischen Revolution und Räterepublik 1918/19, Frankfurt a. M. 1989. Zu den Intellektuellen in der Revolution siehe nur Kurt Töpfner: Gelehrte Politiker und politisierte Gelehrte. Die Revolution von 1918 im Urteil deutscher Hochschullehrer, Göttingen 1970; Ulrich Linse: Hochschulrevolution! Zur Ideologie und Praxis sozialistischer Studentengruppen während der deutschen Revolutionszeit 1918/19, in: AfS 14 (1974), S. 1–114.

33   Richard Löwenthal: Vom Ausbleiben der Revolution in der Industriegesellschaft, in: HZ 232 (1981), S. 22 f.

34   Büttner, S. 63. Vgl. zu den genannten Einschätzungen der Revolution Rürup, Demokratische Revolution, S. 288; Rürup: Die Revolution von 1918/19 in der deutschen Geschichte, S. 99–125.

35   Zeugnis darüber liefert neben Winklers Darstellung zur Arbeiterbewegung die Synthese von Ulrich Kluge aus dem Jahr 1985. Kluge: Revolution. Vgl. daneben den Überblick Arthur John Ryder: The German Revolution of 1918. A Study of German Socialism in War and Revolt, Cambridge 1967.

36   Francis L. Carsten: Revolution in Mitteleuropa 1918–1919, Köln 1973; Tibor Hajdu: Socialist revolution in Central Europe, in: Roy Porter/Mikuáš Teich (Hg.): Revolution in History, Cambridge 1986, S. 101–120.

Revolutionsforschung in der Erweiterung

Aus den letzten Bemerkungen wird ersichtlich, dass der Zeitpunkt günstig scheint, das Erkenntnispotential neuerer geschichtswissenschaftlicher Fragestellungen und Zugriffe für die Erforschung der Geschichte der deutschen Revolution fruchtbar zu machen. Die Konzeption der im Folgenden zu besprechenden Tagung lud gerade hierzu ein. Sie war als multiperspektivische Gesamtschau angelegt und gliederte sich in drei Sektionen zu den Problemfeldern (1) *Revolution und Arbeiterbewegung im Ruhrgebiet*, (2) *Deutungen* und (3) *Wahrnehmungen*, wobei sich letztgenannte Sektion noch einmal aufgliederte in die Themen *Spiegelungen* und *Nachhall*. Theoretisch-methodisch wurde der Themenkomplex Revolution mithin konzeptualisiert als vielschichtiges Bündel regional situierter Ereignisse, zeitgenössischer Deutungsmuster und Wahrnehmungsweisen, transnationaler Wirkungsketten und retrospektiver Zuschreibungen.[37]

Revolution und Arbeiterbewegung im Ruhrgebiet

Im Mittelpunkt der ersten Sektion, die von Dirk Schuman geleitet wurde, stand die Ereignisgeschichte der Revolution im Ruhrgebiet – wenn auch nur drei der fünf Beiträge eine dezidiert regionalhistorische Perspektive einnahmen. Im Rahmen eines organisationsgeschichtlich angelegten Beitrags analysierte Willy Buschak zunächst die Konfliktkonstellationen innerhalb des Deutschen Metallarbeiterverbandes während der Revolution und machte insbesondere in der Metallarbeiterschaft des Ruhrgebiets eine große Interessenheterogenität aus. Im Anschluss problematisierte Jürgen Mittag im Rahmen einer Analyse der Sozialisierungsdebatte von 1918/19 das Spannungsverhältnis zwischen der ideengeschichtlichen Tradition des Sozialisierungsprojektes in der Arbeiterbewegung und den daran geknüpften Erwartungen der Zeitgenossen auf der einen und der pragmatischen Wirtschaftspolitik der SPD-Führung auf der anderen Seite. Der Blick auf die handelnden Akteure, vor allem auf „die" Arbeiterschaft, unterstrich, dass der Stellenwert der Sozialisierung zu relativieren ist; habe die Sozialisierung doch bei letztgenannter eher als Chiffre für verbesserte Lohn- und Arbeitsbedingungen fungiert.

Daraufhin beschäftigte sich Jürgen Jenko mit den Konjunkturen und Organisationen des Anarcho-Syndikalismus im Ruhrgebiet zwischen 1918 und 1922. Ausgehend von Hamborner Streikaktionen im Dezember 1918 entwickelte sich der Syndikalismus rasch zu einer breiten Protestbewegung und erreichte mit den Massenstreiks vom Frühjahr 1919 und dem Ruhrkampf 1920 phasenhaft verschobene Kulminationspunkte, denen eine Phase der Aufsplitterung folgte. Nadine Kruppa stellte Thesen ihrer in Planung befindlichen M.A.-Arbeit über Frauen in der Revolution vor. Nach der Schilderung weiblicher Teilhabeformen in Revolutionskämpfen widmete sie sich der Analyse des Wahlverhaltens der Geschlechter bei der Nationalversammlung und der Reaktion von Frauen auf die Demobilmachung.

---

37 Eingeleitet wurde die Tagung mit einem sozialwissenschaftlichen Vortrag von Walther Müller-Jentsch zum Thema „Gewerkschaften und Korporatismus in Deutschland seit der Revolution 1918–1920"; hierzu Lüpke.

Anschließend setzte sich Rudolf Tschirbs mit jüngeren Deutungen des Betriebsrätegesetzes von 1920 sowie der darauf bezogenen Gewerkschaftspolitik auseinander. Das Gesetz sei weniger als Rückschlag gegenüber den hochfliegenden Plänen der Rätebewegung anzusehen. Vielmehr könnten in den gewerkschaftlichen Strategien Tendenzen industriegesellschaftlicher Modernität erkannt werden, da das Gesetz Strukturen des dualen Systems der verrechtlichten Arbeitsbeziehungen festgeschrieben habe.

In Bezug auf Themen, Fragen und Zugänge schöpften die Beiträge mehr oder weniger aus der politik-, sozial- und wirtschaftshistorischen Revolutionsforschung der 1970er und 80er Jahre. Die anschließenden Kommentare von Knud Andresen und Diskussionsbeiträge warfen daher eine Reihe weiterführender Fragen auf. Anknüpfend an die Beiträge über die Metallarbeiter und die Sozialisierungsdebatte wurde erstens gefragt, inwieweit die Revolution als Friedensbewegung betrachtet werden könne. Zweitens waren die Formen der Verarbeitung der russischen Revolution durch die Akteure und drittens die Bedeutung des Erfahrungshintergrundes des Ersten Weltkriegs von Interesse. Im Hinblick auf die Sozialisierungsdebatte regte Andresen an, im Kontext einer mentalitätsgeschichtlichen Analyse zu prüfen, inwiefern die Sozialisierungsforderungen als utopisches Element auf die „Massen" ausgestrahlt haben. Bezüglich des Syndikalismus könne der Blick auf Entradikalisierungsprozesse jenseits makrohistorischer Sichtweisen fruchtbare Ergebnisse zeitigen. Die Untersuchung der Rolle der Frauen in der Revolution wiederum könne von der Hinzuziehung gendertheoretischer Überlegungen oder eines mikrotheoretisch geschärften Blickes auf Betriebe mit starken weiblichen Beschäftigtenanteilen profitieren. Generell wurde deutlich, dass Studien, die die Analyse von Mikrointeraktionen, etwa in Betrieben, mit makrogeschichtlichen Zugängen verbinden, die lokal- und regionalhistorische Revolutionsforschung vorantreiben könnten. Und nicht zuletzt dokumentierte die Sektion, dass das Ruhrgebiet nicht ohne Grund als ein „Brennpunkt" der Revolution gelten kann.

Deutungen

Mit unterschiedlicher Akzentuierung im Einzelnen widmeten sich die zweite und dritte Sektion im stärkeren Maße der Bedeutung von Erfahrungen und Deutungen, von politischen Wahrnehmungen und Verarbeitungen der Revolution. Die zweite Sektion ging unter der Leitung von Dick Geary der Frage nach, wie sich Unternehmer, Protestanten und Historiker gegenüber der Revolution positionierten.

Zunächst stellte Kim Christian Priemel gängige geschichtswissenschaftliche Annahmen über die Rolle der Unternehmerschaft in der Revolution in Frage. Allzu häufig werde das unternehmerische Handeln noch unter dem homogenisierenden Label einer „taktischen Meisterleistung" und/oder aus der Perspektive eines „Passivitäts-Topos" interpretiert. Priemel plädierte demgegenüber für eine multiperspektivische Herangehensweise, um die tatsächliche Vielschichtigkeit und den Wandel, die das Handeln der Unternehmer bestimmt hätten, angemessen erfassen zu können. Die Revolution habe weite Teile der Unternehmerschaft in ökonomischer Hinsicht bestenfalls geringfügig tangiert; die überwiegende Mehrheit etwa sei vom ZAG-Abkommen nicht einmal betroffen gewesen.

Die Beiträge von Günter Brakelmann zum kirchlichen Protestantismus und von Bernd Faulenbach zur Geschichtswissenschaft schlugen Verbindungen zwischen einer Analyse des Politischen und Ansätzen einer Intellektuellengeschichte. Sie betonten, welch tiefen Einschnitt die Revolution für Träger beider Wissens- und Deutungskulturen darstellte. Ein Großteil der protestantischen Theologen war im Ersten Weltkrieg durch eine breite Selbstmobilisierung für Siegfriedensszenarien und einen radikalen Kriegsnationalismus in Erscheinung getreten. Die Revolution wurde daher überwiegend als Katastrophe ungeahnten Ausmaßes aufgefasst. Für die Kriegsniederlage wurde das deutsche Volk verantwortlich gemacht, das sich von Gott abgewandt habe: Die Dolchstoßlegende wurde nicht zuletzt von den Kanzeln verbreitet.

Gleichermaßen erschütterte der Systemwechsel die hegemonialen Denkmuster der Historiker – bildete neben dem Historismus der Bismarck'sche Nationalstaat doch bis in die Zeit nach 1945 einen wichtigen theoretisch-konzeptionellen Bezugspunkt der deutschen Geschichtsschreibung. Die enge Allianz zwischen Geschichtswissenschaft und Nation kam etwa in dem Versuch zum Ausdruck, die Revolution als Produkt westlicher Ideen aus der deutschen Geschichte zu eskamotieren. Politisch habe der Mainstream der Historiker weiterhin für einen deutschnationalen Kurs eingestanden, nur eine Minderheit habe sich wie Friedrich Meinecke als Vernunftrepublikaner, freilich unter Vorbehalt, auf der Seite der jungen Demokratie eingefunden.

Die Beiträge machten deutlich, wie sehr die Revolution im Schnittpunkt divergierender zeitgenössischer Deutungen stand. Die Untersuchung von Austauschbeziehungen zwischen Politik und Sinnzusammenhängen oder intellektuellen Wissensordnungen bietet vielfältige Anknüpfungspunkte für eine kulturgeschichtlich erweiterte Revolutionsforschung. Durch den Blick auf die Trägergruppen der kulturellen Repräsentationen ist die Rückbindung an soziale Prozesse gewährleistet.

Spiegelungen

Eine Erweiterung der Perspektive auf die transnationalen und globalen Dimensionen der Revolutionsgeschichte bot der erste Teil der dritten Sektion „Wahrnehmungen", die von Wolfgang Jäger geleitet wurde. Analysiert wurden Wahrnehmungen der Revolution durch die Arbeiterbewegungen in Frankreich und Japan.

Im Hinblick auf die französischen Sozialisten vertrat Joachim Schröder die These, dass die Politik der SPD nach dem Novemberumsturz als Katalysator der *Section française de l'Internationale Ouvrière* (SFIO) nach dem Ersten Weltkrieg fungiert habe. Da die SFIO drängende programmatische Weichenstellungen vorzunehmen hatte, sei Deutschland gewissermaßen als Laboratorium der Revolution betrachtet worden. Die anfängliche Begeisterung über die scheinbare Einheit der Arbeiterparteien sei mit der Vertiefung der Gegensätze zwischen Mehrheits- und unabhängigen Sozialdemokraten 1918/19 einer breiten Skepsis gewichen, die zur Annäherung zwischen SFIO und USPD auf internationaler Ebene beigetragen habe.

Daraufhin ging Jan P. Schmidt in seinem Vortrag der Frage nach, wie Akteure der japanischen Arbeiterbewegung die deutsche Revolution wahrgenommen haben. Eben diese habe zunächst ganz im Schatten der russischen Revolution gestanden, die allein schon der regionalen Nähe wegen von den Publizisten stärker beachtet worden sei. Vor dem Hintergrund der allmählichen Institutionalisierung der Arbeiterbewegung in Japan hätten die intellektuellen Wahrnehmungsprozesse gleichwohl zur Entstehung eines dezidiert revolutionären Potentials beigetragen. In seinem anschließenden Kommentar wies Marcel van der Linden nachdrücklich auf die Erkenntnischancen transnationaler und globaler Perspektiven in der Arbeiterbewegungs- und Revolutionsforschung hin. Die Suche nach weltumspannenden Verbindungen und Kontakten fördere etwa zutage, dass sich zwischen 1918 und 1920 eine globale Protestwelle Bahn brach. Nicht nur Deutschland, Österreich-Ungarn und Italien seien von Protestbewegungen aufgerüttelt worden, sondern auch der Senegal, Südafrika und Indien. Ein derartiges Forschungsprogramm erfordere zwangsläufig den kontrastiven Vergleich wie auch die Analyse von Wechselwirkungen.

Nachhall

Der zweite Teil der Sektion „Wahrnehmungen" befasste sich mit Aspekten der Erinnerungs- und Erfahrungsgeschichte. Klaus Wisotzky kontrastierte in seinem Beitrag die Biographien zweier tragender Akteure der Revolution in Essen. Dort kreuzten sich 1918/19 die Lebenswege des unabhängigen Sozialisten Fritz Baade (1893–1974), dem Vorsitzenden des Essener Arbeiter- und Soldatenrats, und des Zeitungsverlegers Theodor Reismann-Grone (1863–1949), der im Kaiserreich als fanatischer Vertreter eines völkischen Nationalismus auf sich aufmerksam gemacht hatte. Ohne Berücksichtigung generationsgeschichtlicher Konzepte lieferte Wisotzky eine klare Analyse der beiden Lebenswege, die Auskünfte über etwaige erfahrungsgeschichtliche Prägewirkungen der Revolution liefern sollte. In Baades Vita markierte die Revolution den Beginn des politischen Engagements wie auch eines beeindruckenden sozialen Aufstiegs als Wissenschaftler und Politiker. Demgegenüber blieb der Lebensweg Reismann-Grones von den Revolutionserfahrungen weitgehend unberührt. Vielmehr scheinen mentale Kontinuitäten auf, deren hervorstechendste Kennzeichen der Radikalnationalismus und der Antisemitismus waren.

Im anschließenden Beitrag befasste sich Klaus Tenfelde mit der öffentlichen Erinnerung an die Revolution im Ruhrgebiet anhand von Denkmälern zum Bürgerkrieg von März/Mai 1920. Er vertrat die These, dass die Erinnerung an dramatische Ereignisse und Entwicklungen aus der nachfolgenden Zwischenkriegszeit – etwa die Ruhrbesetzung 1923, der Holocaust oder der Bombenkrieg – die Erinnerung an die Revolution weitgehend überdecke. Dort, wo sich Erinnerungsspuren finden lassen, würden diese eine tiefe Spaltung der memorialen Praxis widerspiegeln, die parallel zur Frontlinie des Bürgerkriegs verlaufe. Die Gewalterfahrungen aus dem mit aller Grausamkeit geführten Bürgerkrieg hätten es „bis heute verhindert, zu angemessenen Formen der Erinnerung an den Ruhrkampf" zu gelangen.

Schließlich behandelte Gertrude Cepl-Kaufmann die literarische Verarbeitung des Erfahrungskomplexes Revolution. Linke Romanautoren hätten den Bürgerkrieg an der Ruhr in den 1920er Jahren zum literarischen Sujet erhoben. Damit sei die Neuschreibung des Ruhrgebiets als literarische Landschaft realisiert als auch ein bedeutender Beitrag zur Identitätsbildung der Region erbracht worden.

Der Sektion gelang es ansatzweise die Ambivalenz herauszuarbeiten, die die Erfahrungs- und Erinnerungsgeschichte der Revolution im Ruhrgebiet bestimmt hat, kommen doch in den politisch überwölbten Gedenkmustern und auch in der literarischen Verarbeitung, wie Dagmar Kift in ihrem Kommentar zu Recht konstatierte, spezifische Prozesse der Inklusion und Exklusion zum Ausdruck. Sie betonte weiterhin, dass eine intensivere Einbeziehung des Erfahrungsbegriffs ertragreiche Forschungsergebnisse erwarten lasse. Vor allem die Frage nach Gemeinsamkeiten und Unterschieden, Kontinuitäten und Veränderungen in den mentalen Einstellungsdispositionen der historischen Akteure im Ruhrgebiet des 20. Jahrhunderts verdiene Beachtung.

Resümee

Die Tagung zeichnete sich durch eine Vielfalt der theoretisch-methodischen Zugriffe und Fragestellungen aus. Von der Analyse revolutionärer Ereignisabläufe über die Kritik gängiger Interpretationen bis hin zur eher impliziten Adaption neuerer geschichtswissenschaftlicher Ansätze reichte die Bandbreite der einzelnen Beiträge. Zu kritisieren ist, dass sich die Diskussion bisweilen auf Detailfragen kaprizierte. Man hätte sich stattdessen eine intensivere Debatte über Schwerpunktsetzungen und Begrenzungen der allgemeinen Revolutionsforschung wie auch eine stärkere methodische (Selbst-)Reflexion der Vortragenden gewünscht. Gleichwohl konnten die Ergebnisse der Tagung und die angerissenen Forschungsfragen Wege zu einer um kultur- und erfahrungsgeschichtliche und transnationale Ansätze erweiterten Revolutionsforschung aufzeigen, die freilich weiterhin der politik-, sozial- und wirtschaftsgeschichtlichen Fundierung bedarf. Die zwischen den 1960er und 80er Jahren zutage geförderten Befunde sind zu bedeutsam, als dass sie unberücksichtigt bleiben dürften.

Die Tagung machte deutlich, dass das Untersuchungsfeld *Deutsche Revolution* und die empirische Symbiose von Revolutionsforschung und Arbeitergeschichte vielfältige Anknüpfungspunkte für theoretisch-methodische Aufbrüche und Grenzgänge bieten. Die Erforschung der Frage, wie die Revolution und die damit verbundenen soziokulturellen Umbrüche in den Erfahrungs- und Wahrnehmungshorizont der Zeitgenossen und Nachlebenden integriert wurden, könnte beispielsweise einen Beitrag zur Erhellung des „paradoxen Grundzug(s) der Revolution" leisten, den Andreas Wirsching jüngst betont hat.[38] Ein interessanter Deutungsentwurf hierzu liegt etwa mit Martin H. Geyers multidimensionaler Gesamtdarstellung „Verkehrte Welt" über das Krisenjahrzehnt zwischen 1914 und 1923 in München vor.[39] Die methodische Pluralisierung der Revolutionsforschung eröffnet zudem

---

38 Andreas Wirsching: Die paradoxe Revolution 1918/19, in: APuZ 50–51/2008, S. 6–12, Zit. S. 12.
39 Martin H. Geyer: Verkehrte Welt. Revolution, Inflation und Moderne. München 1914–1924, Göttingen 1998, S. 13. Zum Deutungsmuster der Krise in der Weimarforschung Wolfgang Hardtwig: Einlei-

die Perspektive auf Untersuchungsgegenstände, die von der Tagung ausgeklammert blieben, etwa die symbolischen Formen revolutionärer Protestbewegungen oder die „Probleme massenmedialer politischer Kommunikation im Verlauf der Revolution".[40]

tung. Politische Kulturgeschichte der Zwischenkriegszeit, in: ders. (Hg.): Politische Kulturgeschichte in der Zwischenkriegszeit 1918–1939, Göttingen 2005, S. 7–22.
40 Boris Barth: Die Revolution 1918/19 und das Problem massenmedialer Kommunikation, in: Sven Grampp u. a. (Hg.): Revolutionsmedien – Medienrevolutionen, Konstanz 2008, S. 347–366.

Rainer Holze/Ottokar Luban

Der 90. Jahrestag der deutschen Novemberrevolution und der Ermordung Rosa Luxemburgs

Ein Überblick über Tagungen, Kolloquien und Foren

Angesichts der weitverbreiteten Ansicht, dass die Forschung zur deutschen Novemberrevolution 1918 weitgehend zu ruhen schien, überraschte es, dass 2008 und 2009 eine ganze Reihe von wissenschaftlichen Konferenzen und öffentlichen Veranstaltungen zum Gedenken an die deutsche Revolution 1918/19 und an die Ermordung Rosa Luxemburgs stattfand. Den Reigen dieser Tagungen eröffnete die IG Metall am 25./26. Januar 2008 mit ihrem stark besuchten Bildungsseminar in Berlin zum Thema „Streiken gegen den Krieg! Die Bedeutung der Massenstreiks in der Metallindustrie vom Januar 1918", einem wichtigen historischen Ereignis zur Vorgeschichte der Novemberrevolution. In den Referaten behandelten Historiker Themen wie die Entstehung der Massenstreiks im Ersten Weltkrieg im Rahmen der innenpolitischen und sozialen Gegebenheiten mit Schwerpunkten auf den innergewerkschaftlichen Aspekten des Metallarbeiterverbands (Ottokar Luban), den friedenspolitischen Kontexten in der Arbeiterbewegung (Friedhelm Boll), der Herausbildung des Kreises der oppositionellen Betriebsvertrauensleute, die später als „Revolutionäre Obleute" bekannt geworden sind (Dirk H. Müller), und der Rezeption des Januarstreiks in der partei- und gewerkschaftsnahen Geschichtsschreibung (Frank Heidenreich). Die Ergebnisse der Tagung sind bereits in einem Konferenzband veröffentlicht.[1] Bei diesem wie bei dem folgenden Bildungsseminar kam in den engagierten, sachkundigen Diskussionsbeiträgen der IG Metall-Vertrauensleute die Aktualität der politischen und sozialen Problemstellungen markant zum Ausdruck. Im inhaltlichen Kontext zur Januarveranstaltung In derselben IG Metall Bildungsstätte in Berlin-Pichelswerder am wurde 7. und 8. November 2008 eine weitere Tagung unter dem Titel „Novemberrevolution 1918 – Was bleibt?" ausgerichtet. Intention der Veranstalter war es, das demokratische, soziale und kulturelle Potenzial der Revolution – mit besonderer Berücksichtigung von gewerkschafts-, sozial- und bildungspolitischen Aspekten – herauszustellen. Diese inhaltliche Leitlinie prägte auch die beiden gemeinsamen Tagungen der Forschungsstelle für Zeitgeschichte an der Universität Hamburg und des Instituts für soziale Bewegungen der Ruhr-Universität Bochum, die am 21. und 22. November 2008 in Hamburg zum „Stinnes-Legien-Abkommen" sowie vom 29. bis 31. Januar 2009 in Bochum über „Revolution und Arbeiterbewegung 1918–1920" auf hohem wissenschaftlichen Niveau durchgeführt wurden.[2]

---

1   Chaja Boebel/Lothar Wentzel (Hg.): Streiken gegen den Krieg. Die Bedeutung des Massenstreiks in der Metallindustrie vom Januar 1918, Hamburg 2008.
2   Siehe zur Bochumer Tagung auch den ausführlicheren Bericht in diesem Heft. Vgl. zur Hamburger Tagung des Weiteren den Tagungsbericht von Ursula Büttner: <hsozkult.geschichte.hu-berlin.de/tagungsberichte/id=2513>.

Ebenso frühzeitig wie ausführlich hatte sich der Berliner Bildungsverein „Helle Panke e. V." den Problemen der Novemberrevolution zugewandt. Er führte mehrere öffentliche Veranstaltungen durch, so am 18. Juni 2008 eine Vortragsveranstaltung mit Mario Kessler unter dem Titel „Die Novemberrevolution und ihre Räte. Die DDR-Debatten des Jahres 1958 und die internationale Forschung"[3] und am 19. September 2008 das Kolloquium „Die Novemberrevolution 1918/19 im Spiegel von Kunst und Publizistik".[4] In dieser Veranstaltung untersuchten die Literaturhistoriker Heidi und Wolfgang Beutin, Jost Hermand (USA), Thomas Höhle, Corinna Luedtke, Harald Lützenkirchen, Dieter Schiller und Gerhard Wagner, wie sich die revolutionären Ereignisse im Werk von Schriftstellern wie Walter Benjamin, Bertold Brecht, Alfred Döblin, Kurt Hiller, Karl Kraus, Heinrich Mann, Erich Mühsam und Ludwig Rubiner niedergeschlagen haben, die teilweise selbst Revolutionsteilnehmer waren.

Eine weitere revolutionsgeschichtliche Veranstaltung der „Hellen Panke" fand schließlich am 18. Oktober unter dem Titel „Geschichtsschreibung der Novemberrevolution im Wandel der Jahrzehnte" statt.[5] Kurz zuvor, am 6. September 2008, hatte auch der Marxistische Arbeitskreis zur Geschichte der deutschen Arbeiterbewegung eine wissenschaftliche Tagung in Berlin zum Thema „Die deutsche Novemberrevolution 1918/19 und ihre Wirkungen" veranstaltet.[6]

Eine zweitägige wissenschaftliche Konferenz zu Fragen der Novemberrevolution, die am 31. Oktober und 1. November 2008 in Berlin u. a. mit den Historikerinnen und Historikern Ulla Plener, Werner Bramke, Ingo Materna, Gerhard Engel und Reiner Tosstorff stattfand, wurde von der zentralen Rosa-Luxemburg-Stiftung gemeinsam mit dem Förderverein für Forschungen zur Geschichte der Arbeiterbewegung getragen. Sie stand unter dem Motto „Die Novemberrevolution 1918/1919. Für bürgerliche und/oder sozialistische Demokratie? Allgemeine, regionale und biografische Aspekte" und verfolgte die Frage, welche Bedeutung den radikal-demokratischen und sozialistischen Akteuren und ihren Gedankenwelten in der Novemberrevolution zukommt.[7] Ein Schwerpunkt der Konferenz bildete die Erörterung des Verhältnisses von (bürgerlich-)demokratischen und sozialdemokratischen (sozialistischen) Bestrebungen, wobei letztere sich 1918/19 vor allem in der Forderung nach Sozialisierung und in der Diskussion über die Räte niederschlugen. Es bestand Einvernehmen, dass das spontane, elementare Streben der Massen nach Veränderung politischer und gesellschaftlicher Zustände neue Formen der gesellschaftlichen Organisation – im konkreten Falle die Arbeiter- und Soldatenräte – hervorbrachte und dass mit der Bildung dieser Räte sowie in wirtschaftsdemokratischen Postulaten das radikaldemokratische und sozialistische Poten-

---

3   Hefte zur ddr-geschichte, H. 112, Berlin 2008 (Hg.: „Helle Panke").
4   Pankower Vorträge, H. 125, Berlin 2008 (Hg.:. „Helle Panke").
5   Siehe den Bericht von Peter Bathke in: Zeitschrift Marxistische Erneuerung (Z.), Frankfurt/M, 19. Jg., Nr. 76 (Dezember 2008), S. 185 ff.
6   GeschichtsKorrespondenz, Marxistischer Arbeitskreis zur Geschichte der deutschen Arbeiterbewegung bei der Partei DIE LINKE [Berlin], Nr. 4, 14. Jg., Herbst 2008.
7   Siehe den ausführlichen Bericht von Rainer Holze in: JahrBuch für Forschungen zur Geschichte der Arbeiterbewegung, Berlin, 2009/I, S. 167 ff.

zial dieser Revolution deutlichen Ausdruck fand. Im Wirken der Revolutionären Obleute, so der Tenor der Tagung, hätten sich die basisdemokratischen Strukturen besonders deutlich gezeigt. Es sei seinerzeit um eine neue soziale Demokratie jenseits von Diktatur des Proletariats und bürgerlicher Demokratie gegangen. Die durch die Novemberrevolution erreichten Ergebnisse – der Sturz des Kaiserreiches, die Errichtung der Republik, die Festschreibung bürgerlich-demokratischer Freiheitsrechte – seien nicht gering zu schätzen. Im Verlauf der Tagung trat auch eine Reihe jüngerer Historiker wie Miriam Sachse, Marcel Bois, Mario Hesselbarth, Ralf Hoffrogge, Florian Wilde hervor und trug zur intensiven, teilweise kontroversen Diskussion bei. Es wurden neue Perspektiven und Wertungen zur Novemberrevolution unterbreitet: So etwa eine vertiefende Analyse des Verhältnisses von Zentrum und Peripherie im Revolutionsgeschehen und eine Betrachtung der spezifischen Situation in Berlin; so aber auch zur Oktober-Konferenz der Spartakusgruppe und zum Wirken linker Intellektueller in jenen Monaten.

Am 1. November 2008 fand in Köln die Veranstaltung der Rosa-Luxemburg-Stiftung NRW und des Linken Dialogs Köln „90 Jahre Novemberrevolution. Gestern – Heute – Morgen" statt.[8] Am 7. November 2008 wurde vom Berliner Abgeordnetenhaus in seiner historischen Tagungsstätte – dem früheren Gebäude des Preußischen Landtages, das im Dezember 1918 dem Reichsrätekongress als Konferenzort gedient hatte – die wohl einzige offizielle Veranstaltung in Deutschland durchgeführt, in der auch der Novemberrevolution 1918 gedacht wurde. In dieser Gedenkveranstaltung referierte Reinhard Rürup über den „9. November in der deutschen Geschichte. Zur Erinnerungskultur in einer demokratischen Gesellschaft". Direkt am 9. November fand dann in den Räumen des Berliner Ensembles eine bemerkenswerte, lebhafte Podiumsdiskussion zum Fernsehfilm „Eine deutsche Revolution – Berlin 1918/1919" (Regisseure: Burk/von Brauchitsch) statt, die von den Historikern Reinhard Rürup und Gerhard Engel sowie den Politikern Erhard Eppler (SPD) und Klaus Höpcke (Die Linke) bestritten wurde.

Die Rosa-Luxemburg-Stiftung Sachsen bilanzierte in einer Veranstaltung am 18. November in Leipzig die erreichten Forschungsergebnisse zur Bedeutung der Messestadt Leipzig in der Geschichte der Novemberrevolution. Eine sich an die breite Öffentlichkeit richtende Veranstaltungsreihe vom 28. Oktober 2008 bis 7. Februar 2009 in Bremen zum Gedenken an die Bremer Räterepublik 1919 wurden vom DGB sowie von der Bremer Arbeiterkammer, der Universität Bremen, der Historischen Gesellschaft und der MASCH der Hansestadt ausgerichtet. Schwerpunkt der Veranstaltungsreihe – u. a. traten die Historiker Peter Brandt und Gerhard Engel auf – bildeten neben allgemeinen revolutionsgeschichtlichen Fragen vor allem die Räteproblematik (einschließlich ihrer Aktualität für die direkte Demokratie) sowie die Rolle der Protagonisten der Bremer Räterepublik (vorrangig Johann Knief). Auch in Berlin-Neukölln, einem alten Arbeiterbezirk, heute in der Region Neukölln-Nord ein sozialer Brennpunkt, fand – organisiert von der politischen „Galerie Olga Benario" – eine Serie von Vorträgen zur Novemberrevolution unter Beteiligung von Fachhistorikern statt. Eine Veranstaltung des August-Bebel-Instituts der Berliner SPD am 15. Januar 2009 in einem

---

8 Siehe dazu einige veröffentlichte Referate in: Z., 20. Jg., Nr. 77 (März 2009), S. 48 ff.

überfüllten Kino in Berlin-Kreuzberg mit dem Film „Rosa Luxemburg" von Margarete von Trotta und anschließender Podiumsdiskussion dokumentierte mit 120 Besuchern das rege Interesse in der Berliner Sozialdemokratie für Leben und Werk der linkssozialistischen Politikerin.

Besondere Aufmerksamkeit fand die Internationale Rosa-Luxemburg-Konferenz am 16. und 17. Januar 2009 in Berlin zum Thema „Mit einem Worte, die Demokratie ist unentbehrlich", bei der die Internationale Rosa-Luxemburg-Gesellschaft und die Rosa-Luxemburg-Stiftung ca. 250 Teilnehmer und Referenten aus vier Kontinenten (Europa, Asien, Afrika und Amerika) begrüßen konnten, darunter eine Reihe von international bekannten Wissenschaftlern. Narihiko Ito, Japan (Präsident der Internationalen Rosa-Luxemburg-Gesellschaft), umriss die Vorstellungen Rosa Luxemburgs vom Sozialismus und den Weg dorthin. Die Rosa-Luxemburg- und Karl-Liebknecht-Biografin Annelies Laschitza verdeutlichte Individualität und Gemeinsamkeiten der beiden führenden Sozialisten sowie ihre erst Ende August 1914 begonnene Zusammenarbeit unter den außergewöhnlichen Bedingungen von Krieg und Revolution. Klaus Gietinger beschrieb die politischen Hintergründe der Ermordung Luxemburgs und Liebknechts. Michael R. Krätke (Lancaster, England) offerierte in einem angesichts der aktuellen Wirtschaftskrise besonders wichtigen Referat dem Forum neue Einsichten über die Genesis des Luxemburgischen Erkenntnisprozesses zur Ökonomie des Kapitalismus und deren Bedeutung für die Analyse des gegenwärtigen Kapitalismus. Der Jogiches-Biograf Feliks Tych (Warschau) erhellte die teilweise sehr engen, aber auch konfliktreichen Beziehungen zwischen Rosa Luxemburg und Leo Jogiches. Jakow Drabkin (Moskau) erörterte das Thema „Rosa Luxemburg und die Probleme der Gründung der Kommunistischen Internationale". Insgesamt wurde das Erbe der radikaldemokratischen Sozialistin für die linke Bewegung in über 20 Beiträgen eingehend beleuchtet, vor allem ihre basisdemokratische Demokratieauffassung. Insbesondere durch die Beiträge von Isabel Loureiro (Brasilien), He Ping, Zhang Wenhong, Wang Xuedong (alle China), Sobhanlal Datta Gupta (Indien) und Doğan Göçmen (Türkei) wurde überzeugend sichtbar gemacht, dass den Ideen Rosa Luxemburgs weiterhin weltweit nachhaltiges Interesse entgegengebracht wird. Erwähnenswert waren auch die gehaltvolle künstlerische Umrahmung (u. a. in Form einer Darbietung des Berliner Grips-Theaters mit Szenen aus dem Stück „Rosa") und eine Gesprächsrunde mit Berliner Schülerinnen und Schülern zur Persönlichkeit Rosa Luxemburgs.[9]

Die Konferenz am 23. und 24. Januar in Berlin in der Reihe der ständigen Kolloquien zur historischen Sozialismus- und Kommunismusforschung – eine Gemeinschaftsveranstaltung der zentralen Rosa-Luxemburg-Stiftung, des Vereins „Helle Panke" und der Rosa-Luxemburg-Stiftung Sachsen, dem Initiator dieser Veranstaltungsreihe – behandelte sowohl unter historischen als auch unter aktuellen politischen Gesichtspunkten die Thematik „Deutsch-

---

9 Rainer Holze: „Mit einem Worte, die Demokratie ist unentbehrlich". Internationale Rosa-Luxemburg-Konferenz (Berlin, 16.18. Januar 2009), in: Z. Zeitschrift Marxistische Erneuerung, Jg. 20, H. 77 (März 2009), S. 198–201. Alle Referatstexte, einige Videofilme sowie Fotos finden sich unter <www.rosalux.de/cms/index.php?id=17810>.

lands Eintritt in die Moderne. Die ungeliebte Revolution 1918/19 und die Linke. Die Geburtsstunde der bürgerlich-parlamentarischen Demokratie in Berlin".[10] Zur Geschichte der Demokratie in Deutschland gehörte nach Ansicht der Veranstalter der Hinweis, dass 1918/19 auch erhebliche Chancen zur Durchsetzung basis- und rätedemokratischer Bestrebungen bestanden, die aber aus vielerlei Gründen von den Akteuren der Revolution nicht genutzt werden konnten. Werner Bramke legte Grundsätzliches zur Problematik „90 Jahre deutsche Revolution 1918/19 in der Widerspiegelung der Geschichtspolitik und Geschichtsschreibung" dar. Klaus Kinner erörterte das Thema „Novemberrevolution oder erste Etappe der Weltrevolution in Deutschland? Die KPD im Widerspruch zwischen Anspruch und Realität" und informierte gleichzeitig über die gerade fertig gestellte vierbändige Geschichte der KPD in Deutschland bis 1945/1946. Der junge Historiker Ralf Hoffrogge unternahm einen historiografischen Vergleich zwischen Richard Müllers Revolutionsgeschichte „Vom Kaiserreich zur Republik" und der „Illustrierten Geschichte der Deutschen Revolution" (1929). Elke Reuter sprach über das „Das Scheitern der Weltrevolution. Die Novemberrevolution und die Krisenbewältigung in der KPD nach dem Sieg des Hitlerfaschismus". Gerald Diesener ging der Frage nach, wie sich diese Revolution in den Debatten des von der KPD auf den Weg gebrachten Nationalkomitees Freies Deutschland widerspiegelte. Günter Benser lotete die Problematik „Neubeginn ohne letzte Konsequenz" – Die KPD 1945/46 und die unbewältigten Erfahrungen der Novemberrevolution" aus. Siegfried Lokatis präsentierte die von führenden Repräsentanten der DDR bestimmten Diskussionen zur Darstellung der Novemberrevolution in der achtbändigen Geschichte der deutschen Arbeiterbewegung. Peter von Oertzens Analyse der Räte in der deutschen Revolution 1918/19 ging Peter Buckmiller nach. Ottokar Luban setzte sich in seinem Beitrag „Das Geschichtsbild der deutschen Novemberrevolution bei Eberhard Kolb, Susanne Miller und Heinrich Winkler" kritisch mit historiografischen Urteilen zum 9. November 1918 auseinander und Klaus Lederer entwickelte Gedanken zur Thematik „Die Linke heute und das Erbe der Novemberrevolution".

Von Interesse ist ferner, dass es auch in der Russischen Föderation zwei wissenschaftliche Konferenzen in Anknüpfung an die 90. Jahrestage der Revolution gab: am 4. Dezember 2008 an der Pädagogischen Universität Moskau zum Thema „Die Novemberrevolution in Deutschland: ein Rückblick nach 90 Jahren" u. a. mit den bekannten russischen Historikern Kirill Schirinja und Alexander Vatlin sowie am 21. und 22. Mai 2009 an der Staatlichen Universität in Woronezh (Regionales Forschungszentrum für Deutsche Historische Studien) unter der Leitung des jungen russischen Kautsky-Biografen Sergey Kretinin zum Thema „Rosa Luxemburg und das moderne Russland", jeweils mit internationaler Beteiligung

---

10 Andreas Diers: Deutschlands Eintritt in die Moderne. Die ungeliebte Revolution 1918/19 und die Linke. VIII. ständiges Kolloquium zur historischen Sozialismus- und Kommunismusforschung, Berlin 23./24. Januar 2009, in: Z. Zeitschrift Marxistische Erneuerung, Jg. 20, H. 78 (Juni 2009), S. 206–209. Einige Referate sind veröffentlicht in: Helle Panke e. V./Rosa-Luxemburg-Stiftung Berlin (Hrsg.): Die ungeliebte Revolution 1918/19 und die Linke. VII. [sic!] ständiges Kolloquium zur historischen Sozialismus- und Kommunismusforschung am 23./24. Januar 2009 in Berlin, Reihe Pankower Vorträge, H. 129, Berlin 2009.

(Deutschland und Japan) und mit engagierten und fundierten Beiträgen auch vieler junger russischer Historiker/innen.

Bilanz

Dieser Überblick macht deutlich, dass es zu den 90. Jahrestagen der deutschen Novemberrevolution bzw. der Ermordung Rosa Luxemburgs eine beachtliche Anzahl wissenschaftlicher Konferenzen und weiterer Veranstaltungen von erstaunlicher Vielfalt und von inhaltlicher wie organisatorischer Breite gab, dass diese historischen Ereignisse jedoch keinen Niederschlag in der offiziellen deutschen Gedenkkultur gefunden haben, wenn man von der Gedenkveranstaltung im Abgeordnetenhaus von Berlin einmal absieht. Beachtenswert ist die Tatsache, dass sowohl Forscher/innen in der Tradition der alten Bundesrepublik wie in der der DDR die grundlegenden politischen und sozialen Ergebnisse der deutschen Novemberrevolution – trotz einer Reihe von Kritikpunkten – überwiegend positiv beurteilten.

Die Tagungen boten zahlreiche wertvolle Anregungen und Impulse für weitere Forschungen, wobei die Präsentation von fundierten Forschungsergebnissen durch junge Historiker/innen ein besonders ermutigendes Zeichen für die Zukunft setzt.

Gunnar Gawehn

Geschichte des deutschen Bergbaus

Ein Bericht über den bergbauhistorischen Workshop,
24.–25. September 2009, Bochum

Gefördert aus Mitteln des Gesamtverbandes Steinkohle betreibt die Stiftung Bibliothek des Ruhrgebiets die Herausgabe eines vierbändigen Handbuches, das die Geschichte des deutschen Bergbaus von den vor- und frühgeschichtlichen Anfängen bis in die jüngste Vergangenheit behandelt. Die Arbeiten werden im Haus der Geschichte des Ruhrgebiets koordiniert, als Autoren wurden zahlreiche der bekanntesten Spezialisten zur deutschen Bergbaugeschichte gewonnen. Am 24. und 25. September 2009 kamen die Autoren der ersten beiden Bände, welche die Bergbaugeschichte von der vorgeschichtlichen Zeit bis zur Frühindustrialisierung darstellen, zu einem Workshop in Bochum zusammen, um ihre Beiträge im Entwurf vorzustellen und zu diskutieren.

Eröffnet wurde die Tagung von *Klaus Tenfelde* (Bochum), der epochenübergreifende Leitthemen der Bergbaugeschichte formulierte, die durchgehende Orientierungspunkte für die Handbucharikel bieten können. (1) Bergbaugeschichte als Rohstoffgeschichte habe die je eigene Geschichtlichkeit der Rohstoffe sowie deren Vielfalt und wechselnde Bedeutung im historischen Verlauf zu berücksichtigen. (2) In einem bildungs-, wissens- und wissenschaftsgeschichtlichen Zugriff gilt es sowohl die Wissensträger und die Organisation des Wissens, als auch die Akkumulation geologischen, verfahrenstechnischen und materialtheoretischen Wissens, das den Aufstieg des Bergbaus zu einer Leitbranche der vorindustriellen Welt ermöglichte, zu untersuchen. Zudem geraten in einer Umweltgeschichte des Bergbaus u. a. die Bergschadensproblematik, Emissionsschäden oder ökologische Folgen des Holzbedarfs in den Blickpunkt. (3) In einer Handels- und Verflechtungsgeschichte werden die globalen Dimensionen des Handels mit bergbaulichen Produkten sowie deren Bedeutung für den Aufstieg und Niedergang ganzer Bergbauzweige deutlich. Raum- und siedlungsgeschichtlich bleibt aus global-vergleichender Perspektive zu beachten, weshalb die Besiedlung der europäischen im Gegensatz zu vielen nicht-europäischen Montanregionen auch nach der Erschöpfung der Lagerstätten fortdauerte. (4) Aus gesellschaftsgeschichtlicher Sicht verdient die Ausbildung der Montanregionen als bemerkenswert stabile Sozialräume besondere Beachtung. (5) Kulturgeschichtlich steht die Herausbildung einer vom Silber ausgehenden mitteleuropäischen Bergbaukultur im Vordergrund, die von einer staatsnahen Führungsschicht im Sinne einer bürgerlichen Hochkultur gefördert wurde und deren Werthaltigkeit durch bergrechtliche Grundsätze, schriftliche sowie künstlerische Zeugnisse vielfach belegt ist. (6) Aufgrund der Staatsnähe des Montanwesens ist Bergbaugeschichte stets auch Rechts-, Verfassungs- und politische Geschichte. Der deutsche Bergbau begründete bereits einen administrativen Kameralismus, lange bevor dieser zum Staatsführungsmerkmal im aufstrebenden Absolutismus wurde, und auch nach der Liberalisierung des Bergrechts rissen die Verbindungen zum Staat nicht ab, sondern wurden zeitweise wieder intensiviert.

Die Beiträge zum ersten Band

Der erste Band des Handbuches behandelt den alteuropäischen Bergbau bis zur Mitte des 18. Jahrhunderts und wird von Rainer Slotta herausgeben. *Thomas Stöllner* (Bochum) stellte seinen Beitrag zum vor- und frühgeschichtlichen Bergbau in Mitteleuropa bis zur Zeit der Merowinger vor, der sich den Strukturen und Strukturproblemen des bergbaulichen Betriebes und Handels unter Einbeziehung der Ergebnisse jüngster archäologischer Ausgrabungen widmet. Bereits im Neolithikum fand in Mitteleuropa Handel mit bergbaulich erschlossenen Rohstoffen über eine Entfernung von 3.000 bis 5.000 Kilometern statt, so dass man bereits von ersten Globalisierungsbestrebungen sprechen kann. Jüngste Ausgrabungen, etwa im Salzburger Land, belegen schon für die Bronzezeit die Existenz eines regelrechten Tiefbaus, der ein bergtechnisches Wissen voraussetzte, das auch überregionale Verbreitung fand. Stöllners Artikel wird zunächst allgemein in die Montanarchäologie einführen sowie Raum, Begriffe und Methoden der Untersuchung definieren. Es schließt eine diachrone Darstellung an, welche die Entwicklung der mitteleuropäischen Montanwirtschaft unter Berücksichtigung des jeweiligen Kultur- und Naturraums, des Handels und der Produktionsprozesse in den verschiedenen Epochen vom Neolithikum und Chalkolithikum (6.–3. Jahrtausend v. Chr.) bis zum Frühmittelalter herausarbeitet. Besonderes Gewicht soll der Frage zukommen, welche Wirkung die Lagerstättenräume auf die Ausprägung von Montanrevieren hatten.

Lothar Klappauf (Niedersächsisches Amt für Denkmalpflege), der an dem Handbuchartikel über die Bergbaugeschichte seit der karolingischen und ottonischen Zeit bis zur Abschwungsphase in der Mitte des 14. Jahrhunderts beteiligt ist, konzentrierte sich in seinem Vortrag auf den Bergbau des Früh- und Hochmittelalters aus archäologischer Perspektive. Im Gesamtkontext zu berücksichtigen sind die im 9. Jahrhundert entstehende karolingische Silberwährung, die Bedeutung des Salzes am Hellweg, die Erschließung der wichtigsten Silber- und Kupferreviere im Harz und Schwarzwald, der bergbauliche Aufschwung in der Ottonenzeit, die Etablierung des Regalrechts und die durch technische Verbesserungen (insbesondere Wasserkraftsysteme) beförderte bergbauliche Blüte im 13. und frühen 14. Jahrhundert. Zudem sei die frühe Bedeutung des Steinkohlenbergbaus im Lütticher Raum sowie die Rolle der Klöster (vor allem der Zisterzienserklöster) für den Ausbau des Bergbaus zu beachten. Intensiver ging Klappauf auf die Entwicklung des Harzer Bergbaus in der Region Goslar/Rammelsberg zwischen dem 9. und 14. Jahrhundert anhand von archäologischen Funden ein. Der Harzer Erz- und Buntmetallbergbau profitierte außerordentlich von der Lage am Hellweg. Bereits in karolingischer Zeit existierten Handelswege, über welche die Rohstoffe weite Verbreitung fanden. Die Gründung des karolingischen Reiches und die Einführung des Silbers führten im 9. und 10. Jahrhundert zu einer verstärkten Neuaufnahme bzw. Wiederaufnahme des Bergbaus in verschiedenen Revieren. Vom Rammelsberg aus wurde der gesamte westliche Harz mit Kupfererz versorgt. Im 10. und 11. Jahrhundert wurden die meisten Silber- und Kupferlagerstätten in Mitteleuropa erschlossen und zugleich der Übergang vom Tagebau zum ordentlichen Bergbau vollzogen. Das 12. Jahrhundert kennzeichnete eine Verknappung der Ressource Erz. Technische Neuerungen, wie die Nutzung neuer Werkzeuge (Bergeisen, Kratzen, Keilhauen) und der Holzausbau, trugen zur Energieersparnis bei, weil die Produktion mit weniger Aufwand erhöht werden konnte. Es entwickelte sich ein organisiertes Transportwesen. Begleitet von weiteren technischen Neuerungen (Wasserkünste) erlebte die Erzgewinnung und Buntmetallverwendung im 13. und frühen 14. Jahrhundert eine Blütezeit. Im Harz, schloss Klappauf, sei eine kontinuierliche Entwicklung in der Berg- und Hüttengeschichte zu beobachten, die – unter vergleichender Heranziehung anderer Lagerstätten – einen Überblick über die mitteleuropäische Montangeschichte aus archäologischer Sicht ermöglicht.

Im Anschluss erläuterte *Christoph Bartels* (Bochum) die Etablierung des Bergregals und der Bergbaufreiheit zwischen dem 12. und 14. Jahrhundert als Grundlagen des mittelalterlichen und neuzeitlichen Bergbaus. Bartels sieht einen frühzeitigen und deutlichen Einfluss des römischen Rechts bei der Rechtskodifizierung des Bergbaus. Die Durchsetzung des Bergregals gestaltete sich allerdings problematisch, weil sie sich gegen eine bereits seit Jahrhunderten bestehende Bergbaupraxis vollzog. Lag bis dahin das Recht zur Nutzung der Bodenschätze bei den Grundeigentümern, bildete sich nun das Bergregal als umfassendes Hoheitsrecht heraus. Die Entwicklung des Bergrechts, so Bartels, bedarf der historischen Differenzierung und Kontextualisierung, weil sich die Durchsetzung des Bergregals weder widerstandslos noch gar einheitlich vollzog. Die Behauptung der Herausbildung eines monolithischen deutschen Bergrechts sei ein Konstrukt. In den verschiedenen Regionen entwickelten sich unterschiedliche Bestimmungen, weswegen von *dem* Bergregal nicht gesprochen werden kann. Auch blieben manche Bergbauzweige (Bleibergbau) vom Bergregal unberücksichtigt. Abschließend plädierte Bartels dafür, für die vorindustrielle Zeit von einem Bergbaubegriff auszugehen, der die bergbauliche Ausbeutung von Mineralvorkommen, die nicht unter Bergregalvorbehalt gestellt waren, einbezieht.

Hans-Joachim Kraschewski (Marburg) schilderte in seinem Beitrag zum Spätmittelalter als „Zeit des Umbruchs" die Ursachen für den beschleunigten Niedergang des deutschen Bergbaus im 14. Jahrhundert. Als strukturelle Faktoren nannte er eine überholte Betriebsorganisation und den unzureichenden Stand der Bergbautechnik, insbesondere der Wasserhaltung, der die – nach der Erschöpfung von dem Tagebau zugänglichen Vorkommen – notwendige Erschließung unterirdischer Lagerstätten erschwerte. Wichtige exogene Faktoren für den bergbaulichen Niedergang bildeten klimatische Veränderungen, insbesondere die Zunahme kalter Sommer, und die zahlreichen Pestzüge, die dauerhafte Nachfragedepressionen auslösten. So kam der Bergbau zwar nicht ganz zum Stillstand, doch seine Erträge fielen fast überall in Mitteleuropa erheblich. Eine dauerhafte Erholung zeichnete sich erst nach 1450 ab. Weiter ging Kraschewski auf die Struktur der Arbeitsorganisation sowie die technischen Entwicklungen im mittelalterlichen Montanwesen ein. Technische Neuerungen vollzogen sich vor allem im Eisenhüttenwesen und ermöglichten eine längere Betriebszeit der Öfen sowie die Einsparung von Arbeitskräften. Im norddeutschen Raum belebte zudem die Einführung eines am sächsisch-böhmischen Bergrecht orientierten Direktionssystems die Montankonjunktur.

Rainer Slotta (Bochum) sprach zum Silberbergbau als Kunstkatalysator und stellte dabei die Bedeutung des Bergbaus als Lieferant und Urheber von Werten heraus. Zudem richtete er den Blick auf Unternehmer und Herrscher, die bergbauliche Kunst förderten und zur Repräsentation nutzten. Der Handbuchartikel soll Architektur, Malerei, Grafik, Buchkunst, Tafelmalerei, Fresken, Altäre, Skulpturen und angewandte Kunst (z. B. Numismatik, Glas- und Porzellankunst) berücksichtigen. Im Vortrag analysierte Slotta zwischen 1509 und 1521 entstandene Bergaltäre als Dokumente des technischen, wirtschaftlichen und gesellschaftlichen Aufschwungs im Metallerzbergbau. Zuvor hatten die Bergaltäre sich auf die Darstellung von Bergbauheiligen oder Nothelfern, etwa die Heilige Barbara, beschränkt, aber die bergmännische Arbeits- und Lebenswelt außen vor gelassen. Den ersten „Standesaltar", auf dem auch Bergleute dargestellt sind, verortet Slotta im unterhalb des Schneeberges gelegenen südtirolischen Ridnaun, datiert auf 1509. Im 1514 entstandenen „Flitschl-Altar" aus dem tirolischen Revier „Im Räbel" stehen Bergleute bereits, im Zwiegespräch mit den Nothelfern befindlich, im Mittelpunkt der Darstellung. Das wachsende bergbauliche Selbstbewusstsein dokumentiert sich auch in Hans Hesses „Annaberger Bergaltar" von 1521, auf dem die Heiligen gegen die Bergleute deutlich zurücktreten. Insgesamt, so Slotta, zeigte sich das wachsende Selbstbewusstsein des Bergbaus nicht zuletzt darin, dass er wie kein anderer zeitgenössischer Berufszweig als Katalysator von künstlerischer Produktion wirkte.

Andreas Bingener (Bochum) beschäftigte sich mit dem erzgebirgischen und Unter-Inntaler Silberbergbau im 15. und 16. Jahrhundert. Vergleichend verfolgte er die Entwicklung zur Bergstadt und den technischen Wandel, insbesondere bei der Hebung der Grubenwässer und der Aufbereitung der Erze. Die Entdeckung reicher Silbererzvorkommen im Gebiet des heutigen Freiberg um 1168 lockte eine große Zahl von Bergleuten, aber auch Handwerkern und Kaufleuten in das Erzgebirge. Neue, rasch expandierende Bergdörfer entstanden, und es entwickelte sich ein regelmäßiger Marktverkehr. Zwischen 1171 und 1175 ließ der Landesherr, zur Absicherung seiner Interessen, die Burg Freudenstein errichten. 1328 wurde eine erste Bergordnung für Freiberg erlassen. Als es um 1500 mit auswärtigem Handelskapital gelang, die tiefer liegenden Erzgänge profitabel abzubauen, setzte im Freiberger Raum und im ganzen Erzgebirge eine „zweite Blüte" ein, die sich in der Gründung und raschen Entwicklung von Bergstädten niederschlug. Dagegen entstanden in den österreichischen Montanregionen im 15. und 16. Jahrhundert kaum neue Städte. In Tirol waren Orte wie Kitzbühel lange vor dem Bergbauboom gegründet und mit städtischen Rechten ausgestattet worden. Schwaz, rechtlich gesehen ein Dorf mit Marktrecht, fehlten alle Attribute einer mittelalterlichen bzw. frühneuzeitlichen Stadt. Eine Gemeindevertretung oder ein unabhängiges Stadtgericht existierte nicht. Auch gab es in der bergtechnischen Entwicklung deutliche Unterschiede zwischen dem Erzgebirge und Tirol. Mit Hilfe der finanziellen Unterstützung der Landesherren gelangten im Erzgebirge im 16. Jahrhundert neue und effektive Wasserkünste zur Anwendung. Die Aufsicht des Territorialstaates über das Montan- und Münzwesen wurde verstärkt, wobei die Annaberger Bergordnung von 1509 eine breite Entfaltung des Direktionsprinzips ermöglichte. Bis 1542 entstand eine moderne Bergbauverwaltung, die auf Bergämtern mit einem entsprechenden Apparat und Funktionsrechten aufbaute. Durch die Durchsetzung des Direktionssystems konnten im Erzgebirge technische Probleme effektiver und schneller gelöst werden als in Schwaz. Die Rückständigkeit des Tiroler Bergbaus war auf Finanzprobleme der Großgewerken, aber auch auf das Zögern des Bergamtes zurückzuführen, geeignete Maßnahmen zur Hebung der Grubenwasser zu ergreifen und damit die Fortsetzung des Tiefbaus zu ermöglichen.

Michael Fessner (Bochum) stellte zum Thema „Bergbau und Merkantilismus" exemplarisch die Entwicklung des Steinkohlenbergbaus in der Grafschaft Mark vom 17. bis zur Mitte des 18. Jahrhundert vor. Die bisherige Forschung, so Fessner, hat den Einfluss merkantilistischer Bestrebungen der Bergbehörden auf die Entwicklung des märkischen Bergbaus erheblich überschätzt. Dagegen verdiene die unternehmerische Aktivität der Gewerken sowie deren selbstbewusste und unabhängige Haltung gegenüber dem brandenburgisch-preußischen Staat stärkere Beachtung. Der brandenburgische Staat versuchte seit der Mitte des 17. Jahrhunderts durch den Aufbau einer Bergverwaltung und die Verdrängung der privaten Gewerken aus den unternehmerischen Entscheidungen den märkischen Bergbau aktiv zu fördern und auszubauen. Dies erzeugte Spannungen zwischen den Bergwerksbesitzern und Grundeigentümern auf der einen und dem Staat und den Bergbehörden auf der anderen Seite. Die märkischen Bergbautreibenden leisteten Widerstand gegen die Beschneidung ihrer unternehmerischen Freiheiten. Einflussreiche adelige Grundbesitzer verweigerten zudem eine Nutzung ihres Grund und Bodens nach den bergrechtlichen Bestimmungen der Bergbaufreiheit. Personalmangel hinderte die Bergverwaltung daran, neben den rein administrativen Aufgaben auch die Leitung der märkischen Gruben zu übernehmen oder die Zehnterhebung effektiv zu gestalten. 1661/62 verzichtete der brandenburgische Staat auf die Leitung der Zechen durch einen Bergmeister und beschränkte sich auf den Einzug des Zehnts, so dass die Gewerken die unternehmerischen Freiheiten erfolgreich verteidigten. Mit der Verwaltungsreform unter Friedrich Wilhelm I begann eine „neue administrative Phase des Absolutismus". Der König schränkte die Funktionsbereiche der Landesregierung erheblich ein. 1737 wurde die auf den Steinkohlenbergbau zugeschnittene revidierte Bergordnung für die Grafschaft Mark verabschiedet und 1738 das Märkische Bergamt zu Bochum errichtet, das allerdings zunächst mit nur sechs Beamten deutlich unterbesetzt war und den Erwartungen des brandenburgischen Staates nicht gerecht werden konnte. Insgesamt, resümierte Fessner, gelang die Umsetzung der staatlichen Leitung und Aufsicht über die märkischen Gruben nur unvollständig, wenn sie nicht zeitweise sogar nur auf dem Papier bestand.

Die Beiträge zum zweiten Band

Der zweite Band des Handbuchs behandelt die Bergbaugeschichte zwischen der Mitte des 18. und der Mitte des 19. Jahrhunderts und wird von Wolfhard Weber herausgegeben. *Jakob Vogel* (Köln) beschäftigte sich in seinem Vortrag mit der Frage, ob es vor 1871 *einen deutschen Bergbau* gab. Im Rahmen der Bergrechtsreform zwischen 1851 und 1865 war zwar ständig von *dem deutschen Bergbau* die Rede, ob dies aber die soziale und wirtschaftliche Realität zwischen 1750 und 1865 angemessen beschreibe, bedürfe, so Vogel, der Überprüfung. Die Rede vom deutschen Bergbau habe sich vor allem in den Kreisen der Bergbeamtenschaft im ausgehenden 18. Jahrhundert als zeitgenössischer Mythos entwickelt und in Folge der napoleonischen Kriege an Bedeutung gewonnen. Der Begriff war vor allem in der bergrechtlichen Literatur präsent, wie auch die Bergbeamten sich insbesondere während der Franzosenzeit betont „national" gebärdeten. In Kontrast zur Rede vom deutschen Bergbau betonte Vogel die Zersplitterung der sozialen, rechtlichen und technologischen Realitäten des Bergbaus in den deutschen Ländern. Zwar habe sich im ausgehenden 18. Jahrhundert ein staatlich-fiskalischer Bergbau immer deutlicher durchgesetzt, eine Einheit des deutschen Bergbaus habe sich aber nicht hergestellt. Vogel plädierte dafür, den Blick nicht nur mikroperspektivisch auf die einzelnen Bergreviere zu richten, sondern eine Geschichte der Zirkulation, des Wissenstransfers und der territorialen Verschiebung zu schreiben, da gerade diese Elemente zu einer stärkeren Vereinheitlichung beigetragen hätten. So könne trotz regionaler Unterschiede in der Praxis im Sinne einer Entstehung und Verbreitung eines spezifischen Sozialmodells von einem deutschen Bergbau gesprochen werden, selbst wenn dieses im 18. Jahrhundert noch keinen Bestand hatte.

Angelika Westermann (Kiel) widmete sich der identitätsbildenden bzw. -festigenden Funktion der Montankultur, also der Frage, ob materielle wie geistige Montankultur einen Beitrag zur Schaffung, Stärkung und Erhaltung individueller wie gruppenspezifischer Identitäten leistet. Westermann stellte die These auf, dass die Mobilität von Mensch und Kapital in der Montanwirtschaft Identitätsprobleme generiert habe. Methodisch stützte sie sich auf den Kulturbegriff von Ernst Cassirer, der die Aspekte „Sprache", „Mythos", „Religion", „Kunst", „Wissenschaft" und „Geschichte" umfasst. In Anwendung von Cassirers Kulturbegriff auf die Montankultur machte sie am Beispiel des Sprachaspekts deutlich, dass in Berggemeinden den durch Zuwanderung entstehenden Kommunikationsproblemen mitunter durch die Entwicklung einer eigener Sprache begegnet worden sei, die die Möglichkeit zu gruppenspezifischer Identifikation eröffnet habe. Zudem verstärkten Mythen die Identitätsbildung. Legenden, Sagen, Gedichte, Lieder und Geschichten füllten in einer Zeit, in der Tradition vor allem durch das gesprochene Wort gepflegt wurde, einen breiten Raum. Bergleute nahmen diese Traditionsbestände als Teil ihrer persönlichen und berufsständischen Identität auf ihren Wanderungen in entlegene Bergbaureviere mit und leisteten damit einen Beitrag zum überregionalen Kulturtransfer. Resümierend hielt Westermann fest, dass Cassirers Kulturbegriff geeignet sei, Phänomene der Montankultur strukturell zu erfassen und systematisch darzustellen, und zudem synchrone wie diachrone Vergleichsmöglichkeiten eröffne.

Heiner Lück (Halle-Wittenberg) diskutierte die Funktionen des landesherrlichen Bergregals in der Frühen Neuzeit und griff dabei zunächst auf die rechtsgeschichtlichen Grundlagen seit der Constitutio de regalibus Friedrich Barbarossas von 1158 und der Übertragung der Bergregals an die Kurfürsten durch die Goldene Bulle von 1356 zurück. Zwar impliziere die Lehre von den Regalien, so Lück, bestimmte Linearvorstellungen, aber nicht selten seien sie, statt durch ausdrückliche Übertragung, auf dem Wege der Anmaßung in die Verfügungsgewalt diverser Herrschaftsträger gelangt. Lück ging im Weiteren auf die Anfänge der normativen Regelungen des Bergregals ein. Durch den Erlass von Bergordnungen wurde, wie das Beispiel von Annaberg im frühen 16. Jahrhundert zeigt, zunächst das örtliche Berggewohnheitsrecht in eine Schriftform gebracht, ohne dass damit entscheidende Neuregelungen verbunden waren. Das Bergrecht nahm Rücksicht auf die vorangegangenen Rechte und beschied sich zunächst immer wieder mit Übergangsbestimmungen. Erst der bergbauliche Wandel durch das Fortschreiten montanwissenschaftlicher Kenntnisse und die Einführung innovativer Technologien machte staatliche Neuregelungen erforderlich. Für die Frühe Neuzeit hob Lück die Exklusivitätsfunktion des Bergregals hervor, das seit dem Spätmittelalter unangefochten von den Landesherren ausgeübt wurde. Regalien besaßen darüber hinaus immer eine Legitimationsfunktion für herrschaftliches Handeln. Weiter hatten Regalien wirtschaftliche und fiskalische Funktionen, indem sie finanziellen Nutzen abwarfen. In ihrer Vorbehaltsfunktion dienten Regalien dazu, ihrem Inhaber die Priorität gegenüber etwa entgegenstehenden Rechten von Privateigentümern zu sichern. Als eine letzte Funktion des Bergregals identifizierte Lück die Intensivierung von Herrschaft. Insgesamt bildete das Bergregal den Kern frühneuzeitlicher Bergordnungen und diente den Landesherren dazu, ihre territorialen Herrschaftsgebilde zu Territorialstaaten auszubauen. Bergrecht müsse deshalb immer auch als Bestandteil der allgemeinen territorialen und landesherrlichen Rechte betrachtet werden.

Wolfhard Weber (Bochum) behandelte den Strukturverbund von Wissenschaft und Technik im Bergbau zwischen 1750 und 1850. Anhand diverser Beispiele, wie der 1765 gegründeten Bergakademie zu Freiberg, der Societät für Bergbaukunde und der 1770 gegründeten Berliner Bergakademie, diskutierte er die Versuche, Plattformen des wissenschaftlichen Austausches für Experten und Ausbildungsstätten für wissenschaftlich gebildete Berg- und Hüttenbeamte zu etablieren. In der unter maßgeblicher Mitwirkung von Friedrich Anton von Heynitz gegründeten Freiberger Bergakademie wurden die Studierenden in Mathematik, Mechanik, Metallhüttenkunde, Bergbaukunde, Physik, Chemie, Maschinenkunde und Baukunde unterrichtet. Die Bergakademie entwickelte frühzeitig Anziehungskraft auf ganz Europa und trug auch zur wissenschaftlichen Entfaltung der Mineralogie und Geologie bei. Weiter ging Weber dem Verhältnis von wissenschaftlicher und technischer Entwicklung bei der Nutzung und dem Abbau von Salz und Steinkohle nach. Eine wichtige Rolle hierfür spielten seit der Mitte des 18. Jahrhunderts der Austausch von Experten zwischen den Landesherrschaften und die Publikation des Expertenwissens. Zudem setzte ein Wandel der wirtschaftlichen Strukturen ein, dem Veränderungen im administrativen Bereich folgten. Der Ausbau der Transportwege, die Verbesserung der Transportmittel und neue Anwendungsgebiete insbesondere bei der Verhüttung von Roheisen schufen für die Steinkohle größere Absatzmöglichkeiten. Auf technischem Gebiet vollzog sich seit den späten 1830er Jahren der Übergang vom Stollen- zum Tiefbau unter dem wasserführenden Mergel. Die preußische Bergadministration übte in diesem Wandlungsprozess eine hemmende Wirkung aus, weil sie sich vornehmlich an der Sicherung der Rendite für die Kuxinhaber der bestehenden Gruben statt an einer Ausdehnung der Förderkapazitäten orientierte. Anders als das Handwerk und die Fabriken entzog sich der preußische Bergbau bis 1851 der Liberalisierung zugunsten des Aufbaus einer wissenschaftlich gebildeten Beamtenschaft (Bergassessoren), die noch lange einflussreich bleiben sollte.

In dem einzigen Vortrag des Workshops, der in keinem direkten Zusammenhang mit den geplanten Handbuchartikeln stand, schilderte *Nadège Sougy* (Neuchâtel) die Entwicklung des französischen Steinkohlenbergbaus in der ersten Hälfte des 19. Jahrhunderts. Sie präsentierte einige sehr interessante Daguerreotypien, die zu den frühesten Abbildungen des französischen Bergbaus überhaupt gehören, und diskutierte die bergbaulichen Entwicklungslinien vor dem Hintergrund der wirtschaftlichen und technischen Entwicklung. Dabei wurden erstaunliche Wachstumsraten der bergbaulichen Produktion deutlich, so auf den Steinkohlenzechen in Pas de Calais zwischen 1850 und 1859 von 890 Prozent sowie zwischen 1860 und 1868 von 448 Prozent. Hinsichtlich des technischen Wandels erläuterte Sougy die Entwicklung von Kohlenwäschen und Klassifizierungssystemen für die Kohle.

Der Workshop dokumentierte den guten Fortschritt der Arbeiten zu den ersten beiden Bänden des Handbuches. Ein Workshop zu den Bänden 3 und 4, die sich mit der Bergbaugeschichte des 19. und 20. Jahrhunderts befassen, wird im Februar 2010 in Bochum stattfinden.

Benjamin Legrand

Ein notwendiger konzeptioneller Mix:
Der Nutzen sozialwissenschaftlicher Ansätze und Konzepte für die historische Forschung über soziale Bewegungen

Bericht über die Tagung: Theoretische Ansätze und Konzepte der Forschung über soziale Bewegungen in den Geschichtswissenschaften, 2.–4. April 2009, Bochum

Keine feste Organisation, aber mehr als ein reines Protestereignis. Nicht nur Ausdruck gesellschaftlichen Wandels, sondern gleichzeitig auch dessen Motor: Versuche einheitlicher Definitionsversuche von sozialen Bewegungen stoßen immer wieder an historiografische Grenzen, keine gefundene sozialwissenschaftliche Definition, die nicht von einem historischen Exempel zumindest in Frage gestellt würde. So schwer soziale Bewegungen zu definieren sind, so schwer ist es auch, ihre Erforschung einheitlich zu operationalisieren. In den letzten Jahrzehnten hat die Bewegungsforschung den Blick immer mehr geweitet, um die Diskrepanz zwischen Ereignis und der Berichterstattung darüber zu verringern. Hier näherte sich die Bewegungsforschung an die Geschichtswissenschaft mit ihrem inhärenten Quellenproblem an.[1]

Ein Spannungsfeld zwischen theoretischem Zugang und empirischer Überprüfung, in dem sich auch die von der Fritz Thyssen Stiftung unterstützte Tagung „Theoretische Ansätze und Konzepte der Forschung über soziale Bewegungen in den Geschichtswissenschaften" bewegte. Vom 2. bis zum 4. April 2009 versuchte sie im Institut für soziale Bewegungen den Brückenschlag zwischen den Disziplinen. Ziel war es, die historische Forschung auf ein stärker theoretisches Fundament zu stellen, um im Umkehrschluss die histiografischen Erkenntnisse auch für die sozialwissenschaftliche Forschung anschlussfähig zu machen.

Zwischen den teilhabenden Disziplinen waren in den letzten Jahren gegenseitige Berührungsängste bemerkbar gewesen, obwohl zahlreiche Publikationen für eine einsetzende Institutionalisierung, ja sogar für einen Boom der Erforschung sozialer, politischer und religiöser Bewegungen sprachen. Auf der einen Seite steht jedoch eine sozialwissenschaftlich ausgerichtete, theorielastige, unhistorische Bewegungsforschung. Auf der anderen Seite ein geschichtswissenschaftlicher Zweig, der weniger auf Theorien basiert als von gegebenen Quellen abhängig ist.

Die Notwendigkeit dieses Brückenschlags betonte *Helke Stadtland* (Bochum), die zusammen mit *Jürgen Mittag* (Bochum) die Konferenz organisiert hatte, in ihrer Einführung. Gerade der heute erlebbare Wandel der Definition von politischem Engagement mache

---

[1] Beispielhaft Dieter Rucht/Simone Teune (Hg.): Nur Clowns und Chaoten? Die G8-Proteste in Heiligendamm im Spiegel der Massenmedien, Frankfurt am Main 2008.

deutlich, wie sich Aktionsformen veränderten. Ein Bewusstsein für diesen Wandel habe Einfluss sowohl auf Bewegungen als auch auf deren Erforschung. Stadtland führte in die zu diskutierenden Theoreme ein und mahnte eine kritische Betrachtung der Historisierung der Bewegungen angesichts der Wechselwirkungen von wissenschaftlichen Konzepten und den Selbstbildern der Bewegungen an. Einfluss auf diese Interdependenz hätten auch Definitionen. Stadtland verwies auf die Bewegungsdefinitionen von Joachim Raschke und Dieter Rucht: Bewegungen sicherten ihre Existenz demnach nicht über Institutionen, sondern über Mobilisierung, sie seien kollektiv und aktiv, dauerten wenigstens einige Jahre, wiesen eine kollektive Identität auf und zielten auf die gesamte Gesellschaft.[2]

Drei von Stadtland angestoßene Grundfragen zogen sich dann durch die anschließenden Diskussionen: Welchen Nutzen können Historiker aus sozialwissenschaftlichen Ansätzen ziehen? Welche Definition von Bewegung trägt sowohl über zeitliche als auch räumliche Grenzen, ohne dabei an praktisch-nutzbarer Schärfe zu verlieren? Welchen Einfluss hat die Historisierung der Bewegungsforschung auf die Forschung selber? Abschließende Antworten – das vorweg – konnten nicht gefunden werden. Vielmehr wurde die Vielfalt des Theorien-Sets der Sozialwissenschaften an Einzelbeispielen erprobt und diskutiert. Damit erfüllte die Tagung ihr Ziel, die Grundlage für einen weiteren Diskurs zu schaffen.

Stärken und Schwächen der Geschichtswissenschaft seien das Spiegelbild der Stärken und Schwächen der Soziologie, erläuterte *Dieter Rucht* (Berlin) in seiner Bestandsaufnahme der Bewegungsforschung zu Tagungsbeginn. Sozialwissenschaftler neigten zum theoretisieren ohne empirische Kontrolle, Historiker hätten sich Bewegungen nur zugewendet, wenn diese historisch wirkungsmächtig geworden seien. Auffallend sei in der historischen Literatur, dass der Begriff soziale Bewegungen alltagssprachlich und nicht theoretisch fundiert verwendet werde. Defizite der Bewegungsforschung seien eine Konzentration auf Fallanalysen sowie das Ausbleiben von Wirkungsanalysen und Weiterentwicklungen der Theorien. Komplexe Selbstdeutungen und Binnenkommunikation würden in der Bewegungsforschung oft übersehen. Verzerrt werde die Wahrnehmung zudem durch die kommunizierte Selbstsicht der sozialen Bewegungen, die das Publikum suchten, um Zugang zu Entscheidungsträgern zu erhalten. In einer Auswertung von Zeitungen stellte Rucht ein Abnehmen von Berichten über soziale Bewegungen seit den 1990er Jahren fest. Die meistbehandelten Themen der Bewegungsforschung seit 1970 seien Protest, Arbeiter und Gewalt.

---

2 Dieter Rucht (Hg.): Protest in der Bundesrepublik. Strukturen und Entwicklungen, Frankfurt, New York 2001; Dieter Rucht/Roland Roth (Hg.): Die Sozialen Bewegungen in Deutschland seit 1945. Ein Handbuch, Frankfurt am Main/New York 2008.

Der Einfluss äußerer Rahmenbedingungen

Schon in der ersten Sektion, die sich mit dem Einfluss äußerer Rahmenbedingungen auf soziale Bewegungen auseinandersetzte, wurde deutlich, dass einzelne Ansätze ergänzt werden müssten. Beide hier diskutierten Analysekonzepte Structural Strains und Politische Gelegenheitsstrukturen seien trotz plausibler Erklärungen erweiterungsbedürftig, so die Referenten.

Die Verwendung des Begriffs „soziale Bewegung" für das 19. Jahrhundert vor 1871 in Deutschland hinterfragte *Christian Jansen* (Berlin). Angesichts staatlicher Repression und territorialer Zersplittertheit sowie einer kleinen Öffentlichkeit, sprächen viele Argumente dafür, den Begriff soziale Bewegung nicht auf das 18. und 19. Jahrhundert zu übertragen. Eine Ausnahme davon fand Jansen in der liberal-bürgerlichen-nationalistischen Bewegung, die aufgrund spezifischer Formen der Institutionalisierung sowie Unterstützung von einzelnen Herrschenden dauerhaft Wirkung erzielen konnte. Auch religiöse Bewegungen und Unterschichtenproteste würden sozialwissenschaftliche Kriterien erfüllen, und eine weiter Untersuchung als Bewegung lohnen.

Bei ihrem Vergleich der Umweltbewegungen in Ost- und Westberlin befand *Astrid Kirchhoff* (Berlin), dass die ostdeutschen Gruppen nach den Kriterien Mobilisierungskraft und Reichweite nicht als neue soziale Bewegung zu bewerten seien. Die Verknüpfung des Structural Strains-Ansatzes mit dem Ansatz der Politischen Gelegenheitsstrukturen ergab dennoch, dass West- und Ostberliner Gruppen sehr ähnliche Themen und Sozialstrukturen gehabt hätten. Gerade mit dem Ansatz politischer Gelegenheitsstrukturen sei es möglich, Vergleiche offener und geschlossener Gesellschaften anzustellen und damit zu erklären, warum sich Strömungen zu bestimmten Zeitpunkten zu Bewegungen entwickelten.

Grenzen der Erklärungskraft dieses Ansatzes entdeckte *Till Kössler* (München) bei seiner Analyse des spanischen Faschismus. Soziale Mikrodynamiken könnten mit dem Konzept kaum eingefangen werden. So seien für die Ausbreitung des Faschismus im ländlichen Raum soziale Netzwerke wichtiger gewesen als der Antimarxismus, der auf der Makroebene eine größere Rolle gespielt habe. Auch die an den neuen sozialen Bewegungen entwickelten normativen Grundannahmen des Konzeptes seien schwer zu übertragen. Dennoch, so Kössler, könnte die Erforschung der Ideologie- und Organisationsgeschichte des Falangismus durch den Einfluss der „politischen Umweltfaktoren" sinnvoll erweitert werden.

Ansätze zur Selbstgenerierung von sozialen Bewegungen

In der zweiten Sektion wurden Ansätze zur diskursiven Selbstgenierung von Bewegungen wie Systemtheorie oder Framing behandelt. Letzteres untersucht Faktoren, die dazu führen, dass ein Protestthema mobilisieren kann. Im Panel nahmen *Janosch Steuwer* (Bochum) und *Michael Werner* (Münster) dabei gegensätzliche Positionen ein. Steuwer hielt Framing, das kommunizierte Themen in den Mittelpunkt stellt, für besonders fruchtbar, weil es diffuse Weltsichten der Akteure sichtbar mache. Anhand des Brandanschlags auf ein Asylbewerberheim in Hünxe 1991 untersuchte er fremdenfeindliche Akteure. Erst die mediale Aufmerksamkeit für rechtsextreme Straftaten habe die Rahmenbedingung für den Anschlag geschaffen. Im Sinne der Ansatz-Ausdifferenzierung des Motivational Framings habe erst die mediale Aufmerksamkeit eine Erfolgsaussicht des Protestes suggeriert, der zu weiteren Taten motiviert hätte. Werner dagegen hielt den Ansatz für unhandlich, wenn die zu untersuchende Bewegungslandschaft zu heterogen und zu dynamisch sei. Werner betrachtete die Friedensbewegung in der jungen Bundesrepublik und definierte fünf verschiedene Strömungen der „Ohne mich"-Bewegung auseinander, die jeweils in unterschiedlichen Zeitphasen jeweils andere Problemkonstellationen aufwiesen. Um diese Dynamik erfassen zu können, so Werner, hätte das Framing für jede Strömung in jeder Phase durchgeführt werden müssen.

Systemtheoretische Ansätze machte *Anja Kruke* (Bonn) für ihre Untersuchung der Arbeiterbewegung des 19. Jahrhundert für die Geschichtswissenschaft fruchtbar. Protest, der als spezifische Kommunikation zu verstehen sei, siedelte sie in der Peripherie des politischen Systems an, von der sich soziale Bewegungen in die Mitte der Gesellschaft bewegen würden. Die Differenz zwischen Binnen- und Außenkommunikation werde, so Kruke, mit dem systemtheoretischen Ansatz deutlicher als beim Framing-Ansatz. Da der luhmannsche Ansatz jedoch auf ein demokratisches System verweise, reiche er bei einer Anwendung in nichtdemokratischen Systemen wie bei der Untersuchung sozialer Bewegungen in Osteuropa des Kalten Krieges nicht aus.

Kollektive Identität und soziale Struktur

Klassisch ist das Konzept der kollektiven Identität, das die Differenz zwischen den vorgegebenen soziale Strukturen und dem solidarischem Handeln zur Überwindung dieser Strukturen ausleuchtet. Nach welchen Aktionsmustern dieser Prozess stattfindet, untersuchte *Frank Wolff* (Köln) in der dritten Sektion anhand der jüdischen Bundisten. Diese Gruppierung, verstreut über den gesamten Erdball, differenzierte sich je nach Standort und Konfliktlage unterschiedlich aus: Waren die Bundisten in Polen eine Partei, betrieben sie in Argentinien Gewerkschaftsarbeit. Wie diese Differenzierung innerhalb des internationalen Netzwerkes wieder auf eine lokale Basis zurückwirkte, beschrieb Wolff anhand der Bundisten in New York zwischen 1917–1945.

Marcus Merkel (Berlin) beschäftigte sich mit den Ruhrfestspielen in Recklinghausen, die vom DGB seit 1946 veranstaltet werden. Merkel beleuchtete den Gründungsmythos –Theater gegen Kohle im Nachkriegswinter – und fragte, ob mit den Festspielen versucht werde, Identitätsangebote für Arbeiter zu vermitteln. Sein Ergebnis: Zwar zielten die Ruhrfestspiele auf ein gewerkschaftlich organisiertes, städtisches Publikum, nicht jedoch auf Arbeiter.

Anhand der bundesdeutschen so genannten Lehrlingsbewegung fragte *Knud Andresen* (Hamburg), inwieweit die Organisation der Lehrlinge 1968–1973 als Bewegung im Sinne der Forschung verstanden werden könne. Dass die Aktionen der Lehrlinge gute Chancen gehabt hätten, sich zu einer Bewegung zu entwickeln, konnte Andresen mit dem Konzept der „Politischen Gelegenheitsstrukturen" erklären. Warum die Lehrlingsbewegung aber über eine Konstituierungsphase nicht hinaus kam, begründete Andresen anhand des Konzeptes der Kollektiven Identität, mit dem er die innere Dynamik und Mobilisierungschancen aufzuzeigen versucht. Die kurze Dauer der Lehrzeit habe angesichts konkurrierender Identitätsangebote die Etablierung eine gefestigte Identität verhindert.

Ressourcen und Ressourcenmobilisierung

Ihre Überschrift „Ressourcen und Ressourcenmobilisierung" füllte die vierte Sektion mit der Ausdeutung medialer Ressourcen und deren Mobilisierung durch soziale Bewegungen. Dabei wurden die Inszenierung und die Wiedergabe in den Medien zum einen als reflexive Ressource verstanden, die eine Bewegung erst forme, zum anderen als Mobilisierungsressource, die nach außen sowohl in die Öffentlichkeit als auch zu anderen gleichgerichteten Bewegungen wirke. Medien spielten, so der Tenor, die Schlüsselrolle, um soziale Bewegungen anzuheizen, abzukühlen oder laufen zu lassen.

Anhand der Anti-Atom-Bewegung in den 1970er und 1980er Jahren beschrieb *Frank Bösch* (Gießen) Interdependenzen zwischen lokalen Gruppen, Medien und der Entwicklung einer sozialen Bewegung. Die Anti-AKW-Bewegung war dabei immer an Orte gebunden, an denen sich der Protest bündelte. Erst die Medien, so Bösch, erschufen aus den vielen lokalen Protesten ein gemeinsames Bewusstsein und stärkten wiederum die Vernetzung der lokalen Gruppen durch Berichte über Proteste. Eingebettet in das Oberthema hätten sich einzelne Gruppen lokal engagiert, aber erst durch die Berichterstattung hätten sie sich gegenseitig beobachten können. Bösch führt so, der Globalisierungsforschung folgend, die Ebene des Glokalen in die Debatte ein. Neben dem Einfluss auf die Konstituierung einer sozialen Bewegung haben Medien für Bösch aber auch eine große Bedeutung auf die Mobilisierungs- und damit Lebensfähigkeit von sozialen Bewegungen. Medienereignisse erschafften Gelegenheitsoptionen, die Bewegungen wiederum nutzen können. Kommunikationsfähigkeit würde so zu einer Ressource, schließlich verhielten sich Akteure und Zuschauer angesichts der Medien anders als ohne. Angesichts dieser Interdependenzen, stellte Bösch die These auf: Proteste gibt es viele, aber nur bestimmten werden dank der Aufmerksamkeit der Medien zu einer sozialen Bewegung.

Medien waren auch eine Ressource für Hausbesetzer, die *Baptiste Colin* (Paris/Bielefeld) in Paris und West-Berlin zwischen 1945 und 2008 untersuchte. Die Nutzung der Medien war dabei an die heterogene Hausbesetzerszene selbst gerichtet. Dass Colin diese Phänomene als Bewegung definierte, begründete er mit der gemeinsamen Anwendung der Protestform Hausbesetzung. Dieses zwischen friedlichem und gewaltbereitem Protest chargierende Mittel wäre die eigentliche Ressource dieser Bewegung gewesen.

Über Grundfragen von Organisation von sozialen Bewegungen sprach *Ilse Lenz* (Bochum), die drei Organisations-Idealtypen herausarbeitete, die sich vermischen würden: Machtorganisationen, denen es um Machtakkumulation gehe, Mobilisierungsorganisationen, die Massen mobilisieren könnten, sowie Wissens- und Kommunikationsorganisationen, die epistemische Netzwerke darstellten.

Institutionalisierung als Schlusspunkt

Welcher Grad an Institutionalisierung sozialen Bewegungen zugestanden wird, ohne dass sie den Charakter einer Bewegung verlieren, war Diskussionsthema der fünften Sektion. Allgemein wird als Ende einer Bewegung das Aufgehen in institutionelle Rahmen gedeutet, umstritten ist dagegen die Interpretation des Prozesses dorthin. *Alexander Schwitanski* (Bochum) forderte die Auseinandersetzung mit diesem Prozess, da dieser Rückwirkungen auf das Funktionieren von Bewegungen habe. Eine Analyse dieser Rückwirkung helfe somit zum Verständnis der Bewegungsgeschichte. Schwitanski beschrieb die Entwicklung der deutschen Menschenrechtsbewegung in der Zwischenkriegszeit. Er erkannte, dass Institutionalisierungsprozesse Bewegungen veränderten, indem durch die Wandlung neue Ressourcen und Zielsetzungen entstünden.

Auf der Suche nach dem Ende einer sozialen Bewegung leuchtete *Laura Polexe* (Basel) mit ihrem Beitrag zeitliche und räumliche Dimensionen von Netzwerken aus. Polexe hatte dazu die Kommunikation osteuropäischer Sozialdemokraten zwischen 1890 und 1917 untersucht. Deren Netzwerke seien durch den Raum geprägt worden, sei es als Exil, sei es als virtueller Raum in Briefen und Zeitungen. Gleichzeitig veränderten sich diese Netzwerke mit der Zeit durch die Veränderung der Kommunikation. Die kleine Gruppe, die sich persönlich kannte, wuchs zu einem globalen Netzwerk, das durch Ideologie zusammengehalten wurde.

Je familiärer die Bindung in einem Netzwerk war, so eine Erkenntnis Polexes, desto zerstörerischer war die Sprache anschließend bei einem Zerwürfnis.

Zeit- und Raum in der Theoriebildung

Raumbezüge – geografische wie sozialräumliche – prägten die Sektion VI, in der die Definition und Abgrenzung von Generation im Mittelpunkt stand. Biografien- und Historische Forschung verband *Ulrike Lahn* (Bremen), die zwölf Frauen der Frauenbewegung mit dem Ziel interviewte, die Bewegungsbiografie zu analysieren. Anhand des Einflusses von Gewalt- und Diskriminierungserfahrungen stellte Lahn einen Unterschied zwischen den um 1940 und den später geborenen Jahrgängen fest. In ihrem Theorien- und Methodenmix verband sie Bourdieus Habitustheorie mit strukturanalytischen Ansätzen.

Die Prägung durch entscheidende Erfahrungen als Generationenmerkmal vertrat auch *Anneke Ribberink* (Amsterdam), die die so genannte „schweigende Generation" und die zweite Welle der Frauenbewegung in den Niederlanden untersuchte.

Wenn das Ziel der Konferenz ein Brückenschlag zwischen der sozialwissenschaftlichen und der historischen Bewegungsforschung im Sinne eines nivellierenden Zusammenschlusses gewesen sein soll, dann wird man zugeben müssen: dieses Ziel wurde nicht erreicht. Bestehende Differenzen zwischen den Fachgebieten wurden in Bochum keinesfalls negiert. Ganz im Gegenteil, eher wurden sie sogar deutlich herausgearbeitet. Um in der Sprache der Brückenbauer zu bleiben: Die jeweiligen Brückenköpfe beider Fachrichtungen wurden gefestigt, aber gerade dadurch konnte die Stützweite zwischen den Fachrichtungen deutlich verringert werden. Die Konferenz trug dazu bei, dass Historiker und Sozialwissenschaftler in Sichtweite zueinander arbeiten.

Dies wurde in der Abschlussdiskussion wie auch in den vorhergehenden Debatten der einzelnen Sektionen über den Nutzen sozialwissenschaftlicher Ansätze für die Geschichtswissenschaft deutlich. Einigkeit herrschte einerseits darüber, dass eine theoretische Herangehensweise für die immer öfter eingenommene vergleichende Perspektive in der Geschichtswissenschaft unerlässlich sei. Gleichzeitig kristallisierte sich der Konsens heraus, dass die Chancen dieser Ansätze für die Geschichtswissenschaft nicht von den Problemen der Ansätze zu trennen seien. Einzelne Theorien seien unzureichend für die Geschichtswissenschaft, betonte so zum Beispiel *Till Kössler*, der sich für seinen Beitrag als „Konsument im Geschäft der sozialwissenschaftlichen Ansätze" gefühlt hatte. *Thomas Welskopp* (Bielefeld) unterschied zwischen den Disziplinen: Die Soziologie neige dazu, sich an einer Art Theoriebildung zu orientieren, die sich an den Naturwissenschaften anlehne. Man versuche, Theorien schlank zu machen und einzelne, möglichst griffige Theorien zu isolieren. Historiker hätten andere Bedürfnisse an Theorien. Sie müssten nicht knapp und elegant sein, sondern sie müssten ermöglichen, mit Resten von Quellen zu arbeiten. Die Ansätze müssten rhetorische und narrative Mittel in die Hand geben. *Sven Reichhardt* (Konstanz) ergänzte, dass Historiker stärker an Zusammenhangserkenntnissen interessiert seien als Soziologen. Aus sozialwissenschaftlicher Warte übernahm Dieter Rucht die Gegenrede zu Welskopp: Es gebe viel mehr Schnittmengen zwischen den Disziplinen. Man könne sich nicht der Realität nähern, wenn man sich nur einen Fall anschaue. Dabei bediene man sich in Sprache eingebettete frühere Konstruktionen, in soweit sind Suchprozesse rudimentär in Theorien eingebettet. Dies nicht zu reflektieren, wäre naiv.

Diese Notwendigkeit zur Reflexion wurde von den Historikern dabei durchaus anerkannt. Theorien seien dringend notwendig, um Distanz zum Forschungsobjekt zu bewahren. Gleichzeitig wurde aber auch deutlich, dass Historiker sich in ihrer Selbstsicht im Theoriegebrauch stärker von den Sozialwissenschaftlern distanzierten. So räumte Christian Jansen zwar ein, dass Theorien mit ihrer Nüchternheit und Stränge notwendig seien. Sie seien „Gegengift" gegen ein zu hohes Maß an Identifikation. Doch für einen Historiker sei es wichtiger, Ansätze mit Quellen bestätigen oder widerlegen zu können. Auch *Klaus Tenfelde* (Bochum) mahnte zur Vorsicht, wenn durch Quellenprobleme Lücken existierten. Als konkretes Beispiel hierzu nannte Helke Stadtland die unterschiedliche Überlieferung von Strömungen innerhalb einer Bewegung. Würde der feste Kern der Bewegung Briefe oder Memoiren hinterlassen, fallen diese Quellen bei nicht so fest in die Bewegung eingebundenen Kreisen weg. Doch gerade diese Kreise seien besonders wichtig, um Veränderungen, den Erfolg aber auch das Scheitern sozialer Bewegung eruieren zu können. Ergänzend dazu fragte *Paul Nolte* (Berlin), ob es nicht sinnvoller wäre, über historische Konstellationen nachzudenken und dann erst zu schauen, welches Theorieangebot zu der historische Frage passt?

Unterschiedliche Einflussfaktoren und narrative Erfordernisse machten es unmöglich, sich zu stark in ein „Theoriekorsett" zu zwängen, so folglich der Tenor der Debatten. Nicht die Ansätze stünden im Vordergrund, sondern die Arbeit mit den Quellen. Auf der Tagung setzte sich folglich keiner der Ansätze als optimales Instrument durch. Aus geschichtswissenschaftlicher Sicht, so ein Ergebnis, sei ein Methodenmix nicht zu umgehen, ja er sei sogar notwendig.

Da die Erscheinungsformen sozialer Bewegungen sich nicht nur in ihrer jeweiligen Epoche unterschieden, sondern auch im Wandel der Zeit verschieden waren, stellte sich die Frage nach einer praktikablen Definition von sozialen Bewegungen. Die abstrakten Definitionen der Sozialwissenschaften blieben dabei unangetastet, historische Definitionsversuche stießen immer wieder an die Grenzen ihrer Erklärungskraft.

Die Debatte kreiste immer wieder um das Kriterium der Dauer der Bewegung. Die Dauerhaftigkeit sei zwischen der eines Protestes und der einer Partei anzusiedeln, so Sven Reichhardt ganz auf der Linie mit sozialwissenschaftlichen Definitionen, die Dieter Rucht dann selbst ergänzte und die qualitativen Merkmale im Gegensatz zu quantitativen betonte. Man müsse vom Phänomen ausgehen, nicht von der Wirkung der Bewegung. Auf die Qualität zielten auch Überlegungen, die Stoßrichtung der Bewegungen mit in die Definitionsdebatte einzubeziehen. Die Gesellschaft sei der Bezugspunkt der Bewegungen, so Rucht. Anja Kruke erklärte, dass sich Bewegungen vom Rand zur Mitte der Gesellschaft bewegten, wo sie dann scheitern oder sich bei Erfolg selbst überflüssig machen würden. Frank Bösch betonte, dass soziale Bewegungen sich nicht nur auf Politik bezögen, sondern auf die Öffentlichkeit, um eine öffentliche Norm zu verändern. Dass Öffentlichkeit kontrovers sei, mahnte Jürgen Mittag an. Medien, Kommunikation und Öffentlichkeit müssten differenziert werden. Doch wie untersucht man Kommunikation und Öffentlichkeit, wenn man Medien seperiert? Wie bemisst man den Erfolg einer einzelnen Bewegung, wenn ihr Ziel in der Mitte einer Gesellschaft angekommen ist? Wie weißt man ihre öffentliche Bedeutung empirisch nach? Wie erforscht man den fluiden Bestandteil der Bewegung, wenn nur der harte Kern schriftliche Quellen hinterlassen hat? Das Quellenproblem verhinderte in der Debatte, dass eine auch für Historiker über Zeiten und Räume übergreifende Definition von sozialer Bewegung gefunden werden konnte.

Die auch in der aktuellen sozialwissenschaftlichen Literatur[3] gebräuchliche Unterscheidung zwischen alten und neuen sozialen Bewegungen wurde in den Debatten problematisiert und diskutiert, nicht jedoch verworfen. So sprach sich Klaus Tenfelde (Bochum) dafür aus, die Unterscheidung aufrecht zu erhalten: Alte Bewegungen seien nur ein Übergangsformat im kontinentaleuropäischen Raum gewesen, als es darum ging, gegen den Staat Rechte wie das Koalitions- oder Demonstrationsrecht einzufordern. Im Gegensatz dazu würden neue soziale Bewegungen in pluralistischen Gesellschaften agieren. Dass dieser Definitionsversuch wieder neue Probleme aufwerfe, demonstrierte Helke Stadtland (Bochum) mit dem Beispiel der zeitgleichen Umweltbewegungen in der Bundesrepublik und in der DDR.

Einigkeit herrschte darüber, dass die Geschichtswerdung von Bewegung die Bewegungsforschung fundamental beeinflusse. Zeitliche Differenz des Forschers zu seinem Objekt würde auch die inhaltliche wie biografische Nähe abmildern – eine Kritik an eine oft als

---

3 Vgl. Leonie Wagner (Hg.): Soziale Arbeit und Soziale Bewegungen, Wiesbaden 2009; Ilse Lenz: Die Neue Frauenbewegung in Deutschland. Abschied vom kleinen Unterschied. Eine Quellensammlung. Wiesbaden 2008.

distanzlos empfundene sozialwissenschaftliche Bewegungsforschung. Anknüpfend an die Debatte um eine Beibehaltung der Unterscheidung zwischen alten und neuen sozialen Bewegungen wollten einige Debattenteilnehmer den aktuellen Trend zur Erforschung der neuen sozialen Bewegungen nicht mit deren „neuen" Qualitäten begründen, sondern schlicht mit zeitbedingten Trends in der Geschichtswissenschaft, die sich nun einfach mehr mit der Nachkriegeszeit auseinander setzen würde. Mit zeitlichem Abstand würden soziale Bewegungen in größere Zusammenhänge eingeordnet.

Jürgen Mittag

„Labour History Beyond Borders?"
Chancen und Grenzen einer globalen Arbeitergeschichte
(Konferenzbericht über die 45. ITH-Konferenz, Linz 2009)

Im Zuge einer verstärkt international ausgerichteten Geschichtswissenschaft, die sich in den letzten Jahren – nicht zuletzt im Hinblick auf die Anzahl und Ausrichtung von Neuerscheinungen – zunehmend grenzüberschreitenden Wechselbeziehungen widmet, hat sich auch die „Internationale Tagung der HistorikerInnen der Arbeiter- und anderer sozialer Bewegungen" (ITH) in den vergangenen Jahren eingehender der Geschichte einer transnationalen Arbeiter- und Arbeiterbewegungsgeschichte zugewandt. An die Stelle der traditionellen Ost-West-Ausrichtung der ITH ist damit eine Neuorientierung getreten, die in zunehmendem Maße das Verhältnis zum globalen Süden und entsprechende Interaktionen untersucht. Die ITH-Jahrestagung 2009, die unter dem Titel „Grenzüberschreitende Arbeitergeschichte: Konzepte und Erkundungen" stand, bildete den Abschluss eines dreijährigen Konferenzzyklus, der sich der Aufgabe stellte, eine Bilanz der Erträge zur transnationalen Arbeiter- und Arbeiterbewegungsgeschichte der letzten Jahre zu ziehen. Zu diesem Zwecke sah das Tagungskonzept sowohl Überblicksbeiträge als auch Fallstudien vor, in denen die Frage aufgegriffen werden sollte, inwieweit Arbeitergeschichte jenseits von nationalstaatlichen Grenzen Wirkung entfaltet.

Eröffnet wurde die 45. Linzer Tagung mit der Verleihung des René Kuczynski-Preises an Marcel van der Linden, Forschungsdirektor des Internationalen Instituts für Sozialgeschichte und Professor für die Geschichte der sozialen Bewegungen an der Universität Amsterdam, für dessen Essay-Band „Workers of the World".[1] Mit der Vorstellung des Bandes verband sich gleichzeitig auch der konzeptionelle Rahmen der Konferenz, zählt Marcel van der Linden doch nicht nur zu den wichtigsten Exponenten einer „Global Labour History", sondern auch zu den Organisatoren der Tagung, die von seinem Ansatz wesentlich beeinflusst wurde. In seinem Eröffnungsvortrag skizzierte van der Linden dann auch einige grundlegende Linien seiner Sicht auf eine Global Labor History, die vor allem dadurch gekennzeichnet ist, dass sie sich von den Prämissen und Ausprägungen klassischer europäischer Arbeiter- und Arbeiterbewegungsgeschichte weitgehend verabschiedet. Nicht der in der Regel freie, männliche, weiße und sesshafte Arbeiter, der im organisierten Rahmen, zumeist in Gestalt von Partei und Gewerkschaft, für seine Interessen eintritt, steht bei van der Linden im Blickfeld, sondern vielmehr die in weiten Teilen der Welt dominierenden Varianten von freier und unfreier Arbeit, die weit weniger ge- und verregelt sind, sich stärker in „Ausbeutungsverhältnissen" widerspiegeln und infolgedessen auch stärkere Bezüge zu Themen wie Migration und Sklaverei aufweisen. Einen Hauptkritikpunkt bildet für van der Linden der „methodo-

---

[1] Vgl. Marcel van der Linden: Workers of the World: Essays toward a Global Labor History, Leiden 2008. Eine Rezension dieser Publikation wird im nächsten Mitteilungsblatt erscheinen.

logische Nationalismus", da sich seinem Ansatz zufolge Arbeit in den vergangenen Dekaden nicht mehr primär in nationalstaatlichen Bahnen abgespielt hat, sondern anders geartete räumliche und soziale Netzwerke, die nur bedingt durch nationalstaatliche Grenzen geprägt sind, an Relevanz gewonnen haben. Die Frage nach der Tragfähigkeit dieser – seitens der historischen Forschung mit großem Interesse aufgenommenen, zum Teil aber auch auf Widerspruch[2] gestoßenen – Überlegungen bildete damit gewissermaßen den analytischen Rahmen der Tagung.

Bestandsaufnahmen zur Geschichte der Arbeit und der Arbeiter

Die erste Sektion der Tagung diente dem Ziel, eine aktuelle Bestandsaufnahme des historiografischen Forschungsstands zur grenzüberschreitenden Arbeitergeschichte vorzunehmen, in der sowohl theoretische und methodologische Kernprobleme, als auch die empirischen Kenntnisse aus Sicht unterschiedlicher Weltregionen erörtert wurden. Besetzt war die Sektion prominent: Mit *Dick Geary* (Nottingham) eröffnete ein Neuzeithistoriker und ausgewiesener Experte der europäischen Arbeitergeschichte das Panel, der sich seit einigen Jahren zudem verstärkt dem Themenbereich Sklavengeschichte zugewendet hat. *Rana P. Behal* (Neu Dehli) arbeitet vor allem zur indischen Arbeitergeschichte und ist zugleich Gründungsmitglied der Association of Indian Labour Historians. Der ebenfalls für diese Sektion vorgesehene *Claudio Batahla* (Campinas), einer der führenden Experten zur lateinamerikanischen Arbeiterbewegung, hatte leider kurzfristig seine Teilnahme absagen müssen.

In seiner vergleichenden Betrachtung der westlichen Arbeiterbewegungen betonte Geary die gemeinsamen Entwicklungslinien und -schübe. Das Aufkommen eines Diskurses über Klassen setzte in den 1830er und 1840er Jahren in verschiedenen Staaten Europas relativ zeitgleich ein und war im Wesentlichen eine Folge der Industrialisierungsprozesse. Bemerkenswert ist Geary zufolge, dass es zunächst aber vor allem die Berufsgruppen der Schneider, Holzarbeiter und Schuhmacher waren, die im Mittelpunkt der Klassenbildung und entsprechender Diskurse standen – mithin eher radikale Handwerker als Industriearbeiter. Diese sektorale Differenzierung sei, so Geary, auch für eine künftige grenzüberschreitende Sicht auf die Arbeitergeschichte unabdingbar, wiesen die Arbeitsbedingungen von Hafenarbeitern in Liverpool, Hamburg und Philadelphia doch stärkere Gemeinsamkeiten auf als die Rahmenbedingungen von Industriearbeitern in einzelnen Nationalstaaten aus unterschiedlichen Sektoren. Infolgedessen verliefen die Formierungsprozesse von Klassen in den einzelnen Berufsgruppen höchst unterschiedlich, was wiederum ein divergentes Verhalten im Hinblick auf politische Positionen und Aktionen zur Folge hatte. Der Umstand, dass zudem unterschiedliche Lohnsysteme eingeführt wurden, die gezielt die Herausbildung einer stärkeren Solidarität zwischen white- und blue-collar-Arbeitern verhindern sollten, ist ein weiteres Merkmal der westeuropäischen Arbeitergeschichte. Innerhalb Europas, so Geary, haben

---

2   Vgl. etwa Thomas Welskopp: Marcel van der Linden (Hg.): The End of Labour History?, Cambridge 1993, in: Vierteljahrschrift für Sozial- und Wirtschaftsgeschichte 85 (1998), S. 121–124 und ders.: Marcel van der Linden: Transnational Labour History. Explorations, Aldershot 2003, in: sehepunkte 4 (2004).

schließlich auch die unterschiedlichen Modernisierungspfade verschiedenartige wirtschaftliche Strukturen hervorgebracht, die wiederum auch Auswirkungen auf die Entwicklung von Arbeit und Arbeitern hatte und dazu geführt haben, dass es auch für die Geschichtsschreibung bis heute schwierig sei, einen gemeinsamen Begriff von Arbeit zu finden. Stärker noch als die innereuropäischen Differenzierungen sieht Geary aber die Unterschiede zwischen Europa und dem von ihm als Beispiel für Lateinamerika herangezogenen Brasilien, dominierte hier doch lange Zeit eine Differenzierung zwischen dem Emanzipationsstreben der Arbeiter gegenüber dem Kapitalismus und dem Kolonialismus. Nicht zuletzt vor dem Hintergrund dieser vielfältigen und -schichtigen Differenzierungsnotwendigkeiten begründete Geary in der sich anschließenden Diskussion die bislang nur begrenzt komparative und noch weniger transnational ausgerichtete Arbeitergeschichte. Erschwert werde diese Geary zufolge zudem auch durch die im Kern national strukturierten akademischen Forschergemeinschaften.

Mit Blick auf die Geschichtsschreibung über die Arbeiterbewegung in Indien betonte Rana P. Behal vergleichsweise ähnliche Rahmenbedingungen für die Anfangsjahre. Dominierte bis zum Ende des Kolonialismus eine eher autochton geprägte Geschichtsschreibung über Arbeit und Arbeiterbewegungen, kann man seit den 1960er und vor allem seit den 1970er Jahren von einer professionellen Historiografie zum Thema ausgehen, die zunächst stark in den Kategorien der westlichen Gedankenwelt verhaftet war, aber einige Sonderheiten aufwies: So spielte der Agrarsektor stets eine wichtigere Rolle als die proletarische Industriearbeiterschaft; zudem kamen der Religion und dem Kastenwesen zentrale Bedeutung zu, trug Letzteres doch zu einer hermetischen Abriegelung einzelner gesellschaftlicher Gruppen bei und stand damit traditionellen Klassenbildungsprozessen entgegen. Ungeachtet dessen wurde konzeptionell aber vor allem auf „westliche" Ansätze rekurriert. Während zunächst eine Auseinandersetzung mit Modernisierungsansätzen und dem Marxismus dominierte, setzte sich später eine Organisationsgeschichte durch, die Frauen kaum berücksichtigte und stark auf einzelne Unternehmen bezogen war. Erst mit der Gründung der „Association of Indian Labour Historians" (AILH) im Dezember 1996 erhielt die Forschung zur indischen Arbeiterbewegung neue Impulse. Es wurde, so Behal, die Notwendigkeit eines erweiterten Zugangs erkannt, der weniger auf die etablierte Industriearbeiterschaft, sondern stärker auf die auch von Marcel van der Linden angeführten Bereiche des informellen Arbeitssektors, der Handwerkerschaft und der Frauen- und Kinderarbeit zielt. Behal macht in diesem Zusammenhang einen Paradigmenwechsel in der Forschung zur indischen Arbeiter- und Arbeiterbewegungsgeschichte aus, der vor allem von jüngeren Historikern mit Interesse aufgegriffen wurde.

Das vorliegende Referat von Claudio Batahla dokumentierte, dass in Brasilien, ebenso wie in anderen lateinamerikanischen Staaten, die Geschichte der Arbeiter ebenfalls zuerst autochton durch Gewerkschaftsführer, aber auch durch Repräsentanten des Militärs betrieben wurde. Auch hier waren es in den 1960er Jahren dann vor allem Soziologen, die sich vor dem Hintergrund von Modernisierungstheorien der Arbeits- und Arbeitergeschichte zuwendeten, vor allem aber auf die vorliegenden (westlichen) Modelle rekurrierten. In den späten 1970er Jahren wurden dann auch stärker empirisch ausgerichtete Studien erarbeitet; mit der

Diskreditierung des Marxismus Ende der 1980er Jahre ebbte diese Welle allerdings ab. Erst seit Beginn des 21. Jahrhundert zeichnet sich ein neues Interesse an Arbeitergeschichte ab, die ähnlich wie im indischen Fall auch neue Themen und Zugänge sucht.

In der regen Diskussion dieser Sektion war man sich zwar einig, dass die Bedeutung des informellen Arbeitssektors deutlich zugenommen habe, debattierte aber kontrovers über den Grad der Gemeinsamkeiten und Gegensätze. Während die einen vor allem mit den unterschiedlichen Ausprägungen von Arbeit und – damit verbunden – auch der Arbeiterschaft argumentierten, betonten andere die Bedeutung eines gemeinsamen Bewusstseins als Arbeiterschaft als verbindendes Glied. Dieser Sichtweise wurde wiederum entgegen gehalten, dass es im globalen Süden an Instanzen gefehlt habe und weiterhin fehle, die ein gemeinsames Bewusstsein überhaupt erst imaginieren. Zurückzuführen sei dies darauf, dass etwa in Indien 90 Prozent und in Indonesien 70 Prozent aller Arbeiter im informellen Sektor, außerhalb der Reichweite von Gewerkschaften tätig seien.

Die Textilindustrie als Fallbeispiel

Die zweite Sektion der Tagung stellte sich der Aufgabe, die vergleichsweise abstrakten Präsentationen und Diskussionen des ersten Panels am Beispiel der Textilindustrie an konkreten Beispielen kritisch zu hinterfragen. Explizit wurde von Marcel van der Linden die Frage aufgeworfen, ob sich an diesem Sektor konkrete, für mehr als eine Weltregion wirksame Problemmechanismen identifizieren und untersuchen lassen.

Zunächst zeigt *Andrea Komlosy* (Wien) aus wirtschaftsgeschichtlicher Perspektive die Bedeutung von so genannten Produktionsketten auf. Bereits zu Beginn des 19. Jahrhunderts, so Komlosy illustrativ, konnte ein fertiges Hemd zum Beispiel Landarbeit einer US-amerikanischen Baumwollplantage, Fabrikarbeit einer englischen Spinnerei sowie sächsische, anatolische oder indische Handwebarbeit in sich vereinen. Hinzu kam noch die vor Ort geleistete Näharbeit, die erst seit dem späten 19. Jahrhundert als Bekleidungsindustrie in überregionale Standortketten integriert wurde. Infolge der Herausbildung von überregionalen Systemen der Unternehmensorganisation konnten sich selbst kleinere Unternehmen, die für den Eigenbedarf und lokale Märkte produzierten, dieser Kette nicht entziehen. Sie wurden zunehmend in Zulieferbeziehungen mit Großhändlern und Verlegern einbezogen, die ihrerseits wiederum Produktion und Absatz überregional organisierten, um auf der Basis regionaler Unterschiede Gewinne zu erzielen. Komlosy zeigte, dass dieses grundlegende Muster zwar prinzipiell weltweite Geltung beanspruchen kann, dass aber dennoch im Detail erhebliche Unterschiede auszumachen sind, die auf die divergenten Entwicklungspfade einzelner Staaten und Regionen zurückzuführen sind und zudem eine Berücksichtigung der Textilindustrie im Kontext zu anderen Wirtschaftszweigen der Sachgüterproduktion erfordert.

Sven Beckert (Harvard), Professor für amerikanische Geschichte, ging in seinem sich anschließenden Vortrag noch stärker in die Tiefe, indem er die Arbeitsregime in der Baumwolle produzierenden Landwirtschaft untersuchte. Zentrale Bedeutung misst Beckert der Baumwollkrise im Zuge des amerikanischen Bürgerkriegs und dem Ende der Sklaverei nach Ende des Bürgerkriegs in den USA bei. Während bis 1865 die meiste Baumwolle, die auf den

Weltmärkten gehandelt wurde, von Sklaven produziert worden war, setzte in der Folge eine Experimentierphase der Pflanzer, Kolonialbürokraten und Baumwollkapitalisten ein, in der unterschiedliche Arbeitsregime erprobt wurden. Zudem gingen die Baumwollpflücker und -arbeiter zunehmend zur Subsistenzwirtschaft über, statt für den Export auf Feldern und in Fabriken zu arbeiten. Diese Entwicklung hatte zur Folge, dass eine Vielzahl unterschiedlicher Produktionsformen entstanden, aber auch – im Gegensatz zu den Zuckerrohrplantagen – eine wachsende Kommodifizierung der weltweiten Baumwollarbeit auszumachen ist.

Der dritte Beitrag dieser Sektion von *Elise van Nederveen Meerkerk* (Amsterdam) bezog neben der eigentlichen Entwicklung im Textilsektor auch erneut die Geschichtsschreibung zur Thematik ein. Van Nederveen Meerkerk betonte das starke Interesse, das die Produktion und Arbeit in der Textilindustrie in der wirtschafts- und sozialgeschichtlichen Forschung hervorgerufen hat. Es mangele aber unverändert sowohl an diachronen Studien als auch an synchronen Vergleichen unterschiedlicher territorialer Räume. Vor diesem Hintergrund hat das IISG in Amsterdam 2003 ein Projekt initiiert, das darauf abzielt, eine historische Analyse der Textilarbeiter in internationaler und längsschnittartiger Perspektive vorzunehmen. Rund 20 Wissenschaftler aus der ganzen Welt haben zu diesem Zweck auf Grundlage eines gemeinsamen Rasters zunächst überblicksartig nationale Geschichten der Textilarbeit verfasst, die den Zeitraum von 1650 bis 2000 umfassen. Die auf den nationalen Überblicken basierende Auswertung habe deutlich gemacht, so van Nederveen Meerkerk, dass die Reduzierung von Lohnkosten ein zentrales gemeinsames Merkmal von Veränderungen in der Textilindustrie sei, das gleichwohl in den einzelnen Regionen zu ganz unterschiedlichen Ergebnissen geführt habe – von der Mechanisierung über die verstärkte Beschäftigung von Frauen und Kindern bis hin zur räumlichen Verlagerung der Produktion. Seitens der Arbeiter sei auf diese Tendenzen mit Widerstand reagiert worden, am stärksten wohl in den 1920er und 30er Jahren, die auch in ökonomischer Hinsicht als eine Phase der Renationalisierung zu charakterisieren sind. Erhebliche Bedeutung komme vor diesem Hintergrund der weltweiten Migration zu, die auch in der Textilindustrie eine zentrale Rolle spiele.

In der Diskussion der Referate wurde der transitorische Charakter von Arbeit betont, der immer wieder neue Übergangsformen und Zwischenstadien hervorbringt. In allen Vorträgen zur Textilwirtschaft wurde deutlich, dass der klassische westliche Arbeitsbegriff deutlich zu erweitern sei. Es geht, so das Verdikt, nicht mehr nur um den Bergarbeiter in Bochum oder den Hafenarbeiter in Liverpool – mithin um die industrielle Lohnarbeit –, sondern auch um eine Vielzahl von Zwischenformen und Varianten, in denen nicht zuletzt auch Frauen eine wichtige Rolle spielen. Die Bedeutung nationaler Grenzen wurde einmal mehr kontrovers diskutiert; auf der einen Seite sei sie in globalen Produktions- und Arbeitsprozessen zu relativieren, andererseits spielten nationale Faktoren, so etwa im Fall der Textilindustrie in Form von Kriegen, eine wichtige Rolle.

Zum Abschluss der ersten beiden Sektionen resümierte *Jan Lucassen* (Amsterdam) in einem Zwischenfazit erste Ergebnisse. Er konstatierte, dass ein definitorisches und methodologisches Problem darin bestehe, dass Übergangsphasen eine derart wichtige Rolle zukomme, sie aber nicht klar zu umreißen und zu identifizieren seien. Dies habe dazu geführt, dass sich die Forschung zunehmend von theoretischen (Makro-)Zugängen verabschiedet habe und sich stärker auf eine Verbreiterung des empirischen Fundaments konzentriere. Zunehmende Bedeutung werde infolgedessen den Arbeitern als Subjekten und ihrem Aktionsrepertoire beigemessen, zugleich werde aber auch den unterschiedlichen Formen der Lohnzahlung und den differierenden Löhnen zunehmende Beachtung gewidmet. Deutlich werde dabei, so Lucassen, dass nicht nur die klassische Fabrik als Ort eine Rolle spiele, sondern eine erheblich größere Bandbreite von Arbeitsformen zum Ausdruck komme. Arbeit, so das Resümee von Jan Lucassen, sei „mehr" und „komplexer" als bisher angenommen.

Arbeitsmigration und Wanderarbeit als zentrale Merkmale transnationaler Arbeit

Im Mittelpunkt der dritten Sektion der ITH-Tagung standen das Themenfeld Migration und die Frage nach der Transformation von ländlichen Regionen. Anknüpfend an die Beobachtung von Lucassen, dass die industrielle Lohnarbeit in Städten und Fabriken bislang in der Forschung dominiert habe, zielte die Sektion auf die Auswirkungen der Entstehung einer industriellen Arbeiterklasse in ländlichen Regionen. Angesprochen wurden damit sowohl Fragen der disparaten Entwicklung von städtischen und ländlichen Räumen als auch daraus resultierende Migrationsprozesse.

Michele Ford (Sydney), Leiterin der Abteilung für indonesische Studien, stellte ihre Untersuchungsergebnisse zu Thailand und Malaysia vor. In beiden Staaten spielt Arbeitsmigration eine wichtige Rolle. Selbst in Thailand, das nie unter Kolonialherrschaft stand, haben die Auswirkungen von kolonialbedingter Migration in Verbindung mit Bürgerkrieg und politischer Verfolgung erhebliche Spuren in der Geschichte der Arbeiter hinterlassen. Bis heute stellt das Problem der Wanderarbeit – definiert als fehlendes Recht zum permanenten Aufenthalt – eine zentrale Herausforderung dar. Allein in Malaysia lebten in den 1990er Jahren unter rund 25 Millionen Einwohnern ca. 1,8 Millionen offizielle Arbeitsmigranten und auch in Thailand ist ein beachtlicher Anteil auszumachen. Kennzeichnend für diese Gruppe von Arbeitern ist ihre weitgehende Rechtlosigkeit, vielfach sind sie sogar als Illegale nach Malaysia und Thailand gekommen, da sie die Kosten für einen legalen Arbeitsaufenthalt nicht aufbringen können. Die in Südostasien zumeist nur schwach aufgestellten Gewerkschaften haben diese Problematik lange Zeit ignoriert; erst in den letzten zehn Jahre haben sie sich – in enger Kooperation mit einzelnen NGOs – dieser Thematik verstärkt zugewandt. Die meisten Arbeitsmigranten stammen aus Nepal und Bangladesh, Thailand sieht sich zudem in jüngerer Zeit mit einem starken Migrantenstrom aus Burma/Myanmar konfrontiert. Zurückzuführen ist die Arbeitsmigration neben politischer Unterdrückung vor allem auf die starken ökonomischen Disparitäten. So sei es nicht ungewöhnlich, so Michel Ford, dass sich sogar philippinische Universitätsabsolventen in die Riege der Arbeitsmigranten einreihten. Stelle bereits die reguläre Arbeitsmigration eine Herausforderung für die entsprechenden Staaten dar, verstärke sich diese durch ihre illegalen Formen noch, da damit nationale Souveränität direkt in Frage gestellt werde. Als Reaktion auf entsprechende Bedrohungsperzeptionen haben Malaysia und Thailand ein Zweistufensystem eingeführt, in denen offizielle Wanderarbeiter deutlich von ihren offiziellen Pendants unterschieden werden.

Der Anthropologe *Abdoulaye Kane* (Florida) lenkte in seinem Vortrag den Blick auf die Migration der Haalpulaar, einer ethnischen Gruppe, die ursprünglich im Grenzgebiet zwischen Senegal, Mali und Mauretanien siedelte, mittlerweile aber infolge von Arbeitsmigration weltweit verstreut lebt. Kane betont die starken Bindungen der emigrierten Haalpulaar in die Heimat, die sich nicht zuletzt in Form von finanziellen Austauschprozessen, aber auch im Transfer von Ideen und Werten widerspiegelt. Bezog die Emigration jahrzehntelang ihre Impulse zunächst aus Kriegen und dem Militärdienst, zeichnet sich in den letzten 25 Jahren durch veränderte Kommunikationsformen eine dramatische Veränderung ab. Nicht mehr Briefe, sondern der tägliche Kontakt durch (Mobil-)Telefone und Internet dominiert. Die Kommunikation mit den Arbeitsmigranten habe Kane zufolge darüber hinaus dazu beigetragen, dass mittlerweile in der Heimat an junge Männer beständig höhere Anforderungen gerichtet werden; u. a. die Erwartung in der Fremde Arbeit zu suchen, um dort erfolgreich zu werden. Diese Zielsetzung sei stark materiell ausgerichtet und habe dazu geführt, dass der Bau eines großen Hauses für den Vater mittlerweile obligatorisch sei.

Im Gegensatz zu dem stark empirisch und von eigenen Erfahrungen geprägten Beitrag von Abdoulaye Kane bot *Dirk Hoerder* (Arizona) mit seinem Vortrag einen Überblick zu unterschiedlichen Migrationsvarianten von Arbeitern aus ländlichen Räumen zwischen der Mitte des 19. und des 20. Jahrhunderts. Zu diesem Zweck rekurrierte Hoerder sowohl auf innereuropäische als auch auf transatalantische Migrationsprozesse. Den Ausgangspunkt seiner Beobachtungen bilden die extremen ökonomischen Zwangslagen von Familien in ländlichen Gebieten, die diesen nicht mehr die Wahl lasse, ob ein Familienmitglied sich als Arbeitsemigrant verdingen muss. Eine Sonderrolle spielt die Saisonarbeit, die Hoerder zufolge eher als zusätzliche Einkommensmöglichkeit zu betrachten sei, die Fernwanderung aber insgesamt eher reduziere. Die (Fern-)Wanderungsprozesse ziehen sich zum Teil über mehrere Generationen hin, wobei es in der Familienökonomie – in Lateiamerika auch im Rahmen einer Hazienda – typisch war, dass nur ein Teil der Familie auswanderte, während der andere in der Heimat blieb. Hoerder widerspricht in diesem Zusammenhang der Annahme, dass Wanderung zwingend Landflucht bedeutete. Vielfach zog es die aus dem ländlichen Raum stammenden Arbeitsmigranten auch wieder in ländlich geprägte Regionen; zudem berücksichtige die Forschung laut Hoerder das Aufnahmepotenzial von Handel und Gewerbe nicht hinreichend. Die Anpassungsprozesse in den neuen Gebieten verliefen oftmals beschwerlich, wozu auch die Gewerkschaften beigetragen haben, die Migranten nicht aufgenommen bzw. akzeptiert haben, weswegen sich unter den Zugewanderten neue Protest- und Streikformen herausbildeten, die sich von denjenigen der Organisierten zum Teil deutlich unterschieden. In Abgrenzung zu tradierten Forschungsergebnissen, die vor allem mit Blick auf einzelne Nationalstaaten gewonnen wurden, argumentiert Hoerder in differenzierender Perspektive, dass die durch Arbeitsmigration induzierte Massenwanderung vielfach durch (klein-)räumliche Faktoren geprägt war, so dass sich viele Entwicklungen nur durch lokale oder regionale Spezifika erklären lassen. In diesem Zusammenhang stelle es eine wichtige Aufgabe künftiger Forschung dar, zu berücksichtigen, dass die Arbeitsmigranten in der Regel versuchten, traditionelle Lebensstile mit einem Prozess der Einkommensdiversifikation zu verbinden.

Von *Minhje Zhang* (Hangzhou) wurde schließlich am Fallbeispiel der Stadt Yiwu, die innerhalb von 20 Jahren von einer kleinen Agrarstadt zu einer Messestadt mit mehr als 1,2 Millionen Einwohner anwuchs, illustriert, welche Ausmaße und Wirkungen die Arbeitsmigration im ländlichen China hat. Um die Dynamik des Urbanisierungsprozesses Chinas zu verdeutlichen, identifiziert Minhje Zhang drei Entwicklungsphasen der Stadt Yiwu. Die erste Phase ist durch die Produktion und den Vertrieb von braunem Zucker, einem lokalen Produkt, geprägt. In der zweiten Phase entwickelt sich Yiwu zu einer nationalen Waren- und Handelsstadt. Eine beständig wachsende Zahl von Bauern wechselt in dieser Phase den Beruf und zieht vom Dorf in die Stadt. Einhergehend mit Städte- und Bevölkerungswachstum siedeln sich kleine Fabriken an. Zudem kommt es zu weiteren Zuwächsen, etwa durch Wanderarbeiter im Baugewerbe. Die dritte Phase ist durch eine zunehmende Integration der Stadt in die Weltwirtschaft gekennzeichnet. Die Stadt entwickelt sich zu einem der wirtschaftlichen Zentren Chinas und einem der Hauptumschlagsorte der Güterverteilung, in dem 2.500 Standardcontainer pro Tag abgefertigt werden, die internationale Supermärkte beliefern. Der innere Stadtkern hat im Zuge dieses Wandels ein völlig neues Erscheinungsbild erhalten, während in der Peripherie anhaltende Eingemeindungsprozesse zu beobachten sind; de facto sei, so Minhje Zhang, eine neue Stadt entstanden. Der Urbanisierungsprozess von Yiwu dokumentiert die Probleme der Wanderarbeiter wiederholt. So habe das durchschnittliche Einkommen von Wanderarbeitern Ende der 1990er Jahre bei 122 Dollar gelegen, während die festangestellten Arbeiter in den Städten zu diesem Zeitpunkt rund 194 Dollar pro Monat im Durchschnitt verdienten. Vielfach waren die Lohnzahlungen der Wanderarbeiter auch nicht garantiert. Hinzu kamen der fehlende Anspruch auf Sozialversicherung, ein Mangel an Wohnunterkünften und zum Teil höhere Gebühren, so etwa für Schulen. Fast 70 Prozent der Kinder der Wanderarbeiter zahlen Gebühren für Schulen, da sie offiziell nicht als Einwohner der Städte gelten. Von Seiten der Regierung sei, so Minhe Zhang, angesichts der Problematik der Wanderarbeiter ein systematischer Ausbau der Städte geplant. Vorgesehen ist, dass in naher Zukunft mehr als 50 Prozent der chinesischen Bevölkerung in Städten bzw. vor allem in Großstädten leben soll.

In der Diskussion der Sektion wurden die Antriebskräfte der Arbeitsmigration seit dem 19. Jahrhundert erneut aufgefächert und hinterfragt, zugleich aber auch die begrenzten – bisweilen auch gezielt nicht eingesetzten – Steuerungspotenziale von Gewerkschaften und staatlichen Akteuren problematisiert. Die Versuche der letzten Jahrzehnte, den sozialen Status von Wanderarbeiter und Arbeitsmigranten zu ändern, haben, so die weitgehend einhellige Auffassung, nur bescheidene Erfolge gezeigt. Infolgedessen sei diesem Thema als ein Kernfeld transnationaler Arbeit auch in Zukunft starke Beachtung zu schenken.

Religion als Katalysator transnationaler Prozesse

Das gewachsene Interesse an einer transnationalen Arbeitergeschichte wird nicht zuletzt auch mit Rückriffen auf die Ansätze einer kulturalistisch geprägten Geschichtswissenschaft begründet. Vor diesem Hintergrund widmete sich die vierte Sektion der Frage, inwieweit sich am Beispiel religiöser Kommunikation und Konflikte sowie religiöser Bräuche und

Feste Auswirkungen auf transnationale Ausprägungen der Arbeitergeschichte festmachen lassen.

Juliana Ströbele-Gregor (Berlin) veranschaulichte die Vorgehensweise der Evangelikalen in Lateinamerika, denen im Zuge einer Ausbreitung protestantisch-fundamentalistischer Religionsgemeinschaften in Lateinamerika seit den 1960er Jahren besondere Bedeutung zukommt. Von der christlichen Kirche unterscheiden sich die Evangelikalen vor allem in der Form der Glaubenspraxis, der Missionierung und in gesellschaftspolitischen Fragen. Die von ihnen ausgehende Missionierung richtete sich zunächst vor allem an die unteren Bevölkerungsschichten, nicht zuletzt an die Armen in den Randzonen der Metropolen sowie an die indianische und schwarze Landbevölkerung. In diesem Zuge bildeten die Gemeinden der Evangelikalen oftmals einen Ersatz für instabil oder unzuverlässig gewordene soziale Beziehungen. Seit 1980er Jahren sind die Evangelikalen verstärkt auch unter den Mittelschichten ((Neo-)Pfingstkirchen) tätig. In diesem Umfeld bieten sie ebenfalls einen Rahmen für soziale Ziele, aber auch für soziale Kontrolle. Vor allem in der anschließenden Diskussion des Beitrags wurde betont, dass bäuerliche bzw. landwirtschaftlich ausgerichtete Gewerkschaften vielfach, so etwa in Brasilien, einen Ansatzpunkt für die Evangelikalen bieten. Damit zeichnen sich aber auch engere Beziehungen zwischen Arbeitern und Glaubensgemeinschaft ab, die angesichts der transnationalen und netzwerkartigen Strukturen der Evangelikalen auch grenzüberschreitenden Charakter hat.

Der abschließende Beitrag von *Lex Heema van Voss* (Amsterdam) zeigte am Beispiel der Niederlande Zusammenhänge in der Identitätsbildung zwischen religiöser und beruflicher Orientierung. Ähnlich wie in dem breit rezipierten Ansatz des amerikanischen Soziologen Seymour M. Lipset und des norwegischen Politikwissenschaftlers Stein Rokkan „Cleavage Structures, Party Systems, and Voter Alignments" sah auch Heema van Voss Religion und Arbeit als wichtige gesellschaftliche Konfliktlinien,[3] die auch die Herausbildung von Identitäten prägten und dazu geführt haben, dass sich bisweilen eine stärkere Kooperation mit konfessionell gleichorientierten Angestellten herausgebildet habe als Facetten eines Klassenkampfs. Die Interaktionen lassen sich – so etwa im Fall der christlichen Gewerkschaftsbewegung – laut Lex Heema van Voss auch auf die Sozialisierungsprozesse von Arbeitern in anderen Staaten beziehen.

Chancen und Grenzen einer transnationalen Arbeitergeschichte

Gerade der letztgenannte Beitrag verdeutlichte eine zentrale Problematik der Tagung, die auch in der Abschlussdiskussion aufgegriffen wurde: die unterschiedlichen Erkenntnisinteressen von vergleichender und transnationaler Geschichte. Während die Tagung in erster Linie auf die transnationale Dimension einer Arbeitergeschichte ausgerichtet war, zielten einige Referate eher auf eine komparative Sicht auf Arbeitergeschichte, bisweilen aber auch auf die Subkategorien globaler Makrostrukturen – namentlich die Globalisierung und die

---

3 Seymour M. Lipset/Stein Rokkan: Cleavage Structures, Party Systems, and Voter Alignments, in: dies. (Hg): Party Systems and Voter Alignments. Cross-National Perspectives. New York 1967, S. 1–64.

Zielsetzung, auf einen nicht-territorialen Analyserahmen zurückzugreifen. Obgleich diese Ansätze im Zusammenspiel der Kategorien Raum und Zeit durchaus Schnittmengen aufweisen, divergieren ihre Zugänge doch erheblich. Bei transnationalen Ansätzen stehen vor allem die wechselseitigen Konstruktionsprozesse zwischen Nationalem und Transnationalem im Mittelpunkt; es geht mithin vor allem um die die Art und Weise, wie die Grenzen des Nationalen überschritten werden. In diesem Zusammenhang ist dann zu zeigen, welche neue Qualität die transnationale Dimension gewinnt. Diese Qualität – und darin liegt wohl ein wesentlicher Ertrag der Tagung – ist insbesondere im Hinblick auf Prozesse transnationaler Interaktion zwischen der westlichen Welt und „dem Süden" deutlich geworden. Das zweite wesentliche Verdienst der Tagung ist es, den Blick auf die Bandbreite von Arbeit gelenkt zu haben. Nicht der alleinverdienende männliche Industriearbeiter und die gesetzlich geregelten „Normalform" von Arbeit, sondern eine Vielzahl von unterschiedlichen Erscheinungsformen von Arbeit, vor allem die Varianten der informellen Arbeit, sind im Zuge einer neuen Sicht auf Arbeit zu berücksichtigen.

Zum Abschluss wurden einige kritische Überlegungen zum Ansatz und dessen Perspektiven aufgeworfen: Die Frage, ob die historische Forschung sich bei der Auseinandersetzung mit dieser Thematik zu stark von der klassischen Industriearbeit als Massenphänomen verabschiede und ob die Gefahr bestehe, zu stark auszudifferenzieren und deswegen kaum mehr auf theoretische Erklärungsansätze rekurrieren zu können, bleibt wohl in erster Linie der wissenschaftlichen Sichtweise des Betrachters überlassen. Die Ambivalenz einer transnationalen Geschichte besteht ja gerade darin, dass einerseits das Nationale und der Nationalstaat in vielen Bereichen ihre prägende Kraft behalten; dass sie andererseits aber tendenziell aufgehoben, indes nicht aufgelöst werden. Die Mechanismen, die hier zum Tragen kommen, stellen den eigentlichen Kern dieses Ansatzes dar, sind aber im Sinne einer transnationalen Arbeiterhistoriografie bislang von der Forschung noch zu wenig systematisiert und vertieft worden.[4] Die Frage hingegen, ob eine transnationale Geschichte der Arbeit und der Arbeiter nicht ein Rückzugsgefecht einer sich in der Defensive befindenden Arbeiterbewegung darstelle – ein Argument, das ebenfalls in die Linzer Schlussdiskussion eingebracht wurde, zuvor aber auch im Rahmen einer öffentlichen Diskussionsrunde bereits näher erörtert worden war[5] – stellt wohl einen Ausgangspunkt für künftige politische Diskussionen dar, die nicht nur die Historiker zur Arbeiterbewegung noch einige Zeit beschäftigen wird.

---

4   Siehe aber hier den Band zu transnationalen Netzwerken der Arbeiter und Arbeiterbewegung, der ebenfalls aus diesem Konferenzzyklus der ITH hervorgegangen ist. Vgl. Berthold Unfried/Marcel van der Linden/Jürgen Mittag unter Mitarbeit v. Eva Himmelstoß (Hg.): Transnationale Netzwerke im 20. Jahrhundert. Historische Erkundungen zu Ideen und Praktiken, Individuen und Organisationen. Transnational Networks in the 20th Century. Ideas and Practices, Individuals and Organizations, Leipzig 2008.
5   Die öffentliche Podiumsdiskussion bestritten neben Sven Beckert und Andrea Komlosy ferner Karin Lukas, Juristin am Ludwig-Boltzmann Institut für Menschenrechte, und Erich Schwarz, Betriebsratsvorsitzender der Fa. MAN, Steyr.

3. Kritik

Das Jahrhundert der Bilder

Gerhard Paul (Hg.): Das Jahrhundert der Bilder. 1900 bis 1949, Göttingen: Vandenhoeck & Ruprecht 2008, 822 S.
Gerhard Paul (Hg.): Das Jahrhundert der Bilder. 1949 bis heute, Göttingen: Vandenhoeck & Ruprecht 2009, 798 S.

Für den ehrwürdigen Göttinger Verlag muss es eine ganz besondere Herausforderung bedeutet haben, diese beiden schweren, großformatigen Bände zu publizieren – das Haus hat sich der Aufgabe mit erkennbarem Aufwand und Erfolg unterzogen. Der zweispaltige Satz macht im Layout Bildreproduktionen in variantenreichen Formaten möglich, und das erlaubt es, sich entweder den originalen Bildvorlagen wenigstens zu nähern oder, das geschieht häufig, von den Verfassern gewollte Ausschnitte auch in Serienform wieder zu geben. Der Unsitte, schon beim Papier zu sparen und dann die Bilder „durchscheinen" zu lassen, wurde widerstanden. Der Entscheidung des Herausgebers, in der Gliederung der Chronologie klaren Vorrang vor bildsystematischen Erwägungen einzuräumen, hat das Lektorat durch entsprechende gestalterische Maßnahmen entsprochen, etwa mit Kolumnentiteln entlang der Zeitschiene. Die beiden Bände wurden jeweils als Solitäre „marktgerecht" aufbereitet, so dass sich die Einleitungen von Paul wortidentisch wiederholt finden, während in den Auswahlbibliografien die unterschiedlichen Zeitspannen berücksichtigt sind. Dass, mit Ausnahme der Einleitungen, auf Anmerkungen gänzlich verzichtet wurde, geschah sicher gleichfalls mit Blick auf den Absatz der Bücher, aber es war den zahlreichen Autoren keinesfalls verboten, im Text auf anderes, bereits Erörtertes hinzuweisen, also Bezüge herzustellen, und dazu verhelfen auch die jeweils angehängten Literaturhinweise.

Die grundsätzliche Entscheidung zugunsten der Chronologie mag problematisch erscheinen, macht sie es doch nötig, bildsystematische, gattungstypologische Aspekte und solche der Quellenlage und der Sujet-Auswahl einleitend auszubreiten. Es war nicht zu erwarten, dass alle Verfasser der damit angesprochenen, seit ungefähr zwei Jahrzehnten gut fortenwickelten bildhistorischen Forschung nachgeben und diese vorantreiben würden, und das war wohl auch nicht die vorrangige Absicht des Herausgebers. Ihm geht es um „visual history",[1] um eine Geschichte des 20. Jahrhunderts jenseits bloßen „Bildbandniveaus", mit dem sich der Erkenntnisgewinn des Betrachters üblicherweise auf kaum noch erläuternde Bildunterschriften und entspanntes Durchblättern beschränkt. „Visual history", das ist weit mehr als Geschichte in Bildern, Bildgeschichten. Es geht, besonders häufig, um die je eigene Geschichte bildlicher Überlieferungen und einzelner Bilder (und gelegentlich auch dreidi-

---

1 Dazu Gerhard Paul (Hg.): Visual History. Ein Studienbuch, Göttingen 2006; vgl. ders.: Bilder des Krieges – Krieg der Bilder: die Visualisierung des modernen Krieges, Paderborn/München 2004.

mensionaler Bildkonstrukte: Skulpturen etwa wie diejenigen Arno Brekers), dann um funktionale Zusammenhänge der Bildproduktionen, um Bildwirkungen und Rezeptionsästhetik, um Bildmotive und deren Verfestigung, auch um Fälschungen, um „Bilder, die Geschichte machen". Beide Bände wurden durchaus nicht in erster Linie für die „historische Bildforschung" erstellt, ganz im Gegenteil, aber der Ertrag für letztere ist stellenweise erheblich: Es gibt überraschende Funde und Befunde. Um ein Beispiel zu nennen: Mag sein, dass die Ikonografie des „Lichtgebets" als bildliche Ausdrucksform der Jugendbewegung in der Forschung über diese längst wohlbekannt ist; in diesem Band verweist der entsprechende Beitrag auf Sehgewohnheiten, wie sie anderwärts durch oft jahrhundertelange Verfestigungen jenseits der technischen Fortentwicklung der Bildproduktion (sie spielt in beiden Bänden kaum je eine Rolle) immer wieder aufscheinen, so natürlich das Pietà-Motiv, der Adventus, die Siegerpose, die kraftvolle Männlichkeit.

Dass die Entwicklung der Produktions- und Reproduktionstechniken weitgehend ausgespart wird, halte ich für ein Manko, weil es erst aus dieser Blickrichtung vollends gerechtfertigt erscheint, von einem „Jahrhundert der Bilder" zu sprechen. Erst die massenhafte Verfügbarkeit und ubiquitäre Aneignung gesehener, reproduzierter, damit überhaupt erst aneignungsfähiger Bildangebote ließ „Kanonisierungen", verfestigte Sehgewohnheiten, sowohl aufnehmen als auch neu entstehen, und darin liegt ein bedeutender Aspekt dessen, was kommunikationsgeschichtlich heute meistens unter „Medialisierung" umfasst wird. Nicht sehr glücklich erscheint es mir, dabei, mit dem Herausgeber, von einem „Bildatlas" zu sprechen, zumal Paul selbst die Flüchtigkeit der mit den Beiträgen identifizierten „Canones" genügend betont. Indessen, Bücher wie diese markieren auf ihre Weise gleichsam rezeptionsgeschichtliche Augenblicke, verfestigen also für sich, erweitern aber auch, lenken den Blick auf im Wortsinn Ungesehenes. Das wird in dem Band zur zweiten Jahrhunderthälfte besonders deutlich, wenn man die vielleicht etwas eiligen Kanonisierungen des 21. Jahrhunderts, die der zweite Band vornimmt, in Augenschein nimmt. Andererseits, dass diese Gegenwart in virtuellen Bilderwelten zu verschwimmen droht, wie sie zugleich mit Google als weltumspannender Detailblick von oben verfügbar geworden ist, auch dies zeigt und bietet dieses Werk. Damit wäre wenigstens ein Wort zur prallen Fülle des mit beiden Bänden gebotenen Bild- und Lesestoffs zu sagen:

Nicht weniger als 91 im ersten und 90 Beiträge im zweiten Band entziehen sich einer rezensionsgemäßen Würdigung der jeweiligen Darlegungen. Die Mitarbeiterinnen und Mitarbeiter an diesem Werk hatten sich mit, einschließlich der Bilddrucke, jeweils rund acht Druckseiten zu begnügen, und das war angesichts des Großformats sogar ziemlich viel. Es war aber vor allem eine kluge Maßnahme, weil damit Breite und Fülle und durchaus häufiger auch argumentativer Tiefgang möglich wurden. Erwähnen muss man, wer immer dabei geholfen hat, die gewaltige organisatorische und herausgeberische Leistung, die damit einhergegangen ist. Welches Bild und Bild-Ereignis, welche Bildgeschichte und Geschichte bestimmter Bilder aufnahmewürdig erschien, darüber zu entscheiden und dazu dann auch versierte Autorinnen und Autoren zu finden, das ruht in einer sehr langjährigen und auch langwierigen Auseinandersetzung mit dem Fachgebiet und erheischt Bewunderung. Paul hat mit diesen beiden großen Büchern ein populäres und wohl auch umsatzträchtiges Genre, dasjenige der „historischen Bildbände", erfolgreich dahin geschoben, wo wir als Historiker es längst schon sehen wollten: hin zu einem reflektierten Umgang mit der Bildquelle, hin zu einer kritischen Bildergeschichtsschreibung.

Klaus Tenfelde

Bergarbeiterbewegungen im Vergleich

Leighton James: The politics of identity and civil society in Britain and Germany: Miners in the Ruhr and south Wales 1890–1926, Manchester: Manchester University Press, 2008, £ 60,00.

Der Ruhrbergbau ebenso wie die mit ihm zusammenhängende soziale und politische Geschichte kann bekanntermaßen auf eine breite Historiographie zurückblicken. Ähnlich, wenn auch nicht ganz so flächendeckend, verhält es sich mit der Geschichtsschreibung des südwalisischen Industriegebiets – immerhin einer der am frühesten industrialisierten britischen Landstriche mit einer Kohlenindustrie, die die Küstenstadt Cardiff Ende des 19. Jahrhunderts zum größten Kohleausfuhrhafen der Welt machte. Bereits 1984 widmete sich Werner Berg einem Strukturvergleich der beiden Bergbauregionen unter wirtschafts- und unternehmensgeschichtlichen Gesichtspunkten von der Mitte des 19. Jahrhunderts bis zum Ausbruch des Ersten Weltkriegs[2]. Seitdem ist jedoch kaum je ein Blick vom Ruhrgebiet auf Wales oder umgekehrt gefallen, wenn auch besonders seit den neunziger Jahren Historiker zumal der (Berg-)Arbeiterbewegung durchaus anderweitig vergleichende Perspektiven eingenommen haben. Der britische Historiker Leighton James nimmt nun in einem auf seiner Dissertation beruhenden Buch einen Vergleich der Bergarbeiterschaft in Südwales und im Ruhrgebiet zwischen 1890 und 1926 vor. Im Mittelpunkt seiner Arbeit steht die Frage nach den frappierenden Unterschieden politischer Identitätsbildung in der Arbeiterschaft beider Regionen angesichts der doch zumindest vordergründig sehr ähnlichen sozialen und ökonomischen Voraussetzungen. James' behutsam kulturalistische Grundannahme besteht darin, dass Identitäten, wenn nicht ganz losgelöst von festen sozialstrukturellen Determinanten, so doch relativ unabhängig und flexibel durch unterschiedliche Diskurse – „on-going effort[s] to understand and interpret the world" (9) – erst produziert werden. Entsprechende Diskursangebote entstehen, in Anlehnung an Habermas, in der unmittelbaren Lebenswelt, dem Ort des kommunikativen Handelns bzw. in der weiteren Zivilgesellschaft als der Sphäre, in der sich einzelne soziale Gruppen zusammenfinden und ihre Interessen artikulieren. James sieht in dieser Konzeptualisierung eine Stärkung der Akteursposition gegenüber einem sozial zu stark determinierten Milieubegriff (10).

Für den konkreten Vergleichsfall bedeutet dies, nach den Bedingungen der Spaltung der Bergarbeiterschaft im Ruhrgebiet in konkurrierende politische und soziale Milieus zu fragen – in diesem Fall findet der auf die spezifisch deutsche Situation zugeschnittene Milieu-

---

2 Werner Berg: Wirtschaft und Gesellschaft in Deutschland und Großbritannien im Übergang zum „organisierten Kapitalismus". Unternehmer, Angestellte, Arbeiter und Staat im Steinkohlenbergbau des Ruhrgebiets und von Südwales 1850–1914, Berlin 1984.

begriff weiter Verwendung – und diesen die relativ homogene Arbeiterkultur in Südwales gegenüberzustellen. Der Hauptunterschied liegt James zufolge darin, dass es die walisischen Bergleute bzw. die sie repräsentierenden Gewerkschaften und Parteien geschafft haben, eine „inklusive Identität" (186) zu entwickeln, in der das Kernelement des „Bergmännischen" relativ flexibel mit anderen Identitätsbausteinen, seien sie ethnischer, religiöser oder auch politischer Art, kompatibel war. Demgegenüber habe sich die gespaltene Arbeiterbewegung im Ruhrgebiet nicht von solchen gleichsam externen Ideologemen unabhängig gemacht, die dann eine einheitliche Organisation und Identitätsbildung über den gemeinsamen Nenner Bergarbeiter verhinderten.

Um diesem grundsätzlichen Unterschied nachzugehen, widmet sich James vor allem der gewerkschaftlichen und politischen Organisierung der Bergarbeiterschaft in den beiden Vergleichsregionen und den damit einhergehenden identitätspolitischen Diskursen. James kann sich über weite Strecken auf die bestehende Geschichtsschreibung stützen – hier ist an Organisations- und Ereignisgeschichte wenig Neues zu erkunden. Ihren eigentlichen Wert erhält die Studie durch die konsequente Anwendung der vergleichenden Perspektive und durch die stetige Gegenüberstellung unterschiedlicher Entwicklungsverläufe auf ähnlichen politischen und sozialen Problemfeldern. Ausgangspunkt sind die ersten gewerkschaftlichen Formierungen seit Ende der 1880er Jahre. Endpunkt ist der gescheiterte Streik der britischen Bergarbeiter 1926, der eine zeitweilige Spaltung der walisischen Bergbaugewerkschaften nach sich zog und so die Einheitskontinuität beendete. Als Zäsur, die diesen Zeitraum aufbricht, wirkt der Erste Weltkrieg, der sich in beiden Regionen als politisch radikalisierend erwies. Für diese zwei Phasen vor und nach dem Krieg rekonstruiert James jeweils zunächst die grundsätzlichen Entwicklungen von Industrie, Arbeitsbedingungen, Migrationsbewegungen und *community building*. Schon hier tauchen einige signifikante Differenzen auf, etwa der unterschiedliche Grad der Urbanisierung, die Monopolstellung des Bergbaus in Südwales gegenüber der vielfältigeren Industrie im Ruhrgebiet oder auch die vergleichsweise spät einsetzende Mechanisierung des Bergbaus im britischen Fall.

Nach diesem Überblick untersucht James in zwei größeren Kapiteln diskursive Muster im Bezug auf gewerkschaftliche Repräsentationen der Bergarbeiterschaft und andererseits auf die von ihnen geführten politischen Auseinandersetzungen. Schon relativ frühzeitig lässt sich in beiderlei Hinsicht das angeführte Differenz-Schema Homogenität vs. Spaltung lokalisieren. Der Alte Verband, die 1889 gegründete Vertretung der Ruhrbergleute, bekam bereits 1894 durch den katholischen Gewerkverein christlicher Bergarbeiter Konkurrenz, der der sozialdemokratischen Ausrichtung der Gewerkschaft eine auf größere Kooperation mit den Arbeitgebern ausgerichteten Strategie entgegensetzte. Wenn sich auch eine so deutlich politische Grenzziehung in Südwales nicht zeigte, so gab es gleichwohl Konflikte, die indes anders gelöst wurden. Auch dort gab es einen starken christlichen Diskurs, der auf einen Interessensausgleich von Unternehmern und Arbeiterschaft abzielte. Sowohl im protestantisch-nonkonformistischen Ansatz als auch dem politischen Inhalt nach traf sich diese Ausrichtung mit der Liberalen Partei. William Abraham, die große Führungsgestalt der walisischen Bergarbeiter und bekannt dafür, dass er streitende Versammlungen durch das charismatische Singen protestantischer Hymnen zur Ordnung rief (51), war sowohl Gewerkschaftsführer und erster Vorsitzender der South Wales Miners' Federation, SWMF, als auch Abgeordneter der Liberalen im Parlament. Diese als Lib-Lab bezeichnete Verbindung einer liberalen Arbeitervertretung wurde in den Jahrzehnten vor und nach der Jahrhundertwende durch konfrontativere Richtungen abgelöst. Der schwerste Konflikt der Frühzeit betraf die so genannte *sliding scale*, die Bindung der Löhne an die Unternehmensgewinne, durch die sich die Arbeiter übervorteilt fühlten. Diese Auseinandersetzungen verbanden sich langsam mit aufkommenden sozialistischen Ideen, die den grundsätzlichen Konflikt zwischen Kapital und Arbeit betonten und schließlich in der Labour Party ihren Ausdruck fanden. In den Jahren vor 1914 kam es schließlich zu einer Ausbreitung syndikalistischer Vorstellungen, die innerhalb der SWMF Einfluss erlangten. Im Gegensatz zum Ruhrgebiet führten all diese Konflikte jedoch nicht zu einer Spaltung, sondern wurden innerhalb der jungen Gewerkschaftsbewegung ausgetragen. Anstelle etwa einer Trennung von Christen und Sozialisten verband sich in Südwales eine christliche Gerechtigkeitsrhetorik mit dem Einfordern von Arbeiterrechten. Gleichermaßen ging auch die Zuwanderung auswärtiger Arbeiter nicht ohne Auseinandersetzungen vonstatten. Während aber die polnischen Bergleute im Ruhrgebiet ihre Interessen durch Gewerkverein und Alten Verband so schlecht vertreten sahen, dass sie eine eigene Gewerkschaft gründeten, wurden die vornehmlich englischen Arbeitsmigranten trotz durchaus bestehender Ressentiments im zunächst weitgehend walisischsprachigen Industriegebiet relativ leicht in die SWMF integriert. Von Anfang an war also die Vorstellung einer gemeinsamen Bergarbeiteridentität wirkmächtiger als andere Identifikationsmotive, die es innerhalb der Gewerkschaftsorganisation auszugleichen galt.

Ähnlich sieht der Vergleich der politischen Entwicklungen im engeren Sinne aus. Während das Ruhrgebiet zwischen Sozialdemokraten, Zentrum und, zumindest anfangs, den Nationalliberalen changierte, scharrte sich die Arbeiterschaft in Südwales relativ einheitlich zunächst hinter die Liberalen, um dann mit Labour einem spezifischeren Arbeiterdiskurs zu folgen. War der liberale walisische Duktus zunächst noch stark durch die überkommene Abgrenzung zum adligen Großgrundbesitz geprägt, so verschob sich dies im Labour-Diskurs hin zur Dichotomie Arbeiter/Unternehmer, die eher der Lebenswelt der Bergleute entsprach. Andere ältere Motive, etwa die nonkonform-protestantische Rhetorik, blieben aber weiter bestehen. Der Übergang von einer Partei zur anderen war zwar als Konflikt fühlbar, konnte so aber innerhalb der gemeinsamen Arbeiterkultur ohne größere Friktionen vollzogen werden.

Wenn sich auch die politische Situation während und nach dem Ersten Weltkrieg in beiden Regionen radikalisierte, so war doch im Bezug auf die Einheit der Bergarbeiterschaft in Südwales eine im Vergleich zu Deutschland erstaunliche Kontinuität gegeben. Hier wie dort wurde um Möglichkeiten von Sozialisierung und Nationalisierung des Bergbaus gestritten, hier wie dort entstand mit den Kommunisten eine weitere politische Richtung, die für Spannungen mit den bereits bestehenden Gruppierungen sorgte. Gerade an diesem Beispiel kann James die Kontinuität der etablierten Konfliktmuster auch in der neuen Epoche nachzeichnen. Während sich die Spaltung der Ruhr- bzw. deutschen Arbeiterbewegung in den revolutionären Jahren nach 1918 weiter vertiefte – mit der Sezession der USPD, der lokalen, z. T. gewaltsam niedergeschlagenen Sozialisierungsbewegung, der Konkurrenz durch Anarcho-Syndikalisten und schließlich der Kommunisten –, verlief die Auseinandersetzung in Südwales vergleichsweise friedlich. Zwar sprach auch Vernon Hartshorn, vor dem Krieg einer der Aktivisten, die den ideologischen Schwenk vom Liberalismus zum Sozialismus betrieben, von einer „feindlichen und misstrauischen Atmosphäre gegen Vertreter einer kontinuierlichen revolutionären Reform" durch eine neue Generation „gefährlicher Revolutionäre" (162 f.), doch blieben solche Anwürfe die Ausnahme. Schwerer wog, dass ideologische Streitigkeiten innerhalb der bestehenden Gewerkschaftsorganisation stattfanden und nicht zur Abspaltung minoritärer Gruppierungen führten. In der Gewerkschaftspresse erhielten beispielsweise Vertreter des gesamten Meinungsspektrums Gelegenheit, sich zu Fragen etwa nach den Vorzügen von Nationalisierung von oben und Sozialisierung von unten oder in der Debatte, ob man als SWMF der kommunistischen Roten Gewerkschaftsinternationale beitreten sollte, zu äußern. Diese relative Harmonie setzte sich auf politischem Gebiet fort. Im Ruhrgebiet und in Deutschland undenkbar, unterstützen die Kommunisten bei Wahlen, trotz aller sonstigen Differenzen, häufig Labour-Kandidaten. Auch Doppelmitgliedschaften in beiden Parteien waren nicht ausgeschlossen. Letztlich, so James, herrschte der Gedanke vor, dass alle, Gewerkschaft, Labour und Kommunisten, zur selben Familie gehörten (174).

James kann solche regionalen Kontinuitäten der Konfliktbewältigung an einer Vielzahl von Beispielen über fast vier Jahrzehnte hinweg illustrieren. Aus der stetigen Gegenüberstellung der walisischen und der deutschen Entwicklung ergeben sich teilweise frappierende Unterschiede, wie sich die Bergarbeiterbewegungen in beiden Ländern bis 1926 nach innen formiert und nach außen abgegrenzt haben. James' Hauptargument, das sich durch alle Kapitel zieht, sind die unterschiedlichen Identitätsdiskurse, die, einmal als Weg eingeschlagen, schwer zu verlassen waren. James betont, dass sowohl das Ruhrgebiet wie auch Südwales nicht einfach stellvertretend für die jeweils nationalen Arbeiterbewegungen insgesamt stehen. Vielmehr seien die beschriebenen Entwicklungen Bausteine eines größeren Mosaiks, das, obwohl im nationalen Rahmen, dessen Teile jeweils vor Ort ausgehandelt werden mussten. Gleichwohl veranschaulicht gerade die vergleichende Perspektive der Studie die spezifisch deutschen Bedingungen der gespaltenen Arbeiterbewegung angesichts der offensichtlich möglichen Alternative wie sie sich in Wales zeigt. James ist damit eine mustergültige komparative Arbeit gelungen.

Stefan Moitra

Eine Unternehmensgeschichte des Gutehoffnungshütte-Konzerns?
Johannes Bähr/Ralf Banken/Thomas Flemming: Die MAN. Eine deutsche Industriegeschichte, München: C. H. Beck 2008, 625 S., 38,00 €.

Als 1929 „Groß"-Oberhausen gegründet wurde, waren die Interessen des Gutehoffnungshütte-Konzerns (GHH) ausschlaggebend. Es war lange Zeit üblich, von der „GHH-Stadt" zu sprechen. Heute ist mit den Zechen und den Stahlwerken auch der Name „GHH" aus dem Stadtbild völlig verschwunden. Da ist es nur konsequent, die Unternehmensgeschichte der Gutehoffnungshütte als Vorgeschichte der MAN-Geschichte abzuhandeln, wie es die

Autoren Bährl, Banken und Flemming in ihrer 2008 erschienen unternehmenshistorischen Arbeit über den Maschinenbaukonzern MAN getan haben. Hier soll es deshalb nur um einzelne Unter-Kapitel gehen, welche die Geschichte der GHH im Kaiserreich, in der Weimarer Republik und im Nationalsozialismus thematisieren.

Für die Zeit vor dem Ersten Weltkrieg („Ausbau zum gemischten Großunternehmen 1872–1908") orientiert sich die Darstellung stark an der 1910 erschienenen, sehr nobel gestalteten Festschrift zum 100-jährigen Bestehen der GHH. Zitiert wird die Festschrift unter dem Namen „Woltmann". Dieser dürfte als Stellvertreter des Generaldirektors Paul Reusch dafür gesorgt haben, dass in dem Werk nur das stand, was zur aktuellen Selbstdarstellung des Konzerns passte. Folglich werden in dem Kapitel fast ausschließlich die Probleme mit der geänderten Rechtsform der Firma, die Konflikte unter den Anteilseignern und Aspekte der technischen Entwicklung ausgebreitet. Zwei Seiten sind der „Intensivierung der Arbeiterpolitik" gewidmet. Unter dieser Überschrift wird die betriebliche Fürsorge in leuchtenden Farben geschildert; Handarbeitsschulen für Mädchen, die Förderung des Lyceums in Sterkrade, selbst Kinderweihnachtsfeiern sind der Erwähnung wert, Konflikte, Arbeitskämpfe und Streiks werden dagegen nur gestreift. Kein Wort davon, dass der neue Generaldirektor der GHH, Paul Reusch, sich 1912 als besonders unbeugsamer Kontrahent der Sozialdemokraten zu profilieren suchte. Kein Wort von der Gründung der Gelben Gewerkschaften, mit der sich gerade die GHH hervortat und die Reusch nach Kriegsende zum Vorwand nahm, weiterhin jeden Kompromiss mit den Gewerkschaften abzulehnen. Dass die GHH von ihren Angestellten den Austritt aus ihrem Berufsverband verlangte, ihrer Drohung auch im Werk Sterkrade durch Entlassung mehrerer Techniker Nachdruck verlieh, dass dieser harte Kurs im Herbst 1911 bei anderen Unternehmern Kopfschütteln und bei den technischen Angestellten in Deutschland einen Aufschrei der Empörung auslöste – davon erfährt der Leser nichts. Und auch die Politik kommt nicht vor. Dass die Expansion der GHH in den Gesamtrahmen der verhängnisvollen imperialistischen Politik des Deutschen Reiches gehört, dass Reusch ein besonders eifriger Verfechter des fatalen Bündnisses von Junkern und Schlotbaronen war, wird mit keiner Silbe erwähnt.

Der Umfang der Rüstungsproduktion im Ersten Weltkrieg wird angemessen dokumentiert. Die Auswirkungen der Kriegsproduktion auf die Belegschaft jedoch werden unter der Überschrift „Arbeitermangel" fast ausschließlich unter Rückgriff auf die – im Dritten Reich erschienene – Festschrift zur 125-Jahr-Feier abgehandelt. Die erbärmlichen Bedingungen, unter denen die Frauen, die Jugendlichen und die Zwangsarbeiter arbeiten mussten, die in immer größerem Umfang die Stammarbeiter ersetzten, werden nur angedeutet. Die Streiks auf den GHH-Zechen in der zweiten Kriegshälfte sind dem Autor nur einen einzigen Satz wert, und er macht sich das Erstaunen der GHH-Festschrift zu eigen, darüber dass es „trotz" der Fürsorgemaßnahmen der Betriebsleitung, denen ein ganzer Absatz gewidmet ist, zu Streiks gekommen sei (S. 129). Die ausführlichen Niederschriften über die Sitzungen der Arbeiterausschüsse, die nach dem Hilfsdienstgesetz auch bei der GHH eingerichtet werden mussten, eine Fundgrube hinsichtlich der Beschwerden der Arbeiter, bleiben unberücksichtigt. Fast vollständig ausgeblendet werden die Revolutionszeit 1918/19 und die Rolle des Konzernchefs in den Tagen nach dem Kapp-Putsch. Der Autor des zweiten Teils erwähnt diese Phase nur beiläufig in einem einzigen Absatz mit teilweise doch etwas pauschalen Anmerkungen und ohne ausreichende Belege (S. 250–251).

Ein ganzes Kapitel (acht Seiten) ist der „Übernahme der M. A. N. durch die GHH" gewidmet. Hier überrascht jedoch die sehr stark personalisierende Sichtweise. Der alte Vorstandsvorsitzende der MAN, von Rieppel, lehnte die Verbindung ab, weil er „Reusch nicht leiden konnte" (S. 241). Diesem gelang es dann doch, unter geschickter Ausnutzung „einer zufälligen Begebenheit" (S. 242). und während der Krankheit des MAN-Chefs sein Intrigenspiel einzufädeln und so den Konkurrenten Stinnes aus dem Feld zu schlagen. „Wäre [MAN-Chef von Rieppel] zu diesem Zeitpunkt gesund gewesen, dann hätte er seinen ganzen Einfluss geltend gemacht, um eine Verständigung zwischen [dem Aufsichtsratsvorsitzenden] Cramer-Klett und Reusch zu verhindern" (S. 242). Der Aufsichtsratsvorsitzende Cramer-Klett jedoch war leicht zu überrumpeln, denn „er hatte kein besonderes Interesse an der Wirtschaft. Seine Leidenschaft galt inzwischen der katholischen Kirche, und auf dem Katholikentag, dessen Präsident er 1925 wurde, fühlte er sich entschieden wohler als in einer Aktionärsversammlung" (S. 243). An dieser zentralen Stelle hätte sich der Leser mehr Informationen gewünscht, z. B. über die Finanzierung der umfangreichen Aktienkäufe, über die Kriegsgewinne der GHH, die dafür wohl notwendigerweise herangezogen wurden, über Unternehmensstrategien und Investitionspläne und nicht zuletzt über die betriebsinterne Personalpolitik und den Umgang mit den Arbeitern und deren Gewerkschaften. Stand nicht der Name Stinnes, des Hauptkonkurrenten in der Übernahmeschlacht, für die Zentralarbeitsgemeinschaft mit den Gewerkschaften? Und war nicht Reusch als der engagierteste Schutzpatron der Gelben Gewerkschaften und als leidenschaftlicher Gegner der Sozialdemokraten bekannt? Diese Faktoren können doch für den Ausgang des Konflikts nicht ganz belanglos gewesen sein. Ein so exzellenter Kenner der Materie wie Gerald D. Feldman charakterisiert Rieppel als einen Mann, der „in seinen sozialen Ansichten moderner und an einer Verständigung mit der organisierten Arbeiterschaft interessierter"[3] gewesen sei als andere Direktoren der MAN. Dies würde gut erklären, *warum* er Reusch „nicht leiden konnte". Leider wird solchen Fragen nicht nachgegangen.

Einige Seiten weiter wird für die Radikalisierung der Arbeiterschaft in der Weltwirtschaftskrise diagnostiziert: „Nun rächte es sich, dass die GHH in ihre Montanbetriebe nicht so viel investiert hatte wie z. B. Krupp, weil die Gelder in die neuen weiterverarbeitenden Tochtergesellschaften geflossen waren" (S. 260). Dies ist nun in der Tat eine hoch interessante, den Kern der Unternehmensstrategie betreffende Wertung. Belege für diese einseitige, aus der Sicht des Ruhrgebiets schmerzliche Bevorzugung der süddeutschen Verarbeitungsbetriebe des Konzerns sucht der Leser beim Zurückblättern jedoch vergeblich.

Die für eine Unternehmensgeschichte außergewöhnlich starke Personalisierung ist auch darauf zurückzuführen, dass sich die Autoren bei der Darstellung der Konzernbildung überwiegend auf das 40 Jahre alte, ganz unkritische Buch von Maschke verlassen, der Reusch in

---

[3] Gerald Feldman: Das Großunternehmen im deutschen Industriesystem: Die M. A. N. 1900–1929, in: ders: Vom Weltkrieg zur Weltwirtschaftskrise. Studien zur deutschen Wirtschafts- und Sozialgeschichte 1914–1932, Göttingen 1984, S. 169.

teilweise geradezu hymnischen Tönen als den „Schöpfer" des Konzerns preist.[4] Durchgängig wird von den Autoren auch auf eine dünne, jedoch opulent gestaltete, vom GHH-Konzern 1930 herausgegebene „Denkschrift" und die im Dritten Reich erschienene Festschrift zum 125-jährigen Jubiläum der GHH verwiesen. Wie schon die Festschrift zum Hundertjährigen erscheinen diese Werke in den Anmerkungen jeweils nur mit dem Autorennamen, womit der Eindruck erweckt wird, als handle es sich um wissenschaftlich anerkannte Werke. Ein paar Hinweise auf den Wert der Belege aus offiziellen Werkspublikationen und auf die Informationslücken, die derartigem Material zwangsläufig anhaften, hätten der Lesbarkeit des Buches nicht geschadet.

Die Rolle von Paul Reusch in der Weimarer Republik, seine reaktionäre, anti-gewerkschaftliche und anti-demokratische Einstellung wird nicht beschönigt. Im Kapitel über „Zusammenarbeit und Konflikte mit dem nationalsozialistischen Regime" fokussiert die Darstellung ebenfalls sehr stark auf das Verhalten der Manager, vor allem auf die Person des Konzern-Chefs. Den angemessen dokumentierten Ausführungen über die Einbindung aller Werke des Konzerns in die Kriegsmaschinerie des NS-Regimes werden recht ausführliche Schilderungen einzelner Konflikte mit lokalen Parteibonzen und, was Reusch angeht, auch mit einzelnen oberen Chargen der NS-Hierarchie gegenübergestellt. Die Vorstandsmitglieder des GHH-Konzerns in den dreißiger Jahren werden namentlich aufgelistet (S. 286), es wird hervorgehoben, dass nur ganz wenige Parteimitglieder waren. Aber fällt dies gegenüber der Tatsache ins Gewicht, dass von den verantwortlichen Managern kein einziger offen Bedenken geltend machte gegen die unauflösliche Verknüpfung von „Aufrüstung, Autarkie, Aggression und Ausrottung"[5] in der Wirtschaftspolitik der NS-Regierung? Der Autor scheint sich mit seinen Wertungen auch nicht ganz wohlzufühlen, wenn er als Fazit vermutet, dass „der Anteil der Parteimitglieder wohl geringer als in vergleichbaren Großunternehmen" (S. 290) gewesen sei und dass „der nationalsozialistische Einfluss in den Betrieben der GHH Oberhausen offenbar stärker … als bei der M. A. N." (S. 291) zugenommen habe.

Dass vor allem Reusch einigen Erscheinungsformen der NS-Herrschaft innerlich distanziert gegenüber stand, ist bekannt. Wertvoll ist in dieser Hinsicht das ausführlich präsentierte Quellenmaterial zu den Konflikten des über 70-jährigen Generaldirektors mit Repräsentanten des Regimes ganz am Ende seiner Amtszeit. Die Unternehmerpersönlichkeit Reusch kann jedoch nicht ausschließlich rückblickend von den Umständen seines Abganges her gesehen und beurteilt werden. Die intensiven Bemühungen um die Anknüpfung von Kontakten mit hochrangigen Vertretern des NS-Regimes (z. B. Keppler und Blomberg) – auch durch Reusch persönlich – und die geschmeidige Anpassung seines Stellvertreters Kellermann an die politischen Rahmenbedingungen bleiben ausgespart. Die auch im Dritten Reich für die alten Machteliten fortbestehenden Handlungsspielräume, zumindest in den ersten Jahren vor Inkrafttreten des Vier-Jahres-Planes, werden nicht ausgeleuchtet.

Peter Langer

---

4 Erich Maschke: Es entsteht ein Konzern. Paul Reusch und die GHH, Tübingen 1969, S. 187.
5 Peter Hayes: Vorwort zu: Stephan H. Lindner: Hoechst. Ein I. G. Farben Werk im Dritten Reich, München 2005, S. IX.

Rosa Luxemburg zwischen Theorie, Politik und Umfeld

Ottokar Luban: Rosa Luxemburgs Demokratiekonzept. Ihre Kritik an Lenin und ihr politisches Wirken 1913–1919, Leipzig: Rosa-Luxemburg-Stiftung Sachsen 2008 (= Rosa-Luxemburg-Forschungsberichte 6), 314 S., 14,50 €.

Das Werk und die Person Rosa Luxemburgs nehmen in der Geschichte der sozialistischen Bewegung eine besondere Stellung ein. Sie ist nicht nur durch ideengeschichtliche Hintergründe, theoretische Impulse und politische Konsequenzen von Luxemburgs Tätigkeit in den Arbeiterparteien, sondern auch durch ihre wechselvolle, ambivalente historische Rezeption oder auch Instrumentalisierung bedingt. Kontroverse Einschätzungen und Interpretationen, die diese Rezeption bestimmten, wirken zum Teil auch in den neueren Diskussionen um die Theorie und politische Praxis Rosa Luxemburgs nach, die u. a. vor einigen Jahren im „Mitteilungsblatt des Instituts für soziale Bewegungen" (29/2003) dokumentiert wurden. Zur wissenschaftlichen, länder- und disziplinübergreifenden Auseinandersetzung mit Rosa Luxemburg trägt mit ihren Konferenzen und Publikationen auch die nunmehr seit drei Jahrzehnten bestehende Internationale Rosa-Luxemburg-Gesellschaft bei, deren langjähriger Sekretär Ottokar Luban zahlreiche Arbeiten zur Geschichte der Sozialdemokratie und der Arbeiterbewegung in Deutschland, insbesondere während des Ersten Weltkriegs und der Novemberrevolution, veröffentlicht hat.

In seinem Buch zum Demokratiekonzept Luxemburgs sind Beiträge versammelt, die in letzter Zeit in unterschiedlichen Fassungen und an verschiedenen Orten – so auch im „Mitteilungsblatt"[6] – bereits erschienen sind. Dabei werden etwa die Stellung Luxemburgs zu Partei- und Revolutionsauffassungen in der deutschen und russischen Sozialdemokratie, zur revolutionären Politik in Russland, ihre Rolle in den revolutionären Ereignissen von 1918–1919 oder die parteioffizielle Lesart und Einordnung ihrer Positionen und Schriften in der SED behandelt. Im Unterschied zu anderen jüngeren Untersuchungen, die z. B. Formen der Sakralisierung von Politik und politische Mythenbildung in den Blick nehmen,[7] konzentriert sich Luban auf eher traditionelle Themen der Luxemburg-Forschung – Demokratie, Massenstreik, Spartakusgruppe, Januaraufstand. Dabei zieht er zum Teil wenig bekannte Materialien aus deutschen und internationalen Archiven heran.

In den Beiträgen über das Demokratiekonzept Luxemburgs und ihre Kritik am leninistischen Parteikonzept arbeitet Luban erneut ihre basisdemokratischen Prinzipien heraus. In den Fallstudien zur Stellung der revolutionären Obleute und der Spartakusgruppe gegenüber politischen Streiks während des Ersten Weltkrieges oder zur Situation innerhalb der KPD-Führung zur Zeit des Aufstandes im Januar 1919 wird einerseits der Gang der Ereignisse detailliert nachgezeichnet. Andererseits versucht Luban, teilweise in Abgrenzung zu etablierten Interpretationsmustern der bundesrepublikanischen Forschung zur Geschichte der Arbeiterbewegungen und der Sozialdemokratie, Luxemburgs theoretische Ansichten

---

6 Vgl. Heft 36 (2006), S. 115–125; Heft 40 (2008), S. 25–41.
7 Vgl. Barbara Könczöl: Märtyrer der Sozialismus. Die SED und das Gedenken an Rosa Luxemburg und Karl Liebknecht, Frankfurt am Main/New York 2008.

und Einstellungen zur konkret-historischen Praxis der Arbeiterbewegung im Kontext kontroverser Meinungen und Deutungen einzuordnen.

Der Beitrag zu Führung und Basis der Spartakusgruppe in den Jahren 1915–1918 liefert auf der Basis von Polizei- und Gerichtsakten u. a. eine kurze biographische Übersicht über die Mitglieder des Kreises um Karl Liebknecht und Rosa Luxemburg sowie quantitative Auswertungen dessen Zusammensetzung nach Alter, Familienstand, Beruf, Partei- und Gewerkschaftsfunktionen. Damit wird ein erster Schritt in Richtung einer kollektivbiographischen Erfassung der unmittelbaren Träger von revolutionären Gruppierungen und Bewegungen der Kriegs- und Revolutionszeit getan.

Neben den die Tätigkeit Luxemburgs oder die Aktionen der Arbeiterbewegung während des Kriegs behandelnden Beiträgen enthält der Band auch mehrere Skizzen, meist biographischen Charakters, die Personen aus ihrem Umkreis gewidmet sind. So werden sowohl Clara Zetkins Einfluss auf die Spartakusgruppe als auch etwa die Rolle von Mathilde Jacob, einer Freundin und Weggefährtin Luxemburgs, innerhalb dieser Gruppe und später in der KPD näher beleuchtet. Der Skizze über Jacob sind außerdem zwei ihrer Briefe an Zetkin aus dem Jahre 1919 beigefügt. In zwei weiteren Beiträgen werden darüber hinaus die Lebenswege von Fanny Thomas-Jezierska, einer internationalen Sozialistin, Komintern-Mitarbeiterin und Angehörigen der deutschen kommunistischen Opposition, sowie von Julius Gerson und Eduard Fuchs, Spendensammlern für die Aktionen der Spartakusgruppe, dokumentiert.

Im Ganzen bietet der Band eine – wenn auch nicht systematische – Zusammenfassung der Darstellungen zu Ereignissen, theoretischen und politischen Auseinandersetzungen und einigen Akteuren aus dem Umfeld der sozialistischen Bewegung in Deutschland während des Ersten Weltkrieges und der Revolution aus der Perspektive der basisdemokratischen Vorstellungen von Rosa Luxemburg und spiegelt somit den Kenntnisstand der letzten Jahrzehnte, mit Ergänzungen und Erweiterungen durch zugänglich gewordene Archivalien, wider.

Dimitrij Owetschkin

Die Weimar Republik als politische Sozialgeschichte

Ursula Büttner: Weimar. Die überforderte Republik 1918–1933. Leistung und Versagen in Staat, Gesellschaft, Wirtschaft und Kultur, Stuttgart: Klett-Cotta 2008, 864 S., 45.00 €.

Mit ihrer breit angelegten Gesamtdarstellung der Geschichte der Weimarer Republik möchte die Hamburger Historikerin Ursula Büttner eine fortlaufende Erzählung und zugleich ein Nachschlagewerk vorlegen. Dabei sieht sie sich den Prinzipen einer politischen Sozialgeschichte verpflichtet, da diese es „durch die Frage nach den gesellschaftlichen Voraussetzungen politischer und kultureller Entwicklungen am besten [ermögliche], die historischen Ereignisse in den verschiedenen Bereichen in ihrem Zusammenhang zu sehen" (S. 18). Diesen theoretischen Vorannahmen entsprechend, stellt sie in ihrem kurzen Forschungsüberblick zu Beginn des Buches vor allem die ältere politik- und sozialgeschichtliche Weimar-

Forschung vor. Detlev Peukerts Deutung der „Krisenjahre der klassischen Moderne" fehlt dabei überraschenderweise, und auch die an ihn anschließenden Arbeiten der letzten Jahre werden nur en passant erwähnt.

Im Aufbau des Buches folgt Ursula Büttner der klassischen Periodisierung der Weimarer Republik. In drei Großkapiteln untersucht sie „Begründung und Aufbau der Demokratie 1918–1923", die „Stabilisierung auf gefährdeter Grundlage 1924–1930" und „Wirtschaftsdepression, Staatskrise und nationalsozialistischer Angriff" beziehungsweise den „langen Untergang der Republik" von 1930 bis 1933. Zwischen diesen Kapiteln, in denen eine vor allem politik- und wirtschaftsgeschichtliche Narration entlang zentraler Ereignisse entwickelt wird, steht ein systematischeres Querschnittskapitel zu „Deutschland in den zwanziger Jahren: eine Gesellschaft zwischen Beharrung und Fortschritt". Eine hundertseitige, etwas unübersichtlich gegliederte Bibliographie, eine Zeittafel und viele gut ausgewählte und informative Statistiken sowie ein Sach- und ein mit Lebensdaten und Funktionen versehenes Personenregister runden das Buch ab und machen es zu einem nützlichen Nachschlagewerk.

Die Geschichtsschreibung über die Weimarer Republik wurde lange Zeit von politischen Auseinandersetzungen geprägt. Bei der Betrachtung der revolutionären Anfangsphase und der von der Weltwirtschaftskrise und den Präsidialkabinetten geprägten Endphase stand oftmals weniger die Frage im Vordergrund der Forschungsliteratur, warum die Beteiligten so handelten, wie sie eben handelten. Vielmehr ging es den Autorinnen und Autoren im Kern darum zu bestimmen, ob richtig oder falsch gehandelt wurde, welche Alternativen bestanden und wem Schuld und Verantwortung für das Scheitern der ersten deutschen Demokratie zuzusprechen sei. Diese Perspektive prägt auch die vorwiegend politikgeschichtlichen Abschnitte in Ursula Büttners Gesamtdarstellung, in denen sie die verschiedenen Kabinette und ihre politischen Handlungen nacheinander vorstellt und parallel die Strategien der wichtigen im Reichstag vertretenen Parteien untersucht. Ihre Sympathien liegen hier eindeutig bei der Mehrheitssozialdemokratie, der sie fast immer Realismus und Verantwortungsbewusstsein attestiert (zum Beispiel S. 497).

Für die Anfangsphase der Republik betont Ursula Büttner, dass der Kompromiss mit den alten Eliten, die Zusammenarbeit mit der OHL und der Bürokratie die „einzig mögliche verantwortungsbewußte" (sic) Handlungsweise gewesen sei, um das Chaos zu vermeiden (S. 43–53). Auch zur sogenannten „Erfüllungspolitik", die Reichskanzler Hermann Müller bereits 1919 vertreten habe, habe es „keine realistische Alternative" gegeben (S. 157). Obwohl Büttner oftmals die Kriterien offenlegt, nach denen sie diese Urteile über vergangene Möglichkeitsräume fällt, hätte man sich hier bisweilen eine genauere Argumentation darüber gewünscht, was in den jeweiligen historischen Konstellationen von wem für möglich gehalten wurde oder werden konnte. Schließlich waren diese und andere Fragen in der Weimarer Republik hoch umstritten und die politische Dynamik ergab sich gerade daraus, dass oftmals einflussreiche Gruppen andere Positionen vertraten als diejenigen, die nach Büttner verantwortungsbewusst und alternativlos waren.

In ihrer Betrachtung der Wirtschaftsentwicklung kommt Büttner im Unterschied zu Arbeiten, die nur die destabilisierende Wirkung der Inflation betonen, zu einem ausgewogenen Urteil über deren Vor- und Nachteile. Auch wenn die Geldentwertung für viele Bevölkerungsgruppen katastrophale Auswirkungen hatte und sich als Negativerfahrung einbrannte, habe die Inflation zunächst auch positive Auswirkungen für die gesamtwirtschaftliche Entwicklung gehabt. Ohne sie wäre der Aufschwung der deutschen Wirtschaft nicht möglich gewesen (S. 171 f.). Ebenso differenziert argumentiert Büttner in Bezug auf die oft als Stabilisierungsphase bezeichneten Jahre von 1924 bis 1929, dass diese Zeit zwar wirtschaftlich ruhiger war als die Zeit der Inflation und Weltwirtschaftskrise, aber angesichts von sechs Regierungswechseln in viereinhalb Jahren nicht eben stabil zu nennen ist. Trotz aller Belastungen und Schwierigkeiten der Republik sei jedoch der Übergang zu den Präsidialkabinetten – anders als konservative Kräfte in den 1920er Jahren behaupteten – „keine aus der Not geborene zwangsläufige Reaktion [gewesen,] sondern [...] mit dem Ziel des dauernden Verfassungswandels über längere Zeit bewußt (sic) vorbereitet" worden (S. 395).

In Bezug auf die Brüningsche Deflationspolitik argumentiert Büttner gegen Knut Borchardt, dass es zu dieser sehr wohl Alternativen gegeben habe, die von Brüning selbst gesehen, aber angesichts von übergeordneten außenpolitischen Zielen nicht ergriffen worden seien (S. 462 f.). Den Aufstieg der NSDAP schildert sie eindrücklich, ohne die wachsende Unterstützung der Partei zu linear auf Verunsicherungen während der Weltwirtschaftskrise zurückzuführen. Vielmehr betont sie auch die vorangegangenen Mobilisierungen in bestimmten Bevölkerungskreisen, wobei man hier – gerade auch über eine genauere Einbeziehung der nationalsozialistischen Wahlkämpfe und Parteiorganisation – vielleicht noch genauer hätte sein können, soweit das im Rahmen einer Überblicksdarstellung möglich ist. Jenseits ihrer allgemeineren sozialhistorischen Überlegungen wird Büttners Analyse des Endes der Republik dann stark personalisiert, indem sie letztlich der konservativen Kamarilla um Hindenburg die Verantwortung für die „Auslieferung der Macht an Hitler" gibt.

Macht wird hier offenbar nicht als komplexe Beziehung zwischen verschiedenen Akteuren verstanden, sondern als etwas, das man besitzen und über das man verfügen kann. Damit unterscheidet sich Büttner von neueren Überlegungen zur Kulturgeschichte der Politik: Kultur ist hier kein integraler Bestandteil von Politik- und Sozialgeschichte, sondern vielmehr ein Teilbereich, der neben den anderen zu stehen scheint. Das zeigt sich vor allem in ihrem Kapitel zur deutschen Gesellschaft in den 1920er Jahren. Diese wird wesentlich sozialstatistisch erfasst, auf ihre Selbstdeutungen und Formen Weltaneignung wird dagegen kaum eingegangen. Kultur unterteilt Büttner in Hoch- und Populärkultur und versteht beide vor allem als „Widerspiegelungen" der politischen oder sozialen Verhältnisse, anstatt ihnen eine eigene Entwicklungslogik und auch Wirksamkeit zuzugestehen (Formulierungen auf den Seiten 297, 324 und 326). Darüber hinaus übernimmt sie den konservativ-kulturpessimistisch imprägnierten Topos der „Massenkultur" einfach als Analysekategorie, anstatt ihn selbst zu historisieren.

Insgesamt können die auf Kultur und Gesellschaft bezogenen Abschnitte weniger überzeugen als die Schilderung der politischen Ereignisabläufe. Diese gerät bisweilen zu einer Geschichte der Handlungen einzelner Akteure, die in genauen Porträts vorgestellt werden. Die gesellschaftlichen Voraussetzungen dieser Geschichte und damit auch die spezifische

Explikationsleistung der Sozialgeschichte werden dabei nicht immer deutlich. Nichtsdestoweniger überzeugt die Erzählung durch Engagement, Präzision und flüssigen Stil, wobei man über einzelne Wertungen angesichts ihrer letztlich politischen Imprägnierung wohl weiter wird streiten können.

Am Ende des Vorworts bedankt sich Ursula Büttner bei Wolfgang Benz, der „die Veröffentlichung durch seine Überzeugungskraft entscheidend gefördert" habe, wofür sich dieser wiederum auf dem vom Verlag gestalteten Schutzumschlag mit der Bemerkung revanchiert, es handele sich um eine „für lange Zeit uneinholbare Darstellung der Weimarer Republik". Aus stärker kulturhistorischer Perspektive drängt sich bei dieser Formulierung die Frage auf, ob Büttners Gesamtdarstellung nicht vielleicht überholt werden kann, ohne sie einzuholen. Dazu müssten die neueren Ansätze der Weimar-Forschung zu einer integrierten Deutung verbunden werden. Vielleicht sind die Arbeiten, die in den letzten zwanzig Jahren die Verhaltensweisen, Aneignungs- und Deutungsleistungen der historischen Akteure gegen die Dominanz der sozialhistorischen Betrachtung in den Mittelpunkt gestellt haben, allerdings zu heterogen, als dass sie in einer Geschichte auf ein paar hundert Seiten zusammengeführt werden könnten. Eine solche neue Geschichte der Weimarer Republik bleibt jedenfalls noch zu schreiben. Über ihre politische Sozialgeschichte hingegen informiert Ursula Büttner umfassend und kompetent.

Rüdiger Graf

Alltagsprobleme einer revolutionären Partei:
Eine Sozialgeschichte der Weimarer KPD und ihrer Mitglieder

Ulrich Eumann: Eigenwillige Kohorten der Revolution. Zur regionalen Sozialgeschichte des Kommunismus in der Weimarer Republik, Frankfurt am Main etc.: Peter Lang. Europäischer Verlag der Wissenschaften 2007, 379 S., 59,70 €.

Die Forschung zur Geschichte der Kommunistischen Partei Deutschlands (KPD) war lange Zeit von einem entscheidenden Mangel geprägt: Die in erster Linie politikgeschichtlichen, z.T. in hohem Maße ideologisch gefärbten Arbeiten gründeten sich durchweg auf der Annahme, die Parteiführung habe ihre Beschlüsse ohne Widerstände in der willfährigen Basis verankern können. Dass es bereits auf der Ebene der Funktionäre Reibungsverluste geben konnte und die „Parteisoldaten" der KPD somit „einen möglichen Störfaktor in der Kommunikation zwischen Partei und Bevölkerung"[8] darstellten, war dabei nur ein Teil des Versäumnisses.

Inwieweit das einfache KPD-Mitglied in der Weimarer Zeit nicht nur ein willkommenes und wehrloses Objekt der Durchherrschung „von oben", sondern ein ernst zu nehmender

---

8 Till Kössler: Vom Soldaten zum Manager. Kommunistische Funktionäre nach 1945, in: ders./Helke Stadtland (Hg.): Vom Funktionieren der Funktionäre. Politische Interessenvertretung und gesellschaftliche Integration in Deutschland nach 1933, Essen: Klartext Verlag 2004, S. 179–201, hier S. 181 (Veröffentlichungen des Instituts für soziale Bewegungen. Schriftenreihe A, Darstellungen; Bd. 30).

Faktor bei der Umsetzung von Entscheidungen in die Alltagspraxis der Partei ist, wurde erst Mitte der 1990er Jahre erkannt. In diesem Zusammenhang ist die Habilitationsschrift „Milieu und Avantgarde" von Klaus-Michael Mallmann,[9] die einen Paradigmenwechsel in der Kommunismusforschung einleitete, als erste sozialgeschichtliche Studie zum deutschen Kommunismus im engeren Sinne anzusehen.

Die Untersuchung von Ulrich Eumann, die aus einer Kölner Dissertation hervorgeht, schreitet auf dem von Mallmann bereiteten, in erster Linie auf das Saargebiet bezogenen Forschungsfeld voran. Um ein differenziertes Bild der Alltagspraxis der Weimarer KPD und ihrer Mitglieder zu gewinnen, nimmt Eumann fünf verschiedene Regionalorganisationen (Bezirke) der Partei in Berlin-Brandenburg, Oberschlesien, Pommern, Westsachsen und im Ruhrgebiet vergleichend in den Blick.

Nach der Darstellung der historischen Rahmenbedingungen (S. 31–42) in den einzelnen Bezirken widmet sich der Verfasser dem Aufbau der Bezirksorganisationen und der Sozialstruktur ihrer Mitglieder (S. 42–86). Dabei werden erstmals die aggregiert vorliegenden Daten der KPD-Mitgliederbefragungen, die so genannten Reichskontrollen der Jahre 1927 und 1928, als Quelle herangezogen. In den folgenden Kapiteln wendet sich Eumann u. a. den Kommunikationswegen zwischen Parteiführung und Basis sowie der symbolischen Integration der Parteimitgliedschaft anhand von Liedgut und Feiern zu (S. 87–255), bevor er abschließend das eigentliche Mitgliederverhalten, d. h. die politische Basistätigkeit in den fünf Bezirken (S. 257–350), untersucht und bewertet. Damit folgt Eumanns Gliederung weitgehend dem aus der Soziologie entlehnten theoretischen Rahmen des „Methodologischen Individualismus": Ausgehend von vorgefundenen gesellschaftlichen und politischen Strukturen wird individuelles Handeln, hier u. a. anhand der Ergebnisse der Mitgliederbefragungen, erklärt und diese Erklärung wiederum auf die kollektive Ebene, das konkrete Mitgliederverhalten der Basis in den Bezirken, übertragen.

Im Folgenden seien zwei Aspekte der Arbeit hervorgehoben: Was die Sozialstruktur der KPD-Mitglieder in der Weimarer Zeit anbelangt, bestätigt Eumann in einigen Punkten das von der Forschung zur Geschichte der Arbeiterbewegungen umrissene Bild. So präsentierte sich die KPD als recht junge Partei; Ende der 1920er Jahre waren knapp zwei Drittel ihrer Mitglieder zwischen 18 und 40 Jahren alt. Hinsichtlich der Beschäftigungsstruktur war der Bezirk Ruhrgebiet mit einem Industriearbeiter-Anteil von über 80 Prozent „noch etwas ‚proletarischer'" (S. 71) als im Gesamtdurchschnitt, der bei etwa 68 Prozent lag.

Wenngleich der Verfasser beinahe enttäuscht feststellt, dass sich „die Parteimitglieder in Berlin, Essen, Stettin, Leipzig oder Gleiwitz sozialstrukturell kaum voneinander [unterschieden]" hätten (S. 355), fördert Eumanns Regionenvergleich doch eine Reihe interessanter Befunde zutage. So wies der Bezirk Westsachsen mit knapp 75 Prozent den mit Abstand höchsten Anteil an gewerkschaftlich organisierten KPD-Mitgliedern auf, da in dieser Region, der Hochburg der deutschen Arbeiterbewegung, eine entsprechende Milieuentwicklung bereits deutlich früher als im Ruhrgebiet (rund 50 Prozent) oder in Oberschlesien

---

9 Klaus-Michael Mallmann: Kommunisten in der Weimarer Republik. Sozialgeschichte einer revolutionären Bewegung, Darmstadt 1996.

(knapp 48 Prozent) eingesetzt hatte. In Westsachsen hatte fast ein Drittel der Organisierten bereits vor 1914 einer Gewerkschaft angehört und war mithin „in seinem Organisationsverhalten durch eine Gewerkschaft, und nicht durch die Kommunistische Partei geprägt" worden (S. 74). Trotz vergleichsweise geringer Mitgliederzahlen und chronischer infrastruktureller Probleme lag im weitläufigen KPD-Bezirk Pommern die gewerkschaftliche Organisationsquote angesichts der Schwäche des Deutschen Landarbeiter-Verbands mit etwa 60 Prozent hinter Berlin-Brandenburg an beachtlicher dritter Stelle.

Wie Eumann in seinem Resümee zu Recht betont, habe sich die KPD, „soziologisch betrachtet, als eine völlig normale Partei" entpuppt, in der „ein nur schwer zu bändigendes Durcheinander divergierender Interessen und konfliktträchtiger Beziehungen" (S. 351) zum Tragen gekommen sei. Dies zeigt sich beispielsweise beim Versuch der Parteiführung, ab 1923/24 als Organisationsform an der Basis die von der SPD übernommenen Wohnbezirke abzuschaffen und durch so genannte Betriebszellen zu ersetzen. Die Betriebszellen, deren Aufbau von Walter Ulbricht, Spitzname „Genosse Zelle", geleitet wurden, sollten die gewerkschaftlichen Funktionen in den Betrieben rasch erobern und insgesamt die revolutionären Ziele der Partei erreichbarer machen.

Diese Pläne stießen jedoch, wie Eumann überzeugend herausarbeitet, bei den meisten Mitgliedern aus mehreren Gründen auf wenig Gegenliebe. Der bestimmende Faktor war in den 1920er Jahren die Furcht, sich im Betrieb angesichts von Rationalisierungsmaßnahmen und Massenentlassungen in der Industrie bei der Herausgabe von Betriebszeitungen, bei Mitgliederversammlungen oder beim bloßen Entrichten von Mitgliedsbeiträgen als Kommunist erkennen geben zu müssen und damit den Verlust des Arbeitsplatzes zu riskieren. Die ablehnende Haltung der einfachen Mitglieder äußerte sich auf vielfältige Weise: Sie reichte von dem Versuch, „sich in den Betrieben unsichtbar zu machen" (S. 261) bis hin zu offenem Widerstand und Parteiaustritten. Überdies standen einem funktionierenden Betriebszellenaufbau in einzelnen Branchen auch die spezifischen Arbeitsstrukturen, wie z. B. das Dreischichtensystem im Steinkohlenbergbau, im Wege. Somit wurde, wie der Autor betont, „die Reorganisation der Partei (…) vom einmaligen Akt zum Dauerzustand, und die Bolschewisierung der KPD damit zum unvollendeten Dauerprojekt" (S. 267).

In diesem Kontext kommt auch deutlich zum Ausdruck, dass die Parteiführung der KPD offenbar mit dem Problem der organisatorischen Zusammenfassung der erwerbslos gewordenen, nicht mehr betriebstätigen Genossen überfordert war. So bestanden die 1925/26 eingerichteten Straßenzellen in der Regel aus einer amorphen Personengruppe nicht betriebstätiger Mitglieder, die wenig verband und die aus „politisch-strategischer Perspektive eine vollkommen überflüssige Institution ohne eigene positive Zielsetzung" (S. 277) darstellten.

Nach Ausbruch der Weltwirtschaftskrise stieg die Zahl der Betriebs- und Straßenzellen, insbesondere zwischen 1930 und 1931, sprunghaft an. Während der Anstieg bei den Straßenzellen zweifellos auf das „neue" Heer an Erwerbslosen zurückzuführen ist, die es zu organisieren galt, wird die Zunahme bei den Betriebszellen von Eumann leider nicht erklärt. Dies wäre gerade vor dem Hintergrund einer regelrechten „Massenflucht" von KPD-Mitgliedern aus den Betriebszellen seit Beginn der Krise hilfreich und notwendig gewesen.

Insgesamt hat Ulrich Eumann eine überzeugende, in hohem Maße quellengesättigte Sozialgeschichte der Weimarer KPD vorgelegt, die die Alltagsprobleme einer programmatisch revolutionären, hinsichtlich ihrer Organisationsstrukturen dennoch „normalen" Partei erkennbar werden lässt. Dass die Lesbarkeit der Darstellung zuweilen etwas unter der Dominanz des eingebrachten statischen Materials leidet, ist zweifellos dem Thema geschuldet und soll deshalb nicht als Kritikpunkt verstanden werden. Schließlich gehören gerade auch die z.T. erstmals systematisch ausgewerteten Quellen zu den Vorzügen der Untersuchung, die der künftigen Kommunismusforschung in Deutschland weitere Anregungen bieten dürfte.

Thomas Urban

Laboratorium der „Volksgemeinschaft"

Kathrin Kollmeier: Ordnung und Ausgrenzung. Die Disziplinarpolitik der Hitler-Jugend. Göttingen: Vandenhoeck & Ruprecht 2007 (Kritische Studien zur Geschichtswissenschaft Bd. 180), 384 S., 44,90 €.

Als Massenorganisation repräsentierte die Hitler-Jugend einerseits die nationalsozialistische Gegenwartsgesellschaft. Als umfassende Jugendorganisation fungierte sie andererseits als ein Zukunftslaboratorium für eine kommende Gesellschaft der bereits im Nationalsozialismus Sozialisierten, indem sie deren vermeintlich künftige Führer rekrutierte und vorbereitete, die „Gemeinschaftsfähigen" erfasste und disziplinierte sowie die „Nicht-Gemeinschaftsfähigen" identifizierte und ausgrenzte. In Kathrin Kollmeiers Dissertation zur Geschichte der Hitler-Jugend zwischen 1933 und 1945 geht es also um die Gegenwart und Zukunft der NS-Gesellschaft, um deren Praxis und Konzept, die mit Hilfe des diskursanalytischen Ansatzes erfasst werden sollen. Zentraler analytischer Bezugspunkt der Untersuchung ist der Begriff der „Ordnung", die praktisch wie konzeptuell durch Prozesse der Ein- und Ausgrenzung hergestellt wurde. Das konkrete Interesse der Arbeit gilt allerdings fast ausschließlich den Mechanismen und Prozessen der Ausgrenzung, mithin dem Disziplinarsystem und der Disziplinarpolitik der Hitler-Jugend als Herrschaftstechniken und Bestandteil der nationalsozialistischen Rassenpolitik, „die das Verhältnis von ‚innen' und ‚außen' der Gesellschaft bestimmt" (S. 16). Der kombinierte Zugriff auf Konzept und Praxis der Disziplinarpolitik erfolgt über verschiedene Quellenarten. Rechtshistorische Quellen wurden ebenso herangezogen wie das äußerst breite Verordnungs- und Organisationsschrifttum. Als zentrale Massendatenquelle zur Disziplinarpraxis wertet Kollmeyer die so genannte Warnkartei der Reichsjugendführung aus und greift darüber hinaus als regionale Bestände Unterlagen des HJ-Streifendienstes im ländlichen Süddeutschland sowie für Studien zur Jugendkriminalität schon verschiedentlich herangezogene Gestapo-Ermittlungsakten aus dem Regierungsbezirk Düsseldorf zurück.

Ein erster einführender Teil der Untersuchung führt in die Ordnung der „Volksgemeinschaft" und die Bedeutung der Hitler-Jugend als deren „Jugendordnung" ein. Als zentrale außerschulische Sozialisationsinstanz von Kindern und Jugendlichen bildete die Hitler-Jugend die für die langfristige Realisierung der nationalsozialistischen Gesellschaftsutopie grundlegende Organisation. Die Genese der mit ihr verbundenen sozialen und rechtlichen

Ordnungsvorstellungen verortet Kollmeyer in zwei Kontexten. Im zeitgenössischen rechtswissenschaftlichen Diskurs schuf die Kategorie der „konkreten Ordnung" (Carl Schmitt), erstens, eine Brücke zum Volksgemeinschaftsdenken und zu den NS-Massenorganisationen als Sozialformen der rassistischen Volksordnung. Dabei kam es zu einer grundsätzlichen Aufwertung des Disziplinarrechts auf der Basis des Gemeinschaftsdenkens, die einen Rückgriff auf die vormoderne Rechtskategorie der „Ehre" implizierte. Für die Entwicklung des Disziplinarrechtes als ebenso wichtig erwies sich, zweitens, die moderne Tradition eines separaten Jugendrechtes, das die Eigenständigkeit seines Rechtsbereiches wesentlich unter Bezug auf den Erziehungsbegriff reklamierte und den Anspruch der Reichsjugendführung auf eine eigene Judikative befestigte. Das Disziplinarrecht der Hitler-Jugend diente dabei nicht nur der Einführung klarer Ordnungen mit Gemeinschaftsbezug, sondern auch der Schulung der Mitglieder für diese.

Ein erster Hauptteil geht der Umsetzung solcher Konzepte im konkreten Aufbau und in der Praxis des Disziplinarsystems der Hitler-Jugend in den Jahren 1933 bis 1939 nach. Die Darstellung orientiert sich an den Disziplinartechniken der dokumentarischen Erfassung, der Überwachung und der Strafe des Ausschlusses. Die von der Hitler-Jugend zu erfassende Zielgruppe bemaß sich nach rassisch-erbbiologischen und nationalen Kriterien. Aufnahme fanden nur Jungen und Mädchen deutscher Staatsangehörigkeit mit nachgewiesener „arischer Abstammung", die zudem das Kriterium der „Erbgesundheit" erfüllen mussten. Seit 1934 bildete eine aufwändige und personalintensive karteimäßige Erfassung der Mitglieder die Grundlage des disziplinarischen Zugriffs auf sie. Komplementär zur Mitgliederkartei entstand eine Warnkartei, die ausgeschlossene Mitglieder dokumentierte und die mit den Karteien anderer Parteistellen vernetzt war, um als nicht „Gemeinschaftsfähige" Identifizierte dauerhaft von Partei- und dieser angeschlossenen Gliederungen fernzuhalten. Die Überwachung der Disziplin zählte zu den Aufgaben des HJ-Streifendienstes, der zugleich an der Einschüchterung anderer Jugendgruppen und damit an den Monopolisierungsbestrebungen der Hitler-Jugend mitwirkte. Auch der HJ-Streifendienst kooperierte eng mit anderen Repressionsinstanzen des NS-Staates. Der Disziplinierung Einzelner zur „Erziehung" der Gruppe dienten „Ehrenstrafen" die, wie Degradierungen des Führungspersonals oder Verbote, Ehrenzeichen und bestimmte Uniformteile zu tragen, sich an militärische Disziplin- und Ehrkonzepte anlehnten.

Im Zentrum der strafenden Disziplinarpraxis stand jedoch der Ausschluss aus der Organisation, der zugleich eine Ausgrenzungsfunktion für die „Volksgemeinschaft" implizierte. Ausgeschlossenen, in „Warnkarteien", die anderen NS-Dienststellen zugänglich waren, erfassten Jugendlichen blieb auch die Teilhabe an anderen Organisationen und Funktionen der „Volksgemeinschaft" verwehrt. Etwa ein Drittel der Ausschlüsse erfolgte wegen Sexual- und Sittlichkeitsdelikten, von denen wiederum homosexuelle Verfehlungen in der männlichen Hitler-Jugend den Großteil ausmachten. Die Verfolgung homosexueller Delikte hatte jedoch auch eine politische Dimension, weil diese sich oft mit dem Vorwurf der bündischen Beeinflussung verbanden.

Der zweite Hauptteil führt die Argumentation für die Kriegsjahre unter der These einer kumulativen Radikalisierung fort. Als Zäsur wirkte hier bereits die Einführung der

Jugenddienstpflicht im März 1939, mit der die formale Unterscheidung zwischen einer allgemeinen HJ der Jugenddienstpflichtigen und einer Stamm-HJ als Parteigliederung eingeführt wurde. Mit der Jugenddienstpflicht, die konzeptionell der Arbeitsdienst- und Wehrpflicht verbunden war, weitete sich der Erfassungsanspruch der Hitler-Jugend erheblich aus. Der Kriegsbeginn bedeutete einen weiteren Einschnitt, weil er einerseits Personaleinbußen durch Wehrmachtseinziehungen von Funktionsträgern, andererseits aber verstärkte Kontrollinteressen mit sich brachte. Die Radikalisierung in der Disziplinarpraxis drückte sich in neuen Mitteln wie Jugendarresten, Jugendkonzentrationslagern oder Arbeitserziehungslagern sowie in intensivierter Zusammenarbeit mit anderen Verfolgungsorganen aus. Die Straf- und Disziplinarpolitik der Hitler-Jugend war aller Egalitätsrhetorik zum Trotz von vornherein geschlechtsspezifisch ausgerichtet, wenn beispielsweise homosexuelle Vergehen fast ausschließlich bei Jungen verfolgt wurden. Vor dem Hintergrund der steten Sorge vor einem moralischen Verfall der Kriegsgesellschaft rückte seit 1940 aber auch angeblich massenhafte Verwahrlosungserscheinungen bei Mädchen gerade in sexueller Hinsicht in den Fokus von Überwachung, Disziplinierung und Bestrafung durch die Hitler-Jugend.

Kathrin Kollmeier hat eine theoretisch und methodisch stets reflektierte, empirisch sorgfältig gearbeitete, in ihren Hauptthesen überzeugende und flüssig geschriebene Untersuchung zu einem wichtigen Thema der Gesellschaftsgeschichte des Nationalsozialismus vorgelegt, die unseren Kenntnisstand insbesondere in Hinsicht auf den Aufbau und das Funktionieren des Disziplinarsystems der Hitler-Jugend, die begleitenden rechtshistorischen Diskurse und die geschlechtergeschichtliche Dimension deutlich vertieft und erweitert. Sie kann am Disziplinarsystem der Hitler-Jugend zeigen, wie die Ausgrenzung und Isolation weniger „Nicht-Erziehungs- bzw. Gemeinschaftsfähiger" zur disziplinierenden Integration der Masse beitrug.

Hans-Christoph Seidel

Quellenzeugnis der Bewältigungsliteratur

Jürgen Lodemann (Bearb.): Der grosse Irrtum. Die Erinnerungen des NSDAP-Mannes Friedrich Lodemann, Berlin: Berlin University Press 2009, 160 S., 19,90 €.

Friedrich Lodemann (1894–1973), Bauernsohn aus Celle und Diplomingenieur bei der AEG in Berlin und ab 1925 in Essen, war ein zutiefst überzeugter Nationalsozialist. Sein Sohn Jürgen Lodemann, nicht nur im Ruhrgebiet bestens bekannt als Publizist und herausragender Vertreter einer kritischen Romanliteratur, hat nun – unter zwischengeschalteter, persönlich gefärbter Kommentierung –, die väterlichen Erinnerungen herausgegeben. Es handelt sich um eine Bekenntnis- und Rechtfertigungsschrift, die aus dem breiten Genre der Täter- und Opferbiographik deutlich heraus fällt, weil sie doch aufrichtige Anstrengungen dokumentiert, den Schuldvorwurf der Nachkriegszeit ernst zu nehmen und in Bezug zum eigenen Verhalten zu setzen. Mit Schmunzeln nimmt man die Entstehung des Herausgebers (geb. 1936), eines „Solljungen" der nationalsozialistischen Bevölkerungspolitik, zur Kenntnis. Es fehlt aber ein Ausblick auf die Bedeutung der väterlichen Rechtfertigung für die Urteilsbildung des Nachgeborenen.

Lodemann wurde 1931 Mitglied der NSDAP, aus der Überzeugung heraus, dass etwas Grundsätzliches geschehen müsse, und aus der persönlichen Wahrnehmung, dass dieser Hitler trotz allen „Gebrülls" „ja gar kein Radauredner" war. Und er mischte sich ein, zunächst einmal durch direkten Kontakt mit Gottfried Feder, dem er, nicht ohne wohlwollende Reaktion, schon vor dem Parteibeitritt Ansichten über die wirtschaftliche Lage und über Maßnahmen einer Besserung übermittelte. Demnach formten zwei große Irrtümer das Leben des Friedrich Lodemann: Fehlannahmen über die Beschaffenheit jener Bewegung, insbesondere über ihre Friedensfähigkeit, sowie über die gegen die jüdische Bevölkerung gerichteten Vernichtungspolitik. Es fällt schwer zu glauben, dass dem Memoirenschreiber die terroristische Judenpolitik bis hin zu den Deportationen gerade auch aus Essen entgangen sein sollte, so dass er erst im Juni 1945 von einem Franzosen „die fürchterliche Wahrheit über die deutschen Konzentrationslager" erfahren hätte. Das fällt vor allem dann schwer, wenn man Mark Rosemans beeindruckende Dokumentation der Lebensgeschichte von Marianne Ellenbogen (In einem unbewachten Augenblick, Berlin 2002), einer glücklich überlebenden Essener Jüdin aus mittel- bis großbürgerlichem Milieu, zum Vergleich und vielleicht auch zum Maßstab heranzieht.

Es fällt auch schwer angesichts der Schilderungen über Friedrich Lodemanns Parteikarriere. Sicher war er ein angesehener Essener Mitbürger, der sich das Vertrauen von Vorgesetzten, Kollegen und Arbeitern erwarb und deshalb als deren Vertrauensmann tätig wurde. Aber schon die frühen Kontakte nach München bzw. Berlin waren von einem wenig anpasserischen Eigensinn eines kritischen Parteimitglieds geprägt, der sich, geschützt durch den frühen Beitritt, manches an interner Kritik auch im lokalen Umfeld leisten konnte und sicher auch auf eine ihm wohl deshalb versagt bleibende Partei- oder Amtskarriere hoffte. Irgendwie war er darüber zu einem parteiintern bekannten und eben noch gelittenen Querulanten geworden, der dann im Herbst 1943 „von der Berliner Parteileitung den Auftrag" erhielt, „einen ‚völlig ungeschminkten Bericht' über die Stimmung im Volk zu verfassen". Das tat er, mit Kritik an der Partei nicht sparend, und er handelte sich darauf prompt ein Parteiverfahren in zwei Instanzen ein, aus dem er wegen der Fürsprache nahe stehender örtlicher Parteigrößen ohne Schaden hervorging. Die Nachkriegszeit: Das konnte Lodemann nicht verstehen, dass er, der sich immer kritisch geäußert hatte, als „Mitläufer" eingestuft wurde. Er zitiert gern und ausführlich aus seinen persönlichen Persilscheinen.

Und dann liest man von einer merkwürdigen Schuldprojektion: In seiner „totalen Ratlosigkeit" stellt er sich „immer wieder die Frage", wo sie denn geblieben seien, die amerikanischen Geheimdienste, überhaupt die Engländer und Amerikaner, ob diese nicht etwa durch Flugblätter das „unter einer Käseglocke staatlicher Lügen" lebende Volk der Deutschen hätten aufklären sollen. Und er fragt, nach dem Krieg, seinen ehemaligen Ortsgruppenleiter, was denn geschehen wäre, hätte man von den Verbrechen gewusst: „Die NSDAP wäre geplatzt", so die Antwort. Und so haben also die Alliierten, der Verdacht soll sich aufdrängen, durch Vorenthaltung von Information den Boden für „eine dauerhafte Verdammung der Deutschen als menschenjagende Nazis" schon während des Kriegs bereitet. Auch dieser Mann hat sich seine Geschichte zurechtgelegt. Die Forschung hat ein Quellenzeugnis der Bewältigungsliteratur hinzu gewonnen.

Klaus Tenfelde

„Stalin war kein Romantiker der Weltrevolution"

Michael Buckmiller/Klaus Meschkat (Hg.): Biographisches Handbuch zur Geschichte der Kommunistischen Internationale. Ein deutsch-russisches Forschungsprojekt. Berlin: Akademie Verlag 2007, 484 S., 59,80 €.

„Wie war es möglich, dass aufrechte Kämpfer, die sich einst von der Hoffnung auf Überwindung kapitalistischer Barbarei leiten ließen, keine Kraft oder keinen Willen zum Widerstand gegen neue Formen despotischer Herrschaft aufgebracht haben und sich für die Errichtung oder Festigung solcher Herrschaft instrumentalisieren ließen, bevor sie ihr oftmals selbst zum Opfer fielen?" So formuliert Klaus Meschkat (Hannover) die Leitfrage jenes deutschrussischen Forschungsprojekts, das mit dem vorliegenden Handbuch nach jahrelanger Arbeit im Rußländischen Staatsarchiv für sozialpolitische Geschichte (RGASPI) seinen Abschluss gefunden hat. Die beigefügte CD stellt mit 28.690 Datensätzen und 15.815 erschlossenen Biographien die größte biographische Datenbank zur Geschichte der Komintern und damit – gerade angesichts „einer sich verengenden Zugangspraxis zu russischen Archiven" – eine „unverzichtbare Grundlage" weiterer Forschungen dar. Hier ist der Nutzer aufgefordert, sich auf die „Spurensuche des Kollektiven im Individuellen" zu begeben und die Geschichte der Kommunistischen Internationale im Schicksal ihrer Mitarbeiter zu reflektieren. Die hier abrufbaren Personaldossiers zeichnen teilweise ergreifende Schicksale nach, gestatten erschreckende Einblicke in das Innere jenes gewaltigen bürokratischen Komplexes, der Kommunistische Internationale hieß, und tragen, wie Michael Buckmiller (Hannover) betont, mitunter den „Charakter einer polizeilichen Fahndungsliste" – eine Funktion, die sie ja tatsächlich erfüllt hatten: Stalin, der Propagandist des „Sozialismus in einem Lande", misstraute jener internationalistisch-revolutionären Organisation; zahllose Kominternmitarbeiter gerieten in den 1930er Jahren zwischen die Räder der stalinistischen Repressionen, und nicht wenige von ihnen endeten vor den Erschießungskommandos des NKWD.

Auch wenn Hermann Weber (Mannheim) davor warnt, die Geschichte des Kommunismus auf die Phase des Terrors zu reduzieren, so ist es nicht verwunderlich, dass die Depravation der Komintern von einem „Propagandaklub" weltbeglückender Intellektueller zu einem Instrument der sowjetischen Außen- und Machtpolitik einen Schwerpunkt des vorliegenden Sammelbandes bildet. Während Weber hier einen „Bruch" zu erkennen meint, gehen andere Beiträger von einem schleichenden Prozess aus, der bereits 1921 eingesetzt und – durch das Instrument der „Russischen Delegation beim EKKI" – die Komintern zusehends unter die Botmäßigkeit Moskaus gezwungen habe. Clara Zetkin, eine „Ikone" des internationalen Kommunismus, schrieb Ende der 1920er Jahre, dass sich die Kommunistische Internationale „aus einem lebenden politischen Organismus in einen toten Mechanismus verwandelt" habe, „der auf der einen Seite Befehle in russischer Sprache einschluckt und sie auf der anderen Seite in verschiedenen Sprachen ausspuckt".[10] Ganz ähnlich bezeichnete Martemjan Rjutin die Komintern noch 1932 als eine „Kanzlei Stalins für Angelegenheiten der kommunistischen Parteien" – er wurde noch im gleichen Jahr verhaftet und am 10. Januar 1937 vom NKWD erschossen.[11] Fortan erhob sich kaum noch eine Stimme gegen die Allmacht der „russischen Genossen". Das Prinzip von Befehl und Gehorsam bestimmte das Verhältnis der sowjetischen Mutterpartei zu ihren nationalen Ablegern ganz. Diesen Prozess der „Russifizierung" der Komintern durch ihre „sowjetische Sektion" zeichnen Alexander Vatlin (Moskau) und Olaf Kirchner (Hannover) in ihren Beiträgen überzeugend nach.

Die Ausweglosigkeit des Terrors erhellt gerade auch aus den biographischen Skizzen prominenter Kommunisten, wie sie Annelie Schalm (Hannover) über Ruth Fischer, Reinhard Müller (Hamburg) über Herbert Wehner und Michael Buckmiller über Paul Levi und Heinz Neumann vorlegen. Der Weg Ruth Fischers von der Spitze der KPD zur vehementesten Kritikerin des Stalinismus mag dabei, wie Paul Huber (Basel) zeigt, paradigmatisch für die konstruierte Normalbiographie der deutschen Leitungskader jüdischer Herkunft gewesen sein, von denen viele bereits in den 1920er Jahren mit dem Parteikommunismus brachen: Sie rückte nach dem gescheiterten Umsturzversuch im Oktober 1923 und der Verhaftung ihres Lebensgefährten Arkadi Maslow an die Spitze der KPD – dank der Protektion Stalins und trotz der Warnungen Radeks vor der schwer zu zügelnden „Demagogin". Den Kampf gegen die frühere Parteiführung um Paul Levi führte sie unbarmherzig, und die antisemitischen Töne, die sie mitunter anschlug, sind wohl bis heute in unguter Erinnerung: „Tretet die Judenkapitalisten nieder, hängt sie an die Laterne, zertrampelt sie."[12] In solchen, von Schalm leider nicht zitierten, Äußerungen erweist sich das aggressive Konvertitentum jener „sogenannten assimilierten Juden, die mit der jüdischen Religion gebrochen hatten" und die in der kommunistischen Weltkirche Heil und Zuflucht suchten (Huber). Aus diesem radikalen Bruch, den zu verkennen von bloßem Unverständnis zeugt, resultiert aber auch der Aberwitz jener Thesen vom „jüdischen Bolschewismus" oder von den Juden als „Tätervolk", die, leider noch immer nicht überflüssig zu betonen, „auf einer groben Geschichtsfälschung" beruhen (Kirchner).[13] Der von Fischer gesteuerte „ultralinke" Kurs, der mit derartigen Haßgesängen einherging, brachte die Partei jedenfalls bald an den Rand der Spaltung, und ihr Sturz – Entfernung aus dem Politbüro 1925, Parteiausschluss 1926 – entbehrte daher nicht einer gewissen Logik. Schalms Frage, ob Fischer nicht auch als „junge Frau in der männerbestimmten Welt des Kommunismus" gescheitert sei, scheint daher etwas kurz gegriffen, zumal Hubers Berechnungen ergeben, dass Frauen in den Führungsgruppen der nationalen KPs eher über- als unterrepräsentiert waren. Das Geschlecht habe bei Aufstieg oder Fall nur eine untergeordnete Rolle gespielt.

---

10 Vgl. Tania Puschnerat: Clara Zetkin. Bürgerlichkeit und Marxismus, Essen 2003.
11 Vgl. Annette Vogt: „Eine bestechende Analyse, eine fundierte Kritik, aber die Tragik des Martemjan Rjutin", in: Ketzer des Sozialismus, hrsg. von Theodor Bergmann und Mario Kessler, Mainz 1993, S. 140–154.
12 Zit. in Werner T. Angress: Die Kampfzeit der KPD 1921–1923, Düsseldorf 1973, S. 375.
13 Vgl. Johan Rogolla von Bieberstein: „Jüdischer Bolschewismus". Mythos und Realität, Dresden 2002.

Fischers Entmachtung folgte vor allem aber der Stalinschen Maxime der „Proletarisierung": Ernst Thälmann löste als „Muster-Proletarier" die bürgerliche Intellektuelle ab. Hinter ihm zog – wie Buckmiller zeigt – aber wiederum ein Intellektueller die Fäden: der ebenfalls aus bürgerlich-jüdischem Hause zum Kommunismus konvertierte Heinz Neumann, der seinen politischen Aufstieg vor allem seiner Rolle als Stalins deutscher Musterschüler verdankte, der sodann im innerparteilichen Machtkampf dem ihm im Intrigenspiel ebenbürtigen Thälmann unterlag, die Gunst Stalins verlor und der seinen Kopf noch im Gefängnis durch Anschuldigungen gegen die „konterrevolutionäre bucharinistisch-trotzkistische Organisation Pieck-Ulbricht" zu retten versuchte.[14] Neumann, in dessen politischem Lebensweg „die beiden Entwicklungslinien der Täter-Opfer-Dialektik verhängnisvoll" zusammenliefen, wurde 1937 vom NKWD erschossen. Sein Schicksal zeigt, dass die „eindimensionale Zuordnung des Verhältnisses von Tätern und Opfern" einer Differenzierung bedarf. Das gleiche ist im Fall Ignacy Rylskys, Leiters der Abteilung für Internationale Verbindungen des EKKI, zu konstatieren: „Um jeden einzelnen Genossen zu studieren, darf man auch nicht davor zurückschrecken, jedem Parteimitglied in die Seele hineinzukriechen, wenn nötig auch mit dreckigen Stiefeln", forderte er 1935, zwei Jahre bevor er – wie fast alle Mitarbeiter seiner Abteilung – verhaftet und erschossen wurde.

Herbert Wehner, der sich in seinen autobiographischen Äußerungen eine Opferrolle anmaßte, als deren Beglaubigung sein Parteiausschluss von 1942 diente, ist – zumindest in der Lesart Müllers – sehr viel eindeutiger der Täterseite zuzurechnen. Als von „innerparteilichem Geltungsdrang und zielstrebiger Herrschsucht" getriebener, ebenso wendiger wie anpassungsfähiger Funktionär habe er sich bereits zwischen 1931 und 1933 dem Stalinschen System im Kampf gegen Neumann, Remmele und Münzenberg als „omnipotenter Experte für ‚Parteisäuberungen'" angedient. Anders als Neumann (und mit ihm 70% aller in die UdSSR emigrierten KPD-Mitglieder) entging er der Verhaftung durch das NKWD und verfasste – laut Müller freiwillig und ohne akute Gefährdungslage – belastende Dossiers über innerparteiliche Konkurrenten. Dass er hierbei nur auf Anschuldigungen reagierte oder bewusst nur Personen belastete, die sich im sicheren Ausland aufhielten, weist Müller in das Reich der von ihm selbst gestrickten Legenden, die einer empirischen Untersuchung nicht standhielten. Als „Funktionstäter und Informant" sei Wehner Teil jenes „Stalinismus von unten" gewesen, ohne den der „Stalinismus von oben" nicht funktioniert hätte. Seiner Verantwortung hätte sich Wehner nie gestellt und sein Verhalten im Moskauer Exil stattdessen bemäntelt und verdrängt.[15]

Doch so aufschlussreich die individualbiographische Betrachtung einzelner Führungskader ist, so bietet doch gerade die beigefügte Datenbank kollektivbiographischen Deutungen eine empirische Basis, die Peter Huber in seinem Beitrag über das „Führungskorps der Komintern" systematisch auswertet: So erfahren wir, dass Frauen unter den Leitungskadern der

---

14 Zum Machtkampf zwischen Neumann und Thälmann vgl. auch Bert Hoppe: Moskau und die KPD 1928–1933, München 2007.
15 Einen sehr viel milderen Standpunkt zur Täter-Opfer-Problematik nimmt Christoph Müller: Herbert Wehner. Biographie, München 2006, ein.

Komintern – anders als in den nationalen KPs – konstant unterrepräsentiert waren; prominente Ausnahmen wie Angelika Balabanow, Clara Zetkin oder Dolores Ibárruri erfüllten mehr oder wenige reine Alibifunktionen. Mit durchschnittlich 44,3 % überstieg der Anteil der Hochschulabsolventen den der nationalen Parteieliten bei weitem. Hierzu ist jedoch einschränkend zu bemerken, dass dieser Anteil von 63,79 % im Jahr 1920 auf 37,32 % im Jahr 1937 schrumpfte. Hier ist also ein deutlicher Bedeutungsverlust der Intellektuellen – Stichwort: „Proletarisierung" – zu konstatieren, wenngleich die Stichwortgeber hinter den Vorzeigeproletariern – Heinz Neumann ist ein Beispiel – selbstredend weiterhin Intellektuelle waren. Kommunistische Kader jüdischer Abstammung bildeten über die gesamte Phase der Komintern mit 19 % die stärkste „Nationalität", wenngleich auch ihr Anteil von 27,3 % (1919) auf 12,7 % (1941) – komplementär zu dem der Intellektuellen – sank. Hoch interessant ist die von Huber vorgenommene nationale Aufschlüsselung der Repressionsopfer: Wenn in dem von „Zufall und Willkür" bestimmten Stalinschen Terrorsystem nämlich irgendeine Ratio waltete, so folgte sie den Interessen der sowjetischen Außen-, d. h. Expansionspolitik. So stieg der Anteil der „Repressierten" in den nationalen Sektionen mit der Nähe ihres Heimatlandes zur Sowjetunion. Von den jugoslawischen Kadern überlebte keiner den Stalinschen Terror; die polnischen Funktionäre wurden nach dem Verbot der KP Polens fast vollständig eliminiert; gleiches gilt für die Vertreter der baltischen Staaten. Deutschland liegt mit 10 (von 22) Verhafteten im Durchschnitt der Repressionsquote. Hier erweist sich die „Funktion der Komintern als ein Transmissionsriemen zwischen dem Stalinschen System und den kommunistischen Parteien", als eine Übersetzungsmaschine des Terrors, der Fridrich Forsow (Boston) seinen Beitrag über „Die Komintern und die ‚Große Säuberung'," widmet.

Das Forschungsprojekt, das auf dem Buchcover als deutsch-russisches ausgegeben wird, konnte aber ebenso auch auf Autoren und Vorarbeiten aus vielen anderen europäischen Staaten zurückgreifen. Nachdem José Gotovich (Brüssel) und Feliks Tych (Warschau) ihre Erfahrungem bei der Arbeit am „Biographischen Wörterbuch der Kommunistischen Internationale für die französischsprachigen Länder" bzw. am „Biographischen Handbuch der polnischen Arbeiterbewegung" geschildert haben, skizziert Klaus Meschkat den Stalinisierungsprozess in Lateinamerika. Dieser setzte, obwohl weit vom Moskauer Zentrum entfernt, die gleichen, teilweise absurden, aber immer gefährlichen, Mechanismen frei wie andernorts: So rief der brasilianische Parteiführer Luis Carlos Prestes nach einem erneuten Linienschwenk zum Kampf gegen den „Prestismus" auf; die Jagd auf Trotzkisten wurde in allen nationalen Sektionen zur obersten Parteimaxime erhoben – obwohl es in Lateinamerika gar keine trotzkistischen Gruppen gab, und auch hier sprachen kommunistische Intellektuelle kommunistischen Intellektuellen den richtigen Klassenstandpunkt ab. Eine wirkliche Aufarbeitung des Stalinismus in Lateinamerika lasse – laut Meschkat – bis heute auf sich warten. Insbesondere Kuba bleibe „dem stalinistischen Erbe der einstigen kommunistischen Weltbewegung verhaftet" und strahle damit auch auf andere Staaten des Subkontinents, auf Venezuela, Bolivien, Nicaragua und Paraguay, aus. Che Guevara, der mit seiner Verehrung Stalins nie hinter dem Berg gehalten hat, ist aus dem Folkloreschatz der Linken nicht mehr wegzudenken, und so ist Meschkats Sorge nur beizupflichten, dass, wer „die Rückbesinnung auf folgenreiche Irrwege scheut", Gefahr laufe, „sie noch einmal zu gehen".

Manche Fragen, wie die von Juri Tutotschkin (Moskau) nach der „Mentalität und Persönlichkeit" von in das Netz des Terrors verstrickten Kommunisten, sind von dem Historiker kaum hinreichend zu beantworten. Manch einer mag sich das „Gefühl der eigenen Würde" bewahrt haben, während andere den „Weg offenen Denunziantentums" beschritten, um unbeschadet aus den Wirren der Zeit hervorzugehen. Kaum einer hat aber jenen Mut aufgebracht, den Fjodor Raskolnikow, sowjetischer Botschafter in Bulgarien, im August 1939 mit seinem Offenen Brief an Stalin bewies: „Sie haben die Seelen Ihrer Mitstreiter entehrt und besudelt. [...] Sie sind ein Renegat, der mit seiner Vergangenheit gebrochen, der die Sache Lenins verraten hat."[16] Jene, die – wie Raskolnikow – mit dem Kommunismus brachen, waren Verstoßene, Heimatlose, „Renegaten", wie sie abschätzig genannt wurden, und vor diesem Hintergrund sind auch jene „Metamorphosen einiger Anhänger des internationalistischen Radikalismus zu mitunter eingefleischten Nationalsozialisten" zu verstehen, die Tutotschkin am Schicksal des österreichischen Kommunisten Karl Tomann festmacht und bei denen die Erfahrung des stalinistischen Terrors eine große Rolle spielte. Es ist diese Empathie, die wissenschaftliche Klarheit nicht mit Teilnahmslosigkeit verwechselt, die auch den Beitrag von Swetlana Rosenthal (Moskau) über die Repressionen gegen polnische und britische Kommunisten so anrührend macht: „Das Lesen der Dokumente, die übervoll sind von Ausweglosigkeit und Tragik", so schreibt sie über das Studium der polnischen Personaldossiers, „war manchmal unerträglich."

Der Terror – zu diesem Bild verdichten sich die Beiträge – griff in alle Lebensumstände ein, und der irrationalen Logik der Vernichtung entging man nur durch Glück und Skrupellosigkeit. So sehr Hermann Webers Forderung nach einer „Historisierung des Kommunismus" beizupflichten ist, so problematisch mutet indes seine Schlussfolgerung an, dass „sich die Aufdeckung des Terrors nicht für Rechtfertigungen von Konservatismus und Kapitalismus" eigne. Hier scheint noch die alte Deutung von der guten Sache, die nur schlecht umgesetzt wurde, durch, die Eigendynamik und Vorgeschichte des Terrors weitgehend ausblendet. Die „Ausgrenzung innerparteilicher Gegner" sei, wie Meschkat anmerkt, schließlich „schon in der Vorkriegssozialdemokratie und verstärkt in den polemischen Schriften Lenins" erkennbar gewesen, und die reinliche Trennung nach dem Täter/Opfer-Schema: terroristischer Staat auf der einen, gutgläubige Kommunisten auf der anderen Seite, geht, wie insbesondere Buckmiller zeigt, nie ohne Rest auf. Buckmiller und Meschkat haben ein gründliches und wichtiges Buch vorgelegt; ein internationales Team von Komintern-Spezialisten hat ein methodisches Instrumentarium erarbeitet, das der Kommunismusforschung neue Impulse und der großen Frage nach Ursache und Wirkung des stalinistischen Terrors neue Aufschlussmöglichkeiten bieten kann, eine Frage, die – das zeigt etwa auch die Verleihung des Frankfurter Buchpreises 2009 an Karl Schlögels „Terror und Traum" – ihre Faszinationskraft bis heute nicht verloren hat.[17] Diesen Wert können auch einige charmante Pannen nicht schmälern, die vor allem bei den Übersetzungen unterlaufen sind und die der Aufnahme in den „Hohlspiegel" eines Hamburger Nachrichtenmagazins sich durchaus wür-

---

16 Vgl. Wadim S. Rogowin: Die Partei der Hingerichteten, Essen 1999, S. 363–368.
17 Karl Schlögel: Terror und Traum. Moskau 1937, München 2008.

dig erweisen würden. So heißt es über das Schicksal des österreichischen Kommunisten Karl Steinhardt: „sein Flugzeug jedoch wurde auf dem Weg nach Hause über Rumänien abgeschossen und nach dreitägiger Verfolgungsjagd verhaftet und vor Gericht gestellt."

Max Bloch

Alexander Vatlin und die Komintern

Alexander Vatlin: Die Komintern. Gründung, Programmatik, Akteure (Geschichte des Kommunismus und Linkssozialismus, Bd. 10), Berlin: Karl Dietz Verlag 2009, 366 S., 29,90 €.

Ich hatte vor einigen Jahren die angenehme Aufgabe, den ersten Band aus der Reihe „Geschichte des Kommunismus und Linkssozialismus" für das *Archiv für die Geschichte des Widerstands und der Arbeit* zu rezensieren. Klaus Kinner unternahm damals den sehr interessanten Versuch, für die PDS von der Ideen- und der Handlungsgeschichte der Weimarer KPD zu retten, was einer demokratischen Partei, die in den ostdeutschen Bundesländern Teil des Mainstreams war, zu retten möglich war. Zwar fiel die Schlussfolgerung Kinners aus meiner Sicht einerseits noch nicht konsequent kritisch genug aus, andererseits war sie doch bereits Lichtjahre von dem früheren DDR-Paradigma entfernt, so dass der Rezensent dennoch ein positives Fazit zog.

Zwar ist die Reihe „Geschichte des Kommunismus und Linkssozialismus" des Karl-Dietz-Verlags kein zentral geleitetes Akademie-Projekt alter Prägung, aber vor diesem persönlichen Hintergrund war ich doch gespannt, wie kritisch und selbstkritisch ein Werk über die Kommunistische Internationale (KI) sein kann, das von der Rosa-Luxemburg-Stiftung gefördert wurde, wie weit die Bereitschaft zum Narbenwiederaufreißen nach zehn Jahren mit dem zehnten Band gediehen ist.

Das erwartete Werk aus einem Guss über die Lehren aus der Geschichte der KI entpuppt sich nach dem Aufschlagen als eine Sammlung von Aufsätzen und Miszellen aus der Zeit zwischen 1993 und 2007 aus deutschen und russischen Zeitschriften. Die im Buchtitel angesprochene große Klammer „Komintern" um die 15 Beiträge führt ein bisschen in die Irre. Natürlich befassen sich die Texte wirklich irgendwie mit der KI, mit ihrer Gründung, ihrer Programmatik und ihren Akteuren, aber nur ein kleiner Teil von ihnen wurde im Hinblick auf besondere Fragestellungen speziell an die Geschichte der KI verfasst. Was ein Dokument der KI ist, wird noch recht einfach festzustellen sein, aber wann handelt ein Akteur wie Lenin, Sinowjew, Thälmann oder ein deutscher Emigrant der 1930er Jahre eigentlich im Rahmen seiner Zugehörigkeit zur KI oder seiner Mitgliedschaft in einem ihrer Organe? In ihrer Definition dessen, was KI-Belange sind und was nicht, folgen Vatlin und der Verlag daher im Grunde der administrativ-technischen Definition der KI-Bürokratie: Komintern ist so letztlich das, was im Archiv unter dieser Provenienz aufgefunden wurde.

Im ersten Abschnitt „Die Gründung der Komintern" finden wir Texte über Lenins Hoffnung auf die Weltrevolution, die Teilnehmer des KI-Gründungskongresses von 1919, das internationale Echo auf die russische Revolution und einen Beitrag über das Verhältnis der KPD zur KI. In letzterem wird auf der Basis von nach 1991 neu zugänglich gewordenen

Quellen nur die russozentrische Verzerrung der Perspektive einer bestimmten Richtung der Forschung fortgesetzt. Das führt zu Sätzen wie „Je rigider den deutschen Kommunisten die politischen Verhaltensmuster aufgezwungen wurden, desto schärfer spitzte sich die innerparteiliche Krise zu." (S. 39). Ich habe meine starken Zweifel daran, dass die spannende Frage nach der zunehmenden Fremdsteuerung der Weimarer KPD allein mit Hilfe von Funden aus dem Russischen Staatsarchiv für sozio-politische Geschichte (RGASPI) beantwortet werden kann.

Unter der Rubrik „Die Programmatik der Komintern" befassen sich die Aufsätze mit der außenpolitischen Wende der Bolschewiki im Oktober 1918, wo der KI-Bezug kaum noch zu erkennen ist, den Beziehungen zwischen den drei Arbeiter-Internationalen zu Anfang der 1920er Jahre und der Programmdiskussion in der KI zwischen 1921 und 1928. Den Abschnitt beschließt ein Text über die „Russische Delegation" in der KI, der 1993 im *Jahrbuch für historische Kommunismusforschung* erschienen ist. Wer damals wie der Rezensent einen Durchbruch in Bezug auf das Feintuning der angeblichen Fernsteuerung der KPD erwartet hatte, blickte enttäuscht auf eine weitere bürokratiegeschichtliche Abhandlung über eine Institution, die sich zu einem guten Teil vor allem mit Visumfragen befasst hat.

Die zweite Hälfte des 340 Seiten dicken Bandes ist den „Akteuren der Komintern und ihren Schicksalen" gewidmet. Neben Texten über bestimmte Aspekte der Kaderpolitik der KI wie den „Säuberungen" in der KI und dem kontrollierten Alltag deutscher Kommunisten in der Sowjetunion, finden wir hier vor allem Aufsätze über bedeutende Personen wie Radek, Trotzki, Max Hoelz, den oppositionellen Kommunisten Hans Beck oder „Genosse Thomas", der das westeuropäische Büro der KI in Berlin leitete.

Jedem, der sich in den letzten zwanzig Jahren mit der Geschichte des deutschen Kommunismus und der Kommunistischen Internationale befasst hat, ist der Name Alexander Vatlin ein Begriff. Immer wieder ist er mit spektakulären oder einfach aufschlussreichen Dokumentenfunden an die Öffentlichkeit getreten. Wie sich nach der Lektüre dieses Sammelbandes zeigt, ist Vatlin eher der Typ des akribischen Archivwühlers, der eine florierende Aufsatzproduktion unterhält, als der des systematisch arbeitenden Analytikers. Allzu disparat sind seine Texte, allzu durchwachsen der Informationsgehalt. Es dominiert die sattsam bekannte Elitengeschichtsschreibung und die seit vielen Jahren in diesem Forschungsfeld übliche ermüdende Erörterung von lang bekannten oder neu aufgefundenen offiziellen Dokumenten. Allzu selten findet sich eine konzeptionell durchdachte originelle Studie mit überzeugender methodischer Herangehensweise und nachvollziehbaren Ergebnissen. Tief schürfend ist Vatlin eher buchstäblich beim Ausgraben entlegener Dokumente in Moskauer Archiven als im übertragenen Sinne bei der analytischen Durchdringung des Materials.

Bei aller zum Teil drastisch sarkastischen Kritik Vatlins am doktrinären Leninschen Kommunismus, die an seiner Distanz zu den Subjekten seiner Forschungen und ihren Ansichten keinen Zweifel aufkommen lässt, kann er doch die „Eierschalen" seiner akademischen Herkunft nicht völlig abschütteln. Wenn er etwa in der Vorbemerkung geißelt, dass die Öffnung der russischen Archive in den frühen 1990er Jahren zu einem „maßlosen Pluralismus" (S. 9) geführt habe, ist er anscheinend von westlichen Idealen über Wissenschaftsfreiheit noch heute ein gutes Stück entfernt.

Vatlins Texte aus den 1990er Jahren hatten sicher ihre Verdienste, leisteten im postsowjetischen Russland einen wichtigen Beitrag zum Zurechtrücken staatlicherseits eingetrichterter Legenden. Dennoch will mir der Sinn einer Veröffentlichung dieses Buches für den deutschen Markt nur schwer einleuchten, sind die Texte doch größtenteils aus dem Zusammenhang von Zeit, Stimmung und Kulturkreis gerissen. Aber vielleicht gibt es ja immer noch genug stalinistische Betonköpfe innerhalb und im Umfeld der Linkspartei, in deren Denken etwas zurechtgerückt werden müsste. Wenn allerdings der Verlag der Auffassung ist, es sei wichtig, eine solche Sammlung von Aufsätzen als Buch zu veröffentlichen, sollte er dem Werk auch die nötige Sorgfalt widmen. Ein „Publikationsnachweis", in dem nur zwölf der 15 Texte aufgeführt sind, und das weder alphabetisch (vielleicht in russisch?) noch chronologisch sortiert, ist eine Unfreundlichkeit gegenüber dem Autor und dem Leser gleichermaßen.

Ulrich Eumann

Albert Südekum: Vergessener oder verschwiegener sozialdemokratischer Reformist?

Max Bloch: Albert Südekum (1871–1944). Ein deutscher Sozialdemokrat zwischen Kaiserreich und Diktatur. Eine politische Biografie, Düsseldorf: Droste Verlag 2009, 357 S. (= Beiträge zur Geschichte des Parlamentarismus und der politischen Parteien, Bd. 154), 49,80 €.

Die anhaltende Konjunktur von Biografien in der Geschichtswissenschaft hat dazu beigetragen, dass mittlerweile auch das lange Zeit vernachlässigte politische Führungspersonal der politischen Parteien der Weimarer Politik in wissenschaftlichen Studien eingehender behandelt wurde. Hatte Eberhard Kolb zur Mitte der 1990er Jahre noch konstatieren müssen, dass „über zahlreiche Männer und Frauen, die Weimar-Deutschland das Gepräge gegeben haben, (…) bislang keine wissenschaftlich fundierten biographischen Darstellungen" vorliegen,[18] stellt demgegenüber der Rezensionsessay von Torsten Oppelland aus dem Jahr 2003 mit Blick auf die Sozialdemokratie fest, dass mittlerweile „auch Politiker, die nicht in einem mit Bebel und Lassalle oder den großen ‚Chefideologen' wie Kautsky und Bernstein vergleichbaren Maße ins kollektive Gedächtnis der Partei eingegangen sind, durch Biografien gewürdigt" wurden.[19] Besonderes Interesse hat im letzten Jahrzehnt das Feld der sozialdemokratischen Reichs- und Landtagsparlamentarier gefunden, das mittlerweile nicht mehr nur durch die biografischen Arbeiten der 1980er Jahre zu herausgehobenen Funktionsträgern wie Otto Wels, Otto Braun, Adolf Köster, Rudolph Wissell und Gustav Noske[20] oder durch die

---

18　Eberhard Kolb: Literaturbericht Weimarer Republik, Teil 2: Biographien und biographische Nachschlagwerke, in: Geschichte in Wissenschaft und Unterricht 10 (1992), S. 636–651, hier S. 636.
19　Torsten Oppelland: Sozialdemokraten und ihre Partei, in: NPL 3 (2003), S. 430–448.
20　Vgl. Hans J. L. Adolph: Otto Wels und die Politik der deutschen Sozialdemokratie 1894–1939, 2. Auflage Tübingen, 1974; Hagen Schulze: Otto Braun oder Preußens demokratische Sendung. Eine Biographie, Frankfurt am Main (u. a.) 1977; Kurt Doß: Reichsminister Adolf Köster 1883–1930. Ein Leben für

lexikalischen und kollektivbiografischen Arbeiten von Wilhelm-Heinz Schröder,[21] sondern auch durch zahlreiche ausführliche Individualbiografien zu Führungspersonen aus der „zweiten Reihe" als gut erschlossen gelten kann.

Neben dem Blick auf prominente Minister richtete sich die biografische Sonde in den 1980er Jahren vor allem auf die auf dem „linken" Flügel der SPD stehenden Intellektuellen und Parteitheoretiker.[22] Demgegenüber rückte zur Mitte der 1990er Jahre verstärkt die Generation der zumeist aus handwerklichem Umfeld stammenden, gewerkschaftlich geprägten und pragmatisch orientierten Sozialdemokraten ins Blickfeld, die wie Friedrich Ebert, Philipp Scheidemann, Carl Severing, Gustav Bauer oder Wilhelm Keil die Weimarer Sozialdemokratie wohl am stärksten geprägt haben.[23] Weit weniger Beachtung hat bislang hingen der „rechte" Flügel der SPD und das Spektrum der sozialdemokratischen Politiker mit bürgerlichem Hintergrund gefunden. Zu dieser zahlenmäßig insgesamt überschaubaren „Gruppe" können Politiker wie Eduard David, Konrad Haenisch, Ludwig Frank, Max Quarck, Paul Göhre oder Wolfgang Heine gezählt werden, die vor allem in der Anfangsphase der Weimarer Republik wichtige gouvernementale Funktionen wahrgenommen haben, die aber ausnahmslos im Verlauf der 1920er Jahre an Einfluss verloren und sich zum Teil deutlich der Sozialdemokratie entfremdet haben.

Mit Albert Südekum wird in der hier vorzustellenden Arbeit ein wichtiger Protagonist dieser „Gruppe", der sowohl während des Ersten Weltkriegs als auch in den Anfangsjahren der Weimarer Republik zu den einflussreichsten sozialdemokratischen Politikern zählte, erstmals in einer wissenschaftlichen Biografie behandelt. Die von Südekums Enkel Max Bloch als Berliner Dissertation verfasste Arbeit versteht sich als klassische politische Biografie, die zugleich aber den Anspruch erhebt, einen Beitrag zur Geschichte „des sozialdemokratischen Reformismus" zu leisten (S. 13). In diesem Sinne zielt Bloch mit seiner biografischen Studie darauf, die Individualbiografie Südekums auch als eine Art Gruppenbiografie zu präsentieren, geht es ihm doch darum, „Südekum vor allem als exemplarische Figur" zu betrachten und ihn als Repräsentanten einer „Generation sozialdemokratischer Reformaktivisten" (S. 8) zu verorten und zu untersuchen.

---

die Weimarer Republik, Düsseldorf 1978; David E. Barclay: Rudolph Wissell als Sozialpolitiker 1890–1933, Berlin 1984; Wolfram Wette: Gustav Noske. Eine politische Biographie, Düsseldorf 1987.

21 Vgl. Wilhelm-Heinz Schröder: Sozialdemokratische Parlamentarier in den deutschen Reichs- und Landtagen 1867–1933. Biographien – Chronik – Wahldokumentation. Ein Handbuch, Düsseldorf 1995.

22 Vgl. vor allem Peter Lösche/Michael Scholing/Franz Walter (Hg.): Vor dem Vergessen bewahren, Lebenswege Weimarer Sozialdemokraten, Berlin 1988.

23 Vgl. Walter Mühlhausen: Friedrich Ebert 1871–1925. Reichspräsident der Weimarer Republik, 2. Aufl., Bonn 2007; Helmut Schmersal: Philipp Scheidemann 1865–1939. Ein vergessener Sozialdemokrat, Frankfurt am Main (u. a.) 1999; Thomas Alexander: Carl Severing – Sozialdemokrat aus Westfalen mit preußischen Tugenden, Bielefeld 1992; Karlludwig Rintelen: Ein undemokratischer Demokrat: Gustav Bauer, Gewerkschaftsführer – Freund Friedrich Eberts – Reichskanzler. Eine politische Biographie, Frankfurt am Main (u. a.) 1993; Jürgen Mittag: Wilhelm Keil (1870–1968). Sozialdemokratischer Parlamentarier zwischen Kaiserreich und Bundesrepublik. Eine politische Biographie, Düsseldorf 2001.

Mit Blick auf die von Wilhelm-Heinz Schröder erhobenen Daten zur Gesamtheit der sozialdemokratischen Reichs- und Landtagsparlamentarier zwischen 1867 und 1933 weist Albert Südekums Werdegang in einigen wichtigen Ausprägungen bemerkenswerte Sonderheiten auf: Im Januar 1871 geboren, verbrachte Südekum seine Kindheit und Jugend v. a. in Wolfenbüttel als Sohn eines gut situierten Gastwirts und Hotelbesitzers. Anders als die Mehrheit seiner späteren Partei- und Parlamentskollegen konnte Südekum nach dem Besuch der Bürgerschule ein Gymnasium besuchen und später ein Studium der Staatswissenschaften aufnehmen. Albert Südekums politische Sozialisation erfolgte primär durch die Lektüre von sozialreformerischer, friedensbewegter und zukunftsorientierter Literatur, die ihn für einen „radikalen Liberalismus" empfänglich machte (S. 7). Geprägt von der Begegnung mit dem bayrischen Revisionisten Georg von Vollmar und dem Sozialreformer Lujo Brentano entschloss sich Südekum im Jahr 1891 zur Mitgliedschaft in der SPD. Bereits während des Studiums engagierte sich Südekum vor allem im publizistischen Bereich in der SPD. Schrieb er sich zunächst in Genf ein, setzte Südekum 1891 sein Studium später in München fort, wo er auch erste Aufsätze als (freier) journalistischer Mitarbeiter für die von Georg von Vollmar geleitete „Münchner Post" verfasste. In den folgenden Jahren wechselte Südekum wiederholt den Studienort und publizierte in zahlreichen unterschiedlichen sozialdemokratischen Presseorganen. Im Jahr 1892 studierte er in Berlin und von 1893 an in Kiel. Dort wurde er vor allem von dem Soziologen und Philosophen Ferdinand Tönnies beeinflusst, der mit seinen Arbeiten zum Verhältnis von Gemeinschaft und Gesellschaft zu den wichtigsten Soziologen der Zeit gehörte. Seine journalistische Tätigkeit hatte Südekum nach dem Weggang aus München ebenfalls weiter fortgesetzt: Seit 1893 arbeitete er für den „Braunschweiger Volksfreund". Im Herbst 1894 absolvierte er – zeitweilig noch parallel zum Militärdienst – ein Volontariat beim „Vorwärts" in Berlin. Im Jahre 1896 ging er als fest angestellter politischer Redakteur zu der von Bruno Schoenlank geleiteten „Leipziger Volkszeitung" und im Januar 1898 übernahm er, nach Auseinandersetzungen mit Schoenlank in Leipzig, die Leitung der „Fränkischen Tagespost" in Nürnberg. Doch auch hier sollte Südekum nicht lange bleiben. Schon 1899 bewarb er sich wegen politischer Differenzen mit der Nürnberger Parteileitung um die Stelle des Chefredakteurs der „Sächsischen Arbeiter-Zeitung" in Dresden, die er im Juli 1900 auch antrat. Obwohl der Wegzug Südekums aus Nürnberg bereits feststand, trugen ihm die Nürnberger Parteiverantwortlichen die Reichstagskandidatur (für den verstorbenen fränkischen Abgeordneten Grillenberger) an. Südekum gewann das Reichstagsmandat; in der Folge gelang es ihm, dieses Nürnberger Mandat bis 1918 zu verteidigen, obwohl er zunächst in Dresden als Chefredakteur und seit 1903 in Berlin tätig war, wo er die „Kommunale Praxis" und später das „Kommunale Jahrbuch", die beiden wichtigsten kommunalpolitischen Publikationen der Sozialdemokratie, (mit)herausgab.

Innerhalb der sozialdemokratischen Reichstagsfraktion avancierte Südekum in den folgenden Jahren zum führenden Haushalts- und Kommunalpolitiker. Darüber hinaus wurde er von der SPD auf zahlreiche Auslandsreisen (u. a. in die USA) geschickt sowie zu Internationalen Sozialistenkongressen (1904, 1907, 1910) delegiert. Politisch positionierte sich Südekum innerhalb der SPD in diesem Zeitraum eindeutig auf Seiten des Flügels, der für eine sozialliberale Reformstrategie eintrat, den legalen Weg zur Macht postulierte, die Nähe zu den bürgerlichen Parteien der „Mitte" suchte und sich wiederholt in überparteilichen Initiativen engagierte. Sowohl im Vorwärts-Konflikt 1905 als auch im Streit um die badische Budgetbewilligung 1910 und in den sozialdemokratischen Parteitagskonflikten unterstützte Südekum diejenigen, die für eine konstruktive Mitarbeit im Staat und die Forderung nach substanziellen Reformen auf Grundlage des bestehenden Systems eintraten.

Deutlich sichtbar wurde Südekums politische Position – aber auch seine Rolle als Bindeglied zwischen Sozialdemokratie und bürgerlichen Regierungskräften –, als er am 29. Juli 1914 zu einem Gespräch mit dem Reichskanzler Theobald Bethmann Hollweg gebeten wurde, in dem die Krisenlage erörtert, aber auch die Haltung der Sozialdemokratie thematisiert wurde. Vor diesem Hintergrund konnte es nicht überraschen, dass Südekum zu den wichtigsten Exponenten der Zustimmung zu den Kriegskrediten zählte und auch als Mitglied des Interfraktionellen Ausschusses als Exponent der sozialdemokratischen Kriegspolitik galt. Daneben war Südekum in einigen vertraulichen Missionen im Ausland tätig, um im Sinne der Reichsregierung auf befreundete sozialdemokratische bzw. sozialistische Parteien einzuwirken. Innerparteilich provozierte Südekum mit seiner Haltung jedoch immer stärkere Kritik, die unter anderem dazu führte, dass er in der Weimarer Republik nicht mehr für den Reichstag bzw. die Verfassungebende Nationalversammlung nominiert wurde.

Dennoch übernahm Südekum in der Folge wichtige politische Ämter. Im Rahmen der Revolutionswirren 1918 wurde er vom Vollzugsrat der Berliner Arbeiter- und Soldatenräte zum preußischen Finanzminister bestellt. In dieser Funktion trat Südekum für einen betont gemäßigten Übergang zwischen Kaiserreich und Republik ein. Entgegen der Mehrheitsmeinung des traditionellen sozialdemokratischen Zentrismus setzte sich Südekum für die Anliegen des preußischen Staates ein, plädierte für dessen Beibehaltung und verfolgte eine betont etatistische Politik, die etwa in der Forderung nach einer straffen Haushaltsdisziplin – unter der Zurückweisung zahlreicher Forderungen aus der sozialdemokratischen Partei – zum Ausdruck kam. In den folgenden Monaten verschärfte sich die linkssozialistische Kritik an der Politik Südekums noch, die sich in zunehmendem Maße auch gegen dessen Personalpolitik – und diejenige seiner preußischen Ministerkollegen – richtete. Besonders umstritten waren Südekums Versuche einer gütlichen Einigung zwischen preußischen Staat und dem Königshaus in der Frage der königlichen Liegenschaften. An Südekums Vorschlag einer einmaligen Abfindungssumme von 100 Millionen Mark entzündete sich vehementer Protest.

Im Gefolge des Kapp-Putsches, bei dem Südekum aufgrund seiner ohne Mandat geführten Verhandlungen mit Walther von Lüttwitz eine zumindest nicht unumstrittene Rolle spielte, musste er sein Amt als Finanzminister aufgeben. Die tiefere Ursache für seine Demission lag aber wohl in Südekums anhaltenden Auseinandersetzungen mit der Parteilinken und in den innerparteilichen Rivalitäten, in denen auch Otto Braun ein prominenter Gegenspieler Südkums war.

Eine weitere Beschäftigung im Staatsdienst gelang Südekum nicht, da er im parteiinternen Wettbewerb mit Gustav Noske beim Kampf um die Besetzung des Oberpräsidentenamtes in Hannover unterlag und ihm auch bei weiteren Bewerbungen der Widerstand seiner eigenen Partei im Weg stand. Mit der Berufung zum Staatskommissar für die Groß-Hamburg-Frage erhielt er, trotz innerparteilichen Widerstands, zwar nochmals kurzfristig ein

Amt in der preußischen Staatsverwaltung. Versuche in den folgenden Jahren, als Oberbürgermeister in Frankfurt am Main oder Bochum zum Zuge zu kommen, scheiterten jedoch an der fehlenden Unterstützung der Sozialdemokratie. Mit Tätigkeiten als Publizist und Vortragsredner bestritt Südekum, der in gehobenen Lebensverhältnissen wohnte, in den folgenden Jahren aber unter Einkommenseinbußen zu leiden hatte, in der Folge sein Auskommen. Seit Mitte der 1920er Jahre bemühte er sich zunehmend um ein privatwirtschaftliches Engagement, was ihm mit einigen Funktionen und Aufsichtsratsposten in der freien Wirtschaft auch gelang – am wichtigsten war der Vorstandsposten im Deutschen Zündholzsyndikat, den er 1926 erhielt und bis 1934 wahrnahm. Albert Südekum, der sich auch im weiteren Verlauf der 1920er Jahre wiederholt als innerparteilicher Kritiker der Sozialdemokratie präsentierte, trat nach der nationalsozialistischen Machtergreifung – unter Hinweis auf seine Ämter in der Privatwirtschaft – am 25. März 1933 aus der SPD aus. 1933/34 musste er dennoch sukzessive seine Funktionen in der Wirtschaft aufgeben, vor allem mit Blick auf seine jüdische Frau. Weitgehend unbehelligt von Verfolgungen und Nachstellungen, aber auch ohne engere Bindung zum Widerstand, verbrachte Südekum die 1930er und 40er Jahre in Berlin, wo er immer noch in regem Kontakt zu zahlreichen ehemaligen sozialdemokratischen und bürgerlichen Parlaments- und Politikerkollegen stand. Im Februar 1944 verstarb Südekum in Berlin.

Der hier knapp skizzierte chronologische Abriss bildet das Grundgerüst der biografischen Studie von Max Bloch, die mit 357 Seiten erfreulich kompakt gehalten ist. Innerhalb der chronologische Abfolge widmet Bloch einigen Aktivitätsfeldern und Zeitabschnitten besondere Aufmerksamkeit. So wird der Herausbildung von Albert Südekums „weltanschaulichen Grundlagen" und den Prägungen während des Studiums relativ viel Platz eingeräumt (S. 26–43), da in diesem Zusammenhang auch grundlegende ideengeschichtliche Tendenzen der Zeit ausführlicher abgehandelt werden. Im weiteren Verlauf der Lebensbeschreibung spielt der Zeitabschnitt des Ersten Weltkriegs, der auf fast 100 Seiten ausgebreitet wird (S. 133–231), ebenfalls eine herausgehobene Rolle. Demgegenüber wird Südekums politische Tätigkeit im Reichstag zwischen 1903 und 1914 lediglich auf vier Seiten behandelt und auch der Zeitabschnitt nach seiner Demission als Minister von 1920 bis 1944 nimmt insgesamt nur knapp 50 Seiten ein.

Die sprachlich durchgehend ansprechend und auf hohem Niveau verfasste Arbeit ist weitgehend aus den Quellen geschrieben. Sie zeugt von einer eindrucksvollen Quellenrecherche, da weitgehend unveröffentlichtes, weit verstreutes Material zu Tage gefördert wird und zum Teil auch Funde aus dem Privatbesitz des Autors integriert werden. Das Quellenmaterial rekurriert in erster Linie auf die Perspektive von Albert Südekum, während den Ausführungen seiner Mitstreiter und Kontrahenten weniger Aufmerksamkeit geschenkt wird. Insgesamt stellt die biografische Analyse aber – trotz der familiären Bezüge des Autors – eine kritisch-faire Auseinandersetzung mit dem Protagonisten dar, bei der die handelnde Person im zeitgeschichtlichen Kontext und vor dem Hintergrund ihrer Wertvorstellungen und Leitbilder bewertet wird. Bloch verschweigt dabei nicht die Schwächen von Albert Südekum, den, so schimmert es immer wieder durch die zitierten Quellen hindurch, ein ausgeprägtes Selbstbewusstsein kennzeichnete. Wenige kleinere Fehler wie die Verortung des

Liberalen (DDP) Willy Hellpach als sozialdemokratischen Akademiker (S. 53) trüben den überzeugenden Gesamteindruck nicht.

Von zentraler Relevanz für die historiografische Forschung ist – auch in Anlehnung an die eingangs abgesteckten Zielsetzungen des Autors – der Beitrag, den die Studie zur Analyse des „Kollektivs" des bürgerlich geprägten sozialdemokratischen Führungspersonals leistet. Mit Blick auf diesen Anspruch gelingt es dem Autor überzeugend zu erhellen, dass Südekum als Exponent einer ganzen Gruppe von sozialdemokratischen Parlamentariern und Politikern betrachtet werden kann, die durch ähnliche sozialstrukturelle Merkmale und eine vergleichbare politische Grundhaltung geprägt waren. Sozialdemokraten wie David, Heine oder Haensch hatten ebenfalls eine höhere Schule besucht und ein Studium absolviert, sie waren gleichermaßen von sozialreformerischen und radikalliberalen Ideen geprägt und verfolgten die Perspektive einer evolutionären Entwicklung der Sozialdemokratie. Mit Blick auf den einbezogenen Personenkreis aus dem Umfeld Südekums gelingt es Bloch deutlich zu machen, dass nicht nur süd- und südwestdeutsche Sozialdemokraten – vor dem Hintergrund vergleichsweise liberaler Rahmenbedingungen des politischen Systems – eher gemäßigte politische Positionen bezogen, sondern auch Politiker im SPD-feindlichen Preußen. Es ist wohl nicht nur auf Zufälligkeiten zurückzuführen, dass gerade diese Politiker in der preußischen Regierung zu Beginn der Weimarer Republik eine dominante Rolle spielten, dass diese Politiker sich aber in den 1920er Jahren zunehmend an den Rand gedrängt sahen.

Max Bloch gelingt es konzise darzulegen, welche Gegensätze der sozialdemokratischen Partei in den beiden ersten Jahrzehnten des 20. Jahrhunderts innewohnten. An der Person und am Umfeld von Albert Südekum wird überzeugend veranschaulicht, dass bereits in diesem Zeitraum eine wichtige Strömung innerhalb der Sozialdemokratie für eine Öffnung zur Mitte, für staatspolitische Verantwortung und für ein Zusammenspiel mit den bürgerlichen Parteien auf Grundlage der Spielregeln des konstitutionellen Parlamentarismus – später auch des Parlamentarismus der Weimarer Republik – eintrat. An Albert Südekum lassen sich allerdings auch idealtypisch die Grenzen dieser Politik verdeutlichen, da mit diesen Positionen vielfach der Boden der sozialdemokratischen Vorstellungswelt und der von der Partei verfolgten Leitbilder verlassen wurde. Mit seinen aus heutiger Sicht durchaus modernen anmutenden Anschauungen stieß Südekum, der es bisweilen am taktischen Geschick und an der Rückkoppelung zur Parteibasis mangeln ließ, weit über das hinaus, was die sozialdemokratischen Parteigänger und Wähler bereit waren, in den ersten Jahrzehnten des Jahrhunderts zu akzeptieren.

Es ist das Verdienst der am Puls der aktuellen wissenschaftlichen Forschung geschriebenen Studie, die Potenziale und Grenzen der Geschichte des sozialdemokratischen Reformismus in aller Deutlichkeit zu veranschaulichen. Gleichwohl hätte man sich am Ende der Arbeit noch eine stärker explizite Auseinandersetzung mit der Forschung gewünscht. Gerade, weil die Etikettierungen als „Revisionist" und „Reformist" immer noch unterschiedlichen Definitionen und Konnotationen unterliegen, hätte eine Auseinandersetzung etwa mit Klaus Schönhovens Studie über die „gespaltene Arbeiterbewegung" in der Weimarer Republik bzw. die Sozialdemokratie zwischen „Reformismus und Radikalismus" hier noch einen analytischen Schlusspunkt setzen können.[24] Stattdessen fragt Bloch, was indes nicht minder relevant scheint, nach den Erinnerungsstrategien der Sozialdemokratie.

Mit dem Hinweis, dass Politiker wie Albert Südekum heute weitgehend aus dem Gedächtnis der sozialdemokratischen Parteiengeschichte (und der Zeitgeschichte) entschwunden sind und keinen Platz in der kollektiven Erinnerung der Partei einnehmen, weist Bloch auf ein Forschungsdesiderat. Die Rolle, die die Generation der zur Kooperation mit dem Bürgertum bereiten Sozialdemokraten einnimmt, ist weitgehend in Vergessenheit geraten und spielt – im Gegensatz zu anderen Führungsgenerationen der SPD – gegenwärtig keine Bedeutung. Zu fragen wäre vor diesem Hintergrund, ob Albert Südekum als einer der Exponenten dieser Richtung schlicht in Vergessenheit geriet oder bewusst verschwiegen wurde. Auf diese Frage implizit hingewiesen zu haben, ist ein weiterer Grund, warum Blochs Studie für die Erforschung der deutschen Zeitgeschichte eine wichtige Bereicherung darstellt.

Jürgen Mittag

Ein aufrechter Querdenker: Der undogmatische Sozialist Heinz Brandt

Knud Andresen: Widerspruch als Lebensprinzip. Der undogmatische Sozialist Heinz Brandt (1909–1986). Bonn: Dietz Verlag 2007, 375 S., 34,00 €.

Gerade bei politischen Einzelgängern, die ihre Biographie als moralisches Lehrstück arrangieren, besteht die Gefahr, der „biographischen Illusion" (Pierre Bourdieu) zu erliegen. Das gilt vor allem für jene, die sich aus Idealismus der kommunistischen Weltbewegung angeschlossen und aus Idealismus mit ihr gebrochen haben und die mit dem Begriff des „Renegaten" nur unscharf zu fassen sind.[25] Wolfgang Gruner hat diese Gefahr in einer biographischen Studie über Alfred Kantorowicz herausgearbeitet,[26] und auch Knud Andresen warnt vor einer allzu beflissenen Übernahme absichtsvoller (Selbst-)Deutungen des biographischen Subjekts. Mit seiner Biographie über den undogmatischen Sozialisten Heinz Brandt schreibt er die „Spur solcher utopisch-ethischen Ideen in der Linken ab", die, unbedingt und kompromisslos, überall anecken, unbequem, verfolgt wurden und die auch eines religiösen, eschatologischen Moments nicht entbehren. Heinz Brandt verstand sich Zeit seines Lebens als Kommunist, verbrachte zehn Jahre in den nationalsozialistischen Konzentrationslagern, drei Jahre in stalinistischer Haft, war der Neuen Linken in der Bundesrepu-

---

24 Vgl. Klaus Schönhoven: Reformismus und Radikalismus. Gespaltene Arbeiterbewegung im Weimarer Sozialstaat, München 1989.
25 Michael Rohrwasser: Der Stalinismus und die Renegaten. Die Literatur der Exkommunisten, Stuttgart 1991.
26 Wolfgang Gruner: „Ein Schicksal, das ich mit sehr vielen anderen geteilt habe". Alfred Kantorowicz – sein Leben und seine Zeit von 1899 bis 1935, Kassel 2006. Kantorowicz hat – ähnlich wie Heinz Brandt – seine lange Zeit loyale Mitwirkung am Prozess der Stalinisierung der KPD in seinen autobiographischen Äußerungen übergangen, um sich quasi als geborener Antistalinist der Um- und Nachwelt zu präsentieren.

blik eine moralische Instanz und stand mit seiner Person und seiner Biographie für das Ideal einer freien Gemeinschaft der Einzelnen sowie für eine reingehaltene kommunistische Utopie. Einen „anständigen Menschen" nannte ihn Manès Sperber 1964, aber „politisch naiv".

Heinz Brandt wurde 1909 in eine politisch interessierte, musisch veranlagte, deutsch akkulturierte jüdische Familie in Posen geboren. Sein Judentum, so arbeitet Andresen in seiner behutsamen Analyse heraus, blieb für Brandt ein wesentlicher Antrieb seiner politischen Erlösungshoffnung. Auch die kosmopolitisch-humanistische Prägung durch sein Elternhaus, der durch die Erfahrung des Ersten Weltkriegs als elementar empfundene Pazifismus, war für Brandts Entwicklung wichtig. Mit 18 Jahren kam er nach Berlin, wo er seine Schulausbildung abschloß, ein Studium begann und abbrach und sich – ein wütender junger Mann – der kommunistischen Bewegung verschrieb. 1931 trat er der KPD als Mitglied bei. Trotz mancher Zweifel an der Politik der Partei – vor allem die Kooperation mit der extremen Rechten beim „Roten Volksentscheid" gegen die preußische Regierung Braun/Severing stieß auf Unverständnis – war er ein loyaler und engagierter Parteiarbeiter. In den internen Fraktionskämpfern fühlte er sich der Gruppe der „Versöhnler" zugehörig, die auf einen „realpolitischen Kurswechsel der KPD" drang, der in der SPD eher einen Partner als den Hauptfeind erblickte.

Nach einer kurzzeitigen Verhaftung im März 1933 ist es bemerkenswert, dass Brandt, als Jude und Kommunist doppelt gefährdet, in Berlin verblieb. Das spricht für seinen persönlichen Mut, für die Unbedingtheit, mit der er sich seiner politischen Mission stellte, aber ebenso auch für den Zynismus der Kommunistischen Partei, die es versäumte, ihre jüdischen Kader aus dem Reich abzuziehen. Ende 1934 wurde Brandt erneut verhaftet. Was folgte, war ein zehnjähriges Martyrium in den nationalsozialistischen Zuchthäusern, in Sachsenhausen, Auschwitz und Buchenwald. Was ihn aufrecht erhielt, war der Glaube an seine politische Vision, seine Identität als Kommunist, seine Überzeugung vom notwendigen Untergang der nationalsozialistischen Tyrannei und dem Aufbau einer neuen Welt auf den Trümmern der Unterdrückung. Der Hitler-Stalin-Pakt wirkte demgemäß als Schock. 1951 gab er – in routinierter Selbstkritik – zu, dass er für einen Moment an Stalins Weisheit gezweifelt habe, was er als einen „Beweis für meine ideologische Schwäche" gewertet wissen wollte. Später erfuhr Brandt, dass, während seine Eltern und sein jüngster Bruder in die Räder des nationalsozialistischen Vernichtungsapparats gerieten, sein älterer Bruder, sein Schwager und sein politischer Mentor Heinrich Süßkind, langjähriger Chefredakteur der „Roten Fahne", vom NKWD verhaftet und erschossen worden waren. Seine Schwester entging der Erschießung durch ihre Deportation nach Sibirien. Diese Erfahrung wurde für sein späteres Selbstverständnis als Antifaschist und Antistalinist prägend. 1940 kam Brandt nach Sachsenhausen, im Oktober 1942 ins Außenlager Auschwitz-Budy, im Januar 1945 führte ihn ein „Todesmarsch" ins Konzentrationslager Buchenwald, an dessen „Selbstbefreiung" er teilnahm. Brandt hatte die „Hölle" überlebt – in seinen Worten durch pures „Glück". Nun wollte er die Zukunft gestalten helfen, glaubte er an eine „deutsche Wiedergeburt".

Brandt nahm die Parteiarbeit wieder auf, war in der Berliner Bezirksleitung der KPD, später in der SED-Landesleitung für Pressefragen zuständig, absolvierte das Studium an der Parteihochschule „Karl Marx" in Kleinmachnow, übte sich in Kritik und Selbstkritik, glaubte an die Ehrlichkeit der – bis heute umstrittenen – Stalin-Noten und nahm die „nationale" Propaganda der SED beim Wort. Ein waffenfreies, sozialistisches Gesamtdeutschland stand ihm als erreichbares Ziel vor Augen. Auch die Einverleibung der SPD sah er – vom Gedanken einer ungeteilten Arbeiterbewegung beseelt – als (folge-)richtig an. Bis 1953 verlief die Karriere des SED-Funktionärs Heinz Brandt bruchlos. Der 17. Juni 1953, den er als „Katastrophe" empfand, schürte jedoch die gehegten Zweifel und vertiefte seine Beziehungen zur SED-Opposition, zu dem Kreis um die „humanen Sozialisten" Jendretzky und Havemann. Seine Beurlaubung am 2. Juli, von ihm als politische Sanktion gewertet, war aber wohl weniger eigenem widerständigen Verhalten als seinem Vertrauensverhältnis zu dem in Ungnade gefallenen Jendretzky geschuldet. Brandts endgültiger Karriereknick hatte auch weniger politische als persönliche Ursachen: Wegen sexueller Belästigung einer Kollegin wurde er im August 1954 in den Verlag „Die Wirtschaft" zwangsversetzt, wo er es immerhin zum Chefredakteur der Redaktionsgruppe Metall brachte. Erst 1957 endete ein Parteiverfahren mit einer Rüge und wurde ihm ein zweijähriges Funktionsverbot auferlegt. In seiner Verteidigung brachte er mit bemerkenswerter Offenheit sein Grundverständnis kommunistischer Politik und die tiefe Enttäuschung über die mangelnde Aufarbeitung der stalinistischen Verbrechen durch die SED zum Ausdruck: „Unsere Idee ist nur dann unverwundbar, wenn sie rein ist." Nun war das Tischtuch zerschnitten. Brandt trat in Kontakt mit dem Ostbüro der SPD, lieferte Dossiers und Einschätzungen und floh im September 1958 mit seiner vierköpfigen Familie nach West-Berlin, zog dann – aus Gründen der Sicherheit – nach Frankfurt um. Fortan galt der langjährige SED-Funktionär, der antifaschistische Kämpfer und Auschwitzhäftling der SED-Führung als ein „unversöhnlicher Feind der Arbeiterklasse und Agent der Bourgeoisie".

Brandt wandelte sich nun nicht zum Kalten Krieger. Im Gegenteil setzte er weiterhin auf eine Metamorphose der SED, auf die Entmachtung Ulbrichts, ein Aufeinanderzugehen der beiden deutschen Staaten und seine Vision eines sozialistisch konnotierten Dritten Weges, die Andresen zu Recht als diffus bezeichnet. Sein Auskommen fand er als Redakteur des Verbandsorgans der IG Metall, seine politische Heimat – trotz aller Vorbehalte – in der SPD. Das Ministerium für Staatssicherheit der DDR setzte Spitzel auf ihn an. Eine Agentin lockte ihn nach West-Berlin, wo er in der Wohnung eines vermeintlichen Freundes betäubt, in ein Auto verfrachtet und über die Zonengrenze entführt wurde. In der DDR wurde er – wegen schwerer Spionage – zu 13 Jahren Zuchthaus verurteilt. Drei Jahre saß Brandt in Bautzener Einzelhaft, bevor es einer internationalen Kampagne, der Fürsprache einflussreicher Freunde wie Ossip Flechtheim, Wolfgang Leonhardt, Erich Fromm und anderen gelang, die DDR zur Freilassung zu bewegen. Brandt überstand seine zweite Haftzeit ungebrochen, nahm seine gewerkschaftliche Arbeit wieder auf und näherte sich den Neuen Sozialen Bewegungen an, von denen er sich eine basisdemokratische Erneuerung sozialistischer Politik und Programmatik versprach. Damit geriet er wiederum in Konflikt – diesmal mit der SPD. Während Ernst Fraenkel die Aktionen der Außerparlamentarischen Opposition mit den SA-Rollkommandos verglich, trat Brandt derartigen Vorhaltungen ebenso rigoros entgegen: Der „Antistudentismus" der 1960er Jahre sei dem „Antisemitismus" der 1930er Jahre verwandt. 1980 wechselte Brandt zu der neuen Partei Die Grünen, verließ diese jedoch nach einigen Monaten wieder, da er in ihr die ersehnte Kraft grundlegender Erneuerung nicht zu erkennen vermochte.

Der bundesrepublikanischen Linken wurde er – vor allem durch seine Autobiographie[27] – zu einer bewunderten Autorität: ein junggebliebener, von den Stalinisten und den Nazis gepeinigter, seinem Lebensziel und sich selbst treu gebliebener, unbeugsamer und unbestechlicher Geist, dessen Lebensgeschichte den Traum einer besseren, einer sozialistischen Gesellschaft bezeugte, in der kein Staat, keine Partei die Freiheit der Einzelnen einzuschränken vermochten. Er wirkte auf den linken Zeitgeist der 1970er und 1980er Jahre ein und ließ sich von ihm tragen. In diesem Sinne wusste er sich mit Rudi Dutschke verbunden, zugleich brachte ihm auch ein junger Frankfurter Sponti namens Joschka Fischer Verehrung und Respekt entgegen. Die Idee der Abrüstung vertrat Brandt mit alarmistischer Inbrunst, warnte die in der Friedensbewegung aktive Linke vor dem Hintergrund seiner Erfahrungen aber eindringlich vor ihrer einäugigen Urteilsfreude, die der Sowjetunion rein friedliche und defensive, den USA hingegen kriegslüsterne Motive unterstellte. Am Ende seines Lebens, so will es scheinen, mag Heinz Brandt also doch noch in der Bundesrepublik „angekommen" sein, dem Staat, in dem er ohne Angst in Freiheit leben und wirken konnte. Die persönliche Würdigung seines Lebensweges durch Bundeskanzler Helmut Kohl hat ihn, den „linken Nonkonformisten", dem staatliche Ehrungen nie zuteil geworden waren, gerührt. Brandts Lebensweg ist von Knud Andresen einfühlsam nachgezeichnet worden. Entstanden ist daraus eine spannend zu lesende Studie über einen radikalen Individualisten und unbedingten Moralisten, der, wie Andresen schreibt, alles wollte, und das sofort: „Eine politisch uneinlösbare Praxis".

Max Bloch

Fritz Lamm – Randfigur des deutschen Linkssozialismus?

Michael Benz: Der unbequeme Streiter Fritz Lamm. Jude – Linkssozialist – Emigrant 1911–1977. Eine politische Biographie, Essen: Klartext Verlag 2007, 552 S., 29,90 €.

Fritz Lamm gehört zweifellos zu den unbekannteren, jedoch nicht weniger interessanten Vertretern des deutschen Linkssozialismus im 20. Jahrhundert. Lamm, 1911 als Sohn eines Textilkaufmanns in Stettin geboren und aufgewachsen, schloss sich früh verschiedenen Jugendbünden und Organisationen, u. a. dem Deutsch-Jüdischen Wanderbund „Kameraden" an, wo er mit seinen radikalen Positionen immer wieder für Aufsehen, aber auch für Irritationen sorgte. Im Laufe seines bewegten Lebens wurde der letztlich „politisch Heimatlose" zweimal, 1931 und 1963, aus der SPD ausgeschlossen und gehörte zwischenzeitlich u. a. der Sozialistischen Arbeiterpartei Deutschlands (SAP) an. Nach seiner Flucht vor den Nationalsozialisten, im tschechoslowakischen, französischen und kubanischen Exil, und seiner Remigration 1948 engagierte sich Lamm in der Bundesrepublik in der Stuttgarter Arbeiter-

---

27 Heinz Brandt: Ein Traum, der nicht entführbar ist. Mein Weg zwischen Ost und West, Mit einem Vorwort von Erich Fromm, München 1967.

bewegung, gab der Naturfreundebewegung sowohl auf Bundes- wie auf Landesebene wegweisende Impulse und diente der Studentenbewegung als Identifikationsfigur.

Offenkundig war Lamm in seinem politischen Handeln nicht nur von seinen Weggefährten und Widersachern kaum auszurechnen. Auch die ihn bislang nur als Randfigur führende Forschung tat sich schwer damit, sein facettenreiches und umtriebiges Wirken angemessen zu erfassen und einzuordnen. Insofern stellt sich die 2007, dreißig Jahre nach Lamms Tod, von Michael Benz vorgelegte, in erster Linie „politische Biografie" einer echten Herausforderung. Wie Benz eingangs betont, sei Lamm nicht zuletzt auch deshalb schwer fassbar, da er „als dreifacher Außenseiter betrachtet" werden könne: So sei er „als Jude und gewissermaßen als Homosexueller ein existenzieller Außenseiter und gleichzeitig ein doppelt intentioneller Außenseiter als Marxist und Angehöriger einer oppositionellen Kleingruppe in der Weimarer Republik" gewesen (S. 10–11).

Benz' aufwändig recherchierte, mit zahlreichen (Archiv-)Reisen an die verschiedenen Wirkungsstätten verbundene Arbeit zeigt einen zweigeteilten Aufbau: Während die ersten neun Kapitel Lamms Lebensweg bis 1948 chronologisch nachzeichnen, weisen die folgenden Abschnitte einen thematischen Zuschnitt auf. Am Ende der Publikation findet sich schließlich eine komprimierte, zweiseitige Übersicht über die einzelnen Lebensstationen, die dem Leser eine rasche Orientierung ermöglicht.

Aus der Fülle neuer Erkenntnisse, die diese Untersuchung bietet, sollen hier nur wenige Aspekte aus dem Leben des jungen Fritz Lamm hervorgehoben werden: Lamm, ein „Arbeiter-Intellektueller" (S. 13), dem die Zeitläufte eine akademische Bildung verwehrten, trat in der Endphase der Weimarer Republik nach seinem ersten Ausschluss aus der SPD und ihrer Jugendorganisation – auch infolge der Auseinandersetzungen mit dem damaligen SAJ-Vorsitzenden Erich Ollenhauer im Juli 1931 – für die revolutionär-antikapitalistische SAP auch auf Veranstaltungen des politischen Gegners in Erscheinung, wo er kein Rededuell und Streitgespräch scheute. Bevor er nach der NS-Machtübernahme im Mai 1933 wegen der Verbreitung illegaler Schriften verhaftet und im Januar 1934 zu einer über zweijährigen Gefängnisstrafe verurteilt wurde, hatte sich der 22-jährige Lamm in den Tagen nach dem Reichstagsbrand, als den Parteien des linken Spektrums entweder die Selbstauflösung bzw. ein Verbot drohte, klar für den Erhalt der SAP ausgesprochen. Auch die Überlegung der Parteiführung, sich der SPD oder der KPD anzuschließen, lehnte Lamm aus programmatisch-ideologischen Gründen kategorisch ab. Anders als Willy Brandt, der in der Rückschau den Sieg der Nationalsozialisten letztlich auf ein kollektives Versagen der deutschen Arbeiterbewegung zurückführte, wies Lamm in den 1960er Jahren darauf hin, dass die später aus der Illegalität heraus agierende SAP „gegenüber dem großen faschistischen Ansturm besser bestanden [hätte] als die offizielle Sozialdemokratie" (S. 85).

Gleichwohl weist der Autor darauf hin, dass Lamm von 1933 bis 1938 in der Tschechoslowakei, der zweitlängsten Exilstation nach Kuba,[28] als Mitglied des „rechten Flügels" der

---

28 Zu Lamms Zeit im kubanischen Exil vgl. Detlev Brunner: Fritz Lamm – Exil in Kuba, in: Helga Grebing/Christl Wickert (Hg.): Das „andere Deutschland" im Widerstand gegen den Nationalsozialismus. Beiträge zur politischen Überwindung der nationalsozialistischen Diktatur im Exil und im Drit-

SAP-Auslandsgruppe Prag bald nicht nur die Annäherung zum Prager Parteivorstand der SPD im Exil (Sopade) suchte, sondern sogar einen Beitritt favorisierte, um in der Sopade „ungehindert mit anderen Linken zusammenarbeiten" zu können (S. 147). Mit dieser, für die meisten Weggefährten inakzeptablen Position, konnte sich Lamm in seiner Auslandsgruppe nicht durchsetzen: Die Mehrheit der Mitglieder sprach sich lediglich für eine Art „sozialistisches Kartell", d. h. für eine Vereinigung im Rahmen der II. Internationalen, aus.

Insgesamt besticht Benz' klar strukturierte und gut lesbare Untersuchung durch die Fülle und die Kombination des präsentierten Materials. So wertete der Verfasser neben dem aus einem umfangreichen Briefwechsel bestehenden, heute im Deutschen Exilarchiv in Frankfurt am Main befindlichen Nachlass Lamms zahlreiche andere, über mehrere Kontinente verstreute Archivbestände, darunter allein 15 Privatarchive in Europa, aus. Auf der Basis der berücksichtigten Dokumente macht der Verfasser deutlich, dass Lamm mit seinem Handeln neben – mitunter bewusst selbst herbeigeführten – Rückschlägen und Niederlagen auch immer einen größeren intellektuellen Einfluss auf sein politisches und gesellschaftliches Umfeld ausübte. Damit kann Benz den „Status" Lamms als Randfigur des deutschen Linkssozialismus spürbar relativeren. Da der Autor Lamms Leben an den einzelnen Wirkungsstätten mit geradezu leidenschaftlicher Akribie in die jeweiligen historisch-gesellschaftlichen Entwicklungen und Zusammenhänge einbindet, ohne sich in einer allzu engmaschigen Empirie zu verlieren, kann die Biografie zudem u. a. auch als Geschichte des Linkssozialismus in Deutschland bzw. als Fallstudie deutscher Remigranten gelesen werden. Damit dürfte die Arbeit beispielsweise nicht nur der Forschung zur Entstehung der Studentenbewegung in den 1960er Jahren neue Denkanstöße liefern, sondern sicherlich auch zur biografischen Erforschung weiterer, weniger bekannter, im Schatten von Herbert Wehner und Willy Brandt stehender Vertreter des deutschen Linkssozialismus anregen.

Thomas Urban

Der Bibliothekar Fritz Hüser in Briefen: Ein Literatur-Arbeiter der Arbeiterliteratur

Fritz Hüser 1908–1979: Briefe. Im Auftrag der Fritz-Hüser-Gesellschaft hg. von Jasmin Grande. Oberhausen (asso) 2008, 415 S., 19,90 €.

Das war eine Überraschung. Nämlich das, was Anfang 2009 einer Reportage der *Süddeutschen Zeitung* zu entnehmen war: In seinem frühen Leben war Franz Müntefering Autor von Prosatexten. Und, wenn man den wunderbaren Ausführungen von Hilmar Klute trauen sollte, wohl keine ganz schlechten: „eine Literatur der klaren Kante" nennt er jene „Etüden" zugespitzt, und Klute versucht im Weiteren, diesen Schreibstil als prägend für Müntefeings spätere Politkarriere zu verorten. Auch nach seinem eigenen Bekunden muss der Autor, sei-

---

ten Reich, Essen: Klartext Verlag 1994, S. 146–172 (Veröffentlichungen des Instituts zur Erforschung der Europäischen Arbeiterbewegung: Schriftenreihe A, Darstellungen; Bd. 6).

nerzeit als Industriekaufmann im sauerländischen Sundern zu Hause, seine Texte für diskutabel gehalten haben. Müntefering, 27 Jahre alt, schickte sein Frühwerk zur Begutachtung in die westfälische Metropole, an Fritz Hüser, den damaligen Direktor der Dortmunder Stadtbücherei – und Mentor der *Dortmunder Gruppe 61*. Das war vor genau 43 Jahren. Es blieb jedoch, wie sich denken lässt, ohne Erfolg: kein Zugang zur *Gruppe 61* und keine Veröffentlichung – vielleicht weil Franz Müntefering bei Fritz Hüser „nicht recht ins Programm passte", wie (der gebürtige Bochumer) Hilmar Klute mutmaßt. Damit endeten des Sauerländers Schreibambitionen (vorerst), und „ein Konvolut von Prosatexten" wanderte in Hüsers *Archiv für Arbeiterdichtung und soziale Literatur* (das spätere *Fritz-Hüser-Institut*), wo sie heute im Bestand *Dortmunder Gruppe 61* neben Herbert Berger und Richard Limpert lagern.

Leider gibt auch der respektable Briefband von Fritz Hüser (1908–1979), der nun zu dessen 100. Geburtstag erschienen ist, keine entsprechenden Hinweise. All zu gern hätte man Münteferings Anliegen sowie Hüsers Respons im Wortlaut nachgelesen. Doch, zum Glück, bleibt dies der einzige Wermutstropfen. (Andererseits: vielleicht existieren im *Fritz-Hüser-Institut* noch weitere unbekannte Literatur-Schätze dieser Art.) Was die Korrespondenz betrifft, kann der vorliegende Briefband getrost von sich behaupten, in dieser Hinsicht einiges gehoben zu haben. Verantwortlich dafür war Jasmin Grande, Düsseldorfer Germanistin und Mitarbeiterin von Gertrude Cepl-Kaufmann, die innerhalb eines schmalsten Zeitfensters eine Auswahl von Briefen an und von Hüser treffen musste. Auch wenn seit einigen Jahren das hervorragende Findbuch des *Fritz-Hüser-Instituts* vorliegt (*Literatur und Kultur der Arbeitswelt* 2005), kann die Leistung von Jasmin Grande nicht hoch genug angesehen werden. Allein von Hüser, so lesen wir voller Staunen im Nachwort, befinden sich rund 10.000 Briefe im Nachlass. Diejenigen *an* ihn sind wahrscheinlich ungezählt. Der vorliegende Briefband destilliert aus dem vorhandenen Material 142 Briefe, und zwar 49 Briefe von Hüser sowie 93 Briefe an Hüser. Das mag wenig erscheinen; doch angesichts der Überlegung, keine primär wissenschaftliche Briefedition zu verfertigen, sondern eher ein „Brieflesebuch", scheint der Umfang von 400 Seiten angemessen. Mehr abgedruckte Briefe hätten sich in ihren Themenstellungen womöglich wiederholt, und weitere Adressaten müssen nicht immer aufschlussreicher sein. Auch in dieser Form bietet der Hüser-Band hinreichend Stoff und Namen.

Konzeptionell möchte die Edition zum einen die verschiedenen Lebens- und Arbeitsbereiche von Fritz Hüser präsentieren, dem Paul Raabe von Dortmund: seine geistige Herkunft aus der *Sozialistischen Arbeiter-Jugend* (SAJ), seine Arbeit als Bibliothekar, sein Einsatz für die Sache der Literatur (ob als Sammler oder Promoter) und schließlich sein privater Alltag. Zum anderen möchte der Briefband auch mit bekannten Personen aufwarten, deren Namen nicht nur aus der Literaturszene einen Klang haben. Zusammen genommen zeigen die Briefe, die einen Zeitraum von 45 Jahren umfassen, welche Entwicklung Hüser selbst genommen hat, für welche Ideen er gefochten, welche Projekte er angestoßen und mit welchen Menschen er debattiert hat. Mit vollem Engagement und nicht selten bis zur totalen Erschöpfung, wie es sich zum Ende hin deutlich ablesen lässt („Ich selbst habe noch Jahre unter der Vernachlässigung meiner eigenen Arbeit zu leiden", 1969): ein Literatur-Arbeiter – wie er sich dem Klischee gemäß im Ruhrgebiet doch am besten denken lässt.

Und so beginnt der Briefband mit Hüsers Selbstvergewisserung, im kulturellen Nichts der unmittelbaren Nachkriegszeit die Bildungsarbeit durch die *Sozialistische Arbeiter-Jugend* dankbar zu erinnern, die ihm Basis für sein „ganzes Leben und Schaffen" war: „Nach der grenzenlosen Enttäuschung 1933 waren Bücher meine beste und letzte Zuflucht – in sie vertieften wir uns ganz, und ein Kreis von Freunden aus der Arbeiterjugend, den wir um uns sammelten, gab uns gegenseitige Anregung." (1946) Als *Direktor der Städt. Volksbüchereien* (1945–1973) versuchte er alsdann, nicht nur aufbauend, sondern auch reformierend und innovativ seinen „Bücherdienst" zu beleben. Hier zeigt seine Korrespondenz, wie er weit über seine Vaterstadt hinaus ein Netzwerk mit anderen Bibliothekaren oder Literaturvermittlern zu knüpfen vermochte (Gerhart Baron, Paul Raabe, Gero von Wilpert, Hanns Martin Elster u. a.).

Bekannt jedoch wurde Fritz Hüser einem breiteren Publikum durch seine Mentorentätigkeit für die *Dortmunder Gruppe 61*. Diese gründete er zusammen mit dem späteren Erfolgsschriftsteller Max von der Grün (1926–2005) sowie Walter Köpping (1923–1995), dem Essener Bildungssekretär der *IG Bergbau*. Die rasche Karriere und das spätere Ringen um den richtigen Weg, den diese Vereinigung im Namen einer „Neuen Industriedichtung" ging, bilden einen zentralen und ungemein spannenden Teil des Briefbandes. Nach dem Erscheinen des allerorten aufsehenerregenden Romans *Irrlicht und Feuer* (1963) schrieb Hüser an Max von der Grün: „Ich möchte also nochmals meine Sorgen zum Ausdruck bringen und gleichzeitig noch einmal die Hoffnung aussprechen, wie sehr ich auf weitere und überzeugende literarische Werke aus der harten Welt des Industriearbeiters warte und daß ich wünsche, Sie mögen die nie versiegende Kraft besitzen, um diese Werke zu schaffen" (1964).

Der Vergessenheit zu entreißen versuchte Hüser daneben die ‚alten' Arbeiterschriftsteller (Gerrit Engelke, Max Barthel, Heinrich Lersch, Paul Zech), wobei deren unterschiedliche politische Biografien ihm die Art der Würdigung nicht einfach machten. Dort wird Literaturgeschichte dann zu unmittelbarer Zeitgeschichte. Zusammen mit Hüsers ganz privaten Einblicken in seinen Alltag, also jenseits aller Bücher (wenn es das überhaupt gab), dokumentieren die vorgelegten und allesamt bisher unveröffentlichten Briefe ein Stück Kulturgeschichte aus Dortmund, dem Revier und der Bonner Republik, das sich dem Leser auf eingängige wie instruktive Weise ganz unverhofft erschließt, auf dass er dieses Buch nur widerwillig aus der Hand legt. Und das ist eine Überraschung.

Dirk Hallenberger

Bewegungen der Bewegungsforschung

Roland Roth/Dieter Rucht (Hg.): Die sozialen Bewegungen in Deutschland seit 1945. Ein Handbuch, Frankfurt/New York: Campus Verlag 2008, 770 S., 49,90 €

Wenn die ersten Handbücher erscheinen, ist dies mitunter ein Zeichen dafür, dass Erkenntnisse einer Forschungsrichtung sich zu verfestigen beginnen. Das von Roland Roth und Dieter Rucht herausgegebene Handbuch zur Geschichte der sozialen Bewegungen in Deutschland seit dem Ende des Zweiten Weltkrieges kann in diesem Sinne als Teil eines seit einigen Jahren zu beobachtenden internationalen Trends verstanden werden.[29] Andererseits sind in Deutschland solche Initiativen noch keineswegs selbstverständlich. Nach wie vor ist eine Institutionalisierung der Bewegungsforschung etwa in Form von Lehrstühlen, Forschungsverbünden oder Zeitschriften gering,[30] erste Anstrengungen von Synthesen also entsprechend mühsam.

Ein Ziel der Herausgeber ist deshalb auch konsequenterweise eine bessere Verankerung der Bewegungsforschung in der Bundesrepublik; eine Kanonisierung durch das Handbuch wird hingegen explizit nicht intendiert. So verweisen die Herausgeber einleitend darauf, dass ihrer Veröffentlichung keinesfalls ein Zäsurbewusstsein zugrunde liege, sie also nicht eine als abgeschlossen betrachtete Geschichte behandele, sondern vielmehr neben einer ersten Übersicht auch Orientierungen für „die Auseinandersetzung mit aktuellen Protesten" bieten wolle (S. 10). Die Nähe der Herausgeber zum Milieu der Neuen Sozialen Bewegungen und ihrer Nachfolger verrät ebenfalls bereits die Widmung der „Zwischenbilanz all jenen, die sich für eine menschenrechtlich orientierte, basisdemokratische Bewegungspolitik engagieren" (S. 7). Die politischen Sympathien der Herausgeber haben sicherlich die erkenntnisleitenden Interessen geprägt, sie aber an keiner Stelle zu hagiographischen Entgleisungen verführt. Vielmehr ist ihnen – dies sei vorweggenommen – ein mit 770 Seiten nicht nur gewichtiges, sondern auch wichtiges Nachschlagewerk gelungen, das sowohl für ein breiteres, politisch interessiertes Publikum verständlich wie auch in der universitären Lehre für jede Einführung in die Bewegungsforschung gewinnbringend einzusetzen ist.

Geboten werden neben der Einleitung und Bilanz der Herausgeber, in denen „soziale Bewegung" definiert, zentrale theoretische Zugriffe skizziert, auf deutsche Besonderheiten und wichtigste Entwicklungslinien verwiesen sowie Erfolge bisheriger und Erfolgschancen künftiger Bewegungen diskutiert werden, sechs einführende Kapitel zum historisch-politischen Kontext sozialer Bewegungen, eingeteilt in die Phasen 1945–1949, 1949–1966, 1966–

---

29 Vgl. als Überblicke und Synthesen der Bewegungsforschung: Donatella della Porta/Mario Diani, Social Movements. An Introduction, Oxford 1999; Bert Klandermans/Conny Roggeband (Hg.), Handbook of Social Movements Across Disciplines, New York 2007; David A. Snow et al. (Hg.), The Blackwell Companion to Social Movement Research, Oxford 2007. In Vorbereitung ist derzeit die auf mehrere Bände angelegte Blackwell Encyclopedia of Social and Political Movements.

30 Seit Mitte der 1980er Jahre besteht in Deutschland der Arbeitskreis Soziale Bewegungen (zunächst: Arbeitskreis Neue Soziale Bewegungen) innerhalb der Deutschen Vereinigung für Politische Wissenschaft; einen vergleichbaren Arbeitskreis in der Soziologie oder den Geschichtswissenschaften gibt es nicht. Wolf-Dieter Narr, Zwischen Profession und Bewegung. 10 Jahre Arbeitskreis „Soziale Bewegungen", in: Forschungsjournal Neue Soziale Bewegungen 8 (1995), S. 82–89. Institute, die sich auf die Erforschung sozialer Bewegungen konzentrieren, gibt es in Frankreich, Großbritannien, Spanien, Russland, Kanada und einigen Ländern Lateinamerikas. In Deutschland ist die Bewegungsforschung noch am ehesten am Wissenschaftszentrum Berlin für Sozialforschung sowie am Bochumer Institut für soziale Bewegungen verankert. Zwar gibt es in Deutschland mit dem „Forschungsjournal Neue Soziale Bewegungen" seit 1988 bereits recht früh eine eigene Zeitschrift, die aber nach wie vor ebenso ehrenamtlich herausgegeben werden muss wie letztlich auch das seit einigen Jahren über die Arbeiterbewegungen hinausgehende Mitteilungsblatt des ISB. Prominent in den USA sind hingegen „Mobilization. The International Quarterly Review of Research in Social Movements, Protest, and Contentious Politics" sowie in Großbritannien „Social Movement Studies".

1974, 1974–1989, 1989 bis heute und DDR 1949–1990. Dazu kommen 21 Kapitel zu einzelnen Bewegungen, eine Ereignischronik, ein Register und ein mit 60 Seiten ausführliches Literaturverzeichnis, bei dem allerdings eine starke Konzentration auf deutschsprachige Titel auffällt. Bedauerlicherweise finden sich zudem in dem insgesamt aber ausgesprochen nützlichen Literaturverzeichnis auch nicht alle Titel, auf die in den Texten nur in Klammern via Autor und Erscheinungsjahr verwiesen wird.

Positiv zu vermerken sind drei Punkte: Erstens die – auch zwanzig Jahre nach dem Ende der DDR leider immer noch nicht selbstverständliche – hier aber gelungene Integration der DDR-Geschichte in die deutsche Nachkriegsgeschichte. Dabei zeigt Jan Wielgohs in einem klugen Beitrag, wie sehr gängige Definitionen sozialer Bewegungen auf westlichdemokratische Gesellschaften zugeschnitten sind. Setzt man voraus, dass es soziale Bewegungen nur dort geben kann, wo selbstbestimmtes, kollektives Handeln mit öffentlicher Resonanz möglich ist, würde es in der Tat wenig Sinn machen, die ostdeutschen „Bürgerbewegungen" in den späten 80er Jahren solcherart zu fassen. Gleichwohl führt Wielgohs vor, ohne die grundsätzlichen Unterschiede in den politischen Gelegenheitsstrukturen zu unterschlagen, wie fruchtbar sich die analytischen Ansätze der Bewegungsforschung auch auf staatssozialistische Gesellschaften anwenden lassen, wobei er die politisch-alternative Gruppenszene der DDR gekonnt sowohl in die osteuropäische wie auch deutsch-deutsche Geschichte einbettet. Wielgohs zeigt dabei Wege auf, die Geschichte oppositioneller Gruppen in der DDR aus der Sackgasse der Widerstandsforschung mit ihren oftmals allzu einfachen Aktions-Reaktions-Schemata herauszuführen – wie originell dieses Vorgehen ist, zeigt schon die Tatsache, dass die von ihm zitierte weiterführende Literatur noch weitgehend eben dieser traditionellen Herangehensweise verhaftet ist, der es zunächst einmal vor allem darum geht, die Leistungen der Oppositionellen zu würdigen. Im Hauptteil des Handbuchs, in dem die einzelnen Bewegungen dargestellt werden, gibt es zwei weitere Einzelkapitel zur DDR, was angesichts des sich von der Bundesrepublik stark unterscheidenden Bedingungsgefüges durchaus zu rechtfertigen ist. Interessanter und wohl auch fruchtbarer erscheint jedoch das parallel verfolgte Vorgehen, die Geschichte der DDR-Bewegungen gemeinsam mit den Bewegungen in der Bundesrepublik abzuhandeln, was allerdings nicht allen Autoren und Autorinnen gleichermaßen gelungen ist: Während dies etwa im Kapitel von Karl-Werner Brand zur Umweltbewegung geradezu beispielhaft vorgeführt wird und auf diese Weise auch personelle Zusammenhänge und Transferleistungen angedeutet werden können, thematisiert Ute Gerhard in ihrem Kapitel zur Frauenbewegung DDR-Erscheinungen zumindest noch rückblickend im Zusammenhang des Vereinigungsprozesses, während Andreas Buro in seinem Kapitel über die Friedensbewegung die DDR überhaupt nicht erwähnt.

Zweitens ist die Selbstverständlichkeit, mit der auch die rechtsextremistische Bewegung in diesem Handbuch berücksichtigt ist, positiv zu vermerken. Damit ist die Bewegungsforschung endgültig in einem Stadium angekommen, in dem Bewegungen weder, wie noch bis in die 1970er Jahre hinein gängig, per se negativ konnotiert sind als angeblich anti-moderne, von romantischem Irrationalismus geleitete Phänomene noch per se positiv verstanden werden, wie dies im Gefolge der Anerkennung üblich war, welche die Neuen Sozialen Bewegungen der 70er und 80er Jahre als angeblich progessive, Gesellschaft modernisierende Erscheinungen erhalten haben.

Drittens erscheint die zeitliche Ausdehnung über die üblicherweise im Fokus stehenden Neuen Sozialen Bewegungen hinaus und zwar sowohl auf die Jahrzehnte vorher wie nachher, ausgesprochen fruchtbar. Die für die einzelnen Bewegungen sehr unterschiedlichen Verläufe und Phasen werden auf diese Weise gut sichtbar; historische Kontexte und Prozesse treten scharf hervor. Insbesondere die Selbststilisierung der Neuen Sozialen Bewegungen als etwas völlig Neuartiges wird en passant relativiert, indem der Fokus vielmehr auf graduelleren Transformationen im Bewegungsverlauf liegt. Kritisch anzumerken ist in diesem Zusammenhang allerdings, dass die Ausdehnung des Untersuchungszeitraums im Falle der einzelnen Kapitel zu den Bewegungen mitunter für ein Handbuch zu unterschiedlich erscheint. Nur zum Teil lässt sich dies aus dem Untersuchungsgegenstand selbst heraus erklären. So zeigt etwa Kristina Schulz in ihrem sehr lesenswerten Artikel zu studentischen Bewegungen, dass es in aller Regel keine Kontinuitäten gab, also von unterschiedlichen Bewegungen in jeweils verschiedenen historischen Kontexten auszugehen sei. Demgegenüber konzipiert Ute Gerhard nur eine einzige Frauenbewegung mit Anfängen um 1848, die in „langen Wellen" oder auch sich abwechselnden Phasen von Latenz und Sichtbarkeit bis heute Bestand habe. Wichtiger als Unterschiede in den einzelnen Bewegungen erscheinen aber entweder der methodische Zugriff oder wohl schlicht die persönlichen Steckenpferde der Autorinnen und Autoren für die Festlegung der Untersuchungszeiträume. Anders ist wohl kaum zu erklären, warum zum Beispiel fast die Hälfte des Kapitels zur Frauenbewegung die Zeit vor 1945 – also streng genommen nur die Vorgeschichte des im Titel des Handbuchs angegebenen Untersuchungszeitraums – behandelt, während im Kontrast dazu die Friedensbewegung schwerpunktmäßig in Bezug auf die Konflikte seit 1990 beschrieben wird und selbst die Zeit der frühen 1980er Jahre – also der bisherige absolute Mobilisierungshöhepunkt der Friedensbewegung – in nur wenigen Absätzen erwähnt wird. Hier wäre vielleicht etwas mehr herausgeberische Strenge wünschenswert gewesen, um, bei aller zu berücksichtigenden Freiheit der Autoren und Autorinnen, den Handbuchcharakter stärker zu wahren.

Überhaupt ist in dieser Hinsicht wohl noch am ehesten Kritik zu äußern. Nicht nur die Qualität der einzelnen Beiträge ist recht unterschiedlich, auch die Vorgaben der Herausgeber an die Struktur der Kapitel wurden offenbar nicht immer berücksichtigt. Während einige Autoren multiperspektivisch den Forschungsstand aufarbeiten und interessant präsentieren, so etwa vorbildlich Sven Reichardt, bleiben andere viel zu spezifisch, um der Funktion eines Handbuchartikels gerecht zu werden: etwa Wolfgang Fach, der einen – durchaus anregenden – Beitrag zum historischen Hintergrund der Jahre 1974 bis 1989 beisteuert, sich dabei aber fast ausschließlich auf wirtschaftshistorische Fragestellungen beschränkt. Zum Teil ist die empfohlene Literatur so alt, dass sie schon eher als Quelle denn als Sekundärliteratur interessant ist, so beispielsweise bei Wolf-Dieter Narr. Den Anforderungen eines Handbuchartikels genügt insbesondere der Beitrag von Andreas Buro kaum. So attraktiv es auch erscheinen mag, mit diesem Mitbegründer der Ostermarsch-Bewegung nicht nur einen Wissenschaftler, sondern auch einen Zeitzeugen an Bord genommen zu haben, so irritiert doch, wie wenig historische Darstellung neben einem Schwerpunkt in

Gegenwartsanalyse einerseits und recht spekulativen Überlegungen zu „Auswirkungen" der Friedensbewegung andererseits steht. Ob als Quellensprache anmutende Formulierungen wie der „militärisch-industrielle Komplex", den Buro gegenwärtig in der Europäischen Union gegeben sieht (S. 290), ohne Anführungszeichen in einem Handbuch vorkommen sollten, scheint ebenfalls fraglich.

Einzelne Kritikpunkte dieser Art mindern aber nicht den Gesamteindruck, dass hier ein nicht nur insgesamt gut ausgeführtes, sondern auch notwendiges Buch vorgelegt wurde, das für wichtige Orientierungen sorgen wird – gerade angesichts des derzeitigen Forschungstrends, empirisch immer kleinräumigere Bewegungssegmente auf der Mikroebene zu untersuchen, während Längsschnittuntersuchungen für die meisten Bewegungen ebenso fehlen wie Gesamtdarstellungen des Bewegungssektors der Bundesrepublik.

Helke Stadtland

Partij van de Arbeid und SPD 1945–1990: „Schwestern oder Stiefschwestern"?

Marc Drögemöller: Zwei Schwestern in Europa. Deutsche und niederländische Sozialdemokratie 1945–1990. Mit einem Vorwort von Kurt Beck und Wouter Bos, Berlin: vorwärts buch-Verlag 2008, 385 S., 29,95 €.

In der vergangenen Dekade haben die einzelnen Etappen des europäischen Integrationsprozesses ebenso wie die unterschiedlichen Erscheinungsformen transnationaler Interaktion zunehmendes Interesse in der historischen Forschung geweckt. Zum Teil in Ergänzung, bisweilen aber auch in gezielter Abgrenzung zu entsprechenden Pionierstudien der Sozialwissenschaften aus den 1970er Jahren hat sich die Historiografie diese Themenfelder mit eigenen Studien und Zugängen erschlossen. Obwohl mittlerweile eine erhebliche Zahl grundlegender Forschungsarbeiten vorliegt, sind im Spektrum der untersuchten Akteure die Akzente jedoch höchst ungleich verteilt. Vor allem Gewerkschaften und Parteien zählen bislang zu den allgemein wenig beachteten Protagonisten grenzüberschreitender Interaktion in Europa. Wenn Parteien in historischer Perspektive untersucht werden, dann entweder im Hinblick auf den nationalen Wirkungsraum – in diesem Kontext bisweilen auch auf die hier entwickelten außen- und europolitischen Vorstellungen – oder mit Blick auf die seit den 1970er Jahren sukzessive entwickelten Strukturen europäischer Parteiorganisationen. Die bilaterale Kooperation von Parteien im europäischen Raum und die Frage, inwiefern ideologisch nahe stehende Parteien einer „Parteienfamilie" transnational miteinander interagiert oder kooperiert haben ist demgegenüber bislang kaum untersucht worden.

Mit Blick auf die deutsche Sozialdemokratie, der besonders traditionsreiche und ausgeprägte Strukturen trans- und internationaler Kooperation nachgesagt werden, zeichnen sich die Desiderate besonders deutlich ab. Sieht man von der Arbeit Katharina Kellers über „[i]talienische Sozialisten und deutsche Sozialdemokratie bis zum Ersten Weltkrieg",[31] die

---

31 Katharina Keller: „Modell SPD? Italienische Sozialisten und deutsche Sozialdemokratie bis zum Ersten Weltkrieg, Bonn 1994.

Studie Stefan Bergers über die „ungleiche[n] Schwestern" Labour Party und SPD zwischen 1900 und 1931,[32] der Arbeit von Detlev Rogosch zu den „Europabilder[n] in der SPD und bei den belgischen Sozialisten 1945–1957"[33] sowie der kaum beachteten Untersuchung von Tanja Wielgoß zur „PS und SPD im europäischen Integrationsprozess" nach 1989 ab,[34] liegen bislang keine Studien vor, die – jenseits von Gesamtdarstellungen und Überblicken – einer dezidiert bilateralen Interaktionsperspektive nachgehen. Vor diesem Hintergrund ist es zu begrüßen, dass sich Marc Drögemöller in seiner an der Universität Münster eingereichten Dissertation mit den Sozialdemokraten der Niederlande befasst; demjenigen Staat, der im Hinblick auf die (west-)europäische Integration wohl noch die größten Lücken in der Erforschung der parteipolitischen Beziehungsgeflechte der SPD offenbart.

Im Gegensatz zu den bisher vorliegenden Studien, die sich auf einen engeren zeitlichen Abschnitt konzentriert haben, wagt Drögemöller eine Gesamtdarstellung, die vom Ende des Zweiten Weltkriegs bis zur deutschen (Wieder-)Vereinigung im Jahr 1990 reicht. Die thematische Ausrichtung seiner Studie ähnelt den anderen Publikationen, zumindest den jüngeren Arbeiten von Rogosch und Wielgoß. Auch in der vorliegenden Studie geht es primär um außen-, sicherheits- und europapolitische Belange. Und ähnlich wie bei allen vier genannten Arbeiten bildet die Frage nach Gemeinsamkeiten und Unterschieden innerhalb der Parteienfamilie – gewissermaßen die Frage nach dem Verwandtschaftsgrad der „Schwestern" – das zentrale Leitmotiv. Angesichts der vergleichsweise überschaubaren Forschungslage verwundert es indes, dass Drögemöller zwei der genannten Arbeiten nicht näher berücksichtigt. Weder Wielgoß' zeitlich zwar später angesiedelte, vom Zuschnitt her aber ähnlich ausgerichtete Publikation noch Bergers Arbeit, die sogar mit der gleichen Metapher im Titel aufwartet, werden von Marc Drögemöller berücksichtigt. Damit ist ein Manko der Studie bereits angesprochen: Zugunsten der chronologischen Darstellung und der Lesbarkeit verzichtet der Autor auf eine eingehendere Auseinandersetzung mit dem Forschungsstand sowie auf die Einordnung des Beziehungsverhältnisses der niederländischen Partij van de Arbeid (PvdA) und der Sozialdemokratischen Partei Deutschlands in einen größeren Kontext bilateraler Parteieninteraktion.

Entsprechende Vergleiche wären indes durchaus von Gewinn gewesen, unterscheiden sich die analytischen Schlussfolgerungen Drögemöllers doch von denjenigen der genannten Arbeiten. So begründete etwa Wielgoß die divergente programmatische Ausrichtung der französischen Sozialisten und deutschen Sozialdemokraten, die dazu führte, dass die Zusammenarbeit beider Parteien über lange Zeitabschnitte hinweg begrenzt blieb, mit der gegenläufigen Regierungsbeteiligung von PS und SPD. In der Exekutive befürworten beide einen pro-europäischen Integrationskurs, während in der Opposition stärkere Skepsis arti-

---

32 Stefan Berger: Ungleiche Schwestern? Die britische Labour Party und die deutsche Sozialdemokratie im Vergleich. 1900–1931, Bonn 1997.
33 Detlef Rogosch: Vorstellungen von Europa. Europabilder in der SPD und bei den belgischen Sozialisten 1945–1957, Hamburg 1996.
34 Tanja Wielgoß: PS und SPD im europäischen Integrationsprozess. Vergleich der Europapositionen und Analyse der Interaktionsstrukturen der französischen und deutschen Sozialdemokraten 1989 bis 2001, Baden-Baden 2002.

kuliert wurde. Da die Regierungsbeteiligung beider Parteien aber lange Zeit nicht konvergierte, gelang es den Parteiführungen nicht, über die Kontaktstufe – die niedrigste Form der Interaktion – hinauszukommen. Erst in den 1980er Jahren, im Gefolge der Direktwahlen zum Europäischen Parlament, näherten sich beide Parteien schrittweise an.[35]

Hinsichtlich des Verhältnisses der Partij van de Arbeid und der deutschen SPD wird von Marc Drögemöller überzeugend dargelegt, dass die Kooperation einerseits recht eng verlief, dass es andererseits aber immer wieder zu Spannungen kam, da die PvdA wiederholt den Anspruch vertrat, die programmatisch moderneren Positionen zu vertreten. Sowohl hinsichtlich der Öffnung der Sozialdemokratie zur „Mitte" in den 1950er Jahren als auch der Orientierung nach „links" in den späten 1960er und 70er Jahren ging man seitens der PvdA der SPD voran. Bis zu den 1930er Jahren hatte sich die niederländische Sozialdemokratie, bzw. die seinerzeitige SDAP, hingegen noch stark an das Erfurter Programm der SPD angelehnt; dies auch, weil die Partei angesichts der Wirtschaftsstrukturen der Niederlande eher als „verspätete" Arbeiterpartei galt. Überzeugend und detailliert wird von Drögemöller dargelegt, dass die programmatischen Differenzen und Übereinstimmungen zwischen den Parteien den wesentlichen Indikator für die Qualität des gemeinsamen Verhältnisses bildete. Der kopernikanischen Wende in der Außenpolitik der SPD, die einmal mehr an der berühmten Bundestagsrede von Herbert Wehner im Juni 1960 festgemacht wird, kommt hierbei besondere Bedeutung zu. Erst als die SPD in den 1960er Jahren endgültig den Weg der vorbehaltlosen Westintegration zur Maxime erhob, verbesserten sich die transnationalen Parteienbeziehungen deutlich und erlaubten eine auch in strategischer Hinsicht zunehmend abgestimmte Partnerschaft.

Als zweiter zentraler Erklärungsansatz für die Qualität des Beziehungsverhältnisses zwischen SPD und PvdA wird von Marc Drögemöller die Bedeutung der Personen bzw. der Personenkonstellationen herausgearbeitet. Einmal mehr zeigt sich damit, dass transnationale Parteienkooperation in hohem Maße von persönlichen Beziehungen im Führungspersonal abhing. Besondere Bedeutung kommt dabei neben den internationalen Sekretären den Parteivorsitzenden und Regierungschefs zu. Der Umstand, dass Erich Ollenhauer mit dem Vorsitzenden der niederländischen Sozialdemokraten, Koos Vorrink, ein enges Vertrauensverhältnis pflegte, das noch auf die Kontakte in der internationalen Jugendbewegung zurückging, dokumentierte ebenso wie das Verhältnis des Bundeskanzlers Willy Brand und des niederländischen Parteivorsitzenden und Ministerpräsidenten Joop den Uyl sowie die Beziehung zwischen Helmut Schmidt und dem langjährigen Außenminister Max van der Stoel die Bedeutung der Personenkonstellation. Im Umkehrschluss wird auch deutlich, dass die intransigente Attitüde Kurt Schumachers dazu beitrug, dass bis 1952 trotz eines gewissen Vertrauensvorschusses der niederländischen Sozialdemokraten sich die Beziehungen nur zögerlich entwickelten, dies um so mehr, da die Niederländer in dieser Zeitphase der transatlantischen Partnerschaft noch mehr Bedeutung als in der Folge beimaßen. Herausragende

---

35 Vgl. zum Hintergrund auch Jürgen Mittag: Sozialdemokratische Parteien im europäischen Integrationsprozess: Transnationale Interaktionen kritisch beleuchtet, in: Zeitschrift für Parlamentsfragen 2 (2005), S. 445–449.

Bedeutung für das gegenseitige Beziehungsverhältnis misst Drögemöller schließlich auch Alfred Mozer bei, der sich zunächst in der deutschen sozialistischen Arbeiterjugendbewegung engagierte, nach 1933 aber in die Niederlande emigrierte und dort im Widerstand gegen Hitler aktiv war. Nach 1945 avancierte der Grenzgänger Alfred Mozer, der zunächst als Parteisekretär für die niederländische Sozialdemokratie tätig war, zu einem unermüdlichen Streiter für die deutsch-niederländischen Beziehungen, darüber hinaus aber auch für eine Vertiefung der (west-)europäischen Integration. Gerade mit der letzteren Position stieß er jedoch in der vom Wiedervereinigungspostulat bestimmten SPD auf Widerstand, die Mozer sogar teilweise ein Redeverbot auf sozialdemokratischen Parteiveranstaltungen in Deutschland erteilte. Als Mitarbeiter des EWG-Kommissars und späteren Kommissionspräsidenten Sicco Mansholt setzte sich Mozer auch von Brüssel aus für die deutsch-niederländischen Beziehungen ein. Nicht zuletzt sein freundschaftliches Verhältnis zu Herbert Wehner führte ihn dabei wiederholt nach Deutschland.

Dass sich die transnationalen Parteibeziehungen in den 1970er Jahren trotz der engen Abstimmung von Helmut Schmidt und Max van der Stoel verschlechterten, wird auf die „Linkswende" der niederländischen PvdA zurückgeführt. Die Nieuw Links-Gruppierung, die innerhalb der PvdA erhebliches Gewicht erlangte, trug mit Entscheidungen wie der Forderung des Parteikonvents 1969 nach einer völkerrechtlichen Anerkennung der DDR und der Rechterfertigung des Mauerbaus zu erheblichen Spannungen bei, die erst in den 1980er und 90er Jahren wieder einer Normalisierung der Beziehungen wichen. Dies zeigte sich auch in der Haltung der PdvA zur deutsch-deutschen (Wieder-)Vereinigung 1990, die weitgehend wohlwollend begleitet wurde.

Zusammenfassend betrachtet schlussfolgert Drögemöller in einem höchst lesenswerten Fazit, dass „PvdA und SPD in erster Linie Repräsentanten ihrer beiden Länder waren" (S. 345). Infolgedessen erwiesen sich die nationalen Traditionen und die spezifische politische Kultur des jeweiligen Landes prägender als die solidarischen Bekundungen des sozialdemokratischen Internationalismus. Als wichtigstes „Verbindungsstück" fungierte dem Autor zufolge die Perspektive der künftigen europäischen Zusammenarbeit, die beide Parteien letztlich immer wieder an einen Tisch brachte und zur gemeinsamen Positionsbestimmung forcierte.

Mit diesen Ergebnissen sowie einer weitgehend auf Quellen und zeitgenössische Literatur, aber auch auf Interviews sich stützenden Darstellung hat Drögemöller einen wesentlichen Beitrag zur transnationalen Parteiengeschichte Europas geliefert. Ohne entsprechende, vor allem empirisch gestützte Untersuchungen, ist eine überzeugende Analyse transnationaler Parteipolitik nicht möglich. Dieser Zugang ermöglicht auch Auskunft über die Parteieninteraktion im Rahmen der europäischen Parteien und der EP-Fraktionen, die allerdings bei Drögemöller keine Rolle spielen. Obgleich die vorliegende Studie in einigen Teilen eher politisch als analytisch argumentiert und auf eine Einbettung in den Forschungskontext weitgehend verzichtet, stellt sie einen wichtigen Baustein sowohl für die Parteien- und Integrationsforschung als auch allgemein für die europäische Zeitgeschichte dar.

Jürgen Mittag

Die Metamorphosen des Herrn Matthöfer

Werner Abelshauser: Nach dem Wirtschaftswunder. Der Gewerkschafter, Politiker und Unternehmer Hans Matthöfer, Bonn: Verlag J. H. W. Dietz Nachf. 2009, 797 S., 58,00 €.

Es ist schon bemerkenswert, wenn ein ausgewiesener Wirtschafts- und Sozialhistoriker eine Biographie vorlegt. Und es ließe sich unken, dass Werner Abelshauser zum Ende seiner seiner Zeit als Bielefelder Ordinarius noch seinen persönlichen *cultural turn* vollzogen habe. Aber Verlag und Autor[36] verbreiten mit Nachdruck die Botschaft, dass dieses Buch weit mehr sei als „nur" eine Biographie: Abelshauser schreibe „die Wirtschaftsgeschichte der Bundesrepublik neu", verkündet der Klappentext. Damit wäre der Autor wieder auf seinem ursprünglichen Terrain. Nach den langen fünfziger Jahren oder seiner deutschen Wirtschaftsgeschichte seit 1945 liefert er nun eine weitere historiographische Interpretation der Bundesrepublik – „nach dem Wirtschaftswunder". Aber die Leser sollten sich nicht verwirren lassen, das Buch ist nichts anderes als eine wissenschaftliche Biographie, bei der die Lebensgeschichte Matthöfers einen Pfad schlägt durch das Dickicht der sozialen, kulturellen, politischen und wirtschaftlichen Entwicklungen der Bundesrepublik – und zwar nicht erst *nach* dem Wirtschaftswunder.

Hans Matthöfer wurde 1925 in Bochum geboren und gehört damit jenen Jahrgängen an, die Schelsky als skeptische Generation beschrieb und die heute unter dem Begriff der „45er" typisiert werden. Die Desillusionierung und Entideologisierung, eine ausgeprägt skeptische, misstrauische bis glaubenslose Grundhaltung, der Verzicht auf Pathos, Programme und Parolen zeichnete diese Sozialisationskohorte ebenso aus wie nationale Bescheidenheit, politische Nüchternheit und ein von Geschichtsbewusstsein geleitetes Handeln. Geprägt wurden diese Eigenschaften in den Sozialisationskrisen der 1940er Jahre: nach einer subjektiv nicht selten positiv erlebten Jugend auf den „Abenteuerspielplätzen" der NS-Erziehung durch den Überlebenskampf im Krieg. Aufgrund einer schwachen Bindung der Familie im katholischen Arbeitermilieu sei auch Matthöfer, so Abelshauser, dem braunen Regime weitgehend schutzlos ausgeliefert gewesen. Als HJ-Jungzugfüher und HJ-Scharführer machte er seine erste Karriere, die ihn alsbald aus der Herner Straße und dem proletarischen Bochumer Norden in das Stadtparkviertel führte. Hier, zwischen den Villen der Oberschicht der Bergbaustadt, eröffnete sich Matthöfer eine neu Welt: „Es hob das Selbstbewusstsein des Jungzugführers, dass nun veritable Direktoren und andere Honoratioren der bürgerlichen Gesellschaft die allfällige Entschuldigung für das gelegentliche Fernbleiben ihrer Söhne von den Heimabenden an ihn richten mussten. Die enge Kameradschaft mit Gymnasiasten aus dem Stadtparkviertel trug in diesem wichtigen Lebensabschnitt aber auch dazu bei, aufkommende Ressentiments gegenüber Absolventen des höheren Bildungsweges, der dem Volksschüler ja gerade verschlossen geblieben war, abzubauen und seine Motivation, sich fortzubilden und im Leben ‚weiterzukommen', zu stärken" (S. 35 f.).

---

36 Werner Abelshauser während der Buchpräsentation in der Friedrich-Ebert-Stiftung am 29. Juni 2009 in Berlin.

Aber Zeltlager und Abenteuerromantik mit Motocross, Skifahren und Boxen waren bald vorbei. Als Träger des Goldenen Scharfschützenabzeichens der Hitler-Jugend landete Matthöfer schließlich 1944 an der Ostfront: als Schütze eines Maschinengewehrs, das er offenbar meisterlich zu bedienen wusste. Aber schon die ersten Fronterfahrungen mussten das Koordinatensystem des nicht einmal 20-Jährigen grundlegend durcheinander bringen. Nach zwei Tagen ununterbrochener Nahkämpfe gegen die vorrückende sowjetische Armee fand sich Matthöfer, „buchstäblich auf den Leichen der Gefallenen" liegend, im nun alltäglichen Kampf um das eigene Überleben wieder. Bald schon sollten bei ihm „erste Gedanken an einen Ausstieg aus dem Wahnsinn des Krieges aufsteigen" (S. 44), Gedanken, die in vergleichbarer Situation viele hatten, deren Umsetzung aber nicht jeder mit der Konsequenz Matthöfers verfolgte. Mit einer erbeuteten Pistole versetzte er sich selbst eine schwere Schussverletzung und beförderte sich damit, nun als Träger des Verwundetenabzeichens in Schwarz, in einen längeren Genesungsurlaub.

Viele der nun folgenden Etappen im Leben des Hans Matthöfer scheinen die Prägungen der ersten zwei Dekaden widerzuspiegeln. Lebenstauglich, erfolgssicher, auch auf den eigenen Erfolg bedacht, vor allem anpassungsfähig, wie es bei den überlebenden „45ern" häufig zu beobachten ist, bewies sich Matthöfer in der frühen Nachkriegszeit auf verschiedenen Spielfeldern: zuerst auf dem Schwarzmarkt, wo ihm nicht nur ein angeborenes unternehmerisches Geschick zugute kam, sondern auch seine fortgeschrittenen Fremdsprachenkenntnisse, die ihm als Ergebnis seines Bildungsdrangs im vielsprachigen Markttreiben wichtige Dienste erwiesen. Über seine wachsenden Schwarzmarktunternehmungen gelangte er nach Frankfurt, ergriff dort eine Möglichkeit zum Studium der Ökonomie und erschloss sich fortan „linke" Spielfelder: als Vorsitzender des Frankfurter SDS, unter den Anhängern der Socialist Party of America, auf die Matthöfer bei einem Studienaufenthalt an der Universität von Madison traf, oder als Gründungsmitglied und Herausgeber der Zeitschrift *links*. Hier nun trat sein unternehmerisches Talent, gepaart mit seinen Ambitionen als Verleger, erstmals deutlich zum Vorschein. Später, im Jahr 1970, sollte er als Gründer von *Exprés Español*, einer Monatszeitschrift zur Unterstützung von Aktivitäten gegen das Franco-Regime, und bei seinen Rettungsversuchen für den *Vorwärts* als Schatzmeister der SPD immer wieder in die Rolle des Verlegers schlüpfen. Ein festes Aufgabenfeld fand Matthöfer ab 1953 als Experte für Automationsfragen in der IG Metall. Im erweiterten Umfeld von Brenners Braintrust schien das nachgefragte Fachgebiet zunächst Matthöfers Gewerkschaftskarriere zu beschleunigen. Doch das Interesse ebbte bald ab, Matthöfer verließ als Attaché der Gewerkschaften bei der OEEC in Paris und Washington für mehrere Jahre die deutsche Bildfläche und kehrte Anfang der 1960er Jahre als Leiter der Abteilung Bildungswesen in den Hauptvorstand der IG Metall zurück. Im Vorstandsbereich von Heinz Dürrbeck konnte er zunächst noch erfolgreich arbeiten, wobei die „Ford-Aktion" ein Glanzstück für seine durch Auslandserfahrungen geprägte Auffassung einer erfolgreichen betriebsnahen Gewerkschaftsarbeit blieb.

Schließlich nahmen die Konflikte Matthöfers mit Dürrbeck und der IG Metall zu. Auslöser waren nicht zuletzt Matthöfers Überzeugungen von einer betriebsnahen Gewerkschaftsstrategie. Er hatte als Bundestagsabgeordneter eines Frankfurter Wahlkreises unterdessen seine politische Karriere vorangetrieben und sich in der Fraktion der SPD etabliert. Als er sich während der Großen Koalition bei Vorlagen zur Betriebsverfassung und zum Bildungsurlaub für die betriebsnahe Gewerkschaftsarbeit in einer Weise engagierte, die der IG Metall geeignet erschien, die eigene Entmachtung in den Betrieben zu befürchten, wurde der Bruch eingeleitet. Aber Matthöfer hatte als standfester Linker und zugleich geschulter Ökonom in der Fraktion längst auf sich aufmerksam gemacht. Helmut Schmidt hatte als Vorsitzender der Bundestagsfraktion Matthöfers Talente erkannt. Da ihm dessen pragmatischer Politikzugang wohl ebenso lag wie Matthöfers Persönlichkeit, hatte der Metallgewerkschafter mit Schmidt einen neuen aufstrebenden Förderer und Freund gewonnen. Dies erleichterte dem einstmaligen Protegé von Otto Brenner den Abschied von der IG Metall, den Brenners Nachfolger Eugen Loderer schließlich wenig diplomatisch endgültig exekutierte.

Die nun in die Ministerien führende politische Karriere Matthöfers ist weithin bekannt. Sie begann als Parlamentarischer Staatssekretär im Bundesministerium für wirtschaftliche Zusammenarbeit bei Erhard Eppler (1972), führte über das Amt als Minister für Forschung und Technologie (1974) unter Bundeskanzler Helmut Schmidt in das Bundesfinanzministerium (1978 bis 1982) und endete als Bundespostminister (im Oktober 1982). Hier nun vollzog sich die Metamorphose vom Gewerkschafter zum Politiker, vom pragmatischen Linken zum pragmatischen Staatsmann, der 1981 im Zusammenhang mit Schmidts Kollaps und Herzoperation um ein Haar selbst in das Bundeskanzleramt eingezogen wäre. Als „Humanisierungsminister" lagen seine Verantwortlichkeiten noch nahe an seinem ehemaligen gewerkschaftlichen Einsatzgebiet, als „Siemens-Minister" und als „Atom-Minister" verschob sich Matthöfers politischer Horizont bereits. So war er verantwortlich für die Förderung der europäischen und deutschen Computerindustrie, was unter Verlust von erheblichen Steuermitteln geschah, oder für die Unterzeichnung des Atomvertrages mit der brasilianischen Militärregierung, womit ein geheimes Atomprogramm der brasilianischen Streitkräfte ermöglicht wurde. Als Finanzminister avancierte er zum *shooting star* der internationalen Finanzpolitik und gab als Kosmopolit auf dem diplomatischen Parkett zumeist eine gute Figur ab. Als „Solidaritätsminister" machte sich Matthöfer in der deutschen Finanzpolitik bei der sozialdemokratischen Klientel indes zunehmend unbeliebt. Statt Keynesianismus predigte er Haushaltsdisziplin nicht zuletzt auf Kosten der Sozialpolitik, was ihm besonders im Lager des DGB und der IG Metall immer mehr Kritik einbrachte.

Auch wenn Abelshauser immer wieder versucht, die Handlungszwänge des Finanzministers zu verdeutlichen, so bleibt der Eindruck eines erheblichen politischen Wandlungsprozesses bei Matthöfer selbst doch bestehen. „Dem Kanzler ähnlicher als sich selbst" (S. 439), titelte DER SPIEGEL 1980 in einem Beitrag über die gewandelte politische Verortung des Hans Matthöfer. Als sein Konterfei neben dem seines Ministerkollegen Lambsdorff nur zwei Jahre später auf der Titelseite desselben Nachrichtenmagazins unter der Überschrift „Geld von Flick?" (S. 514) erschien, begann Matthöfers Amtsmüdigkeit einzusetzen. Nachdem er mit seinem „Ölpapier" die „Ökosteuer" vorweggenommen hatte, sich aber mit dem innovativen Konzept zur Haushaltskonsolidierung selbst bei Helmut Schmidt nicht mehr durchsetzen konnte, bereitete Matthöfer seinen Rückzug vor. Über das Postministerium und unter

Einsatz Matthöfers „politischer Krankheit", seinen zur rechten Zeit auftauchenden Herzrhythmusstörungen, beendete er seine politische Karriere. Das Handlungsmuster jedenfalls war bekannt: Wenn Matthöfer in eine unausweichlich erscheinende Sackgasse geriet, zog er instinktsicher und rechtzeitig die Reißleine – schon als Soldat an der Ostfront. Und sobald ihm der Verlust des politischen Förderers und damit auch seines politischen Handlungsspielraumes drohte, bereitete er seine nächste Metamorphose vor – bei Brenner vom Gewerkschafter zum Politiker und bei Schmidt vom Politiker zum Unternehmer.

Dieser letzte Schritt war allerdings nur bedingt geplant. Nach der politischen Karriere drohte Matthöfer zunächst in Vergessenheit zu geraten. Als die SPD Jahre später Schwierigkeiten hatte, in einer problematischen Lage einen Nachfolger für Hans-Jürgen Wischnewski als Schatzmeister zu finden, sagte Matthöfer sofort zu. Mit dem Image des Sanierers auf der politischen Bühne wieder aufgetaucht, wurde er kurz darauf von den Gewerkschaften abgeworben. Nach dem Skandal um die Neue Heimat suchte der DGB-Vorsitzende Ernst Breit einen Nachfolger für den in Misskredit geratenen Alfons Lappas. Aber was auf den ersten Blick als Rückkehr des Gewerkschafters Matthöfer aussah, entpuppte sich im Verlauf des notwendigen Sanierungsprozesses eher als Gegenteil. In hart geführten Auseinandersetzungen im Geflecht der BGAG vor allem um die Volksfürsorge Deutsche Lebensversicherung schärfte Matthöfer immer deutlicher sein Profil als Unternehmer, der die gewerkschaftlichen Betriebe nach marktwirtschaftlichen Prinzipien neu auszurichten beabsichtigte. In Teilen der Gewerkschaften wurde das nicht als notwendiger Konsolidierungsprozess verstanden, sondern als Angriff auf die Prinzipien der Gemeinwirtschaft, die der Insolvenzverwalter Matthöfer nun abwickelte.

Warum Abelshauser der Faszination Matthöfers erlegen ist, wird am Ende des Buches immer deutlicher: Der Unternehmer, der die Gemeinwirtschaft sanierte und dabei gegen angestaubte und verkrustete Wirtschaftsideale der Gewerkschaften mit harter Hand vorging, genießt seine Sympathien. Hier drängt sich geradezu die Sicht auf, Matthöfer als verhinderten Unternehmer zu verstehen, der seine wahre Berufung – nach erfolgversprechenden Anfängen – erst spät fand. Diese Passagen sind die stärksten des Buches, Werner Abelshauser ist eben unverkennbar Wirtschafts- und Unternehmenshistoriker. Aber das Buch bleibt insgesamt lesenswert, ist auch für den Nicht-Historiker verständlich, in Teilen spannend geschrieben und spart nicht mit Anekdoten über die Verhaltensmuster berühmter Staatsmänner auf den Pavianhügeln der Macht.[37] Was indes bleibt, ist das unbestimmte Gefühl, dass Abelshauser wichtige Teile der Biographie nicht erzählt. Es fehlt an kritischer Distanz, Matthöfers Verhalten wird stets verteidigt, sein Einfluss gelegentlich überhöht. Man vermisst die Grautöne, die einer Biographie Glaubwürdigkeit geben. Das Problem könnte quellenbedingt sein, mit Diensttagebuch, unveröffentlichten lebensgeschichtlichen Texten Matthöfers und der Verfügbarkeit des Protagonisten als Zeitzeugen waren viele Schlüsselquellen für Abelshauser eben *auto*biographisch. Nicht nur an dieser Stelle gelingt es dem Autor nicht, seine hoch gesetzten Messlatten im methodischen Teil zu überspringen. Ein Haupt-

---

37 So etwa Hans Matthöfer im Armee-Hubschrauber mit dem französischen Staatspräsidenten Valéry Giscard d'Estaing im Anflug auf das Bonner Gipfeltreffen im Juli 1978, S. 383 f.

problem scheint zu sein, dass er eine gezielte Betrachtung der Persönlichkeit Matthöfers weitgehend ausklammert; aber gerade die würde man in Bezug auf Matthöfers Anpassungsfähigkeit und seine Metamorphosen gerne deutlicher erkennen, um besser zu verstehen, was ihn innerlich trieb, womit er haderte oder woran er zweifelte, was ihn stabilisierte. Es ist kaum vorstellbar, dass es nicht auch bei ihm eine Vielzahl innerer Konflikte gegeben hat, über die man gerne mehr erfahren hätte – auch um ein womöglich noch authentischeres Bild von der Person Matthöfer zu erhalten. Persönlichkeitsmerkmale sind keine *homestory*, sondern ein wichtiger Bestandteil moderner Biographien. Auch hier lässt Abelshausers biographisches Modell, das ja geeignet sein soll, die Veränderungsprozesse eines Menschen zu erklären, den Leser fragend zurück. Vielleicht erkennt das Abelshauser am Ende selbst. Womöglich ist sein Plädoyer für dieses Buch als Nicht-Biographie auch so zu verstehen.

Stefan Remeke

(K)eine neue Heimat?

Peter Kramper: Neue Heimat. Unternehmenspolitik und Unternehmensentwicklung im gewerkschaftlichen Wohnungs- und Städtebau 1950–1982, Stuttgart: Franz Steiner Verlag 2008, 664. S., 79 €.

Der Generation der heute unter 30-jährigen ist der Wohnungsbaukonzern „Neue Heimat" in der Regel kein Begriff mehr. Allenfalls vage Erinnerungen an einen veritablen Gewerkschaftsskandal mögen dem einen oder anderen noch im Gedächtnis verhaftet sein. Dass die Neue Heimat aber zeitweilig der größte Bauträger und zugleich der größte Vermieter von Wohnungen in der Bundesrepublik war, ist kaum mehr bekannt. Dies ist um so bedauerlicher, da die „Neue Heimat" nicht nur ein wichtiges Stück deutscher Wirtschafts- und Sozialgeschichte verkörpert, sondern auch den Städtebau und die Architektur in Deutschland wesentlich geprägt hat. Als gewerkschaftseigenes Unternehmen stand sie lange Zeit im Blickfeld des öffentlichen Interesses.

Vor dem Hintergrund dieser Rahmenbedingungen verspricht die 2008 vom Freiburger Historiker Peter Kramper vorgelegte, auf seiner im Jahre 2005 eingereichten Dissertation basierende Publikation über die Geschichte der Neuen Heimat zwischen 1950 und 1982 Einblicke in ein zentrales, bislang aber kaum tiefgründiger erforschtes Thema deutscher Zeitgeschichte. Krampers Publikation versteht sich in erster Linie als eine Unternehmensgeschichte, die Aufstieg und Niedergang des Konzerns im Zuge einer quellengestützten Darstellung aufarbeitet und analysiert. Der in den bisherigen Darstellungen zur Neuen Heimat zumeist im Mittelpunkt stehende Skandal spielt dabei nur eine untergeordnete Rolle und wird in einem knappen Ausblickskapitel bis zur endgültigen Abwicklung im Jahr 1998 lediglich in groben Zügen behandelt. Demgegenüber spielt der Zusammenhang von Unternehmens- und Gesellschaftsgeschichte eine weitaus wichtigere Rolle, geht es Kramper doch analytisch vor allem um die Frage, ob und inwieweit die verbreitete Vorstellung Berechtigung verdient, dass Unternehmen mit sozialer Ausrichtung oder gesellschaftspolitischem Anspruch in einer marktwirtschaftlichen Ordnung keine Berechtigung haben und infolge ihrer Effizienzdefizite „auf Dauer nicht überlebensfähig" sind (S. 16). Grundsätzlich wird damit die Frage nach dem Potenzial und den Grenzen der wirtschaftlichen „Sonderform" Gemeinwirtschaft aufgeworfen, die noch in den 1960er und 70er Jahren eine wichtige Größe der bundesrepublikanischen Wirtschaft bildete (co op, Bank für Gemeinwirtschaft, Volksfürsorge), mittlerweile aber aus dem deutschen Wirtschaftsgeschehen verschwunden ist, wenngleich es weiterhin einen beträchtlichen Sektor von nicht-gewinnorientierten Unternehmen gibt.

Als theoretisches Gerüst dient Krampers Studie der Transaktionskostenansatz und die Annahme, dass die Verfolgung unterschiedlicher oder sogar sich entgegenstehender Zielsetzungen mit zusätzlichen Transaktionskosten verbunden ist. Kramper kommt zu dem Ergebnis, dass dieses Spannungsverhältnis in den von ihm identifizierten vier zentralen Zeitphasen der Unternehmensgeschichte jeweils sehr unterschiedlich austariert wurde. Die vier Zeitphasen bilden dabei als gliederndes Element gewissermaßen den roten Faden der 664 Seiten starken Publikation.

Die erste Phase zwischen 1952 und 1958 ist durch die dynamische Expansion des gewerkschaftseigenen Unternehmens gekennzeichnet, die einerseits auf der enormen Wohnungsnachfrage infolge der erheblichen Kriegsschäden basierte, die andererseits aber auch an die organisatorische Kontinuität der kleineren gewerkschaftseigenen Wohnungsunternehmen der Weimarer Republik anknüpfen konnte. Die Zielsetzung „zu bauen, so lange, bis auch der letzte Wohnungssuchende ein eigenes Heim bekommen hat" (S. 101) bildete dabei die zentrale Maxime, die nicht zuletzt der Geschäftsführer Heinrich Plett mit aller Entschiedenheit verfolgte. Erhebliche Bedeutung für den Aufstieg der Neuen Heimat hatte ein Passus im Einkommenssteuergesetz, der deutliche Steuererleichterungen im Falle von Zuschüssen oder Darlehen zum Wohnungsbau gewährte. Aufgrund der Ausnutzung dieser Regelung in Form einer spezifischen Neue Heimat-Konstruktion flossen dem Unternehmen von 1952 an erhebliche Kapitalmittel zu, die wiederum die gewaltige Bautätigkeit des Unternehmens überhaupt erst ermöglichten.

Die zweite von Kramper identifizierte Phase zwischen 1958 und 1965 war durch eine reduzierte Subventionspolitik der Bundesregierung im Bereich des Wohnungsbaus und durch einen Rückgang der Nachfrage nach Wohnraum gekennzeichnet, was aber seitens der Neuen Heimat durch die Erschließung neuer Märkte im Städtebau kompensiert wurde. In diese Zeitphase fällt der Wandel der Neuen Heimat zu einem Bauträgerkonzern, der sich zunehmend stärker an marktwirtschaftlich ausgerichteten Kriterien orientierte. Insbesondere die von Kramper eingehender berücksichtigte „Panorama-Sendung" vom April 1965 dokumentiert die gewachsene Aufmerksamkeit und die zunehmende Kritik an der Neuen Heimat, die sich vor allem am Besitz des Gewerkschaftsfunktionärs und stellvertretenden Vorsitzenden der Geschäftsführung, Albert Vietor, entzündet hatte, aber auch eine grundsätzlich geringe Berücksichtigung von Gewerkschaftsinteressen monierte.

In der dritten Unternehmensphase zwischen 1966/67 und 1973 forcierte die Neue Heimat ihre Strategie des Städtebaus und erschloss sich zudem zahlreiche neue Geschäftsfelder. Den zentralen Einschnitt bildete hier die Gründung eines „Parallelkonzerns" (Neue Heimat Städtebau 1969), dem 1971 die Neue Heimat International folgte. Mit der Beteiligung an

Altstadtsanierungen und Großsiedlungsprojekten, aber auch dem Ausbau des freien Bauträgergeschäfts betrieb die Neue Heimat (weiterhin) eine entschiedene Expansionspolitik. Zugute kam der Neuen Heimat dabei das politische „Klima". Mit der sozialliberalen Koalition konnte die Neue Heimat auf einen Befürworter der Ausweitung staatlicher Interventionspolitik setzen und zudem – in der Hochphase der Planungseuphorie – auf die Zielsetzung des sozialen Fortschritts im Zuge von Großprojekten bauen.

Die Unternehmensaktivitäten nach 1973 standen zunehmend im Zeichen des Ölpreisschocks und immer stärker gesättigter Märkte. Die Größe des Konzerns und seine weit verzweigten Aktivitäten erwiesen sich nunmehr in wachsendem Maße als Handicap. Das Auslandsgeschäft barg hohe Risiken, während die einstmals viel gepriesenen und kostengünstigen (weil seriell gebauten) Großstadtsiedlungen erheblich an Attraktivität verloren. Der Konzern geriet in eine erhebliche Schieflage, die durch die anhaltende Kritik am gewerkschaftlichen Unternehmertum in der Neuen Heimat noch verschärft wurde. Auf der einen Seite sah sich die Neue Heimat mit erheblichen Anforderungen konfrontiert, sich vom gewinnorientierten Geschäftsgebaren anderer Großkonzerne abzugrenzen; auf der anderen Seite musste sie vor dem Hintergrund eines veränderten Marktumfelds mehr denn je auf ökonomische Kriterien achten. Der Autor verdeutlicht in seiner Darstellung, dass es der Unternehmensführung um Vietor in dieser Situation weder gelang, die Legitimationsbasis des Unternehmens zu stärken noch auf die veränderten ökonomischen Rahmenbedingungen überzeugend zu reagieren. Infolgedessen stand die Neue Heimat, so Kramper, bereits zu Beginn der 1980er Jahre „politisch wie ökonomisch vor dem Bankrott" (S. 609). Eine Heimat bot das Unternehmen – zumindest im übertragenen Sinn – den Gewerkschaftsmitgliedern auch schon in den 1970er Jahren nicht mehr, bevor es dann nach der Abwicklung in den 1980er Jahren auch keine (Wohn-)Heimat mehr verschaffte.

In seinen Schlussfolgerungen resümiert Peter Kramper, dass gerade die doppelte Herausforderung von politischer und ökonomischer Zwangslage für die „außergewöhnlichen Schwierigkeiten" (S. 612) der Neuen Heimat verantwortlich zeichnete, während in den Jahrzehnten zuvor die Konvergenz von ökonomischen und sozialpolitischen Zielsetzungen den Aufstieg und die Erfolge des Unternehmens erst begünstigt hatte. Zu einem gewissen Teil bestätigt Kramper damit die zu Beginn seiner Studie angeführten Überlegungen hinsichtlich der Skepsis über die grundsätzliche Vereinbarkeit von ökonomischen und politischen Zielsetzungen von Wirtschaftsunternehmen. Kramper argumentiert in diesem Zusammenhang allerdings differenzierter und verweist auf den grundsätzlichen Wandel, der mit der Zeitphase nach 1973 verbunden ist. Dieser Zeitabschnitt kann nicht nur wirtschafts-, sondern auch gesellschaftspolitisch als Zäsur interpretiert werden, die sowohl für Anpassungs- als auch für Krisensymptome eine neue Folie bietet.

Wenn die Arbeit von Kramper eine Schwäche hat, dann wohl diejenige, diese analytischen Überlegungen am Ende seiner Darstellung nicht mehr umfangreicher ausgeführt und weiter verfolgt zu haben. Dem steht aber eine beeindruckende und detailgenaue Darstellung der Neuen Heimat und ihre Verortung in der Wirtschafts- und Sozialgeschichte der Bundesrepublik gegenüber. Zahlreiche Mythen und Legenden, die sich um den Neue Heimat-Skandal der 1980er Jahre rankten, werden hier nüchtern und überzeugend auf ihre historischen Ursprünge zurückgeführt, eingeordnet und analysiert. Damit liefert Peter Krampers Publikation nicht nur eine wichtige Studie zur Wirtschafts- und Sozialgeschichte der Bundesrepublik, sondern er legt auch das Fundament für eine unverändert noch ausstehende Gesamtbetrachtung der Gemeinwirtschaft. Hatte es zu Beginn der 1980er Jahre, am Vorabend der Krise der Gemeinwirtschaft, noch zahlreiche Aufsätze und Festschriften zu den einzelnen Unternehmungen gegeben, so verebbte die Forschung im Zuge des folgenden Niedergangs der Gemeinwirtschaft weitgehend. Angesichts des zeitlichen Abstands von rund 30 Jahren und den zur Verfügung stehenden Quellen sollte es mittlerweile möglich sein, auf ähnlichem Niveau wie Peter Kramper auch die weiteren Unternehmungen der Gemeinwirtschaft einer eingehenden wissenschaftlichen Analyse zu unterziehen.

Jürgen Mittag

Irrlicht der Ruhrgebietsgeschichte

Georg W. Oesterdiekhoff/Hermann Strasser, Köpfe der Ruhr. 200 Jahre Industriegeschichte und Strukturwandel im Lichte von Biografien, Essen: Klartext Verlag 2009, 378 S., 22,90 €.

Der Anspruch, den die beiden Soziologen Georg Oesterdiekhoff, Lehrstuhlinhaber in Nürnberg-Erlangen, und Hermann Strasser, Emeritus der Universität Duisburg-Essen, in der Einleitung des zu besprechenden Werkes formulieren, ist nicht gering. Der Wandel der Gesellschafts- und Wirtschaftsstruktur des Ruhrgebiets in den letzten 200 Jahren soll im Lichte biographischer Erinnerungen beschrieben, analysiert und einem besseren Verständnis zugeführt werden. Es geht darum, „wie die objektiven Veränderungen von Lebensumständen bestimmter Generationen von deren Angehörigen interpretiert werden" (S. 15). Sodann soll einerseits untersucht werden, welche Ereignisse den Sozialcharakter – der Terminus entstammt der Sozialpsychologie Erich Fromms, wird erstaunlicherweise aber nicht näher erläutert – verschiedener Generationen prägten, und andererseits, wie der Sozialcharakter der jeweiligen Generationen auf den „materiellen" sozialen Wandel zurückwirkte. Laut Klappentext entsteht so am Ende gar eine authentische Gesellschaftsgeschichte des Ruhrgebiets.

Ausgangspunkt dieses ambitionierten Programms sind 50 Biografien, die jeweils bestimmten Generationen und sozialen Schichten zugeordnet werden. Die Autoren unterscheiden fünf Generationen von Ruhrgebietsköpfen, die durch jeweils zehn Biografien repräsentiert werden, von denen wiederum je fünf dem „Mittelstand" bzw. den „unteren Schichten" zugeschlagen werden. Bei näherem Hinsehen entstehen allerdings erhebliche Zweifel an der Seriosität dieser Konzeption. Für den Generationenbegriff greifen die Autoren auf Karl Mannheims Konzeption der Schicksalsgemeinschaften gleichaltriger Zeitgenossen, die durch gemeinsame Erfahrungshorizonte definiert sind, zurück. Davon lässt sich aber kaum sprechen, wenn man Generationen am Forschungsreißbrett entwirft, die mindestens 23 und bis zu 50 Jahre umfassen. Welchen gemeinsamen generationellen Erfahrungshorizont sollen der 1858 verstorbene Heinrich Heintzmann und der 1856 geborene Egon Gelderblom haben, die beide der Generation des Frühkapitalismus (1820–1870, sic!) zugeordnet werden? Warum zählt der 1862 geborene August Brust zur Generation des „Hochkapitalismus in der Wilhelminischen Epoche" (1870–1914), der 1863 geborene Peter Klöckner aber zur Generation „Kriege, Weimarer Republik und Nationalsozialismus" (1914–1945), warum die 1930 geborene Ilse G. zur Generation „Gründergeneration und Konsumgesellschaft" (1945–1968), der 1932 geborene Klaus P. aber zur Generation „Ökonomischer Strukturwandel und kulturelle Transformation" (1968 bis heute). Die Liste solcher Ungereimtheiten ließe sich verlängern. Zudem überrascht, dass eine Untersuchung, der es doch um Erfahrungshorizonte geht, ihre Generationen anhand der konventionellen politikgeschichtlichen Zäsuren bildet, wissen wir doch gerade aus den wohl bekannten einschlägigen Forschungen zum Ruhrgebiet der Gruppe um Lutz Niethammer, dass sich die Erfahrungsbildung der Menschen nicht unbedingt an politischen Wegmarken zu orientieren pflegt.[38]

Nicht besser ergeht es dem Leser mit den eingeführten Schichtungskategorien. Nun schränken die Autoren ein, dass die verwendeten Termini „untere soziale Schichten" und „Mittelstand" nicht im buchstäblichen Sinne gemeint seien, sie sollen aber dennoch „als methodischer Zugriff, als eine die Ordnung der Wirklichkeit ermöglichende technische Konstruktion" dienen. Wenn allerdings Industriekapitäne wie Franz Haniel oder Carl Duisberg gemeinsam mit der Arztgattin und Sprechstundenhilfe Ilse G. und dem Hauptschullehrer Klaus P. als „Mittelstand" firmieren, wenn hohe Gewerkschaftsfunktionäre wie August Brust oder Karl van Berk gemeinsam mit Wilma P., „notorischer Single" aus Dortmund, oder dem „vorbildlichen Ruhrgebietsmenschen" Bernd J. die unteren Schichten repräsentieren, dann handelt es sich nicht um eine Ordnung, sondern um eine Fehlkonstruktion der Wirklichkeit. Kurz: In dem hier von Oesterdiekhoff und Strasser gewählten Zuschnitt entbehren sowohl der Generationenbegriff als auch die Schichtungskategorien jedweder Aussagekraft und analytischen Trennschärfe.

Die Kapitel zu den fünf Generationen – ich verwende den Begriff im Folgenden der Einfachheit weiter – sind jeweils gleich aufgebaut. Einleitend werden die „Veränderungen des Ruhrgebiets" in der jeweiligen Generationsspanne skizziert, es folgt je ein Kapitel zur Darstellung und Interpretation der Biografien aus dem Mittelstand und den unteren Schichten, abschließend werden die Erfahrungswelten der sozialen Schichten einem Vergleich unterzogen. Die einführenden Passagen sollen wohl der Darstellung dessen dienen, was die Autoren in der Einleitung die „objektiven Veränderungen von Lebensumständen bestimmter Generationen" nennen. Dies geschieht allerdings unter weitgehender Ignoranz des weit fortgeschrittenen Forschungsstandes zur Sozial- und Wirtschaftsgeschichte des Ruhrgebietes. Selbst Standardwerke wurden nicht herangezogen, stattdessen bedienen sich die Autoren beispielsweise gerne bei populärwissenschaftlichen Beiträgen aus Harenbergs Chronik des Ruhrgebiets. Die Folge sind haarsträubende Fehler und Fehleinschätzungen, etwa wenn mit dem Kompetenzgesetz von 1861 die Bergämter gleich ganz aufgelöst werden (S. 24f.), wenn den Ruhrgebietsstädten in den Jahren bis 1914 ein „gewisser Charme von Großstadtkultur" zugeschrieben wird (S. 90), wenn der bergbauliche Gedingelohn „in Kohle bezahlt" wird

---

38 Lutz Niethammer (Hg.): Lebensgeschichte und Sozialkultur im Ruhrgebiet 1930–1960, 3 Bde., Berlin 1983–1985.

(S. 129) oder wenn „der schnelle Niedergang des Bergbaus auch [als] Folge der harten Lohnpolitik der Gewerkschaften" gesehen wird (S. 340). Ärgerlich ist auch eine Darstellung wie die Folgende: „Von den Großindustriellen ist offiziell nur Emil Kirdorf seit 1927 NSDAP-Mitglied, aber auch nur für eine begrenzte Zeit – bis er Hitler persönlich kennen lernt." (S. 166) Richtig ist vielmehr, dass ein Treffen mit Hitler Kirdorf 1927 veranlasste, Parteimitglied zu werden, er 1928 wegen der antikapitalistischen Rhetorik des Strasser-Flügels wieder austrat, Hitler aber gleichwohl durchaus bewundernd und materiell unterstützend persönlich verbunden blieb, bis er 1934 der NSDAP wieder beitrat und schließlich das Goldene Parteiabzeichen erhielt. Ganz abgesehen davon, dass mit Fritz Thyssen bekanntermaßen wenigstens noch ein Ruhrindustrieller aus der vordersten Reihe deutlich vor der „Machtergreifung" Parteimitglied wurde. Die Liste der Fehler und Fehleinschätzungen ließe sich verlängern. Hier mangelt es schlicht an historischem Sachverstand.

Aber den Autoren geht es ja hauptsächlich darum, mittels eines biographischen Ansatzes zu zeigen, wie die Menschen im Ruhrgebiet den sozialen Wandel über 200 Jahre wahrgenommen und interpretiert haben, um ihn besser verstehen zu können. Auf welchen Grundlagen, auf welchem Material beruht nun dieser biographische Zugang? Für die Darstellungen zu ihren ersten drei Generationen greifen die Autoren in 15 von 30 Fällen auf publiziertes autobiographisches Material zurück, zumeist im Alter verfasste Autobiografien, aber auch im Rahmen anderer Oral History-Projekte publizierte lebensgeschichtliche Interviews. Dabei handelt es sich sicherlich prinzipiell um für die Fragestellungen aussagefähiges Material, auch wenn man sich die eine oder andere quellenkritische Einordnung wünschen würde. Die andere Hälfte der Repräsentanten der ersten drei Generationen erschließen die Autoren dagegen ausschließlich über zumeist ältere, oft auch nur skizzenhafte, biografische Literatur, die zur Würdigung beruflicher Lebensleistungen in zumeist hagiografischer Absicht verfasst wurde. Wie man aber beispielsweise auf der Grundlage einer zusammenfassenden Referierung eines Artikels aus den Rheinisch-Westfälischen Wirtschaftsbiografien aus den 1930er Jahren die erfahrende Wahrnehmung sozialen und gesellschaftlichen Wandels durch den Biografierten schließen will, bleibt dem Rezensenten schleierhaft.

Die biografischen Darstellungen zu den beiden letzten Generationen beruhen dagegen zum Großteil auf Interviews, die die Autoren selbst durchgeführt haben. Eine methodische Reflexion dieser Interviews unterbleibt, augenscheinlich aber sind die Befragten zunächst gebeten worden, ausführlich über ihre private Lebensgeschichte Auskunft zu geben. Dabei finden sich auch Lesefrüchte wie die Folgende über einen Mann, der über seine Militärzeit im Zweiten Weltkrieg berichtet: „[…] Seine Leute haben, so schildert er glaubhaft, volles Vertrauen in ihn. […] Er ist bei sämtlichen Rückzugskämpfen vom Kaukasus bis zum Reichsgebiet dabei. 1945 nimmt er alleine in einer einzigen zusammenhängenden Aktion 78 russische Soldaten gefangen, die wohl von vorbeirollenden Panzern entnervt sind und sich so leicht einem einzelnen Mann ergeben. Für diese und andere kühne Taten bekommt er weitere Auszeichnungen." (S. 228 f.) Solche, wie zahlreiche andere, lange Passagen aus den lebensgeschichtlichen Interviews tragen wohl ebenso wenig dazu bei, den sozialen Wandel im Ruhrgebiet erfahrbarer zu machen, wie „küchenpsychologische" Deutungsversuche der folgenden Art: „Sie schildert weder die Charaktereigenschaften noch die Berufe ihrer beiden

Ehemänner, so dass sie eigentümlich gesichtslos bleiben. Man kann vermuten, dass Irmgard keine enge emotionale Bindung zu ihren Männern pflegte. Wahrscheinlich war sie von ihrem Beruf und ihren zahlreichen Nebentätigkeiten in Anspruch genommen, dass in ihrem Herzen wenig Platz für andere Dinge war." (S. 237) Allerdings sind die Interviewpartner am Ende der Gespräche offensichtlich direkt zu ihrer Wahrnehmung des Strukturwandels im Ruhrgebiet befragt worden, und zwar insbesondere nach dem sichtbaren Wandel der Stand- und Landschaftsbilder sowie nach der Entwicklung des kulturellen Lebens.

So dünn die empirische Basis ist, um so weit reichender sind die Deutungsversuche. Die interpretative Einordnung der biografischen Befunde erfolgt weniger, wie schon erwähnt, mit Bezug auf die reichhaltige regional-, sozial- und wirtschaftsgeschichtliche Forschungsliteratur als vielmehr mit Bezug auf unterschiedliche soziologische Theoriebildungen mittlerer und größerer Reichweite. So lassen die Autoren bei den Pionieren der Frühindustrialisierung den protestantisch-kapitalistischen Geist Max Webers wirken und finden in der Wahrnehmung des Wandels durch die Generationen nach 1945 – ausgerechnet im Ruhrgebiet – Schelskys nivellierte Mittelstandsgesellschaft wieder: „Die sozialen Veränderungen der letzten Jahrzehnte beschreibt Ernst in einer Weise, die dem Diktum von der nivellierten Mittelstandgesellschaft entspricht." (S. 231) Häufiger fließen etwas eigentümliche Werthaltungen in diese Interpretationen ein, etwa wenn konstatiert wird, dass die materielle Besserstellung der Mittelstandsfamilie einen „würdigeren Rahmen" verschafft, der sich darin zeigte, dass sich die Frauen, von beruflicher Arbeit befreit, der „Kultivierung des Haushalts widmen" konnten. Deshalb seien im Mittelstand Ehen und Familien seltener zerrüttet gewesen als in der Arbeiterklasse (S. 162). Auch die 68er bekommen die Leviten gelesen: „Die heile Welt der ersten zwei Jahrzehnte der Nachkriegszeit wird von der Studentenrevolte überrannt – und verurteilt. Man fragt sich im Nachhinein, ob die Kritiker wirklich so kritisch waren und nicht einfach nur negativ, weil als Wohlstandskinder unfähig oder nicht bereit, diesen Werten, denen sie ihr leichtes Leben verdankten, nachzueifern." (S. 248) Etwas ratlos lässt den Leser auch die Einlassung zurück, dass die frühindustriellen Pioniere des Ruhrgebiets sich von den heutigen islamischen Fundamentalisten unterscheiden, „da sie den technischen Fortschritt *keineswegs* von sozialem und kulturellem Fortschritt trennen" (S. 324).

Diesen sozialen und kulturellen Fortschritt, das mag die Ruhrgebietsliebhaber bei der Lektüre trösten, sehen die Autoren in der Region optimistisch allenthalben auf dem Vormarsch. Strukturwandel ist ihnen vor allem Fortschritt und Modernisierung. Das betrifft die Entwicklung zum Kulturrevier, das betrifft vor allem aber auch die „Modernisierung der Mentalitäten" und die „Differenzierung des Bewusstseins" bei den Ruhrgebietsmenschen, die Oesterdiekhoff und Strasser konstatieren. So erkennen sie in den Arbeiterbiografien vor 1945 noch „eine Beschränktheit des Horizonts, eine Unkenntnis elementarer Lebensbedingungen", „eine platte Sprache und eine eigentümliche Enge des Denkens", während in den Interviews mit den „Unterschicht-Repäsentanten" der Nachkriegsgenerationen, gleichsam progressiv zunehmend, ein höherer Bildungs- und Kenntnisstand, eine differenzierte Weltanschauung und eine klarere sprachliche Ausdrucksweise aufscheinen (S. 344 f.). Vielleicht ist es ja nur der Kulturpessimismus des Rezensenten, der dies für eine grandiose Unterschätzung der Kultur- und Bildungsleistungen der Arbeiterbewegung im 19. und in der ersten Hälfte des 20. Jahrhunderts nicht zuletzt im Ruhrgebiet hält.

Was bleibt nach der Lektüre des Buches? Liest man es als einen Beitrag zur Geschichte des Strukturwandels des Ruhrgebiets seit dem zweiten Jahrzehnt des 19. Jahrhunderts, bleibt nur festzuhalten, dass es meilenweit hinter den erreichten Forschungs- und Kenntnisstand zurückfällt. Und auch einer modernen historischen Biografieforschung, die sich zur Gesellschaftsgeschichte öffnet und für die gerade die Ruhrgebietsgeschichte herausragende Beispiele bietet – man denke nur an Feldmans Stinnes-Biographie[39] –, wird mit der Publikation kein Gefallen getan. Die „Köpfe der Ruhr" sind ein in jeder Hinsicht schlechtes, in mancherlei Hinsicht auch ärgerliches Buch.

Hans-Christoph Seidel

Schweiz: Polizei, Protest und Öffentlichkeit

Marco Tackenberg/Dominique Wisler: Hutlose Burschen und halbreife Mädels. Protest und Polizei in der Schweiz, Bern/Stuttgart/Wien: Haupt Verlag 2007, 184 S., 29,00 €.

Die beiden Autoren geben mit ihrem Buch – insofern ist der Untertitel etwas schönfärberisch – keine umfassende soziologische oder historische Untersuchung zu „Protest und Polizei in der Schweiz". Was sie publizieren, sind zum einen ein mikrohistorischer Vergleich von zwei Protestereignissen im Jahre 1932 und einige soziologische Erkenntnisse zum Agieren der modernisierten Polizei in der zeitgenössischen Mediengesellschaft.

Die Ereignisse 1932 in Genf und in Zürich sind prägend für das jeweilige Agieren der Polizei in den darauffolgenden Jahrzehnten und dienen den Autoren als Beispiele für die Herausbildung einer konträren lokalen politischen Kultur. In Zürich hatte die regierende Sozialdemokratie den polizeilichen Schusswaffeneinsatz gegen streikende Arbeiterinnen und Arbeiter angeordnet und dadurch einen Toten und 30 Schwerverletzte mitzuverantworten. In Genf hatte die bürgerliche Kommunalregierung einen Polizeieinsatz gegen eine antifaschistische Demonstration angeordnet: ein Massaker mit 13 Toten und über 60 Verletzten war die Folge. Ausgehend von diesen beiden Ereignissen wird untersucht, wie sich in unterschiedlichen politischen Situationen ein Diskurs von Recht und Ordnung (der Souverän ist der Staat) oder ein bürgerrechtsorientierte Position (der Bürger als Souverän) herausbildet. Diese Polarisierung entspricht überraschenderweise nicht der Links-Rechts-Achse, denn in Genf vertraten jahrzehntelang „die Bürgerlichen" und auch die Sozialdemokratie eine eher bürgerrechtsorientierte Position, die Sozialisten gewannen sogar kurz nach dem Massaker vorübergehend die kommunale Parlamentsmehrheit – während die Züricher Sozialdemokratie bis in die 1970er Jahre hinein eine harte und legalistische Polizeipolitik mit trug. Dieser eher historische Teil wird ausführlich dargestellt und für Zürich noch anhand mehrerer Demonstrationen im Zeitraum 1916 bis 1919 vertieft.

---

39 Gerald D. Feldman: Hugo Stinnes. Biographie eines Industriellen: 1870–1924, München 1998.

Der zweite Teil widmet sich mit sozialwissenschaftlichen Methoden der öffentlichen Kommunikation und medialen Darstellung von Protestereignissen. Dabei kommt den Massenmedien sowie den Journalisten eine wichtige Bedeutung zu. Spannend sind auch die Aussagen rund um die These, die öffentliche Demonstration werde von der Polizei und noch weit mehr von den Demonstrierenden in ihrer medialen Begleitung und Nachbereitung ein zweites Mal und ganz anders in Szene gesetzt und diese „Demonstration auf dem Papier bzw. in den Medien" sei bei weitem wichtiger als die Anwesenheit und die Ereignisse auf der Straße selbst. Beide Seiten führten sozusagen einen „Informationskrieg" um die öffentliche Meinung – und wer die Proteste gegen den G8 Gipfel in Heiligendamm im Sommer 2007 verfolgt hat, wird dem nur zustimmen können. Einer Polizei, die sich als Dienerin der Bürger und nicht des Staates verstehe, falle es leichter, sich in einem bürgerrechtsorientieren Diskurs zu behaupten. Nicht zuletzt habe die kritische Öffentlichkeit einen pazifizierenden Einfluss auf das Protestgeschehen ausgeübt und die Polizei seit über 20 Jahren (in Deutschland schon länger!) ihre privilegierte Stellung bei der Deutung von Protestereignissen verloren. Die sozialen Bewegungen schwankten heute, so die Autoren, zwischen der nach „1968" weiter verbreiteten Einschätzung, dass die Medien Herrschaftsinstrument seien und der anderen, mittlerweile weit verbreiteten Position, die sich von den Medien Schutz vor der Polizeigewalt und einen Multiplikatoreneffekt in die Öffentlichkeit hinein verspricht.

In der Schweiz habe das durch Exklusion, Gewalt und Cholerik – und die Überwachung von Journalisten – geprägte Polizeiverständnis an Bedeutung verloren, heute setze man auf Dialog, Transparenz, Bürgernähe und die öffentliche Meinung. Aber bleibt das Ziel polizeilichen Handelns, nämlich politische Konflikte und Protest zu kanalisieren und einzuhegen, nicht dasselbe wie früher, so könnte man kritisch einwenden? Dass diese Frage nicht gestellt wird, ist nur ein Indiz dafür, dass das Buch politisch auf linksliberalen Grundannahmen basiert, die die Geschichte von Protest und polizeilichen Reaktionen seit „1968" auf eine Erfolgsgeschichtsschreibung von Zivilisierung und Demokratisierung „herunterdimmen".

Bernd Hüttner

Die europäische Linke – in Vielfalt geeint?

Martin Schirdewan: Die transnationale Interaktion linker Parteien in Europa, Dietz Verlag Berlin 2008, 255 S., 29,90 € und ders.: Links – kreuz und quer. Die Beziehungen innerhalb der europäischen Linken, Dietz Verlag Berlin 2009, 170 S., 14,90 €.

Die Erforschung von politischen, wirtschaftlichen und gesellschaftlichen Verflechtungsprozessen im europäischen Raum nimmt innerhalb verschiedenster wissenschaftlicher Disziplinen einen immer größeren Raum ein. Im Zuge nationalstaatlicher Entgrenzungsprozesse wird auch den politischen Parteien und ihren grenzüberschreitenden Interaktions- und Kooperationsbeziehungen in Europa zunehmende – geschichts- und politikwissenschaftliche – Aufmerksamkeit zuteil. Dennoch weist die europabezogene Parteienforschung einige Leerstellen auf. Während zur Zusammenarbeit konservativer/christdemokratischer Parteien sowie sozialistischer/sozialdemokratischer Parteien und auch zur Kooperation innerhalb der – vergleichsweise noch jungen – grünen Parteienfamilie in Europa bereits umfangreiche Studien vorgelegt wurden,[40] sind die grenzüberschreitenden Interaktionsmechanismen kommunistischer bzw. linker Parteien ein bislang weitgehend unerforschtes Terrain.[41]

Dieser Herausforderung stellt sich Martin Schirdewan mit seiner Dissertation zur „transnationalen Interaktion linker Parteien in Europa".[42] Im Zentrum der Publikation steht die Analyse der erreichten Interaktionsniveaus verschiedener transnationaler Kooperationsformen seit der Neuformierung der europäischen Linken nach dem Zusammenbruch des Sowjetsystems Anfang der 1990er Jahre. Mit Blick auf die parlamentarische Zusammenarbeit linker Parteien setzt die Analyse mit der Konstituierung der Fraktion der Gauche Unitaire Européenne/Nordic Green Left (GUE/NGL) 1994/1995 ein und endet mit der Neukonstituierung im Zuge der Europawahlen 2004. Forschungstechnisch greift Schirdewan primär auf die Analyse zahlreicher Dokumente (Rechtsakten der EG/EU; programmatische und statuarische Dokumente der linken Parteienvereinigungen etc.) und die im Rahmen von Experteninterviews erhobenen Daten zurück.[43]

Als theoretisches Fundament seiner Primäruntersuchungen nutzt der Autor das Modell der verschiedenen Interaktionsgrade von Oskar Niedermayer, das zu den wenigen genuin europäischen Analysemodellen der Parteienforschung gehört. Mit Blick auf den Organisationsgrad und die innerparteiliche Willensbildung differenziert Niedermayer qualitativ zwischen der Kontaktstufe, der Kooperationsstufe und der Integrationsstufe europäischer Parteienzusammenarbeit.[44] Auf der Grundlage dieses Stufenmodells und der von Thomas Dietz vorgenommenen theoretischen Weiterentwicklungen erarbeit Schirdewan ein General-

---

40 Siehe in diesem Zusammenhang auch den Forschungsüberblick bei Tapio Raunio: Political Parties in the European Union, in: Knud Erik Jørgensen/Mark A. Pollack/Ben Rosamond (Hg.): Handbook of European Union Politics, London 2007, S. 247–262 sowie Kapitel 2 in: Jürgen Mittag/Janosch Steuwer: Politische Parteien in der EU, Wien 2010 (im Erscheinen).

41 Siehe aber die Beiträge des von Michael Brie und Cornelia Hildebrandt herausgegebenen Sammelbandes: Parties of the Radical Left in Europe, Berlin 2005 und weitere Studien wie z. B. Rudolf Hrbek: Eurokommunismus und EG. Einstellung und Politik eurokommunistischer Parteien zur europäischen Integration, in: Hans Georg Wehling/Peter Pawelka (Hg.): Eurokommunismus und die Zukunft des Westens, Hamburg 1979, S. 167–195; Rudolf van Hüllen: Transnational Cooperation of Post-Communist Parties, in: Uwe Backes/Patrick Moreau (Hg.): Communist and Post-Communist Parties in Europe, Göttingen 2008, S. 437–460.

42 Siehe auch weitere Publikationen des Autors zu diesem Forschungsfeld: Martin Schirdewan: Der außerparlamentarische Interaktionsgrad der europäischen Linken. Die Europäische Linkspartei als Untersuchungsgegenstand, in: Peter Ullrich/Thomas Kachel (Hg.): Europa – Transnationale Normierung und nationales Beharren, Berlin 2005, S. 76–97 und ders.: Die Linke auf dem Weg in die Normalität? Realität und Perspektiven der Europäischen Linkspartei, in: Jürgen Mittag (Hg.): Politische Parteien und europäische Integration. Entwicklung und Perspektiven transnationaler Parteienkooperation in Europa, Essen 2006, S. 667–693.

43 Insgesamt führte der Autor im Rahmen seines Dissertationsprojekts 18 Interviews – vorwiegend mit MdEPs und Mitarbeitern der GUE/NGL-Fraktion sowie der Europäischen Linkspartei – durch.

44 Siehe Oskar Niedermayer: Europäische Parteien? Zur grenzüberschreitenden Interaktion politischer Parteien im Rahmen der Europäischen Gemeinschaft, Frankfurt am Main 1983, S. 15–51 und Thomas Dietz: Die grenzüberschreitende Interaktion Grüner Parteien in Europa, Opladen 1997.

modell zur Analyse des Interaktionsgrads transnationaler Kooperationsformen, das zwischen organisationsstrukturellen Variablen (Mechanismen der Konfliktregulierung, Kompetenzbereiche, Repräsentationsprinzip, Existenz permanenter Organisationsstrukturen etc.) und inhaltlichen Messvariablen (bspw. gemeinsame Politikformulierung und Öffentlichkeitsarbeit) unterscheidet und die – für die jeweiligen Interaktionsstufen charakteristischen – Ausprägungen erläutert. Während der Interaktionsgrad als abhängige Variable konzipiert wird, stellt der Autor im Anschluss die Bestimmungsfaktoren des Interaktionsniveaus bzw. die unabhängigen Variablen vor, die sowohl Anreize zur Intensivierung grenzüberschreitender Kooperation liefern als auch restriktiv wirken können. Dazu gehören beispielsweise die sozio-politischen und institutionellen Rahmenbedingungen sowie die Parteiprofile der an der parlamentarischen und außerparlamentarischen Interaktion beteiligten Parteien (Kapitel 2).

Die Unterscheidung zwischen der parlamentarischen und der außerparlamentarischen Ebene spiegelt sich auch in der weiteren Gliederung der Arbeit wider. Das dritte Kapitel, das zunächst die historischen Entwicklungen und das ideologisch und programmatisch weitreichende Spektrum der außerparlamentarischen Interaktion linker Parteien anhand vier großer Strömungen skizziert,[45] stellt die zentralen Untersuchungsobjekte der folgenden Analyse vor: das 1991 auf Initiative der spanischen Izquierda Unida (IU) ins Leben gerufene „Forum der Neuen Europäischen Linken" (NELF), die im März 2000 zur Koordination der radikalen linken Kräfte in Europa gegründete „Europäische Antikapitalistische Linke" (EAL) sowie der 2004 konstituierte Parteienbund „Europäische Linkspartei" (EL), der vor allem von Parteien aus der Taufe gehoben wurde, die sich ideologisch der „Neuen Europäischen Linken" zuordnen lassen. Den theoretischen Vorüberlegungen entsprechend, wird der Interaktionsgrad dieser Organisationen anhand der organisationsstrukturellen sowie inhaltlichen Messvariablen untersucht. In diesem Zusammenhang kommt der Autor zu dem Ergebnis, dass die EAL insgesamt auf der Stufe des Kontakts verbleibt, während das Kooperationsniveau des NELF zwischen Kontakt- und Kooperationsstufe einzuordnen ist. Mit der Konstituierung der EL und der Einrichtung permanenter Strukturen, so Schirdewan, habe die europäische Linke nach dem Ende des Realsozialismus eine neue Qualität der Interaktion erreicht. Der Parteienbund habe bereits die Kooperationsstufe erreicht und seit seiner Gründung 2004 eine rasante Entwicklung durchlaufen, die auch in der Aufnahme von Parteien der Strömungen der klassischen Kommunisten und der Trotzkisten/Radikalen zum Ausdruck kommt. Mit Blick auf die europäische Integration und verglichen mit den anderen europäischen Parteienfamilien handele es sich dennoch um einen nachholenden Prozess transnationaler Zusammenarbeit.

Im anschließenden zweiten Teil der Studie wird mit den gleichen Messvariablen eine Interaktionsanalyse der parlamentarischen Kooperationsform linker Parteien bzw. der Fraktion der GUE/NGL im Europäischen Parlament (EP) vorgenommen, wobei weitere Forschungstechniken zur qualitativen Einordnungen des Interaktionsniveaus (bspw. Berech-

---

45 In diesem Zusammenhang wird zwischen der „Neuen Europäischen Linken", den „klassischen" Kommunisten, den Trotzkisten und der Nordisch-Grünen-Linken unterschieden.

nung eines Heterogenitätsindex) zum Einsatz kommen. Der Autor konstatiert in einer Zwischenbilanz, dass trotz zahlreicher Kooperationshemmnisse, wie die politisch-ideologische Heterogenität innerhalb der parlamentarischen Gruppierung, die Fraktion tendenziell bereits die Stufe der Kooperation erreicht habe.

Insgesamt hat Martin Schirdewan seiner Dissertation eine systematische und klare Gliederung zugrunde gelegt. Während jedoch die Zwischenfazits am Ende der großen Kapitel dem Leser einen guten Überblick über die zentralen Erkenntnisse verschaffen, fällt die Gesamtbilanz der Studie („Schlussbemerkung") mit knapp zwei Seiten eher mager aus. Zudem wäre stellenweise auch eine stärkere Einbettung der Ergebnisse in einen größeren Forschungszusammenhang bzw. die Bezugnahme auf weitere – thematisch verwandte – Studien wünschenswert gewesen. So wird beispielsweise im Rahmen des Kapitels zur „Gemeinsamen Politikformulierung und Implementation" (Kapitel 9.2.1), in dem die Kohäsion des Abstimmungsverhaltens der Abgeordneten der GUE/NGL-Fraktion für verschiedene Legislaturperioden mithilfe eines Heterogenitätsindex quantifiziert wird, kein Bezug auf die zahlreichen Beiträge der Parteienforschung genommen, die zuvor bereits aus dem Abstimmungsverhalten der Europaparlamentarier Aussagen zum Parteienwettbewerb, zur Koalitionsbildung und zu den zentralen Konfliktdimensionen im EP abgeleitet haben.[46]

Die zentralen Ergebnisse seines Promotionsprojekts veröffentlichte Schirdewan zudem 2009 in der stärker empirisch ausgerichteten Publikation „Links – kreuz und quer. Die Beziehungen innerhalb der europäischen Linken", „um die Prozesse in und um die europäische Linke einer breiteren Öffentlichkeit nahe zu bringen" (S. 8). Im Zentrum der Veröffentlichung steht die Darstellung der historischen Entwicklung, der Grundstrukturen sowie der Arbeitsweise der verschiedenen grenzüberschreitenden Interaktionsformen linker Parteien seit dem Kollaps der Sowjetunion. Auch die fraktionelle Zusammenarbeit linker Parteien im EP wird anhand ihrer qualitativen und quantitativen Veränderungen seit Anfang der 1970er Jahre ausführlicher erläutert.

Obwohl der Autor in seinen Vorbemerkungen betont, dass diese Publikation komplementär zur explizit wissenschaftlichen Abhandlung erschienen ist, ist es sehr schade, dass hier weitgehend auf Quellen- und Literaturreferenzen sowie auf eine Bibliographie verzichtet wurde, die auch den – nicht notwendigerweise wissenschaftlich – interessierten Lesern als Hilfestellung für vertiefende Studien des Gegenstandes dienen könnten.

Trotz kleinerer Kritikpunkte muss betont werden, dass Martin Schirdewan durch seine datengesättigten Primäruntersuchungen einen wertvollen und anregenden Beitrag zur europabezogenen Parteienforschung vorgelegt hat, der auch als tragfähiges Fundament für weitere Studien fungieren kann. Zu den Desideraten gehört beispielsweise weiterhin eine

---

46 Siehe hier vor allem die Studien des Forscherteams um Simon Hix. Vgl. Simon Hix: Legislative Behaviour and Party Competition in the European Parliament: An Application of Nominate to the EU, in: Journal of Common Market Studies 4 (2001), S. 663–688; ders./Amie Kreppel/Abdul Noury: The Party System in the European Parliament: Collusive or Competitive?, in: Journal of Common Market Studies 2 (2003), S. 309–331; ders./Abdul Noury/Gerard Roland: Power to the Parties: Cohesion and Competition in the European Parliament, 1979–2001, in: British Journal of Political Science 2 (2005), S. 209–234.

noch stärker historisch ausgerichtete Untersuchung der Kooperationsentwicklungen linker Parteien in Europa nach dem Zweiten Weltkrieg, in deren Rahmen auch die Bestände parteinaher Archive systematisch aufgearbeitet und analysiert würden.

Claudia Hülsken

4. Berichte aus dem Institut

Bericht über die Tätigkeit des
Instituts für soziale Bewegungen 2008/09

Der jährlich vorgelegte Bericht des Instituts für soziale Bewegungen (ISB) vermittelt eine knappe Zusammenschau der Aktivitäten des zurückliegenden Jahres; er versteht sich aber auch als Bezugspunkt für Anregungen oder für Kritik an der Institutsarbeit. Den Mittelpunkt der Institutsaktivitäten bilden neben den Dienstleistungsangeboten von Bibliothek und Archiv die wissenschaftlichen Forschungs- und Publikationsprojekte sowie die öffentlichen Veranstaltungen. Im Berichtszeitraum 2008/09 basierten die ISB-Aktivitäten erneut auf diesen vier tragenden Säulen – Forschungen/Publikationen, Veranstaltungen, Archiv, Bibliothek – die infolgedessen auch die Struktur dieses Berichts bilden. Besondere Beachtung wird dabei den Veranstaltungsaktivitäten geschenkt, denen im Berichtszeitraum sowohl in quantitativer als auch in qualitativer Hinsicht ein besonderer Stellenwert zukam. Vor allem die Verleihung des III. Bochumer Historikerpreises an Eric J. Hobsbawm fand starke Beachtung in den Medien und führte mehr als 300 Gäste zur Preisverleihung in das Haus der Geschichte des Ruhrgebiets.

Publikationen

Einen zentralen Eckpfeiler der Institutsarbeit bilden die Publikationen des Instituts für soziale Bewegungen. Im Berichtsjahr 2008/09 erschienen in der Schriftenreihe A (graue Reihe) insgesamt vier Monografien und in der Schriftenreihe C (blaue Reihe) ein weiterer Band. Publiziert wurden damit insgesamt die folgenden fünf Bände:
– Schwitanski, Alexander J.: Die Freiheit des Volksstaats. Die Entwicklung der Grund- und Menschenrechte und die deutsche Sozialdemokratie bis zum Ende der Weimarer Republik, Essen 2008 (Bd. 39 der Schriftenreihe A des Instituts).
– Scholten, Jens: Zwischen Markt und Parteiräson. Die Unternehmensgeschichte des „Vorwärts" 1948–1989, Essen 2008 (Bd. 40 der Schriftenreihe A des Instituts).
– Adamski, Jens: Ärzte des sozialen Lebens. Die Sozialforschungsstelle Dortmund 1946–1969, Essen 2009. (Bd. 41 der Schriftenreihe A des Instituts).
– Führer, Karl Christian: Carl Legien (1861–1920). Gewerkschaftsarbeit für ein „möglichst gutes Leben" der Arbeiter, Essen 2009 (Bd. 41 der Schriftenreihe A des Instituts).
– Piquet, Nathalie: Charbon – Travail forcé – Collaboration. Der nordfranzösische und belgische Bergbau unter deutscher Besatzung, 1940 bis 1944. (Bd. 6 der Schriftenreihe C: Arbeitseinsatz und Zwangsarbeit im Bergbau).

Der aus einer am Institut für soziale Bewegungen entstandenen Dissertation hervorgegangene Band von Alexander J. Schwitanski „Die Freiheit des Volkstaates" befasst sich mit der Rolle der deutschen Sozialdemokratie bei der Entwicklung der Grund- und Menschenrechte – vor allem in den 1920er Jahren. Der Autor zeigt, dass die Geschichte der Weimarer Republik auch eine Geschichte der Freiheit in Deutschland ist. Diese Geschichte ist bislang zwar häufig in Bezug zum Regierungssystem der Weimarer Republik untersucht worden, kaum jedoch mit Blick auf die persönliche Freiheit des Bürgers. Anhand der heute für das Freiheitsverständnis so zentralen Kategorien der Grund- und Menschenrechte zeigt Alexander Schwitanski, welche Vorstellungen von der rechtlichen Sicherung der persönlichen Freiheit Sozialdemokraten in der Weimarer Republik entwickelten. Hierzu werden ideengeschichtliche, soziale, politische und rechtsgeschichtliche Faktoren aufeinander bezogen, um – im Verständnis der Sozialdemokratie – die Entwicklung der Grund- und Menschenrechte als Teil einer spezifischen Auffassung von Freiheit in der Weimarer Republik zu beschreiben.

Einen anderen Aspekt der Geschichte der Arbeiterbewegung behandelt die Studie von Jens Scholten, die sich der Geschichte des „Vorwärts" widmet. Hier wird das offizielle Organ der deutschen Sozialdemokratie aber weniger aus programmatischer, denn vor allem aus wirtschaftsgeschichtlicher Perspektive beleuchtet. Das „Zwischen Markt und Parteiräson" betitelte Werke zeigt, welche Schwierigkeiten es der SPD bereitete, eine Parteizeitung zu produzieren und frei am Markt zu verkaufen. Das traditionsreiche Flaggschiff des SPD-Unternehmensbereichs musste nicht nur in die Öffentlichkeit politisch hineinwirken; zugleich sollte sein Verlag auch wirtschaftlich erfolgreich arbeiten. Diese doppelte Aufgabenstellung schlug sich in Konflikten zwischen Politikern, Verlagsmitarbeitern und Journalisten bei der Steuerung des Presseunternehmens nieder. Gleichzeitig galt es, sich dem Wandel der SPD zur Volkspartei und dem gesellschaftlichen Wandel in der Bundesrepublik zu stellen. Dass die Frage, welche Leistungen und Fehler beim Wirtschaften und Schreiben unter sozialdemokratischen Vorzeichen zu verzeichnen waren, bereits in der zeitgenössischen Öffentlichkeit zu heißen Diskussionen und Spekulationen führte, wird in der Arbeit von Jens Scholten eingehend dargelegt.

Eine der wichtigsten sozialwissenschaftlichen Einrichtungen der Nachkriegsgeschichte steht im Mittelpunkt der Arbeit von Jens Adamski. Die „Sozialforschungsstelle an der Universität Münster, Sitz zu Dortmund" leistete in den 1950er und 1960er Jahren als größte deutsche Einrichtung für die Sondierung sozialer Tatbestände einen impulsgebenden Beitrag zur Formierung und Etablierung der empirischen Sozialforschung. Als Bindeglied zwischen sozialwissenschaftlicher Forschung und öffentlichem Leben verpflichtete sich die Institution bei ihrer Gründung einem dienstleistungsorientierten Forschungsdesign, das einen Beitrag zur Stabilisierung und Harmonisierung der Nachkriegsverhältnisse leisten sollte. Der Fokus der Publikation von Jens Adamski richtet sich auf die wissenschaftlichen Akteure der Sozialforschungsstelle, die im Hinblick auf ihre Leitbilder, Sozialisationserfahrungen, Netzwerke, Instrumentarien sowie ihr wissenschaftliches Milieu und gesellschaftspolitisches Umfeld untersucht werden. Dabei zeigt sich, wie stark ordnungswissenschaftliche Motive, tradierte Denkmuster sowie personelle, institutionelle, inhaltliche und methodische Kontinuitäten die Entwicklung der empirischen Sozialforschung in der Bundesrepublik Deutschland beeinflussten.

Die Studie von Nathalie Piquet zum nordfranzösischen und belgischen Bergbau unter deutscher Besatzung im Zweiten Weltkrieg stellt einen weiteren Baustein des im Haus der Geschichte des Ruhrgebiets betriebenen Zwangsarbeiterprojekts dar. Die Untersuchung wendet sich damit einem noch wenig bekannten Kapitel der Zwangsarbeiterforschung zu und überwindet bisher vorherrschende nationale Perspektiven in der Besatzungsgeschichtsschreibung. Aufgrund ihrer besonderen kriegswirtschaftlichen Bedeutung stellten die deutschen Besatzer die nordfranzösischen und belgischen Steinkohlenreviere 1940 unter eine gemeinsame Militärverwaltung. Nathalie Piquet analysiert in vergleichender Perspektive, wie sich die Arbeitsverhältnisse und Arbeitsbeziehungen in diesen Revieren unter dem Einfluss der deutschen Besatzungsmacht sowohl für die einheimischen Bergarbeiter als auch für die ausländischen Zwangsarbeiter, die seit 1942 in den Zechenbetrieben eingesetzt wurden, entwickelten. Die Autorin zeigt dabei, wie verschiedene nationale und regionale Erfahrungen und Gegebenheiten in einen unterschiedlichen Besatzungsalltag mündeten.

Die noch ausstehenden drei Bände der Schriftenreihe C über die Entwicklung der Zwangsarbeit im Ruhrbergbau während des „Dritten Reichs", über die Zwangsarbeit im Donez-Becken und über den jugoslawischen Bergbau unter deutscher Besatzung werden im Jahr 2010 publiziert.[1] In der Schriftenreihe A werden im Jahr 2010 zumindest vier weitere Publikationen erscheinen, darunter eine Studie zur religiösen Sozialisation in der Nachkriegszeit,[2] zu den revolutionären Ereignisse 1918–1920,[3] zur Biografie des Gewerkschafters Franz Josef Furtwängler,[4] zur Biografie des Remscheider Arbeiterführers Otto Braß und seines Sohnes[5] sowie eine Studie zu theoretischen Ansätzen in der historischen Forschung über soziale Bewegungen und über Gewerkschaften in Europa.

Ihr Korrelat haben die Schriftenreihen des Instituts in der Zeitschrift des ISB – dem Mitteilungsblatt des Instituts für soziale Bewegungen. Heft 39 (2008) befasst sich mit der Frage von Raumbildungsprozessen in den schwerindustriellen Ballungsregionen Europas. Besondere Aufmerksamkeit wird dabei den sozialen, kulturellen und mentalen Konstruktionsprozessen der nachindustriellen Zeit geschenkt. Neben systematischen Betrachtungen finden sich in den insgesamt sechs Beiträgen des Hefts auch Untersuchungen zu einzelnen

---

1 Fest stehen bereits die folgenden Titel: Hans-Christoph Seidel: Der Ruhrbergbau im Zweiten Weltkrieg. Zechen – Bergarbeiter – Zwangsarbeiter, Essen 2010 und Tanja Penter: Kohle für Stalin und Hitler. Die Bergleute im Donbass, 1929 bis 1953, Essen 2010 (in Vorbereitung).

2 Klaus Tenfelde (Hg.) unter Mitwirkung von Dimitrij Owetschkin und Julia Riediger: Religiöse Sozialisationen in der Nachkriegszeit., Essen 2010, Bd. 43 der Schriftenreihe A (in Vorbereitung).

3 Karl Christian Führer/Jürgen Mittag/Axel Schild/Klaus Tenfelde (Hg.): Revolution und Arbeiterbewegung in Deutschland 1918–1920, Essen 2010, Bd. 44 der Schriftenreihe A (in Vorbereitung).

4 Willy Buschak: Franz Josef Furtwängler. Gewerkschafter, Orientalist und Widerstandskämpfer, Essen 2010, Bd. 45 der Schriftenreihe A (in Vorbereitung).

5 Gerlinde Lorenz: „Proletarisches Klassenbewusstsein und sozialistische Orientierung". Eine politische Doppelbiografie des Remscheider Arbeiterführers Otto Braß (1875–1945) und seines Sohnes Otto (1900–1972), Essen 2010, Bd. 46 der Schriftenreihe A (in Vorbereitung).

europäischen Regionen – darunter neben dem Ruhrgebiet auch das südwalisische Kohlerevier, das nordfranzösische Montanrevier und Asturien.

Das Forschungsheft 40 (2008) des „Mitteilungsblatts des Instituts für soziale Bewegungen" enthält sowohl Beiträge zur Geschichte der deutschen Arbeiterbewegung als auch neuere Forschungen zur Sozialgeschichte und den sozialen Bewegungen der Bundesrepublik. Ein weiterer Beitrag hat Belgien und die Niederlande in den Blick genommen. Ergänzt werden die Forschungsbeiträge durch zahlreiche Rezensionen sowie Diskussionsbeiträge zu den Themen „Ruhrgebiet", „europäische Gewerkschaftskooperation" und „1968".

Die Ausgabe 41 (2009) des Mitteilungsblatts des Instituts für soziale Bewegungen – herausgegeben von Sabine Rutar und Rolf Wörsdörfer – beschäftigt sich mit der Sozialgeschichte und den sozialen Bewegungen Sloweniens. Die Beiträge zu diesem bisher weitgehend unbearbeiteten Themenfeld greifen zentrale sozial- und kulturhistorische Stränge der neueren slowenischen Geschichte auf, dokumentieren zugleich aber auch den slowenischen Umgang mit Geschichte, Identität, wissenschaftlicher Methodik und Theorie.

Das zum Jahresende 2009 erschienene Heft 42 des Mitteilungsblatts rückt ein weiteres, bislang fast völlig unbeachtetes Thema ins Blickfeld. Nationale Gewerkschaften – und ihre transnationalen Kooperationsformen im europäischen Rahmen – sind bisher weder von der Integrationsforschung noch von der Gewerkschaftsforschung ausführlicher berücksichtigt worden. Angesichts dieser Forschungslage und ihrer Defizite setzt sich das Themenheft 42 eingehender mit dem Verhältnis von deutschen Gewerkschaften und europäischer Integration auseinander. Inhaltlich werden in diesem Zusammenhang sowohl die Programmatik und die Organisationsstrukturen des DGB bzw. der einzelnen Industriegewerkschaften als auch die im Hinblick auf das europäische Einigungsprojekt vollzogenen Anpassungsprozesse behandelt. Den roten Faden bildet hierbei die Leitfrage, ob bzw. wie die Gewerkschaften vor allem in (West-)Deutschland auf die Herausforderungen der europäischen Integration reagiert haben.

Heft 43 des Mitteilungsblatts wird im Februar 2010 erscheinen. In Blickfeld dieser Ausgabe stehen neben transnationalen Parteienkontakten und grenzüberschreitenden Beziehungen im Saar-Mosel Raum auch Darstellungen zu europäischen Genossenschaftern im US-Exil und zur Aufstiegsmobilität von Hauptschullehrern nach 1945. Schließlich wird auch die Entwicklung der Gewerkschaftsjugend von 1968 bis Mitte der 1970er Jahre und die Rezeption von „1968" in Südkorea betrachtet.

Die Publikationsaktivitäten des Instituts erfolgen in enger Kooperation mit der Stiftung Bibliothek des Ruhrgebiets. In der Schriftenreihe der Stiftung werden öffentliche Vorträge publiziert, die im Rahmen von Veranstaltungen der Stiftung oder des Instituts für soziale Bewegungen gehalten worden sind oder sich mit der Geschichte und Gegenwart des Ruhrgebiets beschäftigen. In den Jahren 2008 und 2009 wurden insgesamt fünf Hefte veröffentlicht, darunter:

– Werner Abelshauser: Europas Schicksal: Wirtschaft oder Politik? Die Montanunion als Lehrstück europäischer Integration (Heft 24).
– Jürgen Osterhammel: Europa um 1900: Auf der Suche nach einer Sicht ‚von außen' (Heft 25).

- Christoph Cornelißen: Historische Identitätsbildung im Bindestrichland Nordrhein-Westfalen (Heft 26).
- Klaus Tenfelde/Franz-Josef Wodopia (Hg.): Verbandspolitik und Kultur. 150 Jahre Bergbau-Verein und Bergbau-Bücherei (Heft 27).
- Eric J. Hobsbawm: Wege der Sozialgeschichte (Heft 28).

Werner Abelshausers Beitrag über die Montanunion (Heft 24) bietet einen Streifzug durch die 50-jährige Geschichte der Europäischen Gemeinschaft für Kohle und Stahl, der auch die auf ihr fußende jüngere Integrationsgeschichte beleuchtet. An zahlreichen Beispielen zeigt der Bielefelder Wirtschafts- und Sozialhistoriker, dass die europäische Einigung primär wirtschaftlich geprägt wurde. Zugleich verdeutlicht Abelshauser aber auch, dass hinter der wirtschaftlichen Integration stets politische Interessen zum Tragen kamen. Im Spannungsfeld zwischen nationaler Souveränität und supranationaler Vertiefung hat der Nationalstaat dabei seine Beharrungskraft deutlich unter Beweis gestellt.

Im Zentrum des im Zusammenspiel von sozial- und kulturgeschichtlichen Zugängen angesiedelten Beitrags von Jürgen Osterhammel steht die Wahrnehmung und Beschreibung des europäischen Kontinents aus nicht-eurozentrischer Sicht. Der Konstanzer Historiker beleuchtet in diesem Zusammenhang, inwieweit derartige Fremdbeschreibungen in Europa registriert wurden und welchen Einfluss sie auf das Selbstverständnis des Kontinents hatten.

Die Schwierigkeiten bei der Entwicklung eines eigenen Landesbewusstseins des neuen Bundeslandes Nordrhein-Westfalen nach dem Zweiten Weltkrieg bilden den Ausgangspunkt der Untersuchung von Christoph Cornelißen. Die Abhandlung zeigt, mit welchen Ansätzen eine nordrhein-westfälische Landesidentität gewissermaßen erst konstruiert wurde. Besondere Aufmerksamkeit wird dabei drei Akteursgruppen gewidmet – den „Machern" (Politikern/Verwaltungsbeamten), den „historischen Konstrukteuren" (Historikern) und den „Inszenierern" (Künstlern, Ausstellungsmachern).

Heft 27 dokumentiert ein Kolloquium, das aus Anlass des 150jährigen Bestehen des „Vereins für die bergbaulichen Interessen im Oberbergamtbezirk Dortmund" (Bergbau Verein) und der Bergbau-Bücherei durchgeführt wurde. Der Bergbau Verein gehört zu den ältesten und bedeutendsten industriellen Interessensverbänden, seine in der „Bibliothek des Ruhrgebiets" weitergeführte Bücherei zu den größten und wichtigsten deutschen Fachbibliotheken. Die fachwissenschaftlichen Beiträge der Publikation befassen sich mit der Geschichte des Bergbau Vereins vom 19. Jahrhundert bis zum Ende der Weimarer Republik und dem Nationalsozialismus. In den weiteren Beiträgen wird darüber hinaus auch der Bogen zur bergbaulichen Interessenpolitik und zur Bergbau-Bücherei – von der jüngsten Vergangenheit bin in die nächste Zukunft – geschlagen.

Mit Heft 28 der Schriftenreihe der Stiftung wird die Verleihung des III. Bochumer Historikerpreises dokumentiert. Neben einer Ansprache des Preisträgers zum Thema „Wege der Sozialgeschichte" enthält das Heft die Laudatio von Thomas Welskopp und die Festrede von Staatsminister Andreas Pinkwart zur Rolle von Wissenschaftspreisen in der Geschichte.

Neben den bereits genannten Veröffentlichungen der Institutsschriften sowie zahlreichen Fachaufsätzen wurden im Berichtszeitraum 2008/09 von den Mitarbeitern des Instituts für soziale Bewegungen auch zahlreiche Bücher außerhalb der ISB-Schriftenreihen publiziert.

Anzuführen sind hierbei die folgenden Bände, die zum Teil auch auf Forschungsprojekten des Instituts für soziale Bewegungen basieren:
- Helke Stadtland (Hg.) „Friede auf Erden". Religiöse Semantiken und Konzepte des Friedens im 20. Jahrhunderts, Essen 2009.
- Stefan Goch/Karsten Rudolph (Hg.): Wandel hat eine Heimat Nordrhein-Westfalen in Geschichte und Gegenwart, Oberhausen 2009.
- Jürgen Mittag/Georg Ismar (Hg.): ¿"El pueblo unido"? Soziale Bewegungen und politischer Protest in der Geschichte Lateinamerikas, Münster 2009.
- Holger Heith (Mitautor): 50 Jahre Fejo. Die Dokumentation (CD-ROM).
- Andreas Biefang/Michael Epkenhans/Klaus Tenfelde (Hg.): Das politische Zeremoniell im Deutschen Kaiserreich 1871–1918, Düsseldorf 2008.
- Berthold Unfried/Jürgen Mittag/Marcel van der Linden (Hg.): Transnational Networks in the 20th Century. Ideas and Practices, Individuals and Organizations, Leipzig 2008.
- Klaus Tenfelde (Hg.): Religion in der Gesellschaft. Ende oder Wende?, Essen 2008.
- Stefan Huster/Karsten Rudolph (Hg.): Vom Rechtsstaat zum Präventionsstaat, Frankfurt a. M. 2008.
- Jürgen Mittag Kleine Geschichte der Europäischen Union. Von der Europaidee bis zur Gegenwart, Münster 2008.
- Hans Eric Bödeker/Peter Friedemann: Gabriel Bonnot de Mably. Textes politiques 1751–1783, Paris 2008.
- Jürgen Mittag (Hg.): Die Idee der Kulturhauptstadt Europas. Anfänge, Ausgestaltung und Auswirkungen europäischer Kulturpolitik, Essen 2008.
- Thomas Urban (Bearb.): Visionen für das Ruhrgebiet. IBA Emscher Park: Konzepte, Projekte, Dokumentation, hg. v. d. Stiftung Bibliothek des Ruhrgebiets, Essen 2008.

Drittmittelgeförderte Forschungsprojekte

Neben den im Rahmen der Kernaufgaben am Institut durchgeführten Forschungsarbeiten über soziale Bewegungen und Themen der Sozialgeschichte wurden im Kalenderjahr 2008 auch verschiedene spezifische, durch Drittmittel geförderte Forschungsprojekte bearbeitet. Hierzu zählen im Einzelnen die Projekte:
- Transformation der Religion in der Moderne. Religion und Gesellschaft in der zweiten Hälfte des 20. Jahrhunderts (DFG) mit den drei Teilprojekten:
  - Evangelische Pfarrer und religiöse Sozialisation. Institutionalisierte Religion und Säkularisierung in der Bundesrepublik aus sozialgeschichtlicher Perspektive (1945 bis Mitte der 1970er Jahre).
  - Religiöse Sozialisation in Arbeiterfamilien in der Bundesrepublik Deutschland und Großbritannien nach 1945. Ruhrgebiet und Südwales im Vergleich.
  - Konfessionsverschiedene Ehen als Instanzen der religiösen Sozialisation. Zur Tradierung des Religiösen in (bi)konfessionellen Kontexten.
- Geschichte des deutschen Bergbaus
- Das Ruhrgebiet – Ein historisches Lesebuch

Im Rahmen der DFG-Forschergruppe zum Thema „Transformation der Religion in der Moderne" wurden im Berichtszeitraum u. a. die beiden Projekte „Evangelische Pfarrer und religiöse Sozialisation" und „Religiöse Sozialisation in Arbeiterfamilien in der Bundesrepublik Deutschland und Großbritannien nach 1945. Ruhrgebiet und Südwales im Vergleich" abgeschlossen. Die Publikation der Ergebnisse ist für 2010 zu erwarten.

Ein zu Beginn des Jahres 2009 neu begonnenes, von Dimitrij Owetschkin bearbeitetes Projekt ist ebenfalls im Kontext der DFG-Forschergruppe angesiedelt. Es untersucht die Auswirkungen der Konfessionsverschiedenheit auf die religiöse Sozialisation in interkonfessionellen Familien der Bundesrepublik vom Ende des Zweiten Weltkriegs bis zu den 1970er Jahren. Im Vordergrund steht dabei die Frage, ob die Sozialisation in einer konfessionsverschiedenen Familie zu einer (Re-)Konfessionalisierung oder eher zu einer Entkonfessionalisierung führte und inwieweit sie eine Reflexion der Konfessionalität förderte. In diesem Zusammenhang werden Phasen in der Entwicklung der gemischtkonfessionellen Eheschließungen in Deutschland im 20. Jahrhundert sowie der Einfluss verschiedener Sozialisationsfaktoren auf die spätere Bereitschaft zu solchen Ehen verfolgt. Außerdem richtet sich das Augenmerk auf den Wandel der kirchlichen Haltung gegenüber dem Problem der Interkonfessionalität im Bereich der Familie.

In der Regel erfolgen die Forschungsaktivitäten des Instituts für soziale Bewegungen in enger Verzahnung mit den Arbeiten der Stiftung Bibliothek des Ruhrgebiets, die stärker auf die Region orientiert ist und durch einen Kooperationsvertrag mit dem Institut verbunden ist. Das auf sechs Jahre angelegte Projekt „Geschichte des deutschen Bergbaus", das vom Gesamtverband Steinkohlenbergbau finanziert und von der Stiftung Bibliothek des Ruhrgebiets durchgeführt wird, zielt auf die Publikation eines vierbändigen Handbuches, in dem ausgewiesene Experten die deutsche Bergbaugeschichte von den vor- und frühgeschichtlichen Anfängen bis zur Gegenwart in ihren jeweiligen politischen, sozialen, kulturellen und wirtschaftlichen Zusammenhängen behandeln. Die Projektarbeiten werden von einem wissenschaftlichen Beirat begleitet. Das Vorhaben wurde im Sommer 2008 öffentlich vorgestellt. Die Bände werden 2011 und 2012 erscheinen. Am 24. und 25. September 2009 fand im Haus der Geschichte des Ruhrgebiets ein Workshop im Rahmen des Handbuchprojektes „Geschichte des deutschen Bergbaus" statt. Hier haben die Autoren der ersten beiden Bände, die den Bergbau von der vorgeschichtlichen Zeit bis zur Frühindustrialisierung behandeln, Entwürfe ihrer Beiträge zur Diskussion gestellt. Der Workshop verdeutlichte ebenso den bisherigen Fortschritt der Arbeiten wie auch die noch anstehenden Aufgaben. Im Februar 2010 wird sich ein Workshop mit den Autoren der Bände 3 und 4 anschließen, die über die bergbauliche Entwicklung seit der Hochindustrialisierung bis in die Gegenwart handeln werden.

In anderer Weise gilt das Projekt „Historisches Lesebuch des Ruhrgebiets" der Region. Ziel des von der Stiftung Mercator finanzierten Vorhabens ist die Erstellung einer umfassenden, auf aussagekräftigen und repräsentativen Quellen beruhenden Dokumentation zum Werden des Ruhrgebiets, die zeitlich von dessen Anfängen seit der Mitte des 18. Jahrhunderts bis zur Gegenwart reicht. Das Spektrum erstreckt sich dabei vom Aufstieg und Niedergang der Schwerindustrie über die Entwicklung der Städte bis hin zur Rolle des Ruhrgebiets als ein modernes wirtschaftliches und kulturelles Zentrum. Das Historische Lesebuch entsteht als Gemeinschaftswerk der Mitarbeiterinnen und Mitarbeiter sowie der Doktoranden des Instituts für soziale Bewegungen bzw. der Stiftung Bibliothek des Ruhrgebiets. Das zweibändige Werk richtet sich an ein breites, nicht in erster Linie fachwissenschaftliches Publikum. Am 1. Oktober 2009 fand im Rahmen des Projekts ein Workshop im Haus der Geschichte des Ruhrgebiets statt. In der Veranstaltung setzten sich Fachleute zur Ruhrgebietsgeschichte, vor allem Historiker und Archivare, kritisch mit den fertigen Quellen-Kapiteln der Bearbeiter auseinander. Die zweibändige Publikation, die in Zusammenarbeit mit der Stiftung Mercator entsteht, wird im Frühjahr 2010 erscheinen.

Vorbereitet wurde im Berichtszeitraum ein neues Vorhaben, das Anfang 2010 beginnen wird. In diesem von der RAG-Stiftung geförderten Projekt stehen die aktuellen Bergwerksschließungen im Ruhrgebiet und im Saarland im Mittelpunkt. Im Rahmen des Projekts werden diese Prozesse in ihrer lokal- und regionalpolitischen, strukturellen und sozialen, aber auch in ihrer kulturellen Dimension wissenschaftlich begleitet. Zu diesem Zweck sollen sowohl die historischen Erfahrungen mit Bergwerksschließungen als auch die aktuellen Steuerungsprozesse seitens der Politik und Wirtschaft analysiert werden. Besondere Beachtung wird dabei den Chancen und Grenzen kultureller Prozesse gewidmet, die aus den bergbaulichen Traditionen des kommunalen Raums erwachsen. Das Vorhaben wird von einem interdisziplinär zusammengesetzten Team bearbeitet, das in einem Abschlussbericht wissenschaftliche Ergebnisse, die die Grundlage für eine vielfältige Flankierung der Bergwerksschließungen durch Vertreter der öffentlichen Hand und Unternehmen bilden, präsentieren wird. Weitere Projektplanungen des Instituts für soziale Bewegungen befinden sich gegenwärtig im Stadium der Ausarbeitung.

Drittmittelgeförderte Tagungen und weitere Veranstaltungen

Die Veranstaltungsaktivitäten von Institut und Stiftung nahmen im Berichtszeitraum 2008/2009 sowohl in quantitativer als auch qualitativer Hinsicht ein besonderes Ausmaß ein. Einen Höhepunkt im Berichtszeitraum markierte dabei das X. Stiftungsfest im November 2008. Das Fest und die Preisverleihung boten dem Haus der Geschichte des Ruhrgebiets einen Rahmen, die Bekanntheit von Institut und Stiftung wirksam zu steigern. Das Treffen von Eric Hobsbawm mit Studierenden am Vormittag des Stiftungsfestes hat die akademische Verankerung der Einrichtung im regionalen Raum weiter gestärkt.

Dem Stiftungsfest folgten vor allem im Winterhalbjahr 2008/09 zahlreiche weitere, prominent besetzte und wissenschaftlich grundlegende Tagungen. Nur eine Woche nach dem Stiftungsfest fand eine Festveranstaltung zum 150jährigen Bestehen des Vereins für die bergbaulichen Interessen statt. Der „Bergbau-Verein" gehört zu den ältesten und bedeutendsten industriellen Interessenverbänden, seine in der „Bibliothek des Ruhrgebiets" weitergeführte Bücherei zu den größten und wichtigsten deutschen Fachbibliotheken. In einem der Festveranstaltung vorangegangenen wissenschaftlichen Kolloquium wurde die Geschichte des Bergbau-Vereins im 19. Jahrhundert bis zum Ende der Bismarck-Ära, vom späten Kaiserreich bis zum Ende der Weimarer Republik sowie im Nationalsozialismus eingehender beleuchtet.

Einen weiteren Höhepunkt markierte am 23. Januar 2009 die Podiumsdiskussion über das „Gedächtnis des Ruhrgebiets". Im Dialog zwischen Wissenschaft und Politik debattierten nach einem einleitenden Vortrag von Prof. Dr. Klaus Tenfelde im Haus der Geschichte des Ruhrgebiets Prof. Dr. Ulrich Borsdorf (Direktor des Ruhrmuseums), Heinz-Dieter Klink (Direktor des Regionalverbandes Ruhr), Prof. Dr. Norbert Lammert (Präsident des Deutschen Bundestages) und Dr. Christoph Zöpel (Staatsminister a. D.) über Potenziale und Grenzen des historischen Bewusstseins der Region.

Neben diesen stärker auf die Region bezogenen Veranstaltungen fanden auch mehrere größere wissenschaftliche Tagungen zur Arbeiterbewegungs- und Sozialgeschichte statt. Über die revolutionären Ereignisse und Umwälzungen der Jahre 1918 bis 1920, die vielfach noch immer als „Novemberrevolution" etikettiert werden, wird in der deutschen und internationalen Forschung seit etwa zwei Jahrzehnten kaum geforscht. Damit ist auch die entscheidende Rolle der Arbeiterbewegung für den Verlauf der Revolution und die Demokratisierung Deutschlands im frühen 20. Jahrhundert aus dem Blickfeld geraten. Vor diesem Hintergrund hat eine Tagung in Bochum vom 29. bis 31. Januar 2009, die in Zusammenarbeit mit der Forschungsstelle für Zeitgeschichte in Hamburg und unterstützt durch die Hans-Böckler-Stiftung durchgeführt wurde, die Rolle der Arbeiterbewegungen während der Revolution sowie die damit verbundenen Folgen und Wirkungen untersucht.

Sowohl wissenschaftliche als auch öffentliche Aufmerksamkeit erzielte die vom Institut ausgerichtete wissenschaftliche Tagung über „Theoretische Ansätze und Konzepte der Forschung über sozialen Bewegungen in den Geschichtswissenschaften". Übergeordnetes Ziel dieser Tagung, die aus Anlass des 65. Geburtstages Prof. Dr. Klaus Tenfelde stattfand, war es, Stand und Perspektiven der historischen Bewegungs-Forschung mit Blick auf insbesondere theoretische und konzeptionelle Perspektiven zu diskutieren. Von besonderem Interesse war in diesem Zusammenhang der öffentliche Vortrag, den der renommierte Bewegungsforscher Dieter Rucht am 2. April 2009 zum Thema „Zur Verwissenschaftlichung der sozialen Bewegungen – Von der Selbstbeschreibung der Akteure zur Bildung von Konzepten und Theoremen" hielt.

In die Reihe der Groß-Veranstaltungen reiht sich auch die interdisziplinäre Tagung ein, die anlässlich von „30 Jahren Direktwahlen zum Europäischen Parlament" durchgeführt wurde. Den Höhepunkt dieser Tagung bildete am 17. April 2009 eine öffentliche Podiumsdiskussion mit prominenten ehemaligen und aktuellen Mitgliedern des Europäischen Parlaments aus allen Fraktionen. Durchgeführt wurde die Tagung in Kooperation mit der Asko Europa-Stiftung und der Landeszentrale für politische Bildung NRW.

Von den Veranstaltungen des zweiten Halbjahres 2009 fand die mit dem Fritz-Hüser-Institut – und unterstützt von der Stadt Bochum – durchgeführte Veranstaltung „Literaturwunder" größere Beachtung. Im Zentrum dieser Tagung stand jüngere und aktuelle Literatur zum Ruhrgebiet, die daraufhin untersucht wurde, welche (neuen) literarischen Formen, Strukturen und Muster entstanden sind, welche Träger- und Verbreitungsmedien genutzt werden und welches Bild des Ruhrgebiets durch die literarischen Texte transportiert und in der Rezeption aufgenommen wird.

Neben diesen größeren Veranstaltungen fanden 2008/09 erneut auch zahlreiche kleinere Abendveranstaltungen statt. So wurden u. a. in der von Institut und Stiftung gemeinsam mit dem Rektorat der Ruhr-Universität durchgeführten Veranstaltungsreihe „RUB-Forum-Kulturhauptstadt" weitere themenspezifische Fragen behandelt und im Gespräch mit Experten und Repräsentanten der Kulturhauptstadt kritisch diskutiert. Dabei wurden u. a. die Kreativwirtschaft und das Kooperationspotenzial der Kulturhauptstädte ins Blickfeld von Einzelveranstaltungen gerückt. Die folgenden Einzelveranstaltungen fanden statt:

12.5.2009   Vernetzt in Europa? Die Zusammenarbeit der Kulturhauptstädte
            Podiumsdiskussion mit Hatto Fischer (Kulturberater und Koordinator der Organisation POIEIN KAI PRATTEIN, Athen), Wim Coudenys (u. a. Vorstandsmitglied University Network of European Capitals of Culture (UNeECC)), Hanns-Dietrich Schmidt (u. a. Leiter des Bereichs Internationale Beziehungen RUHR.2010, Essen)

10.2.2009   Die Kulturhauptstadt – Chancen für die Kreativwirtschaft?
            Podiumsdiskussion mit Bernd Fesel (Projektmanager der RUHR.2010 GmbH im Team Stadt der Kreativität), Michael Townsend (Kulturdezernent der Stadt Bochum), Prof. Dr. Rolf Heinze (Sozialwissenschaftler an der Ruhr-Universität Bochum) und Annette Dabs (Leiterin des Figurentheaters der Nationen [Fidena])

9.7.2008   Das Ruhrgebiet: Europäisches Kulturgebiet?
            Podiumsdiskussion mit Prof. Dr. Claus Leggewie (Direktor des Kulturwissenschaftlichen Instituts Essen), Prof. Dr. Klaus Tenfelde (Direktor des Instituts für soziale Bewegungen), Prof. Dr. Oliver Scheytt (Geschäftsführer der RUHR.2010 GmbH), Moderation: Dr. Dagmar Gaßdorf (Herausgeberin RUHR REVUE)

29.1.2008   Das Ruhrgebiet – Stadt der Kulturen
            Vortrags- und Diskussionsveranstaltung mit Asli Sevindim (Direktorin des Themenfeldes „Stadt der Kulturen" der RUHR.2010) und Prof. Dr. Norbert Lammert (Präsident des Deutschen Bundestags)

In der von der Bibliothek des Ruhrgebiets ausgerichteten Veranstaltungsreihe „Erlesenes" wurde 2008/2009 auf unterschiedliche Formate rekurriert. Als gemeinsame Schnittmenge der Bezug zu den Kernthemen „Arbeit" und „Region Ruhrgebiet":

19.5.2009   ErlebnisTrasse Erzbahn vom Westpark in Bochum bis zum Rhein-Herne-Kanal in Gelsenkirchen. Christoph Haep (RVR Ruhr Grün) präsentiert den Ausbau einer ehemaligen Bahnanlage zu einem Rad- und Fußweg.

5.5.2009   Die Eisen.Straße Oberhausen – Industriegeschichte mit dem Rad entdecken. Norbert Diesing (wiss. Mitarbeiter des LVR-Industriemuseums) stellt Konzept, Verlauf und Besonderheiten dieser neuen Kulturroute vor.

14.10.2008	„Perlen im Kohlenstaub". Dirk Hallenberger stellt Literatur und Reportagen aus dem Ruhrgebiet vor.
19.5.2008	Nun kommt der Freiheit grosser Morgen. Jürgen Lodemann präsentiert Albert Lortzings unerhörte Fabrik-, Arbeiter- und Freiheits-Oper REGINA von 1848.

Größere öffentliche Aufmerksamkeit erzielte auch die bereits im Bericht des vergangenen Jahres erwähnte Veranstaltungsreihe „Bochumer Ermittlungen". Diese – bereits zum dritten Mal auf einer Kooperation zwischen dem ISB und dem Bochumer Stadtarchiv (Bochumer Zentrum für Stadtgeschichte) – basierende öffentliche Vortrags- und Veranstaltungsreihe behandelte die Bochumer NS-Vergangenheit und ihre Aufarbeitung. Sie spannte dabei den Bogen von der Funktionselite und der Justiz in der Zeit des Nationalsozialismus bis hin zu Fragen der Wiedergutmachung und der Rückkehr der „Opfer" von einst ins Ruhrgebiet. Die Reihe umfasste insgesamt zwölf Abendveranstaltungen mit Vorträgen, Diskussionen, Lesungen und Rundgängen in Bochum. Den Auftakt machte dabei eine szenische Lesung unter dem Titel: „Ich kann mich nicht entsinnen – Ermittlungen zum Synagogenbrand in Bochum am 9. November 1938". Die Lesung beruht auf den 1949 im Landgericht entstandenen Vernehmungsprotokollen, vorgetragen von Schauspielern des Schauspielhauses unter Mitwirkung der Bochumer Symphoniker.

8.7.2008	Kontinuität und Neubeginn? Podiumsdiskussion in Verbindung mit dem „Freundeskreis Bochumer Synagoge" und der jüdischen Gemeinde Bochum-Herne
1.7.2008	Dr. Wolfgang Stelbrink (Soest): Die Kreisleiter der NSDAP im Ruhrgebiet. Eine Funktionselite des NS-Regimes in der Nachkriegszeit
24.6.2008	Prof. Dr. Constantin Goschler (Ruhr-Universität Bochum): Die Rückkehr der Opfer? Juden in Deutschland nach 1945
17.6.2008	Dr. Jens-Fietje Dwars (Internationale Peter Weiss-Gesellschaft): Peter Weiss und „Die Ermittlung" – Werk und Rezeption; Einführung: Sepp Hiekisch-Picard
3.6.2008	Dr. Marc von Miquel (Villa ten Hompel, Münster): Ahnden oder Amnestieren? Justiz- und Vergangenheitspolitik in den 1960er Jahren Ulrich Maaß (Oberstaatsanwalt, Dortmunder Zentralstelle zur Verfolgung von NS-Verbrechen), Strafverfolgung von NS-Verbrechen – ein Bericht aus der Praxis
27.5.2008	Rundgänge zu Stätten der NS-Vergangenheit in Bochum: Orte der Verfolgung und des Widerstands – Orte der jüdischen Erinnerung. Klaus Kunold (VVN), Dr. Hubert Schneider (Ruhr-Universität Bochum)
20.5.2008	Prof. Dr. Bernd Faulenbach/Franz-Josef Jelich (Ruhr-Universität Bochum): Aufgearbeitete NS-Zeit? Gedenktage in der regionalen und deutschen Geschichte
6.5.2008	Prof. Dr. Hans Ulrich Thamer (Universität Münster): Die Rolle der Justiz in NS- und Nachkriegszeit

29.4.2008	Prof. Dr. Dieter Ziegler (Ruhr-Universität Bochum): Arisierung und Wiedergutmachung – Geschichtswissenschaftliche Zugänge und Debatten
22.4.2008	Film- und Hördokumentationen zum Nürnberger Prozess und zum Frankfurter Auschwitzprozess. Dr. Jürgen Mittag (Institut für soziale Bewegungen)
13.4.2008	„Ich kann mich nicht entsinnen." Ermittlungen zum Synagogenbrand in Bochum am 9. November 1938. Szenische Lesung mit Schauspielern des Schauspielhause Bochum unter Mitwirkung der Bochumer Symphoniker, Einführung in das Thema *Die NS-Zeit in Bochum* (Prof. Dr. Klaus Tenfelde, Institut für soziale Bewegungen), *Der 9. November und die Bochumer Ermittlungen 1946–1949* (Dr. Ingrid Wölk, Stadtarchiv – Bochumer Zentrum für Stadtgeschichte)

Erneut tagte auch der Arbeitskreis für moderne Sozialgeschichte im Bochumer Institut für soziale Bewegungen. Er beschäftigte sich auf seiner Frühjahrstagung im April 2008 mit neuen Perspektiven auf die Geschichte der Arbeit. Willibald Steinmetz (Bielefeld) zeichnete dabei in seinem Leitvortrag Umrisse einer historischen Semantik des Begriffs „Arbeit" in der Moderne. Dazu verglich er Deutschland mit England und Frankreich. Die Herbsttagung im Oktober 2008 setzte das Thema „Europäische Gesellschaften" fort. Diskutiert wurden Analysekonzepte und Selbstbeschreibungen im 20. Jahrhundert. Prof. Dr. Jörn Leonhard (Universität Freiburg) sprach in seinem Vortrag „Jenseits von „Decline and Fall?" über multiethnische Empires und das europäische 19. Jahrhundert. An der konzeptionellen Vorbereitung von künftigen Tagungen ist das Institut für soziale Bewegungen ebenfalls beteiligt.

Die nationale und internationale Vernetzung des Instituts für soziale Bewegungen schlägt sich auch in der Mitwirkung an zahlreichen Forscherkreisen und Netzwerken außerhalb der Region nieder. So hat der Institutsdirektor Prof. Dr. Klaus Tenfelde im Berichtszeitraum u. a. an Tagungen der Kommission für die Geschichte des Parlamentarismus und der politischen Parteien (Berlin) des Wissenschaftlichen Beirats des Hauses der Geschichte (Bonn), der Otto von Bismarck-Stiftung (Friedrichsruh), der Reichspräsident Friedrich-Ebert-Gedenkstätte (Heidelberg) des Ruhr Museums (Zeche Zollverein, Essen) und der Historischen Kommission für Westfalen teilgenommen und dort ebenso wie in Wales, Großbritannien und Österreich in der Regel auch zumindest einen Vortrag gehalten. Der Geschäftsführer des Instituts wurde im Berichtszeitraum für einen Aufenthalt an das Europäische Hochschulinstitut in Florenz eingeladen; er hat u. a. bei Tagungen der Friedrich-Ebert-Stiftung, der Stiftung Schloss Neuhardenberg, im Deutschen Bundestag in Berlin, auf der Tagung des Jean-Monnet-Netzwerkes in Berlin, der Tagung der Agence Nationale de Recherche (ANR) in Liege und der Trans European Policy Studies Association in Brüssel referiert sowie an der Vorbereitung von Tagungen der „International Conference of Labour and Social History", des „Forums Sportpolitik" der Sporthochschule Köln und des Kooperationsprojekts „Gewerkschaftsgeschichte" der Hans-Böckler-Stiftung und der Friedrich-Ebert-Stiftung mitgewirkt. Die wissenschaftlichen Mitarbeiter des Instituts sind ebenfalls in zahlreiche Kooperationen eingebunden.

Lehrveranstaltungen

Das Institut für soziale Bewegungen beteiligt sich als Zentrale Wissenschaftliche Einrichtung auch am Lehrangebot der Ruhr-Universität Bochum. Sowohl im Sommersemester 2008 als auch im Wintersemester 2008/09 wurden rund 28 Semesterwochenstunden an Lehrveranstaltungen für die historische und sozialwissenschaftliche Fakultät durchgeführt, darunter im Sommersemester 2009 auch eine Exkursion zu den Akteuren und Institutionen der Europäischen Union nach Brüssel. Im Sommersemester 2009 waren es rund 24 Semesterwochenstunden, die von den Lehrenden des Instituts – darunter erneut auch Mitarbeiter aus Drittmittelprojekten – angeboten wurden.

Unter diesen Veranstaltungen finden sich alle Veranstaltungstypen – vom Hauptseminar bis hin zur Übung zu speziellen Methoden und Theorien, in der spezifische Zugänge zur Quellenkunde geübt werden. Einen wichtigen Stellenwert im Rahmen im Rahmen des Lehrangebots besitzt das Institutskolloquium „Sozialstrukturen und soziale Bewegungen", das regelmäßig am Donnerstagabend im Semester durchgeführt wird und sowohl Referate aus dem Institut als auch Vorträge externer Wissenschaftler umfasst.

Kolloquiumsveranstaltungen Sommersemester 2008 bis Sommersemester 2009

17.4.2008	Dr. Sybille Krafft (Bayerischer Rundfunk, München): Geschichte im Fernsehen. „Unter unserem Himmel"
24.4.2008	Prof. Dr. Willibald Steinmetz (Universität Bielefeld): Umrisse einer historischen Semantik des Begriffs „Arbeit" in der Moderne. Deutschland, England und Frankreich im Vergleich
8.5.2008	Mats Jönsson/Pelle Snikars (Universität Lund), gemeinsam mit dem Kolloquium Prof. Hediger: Film and the Swedish Welfare State
29.5.2008	Dr. Klaus Nathaus (Technische Universität Berlin): Vereinsgeselligkeit und soziale Integration von Arbeitern. Deutschland und Großbritannien im Vergleich 1850–1914
5.6.2008	Barbara Michels (ISB): Zwischen bergmännischem Brauchtum und „bürgerlichem Standesbewusstsein": Zur Festkultur des Berg- und Hüttenmännischen Vereins
11.6.2008	Julia Riediger, M.A. (ISB), gemeinsam mit der Forschergruppe Religion: Sozialisation, Lebenslauf und Kirchenaustritt um 1970
19.6.2008	Dr. Max Bloch: Die Sozialistischen Monatshefte und die Akademikerdebatte in der deutschen Sozialdemokratie vor 1914: Die „Fälle" Göhre, Schippel, Calwer und Hildebrand
26.6.2008	John Wesley Löwen, M.A. (ISB): Flurbereinigung versus Kirchtumspoltik? Die RWE und die kommunale Energiepolitik
3.7.2008	Gunnar Gawehn, M.A. (ISB): Preußens wilder Westen? Montanindustrie und Gemeindeentwicklung im Essener Nordosten
10.7.2008	Prof. Dr. Hyunback Chung (Sung Kyun Kwan University/Seoul): Nordostasien auf der Suche nach neuer historischer Identität

17.7.2008	Prof. Dr. Thomas Schilp (Technische Universität/Stadtarchiv Dortmund): Zur Urbanität des Ruhrgebiets im Mittelalter
23.10.2008	Prof. Dr. Jörn Leonhard (Universität Freiburg): Jenseits von „Decline and Fall"? Die multiethnischen Empires und das europäische 19. Jahrhundert (Herbsttagung des Arbeitskreises für moderne Sozialgeschichte)
6.11.2008	Franz Jungbluth M. A. (Heidelberg): Mobilmachung und Öffentlichkeit in Mannheim 1914
13.11.2008	Dr. Stephen Pielhoff (Essen): Friedrich Alfred Krupp als Stifter und Mäzen
20.11.2008	Prof. Dr. Manfred Alexander (Universität zu Köln): Oberschlesien – eine europäische Region im Schnittpunkt dreier Kulturräume
11.12.2008	Dr. Klaus Pirke (Ruhr-Universität Bochum): Industriekultur – Begriff und Funktion am Beispiel eines Projektes der angewandten Industriekulturforschung
18.12.2008	Prof. Dr. Ilse Lenz (Ruhr-Universität Bochum): Abschied vom kleinen Unterschied? Diskurse, Mobilisierungen und Transformationen der Neuen Frauenbewegungen in Deutschland
8.1.2009	Dr. Helke Stadtland (ISB): Christentum zwischen Nationalismus und Universalismus
15.1.2009	PD Dr. Ralf Banken (Universität Frankfurt a. M.): Der Niedergang der Kaufhäuser und die Veränderung der Konsumkultur in der Bundesrepublik seit den 1960er Jahren
22.1.2009	Dr. Knud Andresen (Forschungsstelle für Zeitgeschichte, Hamburg): Nachklang von „1968" oder strukturelles Bedürfnis? Die Radikalisierung der Gewerkschaftsjugend 1968 bis 1975
29.1.2009	Walther Müller-Jentsch (Ruhr-Universität Bochum): Gewerkschaften und Korporatismus in Deutschland seit der Revolution 1918–1920
5.2.2009	Prof. Dr. Michael Gehler (Universität Hildesheim): Parteipolitik in internationalen Organisationen und transnationalen Netzwerken. Der Vergleich von SPÖ und ÖVP 1945–1995 mit einem Ausblick ins 21. Jahrhundert
23.4.2009	Prof. Dr. Sebastian Conrad (European University Institute, Florenz): Globale Arbeitsmärkte und die „Gelbe Gefahr": „Kulis", Migration und die Politik der Differenz
30.4.200	Dr. des. Hendrik Fischer (Universität Köln): Differentieller Konsum im Deutschen Kaiserreich
7.5.2009	Dr. Bernhard Bayerlein (Universität Köln): The Betrayal of the Left. Stalin-Hitler-Pakt, Zweiter Weltkrieg und kommunstische Bewegung in transnationaler Sicht, 1939–1943
14.5.2009	Frédéric Cyr (Bonn): Paul Levi und die KPD
28.5.2009	Cordula Obergassel, M. A. (WWU Münster): Kulturpolitik und kultureller Wandel in Dortmund und Münster 1960 bis 1985

4.6.2009	Dr. des. Ute Hasenöhrl (FU Berlin): Wie „bürgerlich" war der Naturschutz? Trägergruppen, Diskurs- und Handlungspraxis am Beispiel Bayerns (Bund Naturschutz in Bayern, Touristenverein Die Naturfreunde)
18.6.2009	Boris Kanzleiter (FU Berlin): 1968 in Jugoslawien – Studentenprotest zwischen Ost und West
25.6.2009	Prof. Dr. Klaus Tenfelde (Ruhr-Universität Bochum): Strukturwandel der Arbeit im 20. Jahrhundert
2.7.2009	Dr. Klaus Weber (Rothschild-Archiv, London) Wirtschaftliche Rückständigkeit – Voraussetzung für die Entwicklung frühmoderner Exportgewerbe?
9.7.2009	Prof. Dr. Dirk van Laak (Universität Gießen): „Städtestadt". Das Ruhrgebiet in der Literatur 1911 bis 1961
16.7.2009	Exkursion zum Bochumer Zentrum für Stadtgeschichte
23.7.2009	Dipl.-Bibl. Klara Prinz (SBR Bochum): Digitalisierung – eine Herausforderung für Bibliotheken

Die Bibliothek des Ruhrgebiets

Die Arbeiten der Bibliothek des Ruhrgebiets standen im Berichtszeitraum im Zeichen des bereits erwähnten Jubiläums des „Vereins für die bergbaulichen Interessen im Oberbergamtsbezirk Dortmund", mit dem auch die fast gleichzeitige Gründung der Bergbau-Bücherei gewürdigt wurde, die seit nun über zehn Jahren ein Teil der Bibliothek des Ruhrgebiets ist. Eine Dokumentation ihrer 150jährigen Geschichte erschien zu diesem Anlass auch in bibliothekarischen Fachzeitschriften.

Die Aktivitäten der Bibliothek des Ruhrgebiets erstreckten sich im Berichtszeitraum abermals auf eine Vielzahl von Bereichen: Der Bibliothek wurden erneut umfangreiche Schenkungen zuteil. Dazu zählen neben Buchschenkungen von Privatpersonen und Professoren der Ruhr-Universität auch Buchspenden von Prof. Dr. Norbert Lammert und Dr. Werner Müller (RAG). Hinzu kommt der bibliothekarische Nachlass von Norbert Ranft (IGBCE). Zusätzlich zu diesen Schenkungen konnten rund 40 Regalmeter Bücher und Zeitschriften aus dem historisch wertvollen Altbestand der Bibliothek des Landesoberbergamtes Dortmund übernommen werden. In diesem Bestand fanden sich neben ergänzenden Bänden zur „Zeitschrift der Centralstelle für Arbeiter-Wohlfahrtseinrichtungen" oder „Der Bergmannsfreund" auch historische Adressbücher von Ruhrgebietsstädten sowie seltene Monographien wie die „Ökonomisch-technologische Encyklopädie" von J.G. Krünitz, Wiebekings „Allgemeine Wasserbaukunst" aus dem Jahre 1799 oder „Der westphälische Bauernstand" aus dem Jahre 1843.

Ingesamt verzeichnet die Bibliothek im Jahr 2009 – einschließlich der bereits eingearbeiteten Schenkungen – rund 4.000 Neuzugänge. Insbesondere die zusätzlich zum regulären Etat zur Verfügung stehenden Studiengebühren (im Jahr 2009 fast 8.000 Euro) haben dabei stärker als bisher den Erwerb aktueller Literatur und die Ergänzung von Lücken im Bestand ermöglicht.

Zu den weiteren Aktivitäten der Bibliothek im Berichtszeitraum zählt die Einarbeitung der FIAB-Bibliothek (Stand Herbst 2009: ca. 3.400 Einheiten) und der IGBE-Bestände (ca. 6.500 Einheiten). Die Retrokonversion der weiteren Altbestände stellt indes nach wie vor eine zentrale Aufgabe dar. Ingesamt sind mittlerweile fast 280.000 Bibliothekseinheiten des Bestandes im EDV-System erfasst, d. h. ca. 9.000 mehr als Ende 2008. Auch die Anzahl der nachgewiesenen Aufsätze und Bücher in der Dokumentationsstelle Ruhrgebietsforschung wuchs um ca. 850 auf nunmehr gut 9.100. Ausgeliehen wurden von den Nutzern der Bibliothek seit Beginn des Jahres 2009 knapp 22.000 Bücher. Damit liegen die Ausleihzahlen etwas unterhalb der Zahlen des Vorjahres. Zurückzuführen ist dies in erster Linie auf die Verlängerung der Leihfristen für Doktoranden, die im April 2009 eingeführt wurde.

Unvermindert bildet die Öffentlichkeitsarbeit eine zentrale Aufgabe der Bibliothek. Neben den bereits erwähnten Veranstaltungen der Reihe „Erlesenes" wurden 22 Bibliotheksführungen für Tutorien der Ruhr-Universität mit jeweils ca. 20 Personen sowie zwei Führungen für regionale Geschichtskreise und eine Führung für Schülerpraktikanten der Universität angeboten. Am 12. September 2009 wurde zudem im Stadtmuseum Bergkamen eine Buchausstellung aus den Beständen der Bibliothek des Ruhrgebiets unter dem Titel „Zeit-Reise durch das Ruhrgebiet" eröffnet, die noch bis Anfang Januar 2010 zu sehen sein wird. Den Leitfaden für diese Ausstellung bildet das Dokumentationsprojekt „Historisches Lesebuch Ruhrgebiet", dem viele Quellen zum Werden, Wachsen und Wandel des Ruhrgebiets seit Mitte des 18. Jahrhunderts bis zur Gegenwart aus der Bibliothek des Ruhrgebiets zugrunde liegen.

Erwähnung sollten auch die insgesamt sechs Bachelor-Praktikanten finden, die im Berichtszeitraum in der Bibliothek tätig waren. Schließlich wurden im Berichtszeitraum in der Bibliothek auch bautechnische Anpassungen vorgenommen. Aufgrund des Erfassungsstandes im EDV-System konnten sechs Katalogschränke entsorgt und dafür fünf Regale im Freihandbereich aufgestellt werden, so dass 29 dringend benötigte Regalmeter zusätzlich zur Verfügung stehen. Ebenfalls in den Freihandbereich mit einbezogen wurden die Regale im Erdgeschoss hinter der Treppe, die nicht ideal liegen, aber ebenfalls eine leichte Entspannung der Raumnot im Freihandbereich brachten. In diesem Zusammenhang musste der gesamte Bestand im Untergeschoss des Freihandbereiches gerückt und für die erwarteten Zuwächse optimiert werden.

Das Archiv für soziale Bewegungen

Die Schwerpunkte der Tätigkeit des Archivs für soziale Bewegungen im Berichtszeitraum 2008/09 lagen auf der Übernahme neuer Akten und auf Verzeichnungsarbeiten. Neu übernommen wurden die Akten des „Betriebsrats Bergwerk Lippe" (2 Regalmeter), der „Studiengesellschaft für eine Rheinisch-Westfälische Schnellbahn" (RWTH Aachen) sowie DKP-Betriebszeitungen (FU Berlin). Darüber hinaus wurde mit Vorarbeiten zur Übernahme weiterer Überlieferungen des Regionalverbandes Ruhr und der Arbeitsgemeinschaft von Priester- und Solidaritätsgruppen begonnen. Bei den Verzeichnungsarbeiten wurde vom Archivleiter Dr. Gustav Seebold die Tiefenverzeichnung des Bestandes „Depositum Wolfgang Schaumberg" mit 2.583 Verzeichnungseinheiten und die Tiefenverzeichnung weiterer Abgaben zum „Depositum Norbert Lammert" abgeschlossen. Vom Stellvertretenden Archivleiter Holger Heith M. A. wurden aus dem Altbestand des IGBE-Archivs weitere 725 Akten verzeichnet und umgebettet. Sowohl die alten als auch die neuen Bestände des Archivs sind in einer neuen Beständeübersicht des Archivs für soziale Bewegungen dokumentiert.

In den Aufgabenbereich von Dr. Seebold fallen neben der Gebäudebetreuung („Facility-Management") und Archivführungen auch die Einführung und Erprobung eines Programmupgrades der Software Faust zur Bildverzeichnung, die Teilnahme an einem Workshop des Archivamtes für Westfalen zur Digitalisierung von Archivgut und die Benutzerberatung und Betreuung.

Zu Holger Heiths Tätigkeiten zählen neben der Benutzerbetreuung mehrere Archivführungen, die wissenschaftliche Betreuung der Gedenkveranstaltung der IGBCE-Ortsgruppe zum Bergarbeiterstreik 1889, die Betreuung des Projekts „EmscherKunst 2010" der Emschergenossenschaft und die Bereitstellung von Ausstellungsobjekten für die Dauerausstellung des neuen RuhrMuseums auf Zeche Zollverein. Zudem hat Holger Heith zwei Lehrveranstaltungen angeboten, in denen „Quellen zu 1968 im Ruhrgebiet" und die Rolle der „Arbeiterjugend in der Revolution 1918/19" behandelt wurden. Beide Archivare haben sich zudem mit der Bearbeitung einzelner Kapitel für das „Historische Lesebuch" befasst.

Laut Archivstatistik haben in den ersten elf Monaten des Jahres 2009 insgesamt 110 Benutzer Einsicht in die Bestände des AfsB genommen. Unverändert war dabei das IGBE-Archiv der mit Abstand am häufigsten nachgefragte Bestand. Geplant ist die Übernahme von weiteren Aktenbeständen der ehemaligen IG CPK, die zurzeit noch in der Gewerkschaftsschule in Bad Münder lagern, und die Fortführung der 2006 begonnenen Quellenedition zur Gründungs- und Organisationsgeschichte der IG Bergbau.

Die Stiftung Bibliothek des Ruhrgebiets

Da die Aktivitäten des Instituts für soziale Bewegungen eng mit den Arbeiten der Stiftung verbunden sind, wird im Folgenden auch knapp auf einige jüngere Entwicklungen der Stiftung eingegangen.[6] Die durch ein hohes Maß an Kontinuität in den Gremien geprägte Stiftung hat anlässlich ihres kleinen Jubiläums erstmals auch ein umfangreicheres personelles Revirement erfahren. Der Gründungsvorsitzende Dr. h. c. Wilhelm Beermann übergab den

---

6   Die Stiftung Bibliothek des Ruhrgebiets wurde im Juni 1998 mit dem Ziel gegründet, das historische und kulturelle Erbe der weitgehend durch Kohle und Stahl geprägten Region zu sichern, zu bewahren und zu erforschen. Als Stifter engagierten sich die Stadt Bochum, die Ruhr-Universität Bochum, die IG Bergbau, Chemie, Energie, die DMT Gesellschaft für Montantechnologie mbH, der Gesamtverband des deutschen Steinkohlenbergbaus sowie die RAG Aktiengesellschaft. Das Land Nordrhein-Westfalen hat die Gründung durch eine Zuwendung unterstützt, aus deren Mitteln das Stiftungsgebäude erworben und für den vorgesehenen Zweck umgebaut werden konnte. Im Herbst 1999 wurde das Stiftungsgebäude – das in der Clemensstrasse 17-19 beheimatete Haus der Geschichte des Ruhrgebiets – bezogen. Als Zweck der Stiftung wurde in der Satzung die Aufgabe verankert, die ihr übertragenen bibliothekarischen und archivarischen Bestände zu erhalten, wissenschaftlich zu erforschen, zu erweitern und öffentlich zugänglich zu machen.

Staffelstab an Dipl.-Ing. Bernd Tönjes, Vorsitzender des Vorstandes der RAG Aktiengesellschaft. In der Besetzung des Kuratoriums hat es ebenfalls eine Veränderung gegeben. Schon zu Beginn des Jahres 2008 war Klaus Südhofer, langjähriger Stellvertretender Vorsitzender der IG Bergbau, Chemie, Energie, aus Altersgründen aus dem Kuratorium ausgeschieden. An seine Stelle trat Kurt Hay, der Vorsitzende des IGBCE-Landesbezirks Nordrhein-Westfalen, als Vertreter der IGBCE in das Kuratorium ein. Infolge beruflicher Veränderungen ist Ulrich Weber, Evonik, 2009 aus dem Kuratorium ausgeschieden. Die Vakanz wird voraussichtlich bis zum Ende des Jahres 2009 beseitigt. Aus dem Vorstand ausgeschieden ist Rainer Trösken, Assessor des Bergfachs, der dieses Amt seit der Stiftungsgründung innehatte. Sein Nachfolger wurde Eberhard Schmitt, Direktor Unternehmenskommunikation bei der RAG Aktiengesellschaft.

Unbestrittener Höhepunkt des Stiftungsfestes war die Verleihung des dritten Bochumer Historikerpreises an den britischen Sozialhistoriker Eric J. Hobsbawm. Mit der mit 25.000 Euro dotierten Auszeichnung, die sich explizit an Sozial- und Wirtschaftshistoriker wendet, sollte das außergewöhnliche Lebenswerk des 91-Jährigen gewürdigt werden. Hobsbawm beschrieb in seiner Dankesrede die Wege der Sozialgeschichte, zu deren Begründern er 1950 gehörte. Freilich, so Hobsbawm, hätte sich seinerzeit niemand dieser Pioniere selbst als Sozialhistoriker beschrieben. „Was uns aber damals interessierte war nicht die Sozialgeschichte im engeren Sinne, sondern die großen Probleme der gesellschaftlichen Änderungen, besonders des Übergangs zur kapitalistischen Welt seit dem späten Mittelalter und ihrem späteren Wandel", erklärte Hobsbawm. Erst ab den 1970er Jahren hätte sich die Sozialgeschichte institutionalisiert. Das Bindeglied zwischen der frühen sozial strukturierten Entwicklungsgeschichte und der späteren Sozialgeschichte war damals die Erforschung der Klassenstruktur, beziehungsweise in Amerika die Sklaverei. Dass Hobsbawm nicht nur *ein* Feld der Geschichtsforschung begründet und geprägt habe, sondern viele, dass er nicht *einen* Zeitraum mit großer Ausstrahlungskraft und Überzeugungsvermögen gedeutet habe, sondern die gesamte Geschichte der Moderne, betonte Thomas Welskopp in seiner Laudatio. Der Preisträger habe nicht enge Nationalgeschichte geschrieben, sondern eine tatsächlich transnationale Geschichte – gerade durch die Perspektive einer Sozialgeschichte als „Geschichte von unten". Hobsbawm habe mehr für das Geschichtsbewusstsein getan „als ganze Fachbibliotheken voller staubtrockener Abhandlungen". Mehr als andere Historiker habe er es geschafft, seinen Lesern, Zuhörern und Schülern zu vermitteln, dass Geschichte „sexy" ist. Sein Werk wirke jung, aktuell und frisch, so Welskopp, der das Zusammenwirken von Biografie, Werk und Leidenschaft unterstrich: „Man könnte auch sagen, dass Hobsbawm der Politik ebenso libidinös verbunden war und ist wie der Geschichte und dem Jazz. Denn eigentlich betreibt er Politik und Geschichtswissenschaft wie ein Jazz-Solist, frech, ein wenig schräg, in leidenschaftlicher Verausgabung – und mitreißend", so Welskopp.

Zuvor hatte Landesinnovationsminister Andreas Pinkwart in seiner Rede die Bedeutung von Wissenschaftspreisen und Geschichte betont. Gerade jemand wie er selbst, der dafür werbe, dem Fortschritt mit Neugier und Offenheit zu begegnen, müsse sich wünschen, dass diese optimistische Haltung verankert werde, im Wissen um die eigene Herkunft. „Denn das macht klüger, bescheidener, manchmal auch pragmatischer – jedenfalls maßvoller und menschlicher", so Pinkwart. Da Innovationen – auch in den Geisteswissenschaften – der „Schlüssel zur Zukunft" seien, müsse man Menschen auszeichnen, „die uns diese Schlüssel schaffen." Die rund 300 Gäste des Stiftungsfestes waren sich einig, dass Eric J. Hobsbawm nicht nur einen dieser Schlüssel geschaffen hat.

Der Förderverein des Instituts

Die Arbeit des Instituts für soziale Bewegungen wird in nicht unerheblichem Ausmaß durch einen Förderverein unterstützt. Auf der 27. Mitgliederversammlung des Fördervereins, die im Hoesch-Museum Dortmund stattfand, wurde auf die Aktivitäten des vergangenen Jahres zurückgeblickt und die Weichen für die nächste Wahlperiode gestellt. Peter Friedemann schied nach fast 30 Jahren Vorstandstätigkeit aus dem Vorstand aus. Neu in den Vorstand gewählt wurden Prof. Stefan Goch (Gelsenkirchen/Bochum) als Schatzmeister und Beate Hepprich als Beisitzerin. Darüber hinaus wurde beschlossen, den Namen des Fördervereins in „Verein zur Förderung des Instituts für soziale Bewegungen" anzupassen, um neben der anhaltenden Auseinandersetzung mit Fragen zur Geschichte der Arbeit und Arbeiterbewegung auch der Beschäftigung mit weiteren Themen aus dem Institutsbereich Rechnung zu tragen. Schließlich wurde beschlossen, einen jährlichen Nachwuchspreis für herausragende Studien aus dem Themenspektrum Arbeiterbewegung und verwandte soziale Bewegungen auszuloben.

Externe Veranstaltungen im Haus der Geschichte des Ruhrgebiets

Ergänzend zu den Lehr-, Tagungs- und Forschungsaktivitäten des Instituts für soziale Bewegungen wird das Haus der Geschichte des Ruhrgebiets regelmäßig auch für öffentliche und wissenschaftliche Veranstaltungen anderer Institutionen genutzt. So wurden u. a. neben der von der Pressestelle der Ruhr-Universität ausgerichteten Veranstaltungsreihe „Hörsaal City" auch zahlreiche weitere Einzelveranstaltungen unterschiedlichster Art durchgeführt, von denen für den Zeitraum zwischen Januar 2008 und Sommer 2009 nachfolgend ein Ausschnitt angeführt wird:

9.1.2008   Hörsaal City – „Wie wir alt werden". PD Dr. Josef Hilbert: Die neuen Alten – die Wirtschaft entdeckt die ‚graue Generation' als Konsumenten und Arbeitnehmer

16.1.2008   Hörsaal City – „Wie wir alt werden. Prof. Dr. Jochen Vollmann: Medizinethische Fragen am Ende des Lebens

5.2.2008   Veranstaltungsreihe Ruhrstadt zum Thema Bildung.
Licht und Schatten der Moderne – Schule und Bildung in der Region. Podiumsdiskussion mit Prof. Dr. Bernd Zymek (Münster), Prof. Dr. Klaus Klemm (Essen), Prof. Dr. Klaus Harney (Bochum), Dr. Peter Langer (Oberhausen).

7.2.2008   Einführung in die Ruhrgebietsgeschichte für das Seminar Prof. Josef Mooser (Basel)

19.2.2008	Tagung des „Infotreffs Ruhrgebiet"
29.2.2008	Veranstaltung der Stiftung „Jedem Kind ein Instrument"
4./5.4.2008	Tagung der Forschergruppe Religion
5.4.2008	Hauptseminar Prof. Dr. Norbert Lammert
23.4.2008	Klausurtagung der Verwaltungsspitze der Stadt Bochum
24.4.2008	Tagung des Fachbereichs Ostasienwissenschaft
28.4.2008	Tagung des Wissenschaftsforums Ruhr
7.5.2008	Hörsaal City – „Wer bin ich?" Antworten aus den Geisteswissenschaften, den Neurowissenschaften und der Medizin. Prof. Dr. Denise Manahan-Vaughan: Ich erinnere mich, also bin ich: Gedächtnisbildung im Gehirn
17.5.2008	Hauptseminar Prof. Dr. Norbert Lammert
28.5.2008	Hörsaal City – „Wer bin ich?" Antworten aus den Geisteswissenschaften, den Neurowissenschaften und der Medizin. Prof. Dr. Käte Meyer-Drawe: Maskeraden des Ich
29./30.5.2008	Tagung der Agence Nationale de Recherche (ANR) zum Thema «Entreprises et formes d'organisation économique. Enjeux, mutation et permanences"
4.6.2008	Veranstaltungsreihe Wissenschaft Ruhr on Tour – Fokus Mensch. Ein Wissenschafts- und Forschungstag in der Metropole Ruhr: Regionale Bustouren mit lokalen Themenschwerpunkten – Bochum: Arbeit und Gesundheit
10.6.2008	Tagung des Instituts für Deutschlandforschung: Lesung Erich Loest
11.6.2008	Hörsaal City – „Wer bin ich?" Antworten aus den Geisteswissenschaften, den Neurowissenschaften und der Medizin. Prof. Dr. Werner Greve: *Woher weiß ich (oder ein anderer), wer ich bin (falls ich jemand bin)?*
	Tagung Lehrstuhl Prof. Dr. Regine Schulten: Grenzen der Diskursanalyse
18.6.2008	Hörsaal City – „Wer bin ich?" Antworten aus den Geisteswissenschaften, den Neurowissenschaften und der Medizin. Prof. Dr. Ludger Pries: *Wer bin ich? Selbsterschaffenes Individuum oder Produkt der Umwelt?*
20.6.2008	Einführung in die Ruhrgebietsgeschichte für das Seminar Prof. Dr. Ewald Frie (Tübingen)
21.6.2008	Tagung des Lehrstuhls Prof. Dr. Goschler zum Thema „Restitution"
25.6.2008	Hörsaal City – „Wer bin ich?" Antworten aus den Geisteswissenschaften, den Neurowissenschaften und der Medizin. Prof. Dr. Georg Juckel: Das Ich am Rande seiner Existenz – Tod und psychische Erfahrung
28.6.2008	Hauptseminar Prof. Dr. Norbert Lammert
30./31.7.2008	Tagung zur Vorbereitung des Forschungsprojekts „Social History of Mining in Comparative Perspective (19th and 20th Centuries)"
	Tagung des Instituts für Deutschlandforschung „Stadt-Land-Fluss"
30.–31.8.2008	Tagung der Zeitschrift „Schlangenbrut" zum Thema Religion
	Tagung des Fördervereins JHV Synagoge Bochum
19.9.2008	Tagung der Arbeitsgruppe „Bochum entdecken"
	Bibliotheksbesuch durch die Jugendorganisation „Falken"

10./11.10.2008	Tagung Dr. Rüdiger Graf zum Thema: Boykotte und Embargos
	Tagung des Frauenbeirats der Stadt Bochum
	Hörsaal City – „Zukunft der Energie – Energie der Zukunft". Prof. Dr.-Ing. Georg Erdmann: Zurück in die Planwirtschaft. Vom internationalen Staatseinfluss auf den Energiemarkt
20.–22.11.2008	Tagung Dr. Budrass: Deutsch-polnische Tagung: Region und Industriegesellschaft. Oberschlesien im 19. und 20. Jahrhundert
22.11.2008	ECUE-Examensfeier
31.10.2008	Tagung der Forschergruppe DFG-Religion
3.12.2008	Hörsaal City – „Zukunft der Energie – Energie der Zukunft"
	Prof. Dr.-Ing. Marko K. Koch: Mehr Sicherheit für „Unverzichtbare" Kernkraftwerksforschung für die nächste Generation
	Workshop des ISB zum Thema „Geschichte und Zukunft der Energie"
7.1.2009	Hörsaal City – „Zukunft der Energie – Energie der Zukunft"
	Prof. Dr. Matthias Rögner: Algen – die „Kohle" der Zukunft. Photosynthese als Grundlage der Wasserstoffproduktion
	Hörsaal City – „Zukunft der Energie – Energie der Zukunft"
	Prof. Dr. Christian Pielow: Wer jagt wen? Dynamische Energiewirtschaft braucht neuen Rechtsrahmen
16./17.1.2009	Doktorandenkolleg Ruhr
21.1.2009	Hörsaal City – „Zukunft der Energie – Energie der Zukunft"
	Prof. Dr.-Ing. Wolfgang Eifler: Autos ohne Benzin. Motoren für die Zukunf
	Veranstaltung „Gedächtnis der Region"
4.2.2009	Hörsaal City – „Zukunft der Energie – Energie der Zukunft"
	Wolfgang Clement, Bundesminister a. D.: Preiswerte und sichere Energieversorgung. Basis für Wirtschaftswachstum
	Tagung der Forschergruppe Religion
19.–20.2.2009	Tagung des Lehrstuhls für Wirtschafts- und Unternehmensgeschichte, Prof. Dr. Dieter Ziegler, zum Thema: Politische Säuberungen und wirtschaftliche Neuerung nach dem Zweiten Weltkrieg.
19.3.2009	Offener Diskussionsabend der Erzdiözese Essen zum Thema „Die Piusbruderschaft und das II. Vatikanische Konzil"
31.3.2009	Treffen der „Ruhrgebietsarchivare"
22.4.2009	Hörsaal City – „Die drei ungleichen Schwestern: Christentum, Judentum und Islam im Mit- und Gegeneinander". Dr. Meret Strothmann: Christen- und Judenverfolgungen im römischen Reich
6.5.2009	Hörsaal City – „Die drei ungleichen Schwestern: Christentum, Judentum und Islam im Mit- und Gegeneinander". Dr. Görge Hasselhoff: Entstehungsprozesse der Kirche: Christen und Juden in der Antike
12.5.2009	Ausstellungseröffnung „Heimatstrukturen"
	Klaus Nixdorf zeigt seine Arbeiten im Haus der Geschichte des Ruhrgebiets

13.5.2009	Hörsaal City – „Die drei ungleichen Schwestern: Christentum, Judentum und Islam im Mit- und Gegeneinander". Jun.-Prof. Dr. Jenny Oesterle: Zwischen friedlicher Koexistenz und Konflikt. Muslime, Christen und Juden im Kalifat von Kairo
15.–17.5.2009	Tagung der Hans-Böckler-Stiftung zum Thema „Vom Nutzen und Nachteil der Gewerkschaftsgeschichte"
	Einführung in die Ruhrgebietsgeschichte für das Herbert Wehner-Bildungswerk
17.6.2009	Hörsaal City – „Die drei ungleichen Schwestern: Christentum, Judentum und Islam im Mit- und Gegeneinander". Prof. Dr. Nikolas Jaspert: Mediterrane Minderheiten: Integration und Abgrenzung im Mittelalter.
18./19.6.2009	Tagung des Netzwerks „Wirtschaftsgeschichte NRW"
3.7.2009	Veranstaltung des Instituts für Deutschlandforschung. György Dalos: Der Vorhang geht auf. Das Ende der Diktaturen in Osteuropa
8.7.2009	Hörsaal City – „Die drei ungleichen Schwestern: Christentum, Judentum und Islam im Mit- und Gegeneinander". Prof. Dr. Eveline Goodman-Thau: Ethik heute – Judentum und Islam in der Begegnung mit dem Christentum

Die Bandbreite und Fülle der Eigen- und Fremdveranstaltungen dokumentiert die gewachsene Bedeutung des Hauses der Geschichte des Ruhrgebiets als lebendiges Forum für wissenschaftliche und regionalbezogene Veranstaltungen unterschiedlichster Art. Ermöglicht werden konnten diese Angebote aber nur, da seitens der Mitarbeiter des Instituts für soziale Bewegungen wiederholt bei der Vorbereitung und Organisation von Veranstaltungen unterstützend mitgewirkt wurde und vielfach in den Abendstunden und am Wochenende zusätzliche Zeit investiert wurde.

Da die Stiftung Bibliothek des Ruhrgebiets mit dem Stiftungsgebäude auch ein Forum für Kunstausstellungen bieten möchte, wurden im Berichtszeitraum auch die Ausstellungen „Heimatstrukturen" von Klaus Nixdorf und „Bildspuren des Industriebezirks" von Norbert H. Wagner gezeigt. Mit sehr unterschiedlichen Ausdrucksformen – hier Malerei, dort Fotografie – haben sich in diesem Zusammenhang Künstler dem Erscheinungsbild der Region genähert und ihren jeweils eigenen Zugang zu ihr gesucht.

Bilanz und Ausblick

Die Arbeiten des Instituts für soziale Bewegungen sind – in Verbindung mit den Aktivitäten der Stiftung Bibliothek des Ruhrgebiets – im Berichtszeitraum 2008/09 vor allem durch eine deutliche Ausweitung der öffentlichen Aktivitäten und der Außendarstellung gekennzeichnet. Mehr nationale und internationale Wissenschaftler und mehr Gäste aus der Region als jemals zuvor besuchten 2008/09 die Veranstaltungen im Haus der Geschichte des Ruhrgebiets. Möglich wurde dieses Ausmaß an Aktivitäten nur durch das hohe Engagement der Mitarbeiter des Hauses – sowohl aus dem Instituts- als auch dem Stiftungsbereich. Nahtlos eingefügt haben sich in das Team des Hauses seit Juli 2008 Frau Thea Struchtemeier, die im

Rahmen einer halben Stelle sowohl die Pressearbeit übernommen hat als auch die Redaktionsarbeiten des Mitteilungsblattes unterstützt; seit März 2009 Frau Anke Bücher, die als Sekretärin der altersbedingt ausgeschiedenen langjährigen Institutssekretärin Frau Jutta Schröder nachgefolgt ist und Frau Reinhilde Kircher, die bereits in der Bibliothek als EDV-Fachkraft in Teilzeit tätig war, und seit Januar 2009 auf einer Vollzeitstelle fest eingestellt werden konnte.

Eine Herausforderung der nahen Zukunft wird es sein, das hohe Niveau der Institutsaktivitäten sowohl in quantitativer als auch in qualitativer Hinsicht zu halten und zugleich auch im Service-Bereich (Archiv und Bibliothek) eine konsequente Fortführung der bisherigen Tätigkeiten zu gewährleisten.

Jürgen Mittag

5. Abstracts

■ *Michael Gehler: Parteipolitik und Mitgliedschaft in der Europäischen Union: Ein Vergleich von SPÖ und ÖVP in internationalen Organisationen und transnationalen Netzwerken 1945–2005*

After 1945 Austrian Christian Democrats tried to catch up the advance of international networking on the part of Austrian Socialists, who developed their contacts in the time of exile. ÖVP-politicians felt above all committed to NEI, EUCD, EDU und EVP, although these federations focused on their own interests. The ideological-political commitment of the socialists in the 1940s and 1950s was centred on the issues "Europe", the development of "democratic socialism" and the still open question to the future structure of Germany. In the 1960s their activities were focused on the process of decolonisation and on the campaign against dictatorships. In connection with a rising awareness of the North-South divide the "jailbreak" out of the "ghetto Europe" and the turn to globalisation succeeded in the framework of SI.

For Austrian Christian Democrats networking was primarily an instrument of policy, just a way out of the enforced abstemiousness in European integration. The council of Europe and the EC, which became more important, made a strengthened transnational networking necessary. More than questions about globalisation the Europeanisation forced to cooperation – in civil society in Central- and Eastern European countries or in party politics in Western European and transatlantic direction. Not until 1989/90 the dominance of EC-west-orientation was asserted, which cleared the way to EU-accession. Contacts within the EVP from this time were helpful in the crisis of Austrian isolation during the EU14 boycott of the ÖVP/FPÖ-government.

■ *Katrin Martin: Grenzüberschreitende Beziehungen in der deutsch-französischen Kontaktzone des Saar-Mosel-Raumes (1850–1914)*

From a historical point of view, the debate on European integration is often linked with questions of transnational interaction. Following this train of thoughts, the Saarland-Lothringen-Luxemburg region (Saar-Lor-Lux-Raum) is considered as a region of particular relevance. This article substantiates the appearance of regional networks and analyses patterns for both integrative and delimiting processes.

The article focuses primarily on individual border contacts that can be identified as expression of "own" or "foreign" orientation. Based on social geography driven theory of action space (Aktionsraum) the article examines in how far individuals refer to an action space in order to fulfil basic needs like consumption, leisure, life and habitation. The role of religious communities has been included as an additional component of everyday life in the 19th und 20th century. The article concentrates on the urban, mining-shaped area between Saarbrücken and Forbach on the one hand, and on the rural German-speaking wine-growing district in the surrounding of Sierck/Perl on the other hand.

■ *Hans H. Lembke: Europäische Genossenschafter im US-Exil – Wiederaufbaupläne im Spannungsfeld zwischen amerikanischem und internationalem Dachverband (1941–1946)*

After long stagnation and decline in the 1920s, the American consumer cooperatives managed a remarkable upturn during the years of the New Deal, in "spirit and economy". The outbreak of war brought a second economic impetus. The cooperatives' increasing societal weight strengthened their claim to political influence, not least in post-war reconstruction help. In this movement a group of European refugees – mostly cooperativists – got involved, pursuing the aim to contribute actively to the re-establishment of cooperatives in their countries of origin. The study focuses in particular on the role and impact of the International Committee for Cooperative Reconstruction (ICCR), an American umbrella association for exiled members of a cooperative.

■ *Lennart Lüpke: Die soziale Herkunft der Volksschullehrer bzw. Grund- und Hauptschullehrer nach 1945. Eine Analyse mit dem Schwerpunkt Nordrhein-Westfalen*

By using terms and methods of historical research on social mobility, this essay looks at patterns of inter-generational mobility of elementary school teachers in North Rhine-Westphalia after World War II. The discussion focuses on the long-term historical changes in the social recruitment of teachers in the course of the 20th century, considering the enormous professionalization of the working field. Previous research has stated that teaching offered vast opportunities for upward career advancements at the beginning of the 20th century. In contrast to other contemporary opinions, professionalization did not lead to a bigger social exclusiveness. Furthermore, the work of elementary school teachers in Germany and in North Rhine-Westphalia in the 20th century was characterized by high rates of upward mobility. In 1971/72 two thirds of future teachers came from lower social classes than the profession itself was said to belong to. Opportunities for upward mobility to this extent can be referred to the results of the expansion of education. Especially the occupation of elementary school teachers became increasingly more accessible to children of the working class. Overall, the occupation of elementary school teachers went through a transformation in the 20th century.

■ *Jörg Kruth: Stiftungen inner- und außerhalb Europas: Zum Transfer des Bürgerstiftungsmodells*

Despite the fact that foundations at present indicate new times of prosperity, their emergence is not exclusively a recent phenomenon. An intellectual history on the idea of foundations and their modernity displays how this condition could form and generate new perspectives beyond the common perception of foundations as objects of civil law. Since these perceptions of European welfare are often idealized in a global history, which is at present frequently measured by European characteristics of modernity, this article intends to indicate that the idea of foundations has been object and instrument to power politics. It was part of an adjustment to constitutional legality, religious and individual interests in the past. Hence, the modernity of social movements is influenced by western models of liberal individualism.

■ *Hyunback Chung: Die Rezeption von '68 in Südkorea – oder: Warum gab es kein 1968 in Südkorea?*

Though the protests of 1968 can be viewed as a transnational episode, significant social and resistance movements were formed only in a few countries, while others were left out. This contribution pays particular attention to the case of South Korea. It is asked whether the protests have found an echo in this country, which at the same time had to deal with national problems as the dictatorship of Park Chung-Hee or the rising tensions between north and south? And how did the reception of the western 1968 movement look like in South Korea? Based on contemporary newspaper reports and oral history interviews this paper approaches these questions, while mainly concentrating on the former South Korean student body, as the 1968 movement in core can be considered as a student movement.

■ *Knud Andresen: „Gebremste Radikalisierung" – Zur Entwicklung der Gewerkschaftsjugend von 1968 bis Mitte der 1970er Jahre*

The notion of "1968" as an expression of civil disorder in western countries is primarily *attributed* to students, but also to young people in general. This article pays special attention to the group of wage earners, as the biggest population group, and especially to the youth, that was organized in trade unions.

The reason for putting young trade unionists from "1968" under closer consideration lies in the significant shift to the left, by which German trade unions were captured during these times. It will be asked why this shift happened and how it was linked to the protests at this time. In addition, the contribution analyses the trade unions attitude towards the 1968-movement – and the roles that have been played by young trade unionists. It is argued, that according to a general radicalisation in "1968", similar tendencies can also be observed in the trade union youth in general though substantial variation cannot be overlooked.

6. Autorinnen und Autoren

Dr. Knud Andresen: Wiss. Mitarbeiter der Forschungsstelle für Zeitgeschichte in Hamburg.
 E-Mail: andresen@zeitgeschichte-hamburg.de

Dr. Max Bloch: Wiss. Mitarbeiter am Landesmuseum für Kunst und Kulturgeschichte Oldenburg.
 E-Mail: max.bloch@gmx.net

Prof. Dr. Hyun Back Chung: Sung Kyun Kwan Universität, Seoul.
 E-Mail: hyunback@skku.edu

Dr. Ulrich Eumann: Wiss. Mitarbeiter im NS-Dokumentationszentrum der Stadt Köln.
 E-Mail: ulrich.eumann@t-online.de

Gunnar Gawehn, M.A.: Doktorand am Institut für soziale Bewegungen der Ruhr-Universität Bochum.
 E-Mail: gunnar.gawehn@rub.de

Prof. Dr. Michael Gehler: Leiter des Instituts für Geschichte, Stiftung Universität Hildesheim.
 E-Mail: gehler@uni-hildesheim.de

Dr. Rüdiger Graf: Wiss. Mitarbeiter am Historischen Institut der Ruhr-Universität Bochum.
 E-Mail: ruediger.graf@rub.de

Dr. Dirk Hallenberger: Lehrbeauftragter (Germanistik) an der Universität Duisburg-Essen.
 E-Mail: dirk.hallenberger@uni-due.de

Dr. Rainer Holze: Redakteur, Förderkreis Archive und Bibliotheken zur Geschichte der Arbeiterbewegung e.V.
 E-Mail: drrainerholze@gmx.de

Claudia Hülsken, M.A.: Mitarbeiterin am Institut für soziale Bewegungen der Ruhr-Universität Bochum.
 E-Mail: claudia.huelsken@rub.de